INTRODUCCIÓN

Id al mundo entero y proclamad el Evangelio a toda la creación (Marcos, 16,15). Cuando tímidamente en 1996 comencé la 1ª edición de lo que para 2018 va a ser la edición 22ª del Evangelio anual, poco podía pensar que estaba obedeciendo a lo que, como cristiano, sacerdote y dominico, comenzaba a ser mi respuesta concreta al mandato que Jesús hizo a sus discípulos y Domingo de Guzmán a sus seguidores, los frailes Predicadores del Evangelio. Ni podía sospechar la acogida de aquella novedad en el mundo editorial, que en España y en América Hispana llena ahora cada año las librerías religiosas, las parroquias, los hogares, y ha llegado a ser el libro más difundido en lengua española: no solo por este de Edibesa, sino también por los muchos que cada vez más editoriales publican, prácticamente calcado del original en cuanto a contenidos (textos bíblicos, comentario, oraciones) formatos, y hasta precio bajo, al alcance de todos. Agradezco al Señor la alegría que me ha dado al comprobar que, desde 2002, no está solo nuestro Evangelio para llevar su Palabra a tantos cientos de miles, sino que hay muchísimos otros que hacen posible que llegue cada año a millones de lectores.

Este año hay algunas novedades, que espero que sean de tu agrado:

-TRADUCCIÓN OFICIAL. Ha habido que cambiar, línea a línea, el texto de años anteriores, al aparecer los nuevos Leccionarios para las celebraciones de la Eucaristía: así seguirá coincidiendo lo que los lectores leen en su Evangelio y lo que escuchan en la iglesia.

-AMPLIACIÓN DE LETRA DEL EVANGELIO. Lo importante de verdad es la Palabra del Señor. Por eso, le hemos dado la máxima importancia y claridad.

-PRESENCIA VISUAL DE LOS SANTOS: imágenes o fotos de los mejores hombres y mujeres que han vivido fielmente el Evangelio de Jesucristo: cuadros de los antiguos y fotos de los modernos santos más popuares e importantes. Sus imágenes son una invitación a seguir a Jesús, quien con María y José, en un espléndido icono oriental, nos saluda desde la portada y nos recuerda que en su Familia de Nazaret fue donde primero y con mayor fidelidad se vivió el Evangelio.

Y seguimos con la reflexión diaria del **Papa Francisco**, que tanto bien hace; y, como final de cada día laboral, el versículo del ***Salmo responsorial***. Los domingos va entre la primera y segunda lecturas.

No me canso de dar gracias a Dios por la buena idea que me sugirió hace veintiún años.

Y de agradecer a los cientos de miles de asiduos lectores su fantástica fidelidad, que ha hecho posible la edición de QUINCE MILLONES de esta pequeña gran obra. Muchos de ellos ya habéis pasado del tamaño pequeño original, de bolsillo, a la edición en letra grande: los años lo exigen. Y muchísimos más, si hubiera posibilidad, me dirían desde el cielo: *Lo que habíamos leído/oído lo hemos visto en la ciudad de nuestro Dios* (Salmo 48,9). La Palabra de Dios alienta a caminar por este mundo hacia la patria, la ciudad de Dios, donde el Señor confirma lo que nos dijo en la vida temporal para que aumentara nuestra fe y fomentara nuestra esperanza, hasta que un dichoso día sin ocaso vivamos en plenitud el Amor de Dios, que corrobora esperanza y fe. Que desde la cercanía de Dios, ayuden a quienes seguimos creyendo y esperando al Amor.

Y gracias, a los intermediarios: distribuidores y libreros; vicarios y delegados episcopales, arciprestes y párrocos; monjas contemplativas, hermanas y religiosos, que tanto bien hacen distribuyendo el EVANGELIO (edición general o personalizada) entre los ancianos y enfermos, y los alumnos niños y jóvenes. A todos ellos les dice Jesús lo que dijo a los apóstoles en la multiplicación de los panes: *Dadles vosotros de comer* (Mateo 14,16). Servir la Palabra de Dios, poner en manos de otros el Evangelio, es asegurar el más sano alimento espiritual.

JOSÉ ANTONIO MARTÍNEZ PUCHE, O.P.
Murcia, 13 mayo 2017, I Centenario de Fátima

SIGLAS DE LOS SANTOS Y BEATOS

(Si son varios, acaban en «s»)

ab	abad, abadesa	**em**	emperador, emperatriz	**ob**	obispo
ap	apóstol	**er**	ermitaño, anacoreta	**pb**	presbítero
AT	Antiguo Testamento	**es**	esposo, esposa	**pf**	padre de familia
cf	confesor	**ev**	Evangelista	**pp**	papa
co	compañeros	**la**	laico, laica	**prof**	profeta
ct	catequista	**mf**	madre de familia	**re**	rey, reina
dc	doctor de la Iglesia	**mj**	monje, monja	**rl**	religioso, religiosa
di	diácono	**mr**	mártir	**vd**	viuda
		NT	Nuevo Testamento	**vg**	virgen

LECTURA DE LA PALABRA EN CLIMA DE ORACIÓN

1. **Hago silencio,** *exterior e interior.*
   Estoy en la presencia del Señor
   Contemplo a Dios que me quiere, me acoge, me escucha, me habla.
2. **Petición:**
   Humildemente te pido, a ti, Señor, que eres la luz verdadera y la fuente misma de toda luz, que, meditando fielmente tu Palabra, viva siempre en tu claridad. Por Jesucristo, tu Hijo, nuestro Señor.
3. **Palabra de Dios**
   Leo tranquila y detenidamente el texto evangélico para hoy, en comunión con toda la Iglesia. Me fijo bien en todos los detalles.
4. **Ante la Palabra leída**
   –¿Qué dice este texto? *(Lectura honda: personas, circunstancias, actitudes...).*
   –¿Qué me dice a mí, personalmente? *(Meditación).*
   –Desde esto, ¿qué te digo yo ahora, Señor? *(Oración).*
   –¡Quiero identificarme contigo, Señor! ¿Qué hacer? *(Contemplación, iluminación de mi vida concreta).*
5. **Oración**
   Hay una oración-reflexión propia de cada día, como inicio de respuesta al texto evangélico. Al final puede añadirse la siguiente:
   Gracias, Señor, por tu presencia y tu cercanía en este rato de oración; y por la luz y la fuerza que me has dado. Ayúdame a vivir según tu voluntad y sirviendo siempre a mis hermanos. Por Jesucristo, tu Hijo, nuestro Señor.

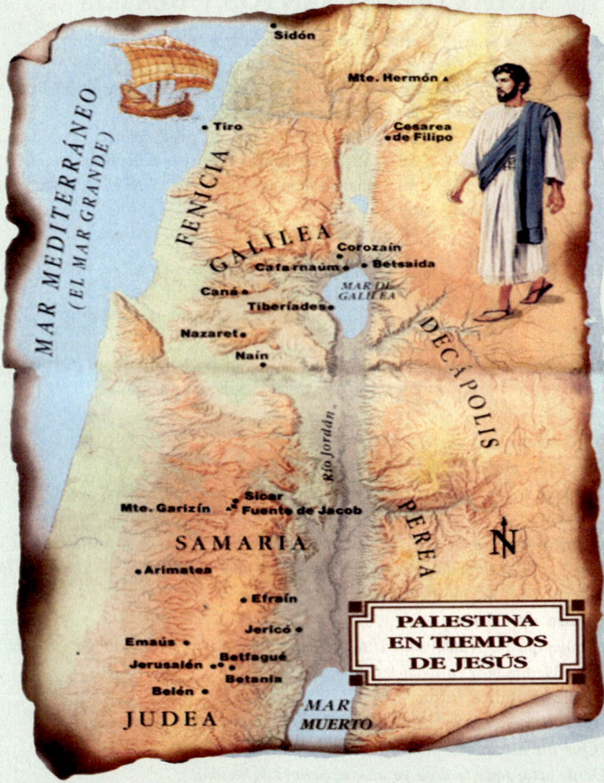

Los Santos Lugares se deben salvaguardar para siempre en su sacralidad. Que Jerusalén sea verdaderamente la Ciudad de la paz. Que resplandezca plenamente su valor universal religioso y cultural como tesoro para toda la humanidad. Paz a Israel. ¡Shalom!

Papa Francisco
Jerusalén, 26 de mayo de 2014

La Santísima Virgen, predestinada desde la eternidad como Madre de Dios, fue en la tierra la excelsa Madre del divino Redentor. Colaboró de manera muy singular a la obra del Salvador por su fe, esperanza y ardiente amor, para restablecer la ida sobrenatural de los hombres. Por esto es nuestra Madre en el orden de la gracia.

(Vaticano II, Lumen Gentium, n. 61)

SOLEMNIDAD DE SANTA MARÍA, MADRE DE DIOS.

Manuel (Emmanuel), San Fulgencio de Ruspe *ob*

JORNADA MUNDIAL DE LA PAZ

Papa Francisco: Comenzar el año haciendo memoria de la bondad de Dios en el rostro maternal de María, en el rostro maternal de la Iglesia, en los rostros de nuestras madres, nos protege de la corrosiva enfermedad de «la orfandad espiritual». Jesucristo en el momento de mayor entrega de su vida, en la cruz, entregando su vida nos entregó también a su Madre. Y nosotros queremos recibirla en nuestro corazón y en nuestra familia. Queremos encontrarnos con su mirada maternal. Esa mirada que nos libra de la orfandad; nos recuerda que somos hermanos: que yo te pertenezco, que tú me perteneces; que nos enseña que tenemos que aprender a cuidar la vida de la misma manera y con la misma ternura con la que ella la ha cuidado: sembrando esperanza, sembrando pertenencia, sembrando fraternidad *(1-1-2017)*.

PALABRA

• *Números* 6, 22-27: El Señor habló a Moisés: «Di a Aarón y a sus hijos: Esta es la fórmula con que bendeciréis a los israelitas: El Señor te bendiga y te proteja, ilumine su rostro sobre ti y te conceda su favor; el Señor se fije en ti y te conceda la paz. Así invocarán mi nombre sobre los israelitas y yo los bendeciré».

• *Salmo* 66, 2-8: ***El Señor tenga piedad y nos bendiga.***

• *Gálatas* 4, 4-7: Cuando llegó la plenitud del tiempo envió Dios a su Hijo, nacido de mujer, nacido bajo la ley, para rescatar a los que estaban bajo la ley, para que recibiéramos la adopción filial. Como sois hijos, Dios envió a nuestros corazones el Espíritu de su Hijo, que clama: "*Abba,* Padre". Así que ya no eres esclavo, sino hijo; y si eres hijo, eres también heredero por voluntad de Dios.

• **LUCAS, 2, 16-21:** Los pastores fueron corriendo a Belén y encontraron a María y a José, y al niño acostado en el pesebre. Al verlo, contaron lo que se les había dicho de aquel niño. Todos los que lo oían se admiraban de lo que les habían dicho los pastores. María, por su parte, conservaba todas estas cosas, meditándolas en su corazón. Y se volvieron los pastores dando gloria y alabanza a Dios por todo lo que habían oído y visto, conforme a lo que se les había dicho. Cuando se cumplieron los ocho días para circuncidar al niño, le pusieron por nombre Jesús, como lo había llamado el ángel antes de su concepción.

ORACIÓN

JESÚS, te alabo y te doy gracias por regalarme este Año Nuevo. Que en todo momento de 2018 reine en el mundo la paz, en la Iglesia la unidad en torno a María, la Madre de Dios y de los hombres, y para cada uno de los lectores de EVANGELIO 2018 te pido que se cumpla en su vida tu voluntad y cada uno la aceptemos como lo mejor que nos puede ocurrir. Ayúdame a permanecer unido a ti con fidelidad todos los días de este nuevo año.

EVANGELIO 2018
CON EL PAPA FRANCISCO

Ciclo B

TEXTO OFICIAL DE LA LITURGIA ESPAÑOLA

Con licencia eclesiástica

- **EVANGELIO DE LA EUCARISTÍA DIARIA Y LAS TRES LECTURAS DE LOS DOMINGOS**

CADA DÍA:

- **Comentario del Papa Francisco**
- **Oración-reflexión.**
- **Calendario litúrgico.**
- **Santoral oficial de la Iglesia con cuadros o fotos.**
- **Jornadas eclesiales.**

ANEXOS:

- **Índice de Santos.**
- **Oraciones y vida cristiana («minicatecismo»), que ofrece también preces por enfermos, moribundos y almas del purgatorio.**
- **Biblioteca básica cristiana: libros, audiolibros, música, películas.**

Preparado por

JOSÉ A. MARTÍNEZ PUCHE, dominico

EDIBESA. Adaptación, 62. 28906 GETAFE (Madrid)

www.edibesa.com

Lecturas: Texto oficial de la Iglesia católica.
Textos: José A. Martínez Puche, O.P.
Maquetación: Impresa.

Razón Social y Administración: c/ Adaptación, 62.
Políg. Ind. Los Olivos. 28906 GETAFE (Madrid)
Tlf.: 91 345 19 92 - Fax: 91 350 50 99 - E-mail: edibesa@edibesa.com

Santos BASILIO y GREGORIO *obs docs*, Adalardo de Corbie *ab*

ENERO **2** MARTES (MO)

Papa Francisco: «En la tierra paz a los hombres de buena voluntad» (*Lc* 2, 14). Ese don requiere ser implorado incesantemente en la oración. Recordemos, aquí en la plaza San Pedro, el cartel: «En la base de la paz está la oración». Este don se debe implorar y se debe acoger cada día con empeño, en las situaciones en las que nos encontramos. Estamos todos llamados a volver a encender en el corazón un impulso de esperanza, que debe traducirse en obras de paz concretas. ¿Tú no te llevas bien con esta persona? ¡Haz las paces!; ¿En tu casa? ¡Haz las paces!; ¿En tu comunidad? ¡Haz las paces!; «¿En tu trabajo? ¡Haz las paces!». Obras de paz, de reconciliación y de fraternidad. Cada uno de nosotros debe realizar gestos de fraternidad hacia el prójimo, especialmente con quienes son probados por tensiones familiares o por altercados de diversos tipos *(4-1-15)*.

PALABRA

Este es el testimonio de Juan, cuando los judíos enviaron desde Jerusalén sacerdotes y levitas a que le preguntaran: «¿Tú quién eres?». Él confesó y no negó; confesó: «Yo no soy el Mesías». Le preguntaron: «¿Entonces, qué? ¿Eres tú Elías?». Él dijo: «No lo soy». «¿Eres tú el Profeta?». Respondió: «No». Y le dijeron: «¿Quién eres, para que podamos dar una respuesta a los que nos han enviado? ¿Qué dices de ti mismo?». Él contestó: «Yo soy la voz que grita en el desierto: "Allanad el camino del Señor", como dijo el profeta Isaías». Entre los enviados había fariseos y le preguntaron: «Entonces, ¿por qué bautizas si tú no eres el Mesías, ni Elías, ni el Profeta?». Juan les respondió: «Yo bautizo con agua; en medio de vosotros hay uno que no conocéis, el que viene detrás de mí, y al que no soy digno de desatar la correa de la sandalia». Esto pasaba en Betania, en la otra orilla del Jordán, donde estaba Juan bautizando.

1Juan **2, 22-28; *Salmo*** **97, 1-4 • JUAN 1, 19-28**

ORACIÓN

JESÚS, *"Con vosotros está y no lo conocéis".* No puedo pasar de largo este reproche que se cumple en mi vida. Mil vidas no serían suficientes para conocer la infinidad de tu amor por mí. Todo lo que hay de bueno en mi vida viene de ti, que te encarnaste por amor a mí, sufriste y proclamaste el Reino de Dios para iluminar mi vida, sufriste la más injusta condena a muerte para cargar con mis pecados y darme la nueva vida de resucitado. Si te conociera a fondo, no sería capaz de cometer el más mínimo pecado. Señor, tú sabes que te quiero. Y yo sé que me quieres. Pero quieres que te conozca con más exactitud, y te siga con mayor fidelidad. Este 2018 quiero dedicarlo a progresar en "conocer al Padre y a su enviado": en eso consiste la vida eterna.

Los confines de la tierra han contemplado la salvación de nuestro Dios *(Salmo 97, 3).*

SANTÍSIMO NOMBRE DE JESÚS.
Santos Antero *pp*, Genoveva *vg*, Ciriaco Elías *ob*

Anagrama del NOMBRE DE JESÚS

Papa Francisco: *"Cordero de Dios que quita el pecado"*. Él es capaz de perdonarnos. Todos tenemos necesidad de ello. Todos somos pecadores, pero debemos estar atentos para no llegar a ser corruptos. Pecadores lo somos, pero Él nos perdona. Escuchemos la voz de Jesús que, con el poder de Dios nos dice: *Yo te doy la vida, te doy la felicidad, te bendigo y te quiero para mí (6-4-2014).*

PALABRA

Al día siguiente, al ver Juan a Jesús que venía hacia él, exclamó: «Este es el Cordero de Dios, que quita el pecado del mundo. Este es aquel de quien yo dije: "Tras de mí viene un hombre que está por delante de mí, porque existía antes que yo". Yo no lo conocía; pero he salido a bautizar con agua, para que sea manifestado a Israel». Y Juan dio testimonio diciendo: «He contemplado al Espíritu que bajaba del cielo como una paloma y se posó sobre él. Yo no lo conocía, pero el que me envió a bautizar con agua me dijo: "Aquel sobre quien veas bajar el Espíritu y posarse sobre él, ese es el que bautiza con Espíritu Santo". Y yo lo he visto, y he dado testimonio de que este es el Hijo de Dios».

1Juan** 2, 29 - 3, 6; **Salmo** 97, 1-6 • **JUAN 1, 29-34

ORACIÓN

JESÚS, el Calendario de la Iglesia nos evoca tu Santísimo Nombre: Jesús. Es el Nombre-sobre-todo-nombre, ante el cual doblo mi rodilla y me postro con toda mi vida en adoración profunda. ¡Que nunca te robe la gloria apropiándome cualquier cosilla buena que haga, porque si algo me sale más o menos bien es porque tú me das tu Espíritu! Con los místicos medievales celebro tu Nombre como "júbilo para mi corazón, melodía para mi oído, miel para mi boca, esplendor para mi mente, esperanza para mi vida". Que durante mi vida y en la hora de mi muerte no se me caiga de mis labios tu Santísimo Nombre JESÚS, JESÚS, JESÚS.

Los confines de la tierra han contemplado la salvación de nuestro Dios
(Salmo 97, 3).

Santos Genoveva Torres *vg*, Manuel González *ob*, Zedíslava de Lemberk *mf*, Isabel Ana Seton *mf*

Papa Francisco: Me vino a la mente la figura de algunos jóvenes del Evangelio. Algunos jóvenes que se cruzaron con Jesús o de los cuales habló Jesús. Quizá pueda ayudar. Si os sirve, asumidlo, si no os sirve, tiradlo. Pensé en los jóvenes Apóstoles, pensé en el joven rico, pensé en el joven que se fue a buscar nueva vida con la herencia de su padre, pensé en el joven muerto. Los Apóstoles eran jóvenes, unos no tanto, otros sí. Juan era un muchachito. Y quedaron conmovidos por la figura de Jesús, entusiasmados, con ese estupor que produce cuando uno se encuentra con Jesús. Y van corriendo y dicen a los amigos: "Hemos encontrado al Mesías!" *(26-4-2014)*.

PALABRA

Estaba Juan con dos de sus discípulos y, fijándose en Jesús que pasaba, dice: «Este es el Cordero de Dios». Los dos discípulos oyeron sus palabras y siguieron a Jesús. Jesús se volvió y, al ver que lo seguían, les pregunta: «¿Qué buscáis?». Ellos le contestaron: «Rabí (que significa Maestro), ¿dónde vives?». Él les dijo: «Venid y veréis». Entonces fueron, vieron dónde vivía y se quedaron con él aquel día; era como la hora décima. Andrés, hermano de Simón Pedro, era uno de los dos que oyeron a Juan y siguieron a Jesús; encuentra primero a su hermano Simón y le dice: «Hemos encontrado al Mesías (que significa Cristo)». Y lo llevó a Jesús. Jesús se le quedó mirando y le dijo: «Tú eres Simón, el hijo de Juan; tú te llamarás Cefas (que se traduce: Pedro)».

1Juan 3, 7-10; ***Salmo*** 97, 1.7-9 • **JUAN 1, 35-42**

ORACIÓN

JESÚS, cuando veo su prontitud para seguirte, me viene este interrogante: ¿Qué vieron en ti Andrés y Juan, y luego Pedro, para decidir a la primera irse contigo a las cuatro de la tarde de aquel bendito día? ¿Cómo era tu mirada que los fascinó? Cuando Juan tenía casi cien años, recordaba con una precisión exacta el día y la hora de su encuentro contigo: serían las cuatro de la tarde. Yo puedo encontrarme íntimamente contigo cada día: en la Eucaristía tú te entregas a mí en cuerpo, alma y divinidad. ¡Ah, si mi unión contigo y mi vivir en ti fueran con el entusiasmo y la fidelidad de Andrés y Juan!

Los confines de la tierra han contemplado la salvación de nuestro Dios *(Salmo 97, 3).*

Santos Deogracias *ob*, Juan Nepomuceno Neumann *ob*, Emiliana *vg*. Beato Carlos Houben *pb*

Papa Francisco: Cuando una persona *[como los Apóstoles]* conoce verdaderamente a Jesucristo y cree en Él, experimenta su presencia en la vida y la fuerza de su Resurrección, y no puede dejar de comunicar esta experiencia. Y si esta persona encuentra incomprensiones o adversidades, se comporta como Jesús en su pasión: responde con el amor y la fuerza de la verdad *(14-4-2013)*.

PALABRA

Determinó Jesús salir para Galilea; encuentra a Felipe y le dice: «Sígueme». Felipe era de Betsaida, ciudad de Andrés y de Pedro. Felipe encuentra a Natanael y le dice: «Aquel de quien escribieron Moisés en la ley y los profetas, lo hemos encontrado: Jesús, hijo de José, de Nazaret». Natanael le replicó: «¿De Nazaret puede salir algo bueno?». Felipe le contestó: «Ven y verás». Vio Jesús que se acercaba Natanael y dijo de él: «Ahí tenéis a un israelita de verdad, en quien no hay engaño». Natanael le contesta: «¿De qué me conoces?». Jesús le responde: «Antes de que Felipe te llamara, cuando estabas debajo de la higuera, te vi». Natanael respondió: «Rabí, tú eres el Hijo de Dios, tú eres el Rey de Israel». Jesús le contestó: «¿Por haberte dicho que te vi debajo de la higuera, crees? Has de ver cosas mayores». Y le añadió: «En verdad, en verdad os digo: veréis el cielo abierto y a los ángeles de Dios subir y bajar sobre el Hijo del hombre».

1Juan 3, 11-21; ***Salmo*** 99, 2-5 • **JUAN 1, 43-51**

ORACIÓN

JESÚS, buen ejemplo el de Felipe: se encontró contigo, quedó fascinado de tu presencia y corrió a comunicárselo a su amigo Natanael. Tú podrías haber rechazado a Natanael, que más bien se mostró escéptico y te menospreció al saber que eras de Nazaret. Pero tu estilo es lo más opuesto a la venganza. Tú eres amor, perdón, acogida, esperanza. Por eso estos dos apóstoles y los otros diez te siguieron sin dudas ni demoras. Pues sí, de Nazaret salió no solo "algo bueno" sino la fuente de toda Bondad, que eres tú mismo.

Aclama al Señor, tierra entera *(Salmo 99, 1).*

ADORACIÓN DE LOS MAGOS

ENERO
6
SÁBADO (SO)

SOLEMNIDAD DE LA EPIFANÍA DEL SEÑOR.

Santos Andrés Corsini *ob,* Pedro Tomás *ob*

DÍA DEL CATEQUISTA NATIVO Y DEL IEME

Papa Francisco: Los magos expresan el retrato del hombre creyente, del hombre que tiene nostalgia de Dios; del que añora su casa, la patria celeste. Reflejan la imagen de todos los hombres que en su vida no han dejado que se les anestesie el corazón. La santa nostalgia de Dios brota en el corazón creyente pues sabe que el Evangelio no es un acontecimiento del pasado sino del presente. La santa nostalgia de Dios nos permite tener los ojos abiertos frente a todos los intentos reductivos y empobrecedores de la vida. La santa nostalgia de Dios es la memoria creyente que se rebela frente a tantos profetas de desventura. Esa nostalgia es la que mantiene viva la esperanza de la comunidad creyente la cual, semana a semana, implora diciendo: «Ven, Señor Jesús» *(6-1-2017)*.

PALABRA

• ***Isaías*** 60, 1-6: ¡Levántate, brilla, Jerusalén, que llega tu luz; la gloria del Señor amanece sobre ti! Mira: las tinieblas cubren la tierra, la oscuridad los pueblos, pero sobre ti amanecerá el Señor, su gloria aparecerá sobre ti; y caminarán los pueblos a tu luz; los reyes al resplandor de tu aurora. Levanta la vista en torno, mira: todos esos se han reunido, vienen a ti: tus hijos llegan de lejos, a tus hijas las traen en brazos. Entonces lo verás, radiante de alegría; tu corazón se asombrará, se ensanchará, cuando vuelquen sobre ti los tesoros del mar, y te traigan las riquezas de los pueblos: Te inundará una multitud de camellos, los dromedarios de Madián y de Efá. Vienen todos de Sabá, trayendo incienso y oro, y proclamando las alabanzas del Señor.

• ***Salmo*** 71, 2.7-13: ***Se postrarán ante ti, Señor, todos los reyes de la tierra.***

• ***Efesios*** 3, 2-3a.5-6: Habéis oído hablar de la distribución de la gracia de Dios que se me ha dado en favor vuestro. Ya que se me dio a conocer por revelación el misterio que no había sido manifestado a los hombres en otros tiempos, como ha sido revelado ahora por el Espíritu a sus santos apóstoles y profetas: que también los gentiles son coherederos, miembros del mismo cuerpo y partícipes de la Promesa en Jesucristo, por el Evangelio.

• **MATEO 2, 1-12:** Habiendo nacido Jesús en Belén de Judea en tiempos del rey Herodes, unos magos de Oriente se presentaron en Jerusalén preguntando: «¿Dónde está el Rey de los judíos que ha nacido? Porque hemos visto salir su estrella y venimos a adorarlo». Al enterarse el rey Herodes, se sobresaltó y todo Jerusalén con él; convocó a los sumos sacerdotes y a los escribas del país, y les preguntó dónde tenía que nacer el Mesías. Ellos le contestaron: «En Belén de Judea, porque así lo ha escrito el profeta: "Y tú, Belén, tierra de Judá, no eres ni mucho menos la última de las ciudades de Judá; pues de ti saldrá un jefe que pastoreará a mi pueblo Israel"». Entonces Herodes llamó en secreto a los magos para que le precisarán el tiempo en que había aparecido la estrella, y los mandó a Belén diciéndoles: «Id y averiguad cuidadosamente qué hay del niño y, cuando lo encontréis, avisadme, para ir yo también a adorarlo». Ellos, después de oír al rey, se pusieron en camino, y de pronto la estrella que habían visto salir comenzó a guiarlos hasta que vino a pararse encima de donde estaba el niño. Al ver la estrella, se llenaron de inmensa alegría. Entraron en la casa, vieron al niño con María, su madre, y cayendo de rodillas lo adoraron; después, abriendo sus cofres, le ofrecieron regalos: oro, incienso y mirra. Y habiendo recibido en sueños un oráculo, para que no volvieran a Herodes, se marcharon a su tierra por otro camino.

ORACIÓN **JESÚS,** gracias por el don de la fe: es el mayor regalo que recibí de ti, y te lo digo plenamente consciente y agradecido, en este día tradicional de regalos. Te doy gracias por la estrella que dirigió mis pasos y mi corazón a ti: mis padres o abuelos, algún sacerdote o catequista, el ejemplo de algún buen amigo de verdad… En la misma actitud de agradecimiento, te pido para ellos lo mejor, que es tu amistad y tu compañía, aquí en la tierra y en el cielo.

Se postrarán ante ti, Señor, todos los reyes de la tierra *(Salmo 71).*

ENERO **7** DOMINGO

FIESTA DEL BAUTISMO DEL SEÑOR.
Santos RAIMUNDO DE PEÑAFORT *pb*, Luciano *pb mr*, Ciro *ob mr*

Papa Francisco: ¡Dios está muy cerca de nosotros!, la voz de Dios Padre se hace sentir desde lo alto. *"Tú eres mi Hijo amado: en ti me complazco"*. Y al mismo tiempo el Espíritu Santo, en forma de paloma, se posa sobre Jesús que da públicamente inicio a su misión de salvación. Siervo humilde y manso, así es el estilo misionero de los discípulos de Cristo: anunciar el Evangelio con mansedumbre y firmeza, sin gritarle a nadie sino con mansedumbre y firmeza, sin arrogancia o imposición. La verdadera misión no es nunca proselitismo sino atracción hacia Cristo *(8-1-2017)*.

PALABRA

• ***Isaías*** 42,1-4.6-7: Así dice el Señor: Mirad a mi siervo, a quien sostengo; mi elegido, a quien prefiero. Sobre él he puesto mi espíritu, para que traiga el derecho a las naciones: No gritará, no clamará, no voceará por las calles. La caña cascada no la quebrará, el pábilo vacilante no lo apagará. Promoverá fielmente el derecho, no vacilará ni se quebrará hasta implantar el derecho en la tierra y sus leyes, que esperan las islas. Yo, el Señor, te he llamado con justicia, te he tomado de la mano, te he formado y te he hecho alianza de un pueblo, luz de las naciones. Para que abras los ojos de los ciegos, saques a los cautivos de la prisión, y de la mazmorra a los que habitan en las tinieblas.

• ***Salmo*** 28,1-4.9-10: ***El Señor bendice a su pueblo con la paz.***

• ***Hechos de los Apóstoles*** 10,34-38: Pedro tomó la palabra y dijo: «Está claro que Dios no hace distinciones; acepta al que lo teme y practica la justicia, sea de la nación que sea. Envió su palabra a los israelitas anunciando la paz que traería Jesucristo, el Señor de todos. Conocéis lo que sucedió en el país de los judíos, cuando Juan predicaba el bautismo, aunque la cosa empezó en Galilea. Me refiero a Jesús de Nazaret, ungido por Dios con la fuerza del Espíritu Santo, que pasó haciendo el bien y curando a los oprimidos por el diablo; porque Dios estaba con él».

• **MARCOS 1, 7-11:** Proclamaba Juan el Bautista: «Detrás de mí viene el que es más fuerte que yo y no merezco agacharme para desatarle la correa de sus sandalias. Yo os he bautizado con agua, pero él os bautizará con Espíritu Santo». Y sucedió que por aquellos días llegó Jesús desde Nazaret de Galilea y fue bautizado por Juan en el Jordán. Apenas salió del agua, vio rasgarse los cielos y al Espíritu Santo que bajaba hacia él como una paloma. Se oyó una voz de los cielos: «Tú eres mi Hijo amado, en ti me complazco».

ORACIÓN

JESÚS, admiro tu profunda humildad, al ponerte *en la fila de los pecadores para ser bautizado como uno más.* Yo sé que tú eres el único justo, y yo soy el pecador, que oigo la voz de tu Padre que me llama a escucharte y a seguirte.

**Santos Apolinar *ob*, Severino *ab*,
Lorenzo Justiniano *ob***

TIEMPO ORDINARIO

LITURGIA DE LAS HORAS: tomo III

Papa Francisco: Jesús proclama el Evangelio con las mismas palabras de Juan: *Se ha cumplido el tiempo, está cerca el reino de Dios, convertíos.* Juan había preparado el camino a Jesús. Preparar nuestra vida es propio del amor de Dios. Él no nos hace cristianos por generación espontánea. Es una obra de preparación que Jesús lleva adelante en muchas generaciones.

PALABRA

Después de que Juan fue entregado, Jesús se marchó a Galilea a proclamar el Evangelio de Dios; Decía: «Se ha cumplido el tiempo y está cerca el reino de Dios: convertíos y creed en el Evangelio». Pasando junto al lago de Galilea, vio a Simón y a Andrés, el hermano de Simón, echando las redes en el mar, pues eran pescadores. Jesús les dijo: «Venid en pos de mí y os haré pescadores de hombres». Inmediatamente dejaron las redes y lo siguieron. Un poco más adelante vio a Santiago, hijo de Zebedeo, y a su hermano Juan, que estaban en la barca repasando las redes. A continuación, los llamó, dejaron a su padre Zebedeo en la barca con los jornaleros y se marcharon con él.

1Samuel 1, 1-8; ***Salmo*** 115, 12-19 • **MARCOS 1, 14-20**

ORACIÓN

SEÑOR, *¡Se ha cumplido el tiempo!, ¡está cerca el reino de Dios: convertíos y creed en el Evangelio!* Así de rotunda y tajante es tu palabra al comenzar este tiempo ordinario. No dejas lugar a dudas. Y, a renglón seguido, la llamada, la vocación de los primeros apóstoles: *Venid en pos de mí…* Está claro: me invitas rotundamente a un cambio radical. Quieres que cierre mis oídos al mundo, al demonio y a la carne, y me ponga, con toda mi vida, de cara a ti y a tu reino. Y me eliges para ser mensajero de ese reino en mi entorno familiar y social. No tengo más palabras que estas: aquí me tienes, Señor, contigo siempre.

Te ofreceré, Señor, un sacrificio de alabanza *(Salmo 115, 17).*

Santos EULOGIO DE CÓRDOBA *pb mr*, Adrián *ab*, Marcelino *ob*, Águeda Yi *vg mr*

Papa Francisco: Jesús enseñaba con humildad y decía a sus discípulos que "el más grande sea como el que sirve: se haga el más pequeño". Los fariseos se sentían príncipes. "Nosotros somos los maestros, los príncipes, y nosotros os enseñamos a vosotros; nosotros mandamos, vosotros obedecéis". Jesús no tenía alergia a la gente: tocar a los leprosos, a los enfermos, no le hacía estremecerse. Jesús vivía lo que predicaba. Y esta es la autoridad que siente el pueblo de Dios: una autoridad humilde, de servicio, una autoridad cercana a la gente y coherente *(10-1-2017)*.

PALABRA

En la ciudad de Cafarnaún, el sábado entra Jesús en la sinagoga a enseñar; estaban asombrados de su enseñanza, porque les enseñaba con autoridad y no como los escribas. Había precisamente en su sinagoga un hombre que tenía un espíritu inmundo, y se puso a gritar: «¿Qué tenemos que ver nosotros contigo, Jesús Nazareno? ¿Has venido a acabar con nosotros? Sé quién eres: El Santo de Dios». Jesús lo increpó: «Cállate y sal de él». El espíritu inmundo lo retorció violentamente y, dando un grito muy fuerte, salió de él. Todos se preguntaron estupefactos: «¿Qué es esto? Una enseñanza nueva expuesta con autoridad. Incluso manda a los espíritus inmundos y lo obedecen». Su fama se extendió enseguida por todas partes, alcanzando la comarca entera de Galilea.

1Samuel 1,9-20; ***Salmo: 1Samuel*** 2,1-8 • **MARCOS 1,21b-28**

ORACIÓN

SEÑOR, tú nos quieres libres de las ataduras del pecado a las que nos lleva la astucia del maligno, cuando solo contamos con nuestra debilidad y abandonamos la unión e intimidad contigo por la oración. Y empleas la fuerza de tu Palabra -enseñas con autoridad, o, si es preciso, lo confirmas con milagros, demostración de tu poder divino. Tu apóstol Pedro, que fue presa del demonio cuando te negó, nos pone alerta en su primera carta: *El demonio, como león rugiente anda cerca buscando a quién devorar. Resistidle fuertes en la fe.* Dame, Señor, esa fortaleza en la fe, que me vendrá de tu Espíritu.

Mi corazón se regocija en el Señor, mi Salvador *(1Samuel 2,1)*.

ENERO **10** MIÉRCOLES (FE)

Santos Gregorio de Nisa *ob*, Miltiades *pp*, Guillermo *ob*. Beatos Ana de los Ángeles *vg*, Gonzalo, *pb*

B. ANA DE LOS ANG. MONTEAGUDO

Papa Francisco: Jesús sigue siendo el centro de la vida cristiana: Jesucristo, Hijo del Padre, Salvador del mundo. No hay otro, es el único: Jesucristo que se manifiesta, se hace ver, y nosotros estamos invitados a conocerle, a reconocerle en la vida, en las muchas circunstancias de la vida. He aquí la cuestión: Reconocer a Jesús, conocer a Jesús. ¿El centro de mi vida es Jesucristo? ¿Cuál es mi relación con Jesucristo? Leer la historia de Jesús, sí, el Evangelio es la historia de Jesús, la vida de Jesús, es Jesús mismo, es el Espíritu Santo que nos hace ver a Jesús ahí. Por favor, haced esto: si tenéis siempre a mano un Evangelio, pequeño, podéis leer todos los días un pasaje del Evangelio, pequeñito, tres minutos, cuatro, cinco: leer todos los días un pasaje del Evangelio: es el único modo de conocer a Jesús, de saber «qué ha hecho, qué ha dicho. Y esto trabaja por dentro. Esto es la semilla. Quien hace germinar y crecer la semilla es el Espíritu Santo. ¡Y adorar a Jesús, es Dios! Es necesario adorar a Jesús: *Adoremos al Señor junto a sus ángeles* (*Salmo* 96). Si los ángeles le adoran de verdad, está bien preguntarse si le adoramos nosotros *(9-1-2017)*.

PALABRA

Al salir Jesús de la sinagoga, fue con Santiago y Juan a casa de Simón y Andrés. La suegra de Simón estaba en cama con fiebre, e inmediatamente le hablaron de ella. Él se acercó, la tomó de la mano y la levantó. Se le pasó la fiebre y se puso a servirles. Al anochecer, cuando se puso el sol, le llevaron todos los enfermos y endemoniados. La población entera se agolpaba a la puerta. Curó a muchos enfermos de diversos males y expulsó muchos demonios; y como los demonios lo conocían, no les permitía hablar. Se levantó de madrugada, cuando todavía estaba muy oscuro, se marchó a un lugar solitario y allí se puso a orar. Simón y sus compañeros fueron en su busca y, al encontrarlo, le dijeron: «Todo el mundo te busca». Él les respondió: «Vámonos a otra parte, a las aldeas cercanas, para predicar también allí; que para eso he salido». Así recorrió toda Galilea, predicando en las sinagogas y expulsando los demonios.

1Samuel 3,1-10.19-20: ***Salmo*** 39,2.5.7-10 • **MARCOS 1,29-39**

ORACIÓN

SEÑOR, todos te buscaban a ti, y tú no dejabas pasar ningún día sin buscar la intimidad con el Padre en la oración personal. ¿Te busco yo cada día? ¿Con sincero corazón y no por la recompensa que puedas ofrecerme? Mi recompensa mayor eres tú mismo, tu compañía, tu amistad. No solo te dejas encontrar, sino que viniste al mundo para encontrarnos, curarnos, acompañarnos en nuestro camino. *Tu rostro buscaré, no me escondas tu rostro.*

Aquí estoy, Señor, para hacer tu voluntad *(Salmo 39,8.9)*

Santos Higinio *pp*, Honorata *vg*, Tomás de Cori *pb*, Teodosio *er*

11

JUEVES (FE)

Papa Francisco: Dos palabras: "hoy" y "corazón". Un hoy lleno de días. Un hoy en el cual nosotros hemos recibido el amor de Dios. Y la tentación es decir "sí, lo haré mañana". He comido contigo, he estado contigo...". "No te conozco: has llegado tarde...". El mañana será el mañana eterno, sin atardecer, con el Señor, para siempre. Si yo soy fiel a este hoy. ¿cómo vivo yo este hoy? Esto lo digo no para asustaros, sino simplemente para decir que nuestra vida es un hoy: hoy o nunca. Con el corazón encontramos al Señor. Pero que no nos diga: "lentos de corazón", lentos en el entender. Corazón abierto al Señor, no cerrado, no duro, no endurecido, no sin fe, no perverso, no seducido por los pecados. ¿Cómo es mi hoy? ¿Mi atardecer puede ser hoy mismo, este día o muchos días después? ¿Cómo va mi hoy, en la presencia del Señor? ¿Y mi corazón cómo es? ¿Está abierto? ¿Está firme en la fe? ¿Se deja conducir del amor del Señor? *(12-1-2017)*.

PALABRA

Se acercó a Jesús un leproso, suplicándole de rodillas: «Si quieres, puedes limpiarme». Compadecido, extendió la mano y lo tocó diciendo: «Quiero: queda limpio». La lepra se le quitó inmediatamente y quedó limpio. Él lo despidió, encargándole severamente: «No se lo digas a nadie; pero, para que conste, ve a presentarte al sacerdote y ofrece por tu purificación lo que mandó Moisés, para que les sirva de testimonio». Pero, cuando se fue, empezó a pregonar bien alto y a divulgar el hecho con grandes ponderaciones, de modo que Jesús ya no podía entrar abiertamente en ningún pueblo; se quedaba fuera, en descampado; y aun así acudían a él de todas partes.

1Samuel **4,1b-11:** ***Salmo*** **43,10-11. 14-15.24-25 • MARCOS 1,40-45**

ORACIÓN

SEÑOR, con pleno convencimiento y esperanza, te digo hoy: *Si quieres puedes limpiarme.* Me refiero primero a mis intenciones, respondiendo a los interrogantes del Papa al principio de este día. No vale quedarse en apariencias externas, mi lepra no es solo de la piel, es del corazón, y te pido con David: *Crea en mí un corazón puro, renuévame por dentro con espíritu firme.* Eso es lo que te pido hoy, cuando te digo que puedes limpiarme, esperando tus Palabras: *Quiero, queda limpio.*

Redímenos, Señor, por tu misericordia *(Salmo 43,27).*

Santos Martino de León *pb*, Arcadio *mr*, Cesárea *ab*, Antonio María Pucci *pb*

Papa Francisco: La gente que seguía a Jesús arriesgaba para encontrar a Jesús, para encontrar lo que quería. Basta pensar en el episodio que Marcos cuenta en el Evangelio del día: «Como no podían presentárselo, por el gentío, abrieron un boquete y descolgaron la camilla donde yacía el paralítico». Estos hombres arriesgaron cuando hicieron el agujero en el techo: arriesgaron que el propietario de la casa les hiciera causa, les llevase al juez y les hiciera pagar: han arriesgado, pero querían ir donde Jesús. ¿Estoy en camino detrás de Jesús, incluso si hago el ridículo alguna vez? ¿O estoy sentado, mirando cómo hacen los otros, mirando la vida? ¿O estoy sentado, con el alma cerrada por la amargura, la falta de esperanza? *(13-1-2017)*.

PALABRA

Cuando a los pocos días volvió Jesús a Cafarnaún, se supo que estaba en casa. Acudieron tantos que no quedaba sitio ni a la puerta. Y les proponía la palabra. Y vinieron trayéndole un paralítico llevado entre cuatro y, como no podían presentárselo, por el gentío, abrieron un boquete y descolgaron la camilla donde yacía el paralítico. Viendo Jesús la fe que tenían, le dice al paralítico: «Hijo, tus pecados te son perdonados». Unos escribas, que estaban allí sentados, pensaban para sus adentros: «¿Por qué habla este así? Blasfema. ¿Quién puede perdonar pecados sino uno solo, Dios?». Jesús se dio cuenta de lo que pensaban y dijo: «¿Por qué pensáis eso? ¿Qué es más fácil: decir al paralítico: "Tus pecados quedan perdonados", o decir: "Levántate, toma la camilla y echa a andar"? Pues, para que veáis que el Hijo del hombre tiene potestad en la tierra para perdonar pecados -dice al paralítico-: «Te digo: levántate, toma tu camilla y vete a tu casa». Se levantó, tomó inmediatamente la camilla y salió a la vista de todos. Se quedaron atónitos y daban gloria a Dios diciendo: «Nunca hemos visto una cosa igual».

1Samuel 8,4-7.10-22a; ***Salmo*** 88,16-19 • **MARCOS 2,1-12**

ORACIÓN

SEÑOR, hoy la frase de mayor trascendencia es la que fue escándalo para unos, estaba fuera de lugar para otros, y es para mí fuente de salvación: *Hijo, tus pecados quedan perdonados.* Es la Palabra de Dios que cura la parálisis del alma, infinitamente más perniciosa que la del cuerpo, aunque no lo entiendan los que solo se rigen por la razón sin la fe. Tú eres Dios, tú eres Amor. Por eso puedes y quieres perdonar mis pecados. Y, como signo inequívoco de tu divinidad, curas la parálisis que tantas veces me impide servir a los demás.

Cantaré eternamente tus misericordias, Señor *(Salmo 88,2).*

Santos HILARIO *ob dc*, Remigio *ob*, Gumersindo *pb mr*. Beata Verónica *vg*

Papa Francisco: *«Yo he venido a llamar a los pecadores»*. ¿Estamos convencidos de que Dios nos quiere mucho y de que todo aquello que nos ha prometido está dispuesto a llevarlo a cumplimiento? Pero Padre, ¿cuánto debemos pagar por esto? Este es el único precio: abrir el corazón a la fe y Él hará el resto. Pidamos hoy al Señor la gracia de permanecer instaurados no tanto en nuestras seguridades, en nuestras capacidades, sino en la esperanza que surge de la promesa de Dios, como verdaderos hijos de Abrahán. Cuando Dios promete, lleva a cumplimiento aquello que promete. Jamás falta a su palabra. Y entonces nuestra vida asumirá una luz nueva, en la conciencia de que Quien ha resucitado a su Hijo, resucitará también a nosotros y nos hará de verdad una cosa sola con Él, junto a todos nuestros hermanos en la fe. Todos nosotros creemos *(29-3-2017)*.

PALABRA

Jesús salió de nuevo a la orilla del mar; la gente acudía a él y les enseñaba. Al pasar vio a Leví, el de Alfeo, sentado al mostrador de los impuestos y le dice: «Sígueme». Se levantó y lo siguió. Sucedió que, mientras estaba él sentado a la mesa en casa de Leví, muchos publicanos y pecadores se sentaron con Jesús y sus discípulos pues eran muchos que lo seguían. Los escribas de los fariseos, al ver que comía con pecadores y publicanos, decían a sus discípulos: «Por qué come con publicanos y pecadores?». Jesús lo oyó y les dijo: «No necesitan médico los sanos, sino los enfermos. No he venido a llamar a los justos, sino a los pecadores».

1Samuel 9,1-4.17-19; 10,1a; ***Salmo*** 20,2-7 • **MARCOS 2,13-17**

ORACIÓN

SEÑOR, te pido la gracia de que nunca me canse de pedirte perdón. Ese gesto es el principio de mi salvación. ¿A dónde podría ir cargado con el fardo de mis pecados? Me alienta ver que no tienes asco de los pecadores: a uno lo eliges para ser tu apóstol y vas a su casa a comer con sus amigotes, publicanos y pecadores. Como Mateo, quiero levantarme de mi comodidad mezquina y seguirte.

Señor, el rey se alegra por tu fuerza *(Salmo 20,2)*.

Santos JUAN DE RIBERA *ob*, Félix de Nola *pb*, Eufrasio *ob*, Macrina *mf mr*

SAN JUAN DE RIBERA

Papa Francisco: Todo en nuestra vida, hoy como en tiempos de Jesús, comienza con un encuentro. Un encuentro con este hombre, el carpintero de Nazaret, un hombre como todos y, al mismo tiempo, diverso. Pensemos en el Evangelio de san Juan, allí donde relata el primer encuentro de los discípulos con Jesús (cf. *Jn* 1, 35-42). Andrés, Juan y Simón: se sintieron mirados en lo más profundo, conocidos íntimamente, y esto suscitó en ellos una sorpresa, un estupor que, inmediatamente, los hizo sentirse unidos a Él... Ese fue el descubrimiento decisivo para san Pablo, para san Agustín, y para tantos otros santos: Jesucristo siempre es el primero, *nos primerea,* nos espera, Jesucristo nos precede siempre; y cuando nosotros llegamos, Él ya nos estaba esperando. Él es como la flor del almendro: es la que florece primero y anuncia la primavera *(7-3-2015).*

PALABRA

• ***1Samuel*** 3, 3b-10.19: Samuel estaba acostado en el templo, donde estaba el arca de Dios. El Señor llamó a Samuel y él respondió: «Aquí estoy». Fue corriendo a donde estaba Elí y le dijo: «Aquí estoy, vengo porque me has llamado». Respondió Elí: «No te he llamado; vuelve a acostarte». Samuel volvió a acostarse. Volvió a llamar el Señor a Samuel. Él se levantó y fue a donde estaba Elí y le dijo: «Aquí estoy, vengo porque me has llamado». Respondió Elí: «No te he llamado; vuelve a acostarte». Aún no conocía Samuel al Señor, pues no le había sido revelada la palabra del Señor. Por tercera vez llamó el Señor a Samuel y él se fue a donde estaba Elí y le dijo: «Aquí estoy; vengo porque me has llamado». Elí comprendió que era el Señor quien llamaba al muchacho y dijo a Samuel: «Anda, acuéstate; y si te llama alguien responde: Habla, Señor, que tu siervo te escucha». Samuel fue y se acostó en su sitio. El Señor se presentó y le llamó como antes: «¡Samuel, Samuel!». Él respondió: «Habla, Señor, que tu siervo te escucha». Samuel crecía, y el Señor estaba con él, y ninguna de sus palabras dejó de cumplirse.

• ***Salmo*** 39, 2.4. 7-10: ***Aquí estoy, Señor, para hacer tu voluntad.***

• ***1Corintios*** 6, 13c-15a.17-20: El cuerpo no es para la fornicación, sino para el Señor; y el Señor para el cuerpo. Dios, con su poder, resucitó al Señor y nos resucitará también a nosotros. ¿No sabéis que vuestros cuerpos son miembros de Cristo? El que se une al Señor es un espíritu con él. Huid de la fornicación. Cualquier pecado que cometa el hombre, queda fuera de su cuerpo. Pero el que fornica, peca en su propio cuerpo. ¿O es que no sabéis que vuestro cuerpo es templo del Espíritu Santo? Él habita en vosotros porque lo habéis recibido de Dios. No os poseéis en propiedad, porque os han comprado pagando un precio por vosotros. Por tanto, ¡glorificad a Dios con vuestro cuerpo!

• **JUAN 1, 35-42:** Estaba Juan con dos de sus discípulos y fijándose en Jesús que pasaba, dice: «Este es el Cordero de Dios». Los dos discípulos oyeron sus palabras y siguieron a Jesús. Jesús se volvió y, al ver que lo seguían, les pregunta: «¿Qué buscáis?». Ellos le contestaron: «Rabbí (que significa Maestro), ¿dónde vives?». Él les dijo: «Venid y veréis». Entonces fueron, vieron dónde vivía y se quedaron con él aquel día; era como la hora undécima. Andrés, hermano de Simón Pedro, era uno de los dos que oyeron a Juan y siguieron a Jesús; encuentra primero a su hermano Simón y le dice: «Hemos encontrado al Mesías (que significa Cristo)». Y lo llevó a Jesús. Jesús se le quedó mirando y le dijo: «Tú eres Simón, el hijo de Juan; tú te llamarás Cefas (que se traduce: Pedro)».

ORACIÓN

SEÑOR, son muchos los matices de tu encuentro con los primeros discípulos. Tan vivo tenía el anciano Juan aquel día que se acordaba exactamente de la hora; "la hora undécima" (4 de la tarde). ¿Qué buscaban Juan y Andrés? Tú se lo peguntaste y te contestaron con otra pregunta sobre dónde vivías. Y te siguieron. Solo sabían de ti lo que dijo el Bautista: que eras el Cordero de Dios. Encuentro fecundo el de aquel día: los dos te llevaron a sus dos hermanos, Pedro y Santiago. ¡Hemos encontrado al Mesías! Es admirable la prontitud en seguirte, dejándolo todo: porque todo es una nadería ante el encuentro del mayor tesoro: tu amistad.

ENERO
15
LUNES (FE)

Lunes 2º Tiempo Ordinario — Tomo III - Salterio 2ª semana

Santos Francisco Fernández de Capillas y *co mrs,* Arnoldo Janssen *pb,* Tarsicia *vg mr*

S. FRANCISCO FDEZ. DE CAPILLAS

Papa Francisco: Los doctores de la ley reprenden a los discípulos de Jesús porque no ayunan, como siempre se había hecho. Y Jesús responde: *Nadie remienda con una tela nueva un vestido viejo, porque se rompe más. Y nadie pone vino nuevo en odres viejos, porque los rompe.* ¿Esto significa que cambia la ley? ¡No!, sino que la ley está al servicio del hombre, que está al servicio de Dios... ¿Cuál es el camino? Abrir el corazón al Espíritu Santo, discernir cuál es la voluntad de Dios. Que el Señor nos dé la gracia de un corazón abierto a la voz del Espíritu, que sepa discernir lo que no debe cambiar, porque es fundamento, de lo que debe cambiar para poder recibir la novedad del Espíritu *(18-1-2016).*

PALABRA

Como los discípulos de Juan y los fariseos estaban ayunando, vinieron unos y le preguntaron a Jesús: «Los discípulos de Juan y los discípulos de los fariseos ayunan. ¿Por qué los tuyos no?». Jesús les contestó: «¿Es que pueden ayunar los amigos del esposo, mientras el esposo está con ellos? Mientras el esposo está con ellos, no pueden ayunar. Llegarán días en que les arrebatarán al esposo, y entonces ayunarán en aquel día. Nadie le echa un remiendo de paño sin remojar a un manto pasado; porque la pieza tira del manto -lo nuevo de lo viejo- y deja un roto peor. Tampoco se echa vino nuevo en odres viejos; porque el vino revienta los odres, y se pierden el vino y los odres; a vino nuevo, odres nuevos».

1Samuel 15,16-23; ***Salmo*** 49,8-9.16-17.21.23 • **MARCOS 2,18-22**

ORACIÓN

SEÑOR, cuánto me agrada que me consideres, no solo invitado a tu vida con la humanidad, sino tu amigo personal con derecho a participar plenamente de la fiesta. Esa es mi experiencia: cuando tú estás conmigo, la paz del corazón y la alegría están aseguradas, porque de ti viene la salvación y el gozo. Cuando me dejo engañar por el enemigo, y nuestra amistad se tambalea, por mi culpa, paz y gozo desaparecen. Tú quieres renovar cada día mi felicidad con tu presencia y con ese nuevo vino que me ofreces y yo he de acoger con vida nueva y alegría renovada.

Al que sigue buen camino le haré ver la salvación de Dios *(Salmo 49,23).*

Santos Fulgencio *ob,* Marcelo *pp,*
Honorato, Berardo y *co mrs.*
Beata Juana M.ª Condesa *vg*

ENERO
16
MARTES (FE)

Papa Francisco: La Iglesia se siente en el deber de ser «hospital de campaña», con las puertas abiertas para acoger a quien llama pidiendo ayuda y apoyo; más aún, de salir del propio recinto hacia los demás con amor verdadero, para caminar con la humanidad herida, para incluirla y conducirla a la fuente de salvación. La Iglesia enseña y defiende los valores fundamentales, sin olvidar que «el sábado se hizo para el hombre y no el hombre para el sábado» *(4-10-2015).*

PALABRA

Sucedió que un sábado Jesús atravesaba un sembrado, y sus discípulos, mientras caminaban, iban arrancando espigas. Los fariseos le dijeron: «Mira, ¿por qué hacen en sábado lo que no está permitido?». Él les responde: «¿No habéis leído nunca lo que hizo David cuando él y sus hombres se vieron faltos y con hambre, cómo entró en la casa de Dios, en tiempo del sumo sacerdote Abiatar, comió de los panes de la proposición, que solo está permitido comer los sacerdotes, y se los dio también a quienes estaban con él?». Y les decía: «El sábado se hizo para el hombre y no el hombre para el sábado; así que el Hijo del hombre es señor también del sábado».

1Samuel 16,1-13; ***Salmo*** 88,20-22.27-28 • **MARCOS 2,23-28**

ORACIÓN

SEÑOR, cuando escucho de tus labios que eres el Señor de todos los días, y que todos los días son propicios para hacer el bien, se ilumina mi fe y aumenta mi ánimo. No perderé la paz ante acusaciones de leguleyos que ponen por encima de todos los aspectos menos importantes de la ley, olvidando que el amor es la ley suprema de tus discípulos. David lo hizo, y tú lo apruebas. ¿Qué más autoridades he de investigar para hacer el bien con la libertad de los hijos de Dios?

Encontré a David, mi siervo *(Salmo 88,21).*

Santos ANTONIO (ANTÓN) *ab*, Rosalina *rl*, Sulpicio *ob*

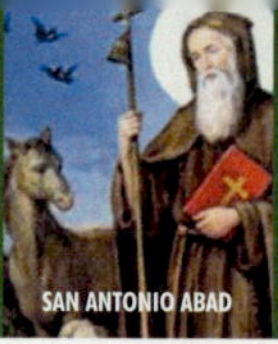

Papa Francisco: Cuando un padre o una madre, o incluso sencillamente personas amigas llevaban un enfermo para que Jesús lo tocase y lo curase, Él no se entretenía con otras cosas; la curación estaba antes que la ley, incluso una tan sagrada como el descanso del sábado (cf. *Mc* 3, 1-6). Los doctores de la ley regañaban a Jesús porque curaba el día sábado, hacía el bien en sábado. Pero el amor de Jesús era dar la salud, hacer el bien: y esto va siempre en primer lugar *(10-6-2015)*.

PALABRA

Jesús entró otra vez en la sinagoga, y había allí un hombre que tenía una mano paralizada. Lo estaban observando, para ver si curaba en sábado y acusarlo. Entonces le dice al que tenía la mano paralizada: «Levántate y ponte ahí en medio». Y a ellos les pregunta: «¿Qué está permitido en sábado?, ¿hacer lo bueno o lo malo?, ¿salvarle la vida a un hombre o dejarlo morir?». Ellos callaban. Echando en torno una mirada de ira, y dolido de su obstinación, le dice al hombre: Extiende la mano». La extendió y su mano quedó restablecida. En cuanto salieron, los fariseos se confabularon con los herodianos para acabar con él.

1Samuel 17,32-33.37.40-51; ***Salmo*** 143,1-2.9-10 • **MARCOS 3,1-6**

ORACIÓN

SEÑOR, también yo comparto tu indignación ante la obstinación de los fariseos, cuya principal ocupación era vigilarte para acusarte de ilegal y acabar con tu vida. ¡No sabían contra quién atentaban! Tu sabiduría y tu amor los superaba infinitamente. Sabiduría, porque conocías la Escritura, en espíritu y en verdad, muchísimo mejor que ellos, desde tus doce años en el Templo. Y tu amor queda claro: mientras los fariseos anhelaban que hicieras el milagro para acusarte, el pobre enfermo te escuchaba atento y ni te pidió que lo curaras. Tú podías y querías hacer todo el bien a los necesitados todos los días: también en el sábado está permitido, a impulsos del amor, hacer el bien y salvar la vida a un hombre.

Bendito el Señor, mi alcázar *(Salmo 143,1).*

Santos Margarita de Hungría *vg***,**
Prisca de Roma *la mr***, Deícola** *ab*

ENERO
18
JUEVES (FE)

18 - 25 enero

OCTAVARIO DE ORACIÓN POR LA UNIDAD DE LOS CRISTIANOS

Papa Francisco: La reconciliación es un don que viene de Cristo. **Semana de Oración por la Unidad de los Cristianos,** para avanzar en la unión, porque *«el amor de Cristo nos apremia»*. Podemos preguntarnos hoy: ¿Cómo anunciar el Evangelio de la reconciliación después de siglos de divisiones? La reconciliación en Cristo *no puede darse sin sacrificio*. Jesús dio su vida, muriendo por todos. Del mismo modo, los embajadores de la reconciliación están llamados a dar la vida en su nombre, a no vivir para sí mismos, sino para aquel que murió y resucitó por ellos (cf. *2Cor* 5,14-15). Como nos enseña Jesús, solo cuando perdemos la vida por amor a Él es cuando realmente la ganamos (cf. *Lc* 9,24). Nuestra oración por la unidad de los cristianos participa en la oración que Jesús dirigió al Padre antes de la pasión, *«para que todos sean uno»* (*Jn* 17,21). No nos cansemos nunca de pedir a Dios este don. Con la esperanza paciente y confiada de que el Padre concederá a todos los creyentes el bien de la plena comunión visible, sigamos adelante en nuestro camino de reconciliación y de diálogo. Aprovechemos todas las oportunidades que la Providencia nos ofrece para rezar juntos, anunciar juntos, amar y servir juntos, especialmente a los más pobres y abandonados *(25-1-2017)*.

PALABRA

Jesús se retiró con sus discípulos a la orilla del lago, y lo siguió una gran muchedumbre de Galilea. Al enterarse de las cosas que hacía, acudía mucha gente de Judea, Jerusalén, Idumea, Transjordania y cercanías de Tiro y Sidón. Encargó a sus discípulos que le tuviesen preparada una barca, no lo fuera a estrujar el gentío. Como había curado a muchos, todos los que sufrían de algo se le echaban encima para tocarlo. Los espíritus inmundos, cuando lo veían, se postraban ante él, gritando: «Tú eres el Hijo de Dios». Pero él les prohibía severamente que lo diesen a conocer.

1Samuel 18,6-9; 19,1-7; ***Salmo*** 55,2-3.9-13 • **MARCOS 3,7-12**

ORACIÓN

SEÑOR, todos te buscan, buscando en ti lo que el mundo no puede dar: la salud del cuerpo enfermo y la paz del alma inquieta. Hoy, y los siete días siguientes, también buscamos en ti -el único que puede conseguirlo- la unidad de los que creemos en ti, tantas veces dando más importancia a los detalles que nos separan que a la fe cristiana que nos une. En un mundo tan alejado de Dios, no es comprensible la división por motivos religiosos, y mucho menos entre los cristianos. Nos unimos a tu ardiente oración al Padre: *Que todos sean uno, como tú en mí y yo en ti, para que el mundo crea.*

***En Dios confío y no temo** (Salmo 55,5).*

ENERO
19
VIERNES (FE)

Viernes 2º Tiempo Ordinario — Tomo III - Salterio 2ª semana

Santos Arsenio *ob*, Germánico *mr*, Macario *ab*, Liberata y Faustina *vgs mrs*. Beato Marcelo Spínola *ob*

Papa Francisco: El camino hacia la unidad se inicia con una conversión del corazón, con una conversión interior (cf. *Unitatis redintegratio*, 4). Es un viaje espiritual desde el encuentro a la amistad, de la amistad a la fraternidad, de la fraternidad a la comunión. A lo largo del recorrido, el cambio es inevitable. Tenemos que estar siempre dispuestos a escuchar y seguir las sugerencias del Espíritu, que nos guía hacia la verdad plena (cf. *Jn* 16, 13) *(30-10-2014)*.

PALABRA

Jesús, subió al monte, llamó a los que quiso, y se fueron con él. E instituyó doce para que estuvieran con él y para enviarlos a predicar, y que tuvieran autoridad para expulsar a los demonios: Simón, a quien puso el nombre de Pedro, Santiago el de Zebedeo y Juan, el hermano de Santiago, a quienes puso el nombre de Boanerges, es decir, los hijos del trueno, Andrés, Felipe, Bartolomé, Mateo, Tomás, Santiago el de Alfeo, Tadeo, Simón el de Caná y Judas Iscariote, el que lo entregó.

1Samuel 24,3-21; ***Salmo*** 56,2-6.11 • **MARCOS 3,13-19**

ORACIÓN

SEÑOR, seguimos en el Octavario de oración por la Unidad de los Cristianos, y tú, que elegiste a tus apóstoles, tan diferentes y tan unidos en torno a ti, eres el único capaz de hacer el milagro de la unidad de los cristianos. ¿No oyes la voz de tu Madre, Madre de la Iglesia, que te dice: No tienen el vino de la comprensión, del perdón mutuo, del amor que une y testimonia al mundo que tú estás vivo entre nosotros? ¡Que seamos uno como tú y el Padre en el Espíritu! Y eso tiene un camino: llegar todos hasta ti por la conversión, y quedarnos contigo para siempre. ¿Cuándo llegará esa hora en la que todos los cristianos nos queramos como hermanos, nos identifiquemos con tu deseo supremo de unidad y haya un solo rebaño bajo un solo pastor?

Misericordia, Dios mío, misericordia *(Salmo 56,2).*

ENERO **20** SÁBADO (ML)

Santos FABIÁN *pp* y SEBASTIÁN *mrs*, FRUCTUOSO *ob*, AUGURIO y EULOGIO *mrs*, Eustoquia *ab*

Papa Francisco: Entre los parientes de Jesús hubo también algunos que a un cierto punto no compartieron su modo de vivir y de predicar. Pero su Madre lo siguió siempre fielmente. Y al final, gracias a la fe de María, los familiares entraron a formar parte de la primera comunidad cristiana. Pidamos a María que nos ayude también a nosotros a mantener la mirada bien fija en Jesús y a seguirle siempre.

PALABRA

Jesús llega a casa con sus discípulos y de nuevo se junta tanta gente que no los dejaban ni comer. Al enterarse su familia, vinieron a llevárselo, porque decían que estaba fuera de sí.

2Samuel 1,1-4.11-12.19.23-27; ***Salmo*** 79,2-3.5-7 • **MARCOS 3,20-21**

ORACIÓN

SEÑOR, seguro que golpeó duro en tu corazón saber que entre tus parientes había algunos que ni entendían ni querían entender tu misión y te tachaban de loco. Bendita locura entregarse, como tú, a los enfermos y necesitados, que ni te dejan comer ni descansar. El mundo egoísta no lo comprende ni admite que lo hagan los suyos: hay cosas más rentables para la familia. Yo me quedo contigo –y con tu Madre, que siempre te apoyó-, y quiero que tu vida, tu entrega, tu estilo, sea lo que yo haga y como yo viva, siguiendo tus pasos.

Que brille tu rostro, Señor, y nos salve *(Salmo 79,4).*

ENERO
21
DOMINGO

DOMINGO III DEL TIEMPO ORDINARIO Tomo III - Salterio 3ª semana

Santos INÉS *vg mr,* Juan Yi *pf mr.*
Beata María Josefa de Santa Inés *vg*

JORNADA DE LA INFANCIA MISIONERA

SANTA INÉS

Papa Francisco: El Evangelio de hoy nos presenta el inicio de la predicación de Jesús en Galilea. Precisamente en el momento en el cual la voz profética del Bautista, que anunciaba la venida del Reino de Dios, fue silenciada por Herodes, Jesús comienza a recorrer los caminos de su tierra para llevar a todos, especialmente a los pobres, «el Evangelio de Dios». El anuncio de Jesús es similar al de Juan, con la diferencia sustancial de que Jesús no indica ya a otro que debe venir: Jesús es Él mismo la realización de las promesas; es Él mismo la «buena noticia» que se ha de creer, acoger y comunicar a los hombres y mujeres de todos los tiempos, para que también ellos confíen su existencia a Él. Jesucristo en persona es la Palabra viviente y operante en la historia: quien le escucha y le sigue entra en el reino de Dios *(25-1-2015).*

PALABRA

• ***Jonás*** 3,1-5.10: Vino de nuevo la Palabra del Señor a Jonás: «Levántate y vete a Nínive, la gran capital, y pregona allí el pregón que te diré». Se levantó Jonás y fue a Nínive, como le había mandado el Señor. (Nínive era una ciudad enorme; tres días hacían falta para atravesarla). Comenzó Jonás a entrar por la ciudad y caminó durante un día pregonando: «Dentro de cuarenta días Nínive será arrasada». Los ninivitas creyeron en Dios, proclamaron un ayuno, y se vistieron de saco, grandes y pequeños. Y vio Dios sus obras, su conversión de la mala vida; se compadeció y se arrepintió Dios de la catástrofe con que había amenazado a Nínive, y no la ejecutó.

• ***Salmo*** 24, 4-9: ***Señor, instrúyeme en tus sendas.***

• ***1Corintios*** 7, 29-31: Os digo esto: el momento es apremiante. Queda como solución: que los que tienen mujer vivan como si no la tuvieran; los que lloran, como si no lloraran; los que están alegres, como si no lo estuvieran; los que compran, como si no poseyeran; los que negocian en el mundo, como si no disfrutaran de él; porque la representación de este mundo se termina.

• **MARCOS 1, 14-20:** Después de que Juan fue entregado, Jesús se marchó a Galilea a proclamar el Evangelio de Dios. Decía: «Se ha cumplido el tiempo y está cerca el reino de Dios: Convertíos y creed en el Evangelio». Pasando junto al mar de Galilea, vio a Simón y a Andrés, el hermano de Simón, echando las redes, en el mar, pues eran pescadores. Jesús les dijo: «Venid en pos de mí y os haré pescadores de hombres». Inmediatamente dejaron las redes y lo siguieron. Un poco más adelante vio a Santiago, el de Zebedeo, y a su hermano Juan, que estaban en la barca repasando las redes. A continuación, los llamó, dejaron a su padre Zebedeo en la barca con los jornaleros y se marcharon en pos de él.

ORACIÓN

SEÑOR, hoy, dentro del Octavario de oración por la Unidad de los Cristianos, me llega tu palabra de vida, de amor y de unidad: ¡Convertíos! Solo con tu Espíritu podré alcanzar la conversión, el camino más seguro de la unidad de todos tus seguidores en ti. El Espíritu que te ungió está sobre ti, y también sobre mí: me ungió en el Bautismo, y en mi Confirmación me envió al mundo a anunciar tu Evangelio. "El momento es apremiante": no tengo tiempo que perder, urge que me convierta y te siga con la prontitud de los primeros apóstoles y de Pablo, que por tu gracia cambió radicalmente el rumbo de su vida. ¡Dame la gracia de la conversión!

ENERO

22

LUNES (MO)

Lunes 3° Tiempo Ordinario Tomo III - Salterio 3ª semana

Santos VICENTE *mr,* Vicente Pallotti *pb.*
Beatos Guillermo J. Chaminade *pb,*
Laura Vicuña, *vg*

SAN VICENTE MARTIR

Papa Francisco: El Espíritu Santo descendió sobre Jesús en el Jordán y dio inicio a su obra de redención para librar al mundo del pecado y de la muerte. A Él le pedimos que *prepare* nuestros corazones al encuentro con los hermanos más allá de las diferencias de ideas, lengua, cultura, religión; que *unja* todo nuestro ser con el aceite de la misericordia, que cura las heridas de los errores, de las incomprensiones, de las controversias; la gracia de *enviarnos,* con humildad y mansedumbre, a los caminos, arriesgados pero fecundos, de la búsqueda de la paz. Amén *(24-5-2014).*

PALABRA

Los escribas que habían bajado de Jerusalén decían: «Tiene dentro a Belzebú y expulsa a los demonios con el poder del jefe de los demonios». Él los invitó a acercarse y les hablaba en parábolas: «¿Cómo va a echar Satanás a Satanás? Un reino dividido internamente no puede subsistir; una familia dividida no puede subsistir. Si Satanás se rebela contra sí mismo, para hacerse la guerra, no puede subsistir, está perdido. Nadie puede meterse en casa de un hombre forzudo para arramblar con su ajuar, si primero no lo ata; entonces podrá arramblar con la casa. En verdad os digo, todo se les podrá perdonar a los hombres: los pecados y cualquier blasfemia que digan; pero el que blasfeme contra el Espíritu Santo no tendrá perdón jamás, cargará con su pecado para siempre». Se refería a los que decían que tenía dentro un espíritu inmundo.

2Samuel 5.1-7.10; ***Salmo*** 88,20-22.25-26 • **MARCOS 3, 22-30**

ORACIÓN

SEÑOR, me acojo con esperanza y gratitud a tu poder para perdonar todos mis pecados, que son tantos. Si no hubieras instituido el sacramento de la Penitencia la tarde de tu resurrección, infundiendo a tus once apóstoles tu Espíritu y dándoles el poder de perdonar los pecados, no puedo imaginar el desastre que habría en mi vida. Que jamás caiga en esa terrible blasfemia contra el Espíritu Santo, tu Espíritu.

Mi fidelidad y misericordia lo acompañarán *(Salmo 88,25).*

SAN INDEFONSO DE TOLEDO (Murillo)

Santos ILDEFONSO *ob*, Francisco Gil de Fréderic *pb mr*, Emerenciana *mr*

Papa Francisco: *[Mi madre y mis hermanos]* ¿Cuál es la fuerza que mantiene unida a la familia? Es precisamente el amor, y quien siembra el amor en nuestro corazón es Dios. Es precisamente el amor de Dios el que da sentido a los pequeños compromisos cotidianos e incluso ayuda a afrontar las grandes pruebas. La "buena noticia" de la familia es una parte muy importante de la evangelización, que los cristianos pueden comunicar a todos con el testimonio de su vida. Las familias verdaderamente cristianas se conocen por la fidelidad, por la paciencia, por la apertura a la vida.

PALABRA

Llegaron la madre de Jesús y sus hermanos y, desde fuera, lo mandaron llamar. La gente que tenía sentada alrededor le dijo: «Mira, tu madre y tus hermanos y tus hermanas están fuera y te buscan». Él les pregunta: «¿Quiénes son mi madre y mis hermanos?». Y, mirando a los que estaban alrededor, dice: «Estos son mi madre y mis hermanos. El que haga la voluntad de Dios, ese es mi hermano y mi hermana y mi madre».

2Samuel 6,12b-15.17-19; ***Salmo*** 23,7-10 • **MARCOS 3,31-35**

ORACIÓN

SEÑOR, tu pregunta pudo parecer despectiva para quienes la escucharon y la leemos: *¿Quiénes son mi madre y mis hermanos?* Cuando se lee el conjunto, vemos que, como siempre, jamás decayó el amor del mejor hijo a la madre más perfecta, María. Pero quieres destacar lo que es más importante en su vida, que es precisamente lo que todos podemos imitar, más allá de lo que solo podemos admirar: su maternidad divina. Al decir *"el que cumple la voluntad de Dios, ese es mi hermano y mi hermana y mi madre"*, no haces ningún desaire a tu madre y a tus primos, y nos ofreces a todos la posibilidad de ser tu madre y tus hermanos.

¿Quién es ese Rey de la Gloria? Es el Señor *(Salmo 23,8).*

Miércoles 3° Tiempo Ordinario Tomo III - Salterio 3ª semana

Santos FRANCISCO DE SALES *ob dc*, Bábila *ob* y *co mrs*, Feliciano *ob*

SAN FRANCISCO DE SALES

Papa Francisco: Jesús, el Maestro, enseñaba a la muchedumbre y al pequeño grupo de los discípulos, acomodándose a su capacidad de comprensión. Lo hacía con parábolas, como la del sembrador. El Señor siempre fue plástico en el modo de enseñar. De una forma que todos podían entender. Jesús no buscaba «doctorear». Por el contrario, quiere llegar al corazón del hombre, a su inteligencia, a su vida, para que esta dé fruto. La parábola del sembrador nos habla de cultivar *(7-7-2015)*.

PALABRA

Jesús se puso a enseñar otra vez junto al mar: «Escuchad: Salió el sembrador a sembrar; al sembrar, algo cayó al borde del camino, vinieron los pájaros y se lo comieron. Otra parte cayó en terreno pedregoso, donde apenas tenía tierra; como la tierra no era profunda, brotó enseguida; pero, en cuanto salió el sol, se abrasó y, por falta de raíz, se secó. Otra parte cayó entre abrojos; los abrojos crecieron, la ahogaron, y no dio grano. El resto cayó en tierra buena: nació, creció y dio grano; y la cosecha fue del treinta o del sesenta o del ciento por uno». Y añadió: «El sembrador siembra la palabra. Hay unos que están al borde del camino donde se siembra la palabra; pero, en cuanto la escuchan, viene Satanás y se lleva la palabra sembrada en ellos. Hay otros que reciben la semilla como terreno pedregoso: son los que al escuchar la palabra, enseguida la acogen con alegría, pero no tienen raíces, son inconstantes y, cuando viene una dificultad o persecución por la palabra, enseguida sucumben. Hay otros que reciben la simiente entre abrojos; estos son los que escuchan la palabra, pero los afanes de la vida, la seducción de las riquezas y el deseo de todo lo demás los invaden, ahogan la palabra, y se queda estéril. Los otros son los que reciben la semilla en buena tierra; escuchan la palabra, la aceptan y dan una cosecha del treinta o del sesenta o del ciento por uno».

2Samuel 7,4-17; ***Salmo*** 88,4-5.27-30 • **MARCOS 4, 1. 3-8. 14-20**

ORACIÓN

SEÑOR, si acepto tu Evangelio que cada día siembras en mí, sin darme cuenta, despierto o durmiendo, mi vida puede ir conformándose con esa Palabra que tú siembras y haces germinar y fructificar. Gracias por lo que haces conmigo. Que ni los agobios de la vida, ni mi debilidad, ni mucho menos mi malicia, impidan que frustre tu proyecto, para mi salvación y la de otros cercanos a mí

Le mantendré eternamente mi favor *(Salmo 88,29)*.

CONVERSIÓN DE SAN PABLO

FIESTA DE LA CONVERSIÓN DE SAN PABLO, APÓSTOL
San Ananías *NT*. BB.
Enrique Seuze *pb*, Arcángela *vg*

ENERO
25
JUEVES

Papa Francisco: *[final del Octavario por la Unidad]* El encuentro con Jesús en el camino de Damasco transformó radicalmente la vida de san Pablo. A partir de entonces, el significado de su existencia no consiste ya en confiar en sus propias fuerzas para observar escrupulosamente la Ley, sino en la adhesión total de sí mismo al amor gratuito e inmerecido de Dios, a Jesucristo crucificado y resucitado. Del mismo modo, la reconciliación a la que somos urgidos no es simplemente una iniciativa nuestra, sino que es ante todo la reconciliación que Dios nos ofrece en Cristo. Más que ser un esfuerzo humano de creyentes que buscan superar sus divisiones, es un don gratuito de Dios. Como resultado de este don, la persona perdonada y amada está llamada, a su vez, a anunciar el Evangelio de la reconciliación con palabras y obras, a vivir y dar testimonio de una existencia reconciliada *(25-1-2017)*.

PALABRA

Jesús e apareció a los Once y les dijo: «Id al mundo entero y proclamad el Evangelio a toda la creación. El que crea y sea bautizado se salvará; el que no crea será condenado. A los que crean, les acompañarán estos signos: echarán demonios en mi nombre, hablarán lenguas nuevas, agarrarán serpientes en sus manos y, si beben un veneno mortal, no les hará daño. Impondrán las manos a los enfermos, y quedarán sanos».

Hechos **22,3-16;** ***Salmo*** **116,1-2 • MARCOS 16,15-18**

ORACIÓN

SEÑOR, en la fiesta de la Conversión de Pablo, escucho la misión que encomendaste a él y a tus apóstoles para el siglo I, y que me encomiendas a mí para el mundo del siglo XXI: *Id y proclamad el Evangelio.* Y esto, ¿solo porque tú lo mandas, o porque, además, estoy convencido de que tu Evangelio es lo que salva a todo hombre? Ser testigo del Evangelio en nuestro mundo -misión difícil- es lo que mejor puedes mandarme, en lo que mejor puedo emplear mi tiempo y gastar mi vida, como hizo san Pablo, convertido de perseguidor de la Iglesia a heraldo del Evangelio. Con la palabra y, sobre todo con el ejemplo de vida, todos estamos llamados a predicar que tú eres el Primero para nosotros, y que tu Evangelio es el camino de la auténtica e imperecedera felicidad.

Id al mundo entero y proclamad el Evangelio *(Marcos 116,15).*

Santos TIMOTEO y TITO *obs*, José Gabriel del Rosario Brochero *pb*, Paula *vd*, Alberico *ab*

SANTOS TIMOTEO Y TITO

Papa Francisco: El pasaje de Marcos nos habla del reino de Dios, de cómo crece. Ni siquiera el sembrador lo sabe. Este crecimiento es un don de Dios que debemos pedir: "Venga a nosotros tu reino". Quiere decir: que crezca tu reino dentro de nosotros, en la sociedad. Que crezca el reino de Dios. Así como el reino de Dios crece, así también puede disminuir: a todos nosotros nos puede suceder lo mismo que a David: todos somos pecadores y todos somos tentados. Si alguno de nosotros dijera: *jamás he tenido tentaciones,* la respuesta justa sería: O eres un ángel o eres un tonto. Por eso, nuestra oración de todos los días a Dios: *Venga tu reino, crezca tu reino.*

PALABRA

Dijo Jesús a la gente: «El reino de Dios se parece a un hombre que echa simiente en la tierra. Él duerme de noche y se levanta de mañana; la semilla germina y va creciendo, sin que él sepa cómo. La tierra va produciendo la cosecha ella sola: primero los tallos, luego la espiga, después el grano. Cuando el grano está a punto, se mete la hoz, porque ha llegado la siega». Dijo también: «¿Con qué podemos comparar el reino de Dios? ¿Qué parábola usaremos? Con un grano de mostaza: al sembrarlo en la tierra es la semilla más pequeña, pero después de sembrada crece, se hace más alta que las demás hortalizas y echa ramas tan grandes que los pájaros del cielo pueden anidar a su sombra». Con muchas parábolas parecidas les exponía la palabra, acomodándose a su entender. Todo se lo exponía con parábolas, pero a sus discípulos se lo explicaba todo en privado.

2Timoteo 1,1-8 (o **Tito** 1,1-5); ***Salmo*** 50, 3-7.10-11 • **MARCOS 4,26-34**

ORACIÓN

SEÑOR, Timoteo y Tito fueron los principales discípulos de Pablo: no los conquistó para él, sino para ti y tu Evangelio. Como Pablo, la vida de Timoteo y Tito estuvo en el candelero y alumbró a los hombres de su tiempo y a los de todos los siglos. Con la Palabra de salvación que Pablo y los otros Once anunciaron y después sembraron Timoteo y Tito, se iniciaba el reino de Dios en la humanidad: semilla que germinaba e iba creciendo en el corazón de hombres y mujeres hasta llegar a todos los ámbitos del Imperio Romano y a toda la Tierra.

Misericordia, Señor, hemos pecado *(Salmo 50,3).*

SANTA ÁNGELA DE MÉRICI

Santos ÁNGELA DE MÉRICI *vg*, Enrique de Ossó *pb*, Julián *mr*, Mario *ab*

ENERO **27** SÁBADO (ML)

Papa Francisco: *[Aún no tenéis fe?]* Cuando se prepara un buen plato y ves que falta la sal, *"pones"* sal; si falta el aceite, *"pones"* aceite... "Pon", es decir, añadir, echar. Lo mismo pasa en nuestra vida: si queremos que tenga realmente sentido y sea plena, como queréis y merecéis, os digo a cada uno: *"Pon fe"* y tu vida tendrá un sabor nuevo, la vida tendrá una brújula que te indicará la dirección. Jesús nos trae a Dios y nos lleva a Dios, con Él toda nuestra vida se transforma, se renueva y nosotros podemos ver la realidad con ojos nuevos, desde el punto de vista de Jesús, con sus mismos ojos.

PALABRA

Aquel día, al atardecer, dijo Jesús a sus discípulos: «Vamos a la otra orilla». Dejando a la gente, se lo llevaron en barca, como estaba; otras barcas lo acompañaban. Se levantó un fuerte huracán, y las olas rompían contra la barca hasta casi llenarla de agua. Él estaba a popa, dormido sobre un cabezal. Lo despertaron, diciéndole: «Maestro, ¿no te importa que nos hundamos?». Se puso en pie, increpó al viento y dijo al mar: «¡Silencio, enmudece!». El viento cesó y vino una gran calma. Él les dijo: «¿Por qué sois tan cobardes? ¿Aún no tenéis fe?». Se llenaron de miedo y se decían unos a otros: «Pero ¿quién es este? ¡Hasta el viento y el mar le obedecen!».

2Samuel 12,1-7a.10-17; ***Salmo*** 50,12-17 • **MARCOS 4,35-41**

ORACIÓN

SEÑOR, toda vida humana se ve reflejada en esa descripción de la tormenta con el huracán que rompía contra tu barca e irrumpe contra la vida en algunas ocasiones. ¡Pero no es lo mismo el huracán, la enfermedad, las contrariedades cuando tú estás a nuestro lado que cuando estamos solos! Lo importante es que estés, aunque duermas o te hagas el dormido. No me dejes nunca solo, Señor, que con tu presencia y tu palabra aplacas el huracán y los oleajes de la vida.

Oh Dios, crea en mí un corazón puro *(Salmo 50,12).*

ENERO
28
DOMINGO

DOMINGO IV DEL TIEMPO ORDINARIO Tomo III - Salterio 4ª semana

Santo TOMÁS DE AQUINO ***pb dc,***
Julián de Cuenca ***ob,***
Águeda Lin Zhao ***vg mr***

JORNADA DE LA INFANCIA MISIONERA

SANTO TOMÁS DE AQUINO

Papa Francisco: Al llegar a Cafarnaún, Jesús no posterga el anuncio del Evangelio, no piensa en primer lugar en la ubicación logística, ciertamente necesaria, de su pequeña comunidad, no se demora con la organización. Su preocupación principal es comunicar la Palabra de Dios con la fuerza del Espíritu Santo. Y la gente en la sinagoga queda admirada, porque Jesús «les enseñaba con autoridad y no como los escribas». El Evangelio es palabra de vida: no oprime a las personas, al contrario, libera a quienes son esclavos de muchos espíritus malignos de este mundo: el espíritu de la vanidad, el apego al dinero, el orgullo, la sensualidad... El Evangelio cambia el corazón, cambia la vida, transforma las inclinaciones al mal en propósitos de bien. El Evangelio es capaz de cambiar a las personas. Por lo tanto, es tarea de los cristianos difundir por doquier la fuerza redentora, convirtiéndose en misioneros y heraldos de la Palabra de Dios *(1-2-2015)*.

PALABRA

• ***Deuteronomio*** 18, 15-20: Moisés habló al pueblo diciendo: El Señor, tu Dios, te suscitará un profeta como yo, de entre tus hermanos. A él le escucharéis. Es lo que pediste al Señor, tu Dios, en el Horeb, el día de la asamblea: «No quiero volver a escuchar la voz del Señor, mi Dios, ni quiero ver más ese terrible incendio, no quiero morir». El Señor me respondió: «Tienen razón; suscitaré un profeta de entre sus hermanos, como tú. Pondré mis palabras en su boca y les dirá lo que yo le mande. A quien no escuche las palabras que pronuncie en mi nombre, yo le pediré cuentas. Y el profeta que tenga la arrogancia de decir en mi nombre lo que yo no le haya mandado, o hable en nombre de dioses extranjeros, ese profeta morirá».

• ***Salmo*** 94, 1-2.6-9: ***Ojalá escuchéis hoy su voz: no endurezcáis vuestro corazón.***

• ***1Corintios*** 7,32-35: Quiero que os ahorréis preocupaciones: el célibe se preocupa de los asuntos del Señor, buscando contentar al Señor; en cambio, el casado se preocupa de los asuntos del mundo, buscando contentar a su mujer, y anda dividido. Lo mismo, la mujer sin marido y la soltera se preocupan de los asuntos del Señor, consagrándose a ellos en cuerpo y alma; en cambio, la casada se preocupa de los asuntos del mundo, buscando contentar a su marido. Os digo todo esto para vuestro bien, no para poneros una trampa, sino para induciros a una cosa noble y al trato con el Señor sin preocupaciones.

• **MARCOS 1, 21-28:** Jesús y sus discípulos entran en Cafarnaún y, al sábado siguiente, entra en la sinagoga a enseñar; estaban asombrados de su enseñanza, porque les enseñaba con autoridad y no como los escribas. Había precisamente en la sinagoga un hombre que tenía un espíritu inmundo, y se puso a gritar: «¿Qué quieres de nosotros, Jesús Nazareno? ¿Has venido a acabar con nosotros? Sé quién eres: el Santo de Dios». Jesús lo increpó: «Cállate y sal de él». El espíritu inmundo lo retorció violentamente y, dando un grito muy fuerte, salió de él. Todos se preguntaron estupefactos: «¿Qué es esto? Una enseñanza nueva expuesta con autoridad. Incluso manda a los espíritus inmundos y lo obedecen». Su fama se extendió enseguida por todas partes, alcanzando la comarca entera de Galilea.

ORACIÓN

SEÑOR, ante tu autoridad y tu poder divinos, unos te admiran y otros se escandalizan: estos siempre encuentran un "pero", y es que haces milagros en sábado. Acepta mi decisión de aceptarte admirado. Pero que mi admiración no se quede en un sentimiento vano, sino que me mueva a seguir tus pasos. Tú pasaste por el mundo haciendo el bien. ¿Se puede decir eso de mí hasta hoy? Ojalá lo digas tú de mí. Por mi parte, quiero intentarlo.

Santos Valero *ob*, Afraates *er*.
Beato Manuel Domingo y Sol *pb*

SAN VALERO

Papa Francisco: *[Ellos le rogaban a Jesús que se marchase de su país...].* El cristiano es alguien que lleva dentro de sí un deseo grande, un deseo profundo: el de encontrarse con su Señor junto a los hermanos, a los compañeros de camino. Y todo esto que Jesús nos dice se resume en un famoso dicho de Jesús: «Donde está vuestro tesoro, allí estará también vuestro corazón». El corazón que desea: el deseo de seguir adelante, hacia el horizonte; y para nosotros cristianos este horizonte es el encuentro con Jesús, que es nuestra vida, nuestra alegría, lo que nos hace felices.

PALABRA

Jesús y sus discípulos llegaron a la otra orilla del mar, a la región de los gerasenos. Apenas desembarcó, le salió al encuentro, de entre los sepulcros, un hombre poseído de espíritu inmundo. Jesús le preguntó: «¿Cómo te llamas?». Él respondió: «Me llamo Legión, porque somos muchos». Y le rogaba con insistencia que no lo expulsara de aquella comarca. Había cerca una gran piara de cerdos hozando en la falda del monte. Los espíritus le rogaron: «Envíanos a los cerdos para que entremos en ellos». Él se lo permitió. Los espíritus inmundos salieron del hombre y se metieron en los cerdos; y la piara, unos dos mil, se abalanzó acantilado abajo al mar y se ahogó. La gente fue a ver qué había pasado. Ellos le rogaban que se marchase de su comarca. El endemoniado se marchó y empezó a proclamar por la Decápolis lo que Jesús había hecho con él; todos se admiraban.

2Samuel 15,13-14.30 - 16,5-13a; ***Salmo*** 3,2-8

• MARCOS 5,1-2.9-13.17.20

ORACIÓN

SEÑOR, ocurrió en Gerasa en la ladera del mar, y lamentablemente sigue ocurriendo hoy en cualquier población de la costa o del interior: hubo y hay quien prefiere los bienes materiales a tu compañía, que es siempre beneficiosa para la vida de todo ser humano. Yo te acojo en el centro de mi vida. Lo demás me es indiferente. Solo tú bastas, y te pido que nunca me dejes.

Levántate, Señor, sálvame *(Salmo 3,8).*

SAN DAVID GALVÁN

Santos Lesmes *ab*, Martina de Roma *mr*, Jacinta Mariscotti *vg*, David Galván *pb mr*

Papa Francisco: El Evangelio de hoy presenta el relato de la resurrección de la hija de uno de los jefes de la sinagoga: «Mi niña está en las últimas; ven, impón las manos sobre ella, para que se cure y viva» (*Mc* 5, 23). Percibimos la gran fe que ese hombre tiene en Jesús. Y cuando llega la noticia de que la niña ha muerto, Jesús le dice: «No temas, basta que tengas fe». Dan ánimo estas palabras de Jesús, y también nos las dice a nosotros muchas veces: «No temas, basta que tengas fe». Se ve el poder absoluto de Jesús sobre la muerte, que para Él es como un sueño del cual nos puede despertar *(28-1-2015)*.

PALABRA

Se acercó a Jesús un jefe de la sinagoga, que se llamaba Jairo, y, al verlo, se echó a sus pies, rogándole con insistencia: «Mi niña está en las últimas; ven, impón las manos sobre ella, para que se cure y viva». Se fue con él y lo seguía mucha gente que lo apretujaba. Llegaron de casa del jefe de la sinagoga para decirle: «Tu hija se ha muerto. ¿Para qué molestar más al maestro?». Jesús alcanzó a oír lo que hablaban y le dijo al jefe de la sinagoga: «No temas; basta que tengas fe». No permitió que lo acompañara nadie, más que Pedro, Santiago y Juan, el hermano de Santiago. Llegan a casa del jefe de la sinagoga y encuentra el alboroto de los que lloraban y se lamentaban a gritos y después de entrar les dijo: «¿Qué estrépito y lloros son estos? La niña no está muerta, está dormida». Se reían de él. Pero él los echó fuera a todos y, con el padre y la madre de la niña y sus acompañantes, entró donde estaba la niña, la tomó de la mano y le dijo: «Talitha qumi» (que significa: «Contigo hablo, niña, levántate»). La niña se levantó inmediatamente y echó a andar; tenía doce años. Y quedaron fuera de sí llenos de estupor. Les insistió en que nadie se enterase; y les dijo que dieran de comer a la niña.

2Samuel 18, 9-10.14.24-25.31; ***Salmo*** 85, 1-6 • **MARCOS 5,22-24.35-43**

ORACIÓN

SEÑOR, un padre valiente, por padre y por creyente, se echa a tus pies y te ruega lo que más anhela: la vida de su hija. Y, aunque le anuncian que su hija ya había muerto, tienes palabras de ánimo y esperanza: *No temas; basta que tengas fe.* Hoy me uno a ese padre desolado, y acudo a ti con mis problemas, grandes o pequeños. La solución está, Señor, en tu mano. Lo creo y lo espero.

***Te alabarán, Señor, los que te buscan** (Salmo 21).*

**Santos JUAN BOSCO *pb*,
Ciro y Juan *mrs*, Marcela *vb*, Waldo *ob***

Papa Francisco: La peculiaridad de la mirada de Jesús es que Jesús no masifica a la gente: Jesús mira a cada uno. La mirada de Jesús va al grande y al pequeño. Él nos mira a todos nosotros, pero nos mira a cada uno de nosotros. Mira nuestros grandes problemas, nuestras grandes alegrías; y mira también nuestras pequeñas cosas, porque está cerca. Así nos mira Jesús. Yo voy, miro a Jesús, camino delante, fijo la mirada en Jesús y ¿qué encuentro? Que Él tiene la mirada fija sobre mí. Y esto me hace sentir gran estupor. Es el estupor del encuentro con Jesús. «¡No tengamos miedo! Corramos por este camino, con la mirada siempre fija sobre Jesús. Y tendremos esta bonita sorpresa: nos llenará de asombro. El mismo Jesús tiene la mirada fija sobre mí *(31-1-2017)*.

PALABRA

Jesús se dirigió a su ciudad y lo seguían sus discípulos. Cuando llegó el sábado, empezó a enseñar en la sinagoga; la multitud que lo oía se preguntaba asombrada: «¿De dónde saca todo eso? ¿Qué sabiduría es esa que le ha sido dada? ¿Y esos milagros que realizan sus manos? ¿No es este el carpintero, el hijo de María, hermano de Santiago y José y Judas y Simón? Y sus hermanas ¿no viven con nosotros aquí?». Y se escandalizaban a cuenta de él. Les decía: «No desprecian a un profeta más que en su tierra, entre sus parientes y en su casa». No pudo hacer allí ningún milagro, solo curó algunos enfermos imponiéndoles las manos. Y se extrañó de su falta de fe. Y recorría los pueblos de alrededor enseñando.

2Samuel **24,2.9-17;** ***Salmo*** **31,1-2.5-6 • MARCOS 6,1-6**

ORACIÓN

SEÑOR, tus paisanos y tus primos no creían en ti como Mesías, y te despreciaban. No merecían tus milagros, porque los hubieran considerado como magia, ni estaban preparados para escuchar tu palabra de salvación. Si tú les hubieras preguntado, como a Pedro, *quién soy yo,* te hubieran contestado que eras el hijo del carpintero José y de María. Para ti fue duro el desprecio de los nazarenos, aunque no todos. Entre ellos estaban los mejores de la Iglesia: María y José. Admíteme en esa compañía de tu Sagrada Familia. Muy cerca de vosotros se sentía Don Bosco, que decidió dedicar toda su vida a llevar a los niños y jóvenes a tu amistad, y fundar la Sociedad de San Francisco de Sales para esa inmensa y preciosa labor para las familias de todo el mundo.

Perdona, Señor, mi culpa y mi pecado *(Salmo 31,5).*

Simeón, hombre justo y piadoso, tomó al niño en sus brazos y bendijo a Dios diciendo: "Mis ojos han visto a tu Salvador, a quien has presentado ante todos los pueblos: Luz para alumbrar a las naciones y gloria de tu pueblo Israel". Y dijo a María su madre: "Este será un signo de contradicción, Y a tí misma una espada te traspasará el alma".

(Lucas 2,25.30-32. 34-35)

FEBRERO

1

JUEVES (FE)

Jueves 4° Tiempo Ordinario Tomo III • Salterio 4ª semana

Santos Ramón de Fitero *ab*, Severo *ob*, Pablo Hong Yong-ju, *ct* y *co mrs*

Papa Francisco: El Señor envió a los setenta y dos discípulos, de dos en dos, a las ciudades y pueblos: a proclamar que el Reino de Dios había llegado, y a preparar a los hombres al encuentro con Jesús. Después de cumplir con esta misión de anuncio, los discípulos volvieron llenos de alegría: la alegría es un tema dominante de esta primera e inolvidable experiencia misionera. El Maestro Divino les dijo: «No estéis alegres porque se os someten los espíritus; estad alegres porque vuestros nombres están inscritos en el cielo».

PALABRA

Llamó Jesús a los Doce y los fue enviando de dos en dos, dándoles autoridad sobre los espíritus inmundos. Les encargó que llevaran para el camino un bastón y nada más, pero ni pan, ni alforja, ni dinero suelto en la faja; que llevasen sandalias, pero no una túnica de repuesto. Y añadió: «Quedaos en la casa donde entréis, hasta que os vayáis de aquel sitio. Y si un lugar no os recibe ni os escucha, al marcharos sacudíos el polvo de los pies, para probar su culpa». Ellos salieron a predicar la conversión, echaban muchos demonios, ungían con aceite a muchos enfermos y los curaban.

1Reyes 2,1-4.10-12; ***Salmo: 1Crónicas*** 29,10.11-12 • **MARCOS 6,7-13**

ORACIÓN

SEÑOR, envías a tus discípulos completamente libres de todo equipaje, confiados solo en la Providencia de tu Padre, que jamás abandona a los suyos.

Tú eres Señor del universo *(1Crónicas 29,12).*

FIESTA DE LA PRESENTACIÓN DEL SEÑOR,
Purificación de María. Virgen de la Candelaria, de Copacabana, de la Calle. Santos Lorenzo *ob*, Burcardo *ob*

JORNADA DE LA VIDA CONSAGRADA

Papa Francisco: El Señor fue presentado en el templo para cumplir la ley, pero sobre todo para encontrarse con el pueblo creyente. El encuentro de Dios con su pueblo despierta la alegría y renueva la esperanza. El canto de Simeón es el canto del hombre creyente que, al final de sus días, es capaz de afirmar: Es cierto, la esperanza en Dios nunca decepciona. Esta actitud nos hará a los consagrados fecundos, pero sobre todo nos protegerá de una tentación que puede hacer estéril nuestra vida consagrada: *la tentación de la supervivencia*. La actitud de supervivencia nos vuelve reaccionarios, miedosos, nos va encerrando lenta y silenciosamente en nuestras casas y en nuestros esquemas. Nos proyecta hacia atrás, hacia las gestas gloriosas —pero pasadas— que, lejos de despertar la creatividad profética nacida de los sueños de nuestros fundadores, busca atajos para evadir los desafíos que hoy golpean nuestra puerta *(2-2-2017)*.

PALABRA

Cuando se cumplieron los días de la purificación, según la ley de Moisés, los padres de Jesús lo llevaron a Jerusalén, para presentarlo al Señor, de acuerdo con lo escrito en la ley del Señor: «Todo varón primogénito será consagrado al Señor», y para entregar la oblación, como dice la ley del Señor: «un par de tórtolas o dos pichones». Había entonces en Jerusalén un hombre llamado Simeón, hombre justo y piadoso, que aguardaba el consuelo de Israel; y el Espíritu Santo moraba en él. Le había sido revelado por el Espíritu Santo que no vería la muerte antes de ver al Mesías del Señor. Impulsado por el Espíritu, fue al templo. Y cuando entraban con el niño Jesús sus padres para cumplir con él lo acostumbrado según la ley, Simeón lo tomó en brazos y bendijo a Dios diciendo: «Ahora, Señor, según tu promesa, puedes dejar a tu siervo irse en paz. Porque mis ojos han visto a tu Salvador, a quien has presentado ante todos los pueblos: luz para alumbrar a las naciones y gloria de tu pueblo Israel». Su padre y su madre estaban admirados por lo que se decía del niño. Simeón los bendijo, diciendo a María, su madre: «Mira, este está puesto para que muchos en Israel caigan y se levanten; y será como un signo de contradicción -y a ti misma una espada te traspasará el alma- para que se pongan de manifiesto los pensamientos de muchos corazones». Había también una profetisa, Ana, hija de Fanuel, de la tribu de Aser, ya muy avanzada en años. De joven había vivido siete años casada, y luego viuda hasta los ochenta y cuatro; no se apartaba del templo, sirviendo a Dios con ayunos y oraciones noche y día. Presentándose en aquel momento alababa también a Dios y hablaba del niño a todos los que aguardaban la liberación de Jerusalén. Y, cuando cumplieron todo lo que prescribía la ley del Señor, se volvieron a Galilea, a su ciudad de Nazaret. El niño, por su parte, iba creciendo y robusteciéndose, lleno de sabiduría; y la gracia de Dios estaba con él.

Malaquías 3,1-4; ***Salmo*** 23,7-10; ***Hebreos*** 2,14-18 • **LUCAS 2,22-35.39-40**

ORACIÓN

JESÚS, en el Día de la Vida Consagrada, soy consciente de que la bendita estirpe representada por el anciano Simeón y la pobre viuda Ana, siempre pendientes de ti y de tus cosas, continúa en la legión de discípulos tuyos que han consagrado su vida entera a tu servicio. Gracias por la generosidad de estos hermanos y hermanas consagrados. Que nunca les falte la alegría de la fe, la esperanza de que tú llenes toda su vida, y el amor a ti y a los hermanos que da sentido a su existencia, hace el bien a los necesitados y sirve de ejemplo a cristianos y alejados.

El Señor del universo es el Rey de la Gloria *(Salmo 23,10).*

Santos BLAS *ob mr,* ÓSCAR *ob,*
Simeón y Ana *NT,*
Claudina Thévenet *vg,* Berlinda *vg*

FEBRERO
3
SÁBADO (ML)

Papa Francisco: El Evangelio de hoy nos dice que los Apóstoles, tras la experiencia de la misión, regresaron contentos, pero también cansados. Y Jesús, lleno de comprensión, los lleva a un lugar desierto, a un sitio apartado para que descansaran un poco (cf. *Mc* 6, 31-34). «Muchos los vieron marcharse y los reconocieron... y se les adelantaron». Así es como el evangelista nos ofrece una imagen de Jesús de especial intensidad, «fotografiando», por decirlo así, sus ojos y captando los sentimientos de su corazón, y dice así el evangelista: «Al desembarcar, Jesús vio una multitud y se compadeció de ella, porque andaban como ovejas que no tienen pastor; y se puso a enseñarles muchas cosas» Retomemos los tres verbos de este sugestivo fotograma: *ver, tener compasión, enseñar*. Los podemos llamar *los verbos del Pastor*... El odio, la envidia, la soberbia ensucian la vida. Vigilemos los sentimientos, nuestro corazón, porque ahí es de donde salen las intenciones buenas y malas: las que construyen y las que destruyen. No debemos tener miedo de la bondad, más aún, ni siquiera de la ternura *(17-7-2015)*.

PALABRA

Los apóstoles volvieron a reunirse con Jesús y le contaron todo lo que habían hecho y enseñado. Él les dijo: «Venid vosotros solos a un lugar desierto a descansar un poco». Porque eran tantos los que iban y venían que no encontraban tiempo ni para comer. Se fueron en barca a solas a un lugar desierto. Muchos los vieron marcharse y los reconocieron; entonces de todas las aldeas fueron corriendo por tierra a aquel sitio y se les adelantaron. Al desembarcar, Jesús vio una multitud y le dio lástima de ellos, porque andaban como ovejas que no tienen pastor; y se puso a enseñarles muchas cosas.

1Reyes 3,4-13; ***Salmo*** 118,9-14 • **MARCOS 6,30-34**

ORACIÓN

SEÑOR, admiro la grandeza de tu corazón, en el que cabemos todos, desde los apóstoles hasta los que te damos lástima porque andamos despistados y hambrientos de alimento espiritual. Por eso renuncias al descanso. ¿Es esa mi disponibilidad, o puede más mi egoísmo y mi comodidad? Tu ejemplo me invita a salir de mí y descubrir cómo ayudar al hermano que sufre, que está solo, que pasa necesidad.

Enséñame, Señor, tus decretos *(Salmo 118,12).*

FEBRERO
4
DOMINGO

DOMINGO V DEL TIEMPO ORDINARIO   Tomo III - Salterio 1ª semana

Santos Catalina de Ricci *vg,* Juan de Britto *pb mr,* Gilberto *pb,* Rabano Mauro *ob,* Beata Isabel Canori *mf*

SANTA CATALINA DE RICCI

Papa Francisco: El Evangelio de hoy nos presenta a Jesús que, después de haber predicado el sábado en la sinagoga, cura a muchos enfermos. Predicar y curar: esta es la actividad principal de Jesús en su vida pública. Con la predicación anuncia el reino de Dios, y con la curación demuestra que está cerca, que el reino de Dios está en medio de nosotros. Jesús, que vino al mundo para anunciar y realizar la salvación de todo el hombre y de todos los hombres, muestra una predilección particular por quienes están heridos en el cuerpo y en el espíritu: los pobres, los pecadores, los endemoniados, los enfermos, los marginados. Así, Él se revela médico, tanto de las almas como de los cuerpos, buen samaritano del hombre. Es el verdadero Salvador. Cada uno de nosotros está llamado a llevar la luz de la palabra de Dios y la fuerza de la gracia a quienes sufren y a cuantos los asisten, familiares, médicos y enfermeros, para que el servicio al enfermo se preste cada vez más con humanidad, con entrega generosa, con amor evangélico y con ternura. La Iglesia madre, mediante nuestras manos, acaricia nuestros sufrimientos y cura nuestras heridas, y lo hace con ternura de madre *(8-2-2015)*.

PALABRA

• ***Job*** 7, 1-4.6-7: Habló Job diciendo: «El hombre está en la tierra cumpliendo un servicio, sus días son los de un jornalero. Como el esclavo, suspira por la sombra; como el jornalero, aguarda el salario. Mi herencia son meses baldíos, me asignan noches de fatiga; al acostarme pienso: ¿cuándo me levantaré? Se alarga la noche y me harto de dar vueltas hasta el alba. Mis días corren más que la lanzadera y se consumen sin esperanza. Recuerdo que mi vida es un soplo, y que mis ojos no verán más la dicha».

• ***Salmo*** 146, 1-6: ***Alabad al Señor, que sana los corazones quebrantados.***

• ***1Corintios*** 9, 16-19. 22-23: El hecho de predicar no es para mí motivo de soberbia. No tengo más remedio y, ¡ay de mí si no anuncio el Evangelio! Si yo lo hiciera por mi propio gusto, eso mismo sería mi paga. Pero si lo hago a pesar mío es que me han encargado este oficio. Entonces, ¿cuál es la paga? Precisamente dar a conocer el Evangelio, anunciándolo de balde, sin usar el derecho que me da la predicación de esta Buena Noticia. Me he hecho débil con los débiles, para ganar a los débiles; me he hecho todo a todos, para ganar, sea como sea, a algunos. Y hago todo esto por el Evangelio, para participar yo también de sus bienes.

• **MARCOS 1, 29-39:** Al salir Jesús de la sinagoga, fue con Santiago y Juan a la casa de Simón y Andrés. La suegra de Simón estaba en cama con fiebre, e inmediatamente le hablaron de ella. Él se acercó, la tomó de la mano y la levantó. Se le pasó la fiebre y se puso a servirles. Al anochecer, cuando se puso el sol, le llevaron todos los enfermos y endemoniados. La población entera se agolpaba a la puerta. Curó a muchos enfermos de diversos males y expulsó muchos demonios; y como los demonios lo conocían no les permitía hablar. Se levantó de madrugada, se marchó a un lugar solitario y allí se puso a orar. Simón y sus compañeros fueron en su busca y, al encontrarlo, le dijeron: «Todo el mundo te busca». Él les responde: «Vámonos a otra parte, a las aldeas cercanas, para predicar también allí; que para eso he venido». Así recorrió toda Galilea, predicando en sus sinagogas y expulsando demonios.

ORACIÓN **SEÑOR,** **a la vista de las maravillas que haces, todo el mundo iba en tu búsqueda. Hoy parece que hay quien inventa otro tipo de maravillas, el hombre se cree adulto y le parece que le sobra Dios. Yo, como la suegra de Pedro, soy débil, y busco la fuerza en ti. Pon tu mano sobre mi cabeza, quedaré sano, me levantaré y te serviré en los hermanos.**

Santos ÁGUEDA ***vg mr,***
Pedro Bautista ***pb mr,***
Jesús Méndez ***pb mr,*** **Adelaida** ***ab***

SANTA AGUEDA

Papa Francisco: *Le llevaban los enfermos en camillas...* Cuando nos acercamos con ternura a los que necesitan atención, llevamos la esperanza y la sonrisa de Dios en medio de las contradicciones del mundo. Cuando la entrega generosa hacia los demás se vuelve el estilo de nuestras acciones, damos espacio al Corazón de Cristo y el nuestro se inflama, ofreciendo así nuestra aportación a la llegada del Reino de Dios.

PALABRA

Terminada la travesía, Jesús y sus discípulos llegaron a Genesaret y atracaron. Apenas desembarcados, lo reconocieron y se pusieron a recorrer toda la comarca; cuando se enteraba la gente dónde estaba Jesús, le llevaba los enfermos en camillas. En los pueblos, ciudades o aldeas donde llegaba, colocaban a los enfermos en la plaza y le rogaban que les dejase tocar al menos la orla de su manto; y los que lo tocaban se curaban.

1Reyes 8,1-7.9-13; ***Salmo*** 131,6-10 • **MARCOS 6,53-56**

ORACIÓN

SEÑOR, es admirable la fe ciega de quienes estaban convencidos de que con solo tocar el borde de tu manto quedarían sanos de sus dolencias. Tú sabes que yo soy débil, y que mi fe es aún más débil. No te he visto jamás físicamente, pero sé que estás en la Eucaristía y vienes a mí en cuerpo y alma: "Se engaña en ti la vista, el tacto, el gusto,/ mas tu palabra engendra fe rendida;/ cuanto el Hijo de Dios ha dicho, creo,/ pues no hay verdad cual la verdad divina". Creo, Señor, pero aumenta mi fe.

Levántate, Señor, ven a tu mansión *(Salmo 131,8).*

SAN PABLO MIKI Y COMPAÑEROS

FEBRERO
6
MARTES (MO)

Santos PABLO MIKI *y co mrs,* Dorotea *vg mr,* Mateo Correa *pb mr*

Papa Francisco: Como entonces para los fariseos, existe también para nosotros el peligro de creernos en lo correcto, o peor, mejores que los demás, por el solo hecho de observar las reglas, las costumbres, aunque no amemos al prójimo, seamos duros de corazón, soberbios y orgullosos. La observancia literal de los preceptos es algo estéril si no cambia el corazón y no se traduce en actitudes concretas: abrirse al encuentro con Dios y a su Palabra, buscar la justicia y la paz, socorrer a los pobres, a los débiles, a los oprimidos *(30-8-2015).*

PALABRA

Se reunieron junto a Jesús los fariseos con algunos escribas venidos de Jerusalén; y vieron que algunos discípulos comían con manos impuras, es decir, sin lavarse las manos. (Pues los fariseos, como los demás judíos, no comen sin lavarse antes las manos, restregando bien, aferrándose a la tradición de sus mayores, y, al volver de la plaza, no comen sin lavarse antes, y se aferran a otras muchas tradiciones, de lavar vasos, jarras y ollas). Y los fariseos y los escribas le preguntaron: «¿Por qué no caminan tus discípulos según las tradiciones de los mayores y comen el pan con manos impuras?». Él les contestó: «Bien profetizó Isaías de vosotros, hipócritas, como está escrito: "Este pueblo me honra con los labios, pero su corazón está lejos de mí. El culto que me dan está vacío, porque la doctrina que enseñan son preceptos humanos". Dejáis a un lado el mandamiento de Dios para aferraros a la tradición de los hombres». Y añadió: «Anuláis el mandamiento de Dios por mantener vuestra tradición». Moisés dijo: "Honra a tu padre y a tu madre" y "el que maldiga a su padre o a su madre es reo de muerte"; en cambio, vosotros decís: Si uno le dice al padre o a la madre: "Los bienes con que podría ayudarte son 'corbán', es decir, ofrenda sagrada", ya no le permitís hacer nada por su padre o por su madre; invalidando la palabra de Dios con esa tradición que os trasmitís; y hacéis otras muchas cosas semejantes».

1Reyes 8,22-23.27-30; ***Salmo*** 83,3-5.10.11 • **MARCOS 7,1-13**

ORACIÓN

SEÑOR, Me invitas a que no solo te honre con los labios, sino con la sinceridad de corazón, la lealtad de amigo y la realidad de las obras.

¡Qué deseables son tus moradas, Señor del universo! *(Salmo 83,2).*

FEBRERO
7
MIÉRCOLES (FE)

Miércoles 5° Tiempo Ordinario Tomo III - Salterio 1ª semana

Santos Ricardo *pf*, Juliana *vd*. Beatos Pío IX *pp*, Anselmo Polanco *ob* y Felipe *pb mrs*

Papa Francisco: Jesús se centra sobre un aspecto muy profundo y afirma: «Nada que entra de fuera puede hacer al hombre impuro; lo que sale de dentro es lo que hace impuro al hombre». De esta manera subraya el primado de la interioridad, es decir, el primado del «corazón»: no son las cosas exteriores las que nos hacen o no santos, sino que es el corazón el que expresa nuestras intenciones, nuestras elecciones y el deseo de hacerlo todo por amor de Dios. Las actitudes exteriores son la consecuencia de lo que hemos decidido en el corazón y no al revés: con actitudes exteriores, si el corazón no cambia, no somos verdaderos cristianos *(30-8-2015)*.

PALABRA

Llamó Jesús de nuevo a la gente y les dijo: «Escuchad y entended todos: Nada que entre de fuera puede hacer al hombre impuro; lo que sale de dentro es lo que hace impuro al hombre». Cuando dejó a la gente y entró en casa, le pidieron sus discípulos que les explicara la parábola. Él les dijo: «¿También vosotros seguís sin entender? ¿No comprendéis? Nada que entre de fuera puede hacer impuro al hombre, porque no entra en el corazón, sino en el vientre, y se echa en la letrina». (Con esto declaraba puros todos los alimentos). Y siguió: «Lo que sale de dentro del hombre, eso sí hace impuro al hombre. Porque de dentro, del corazón del hombre, salen los pensamientos perversos, las fornicaciones, robos, homicidios, adulterios, codicias, malicias, fraudes, desenfreno, envidia, difamación, orgullo, frivolidad. Todas esas maldades salen de dentro y hacen al hombre impuro».

1Reyes 10,1-10; ***Salmo*** 36,5-6.30-31.39-40 • **MARCOS 7, 14-23**

ORACIÓN

SEÑOR, tú haces tuya la acusación de Isaías contra los escribas, que es muy dura: deja al descubierto su pobre y engañosa moralidad. Tú los conoces a ellos, y a mí, mucho mejor que ellos y yo nos conocemos, porque ves mi corazón y el de ellos. Como me quieres de verdad, me invitas a que te siga con todo mi ser, no solo de palabra falaz. Está en juego mi vida eterna. Y ya desde ahora quiero vivir a tu lado, para impregnarme de tu santidad y disfrutar, ya en este mundo, de tu amistad fiel y eterna.

La boca del justo expone la sabiduría *(Salmo 36,30).*

Santos Jerónimo EMILIANI ***pb,*** **Josefina BAKHITA** ***vg,*** **Honorato** ***ob,*** **Esteban** ***er.***
Beata Esperanza de Jesús ***Amor Misericordioso.***

FEBRERO

8

JUEVES (ML)

Papa Francisco: Pensemos en el episodio evangélico de la mujer cananea. Es una mujer pagana, no es del pueblo de Israel, sino una pagana que suplica a Jesús que cure a su hija. Jesús, para poner a prueba su fe, primero responde duramente: «No puedo, primero debo pensar en las ovejas de Israel». La mujer no retrocede –una mamá, cuando pide ayuda para su criatura, no se rinde jamás; todos sabemos que las mamás luchan por los hijos– y responde: «También a los perritos, cuando los amos están saciados, se les da algo», como si dijese: «Al menos trátame como a una perrita». Entonces Jesús le dijo: «Mujer, qué grande es tu fe: que se cumpla lo que deseas» *(10-6-2015)*.

PALABRA

Jesús fue a la región de Tiro. Entró en una casa, procurando pasar desapercibido, pero no logró ocultarse. Una mujer que tenía una hija poseída por un espíritu impuro se enteró enseguida, fue a buscarlo y se le echó a los pies. La mujer era pagana, una fenicia de Siria, y le rogaba que echase el demonio de su hija. Él le dijo: «Deja que se sacien primero los hijos. No está bien tomar el pan de los hijos y echárselo a los perritos». Pero ella replicó: «Señor, pero también los perros, debajo de la mesa, comen las migajas que tiran los niños». Él le contestó: «Anda, vete, que, por eso que has dicho, el demonio ha salido de tu hija». Al llegar a su casa, se encontró a la niña echada en la cama; el demonio se había marchado.

1Reyes 11,4-13; ***Salmo*** 105,3-4,35-36.37-40 • **MARCOS 7, 24-30**

ORACIÓN

SEÑOR, pones a prueba a la mujer fenicia, pero ella tenía un inmenso amor a su hija, y tú le concediste paciencia ante tus palabras de aparente desprecio: su confianza en ti se mantuvo firme. Amor, paciencia y confianza: lo que a mí me falta y espero de ti. Amor a ti y al prójimo, paciencia ante las pruebas que siempre me rodean, confianza en tu infinita misericordia que perdona todos mis pecados y endereza mis malas inclinaciones.

Acuérdate de mí, Señor, por amor a tu pueblo *(Salmo 105,4).*

Santos Apolonia *vg mr,* Miguel Febres *rl,* Sabino *ob,* Rainaldo *ob.* Beatos Leopoldo de Alpandeire *rl,* Ana Catalina Emmerick *mj*

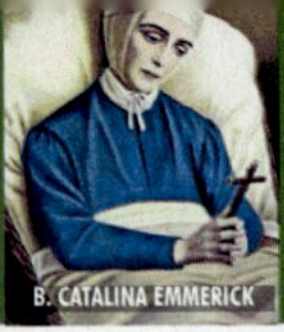
B. CATALINA EMMERICK

Papa Francisco: La enfermedad, sobre todo cuando es grave, pone siempre en crisis la existencia humana y nos plantea grandes interrogantes: ¿Por qué me ha sucedido precisamente a mí? Podemos sentirnos desesperados, pensar que todo está perdido y que ya nada tiene sentido... La fe en Dios se pone a prueba, pero al mismo tiempo revela toda su fuerza positiva. No porque la fe haga desaparecer la enfermedad, el dolor o los interrogantes que plantea, sino porque nos ofrece una clave con la que podemos descubrir el sentido más profundo de lo que estamos viviendo; una clave que nos ayuda a ver cómo la enfermedad puede ser la vía que nos lleva a una cercanía más estrecha con Jesús, que camina a nuestro lado cargado con la cruz. Y esta clave nos la proporciona María, su Madre, experta en esta vía *(15-9-2015).*

PALABRA

Dejando Jesús el territorio de Tiro, pasó por Sidón, camino del mar de Galilea, atravesando la Decápolis. Y le presentaron un sordo que, además, apenas podía hablar; y le piden que le imponga la mano. Él, apartándolo de la gente, a solas, le metió los dedos en los oídos y con la saliva le tocó la lengua. Y, mirando al cielo, suspiró y le dijo: «Effetá», esto es, «ábrete». Y al momento se le abrieron los oídos, se le soltó la traba de la lengua y hablaba correctamente. Él les mandó que no lo dijeran a nadie; pero, cuanto más se lo mandaba, con más insistencia lo proclamaban ellos. Y en el colmo del asombro decían: «Todo lo ha hecho bien; hace oír a los sordos y hablar a los mudos».

1Reyes 11, 29-32; 12, 19; ***Salmo*** 80, 10-15 • **MARCOS 7, 31-37**

ORACIÓN

SEÑOR, cuando me bautizaron pronunciaron sobre mí esa palabra tuya: *Effetá.* Abre, Señor, mis oídos a tu Palabra que salva, y abre mi boca a la proclamación de tu grandeza y de tu misericordia. En esta vida no puedo emplear mejor el oído que abriéndolo a tu Palabra; y mi mejor palabra es proclamar tu misericordia, tu grandeza y tu cercanía al pobre y al que sufre.

Yo soy el Señor, Dios tuyo: escucha mi voz *(Salmo 80, 11.9).*

SANTA ESCOLÁSTICA

Santos ESCOLÁSTICA *vg*, José Sánchez del Río *mr*, Silvano *ob*, Guillermo *er*. Beatos Luis Stepinac *ob*, Eusebia Palomino *vg*

FEBRERO
10
SÁBADO (MO)

Papa Francisco: Quisiera que la oración esté animada por la compasión del buen Pastor por su rebaño, especialmente por las personas y las familias que por diversos motivos están «extenuadas y abandonadas, como ovejas que no tienen pastor». Así, sostenida y animada por la gracia de Dios, la Iglesia podrá estar aún más comprometida, y aún más unida, en el testimonio de la verdad del amor de Dios y de su misericordia por las familias del mundo, ninguna excluida, tanto dentro como fuera del redil *(25-3-2015)*.

PALABRA

Por aquellos días, como de nuevo se había reunido mucha gente y no tenían qué comer, Jesús llamó a sus discípulos y les dijo: Me da lástima de esta gente; llevan ya tres días conmigo y no tienen qué comer, y, si los despido a sus casas en ayunas, se van a desmayar por el camino. Además, algunos han venido desde lejos». Le replicaron sus discípulos: «¿Y de dónde se puede sacar pan, aquí, en despoblado, para que se queden satisfechos?». Él les preguntó: «¿Cuántos panes tenéis?». Ellos contestaron: «Siete». Mandó que la gente se sentara en el suelo, tomó los siete panes, pronunció la acción de gracias, los partió y los fue dando a sus discípulos para que los sirvieran. Ellos los sirvieron a la gente. Tenían también unos cuantos peces; Jesús pronunció sobre ellos la bendición, y mandó que los sirvieran también. La gente comió hasta quedar saciada y de los trozos que sobraron llenaron siete canastas; eran unos cuatro mil y los despidió; y enseguida se montó en la barca con sus discípulos y se fue a la región de Dalmanuta.

1Reyes 12, 26-32; 13, 33-34; ***Salmo*** 105, 6-7.19-22 • **MARCOS 8, 1-10**

ORACIÓN

SEÑOR, una vez más, el evangelista subraya uno de tus más frecuentes sentimientos hacia la gente: te damos lástima. Era verdad cuando no tenían qué comer, escuchándote embelesados. Y es verdad hoy, cuando buscamos saciarnos en placeres y alimentos que nos apartan de ti. Tu amor sabe remediar nuestra hambre y nuestra sed espirituales, con la Palabra de cada día, la Eucaristía que aquel día anunciaste, y el amor que nos tienes y suscita tu lástima.

Acuérdate de mí, Señor, por amor a tu pueblo *(Salmo 105,4)*.

NTRA. SRA. DE LOURDES.
Santos Pedro Maldonado *pb mr*, Sotera *vg mr*, Pascual I *pp*

JORNADA MUNDIAL DEL ENFERMO (LOURDES)

COLECTA CAMPAÑA CONTRA EL HAMBRE EN EL MUNDO

Papa Francisco: La curación del leproso se desarrolla en tres breves pasajes: la invocación del enfermo, la respuesta de Jesús, las consecuencias de la curación prodigiosa. El leproso suplica a Jesús «de rodillas» y le dice: «Si quieres, puedes limpiarme». Ante esta oración humilde y confiada, Jesús reacciona con una actitud profunda de su alma: la compasión, que significa "padecer-con-el otro". La misericordia de Dios supera toda barrera y la mano de Jesús toca al leproso. Él no se coloca a una distancia de seguridad y no actúa por poder, sino que se expone directamente al contagio de nuestro mal; y así precisamente nuestro mal se convierte en el punto del contacto: Él, Jesús, toma de nosotros nuestra humanidad enferma y nosotros tomamos de Él su humanidad sana y sanadora. Esto ocurre cada vez que recibimos con fe un Sacramento: el Señor Jesús nos "toca" y nos dona su gracia. Hoy, a nosotros, el Evangelio de la curación del leproso nos dice que, si queremos ser verdaderos discípulos de Jesús, estamos llamados a convertirnos, unidos a Él, en instrumentos de su amor misericordioso, superando todo tipo de marginación *(15-2-2015)*.

PALABRA

• ***Levítico*** 13, 1-2.44-46: El Señor dijo a Moisés y a Aarón: «Cuando alguno tenga una inflamación, una erupción o una mancha en la piel y se le produzca la lepra, será llevado ante el sacerdote Aarón o cualquiera de sus hijos sacerdotes. Se trata de un hombre con lepra, y es impuro. El sacerdote lo declarará impuro de lepra en la cabeza. El que haya sido declarado enfermo de lepra, andará harapiento y despeinado, con la barba rapada y gritando: «¡Impuro, impuro!». Mientras le dure la lepra, seguirá impuro: vivirá solo y tendrá su morada fuera del campamento».

• ***Salmo*** 31, 1-2.5.11: ***Tú eres mi refugio; me rodeas de cantos de liberación.***

• ***1Corintios*** 10,31 – 11,1: Cuando comáis o bebáis o hagáis cualquier otra cosa, hacedlo todo para gloria de Dios. No deis motivo de escándalo a los judíos, ni a los griegos, ni a la Iglesia de Dios. Por mi parte, yo procuro contentar en todo a todos, no buscando mi propio bien, sino el de ellos, para que todos se salven. Seguid mi ejemplo, como yo sigo el de Cristo.

• **MARCOS 1, 40-45:** Se acerca a Jesús un leproso, suplicándole de rodillas: «Si quieres, puedes limpiarme». Compadecido, extendió la mano y lo tocó diciendo: «Quiero: queda limpio». La lepra se le quitó inmediatamente y quedó limpio. Él lo despidió, encargándole severamente: «No se lo digas a nadie; pero para que conste, ve a presentarte al sacerdote y ofrece por tu purificación lo que mandó Moisés». Pero cuando se fue, empezó a pregonar bien alto y a divulgar el hecho, de modo que Jesús ya no podía entrar abiertamente en ningún pueblo; se quedaba fuera, en lugares solitarios; y aun así acudían a él de todas partes.

ORACIÓN **SEÑOR,** si quieres, puedes limpiarme. A mi paso por este mundo, se me van pegando a los pies –y al corazón– el barro del mundo y sus apetencias, que son peor que la lepra. Yo quiero ser limpio de corazón, limpio de vida: no por mis fuerzas, sino por tu gracia y para tu gloria.

FEBRERO
12
LUNES (FE)

Lunes 6º Tiempo Ordinario — **Tomo III - Salterio 2ª semana**

Santos Eulalia de Barcelona *vg mr*, Mártires de Abitinia. Beata Umbelina *ab*

Papa Francisco: Había un grupo de personas que no le querían y trataban siempre de interpretar las palabras de Jesús y también sus comportamientos, de forma distinta, contra Jesús. Algunos por envidia, otros por rigidez doctrinal, otros porque tenían miedo que vinieran los romanos y les masacraran; por muchos motivos trataban de alejar la autoridad de Jesús del pueblo y también con la calumnia. "Si echa los demonios es por arte de Belzebú, el príncipe de los demonios". Le ponían delante de una trampa para ver si caía. Hay que saber discernir las situaciones: es decir, lo que viene de Dios y lo que viene del maligno que siempre trata de engañar, de hacernos elegir un camino equivocado.

PALABRA

Se presentaron los fariseos y se pusieron a discutir con Jesús; para ponerlo a prueba, le pidieron un signo del cielo. Jesús dio un profundo suspiro y dijo: «¿Por qué esta generación reclama un signo? En verdad os digo que no se le dará un signo a esta generación». Los dejó, se embarcó de nuevo y se fue a la otra orilla.

Santiago 1,1-11; ***Salmo*** 118,67-68.71-72.75-76 • MARCOS 8,11-13

ORACIÓN

SEÑOR, la única institución que, después de veinte siglos de fracasos, puede seguir en pie, siempre joven y renovadora, es la Iglesia. Es un milagro para quien quiera ver sin prejuicios la historia y la realidad actual: Tú estás vivo y presente en medio de tu Iglesia. ¿Y en mi vida? Si algo bueno hay en ella es tu obra en mí. El único signo que te pido, Señor, es que yo pueda dejar que modeles mi corazón a tu medida, sin poner obstáculo alguno.

Cuando me alcance tu compasión, Señor, viviré *(Salmo 118,77).*

B. JORDÁN DE SAJONIA

Santos Benigno *pb mr,* Cástor *pb er,* Esteban *ab.* Beato Jordán de Sajonia *pb*

FEBRERO
13
MARTES (FE)

Papa Francisco: Hay que poner atención, cuidado con la levadura de los fariseos, con la levadura de Herodes. Herodes es malo, asesino y los fariseos hipócritas. Jesús recuerda [a los apóstoles] cuando partió los cinco panes y les exhorta a pensar en lo que Dios ha hecho por todos nosotros. Pero ellos no entendían, porque el corazón estaba endurecido por esta pasión, por esta maldad de discutir entre ellos y mirar quién era el culpable de haberse olvidado el pan. Estas no son cosas raras, este no es el discurso de un marciano, el hombre es capaz de hacer mucho bien. Por ejemplo, la Madre Teresa, una mujer de nuestro tiempo. Todos somos capaces de hacer mucho bien, pero todos nosotros somos capaces también de destruir; destruir en lo grande y en lo pequeño, en la misma familia; destruir a los hijos, no dejándoles crecer con libertad, no ayudándoles a crecer bien, anular a los hijos. Por eso es necesaria la meditación cotidiana, la oración, el debate entre nosotros, para no caer en esta maldad que destruye todo *(17-2-2015)*.

PALABRA

A los discípulos se les olvidó llevar pan, y no tenían más que un pan en la barca. Jesús les ordenaba diciendo: «Estad atentos, evitad la levadura de los fariseos y de Herodes». Y discutían entre ellos sobre el hecho de que no tenían panes. Dándose cuenta, les dijo Jesús: «¿Por qué andáis discutiendo que no tenéis pan? ¿Aún no entendéis ni comprendéis? ¿Tenéis el corazón embotado? ¿Tenéis ojos y no veis, tenéis oídos y no oís? ¿No recordáis cuántos cestos de sobras recogisteis cuando repartí cinco panes entre cinco mil?». Ellos contestaron: «Doce». «¿Y cuántas canastas de sobras recogisteis cuando repartí siete entre cuatro mil?». Le respondieron: «Siete». Él les dijo: «¿Y no acabáis de entender?».

Santiago 1,12-18; ***Salmo*** 93,12-15.18-19 • **MARCOS 8,14-21**

ORACIÓN

SEÑOR, tú quieres que sea levadura entre la gente que has puesto cerca de mí, pero levadura de Evangelio, levadura de la buena, que convierta mi vida y la de mis prójimos en hombres y mujeres que lleven tu nombre y tu fe a la sociedad y atraigan a los otros a ti. La levadura de los fariseos ya está bastante extendida y pervirtiendo el corazón de la masa humana. Pero yo sé que la última palabra no la tienen los fariseos ni los Herodes de ayer y de hoy. La tienes tú, y para mí es la luz y la fuerza para vencer el mal y ser testigo de tu amor en el tiempo que me das.

***Dichoso el hombre a quien tú educas, Señor** (Salmo 93,12).*

SAN CIRILO Y SAN METODIO, PATRONOS DE EUROPA
Valentín *mr*, Juan B. de la Concepción *pb*, Vital *mr*

(Ayuno y abstinencia)*

SANTOS CIRILO Y METODIO

TIEMPO DE CUARESMA

Liturgia de las Horas: tomo II

MIÉRCOLES DE CENIZA

Papa Francisco: "Rasgad vuestros corazones, no vuestros vestidos". Con estas penetrantes palabras del profeta Joel, la liturgia nos introduce hoy en la Cuaresma, indicando en la conversión del corazón la característica de este tiempo de gracia. Es un itinerario que comprende la cruz y la renuncia. El evangelio de hoy indica los elementos de este camino espiritual hacia la Pascua: la oración, el ayuno y la limosna *(5-3-2014)*. Todo el pueblo fiel está convocado para ponerse en marcha y adorar a su Dios que es "compasivo y misericordioso, lento a la cólera y rico en piedad". La Cuaresma es el camino de la esclavitud a la libertad, del sufrimiento a la alegría, de la vida a la muerte. El gesto de las cenizas, con el que nos ponemos en marcha, nos recuerda que hemos sido tomados de la tierra, somos barro *(1-3-2017)*.

PALABRA

Dijo Jesús a sus discípulos: «Cuidad de no practicar vuestra justicia delante de los hombres para ser vistos por ellos, de lo contrario, no tendréis recompensa de vuestro Padre celestial. Por tanto, cuando hagas limosna, no mandes tocar la trompeta ante ti, como hacen los hipócritas en las sinagogas y por las calles para ser honrados por la gente; en verdad os digo que ya han recibido su recompensa. Tú, en cambio, cuando hagas limosna, que no sepa tu mano izquierda lo que hace tu derecha; así tu limosna quedará en secreto, y tu Padre, que ve en lo secreto, te recompensará. Cuando oréis, no seáis como los hipócritas, a quienes les gusta orar de pie en las sinagogas y en las esquinas de las plazas, para que los vean

---

* El miércoles de ceniza y el viernes santo son días de **ayuno** y **abstinencia.** Los viernes de cuaresma son días de **abstinencia.** Y todos los viernes del año, como toda la cuaresma, son días de **penitencia**, en los que se recomiendan las privaciones voluntarias, la limosna, las obras de caridad y la ayuda a las misiones (cf. **Catecismo Igl. Cat.**, n. 1438).

los hombres. En verdad os digo que ya han recibido su recompensa. Tú, en cambio, cuando ores, entra en tu cuarto, cierra la puerta y ora a tu Padre, que está en lo secreto, y tu Padre, que ve en lo secreto, te lo recompensará. Cuando ayunéis, no pongáis cara triste, como los hipócritas que desfiguran sus rostros para hacer ver a los hombres que ayunan. En verdad os digo que ya han recibido su paga. Tú, en cambio, cuando ayunes, perfúmate la cabeza y lávate la cara, para que tu ayuno lo note, no la gente, sino tu Padre, que está en lo escondido; y tu Padre, que ve en lo escondido, te recompensará».

Joel 2,12-18; ***Salmo*** 50,3-6.12-14.17; ***2Corintios*** 5, 20-6,2

• MATEO 6,1-6.16-18

ORACIÓN

CRISTO, ayuno, oración y limosna son las armas que pones en mis manos para caminar más ligero hacia la Pascua, tu triunfo definitivo sobre el pecado y la muerte. Oración, porque sin ti no puedo dar un paso recto. Ayuno, porque mi fortaleza en este tiempo de combate no es la corporal, sino la del espíritu que domina la carne. Y doy limosna: tú nos adviertes del peligro del dinero, que intenta ocupar en mi corazón y en toda mi vida el puesto que solo corresponde a ti.

Misericordia, Señor, hemos pecado *(Salmo 50,3).*

Santos Claudio de la Colombière *pb*, Onésimo *NT*, Faustino y Jovita *mrs*, Georgia *vg*, Sigfrido *ob*

S. CLAUDIO DE LA COLOMBIERE

Papa Francisco: La palabra, la exhortación de la Iglesia precisamente desde el inicio de la Cuaresma es “convertíos”: “Convertíos, dice el Señor”». Hoy la liturgia de la Palabra nos hace reflexionar sobre tres realidades que hay tener delante para esta conversión: la realidad del hombre, la realidad de Dios y la realidad del camino. *La realidad del hombre* es que todos nosotros estamos ante el bien y el mal. “Mira, yo pongo hoy ante ti vida y felicidad, muerte y desgracia”. Estamos ante esta realidad: o es el bien, o es el mal (...). Pero si tu corazón se desvía y si no escuchas y te dejas arrastrar a postrarte ante otros dioses irás por el camino del mal. Dios nos ha hecho libres, la elección es nuestra. El Señor no nos deja solos, nos enseña, nos advierte: estate atento, está el bien y el mal; adorar a Dios, cumplir los mandamientos es el camino del bien; ir a otra parte, el camino de los ídolos, de los falsos dioses que hacen equivocar la vida. La segunda realidad fuerte: *la realidad de Dios*. Dios hecho Cristo, Dios hecho carne: este es el fundamento de las obras de misericordia, las llagas de nuestros hermanos son las llagas de Cristo, son las llagas de Dios. No podemos vivir la Cuaresma sin esta segunda realidad: nosotros debemos convertirnos no a un Dios abstracto, sino al Dios concreto que se hizo Cristo. La tercera: *la realidad del camino:* «Si alguien quiere seguirme, que reniegue de sí mismo, tome su cruz cada día y me siga». El único camino seguro es seguir a Cristo crucificado, el escándalo de la cruz. Estas tres realidades humanas son la brújula del cristiano, con estas tres señales, no nos equivocaremos de camino *(2-3-2017)*.

PALABRA

Dijo Jesús a sus discípulos: «El Hijo del hombre tiene que padecer mucho, ser desechado por los ancianos, sumos sacerdotes y escribas, ser ejecutado y resucitar al tercer día». Entonces decía a todos: «Si alguno quiere venir en pos de mí, que se niegue a sí mismo, cargue con su cruz cada día y me siga. Pues el que quiera salvar su vida la perderá; pero el que pierda su vida por mi causa la salvará. ¿De qué le sirve a uno ganar el mundo entero si se pierde o se arruina a sí mismo?».

Deuteronomio 30,15-20; ***Salmo*** 1,1-6 • **LUCAS 9,22-25**

ORACIÓN

CRISTO, recién iniciado el camino de la Cuaresma que nos llevará a la Pascua, nos presentas el programa de nuestra vida, para que lo aceptemos como nuestro itinerario cuaresmal: *padecer mucho, ser desechado, ser ejecutado y resucitar al tercer día.* Como misterios celebrativos, ahí están. Como programa de mi vida, es absolutamente imprescindible que tu Espíritu me descubra el aspecto purificador y redentor de ese padecimiento, persecución y muerte, para que los acepte convencido, con la esperanza de la resurrección.

Dichoso el hombre que ha puesto su confianza en el Señor *(Salmo 39,5).*

FEBRERO
16
VIERNES (FE)

Santos Elías y *co mrs,* Juliana *vg mr.*
Beato José Allamano *pb*

Abstinencia

Papa Francisco: El camino de la Cuaresma es doble, a Dios y al prójimo, es decir, es real, no es meramente formal. No es no comer carne solamente el viernes, hacer algo, y después hacer crecer el egoísmo, la explotación del prójimo, la ignorancia de los pobres. Tú no puedes hacer ofrendas a la Iglesia sobre los hombros de la injusticia que haces con tus trabajadores. Esto es un pecado gravísimo: es usar a Dios para cubrir la injusticia. ¿Qué puedo hacer por los niños, por los ancianos, que no tienen la posibilidad de ser visitados por un médico? *(20-2-2015).*

PALABRA

Los discípulos de Juan se acercaron a Jesús, preguntándole: «¿Por qué nosotros y los fariseos ayunamos a menudo y, en cambio, tus discípulos no ayunan?». Jesús les dijo: «¿Es que pueden guardar luto los amigos del esposo, mientras el esposo está con ellos? Llegarán días en que les arrebatarán al esposo, y entonces ayunarán».

Isaías 58,1-9a; ***Salmo*** 50,3-6.18-19 • **MATEO 9,14-15**

ORACIÓN

CRISTO, es reconfortante lo que hoy me dices, como para dulcificar un poco el programa que ayer me planteabas: me invitas a estar a tu lado en tu boda con la humanidad, y me consideras "amigo del esposo" que eres tú.

Un corazón quebrantado y humillado, oh Dios, tú no lo desprecias *(Salmo 50,19).*

Santos SIETE FUNDADORES SERVITAS, Silvino *ob*, Teodoro *m*

SS. SIETE FUNDADORES SERVITAS

Papa Francisco: La salvación puede entrar en el corazón cuando nos abrimos a la verdad y reconocemos nuestros errores, nuestros pecados; entonces hacemos experiencia, esa hermosa experiencia de Aquel que vino no por los sanos, sino por los enfermos, no por los justos, sino por los pecadores; experimentamos su paciencia – ¡tiene mucha! – su ternura, su voluntad de salvar a todos. ¿Y cuál es el signo? El signo de que somos «nuevos» y que fuimos transformados por el amor de Dios es reconocerse despojados de las vestiduras gastadas y viejas de los rencores y las enemistades para vestir la túnica limpia de la mansedumbre, la benevolencia, el servicio a los demás y la paz del corazón, propia de los hijos de Dios *(21-6-2015)*.

PALABRA

Jesús vio a un publicano llamado Leví, sentado al mostrador de los impuestos, y le dijo: «Sígueme». Él, dejándolo todo, se levantó y lo siguió. Leví ofreció en su honor un gran banquete en su casa, y estaban a la mesa con ellos un gran número de publicanos y otros. Y murmuraban los fariseos y los escribas diciendo a los discípulos de Jesús: «¿Cómo es que coméis y bebéis con publicanos y pecadores?». Jesús les respondió: «No necesitan médico los sanos, sino los enfermos. No he venido a llamar a los justos, sino a los pecadores a que se conviertan».

Isaías 58,9b-14; ***Salmo*** 85,1-6 • **LUCAS 5,27-32**

ORACIÓN

CRISTO, yo necesito médico: estoy enfermo; necesito escuchar tu llamada a conversión: soy pecador. Ojalá reciba tu Espíritu con toda su luz y toda su fuerza, y ante tu palabra "Sígueme", me levante con la prontitud de Leví, y te siga hasta la muerte con la fidelidad de Mateo. Con tu parada ante él, y su invitación a comer aquel mismo día en su casa, entró la salvación a su vida y cerró la puerta a otros intereses mezquinos, para vivir en adelante solo para ti. Fue el comienzo de la felicidad que durante su vida terrena, y por toda la eternidad, goza san Mateo cerca de ti, después de haber evangelizado a la humanidad.

Enséñame, Señor, tu camino, para que siga tu verdad *(Salmo 85,11).*

B. JUAN DE FIÉSOLE (FRAY ANGÉLICO)

Santos Sadot *ob* y *co mrs,* Eladio *ob,* Francisco Regis *pb mr.* Beato Juan de Fiésole (Fray Angélico) *pb*

Papa Francisco: Hoy es el primer domingo de este tiempo litúrgico -la Cuaresma- que hace referencia a los cuarenta días que Jesús pasó en el desierto, después del bautismo en el río Jordán. Escribe san Marcos en el Evangelio de hoy: «El Espíritu lo empujó al desierto. Se quedó en el desierto cuarenta días, siendo tentado por Satanás; vivía con las fieras y los ángeles lo servían». Él, en esos cuarenta días de soledad, se enfrentó a Satanás «cuerpo a cuerpo», desenmascaró sus tentaciones y lo venció. Y en Él hemos vencido todos, pero a nosotros nos toca proteger esta victoria en nuestra vida diaria. Mientras atravesamos el «desierto» cuaresmal, mantengamos la mirada dirigida a la Pascua, que es la victoria definitiva de Jesús contra el Maligno, contra el pecado y contra la muerte. He aquí entonces el significado de este primer domingo de Cuaresma: volver a situarnos decididamente en la senda de Jesús, la senda que conduce a la vida. Mirar a Jesús, lo que hizo Jesús, e ir con Él *(22-2-2015)*.

PALABRA

• *Génesis* 9, 8-15: Dios dijo a Noé y a sus hijos: «Yo hago un pacto con vosotros y con vuestros descendientes, con todos los animales que os acompañaron: aves, ganado y fieras; con todos los que salieron del arca y ahora viven en la tierra. Hago un pacto con vosotros: el diluvio no volverá a destruir la vida, ni habrá otro diluvio que devaste la tierra». Y Dios añadió: «Esta es la señal del pacto que hago con vosotros y con todo lo que vive con vosotros, para todas las edades: pondré mi arco en el cielo, como señal de mi pacto con la tierra. Cuando traiga nubes sobre la tierra, aparecerá en las nubes el arco, y recordaré mi pacto con vosotros y con todos los animales, y el diluvio no volverá a destruir a los vivientes».

• *Salmo* 24, 4-9: ***Tus sendas, Señor, son misericordia y lealtad, para los que guardan tu alianza.***

• *1Pedro* 3, 18-22: Cristo murió por los pecados una vez para siempre: el inocente por los culpables, para conducirnos a Dios. Como era hombre, lo mataron; pero, como poseía el Espíritu, fue devuelto a la vida. Con este Espíritu, fue a proclamar su mensaje a los espíritus encarcelados que en un tiempo habían sido rebeldes, cuando la paciencia de Dios aguardaba en tiempos de Noé, mientras se construía el arca, en la que unos pocos – ocho personas– se salvaron cruzando las aguas. Aquello fue un símbolo del bautismo que actualmente os salva: que no consiste en limpiar una suciedad corporal, sino en impetrar de Dios una conciencia pura, por la resurrección de Cristo Jesús, Señor nuestro, que llegó al cielo, se le sometieron ángeles, autoridades y poderes, y está a la derecha de Dios.

• **MARCOS 1, 12-15:** El Espíritu empujó a Jesús al desierto. Se quedó en el desierto cuarenta días, siendo tentado por Satanás; vivía con las fieras y los ángeles le servían. Después de que Juan fue arrestado, Jesús se marchó a Galilea a proclamar el Evangelio de Dios. Decía: «Se ha cumplido el tiempo y está cerca el reino de Dios. Convertíos y creed en el Evangelio».

ORACIÓN

SEÑOR, me recuerdas hoy lo que me dijeron el miércoles pasado al imponerme la ceniza: *Conviértete y cree en el Evangelio.* Y me das ejemplo con tu actitud, cuando te dejas tentar por Satanás. No siempre soy tan rotundo con el demonio como lo fuiste tú. Soy como Eva, que mantuvo una conversación con el tentador. Pero quiero rechazarlo tajantemente con la Palabra de Dios. Quiero convertirme y creer en el Evangelio que cada día me ofreces.

Santos Lucía Yi *vg mr*, Conrado Confalonieri *er*. Beato Álvaro de Córdoba *pb*

Papa Francisco: El amor es la medida de la fe, y la fe es el alma del amor. Ya no podemos separar la vida de piedad del servicio a los hermanos. ¿Cuánto amas tú? Y cada uno se da la respuesta. ¿Cómo es mi fe? Mi fe es como yo amo, el alma del amor *(1-2-2014)*.

PALABRA

Dijo Jesús a sus discípulos: «Cuando venga en su gloria el Hijo del hombre, y todos los ángeles con él, se sentará en el trono de su gloria, y serán reunidas ante él todas las naciones. Él separará a unos de otros, como un pastor separa las ovejas de las cabras. Y pondrá las ovejas a su derecha y las cabras a su izquierda. Entonces dirá el rey a los de su derecha: "Venid vosotros, benditos de mi Padre; heredad el reino preparado para vosotros desde la creación del mundo. Porque tuve hambre y me disteis de comer, tuve sed y me disteis de beber, fui forastero y me hospedasteis, estuve desnudo y me vestisteis, enfermo y me visitasteis, en la cárcel y vinisteis a verme". Entonces los justos le contestarán: "Señor, ¿cuándo te vimos con hambre y te alimentamos, o con sed y te dimos de beber?; ¿cuándo te vimos forastero y te hospedamos, o desnudo y te vestimos?; ¿cuándo te vimos enfermo o en la cárcel y fuimos a verte?". Y el rey les dirá: "En verdad os digo que cada vez que lo hicisteis con uno de estos, mis hermanos más pequeños, conmigo lo hicisteis". Entonces dirá a los de su izquierda: "Apartaos de mí, malditos, id al fuego eterno preparado para el diablo y sus ángeles. Porque tuve hambre y no me disteis de comer, tuve sed y no me disteis de beber, fui forastero y no me hospedasteis, estuve desnudo y no me vestisteis, enfermo y en la cárcel y no me visitasteis". Y estos irán al castigo eterno, y los justos a la vida eterna».

Levítico 19,1-2.11-18; ***Salmo*** 18,8-10.15 • **MATEO 25,31-43.46**

ORACIÓN

CRISTO, quiero emplear mi vida en amarte y servirte en esta vida, con obras concretas que ayuden a los necesitados. Contigo y con los pobres, en quienes tú estás.

***Tus palabras, Señor, son espíritu y vida** (cf. Juan 6,63)*

FEBRERO

20

MARTES (FE)

Martes 1º de Cuaresma — **Tomo II - Salterio 1ª semana**

Santos *niños* Francisco y Jacinta Marto de Fátima *cfs*, León *ob*, Eleuterio *ob*, Beata Julia Rodzninska *vg mr*

Papa Francisco: Si el afecto por Dios no enciende el fuego, el espíritu de la oración no caldea el tiempo. Podemos incluso multiplicar nuestras palabras, «como hacen los gentiles», dice Jesús; o también hacernos ver por nuestros ritos, «como hacen los fariseos». Un corazón habitado por el amor a Dios convierte también en oración un pensamiento sin palabras *(26-8-2015)*.

PALABRA

Dijo Jesús a sus discípulos: «Cuando recéis, no uséis muchas palabras, como los gentiles, que se imaginan que por hablar mucho les harán caso. No seáis como ellos, pues vuestro Padre sabe lo que os hace falta antes de que lo pidáis. Vosotros orad así: "Padre nuestro que estás en el cielo, santificado sea tu nombre, venga a nosotros tu reino, hágase tu voluntad en la tierra como en el cielo, danos hoy nuestro pan de cada día, perdona nuestras ofensas, como también nosotros perdonamos a los que nos ofenden, no nos dejes caer en la tentación, y líbranos del mal". Porque si perdonáis a los demás sus ofensas, también os perdonará vuestro Padre celestial, pero si no perdonáis a los hombres, tampoco vuestro Padre perdonará vuestras ofensas».

Isaías 55,10-11; ***Salmo*** 33,4-7.16-19 • **MATEO 6,7-15**

ORACIÓN

CRISTO, ¡cuánto bien ha hecho a la humanidad este regalo del Padrenuestro! Gracias por enseñarnos a orar con la oración que más agrada a nuestro Padre y nos hace sentirnos hermanos. Esta fraternidad quieres subrayarla en el único comentario que haces al Padrenuestro: perdónanos como nosotros perdonamos. Sin perdón y reconciliación no hay amor. Y sin amor no hay vida cristiana. ¡Venga a mi vida tu reino, hágase en mí tu voluntad!

El Señor libra a los justos de sus angustias a los justos *(Salmo 33,18b)*.

Santos PEDRO DAMIÁN ***ob,***
Germán ***ab,*** **Roberto Southwell** ***pb mr***

FEBRERO
21
MIÉRCOLES

Papa Francisco: Prefiero una Iglesia accidentada, herida y manchada por salir a la calle, antes que una Iglesia enferma por el encierro y la comodidad de aferrarse a las propias comodidades. Si algo debe inquietarnos santamente y preocupar nuestra conciencia, es que tantos hermanos nuestros vivan sin la fuerza, la luz y el consuelo de la amistad con Jesucristo *(Ev. gau. 49, 24-11-2013)*.

PALABRA

La gente se apiñaba alrededor de Jesús, y él se puso a decirles: «Esta generación es una generación perversa. Pide un signo, pero no se le dará más signo que el signo de Jonás. Pues como Jonás fue un signo para los habitantes de Nínive, lo mismo será el Hijo del hombre para esta generación. La reina del Sur se levantará en el juicio contra los hombres de esta generación y hará que los condenen; porque ella vino desde los confines de la tierra para escuchar la sabiduría de Salomón, y aquí hay uno que es más que Salomón. Los hombres de Nínive se alzarán en el juicio contra esta generación y harán que los condenen; porque ellos se convirtieron con la proclamación de Jonás, y aquí hay uno que es más que Jonás».

Jonás 3,1-10; ***Salmo*** 50,3-4.12-13.18-19 • **LUCAS 11,29-32**

ORACIÓN

CRISTO, te digo con toda mi alma que me habría encantado encontrarme entre aquella gente que se apiñaba a tu alrededor. Jamás hubo en el mundo un Maestro tan sabio como tú. Nunca podré encontrar un Amigo tan fiel como tú. ¿Me aceptas entre tus discípulos? Ten paciencia conmigo, que, antes o después, me guiaré solo por la única Verdad, que eres tú, en el camino de mi vida hacia el Padre.

Un corazón quebrantado y humillado, tú, oh Dios, no lo desprecias *(Sal 50,19).*

FEBRERO
22
JUEVES

FIESTA DE LA CÁTEDRA DE SAN PEDRO

Santos Margarita de Cortona *rl*, Papías *ob*, Maximiano *ob*

Papa Francisco: La profesión de fe de Pedro y la consiguiente misión confiada por Jesús nos muestra que la vida de Simón -como la vida de cada uno de nosotros- *se abre,* y florece plenamente, cuando acoge de Dios la gracia de la fe. Entonces, Simón se pone en el camino -un camino largo y duro- que le llevará a *salir* de sí mismo, de sus seguridades humanas, sobre todo de su orgullo mezclado con valentía y con generoso altruismo. En este su camino de liberación, es decisiva *la oración* de Jesús: «Yo he pedido por ti (Simón), para que tu fe no se apague». Es igualmente decisiva *la mirada llena de compasión* del Señor después de que Pedro le hubiera negado tres veces: una mirada que toca el corazón y disuelve las lágrimas de arrepentimiento (cf. *Lc* 22,61-62). Entonces Simón Pedro *fue liberado de la prisión de su ego orgulloso, de su ego miedoso,* y superó la tentación de cerrarse a la llamada de Jesús a seguirle por el camino de la cruz. Seguir a Jesús significa tomar la propia cruz, lo cual conduce a la verdadera libertad, que nos libera del egoísmo y del pecado. Se trata de realizar un neto rechazo de esa mentalidad mundana. Jesús nos invita a perder la propia vida por Él, por el Evangelio *(13-9-2015).*

PALABRA

Al llegar a la región de Cesarea de Filipo, Jesús preguntó a sus discípulos: «¿Quién dice la gente que es el Hijo del hombre?». Ellos contestaron: «Unos que Juan Bautista, otros que Elías, otros que Jeremías o uno de los profetas». Él les preguntó: «Y vosotros, ¿quién decís que soy yo?». Simón Pedro tomó la palabra y dijo: «Tú eres el Mesías, el Hijo de Dios vivo». Jesús le respondió: «¡Bienaventurado tú, Simón, hijo de Jonás!, porque eso no te lo ha revelado ni la carne ni la sangre, sino mi Padre que está en los cielos. Ahora yo te digo: Tú eres Pedro, y sobre esta piedra edificaré mi Iglesia, y el poder del infierno no la derrotará. Te daré las llaves del reino de los cielos; lo que ates en la tierra, quedará atado en los cielos, y lo que desates en la tierra, quedará desatado en los cielos».

1Pedro **5,1-4;** ***Salmo*** **22,1-6 • MATEO 16,13-19**

ORACIÓN

CRISTO, ¿que qué digo yo de ti? Que tú eres mi Señor y mi Dios, a quien debo la vida presente como persona y como hijo de Dios y de quien espero la vida eterna en la gloria. Tú eres el Mesías, el Hijo de Dios vivo: y esto quiero decírtelo siempre, no solo cuando todo me vaya bien a tu lado, sino también cuando me hables de cáliz y sufrimiento, persecución y cruz. Contigo me será posible hablar desde la fe, y no según la mentalidad mundana.

El Señor es mi pastor, nada me falta *(Salmo 22,1).*

Santos POLICARPO *ob mr,* **Milburga** *ab.*
Beata Rafaela Ybarra *mf rl*

Abstinencia

Papa Francisco: El amor al prójimo es una actitud tan fundamental que Jesús llega a afirmar que nuestra relación con Dios no puede ser sincera si no queremos hacer las paces con el prójimo. Y dice así: «Por tanto, si cuando vas a presentar tu ofrenda sobre el altar, te acuerdas allí mismo de que tu hermano tiene quejas contra ti, deja allí tu ofrenda ante el altar y vete primero a reconciliarte con tu hermano». Por ello estamos llamados a reconciliarnos con nuestros hermanos antes de manifestar nuestra devoción al Señor en la oración (16-2-2014).

PALABRA

Dijo Jesús a sus discípulos: «Si vuestra justicia no es mayor que la de los escribas y fariseos, no entraréis en el reino de los cielos. Habéis oído que se dijo a los antiguos: "No matarás", y el que mate será procesado. Pero yo os digo: todo el que se deja llevar de la cólera contra su hermano será procesado. Y si uno llama a su hermano "imbécil", tendrá que comparecer ante el Sanedrín, y si lo llama "necio", merece la condena de la "gehenna" del fuego. Por tanto, si cuando vas a presentar tu ofrenda sobre el altar, te acuerdas allí mismo de que tu hermano tiene quejas contra ti, deja allí tu ofrenda ante el altar y vete primero a reconciliarte con tu hermano, y entonces vuelve a presentar tu ofrenda. Con el que te pone pleito, procura arreglarte enseguida, mientras vais todavía de camino, no sea que te entregue al juez, y el juez al alguacil, y te metan en la cárcel. En verdad te digo que no saldrás de allí hasta que hayas pagado el último céntimo».

Ezequiel 18,21-28; ***Salmo*** 129,1-8 • **MATEO 5,20-26**

ORACIÓN

CRISTO, tu identificación con el hermano es plena. Por eso me dices que no puedo estar enemistado con mi hermano y tratar de estar a buenas contigo, llevándote ofrendas: si estoy peleado con alguien, es urgente la reconciliación por mi parte. En algún momento, he de contar contigo para que también el otro esté dispuesto a reconciliarse conmigo. Tú todo lo puedes y quieres lo mejor para él y para mí: la paz, el amor y la unidad.

Si llevas cuenta de los delitos, Señor, ¿quién podrá resistir? *(Salmo 129,3).*

Santos Etelberto *cf*, Modesto *ob*, Pedro Palatino *mr*. Beata Ascensión Nicol *vg*

Papa Francisco: Seamos testigos de la infinita misericordia de Dios que «es bueno [y] enseña el camino a los pecadores». Jesús nos enseña que el Padre celestial «hace salir su sol sobre malos y buenos». Nosotros también, después de haber experimentado el perdón, tenemos que perdonar. Esta es nuestra vocación fundamental: «Por tanto, sed perfectos, como es perfecto el Padre celestial». Una de las exigencias fundamentales de esta vocación a la perfección es el amor a los enemigos, que nos previene de la tentación de la venganza y de la espiral de las represalias sin fin. Jesús ha insistido mucho sobre este aspecto particular del testimonio cristiano: habéis de ser ante todo artesanos del perdón, especialistas de la reconciliación, expertos de la misericordia *(29-11-2014)*.

PALABRA

Dijo Jesús a sus discípulos: «Habéis oído que se dijo: "Amarás a tu prójimo" y aborrecerás a tu enemigo. Pero yo os digo: Amad a vuestros enemigos, y rezad por los que os persiguen, para que seáis hijos de vuestro Padre celestial, que hace salir su sol sobre malos y buenos, y manda la lluvia a justos e injustos. Porque, si amáis a los que os aman, ¿qué premio tendréis? ¿No hacen lo mismo también los publicanos? Y si saludáis solo a vuestros hermanos, ¿qué hacéis de extraordinario? ¿No hacen lo mismo también los gentiles? Por tanto, sed perfectos, como vuestro Padre celestial es perfecto».

Deuteronomio 26,16-19; ***Salmo*** 118,1-8 • **MATEO 5,43-48**

ORACIÓN

CRISTO, escuchar tu palabra y desear seguir tus consejos y tu ejemplo es un regalo tan grande que exige corresponder con una vida lo más cercana a la perfección. Perdonar al enemigo cuesta cuando uno cree que tiene razón y es el otro el culpable. Pero tú quieres, no solo que perdone a mis enemigos -como tú perdonaste a quienes te crucificaban- sino que además los ame, les desee lo mejor y rece por ellos cuando me persiguen, como a ti. Me pones muy alto el listón: ser perfecto como el Padre celestial es perfecto. Únicamente con la ayuda del Padre misericordioso podrá cambiar mi duro corazón y ser un corazón misericordioso. Allá voy contigo, mi Hermano mayor.

Dichoso el que camina en la ley del Señor *(Salmo 118, 1).*

SS. LUIS VERSIGLIA Y CALIXTO

Santos Luis Versiglia y Calixto *mrs,* Aldetrudis *vg ab,* Toribio Romo *pb mr,* Cesáreo *cf,* Néstor *ob mr,* Sebastián A. *rl.* Beato Ciriaco M.ª Sancha *ob*

Papa Francisco: En este segundo domingo de Cuaresma, la iglesia nos indica la finalidad de este itinerario de conversión, o sea la participación de la gloria de Cristo, en quien resplandece su rostro de Siervo obediente, muerto y resucitado por nosotros... La página evangélica nos cuenta el evento de la Transfiguración, que se coloca en el ápice del ministerio público de Jesús. Una nube blanca los envuelve y resuena desde lo alto la voz del Padre: «Este es mi Hijo el amado: escuchadlo». (*Mc* 9,7). Escuchar a Cristo, de hecho, comporta asumir la lógica de su ministerio pascual, ponerse en camino con él, para hacer de la propia existencia un don de amor a los otros, en dócil obediencia a la voluntad de Dios, con una actitud de separación de las cosas mundanas y de libertad interior. El camino de Jesús siempre nos lleva a la felicidad, habrá en medio una cruz o las pruebas, pero al final nos lleva siempre a la felicidad. Jesús no nos engaña. Nos prometió la felicidad y nos la dará si seguimos su camino *(1-3-2015).*

PALABRA

• ***Génesis*** 22, 1-2.9-13.15-18: Dios puso a prueba a Abrahán llamándole: «¡Abrahán!». Él respondió: «Aquí me tienes». Dios le dijo: «Toma a tu hijo único, al que quieres, a Isaac, y vete al país de Moria y ofrécemelo en sacrificio, sobre uno de los montes que yo te indicaré». Cuando llegaron al sitio que le había dicho Dios, Abrahán levantó allí un altar y apiló la leña, luego ató a su hijo Isaac y lo puso sobre el altar, encima de la leña. Entonces Abrahán tomó el cuchillo para degollar a su hijo; pero el ángel del Señor gritó desde el cielo: «¡Abrahán, Abrahán!». Él contestó: «Aquí me tienes». Dios le ordenó: «No alargues la mano contra tu hijo ni le hagas nada. Ahora sé que temes a Dios, porque no te has reservado a tu hijo, tu único hijo». Abrahán levantó los ojos y vio un carnero enredado por los cuernos en la maleza. Se acercó, tomó el carnero y lo ofreció en sacrificio en lugar de su hijo. El ángel del Señor volvió a gritar a Abrahán desde el cielo: «Juro por mí mismo –oráculo del Señor–: por haber hecho eso, por no haberte reservado tu hijo, tu hijo único, te bendeciré, multiplicaré a tus descendientes como las estrellas del cielo y como la arena de la playa. Tus descendientes conquistarán las puertas de las ciudades enemigas. Todos los pueblos del mundo se bendecirán con tu descendencia, porque me has obedecido».

• ***Salmo*** 115, 10.15-19: ***Caminaré en presencia del Señor, en el país de la vida.***

• ***Romanos*** 8, 31b-34: Si Dios está con nosotros, ¿quién estará contra nosotros? El que no perdonó a su propio Hijo, sino que lo entregó a la muerte por nosotros, ¿cómo no nos dará todo con él? ¿Quién acusará a los elegidos de Dios? Dios es el que justifica. ¿Quién condenará? ¿Será acaso Cristo que murió, más aún, resucitó y está a la derecha de Dios, y que intercede por nosotros?

• **MARCOS 9, 2-10:** Jesús tomó consigo a Pedro, a Santiago y a Juan, subió aparte con ellos solos a un monte alto, y se transfiguró delante de ellos. Sus vestidos se volvieron de un blanco deslumbrador, como no puede dejarlos ningún batanero del mundo. Se les aparecieron Elías y Moisés conversando con Jesús. Entonces Pedro tomó la palabra y dijo a Jesús; «Maestro, ¡qué bueno es que estemos aquí! Vamos a hacer tres tiendas, una para ti, otra para Moisés y otra para Elías». No sabía qué decir, pues estaban asustados. Se formó una nube que los cubrió y salió una voz de la nube: «Este es mi Hijo amado; escuchadlo». De pronto, al mirar alrededor, no vieron a nadie más que a Jesús, solo con ellos. Cuando bajaban del monte, les ordenó que no contasen a nadie lo que habían visto hasta que el Hijo del hombre resucitara de entre los muertos». Esto se les quedó grabado y discutían qué quería decir aquello de resucitar de entre los muertos.

ORACIÓN

CRISTO, da gusto ver a tus tres amigos en el Tabor. ¡Qué pena verlos dormidos en Getsemaní! Pedro te había prometido que jamás te dejaría, que daría su vida por ti. Y ahí lo tienes dormido. Tú das en el clavo, porque conoces de qué barro nos hiciste: *El espíritu está dispuesto, pero la carne es débil.* ¿Me das valor para estar siempre a tu lado? Así seré testigo de las maravillas que hay en tu vida, y oiré la voz del Padre: *Este es mi Hijo amado; escuchadlo.* Con tu Palabra como guía, y con tu Espíritu como fuerza y motor de mi vida, mi transfiguración en fiel discípulo tuyo está asegurada: es la salvación que tú ofreces por amor, y yo acepto con gratitud.

SANTA PAULA MONTAL

Santos Paula Montal *vg*, Alejandro *ob*,
Porfirio *ob*, Víctor *er*.
Beata Piedad de la Cruz *vg*

FEBRERO
26
LUNES (FE)

Papa Francisco: Jesús nos enseña a "ser misericordiosos como el Padre". La figura del Padre de la parábola del hijo pródigo desvela el corazón de Dios. Él es el Padre misericordioso que en Jesús nos ama más allá de cualquier medida, espera siempre nuestra conversión cada vez que nos equivocamos; espera nuestro regreso cada vez que nos alejamos de él; está siempre preparado a abrirnos sus brazos, pase lo que pase. Los errores que cometemos, aunque sean grandes, no rompen la fidelidad de su amor. En el sacramento de la Reconciliación (confesión) siempre podemos comenzar de nuevo. En este tramo de la Cuaresma, que aún nos separa de la Pascua, estamos llamados a intensificar el camino interior de conversión. Dejémonos alcanzar por la mirada llena de amor de nuestro Padre, y volvamos a él con todo el corazón, rechazando cualquier compromiso con el pecado *(6-3-2016)*.

PALABRA

Dijo Jesús a sus discípulos: «Sed misericordiosos como vuestro Padre es misericordioso; no juzguéis, y no seréis juzgados; no condenéis, y no seréis condenados; perdonad, y seréis perdonados; dad, y se os dará: os verterán una medida generosa, colmada, remecida, rebosante, pues con la medida con que midiereis se os medirá a vosotros».

Daniel 9, 4b-10; ***Salmo*** 78, 8-13 • **LUCAS 6, 36-38**

ORACIÓN

CRISTO, qué nuevo sigue siendo tu mandamiento, qué poco usado. Y, sin embargo, insistes en él como el único modo de tener tu Espíritu Santo e imitar tu vida hasta la cruz. Yo quiero ser cristiano, tener tu Espíritu, que es compasivo, que no juzga ni condena, que siempre perdona y da a manos llenas. ¿Cuándo me lo vas a dar?

Señor, no nos trates como merecen nuestros pecados *(Salmo 102,10).*

Santos Gabriel de la Dolorosa *rl*,
Ana Line *vd mr*,
Baldomero *cf*, Honorina *vg mr*

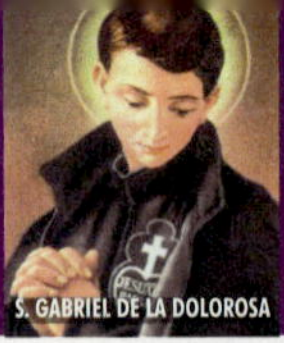

S. GABRIEL DE LA DOLOROSA

Papa Francisco: Hay quienes se hacen ver como discípulos de Jesús, pero hacen lo contrario de un discípulo de Jesús, y son los sarmientos hipócritas. Quizás van todos los domingos a misa, tal vez ponen la cara de santitos, todos piadosos, pero luego viven como si fueran paganos. Y a estos Jesús, en el Evangelio, los llama hipócritas. Jesús es bueno, nos invita a permanecer en Él. Él nos da la fuerza, y si caemos en pecado –todos somos pecadores– Él nos perdona, porque Él es misericordioso. Pero lo que Él quiere son estas dos cosas: que permanezcamos en Él y que no seamos hipócritas. Y con esto la vida cristiana sigue adelante *(3-5-2015)*.

PALABRA

Jesús habló a la gente y a sus discípulos, diciendo: «En la cátedra de Moisés se han sentado los escribas y los fariseos: haced y cumplid lo que os digan; pero no hagáis lo que ellos hacen, porque ellos dicen pero no hacen. Lían fardos pesados y se los cargan a la gente en los hombros, pero ellos no están dispuestos a mover un dedo para empujar. Todo lo que hacen es para que los vea la gente: alargan las filacterias y agrandan las orlas del manto; les gustan los primeros puestos en los banquetes y los asientos de honor en las sinagogas; que les hagan reverencias en las plazas y que la gente los llame "rabbí". Vosotros, en cambio, no os dejéis llamar "rabbí", porque uno solo es vuestro maestro, y todos vosotros sois hermanos. Y no llaméis padre vuestro a nadie en la tierra, porque uno solo es vuestro Padre, el del cielo. No os dejéis llamar maestros, porque uno solo es vuestro maestro, el Mesías. El primero entre vosotros será vuestro servidor. El que se enaltece será humillado, y el que se humilla será enaltecido».

Isaías 1,10.16-20; *Salmo* 49,8-23 • **MATEO 23,1-12**

ORACIÓN

CRISTO, como mi Maestro, Padre y Consejero, hoy me señalas la coherencia como exigencia de tu seguimiento. No como "los escribas y fariseos: haced y cumplid lo que os digan; pero no hagáis lo que ellos hacen, porque no hacen lo que dicen". Oportuna y necesaria lección, cuando tan fácil es erigirse en maestro de los demás, sin respaldar la palabra con la vida como tú hiciste desde Belén hasta las afueras de Jerusalén en la Cruz, pasando por Galilea. Acepto agradecido tu lección de vida y de palabra.

Al que sigue buen camino le haré ver la salvación de Dios *(Salmo 49,23).*

Santos Mártires de Alejandría, Román *ab*, Osvaldo *ob*, Marana y Cira *vgs*. Beato Daniel Brottier *pb*

Papa Francisco: Los discípulos discutían quién ocuparía el lugar más importante, quién escalaría más pronto para ocupar los cargos que darían ciertas ventajas. Y Jesús les trastoca su lógica diciéndoles sencillamente que la vida auténtica se vive en el compromiso concreto con el prójimo. Es decir, sirviendo. Servir significa cuidar a los frágiles de nuestras familias, de nuestra sociedad, de nuestro pueblo. Son los rostros sufrientes, desprotegidos y angustiados a los que Jesús propone mirar e invita concretamente a amar. Amor que se plasma en acciones y decisiones *(20-9-2015)*.

PALABRA

Subiendo Jesús a Jerusalén, tomando aparte a los Doce, les dijo por el camino: «Mirad, estamos subiendo a Jerusalén, y el Hijo del hombre va a ser entregado a los sumos sacerdotes y a los escribas, y lo condenarán a muerte y lo entregarán a los gentiles, para que se burlen de él, lo azoten y lo crucifiquen; y al tercer día resucitará». Entonces se le acercó la madre de los hijos de Zebedeo con sus hijos y se postró para hacerle una petición. Él le preguntó: «¿Qué deseas?». Ella contestó: «Ordena que estos dos hijos míos se sienten en tu reino, uno a tu derecha y el otro a tu izquierda». Pero Jesús replicó: «No sabéis lo que pedís. ¿Sois capaces de beber el cáliz que yo he de beber?». Contestaron: «Lo somos». Él les dijo: «Mi cáliz lo beberéis; pero el puesto a mi derecha o a mi izquierda no me toca a mí concederlo, es para aquellos para quienes lo tiene reservado mi Padre». Los otros diez, que lo habían oído, se indignaron contra los dos hermanos. Y llamándolos, Jesús les dijo: «Sabéis que los jefes de los pueblos los tiranizan y que los grandes los oprimen. No será así entre vosotros: el que quiera ser grande entre vosotros, que sea vuestro servidor, y el que quiera ser primero entre vosotros, que sea vuestro esclavo. Igual que el Hijo del hombre no ha venido a ser servido sino a servir y a dar su vida en rescate por muchos».

Jeremías 18,18-20; ***Salmo*** 30,5-6.14-16 • **MATEO 20,17-28**

ORACIÓN

CRISTO, tus palabras "no será así entre vosotros" indican que tu estilo no es el del mundo, donde trepar y sobresalir suelen ser las tendencias dominantes. No podrá ser así en mi vida, pues quiero ser siempre de tu escuela, miembro de tu familia: lo deseo con toda mi alma y lo espero de tu misericordia. Frente a esos verbos y ambiciones está el servir, ser servidor: "tú no viniste a que te sirviéramos, sino a servir y dar tu vida en rescate por muchos".

Sálvame, Señor, por tu misericordia *(Salmo 30,176)*.

Jesús oraba diciendo: "Padre, si quieres, aparta de mí este cáliz; pero que no se haga mi voluntad, sino la tuya". Y se le apareció un ángel del cielo, que lo confortaba.

(Lucas 22, 41-43)

Santos Félix III *pp*, Rosendo *ob ab*, Albino *ob*, David *ob*, Suitbert *ob*

Papa Francisco: Dios, Padre, ¿no tuvo misericordia del rico? Dios estaba en la puerta, en la persona de Lázaro, que era precisamente el Señor que llamaba a la puerta, para que este hombre abriera el corazón y la misericordia pudiera entrar. Pero para el rico, más allá de la puerta no había nada. ¿Soy yo un cristiano en el camino de la mentira, solamente del decir, o soy un cristiano en el camino de la vida, es decir de las obras, del hacer? *(25-2-2016).*

PALABRA

Dijo Jesús a los fariseos: «Había un hombre rico que se vestía de púrpura y de lino y banqueteaba espléndidamente cada día. Y un mendigo llamado Lázaro estaba echado en su portal, cubierto de llagas, y con ganas de saciarse de lo que caía de la mesa del rico. Y hasta los perros venían y le lamían las llagas. Sucedió que se murió el mendigo, y fue llevado por los ángeles al seno de Abrahán. Murió también el rico y fue enterrado. Y, estando en el infierno, en medio de los tormentos, levantó los ojos y vio de lejos a Abrahán, y a Lázaro en su seno, y gritando, dijo: "Padre Abrahán, ten piedad de mí y manda a Lázaro que moje en agua la punta del dedo y me refresque la lengua, porque me torturan estas llamas". Pero Abrahán le dijo: "Hijo, recuerda que recibiste tus bienes en tu vida, y Lázaro, a su vez, males: por eso ahora él es aquí consolado, mientras que tú eres atormentado. Y, además, entre nosotros y vosotros se abre un abismo inmenso, para que los que quieran cruzar desde aquí hacia vosotros no puedan hacerlo, ni tampoco pasar de ahí hasta nosotros". Él dijo: "Te ruego, entonces, padre, que lo mandes a casa de mi padre, pues tengo cinco hermanos: que les dé testimonio de estas cosas, no sea que también ellos vengan a este lugar de tormento". Abrahán le dice: "Tienen a Moisés y a los profetas; que los escuchen". El rico contestó: "No, padre Abrahán. Pero si un muerto va a ellos, se arrepentirán". Abrahán le dijo: "Si no escuchan a Moisés y a los profetas, no se convencerán ni aunque resucite un muerto"».

Jeremías 17, 5-10; ***Salmo*** 1, 1-6 • **LUCAS 16, 19-25.27-31**

ORACIÓN

CRISTO, con tu parábola pones las cosas en su sitio. La última palabra no la tiene la riqueza, la prepotencia ni la indiferencia ante el mal ajeno, al estilo de "un hombre rico", que ni merece un nombre. Los desprecios, el hambre y los sufrimientos físicos de Lázaro (este tiene nombre propio) no podían quedar sin la respuesta de la justicia divina. Hay un más allá, una trascendencia.

Santos Troadio *mr,* Ceada *ob*

Abstinencia

Papa Francisco: Jesús cuenta esta parábola: Dios dio en herencia un terreno con una viña que hizo con sus manos: «plantó una viña, la rodeó con un cercado, allí excavó un hueco para el lagar y construyó una torre. Y dio la viña en alquiler a los campesinos». Es lo que hizo Dios con nosotros: nos dio la vida en alquiler. En cambio, esta gente vio aquí un buen negocio, una buena oportunidad: la viña es hermosa, tomémosla, es nuestra: se adueñaron de la Palabra de Dios. Y la Palabra de Dios se convirtió en su palabra *(28-3-2014).*

PALABRA

Dijo Jesús a los sumos sacerdotes y a los ancianos del pueblo: «Escuchad otra parábola: Había un propietario que plantó una viña, la rodeó con una cerca, cavó en ella un lagar, construyó una torre, la arrendó a unos labradores y se marchó lejos. Llegado el tiempo de los frutos, envió sus criados a los labradores, para percibir los frutos que le correspondían. Pero los labradores, agarrando a los criados, apalearon a uno, mataron a otro, y a otro lo apedrearon. Envió de nuevo otros criados, más que la primera vez, e hicieron con ellos lo mismo. Por último, les mandó a su hijo, diciéndose: "Tendrán respeto a mi hijo". Pero los labradores, al ver al hijo, se dijeron: "Este es el heredero: venid, lo matamos y nos quedamos con su herencia". Y, agarrándolo, lo sacaron fuera de la viña y lo mataron. Cuando vuelva el dueño de la viña, ¿qué hará con aquellos labradores?». Le contestan: «Hará morir de mala muerte a esos malvados y arrendará la viña a otros labradores, que le entreguen los frutos a su tiempo». Y Jesús les dice: «¿No habéis leído nunca en la Escritura: "La piedra que desecharon los arquitectos es ahora la piedra angular. Es el Señor quien lo ha hecho, ha sido un milagro patente"? Por eso os digo que se os quitará a vosotros el reino de Dios y se dará a un pueblo que produzca sus frutos». Los sumos sacerdotes y los fariseos, al oír sus parábolas, comprendieron que hablaba de ellos. Y, aunque buscaban echarle mano, temieron a la gente que lo tenía por profeta.

Génesis 37, 3-4.12-13a.17b-28; ***Salmo*** 104, 16-21 • MATEO 21, 33-43.45-46

ORACIÓN

CRISTO, me aterra la posibilidad de que un día sea tan infiel a tu amor, tan mal amigo tuyo, que tengas que llegar a quitarme tu reino y dárselo a quienes produzcan los frutos que yo no produzco. Como me amas, me avisas de mis malos caminos, para que cambie de rumbo, y trabaje en tu viña con entrega, docilidad, gratitud y fidelidad a ti, dueño de mi vida.

Recordad las maravillas que hizo el Señor *(Salmo 104,5).*

MARZO

3

SÁBADO (FE)

Sábado 2° de Cuaresma — Tomo II - Salterio 2ª semana

Santos Emeterio y Celedonio *mrs*, Catalina Drexel *vg*, Cunegunda *em*

SS. EMETERIO Y CELEDONIO

Papa Francisco: Jesús jamás se asusta de nuestros pecados. Pensemos en el hijo pródigo que, cuando volvió al padre pensaba hacerle un discurso, pero el padre no lo dejó hablar, lo abrazó. Así es Jesús con nosotros. "Padre, tengo muchos pecados...". -Pero Él estará contento si tú vas: ¡te abrazará con mucho amor! (3-3-2015).

PALABRA

Solían acercarse a Jesús todos los publicanos y los pecadores a escucharlo. Y los fariseos y los escribas murmuraban diciendo: «Ese acoge a los pecadores y come con ellos». Jesús les dijo esta parábola: «Un hombre tenía dos hijos; el menor de ellos dijo a su padre: "Padre, dame la parte que me toca de la fortuna". El padre les repartió los bienes. No muchos días después, el hijo menor, juntando todo lo suyo, se marchó a un país lejano, y allí derrochó su fortuna viviendo perdidamente. Cuando lo había gastado todo, vino por aquella tierra un hambre terrible, y empezó él a pasar necesidad. Fue entonces y se contrató con uno de los ciudadanos de aquel país que lo mandó a sus campos a apacentar cerdos. Deseaba saciarse de las algarrobas que comían los cerdos, pero nadie se las daba. Recapacitando entonces, se dijo: "Cuántos jornaleros de mi padre tienen abundancia de pan, mientras yo aquí me muero de hambre. Me levantaré, me pondré en camino adonde está mi padre, y le diré: Padre, he pecado contra el cielo y contra ti; ya no merezco llamarme hijo tuyo: trátame como a uno de tus jornaleros". Se levantó y vino adonde estaba su padre; cuando todavía estaba lejos, su padre lo vio y se le conmovieron las entrañas; y, echando a correr, se le echó al cuello y lo cubrió de besos. Su hijo le dijo: "Padre, he pecado contra el cielo y contra ti; ya no merezco llamarme hijo tuyo". Pero el padre dijo a sus criados: "Sacad enseguida la mejor túnica y vestídsela; ponedle un anillo en la mano y sandalias en los pies; traed el ternero cebado y sacrificadlo; comamos y celebremos un banquete, porque este hijo mío estaba muerto y ha revivido; estaba perdido, y lo hemos encontrado". Y empezaron el banquete. Su hijo mayor estaba en el campo. Cuando al volver se acercaba a la casa, oyó la música y la danza, y llamando a uno de los criados, le preguntó qué era aquello. Este le contestó: "Ha vuelto tu hermano; y tu padre ha sacrificado el ternero cebado, porque lo ha recobrado con salud". Él se indignó y no quería entrar; pero su padre salió e intentaba persuadirlo. Entonces él respondió a su padre: "Mira: en tantos años como te sirvo, sin desobedecer nunca una orden tuya, a mí nunca me has dado un cabrito para tener un banquete con mis amigos; y cuando ha venido ese hijo tuyo que se ha comido tus bienes con malas mujeres, le matas el ternero cebado". El padre le dijo: "Hijo, tú siempre estás conmigo, y todo lo mío es tuyo; pero era preciso celebrar un banquete y alegrarse, porque este hermano tuyo estaba muerto y ha revivido; estaba perdido, y lo hemos encontrado"».

Miqueas 7, 14-15.18-20; ***Salmo*** 102, 1-12 • **LUCAS 15, 1-3.11-32**

ORACIÓN

CRISTO, ¡qué maravilla de parábola, en la que con infinito amor de Hijo muestras la gran misericordia del Padre hacia mí, tantas veces hijo pródigo o hijo envidioso!

El Señor es compasivo y misericordioso *(Salmo 102,8).*

SAN CASIMIRO, REY

Santos CASIMIRO *re*, Apiano *rl*, Basino *ob*

DÍA Y COLECTA DE HISPANOAMÉRICA

Papa Francisco: El Evangelio de hoy nos presenta el episodio de la expulsión de los vendedores del templo. Jesús «hizo un látigo con cuerdas, los echó a todos del Templo, con ovejas y bueyes», el dinero, todo. Fue un *gesto profético,* tanto que algunos de los presentes le preguntaron a Jesús: «¿Qué signos nos muestras para obrar así?». Buscaban una señal divina, prodigiosa, que acreditara a Jesús como enviado de Dios. Y Él les respondió: «Destruid este templo y en tres días lo levantaré». El Señor se refería al *templo vivo de su cuerpo.* En este tiempo de Cuaresma nos estamos preparando para la celebración de la Pascua, en la que renovaremos las promesas de nuestro *bautismo.* Caminemos en el mundo como Jesús y hagamos de toda nuestra existencia un signo de su amor para nuestros hermanos, especialmente para los más débiles y los más pobres, *construyamos para Dios un templo en nuestra vida.* Y así lo hacemos «encontrable» para muchas personas que hallamos en nuestro camino *(8-3-2015).*

PALABRA

• ***Éxodo*** 20, 1-17: El Señor pronunció las siguientes palabras: Yo soy el Señor, tu Dios, que te saqué de Egipto, de la esclavitud. No tendrás otros dioses frente a mí. No te harás ídolos, figura alguna de lo que hay arriba en el cielo, abajo en la tierra, o en el agua debajo de la tierra. No te postrarás ante ellos, ni les darás culto; porque yo, el Señor, tu Dios, soy un Dios celoso: castigo el pecado de los padres en los hijos, nietos y biznietos, cuando me aborrecen. Pero actúo con piedad por mil generaciones. No pronunciarás el nombre del Señor, tu Dios, en falso. Porque no dejará el Señor impune a quien pronuncie su nombre en falso. Fíjate en el sábado para santificarlo. Durante seis días trabaja y haz tus tareas, pero el día séptimo es un día de descanso dedicado al Señor, tu Dios: No harás trabajo alguno, ni tú, ni tu hijo, ni tu hija, ni tu esclavo, ni tu esclava, ni tu ganado, ni el forastero que vive en tus ciudades. Porque en seis días hizo el Señor el cielo, la tierra, el mar y lo que hay en ellos. Y el séptimo día descansó; por eso bendijo el Señor el sábado y lo santificó. Honra a tu padre y a tu madre: así se prolongarán tus días en la tierra, que el Señor, tu Dios, te va a dar. No matarás. No cometerás adulterio. No robarás. No darás testimonio falso contra tu prójimo. No codiciarás los bienes de tu prójimo; no codiciarás la mujer de tu prójimo, ni su esclavo, ni su esclava, ni un buey, ni un asno, ni nada que sea de él.

• ***Salmo*** 18, 8-11: ***Señor, tú tienes palabras de vida eterna.***

• ***1Corintios*** 1, 22-25: Los judíos exigen signos, los griegos buscan sabiduría. Pero nosotros predicamos a Cristo crucificado: escándalo para los judíos, necedad para los griegos; pero para los llamados -judíos o griegos-, un Cristo que es fuerza de Dios y sabiduría de Dios. Pues lo necio de Dios es más sabio que los hombres; y lo débil de Dios es más fuerte que los hombres.

• **JUAN 2, 13-25:** Se acercaba la Pascua de los judíos y Jesús subió a Jerusalén. Y encontró en el templo a los vendedores de bueyes, ovejas y palomas, y a los cambistas sentados; y, haciendo un azote de cordeles, los echó a todos del templo, ovejas y bueyes; y a los cambistas les esparció las monedas y les volcó las mesas; y a los que vendían palomas les dijo: «Quitad esto de aquí: no convirtáis en un mercado la casa de mi Padre». Sus discípulos se acordaron de lo que está escrito: «El celo de tu casa me devora». Entonces intervinieron los judíos y le preguntaron: «¿Qué signos nos muestras para obrar así?». Jesús contestó: «Destruid este templo, y en tres días lo levantaré». Los judíos replicaron: «Cuarenta y seis años ha costado construir este templo, ¿y tú lo vas a levantar en tres días?». Pero él hablaba del templo de su cuerpo. Y cuando resucitó de entre los muertos, los discípulos se acordaron de que lo había dicho, y dieron fe a la Escritura y a la palabra que había dicho Jesús. Mientras estaba en Jerusalén por las fiestas de Pascua, muchos creyeron en su nombre, viendo los signos que hacía; pero Jesús no se confiaba a ellos, porque los conocía a todos y no necesitaba el testimonio de nadie sobre un hombre, porque él sabía lo que hay dentro de cada hombre.

ORACIÓN

CRISTO, te duele profundamente que conviertan la Casa de tu Padre en un mercado. Y mucho más, cuando convierto mi cuerpo y mi vida, templo de tu Espíritu, en instrumento de pecado. Ayúdame a tener siempre limpia mi alma, ordenadas mis pasiones, activadas las virtudes según tu corazón manso, humilde, puro, generoso: morada del Dios Uno y Trino.

**Santos Teófilo *ob*, Lucio *pp*,
Adrián *mr*, Juan J. de la Cruz *pb***

Papa Francisco: La palabra del Señor, ayer como hoy, *provoca siempre una división: la Palabra de Dios divide, ¡siempre! Provoca una división entre quien la acoge y quien la rechaza*. A veces también en nuestro corazón se enciende un contraste interior; esto sucede cuando advertimos la fascinación, la belleza y la verdad de las palabras de Jesús, pero al mismo tiempo las rechazamos porque nos cuestionan, nos ponen en dificultad y nos cuesta demasiado observarlas *(21-3-2015)*.

PALABRA

Dijo Jesús al pueblo en la sinagoga de Nazaret: «En verdad os digo que ningún profeta es aceptado en su tierra. Puedo aseguraros que en Israel había muchas viudas en los días de Elías, cuando estuvo cerrado el cielo tres años y seis meses, y hubo una gran hambre en todo el país; sin embargo, a ninguna de ellas fue enviado Elías, más que a una viuda de Sarepta, en el territorio de Sidón. Y muchos leprosos había en Israel en tiempos del profeta Eliseo; sin embargo, ninguno de ellos fue curado, más que Naamán, el sirio». Al oír esto, todos en la sinagoga se pusieron furiosos y, levantándose, lo empujaron fuera del pueblo hasta un precipicio del monte sobre el que estaba edificado su pueblo, con intención de despeñarlo. Pero Jesús se abrió paso entre ellos y seguía su camino.

2Reyes 5,1-15a; ***Salmo*** 41,2-3. 42,3-4 • **LUCAS 4,24-30**

ORACIÓN

CRISTO, la furia, el desprecio y la agresión de tus paisanos te hirieron profundamente. Pero yo soy más que paisano tuyo: soy, aunque indigno, tu hermano y tu amigo, al menos de nombre. ¿Y te trato mejor en mi vida? Ten paciencia conmigo, no te abras paso ante mí y te alejes.

Mi alma tiene sed del Dios vivo: ¿cuándo veré el rostro de Dios?
(Salmo 41,3).

MARZO
6
MARTES (FE)

Martes 3º de Cuaresma

Santos Olegario *ob*, Julián de Toledo *ob*, Coleta Boylet *vg*, Inés de Praga *vg*

SAN OLEGARIO

Papa Francisco: «Señor, aquí estoy, ten piedad de mí». Y si sabemos dar a los demás el perdón que pedimos para nosotros, somos bienaventurados. Como decimos en el *Padrenuestro*: «Perdona nuestras ofensas, como también nosotros perdonamos a los que nos ofenden» *(1-11-2015)*.

PALABRA

Acercándose Pedro a Jesús le preguntó: «Señor, si mi hermano me ofende, ¿cuántas veces tengo que perdonarlo? ¿Hasta siete veces?». Jesús le contesta: «No te digo hasta siete veces, sino hasta setenta veces siete. Por esto, se parece el reino de los cielos a un rey que quiso ajustar las cuentas con sus criados. Al empezar a ajustarlas, le presentaron uno que debía diez mil talentos. Como no tenía con qué pagar, el señor mandó que lo vendieran a él con su mujer y sus hijos y todas sus posesiones, y que pagara así. El criado, arrojándose a sus pies, le suplicaba diciendo: "Ten paciencia conmigo, y te lo pagaré todo". Se compadeció el señor de aquel criado y lo dejó marchar, perdonándole la deuda. Pero, al salir, el criado aquel encontró a uno de sus compañeros que le debía cien denarios y, agarrándolo, lo estrangulaba, diciendo: "Págame lo que me debes". El compañero, arrojándose a sus pies, le rogaba, diciendo: "Ten paciencia conmigo, y te lo pagaré". Pero él se negó y fue y lo metió en la cárcel hasta que pagara lo que debía. Sus compañeros, al ver lo ocurrido, quedaron consternados y fueron a contarle a su señor todo lo sucedido. Entonces el señor lo llamó y le dijo: "¡Siervo malvado! Toda aquella deuda te la perdoné porque me lo rogaste. ¿No debías tú también tener compasión de tu compañero, como yo tuve compasión de ti?". Y el señor, indignado, lo entregó a los verdugos hasta que pagara toda la deuda. Lo mismo hará con vosotros mi Padre celestial, si cada cual no perdona de corazón a su hermano».

Daniel 3, 25.34-43; ***Salmo*** 24, 4-9 • **MATEO 18, 21-35**

CRISTO, respondo a tu pregunta: Sí, yo debo tener compasión de mi hermano, como tú la tienes conmigo.

ORACIÓN

Recuerda, Señor, tu ternura *(Salmo 24,6)*.

SANTAS PERPETUA Y FELICIDAD

Santos PERPETUA y FELICIDAD *mrs,*
Teresa M. Redi *vg,* **Simeón Berneux y** *co mr*

Papa Francisco: Jesús revoluciona y sacude fuertemente aquella mentalidad cerrada por el miedo y recluida en los prejuicios. Él, sin embargo, no deroga la Ley de Moisés, sino que la lleva a plenitud, declarando, por ejemplo, la ineficacia contraproducente de la ley del talión; declarando que Dios no se complace en la observancia del sábado que desprecia al hombre y lo condena. Jesús revoluciona también las conciencias en el "Sermón de la montaña", abriendo nuevos horizontes para la humanidad y revelando plenamente la lógica de Dios. La lógica del amor, que no se basa en el miedo sino en la libertad, en la caridad, en el sano celo y en el deseo salvífico de Dios *(15-2-2015)*.

PALABRA

Dijo Jesús a sus discípulos: No creáis que he venido a abolir la Ley y los Profetas: no he venido a abolir, sino a dar plenitud. En verdad os digo que antes pasarán el cielo y la tierra que deje de cumplirse hasta la última letra o tilde de la ley. El que se salte uno solo de los preceptos menos importantes, y se lo enseñe así a los hombres, será el menos importante en el reino de los cielos. Pero quien los cumpla y enseñe será grande en el reino de los cielos».

Deuteronomio 4, 1.5-9; ***Salmo*** 147, 12-16.19-20 • **MATEO 5, 17-19**

ORACIÓN

CRISTO, la Ley y los Profetas representan para ti la síntesis del Antiguo Testamento. Sus representantes -Moisés y Elías- quisiste que te acompañaron en el acontecimiento de tu Transfiguración, pleno de luz y esperanza para tus tres apóstoles más cercanos. No solo no viniste a destruir lo que tu pueblo Israel tanto veneraba e intentaba cumplir, y tú, el mejor israelita, lo cumpliste en espíritu y en verdad. Acojo tu declaración como norma de mi vida, que es acoger en mi corazón agradecido toda la Palabra de Dios y cumplirla: la que preparó tu venida y la que tú y tus apóstoles nos transmitisteis para dar plenitud a la Ley y los Profetas, en el nuevo Israel que es tu Iglesia.

Glorifica al Señor, Jerusalén *(Salmo 147,12).*

Santos JUAN DE DIOS *rl*, José Olallo Valdés *rl*, Veremundo *ab*, Félix *ob*. Beato Faustino Míguez *pb*

SAN JUAN DE DIOS

Papa Francisco: La Cuaresma vive de esta dinámica: Cristo nos precede con su éxodo, y nosotros atravesamos el desierto gracias a Él y detrás de Él. Él es tentado por amor a nosotros y ha vencido al Tentador por nosotros, pero también nosotros, unidos a Él, debemos afrontar las tentaciones y superarlas. La Cuaresma es "signo sacramental de nuestra conversión" (Misal). Quien realiza el camino de la Cuaresma está siempre en el camino de la conversión. Es un signo sacramental de nuestro camino de la esclavitud a la libertad. Un camino difícil, porque el amor es arduo, pero lleno de esperanza *(1-3-2017)*.

PALABRA

Jesús estaba echando un demonio que era mudo. Sucedió que, apenas salió el demonio, empezó a hablar el mudo. La multitud se quedó admirada, pero algunos de ellos dijeron: «Por arte de Belzebú, el príncipe de los demonios, echa los demonios». Otros, para ponerlo a prueba, le pedían un signo en el cielo. Él, conociendo sus pensamientos, les dijo: «Todo reino dividido contra sí mismo va a la ruina y cae casa sobre casa. Si, pues, también Satanás se ha dividido contra sí mismo, ¿cómo se mantendrá su reino? Pues vosotros decís que yo echo los demonios con el poder de Belzebú. Pero si yo echo los demonios con el poder de Belzebú, vuestros hijos, ¿por arte de quién los echan? Por eso, ellos mismos serán vuestros jueces. Pero, si yo echo los demonios con el dedo de Dios, entonces es que el reino de Dios ha llegado a vosotros. Cuando un hombre fuerte y bien armado guarda su palacio, sus bienes están seguros, pero, cuando otro más fuerte lo asalta y lo vence, le quita las armas de que se fiaba y reparte su botín. El que no está conmigo está contra mí; el que no recoge conmigo desparrama».

Jeremías 7, 23-28; ***Salmo*** 94, 1-2.6-9 • **LUCAS 11, 14-23**

ORACIÓN

CRISTO, hoy he de hacerme una pregunta capital: ¿Estoy contigo o contra ti? Y otras preguntas derivadas: ¿Tengo tus sentimientos o siento como piensa el mundo? ¿Amo a Dios sobre todas las cosas y al prójimo como tú lo amas, o soy puro egoísmo? ¿Soy misericordioso como lo es el Padre conmigo? Ojalá me decida hoy a prestar atención solo a tu voz, y no endurezca mi corazón y cierre mi oído, atento solo a lo que me dice Belzebú.

Ojalá escuchéis hoy la voz del Señor: no endurezcáis vuestro corazón

(Salmo 94,7-8).

SANTA FRANCISCA ROMANA, viuda

MARZO
9
VIERNES (ML)

Santos FRANCISCA ROMANA *rl*, Paciano *ob*, Bruno *ob*

Abstinencia

Papa Francisco: Un escriba le hizo esta pregunta a Jesús: «Maestro, ¿cuál es el mandamiento principal de la ley?». Jesús, citando el libro del Deuteronomio, le dijo: «Amarás al Señor tu Dios con todo tu corazón, con toda tu alma y con toda tu mente». Y hubiese podido detenerse aquí. En cambio, Jesús añadió algo que no le había preguntado el doctor de la ley. Dijo: «El segundo es este: Amarás a tu prójimo como a ti mismo. No hay mandamiento mayor que estos». La novedad consiste en poner juntos estos dos mandamientos: son inseparables y complementarios, son las dos caras de una misma medalla. No se puede amar a Dios sin amar al prójimo y no se puede amar al prójimo sin amar a Dios. En efecto, el signo visible que el cristiano puede mostrar para testimoniar al mundo y a los demás, a su familia, el amor de Dios es el amor a los hermanos. El mandamiento del amor a Dios y al prójimo es el primero. Jesús no lo puso en el vértice, sino en el centro, porque es el corazón desde el cual todo debe partir y al cual todo debe regresar y hacer referencia *(16-2-2014)*.

PALABRA

Un escriba se acercó a Jesús y le preguntó: «¿Qué mandamiento es el primero de todos?». Respondió Jesús: «El primero es: "Escucha, Israel, el Señor, nuestro Dios, es el único Señor: amarás al Señor, tu Dios, con todo tu corazón, con toda tu alma, con toda tu mente, con todo tu ser". El segundo es este: "Amarás a tu prójimo como a ti mismo". No hay mandamiento mayor que estos». El escriba replicó: «Muy bien, Maestro, sin duda tienes razón cuando dices que el Señor es uno solo y no hay otro fuera de él; y que amarlo con todo el corazón, con todo el entendimiento y con todo el ser, y amar al prójimo como a uno mismo vale más que todos los holocaustos y sacrificios». Jesús, viendo que había respondido sensatamente, le dijo: «No estás lejos del reino de Dios». Y nadie se atrevió a hacerle más preguntas.

Oseas 14, 2-10; ***Salmo*** 80, 6-11.14.17 • **MARCOS 12, 28b-34**

ORACIÓN

CRISTO, antes de responder al escriba con el primer mandamiento, le recuerdas algo previo: "Escucha, Israel". Ya decía Aristóteles que al alumno le conviene escuchar lo que dice el maestro. Tú eres mi Maestro y quiero que seas el único. Que tu Palabra de vida no se vea sofocada por los griteríos desconcertantes del mundo que me rodea. Tú tienes palabras de vida eterna. Y, antes de comenzar a hablarnos, desde tu Encarnación, nos diste testimonio de vida entregada, por amor, al Padre y a todos los hombres.

Yo soy el Señor, Dios tuyo: escucha mi voz *(Salmo 80,11.9).*

MARZO

10

SÁBADO (FE)

Sábado 3° de Cuaresma Tomo II - Salterio 3ª semana

Santos Cayo y Alejandro *mrs,* Macario *ob,* Víctor *mr,* Juan Ogilvie *pb mr,* M.ª Eugenia Milleret *vg.* Beatos Mateo Elías del Socorro Nieves *pb mr,* Juan José Lataste *pb*

B. JUAN JOSÉ LATASTE

Papa Francisco: La sabiduría de acusarme a mí mismo... Acusarse a sí mismo es el primer paso. Voy por la calle, paso delante de la cárcel: "Eh, estos se lo merecen", "Pero ¿sabes que si no fuera por la gracia de Dios tú estarías allí? ¿Has pensado que tú eres capaz de hacer las cosas que ellos han hecho, y aún peores todavía?". Esto es acusarse a sí mismo, no esconderse a sí mismo las raíces del pecado que están en nosotros, las muchas cosas que somos capaces de hacer, también si no se ven. Que el Señor, en esta Cuaresma, nos dé la gracia de aprender a acusarnos: Ten piedad de mí, Señor, ayúdame a avergonzarme y dame misericordia, así yo podré ser misericordioso con los otros *(2-3-2015)*.

PALABRA

Dijo Jesús esta parábola a algunos que confiaban en sí mismos por considerarse justos y despreciaban a los demás: «Dos hombres subieron al templo a orar. Uno era fariseo; el otro, publicano. El fariseo, erguido, oraba así en su interior: "¡Oh Dios!, te doy gracias, porque no soy como los demás: ladrones, injustos, adúlteros; ni como ese publicano. Ayuno dos veces por semana y pago el diezmo de todo lo que tengo". El publicano, en cambio, quedándose atrás, no se atrevía ni a levantar los ojos al cielo; solo se golpeaba el pecho, diciendo: "¡Oh Dios!, ten compasión de este pecador". Os digo que este bajó a su casa justificado, y aquel no. Porque todo el que se enaltece será humillado, y el que se humilla será enaltecido».

Oseas 6, 1-6; ***Salmo*** 50, 3-4.18-21 • **LUCAS 18, 9-14**

ORACIÓN

CRISTO, nos parece exagerado leer en las vidas de los santos que se consideraban grandes pecadores y se castigaban duramente, por sus pecados y por los de los demás. A la vista de la parábola se entiende mejor. Cuando la luz de tu Evangelio ilumina todos los rincones de mi vida, veo con más claridad que hay mucho que limpiar y corregir en mi vida, para que coincida con el diseño de amor que tienes para mí. *Ten compasión de mí, que soy pecador.*

Quiero misericordia, no sacrificios *(Oseas 6,6).*

MARZO 11 DOMINGO

Santos Vicente de León *ab*, Sofronio *ob*, Domingo Câm *pb mr*

Papa Francisco: El Evangelio de hoy nos vuelve a proponer las palabras que Jesús dirigió a Nicodemo: «Tanto amó Dios al mundo, que entregó a su Unigénito». Al escuchar estas palabras, dirijamos la mirada de nuestro corazón a Jesús Crucificado y sintamos dentro de nosotros que Dios nos ama, nos ama de verdad, y nos ama en gran medida. Esta es la expresión más sencilla que resume todo el Evangelio, toda la fe, toda la teología: *Dios nos ama con amor gratuito y sin medida*. Dice la Plegaria eucarística IV: «Cuando [el hombre] por desobediencia perdió tu amistad, no lo abandonaste al poder de la muerte, sino que, compadecido, tendiste la mano a todos». Vino con su misericordia. Como en la creación, también en las etapas sucesivas de la historia de la salvación destaca la gratuidad del amor de Dios. Y cuando llega «la plenitud de los tiempos», a pesar de que los hombres en más de una ocasión quebrantaron la alianza, Dios, en lugar de abandonarlos, estrechó con ellos un vínculo nuevo, en la sangre de Jesús —el vínculo de la nueva y eterna alianza—, un vínculo que jamás nada podrá romperlo *(15-3-2015)*.

PALABRA

• *2Crónicas* 36, 14-16. 19-23: Todos los jefes de los sacerdotes y el pueblo multiplicaron sus infidelidades, según las costumbres abominables de los gentiles, y mancharon la Casa del Señor, que él se había construido en Jerusalén. El Señor, Dios de sus Padres, les envió desde el principio avisos por medio de sus mensajeros, porque tenía compasión de su pueblo y de su Morada. Pero ellos se burlaron de los mensajeros de Dios, despreciaron sus palabras y se mofaron de sus profetas, hasta que subió la ira del Señor contra su pueblo a tal punto, que ya no hubo remedio. Incendiaron la casa de Dios y derribaron las murallas de Jerusalén; pegaron fuego a todos sus palacios y destruyeron todos sus objetos preciosos. Y a los que escaparon de la espada los llevaron cautivos a Babilonia, donde fueron esclavos del rey y de sus hijos hasta la llegada del reino de los persas; para que se cumpliera lo que dijo Dios por boca del Profeta Jeremías: «Hasta que el país haya pagado sus sábados, descansará todos los días de la desolación, hasta que se cumplan los setenta años». En el año primero de Ciro, rey de Persia, en cumplimiento de la Palabra del Señor, por boca de Jeremías, movió el Señor el espíritu de Ciro, rey de Persia, que mandó publicar de palabra y por escrito en todo su reino: «Así habla Ciro, rey de Persia: El Señor, el Dios de los Cielos, me ha dado todos los reinos de la tierra. Él me ha encargado que le edifique una Casa en Jerusalén, en Judá. Quien de entre vosotros pertenezca a su pueblo, ¡sea su Dios con él y suba!».

• *Salmo* 136, 1, 1-6: ***Que se me pegue la lengua al paladar si no me acuerdo de ti.***

• *Efesios* 2, 4-10: Dios, rico en misericordia, por el gran amor con que nos amó, estando nosotros muertos por los pecados, nos ha hecho vivir con Cristo –por pura gracia estáis salvados– nos ha resucitado con Cristo Jesús y nos ha sentado en el cielo con él. Así muestra en todos los tiempos la inmensa riqueza de su gracia, su bondad para con nosotros en Cristo Jesús. Porque estáis salvados por su gracia y mediante la fe. Y no se debe a vosotros, sino que es un don de Dios; y tampoco se debe a las obras, para que nadie pueda presumir. Somos, pues, obra suya. Dios nos ha creado en Cristo Jesús, para que nos dediquemos a las buenas obras, que él nos asignó para que las practicásemos.

• **JUAN 3, 14-21:** Dijo Jesús a Nicodemo: «Lo mismo que Moisés elevó la serpiente en el desierto, así tiene que ser elevado el Hijo del hombre, para que todo el que cree en él tenga vida eterna. Porque tanto amó Dios al mundo, que entregó a su Unigénito, para que no perezca ninguno de los que creen en él, sino que tenga vida eterna. Porque Dios no envió a su Hijo al mundo para juzgar al mundo, sino para que el mundo se salve por él. El que cree en él, no será juzgado; el que no cree, ya está juzgado, porque no ha creído en el nombre del Unigénito de Dios. Este es el juicio: que la luz vino al mundo, y los hombres prefirieron la tiniebla a la luz, porque sus obras eran malas. Pues todo el que obra el mal detesta la luz, y no se acerca a la luz, para no verse acusado por sus obras. En cambio, el que obra la verdad se acerca a la luz, para que se vea que sus obras están hechas según Dios».

ORACIÓN

CRISTO, doblo mi rodilla ante la inmensidad del amor que nos tiene el Padre, dándonos a su Hijo para nuestra salvación. Y alabo tu obediencia incondicional, entregándote a la muerte en cruz. Te adoro, Cristo Crucificado: fijo mis ojos en ti y creo firmemente que has destruido mi muerte y aniquilado mi pecado. Me has curado, me has dado la vida.

MARZO
12
LUNES (FE)

Santos Luis Orione *pb*, Maximiliano *mr*, Inocencio I *pp*

Papa Francisco: La vida cristiana es esto: caminar hacia las promesas: la vida cristiana es esperanza. Hay muchos cristianos *inmóviles*. Sí, creen que existe el cielo, pero no lo buscan. El Señor no puede sacar levadura de ellos para hacer crecer a su pueblo. Otros, los que *se equivocan de camino*. Todos nosotros algunas veces nos hemos equivocado de camino. El problema es no volver cuando uno se da cuenta de que se ha equivocado. Y un grupo peligroso: los que caminan, pero no hacen camino. Son los cristianos *errantes: dan vueltas*. El funcionario del Evangelio creyó en las promesas de Jesús y se puso en camino. La Cuaresma es un tiempo propicio para pensar si estamos en camino o si nos hemos equivocado de camino y entonces debemos ir a confesarnos para retomar el camino; o si somos "turistas teologales", que dan vueltas por la vida pero que nunca dan un paso hacia adelante *(31-3-2014)*.

PALABRA

Salió Jesús de Samaría para Galilea. Jesús mismo había atestiguado: «Un profeta no es estimado en su propia patria». Cuando llegó a Galilea, los galileos lo recibieron bien, porque habían visto todo lo que había hecho en Jerusalén durante la fiesta, pues también ellos habían ido a la fiesta. Fue Jesús otra vez a Caná de Galilea, donde había convertido el agua en vino. Había un funcionario real que tenía un hijo enfermo en Cafarnaún. Oyendo que Jesús había llegado de Judea a Galilea, fue a verle, y le pedía que bajase a curar a su hijo que estaba muriéndose. Jesús le dijo: «Si no veis signos y prodigios, no creéis». El funcionario insiste: «Señor, baja antes de que se muera mi niño». Jesús le contesta: «Anda, tu hijo vive». El hombre creyó en la palabra de Jesús y se puso en camino. Iba ya bajando, cuando sus criados vinieron a su encuentro diciéndole que su hijo vivía. Él les preguntó a qué hora había empezado la mejoría. Y le contestaron: «Ayer a la hora séptima lo dejó la fiebre». El padre cayó en la cuenta de que esa era la hora en que Jesús le había dicho: «Tu hijo vive». Y creyó él con toda su familia. Este segundo signo lo hizo Jesús al llegar de Judea a Galilea.

***Isaías* 65, 17-21; *Salmo* 29, 2-6.11-13 • JUAN 4, 43-54**

ORACIÓN

CRISTO, de Nazaret son los que más te quisieron, María y José. Y en todo el mundo –los justos del Antiguo Testamento y los numerosos santos de la Iglesia- has tenido admiradores, seguidores y amigos fidelísimos, gracias a la presencia de tu Espíritu en su vida. Yo quiero ser de estos: ¡Envíame tu Espíritu y renovará mi vida: no necesito más milagros!

Te ensalzaré, Señor, porque me has librado *(Salmo 29,2).*

MARZO
13
MARTES (FE)

Martes 4° de Cuaresma Tomo II - Salterio 4ª semana

Santos Rodrigo y Salomón *mrs,* Macedonio y Patricia *es* e hija, Modesta *mrs,* Sabino *mr*

V ANIVERSARIO DE LA ELECCIÓN DEL PAPA FRANCISCO

SANTOS RODRIGO Y SALOMÓN

Papa Francisco: En un cierto momento [el paralítico] siente que las aguas se mueven, está el Espíritu Santo que mueve algo, o escucha una palabra o... "Ah, ¡yo quisiera ir!". Y tiene coraje y va. Y cuántas veces hoy en las comunidades cristianas se encuentran las puertas cerradas: "Tú te has equivocado. Si quieres venir, ven a misa el domingo, pero quédate ahí, no hagas más". Lo que hace el Espíritu Santo en el corazón de las personas, lo destruyen los cristianos con psicología de doctores de la ley. Es la casa de Jesús y Jesús acoge. Pero no solo acoge, va a encontrar a la gente como fue a buscar a este [paralítico]. ¿Quién eres tú para cerrar la puerta de tu corazón a un hombre, a una mujer que quiere mejorar, volver al pueblo de Dios? *(17-3-2015).*

PALABRA

Se celebraba la fiesta de los judíos, y Jesús subió a Jerusalén. Hay en Jerusalén, junto a la Puerta de las Ovejas, una piscina que llaman en hebreo Betesda. Esta tiene cinco soportales, y allí estaban echados muchos enfermos, ciegos, cojos, paralíticos. Estaba también allí un hombre que llevaba treinta y ocho años enfermo. Jesús, al verlo echado, y sabiendo que ya llevaba mucho tiempo, le dice: «¿Quieres quedar sano?». El enfermo le contestó: «Señor, no tengo a nadie que me meta en la piscina cuando se remueve el agua; para cuando llego yo, otro se me ha adelantado». Jesús le dice: «Levántate, toma tu camilla y echa a andar». Y al momento el hombre quedó sano, tomó su camilla y echó a andar. Aquel día era sábado, y los judíos dijeron al hombre que había quedado sano: «Hoy es sábado, y no se puede llevar la camilla». Él les contestó: «El que me ha curado es quien me ha dicho: "Toma tu camilla y echa a andar"». Más tarde lo encuentra Jesús en el templo y le dice: «Mira, has quedado sano; no peques más, no sea que te ocurra algo peor». Se marchó aquel hombre y dijo a los judíos que era Jesús quien lo había sanado. Por esto los judíos perseguían a Jesús, porque hacía tales cosas en sábado.

Ezequiel 47, 1-9.12; ***Salmo*** 45, 2-9 • **JUAN 5-11.14-16**

ORACIÓN

CRISTO, tú vienes en ayuda de mi angustia por mis pecados. Y me dices dos cosas: *primera, que he quedado sano; segunda, que no peque más, porque puede ocurrirme algo peor.* ¿Quién me asegura la vida de hoy para mañana? Tú, que tanto me quieres, me avisas de que esté siempre preparado, en tu gracia, sin los pecados que pueden matar para siempre mi alma.

El Señor del universo está con nosotros, nuestro alcázar es el Dios de Jacob *(Salmo 45,8).*

SANTA MATILDE, reina

MARZO
14
MIÉRCOLES (FE)

Santos Matilde *re*, Alejandro *mr*, Lázaro *ob*, Paulina *rl*

Papa Francisco: Hay un dicho español que dice: "El agua estancada es la primera en corromperse". No permanecer estancados. Debemos caminar, dar un paso cada día, con la ayuda del Señor. Dios es Padre, es misericordia, nos ama siempre. Si nosotros lo buscamos, Él nos acoge y nos perdona, no se cansa de perdonar... Nos hace levantar de nuevo y restituye plenamente nuestra dignidad *(18-8-2013)*.

PALABRA

Jesús dijo a los judíos: «En verdad, en verdad os digo: el Hijo no puede hacer nada por su cuenta sino lo que viere hacer al Padre. Lo que hace este, eso mismo hace también el Hijo, pues el Padre ama al Hijo y le muestra todo lo que él hace, y le mostrará obras mayores que esta, para vuestro asombro. Lo mismo que el Padre resucita a los muertos y les da vida, así también el Hijo da vida a los que quiere. Porque el Padre no juzga a nadie, sino que ha confiado al Hijo todo el juicio, para que todos honren al Hijo como honran al Padre. El que no honra al Hijo no honra al Padre que lo envió. En verdad, en verdad os digo: quien escucha mi palabra y cree al que me envió posee la vida eterna y no incurre en juicio, sino que ha pasado ya de la muerte a la vida. En verdad, en verdad os digo: llega la hora, y ya está aquí, en que los muertos oirán la voz del Hijo de Dios, y los que hayan oído vivirán. Porque, igual que el Padre tiene vida en sí mismo, así ha dado también al Hijo tener vida en sí mismo. Y le ha dado potestad de juzgar, porque es el Hijo del hombre. No os sorprenda esto, porque viene la hora en que los que están en el sepulcro oirán su voz: los que hayan hecho el bien saldrán a una resurrección de vida; los que hayan hecho el mal, a una resurrección de juicio. Yo no puedo hacer nada por mí mismo; según le oigo, juzgo, y mi juicio es justo, porque no busco mi voluntad, sino la voluntad del que me envió».

Isaías 49, 8-15; ***Salmo*** 144, 8-9.13-14.17-18 • **JUAN 5, 19-30**

ORACIÓN

CRISTO, tú haces siempre la voluntad del Padre, y me enseñas que le pida: "Hágase tu voluntad en la tierra como en el cielo". Yo estoy plenamente convencido de que hacer la voluntad de Dios es el único camino que lleva a ser feliz, y yo quiero serlo. Vivir temiendo que me llegue "una resurrección de juicio" es vivir con el corazón encogido. Vivir esperando la "resurrección de vida" eterna fortifica mi fe y es fuente de gozo.

El Señor es clemente y misericordioso *(Salmo 144,8).*

MARZO
15
JUEVES (FE)

Jueves 4º de Cuaresma Tomo II - Salterio 4ª semana

Santos Luisa de Marillac *vd*, Clemente M. Hofbauer *pb*, Leocricia *vg mr*, Sisebuto *ab*

SANTA LUISA DE MARILLAC

Papa Francisco: Cuando los corazones se abren al Evangelio, el mundo comienza a cambiar y la humanidad *resucita*. Si acogemos y vivimos cada día la Palabra de Jesús, resucitamos con Él. Que no venga en vano la gracia de esta Pascua, para el pueblo de Dios. Que *la gracia de la Resurrección sea acogida por cada uno de vosotros, para que os llenéis de la esperanza de Cristo Señor*. La esperanza: ¡Abrid paso a la esperanza! *(21-3-15)*.

PALABRA

Dijo Jesús a los judíos: «Si yo doy testimonio de mí mismo, mi testimonio no es verdadero. Hay otro que da testimonio de mí, y sé que es verdadero el testimonio que da de mí. Vosotros enviasteis mensajeros a Juan, y él ha dado testimonio de la verdad. No es que yo dependa del testimonio de un hombre; si digo esto es para que vosotros os salvéis. Juan era la lámpara que ardía y brillaba, y vosotros quisisteis gozar un instante de su luz. Pero el testimonio que yo tengo es mayor que el de Juan: las obras que el Padre me ha concedido llevar a cabo, esas obras que hago dan testimonio de mí: que el Padre me ha enviado. Y el Padre que me envió, él mismo ha dado testimonio de mí. Nunca habéis escuchado su voz, ni visto su semblante, y su palabra no habita en vosotros, porque al que él envió no lo creéis. Estudiáis las Escrituras pensando encontrar en ellas vida eterna; pues ellas están dando testimonio de mí, ¡y no queréis venir a mí para tener vida! No recibo gloria de los hombres; además, os conozco y sé que el amor de Dios no está en vosotros. Yo he venido en nombre de mi Padre, y no me recibisteis; si otro viene en nombre propio, a ese sí lo recibiréis. ¿Cómo podréis creer vosotros, que aceptáis gloria unos de otros y no buscáis la gloria que viene del único Dios? No penséis que yo os voy a acusar ante el Padre, hay uno que os acusa: Moisés, en quien tenéis vuestra esperanza. Si creyerais a Moisés, me creeríais a mí, porque de mí escribió él. Pero, si no creéis en sus escritos, ¿cómo vais a creer en mis palabras?».

Éxodo 32, 7-14; ***Salmo*** 105, 19-23 • **JUAN 5, 31-47**

ORACIÓN

CRISTO, tu palabra afirma una verdad vital y una acusación: "No queréis venir a mí para tener vida". La verdad vital es que tú eres la Vida: cuando te tengo a ti, tengo vida. Esto es lo que me hace vivir, siendo tu amigo, a pesar de que no siempre te soy fiel. La acusación es "no queréis venir a mí". Tú sabes que te quiero y que quiero ir a ti y estar contigo. ***Acuérdate de mí, Señor, por amor a tu pueblo*** *(Salmo 105,4)*.

S. JOSÉ G. DEL ROSARIO BROCHERO

Tomo II - Salterio 4ª semana **Viernes 4º de Cuaresma**

MARZO
16
VIERNES (FE)

Santos José Gabriel del Rosario Brochero *pb,* Eusebia *ab,* Heriberto *ob,* Julián *mr*

Abstinencia

Papa Francisco: Entonces la gente, muy impresionada, se puso a discutir acerca de Él. También hoy la gente discute sobre Él. Algunos están entusiasmados y dicen que «es de verdad el profeta». Alguno incluso afirma: «Este es el Mesías». Pero otros se oponen porque —dicen— el Mesías no viene de Galilea, sino de la estirpe de David, de Belén; y así, sin saberlo, confirman precisamente la identidad de Jesús. La palabra del Señor *provoca siempre una división.* A veces también en nuestro corazón se enciende un contraste interior; esto sucede cuando advertimos la fascinación, la belleza y la verdad de las palabras de Jesús, pero al mismo tiempo las rechazamos porque nos cuestionan o nos ponen en dificultad. *(21-3-2015).*

PALABRA

Recorría Jesús Galilea, pues no quería andar por Judea porque los judíos trataban de matarlo. Se acercaba la fiesta judía de las Tiendas. Una vez que sus hermanos se hubieron marchado a la fiesta, entonces subió él también, no abiertamente, sino a escondidas. Entonces algunos que eran de Jerusalén dijeron: «¿No es este el que intentan matar? Pues mirad cómo habla abiertamente, y no le dicen nada. ¿Será que los jefes se han convencido de que este es el Mesías? Pero este sabemos de dónde viene, mientras que el Mesías, cuando llegue, nadie sabrá de dónde viene». Entonces Jesús, mientras enseñaba en el templo, gritó: «A mí me conocéis, y conocéis de dónde vengo. Sin embargo, yo no vengo por mi cuenta, sino que el Verdadero es el que me envía: a ese vosotros no lo conocéis; yo lo conozco, porque procedo de él, y él me ha enviado». Entonces intentaban agarrarlo; pero nadie le pudo echar mano, porque todavía no había llegado su hora.

***Sabiduría* 2, 1a.12-22; *Salmo* 33, 17-23 • JUAN 7, 1-2.10.25-30**

ORACIÓN

CRISTO, procedes del Padre que te ha enviado para pasar por este mundo haciendo el bien, aunque tan mal te paguemos el bien que nos haces y tan difícil te hacemos la espera de "tu hora". ¿Qué puedo hacer para estar siempre junto a ti y desagraviar tanta ofensa que te hacen, y que yo te he hecho? Sí, tengo el Sagrario, tengo la Palabra, te tengo en los hermanos que sufren. Con tu ayuda podré realizar el buen propósito que tu palabra me ha inspirado: seguirte haciendo el bien.

El Señor está cerca de los atribulados *(Salmo 33,19).*

MARZO

17

SÁBADO (ML)

Santos PATRICIO ***ob,*** **Gertrudis de Brabante** ***ab,*** **Juan Sarkander** ***pb mr.***
Beato Juan Nepomuceno Zegrí ***pb***

Papa Francisco: Si no confesamos a Jesucristo, algo no funciona. Acabaremos siendo una ONG asistencial, pero no la Iglesia, Esposa del Señor. Cuando no se confiesa a Jesucristo, me viene a la memoria la frase de Léon Bloy: "Quien no reza al Señor, reza al diablo". Cuando no se confiesa a Jesucristo, se confiesa la mundanidad del demonio *(14-3-2013)*.

PALABRA

Algunos de entre la gente, que habían oído los discursos de Jesús, decían: «Este es de verdad el profeta». Otros decían: «Este es el Mesías». Pero otros decían: «¿Es que de Galilea va a venir el Mesías? ¿No dice la Escritura que el Mesías vendrá del linaje de David, y de Belén, el pueblo de David?». Y así surgió entre la gente una discordia por su causa. Algunos querían prenderlo, pero nadie le puso la mano encima. Los guardias del templo acudieron a los sumos sacerdotes y fariseos, y estos les dijeron: «¿Por qué no lo habéis traído?». Los guardias respondieron: «Jamás ha hablado nadie como ese hombre». Los fariseos les replicaron: «¿También vosotros os habéis dejado embaucar? ¿Hay algún jefe o fariseo que haya creído en él? Esa gente que no entiende de la ley son unos malditos». Nicodemo, el que había ido en otro tiempo a visitarlo y que era fariseo, les dijo: «¿Acaso nuestra ley permite juzgar a nadie sin escucharlo primero y averiguar lo que ha hecho?». Ellos le replicaron: «¿También tú eres galileo? Estudia y verás que de Galilea no salen profetas». Y se volvieron cada uno a su casa.

Jeremías 11, 18-20; ***Salmo*** 7, 2-3.9-12 • **JUAN 7, 40-53**

ORACIÓN

SEÑOR, todo el que haya escuchado tu Palabra o haya sentido tu presencia salvífica, puede dar testimonio de que «jamás nadie ha hablado como este hombre», que además es Dios. Hasta tus enemigos declarados lo reconocen. Yo quiero aceptar tu palabra, no solo porque es deliciosa, sino porque me dice la verdad, me pone en mi verdad y me lleva a la Verdad, que eres tú: mi Verdad, mi Camino y mi Vida.

Señor, Dios mío, a ti me acojo *(Salmo 7,2).*

DOMINGO V DE CUARESMA

MARZO 18 DOMINGO

Santos CIRILO DE JERUSALÉN ***ob dc,*** **Salvador de Horta** ***rl,*** **Eduardo** ***re***

DÍA DEL SEMINARIO

Papa Francisco: Jesús usa una imagen sencilla y sugestiva, la del *«grano de trigo»* que, al caer en la tierra, muere para dar fruto. En esta imagen encontramos otro aspecto de la Cruz de Cristo: el de la *fecundidad*. La cruz de Cristo es fecunda. La muerte de Jesús, de hecho, es una fuente inagotable de vida nueva, porque lleva en sí la fuerza regeneradora del amor de Dios. Inmersos en este amor por el Bautismo, los cristianos pueden convertirse en «granos de trigo» y dar mucho fruto si, al igual que Jesús, «pierden la propia vida» por amor a Dios y a los hermanos. Por este motivo, a aquellos que también hoy «quieren ver a Jesús», a los que están en búsqueda del rostro de Dios; a quien recibió una catequesis cuando era pequeño y luego no la profundizó más y quizá ha perdido la fe; a muchos que aún no han encontrado a Jesús personalmente...; a todas estas personas podemos ofrecerles tres cosas: *el Evangelio; el Crucifijo y el testimonio* de nuestra fe, pobre pero sincera *(22-3-2015)*.

PALABRA

• ***Jeremías*** 31, 31-34: Ya llegan días –oráculo del Señor– en que haré con la casa de Israel y la casa de Judá una alianza nueva. No será una alianza como la que hice con sus padres, cuando los tomé de la mano para sacarlos de Egipto, pues quebrantaron mi alianza, aunque yo era su Señor,–oráculo del Señor–. Esta será la alianza que haré con ellos, después de aquellos días –oráculo del Señor–. Pondré mi ley en su interior y la escribiré en sus corazones; yo seré su Dios, y ellos serán mi pueblo. Ya no tendrán que enseñarse unos a otros diciendo: «Conoced al Señor». Porque todos me conocerán, desde el pequeño hasta el mayor –oráculo del Señor–, cuando perdone su culpa y no recuerde ya sus pecados.

• ***Salmo*** 50, 3-4. 12-19: ***Oh Dios, crea en mí un corazón puro.***

• ***Hebreos*** 5, 7-9: Cristo, en los días de su vida mortal, a gritos y con lágrimas, presentó oraciones y súplicas al que podía salvarlo de la muerte, siendo escuchado por su piedad filial. Y aun siendo Hijo, aprendió sufriendo a obedecer. Y, llevado a la consumación, se ha convertido para todos los que le obedecen en autor de salvación eterna.

• **JUAN 12, 20-33:** Entre los que habían venido a celebrar la fiesta había algunos griegos; estos, acercándose a Felipe, el de Betsaida de Galilea, le rogaban: «Señor, queremos ver a Jesús». Felipe fue a decírselo a Andrés; y Andrés y Felipe fueron a decírselo a Jesús. Jesús les contestó: «Ha llegado la hora de que sea glorificado el Hijo del hombre. En verdad, en verdad os digo: si el grano de trigo no cae en tierra y muere, queda infecundo; pero si muere, da mucho fruto. El que se ama a sí mismo, se pierde, y el que se aborrece a sí mismo en este mundo, se guardará para la vida eterna. El que quiera servirme, que me siga, y donde esté yo, allí también estará mi servidor; a quien me sirva, el Padre lo honrará. Ahora mi alma está agitada y, ¿qué diré?: "Padre, líbrame de esta hora". Pero si por esto he venido, para esta hora. Padre, glorifica tu nombre». Entonces vino una voz del cielo: «Lo he glorificado y volveré a glorificarlo». La gente que estaba allí y lo oyó, decía que había sido un trueno; otros decían que le había hablado un ángel. Jesús tomó la palabra y dijo: «Esta voz no ha venido por mí, sino por vosotros. Ahora va a ser juzgado el mundo; ahora el príncipe de este mundo va a ser echado fuera. Y cuando yo sea elevado sobre la tierra, atraeré a todos hacia mí». Esto lo decía dando a entender la muerte de que iba a morir.

ORACIÓN **CRISTO,** grano de trigo que cayó en tierra: por eso das fruto abundante. Al ser elevado en la cruz me atraes poderosamente hacia ti, a pesar de mis debilidades y traiciones. Aborrezco mis pecados, quiero servirte y seguirte hasta la cruz.

SAN JOSÉ. Francisco Salzillo

SOLEMNIDAD DE SAN JOSÉ, ESPOSO DE LA BIENAVENTURADA VIRGEN MARÍA.

MARZO
19
LUNES

Papa Francisco: Me gusta pensar en José como el guardián de nuestras debilidades: él es capaz de hacer nacer muchas cosas bonitas de nuestras debilidades, de nuestros pecados; el guardián de las debilidades para que se conviertan en firmes en la fe. Es también el guardián del sueño de Dios: el sueño de nuestro Padre, el sueño de la redención, de salvarnos a todos, de esta recreación, está encomendado a él. ¡Grande este carpintero!: callado, trabaja, custodia, lleva adelante las debilidades, es capaz de soñar. Yo quisiera pedir: que nos dé a todos nosotros la capacidad de soñar, porque cuando soñamos cosas grandes, cosas bonitas, nos acercamos al sueño de Dios, las cosas que Dios sueña para nosotros. Que dé a los jóvenes —porque él era joven— la capacidad de soñar, de arriesgar y tomar las tareas difíciles que han visto en los sueños. Que nos dé la fidelidad que generalmente crece en una actitud adecuada, crece en el silencio y crece en la ternura que es capaz de custodiar las propias debilidades y las de los otros *(20-3-2017)*.

PALABRA

Jacob engendró a José, el esposo de María, de la cual nació Jesús, llamado Cristo. La generación de Jesucristo fue de esta manera: María, su madre, estaba desposada con José y, antes de vivir juntos, resultó que ella esperaba un hijo por obra del Espíritu Santo. José, su esposo, que era justo y no quería difamarla, decidió repudiarla en privado. Pero, apenas había tomado esta resolución, se le apareció en sueños un ángel del Señor que le dijo: «José, hijo de David, no temas acoger a María, tu mujer, porque la criatura que hay en ella viene del Espíritu Santo. Dará a luz un hijo, y tú le pondrás por nombre Jesús, porque él salvará a su pueblo de sus pecados». Cuando José se despertó, hizo lo que le había mandado el ángel del Señor.

2Samuel 7,4-5a.12-14a.16; ***Salmo*** 88,2-5.27.29; ***Romanos*** 4,13.16 18.22

• MATEO 1, 16.18-21.24a

ORACIÓN

JESÚS, el carpintero de Nazaret, que el Padre eligió para hacer de padre contigo, como esposo de tu Madre, fue ejemplo de fidelidad a la misión que Dios le confió y fue un hombre de fe: se fio plenamente de Dios, cuando le reveló que el embarazo de su prometida era obra del Espíritu Santo. Sus deseos de joven enamorado de la mujer más bella de la humanidad eran muy distintos. Pero, renunciando a sus proyectos, aceptó los designios de Dios. Te pido esa disponibilidad, fidelidad y fe para la Iglesia de nuestro tiempo, y en especial para los seminaristas, los esposos, los moribundos… de los que José es Patrón celestial.

Su linaje será perpetuo *(Salmo 88,37)*.

MARZO

20

MARTES (FE)

Martes 5º de Cuaresma — Tomo II - Salterio 1ª semana

Santos Martín de Braga *ob*, Juan Nepomuceno *pb mr*

SAN JUAN NEPOMUCENO

Papa Francisco: La serpiente de bronce curaba, pero era signo de dos cosas: del pecado hecho por la serpiente, de la seducción de la serpiente, de la astucia de la serpiente; y también era señal de la cruz de Cristo. Era una profecía. La salvación solo viene de la cruz, pero de esta cruz que es Dios hecho carne. No hay salvación en las ideas, no hay salvación en la buena voluntad, en el deseo de ser buenos... No. La única salvación está en Cristo crucificado, porque solo Él, como significaba la serpiente de bronce, ha sido capaz de tomar todo el veneno del pecado y nos ha curado allí. Pero ¿qué es la cruz para nosotros? Sí, es el signo de los cristianos, es el símbolo de los cristianos. Y nosotros nos hacemos el signo de la cruz, pero no siempre lo hacemos bien, porque no tenemos esta fe en la cruz. Otras veces, para algunas personas es un distintivo de pertenencia: "Sí, yo llevo la cruz para hacer ver que soy cristiano". Está bien eso, pero no solo como distintivo, como si fuera de un equipo, sino como memoria de Aquel que se hizo pecado *(4-4-2017)*.

PALABRA

Dijo Jesús a los fariseos: «Yo me voy y me buscaréis, y moriréis por vuestro pecado. Vosotros sois de este mundo, yo no soy de este mundo. Con razón os he dicho que moriréis por vuestros pecados: pues, si no creéis que yo soy, moriréis por vuestros pecados». Ellos le decían: «¿Quién eres tú?». Jesús les contestó: «Lo que os estoy diciendo. Podría decir y condenar muchas cosas en vosotros; pero el que me ha enviado es veraz, y yo comunico al mundo lo que he aprendido de él». Ellos no comprendieron que les hablaba del Padre. Y entonces dijo Jesús: «Cuando levantéis al Hijo del hombre, sabréis que "Yo soy", y que no hago nada por mi cuenta, sino que hablo como el Padre me ha enseñado. El que me envió está conmigo, no me ha dejado solo; porque yo hago siempre lo que le agrada». Cuando les exponía esto, muchos creyeron en él.

Números 21,4-9; ***Salmo*** 101,2-3.16-21 • **JUAN 8,21. 23b-30**

ORACIÓN

CRISTO, gracias a tu palabra, yo quiero ser cada vez menos de aquí abajo y más de allá arriba, menos de este mundo y más de tu mundo nuevo y tu tierra nueva. Si mi nuevo nacimiento en el Bautismo me incorporó a ti, ¿por qué me dejas que sea mundano? Quiero estar siempre contigo, como tú estás con el Padre que te envió. Creo en ti, pero aumenta mi fe.

Señor, escucha mi oración, que mi grito llegue hasta ti *(Salmo 101,2)*

SAN NICOLÁS DE FLUE

Santos Nicolás de Flue *pf er,*
Jacobo el Confesor *mr*

MARZO
21
MIÉRCOLES (FE)

Papa Francisco: Os invito a tomar, hoy, cinco minutos, diez minutos, sentados, sin radio, sin TV; sentados, y pensar en la propia historia: las bendiciones y los problemas, todos. Las gracias y los pecados: todo. Y mirar allí la fidelidad de que Dios ha sido fiel a su alianza, ha sido fiel a la promesa que había hecho a Abrahán, ha sido fiel a la salvación que había prometido a su Hijo Jesús *(6-4-2017)*.

PALABRA

Dijo Jesús a los judíos que habían creído en él: «Si permanecéis en mi palabra, seréis de verdad discípulos míos; conoceréis la verdad, y la verdad os hará libres». Le replicaron: «Somos linaje de Abrahán y nunca hemos sido esclavos de nadie. ¿Cómo dices tú: "Seréis libres"?». Jesús les contestó: «En verdad, en verdad os digo: todo el que comete pecado es esclavo. El esclavo no se queda en la casa para siempre, el hijo se queda para siempre. Y si el Hijo os hace libres, seréis realmente libres. Ya sé que sois linaje de Abrahán; sin embargo, tratáis de matarme, porque mi palabra no cala en vosotros. Yo hablo de lo que he visto junto a mi Padre, pero vosotros hacéis lo que le habéis oído a vuestro padre». Ellos replicaron: «Nuestro padre es Abrahán». Jesús les dijo: «Si fuerais hijos de Abrahán, haríais lo que hizo Abrahán. Sin embargo, tratáis de matarme a mí, que os he hablado de la verdad que le escuché a Dios, y eso no lo hizo Abrahán. Vosotros hacéis lo que hace vuestro padre». Le replicaron: «Nosotros no somos hijos de prostitución; tenemos un solo padre: Dios». Jesús les contestó: «Si Dios fuera vuestro padre, me amaríais, porque yo salí de Dios, y he venido. Pues no he venido por mi cuenta, sino que él me envió».

Daniel 3, 14-20.91-92.95; ***Salmo: Daniel*** 3, 52-56 • **JUAN 8, 31-42**

ORACIÓN

CRISTO, conocer la verdad y ser libres: dos aspiraciones de todo hombre y mujer, que hoy nos sirves tú en bandeja con una sentencia que hasta los mundanos emplean, aunque con otros sentidos: "Conoceréis la verdad, y la verdad os hará libres". En nada encuentra satisfacción nuestro entendimiento sino en la verdad, nunca en la falsedad que engaña y destruye. Solo por el camino de la verdad se llega a la libertad. No se trata de hacer lo que me dé la gana, sino de tener tal convicción y tal fortaleza –que nos vienen de lo Alto- para poder decir "sí" o "no" a las sugerencias del Mentiroso enemigo. Tú eres la Verdad. A tu lado se respira verdad y libertad.

A ti gloria y alabanza por los siglos *(Daniel 3,52).*

Santos Epafrodito *NT*, Bienvenido Scotivoli *ob*, Lea *vd*, Calínicas y Basilisa *mrs*

Papa Francisco: Jesús dice que Abrahán vio su día, vio a Jesús, se llenó de alegría. Sí: vio la promesa y se alegró de ver la plenitud de la promesa de la alianza, la alegría de ver que Dios no lo había engañado, que Dios es siempre fiel a su alianza. Lo hizo padre de una multitud de naciones. Podemos decir hoy: Yo soy una de esas estrellas. Soy un granito de arena. *(6-4-2017).*

PALABRA

Dijo Jesús a los judíos: «En verdad, en verdad os digo: quien guarda mi palabra no verá la muerte para siempre». Los judíos le dijeron: «Ahora vemos claro que estás endemoniado; Abrahán murió, los profetas también, ¿y tú dices: "Quien guarde mi palabra no conocerá la muerte para siempre"? ¿Eres tú más que nuestro padre Abrahán, que murió? También los profetas murieron, ¿por quién te tienes?». Jesús contestó: «Si yo me glorificara a mí mismo, mi gloria no valdría nada. El que me glorifica es mi Padre, de quien vosotros decís: "Es nuestro Dios", aunque no lo conocéis. Yo sí lo conozco, y si dijera: "No lo conozco" sería, como vosotros, un embustero; pero yo lo conozco y guardo su palabra. Abrahán, vuestro padre, saltaba de gozo pensando ver mi día; lo vio, y se llenó de alegría». Los judíos le dijeron: «No tienes todavía cincuenta años, ¿y has visto a Abrahán?». Jesús les dijo: «En verdad, en verdad os digo: antes de que naciera Abrahán yo soy». Ellos agarraron piedras para tirárselas, pero Jesús se escondió y salió del templo.

Génesis 17, 3-9; ***Salmo*** 104, 4-9 • **JUAN 8, 51-59**

ORACIÓN

CRISTO, es un bien inmenso que la Verdad nos haga libres. Pero no lo es menos que por la Verdad se llegue a vencer la muerte y a gozar de la eternidad gloriosa junto a ti, Camino, Verdad y Vida: "Quien guarda mi palabra no verá la muerte para siempre". Quienes no podían esperar nada nuevo de ti, ponían trabas a esa declaración de principios. Pero tu palabra es clara y firme para mi vida, aquí y más allá de la muerte. ¡Gracias, Señor!

El Señor se acuerda de su alianza eternamente *(Salmo 104,8).*

SANTO TORIBIO DE MOGROVEJO

Viernes 5° de Cuaresma

Santos Toribio de Mogrovejo *ob,* José Oriol *pb,* Rebeca de Himlaya *vg*

Abstinencia

MARZO
23
VIERNES (FE)

Papa Francisco: La vida de Jesús fue una lucha: Él vino para vencer el mal, para vencer al príncipe de este mundo, para vencer al demonio. Sintió en su vida las tentaciones y también las persecuciones. También nosotros cristianos somos tentados, somos objeto del ataque del demonio, porque el espíritu del mal no quiere nuestra santidad, no quiere el testimonio cristiano, no quiere que seamos discípulos de Jesús. La tentación del demonio tiene tres características y nosotros debemos conocerlas para no caer en la trampa. *Primero,* la tentación comienza levemente, pero crece, siempre crece; *después,* contagia a otro. Y *al final,* para tranquilizar el alma, se justifica *(11-4-2014).*

PALABRA

Los judíos agarraron piedras para apedrear a Jesús. Él les replicó: «Os he hecho ver muchas obras buenas por encargo de mi Padre: ¿por cuál de ellas me apedreáis?». Los judíos le contestaron: «No te apedreamos por una obra buena, sino por una blasfemia: porque tú, siendo un hombre, te haces Dios». Jesús les replicó: «¿No está escrito en vuestra ley: "Yo os digo: sois dioses"? Si la Escritura llama dioses a aquellos a quienes vino la palabra de Dios, y no puede fallar la Escritura, a quien el Padre consagró y envió al mundo, ¿decís vosotros: "¡Blasfemas!" Porque he dicho: "Soy Hijo de Dios"? Si no hago las obras de mi Padre, no me creáis, pero si las hago, aunque no me creáis a mí, creed a las obras, para que comprendáis y sepáis que el Padre está en mí, y yo en el Padre». Intentaron de nuevo detenerlo, pero se les escabulló de las manos. Se marchó de nuevo al otro lado del Jordán, al lugar donde antes había bautizado Juan, y se quedó allí. Muchos acudieron a él y decían: «Juan no hizo ningún signo; pero todo lo que Juan dijo de este era verdad». Y muchos creyeron en él allí.

Jeremías 20,10-13; ***Salmo*** 17,2-7 • **JUAN 10,31-42**

ORACIÓN

CRISTO, es inútil que escuchen tu palabra y acepten la Verdad quienes tienen como respuesta el insulto, y las piedras en la mano para apedrearte. Tú lo sabías, pero cumplías la misión que el Padre te confió y diste siempre testimonio de la Verdad, incluso ante quienes no lo merecían. Yo tampoco lo merezco, pero tú eres mi Amigo, y tienes paciencia conmigo. Aunque alguna vez tu palabra me resbale y la olvide, siempre quiero estar de tu parte y jamás ofrecerte resistencia. Debilidad, toda. Maldad, jamás. ¡ Aunque indigno, soy tu amigo! Y todo lo espero de ti.

En el peligro invoqué al Señor y él me escuchó. *(Salmo 17,7)*

Santa Catalina de Suecia ***vg.***
Beatos Diego José de Cádiz ***pb,***
Óscar Romero ***ob***

Papa Francisco: El mismo Pedro que confesó a Jesucristo, le dice: "Tú eres el Mesías, el Hijo de Dios vivo. Te sigo, pero no hablemos de cruz. Esto no tiene nada que ver. Te sigo de otra manera, sin cruz". Cuando caminamos sin la cruz, cuando edificamos sin la cruz y cuando confesamos un Cristo sin cruz, no somos discípulos del Señor, somos mundanos. Quisiera que todos tuviéramos el valor de caminar en presencia del Señor, con la cruz del Señor; de edificar la Iglesia sobre la Sangre del Señor, derramada en la cruz; y de confesar la única gloria: Cristo crucificado *(14-3-2013)*.

PALABRA

Muchos judíos que habían venido a casa de María, al ver lo que había hecho Jesús *[la resurrección de Lázaro]*, creyeron en él. Pero algunos acudieron a los fariseos y les contaron lo que había hecho Jesús. Los sumos sacerdotes y los fariseos convocaron el Sanedrín y dijeron: «¿Qué hacemos? Este hombre hace muchos signos. Si lo dejamos seguir, todos creerán en él, y vendrán los romanos y nos destruirán el lugar santo y la nación». Uno de ellos, Caifás, que era sumo sacerdote aquel año, les dijo: «Vosotros no entendéis ni palabra; no comprendéis que os conviene que uno muera por el pueblo, y que no perezca la nación entera». Esto no lo dijo por propio impulso, sino que, por ser sumo sacerdote aquel año, habló proféticamente, anunciando que Jesús iba a morir por la nación; y no solo por la nación, sino también para reunir a los hijos de Dios dispersos. Y aquel día decidieron darle muerte. Por eso Jesús ya no andaba públicamente entre los judíos, sino que se retiró a la región vecina al desierto, a una ciudad llamada Efraín, y pasaba allí el tiempo con los discípulos.

Ezequiel 37, 21-28; ***Salmo: Jeremías*** 31, 10-13 • **JUAN 11, 45-54**

ORACIÓN

CRISTO, tu suerte está echada, y la escucho en la portada de la Semana Santa: Aquel día decidieron *darte* muerte. Has hablado demasiado claro, has hecho demasiados milagros, demasiado bien. Esas son las razones de tu condena, aunque Caifás pretenda disfrazarla: "Os conviene que uno muera por el pueblo". Irás a la Cruz, no porque te odien los fariseos y autoridades, sino voluntariamente. Irás a la cruz porque me amas con amor eterno, porque el Padre lo quiere, y porque tú, aunque le pidas al Padre que pase de ti ese amargo cáliz, obedecerás hasta la muerte, abandonado de todos en la Cruz. ¡Te adoro, mi Señor, víctima de odios y mezquindades de tus enemigos de ayer y de hoy!

El Señor nos guardará como un pastor a su rebaño *(Jeremías 31,10).*

MARZO **25** DOMINGO

Santos Dimas (Buen Ladrón) *NT*, **Matrona** *mr*, **Margarita Clitherow** *mf mr*, **Lucía Filippini** *rl*

SEMANA SANTA

Papa Francisco: «¡Bendito el que viene en nombre del Señor!», gritaba festiva la muchedumbre de Jerusalén recibiendo a Jesús. Hemos hecho nuestro aquel entusiasmo, agitando las palmas y los ramos de olivo, hemos expresado la alabanza y el gozo, el deseo de recibir a Jesús que viene a nosotros. Sí, del mismo modo que entró en Jerusalén, desea también entrar en nuestras ciudades y en nuestras vidas. Sin embargo, la Liturgia de hoy nos enseña que el Señor no nos ha salvado con una entrada triunfal o mediante milagros poderosos. El apóstol Pablo, en la segunda lectura, sintetiza con dos verbos el recorrido de la redención: «se despojó» y «se humilló» a sí mismo. Pero esto es solamente el inicio. La humillación de Jesús llega al extremo en la Pasión: es vendido por treinta monedas y traicionado por un beso de un discípulo que él había elegido y llamado amigo. Casi todos los otros huyen y lo abandonan; Pedro lo niega tres veces en el patio del templo. Humillado en el espíritu con burlas, insultos y salivazos; sufre en el cuerpo violencias atroces, los golpes, los latigazos y la corona de espinas desfiguran su aspecto haciéndolo irreconocible. Sufre también la infamia y la condena inicua de las autoridades, religiosas y políticas: *es hecho pecado y reconocido injusto (20-3-2016).*

PROCESIÓN

PALABRA

Cuando se acercaban a Jerusalén, por Betfagé y Betania, junto al Monte de los Olivos, Jesús mandó a dos de sus discípulos, diciéndoles: «Id a la aldea de enfrente, y en cuanto entréis, encontraréis un pollino atado, que nadie ha montado todavía. Desatadlo y traedlo. Y si alguien os pregunta por qué lo hacéis, contestadle: «El Señor lo necesita, y lo devolverá pronto». Fueron y encontraron el pollino en la calle atado a una puerta; y lo soltaron. Algunos de los presentes les preguntaron: ¿Qué hacéis desatando el pollino?». Ellos les contestaron como había dicho Jesús; y se lo permitieron. Llevaron el pollino, le echaron encima los mantos, y Jesús se montó. Muchos alfombraron el camino con sus mantos, otros con ramas cortadas en el campo. Los que iban delante y detrás, gritaban: «Hosanna, bendito el que viene en nombre del Señor. Bendito el reino que llega, el de nuestro padre David. ¡Hosanna en las alturas!».

MARCOS 11, 1-10

• ***Isaías*** 50, 4-7: Mi Señor me ha dado una lengua de iniciado, para saber decir al abatido una palabra de aliento. Cada mañana me espabila el oído, para que escuche como los iniciados. El Señor Dios me ha abierto el oído; y yo no me he rebelado ni me he echado atrás. Ofrecí la espalda a los que me golpeaban, la mejilla a los que mesaban mi barba. No oculté el rostro a insultos y salivazos. Mi Señor me ayudaba, por eso no quedaba confundido; por eso ofrecí el rostro como pedernal, y sé que no quedaré avergonzado.

• *Salmo* 21: ***Dios mío, Dios mío, ¿por qué me has abandonado?***

• ***Filipenses*** 2,6-11: Cristo, siendo de condición divina, no retuvo ávidamente el ser igual a Dios; al contrario, se despojó de sí mismo tomando la condición de esclavo, hecho semejante a los hombres. Y así, reconocido como hombre por su presencia, se humilló, hecho obediente hasta la muerte, y una muerte de cruz. Por eso Dios lo exaltó sobre todo y le concedió el Nombre-sobre-todo-nombre; de modo que al nombre de Jesús toda rodilla se doble en el cielo, en la tierra, en el abismo, y toda lengua proclame: Jesucristo es Señor, para gloria de Dios Padre.

• **MARCOS 15, 1-39:** Apenas se hizo de día, los sumos sacerdotes, con los ancianos, los escribas y el Sanedrín en pleno, hicieron una reunión. Llevaron atado a Jesús y lo entregaron a Pilato. Pilato le preguntó: «¿Eres tú el rey de los judíos?». Él respondió: «Tú lo dices». Y los sumos sacerdotes lo acusaban de muchas cosas. Pilato le preguntó de nuevo: «¿No contestas nada? Mira de cuántas cosas te acusan». Jesús no contestó más; de modo que Pilato estaba extrañado. Por la fiesta solía soltarse un preso, el que le pidieran. Estaba en la cárcel un tal Barrabás, con los rebeldes que habían cometido un homicidio en la revuelta. La muchedumbre que se había reunido comenzó a pedirle lo que era de costumbre. Pilato les contestó: «¿Queréis que os suelte al rey de los judíos?». Pues sabía que los sumos sacerdotes se lo habían entregado por envidia. Pero los sumos sacerdotes soliviantaron a la gente para que pidieran la libertad de Barrabás. Pilato tomó de nuevo la palabra y les preguntó: «¿Qué hago con el que llamáis rey de los judíos?». Ellos gritaron de nuevo: «¡Crucifícalo!». Pilato les dijo: «Pues ¿qué mal ha hecho?». Ellos gritaron más fuerte: «¡Crucifícalo!». Y Pilato, queriendo complacer a la gente, les soltó a Barrabás; y a Jesús, después de azotarlo, lo entregó para que lo crucificaran. Los soldados se lo llevaron al interior del palacio –al pretorio– y convocaron a toda la compañía. Lo visten de púrpura, le ponen una corona de espinas, que habían trenzado, y comenzaron a hacerle el saludo: «¡Salve, rey de los judíos!». Le golpearon la cabeza con una caña, le escupieron; y, doblando las rodillas, se postraban ante él. Terminada la burla, le quitaron la púrpura y le pusieron su ropa. Y lo sacaron para crucificarlo. Pasaba uno que volvía del campo, Simón de Cirene, el padre de Alejandro y de Rufo; y lo obligan a llevar la cruz. Y conducen a Jesús al Gólgota (que quiere decir lugar de «la Calavera»), y le ofrecían vino con mirra; pero él no lo aceptó. Lo crucifican y se reparten sus ropas, echándolas a suerte, para ver lo que se llevaba cada uno. Era la hora tercia cuando lo crucificaron. En el letrero de la acusación estaba escrito: «El rey de los judíos». Crucificaron con él a dos bandidos, uno a su derecha y otro a su izquierda. Los que pasaban lo injuriaban, meneando la cabeza y diciendo: «Tú que destruyes el templo y lo reconstruyes en tres días, sálvate a ti mismo bajando de la cruz». De igual modo, también los sumos sacerdotes comentaban entre ellos, burlándose: «A otros ha salvado, y a sí mismo no se puede salvar. Que el Mesías, el rey de Israel, baje ahora de la cruz, para que lo veamos y creamos». También los otros crucificados lo insultaban. Al llegar la hora sexta, toda la región quedó en tinieblas hasta la hora nona. Y, a la hora nona, Jesús clamó con voz potente: *Eloí, Eloí, lemá sabactaní* (que significa: «Dios mío, Dios mío, ¿por qué me has abandonado?». Algunos de los presentes, al oírlo, decían: «Mira, llama a Elías». Y uno echó a correr y, empapando una esponja en vinagre, la sujetó a una caña, y le daba de beber, diciendo: «Dejad, a ver si viene Elías a bajarlo». Y Jesús, dando un fuerte grito, expiró. El velo del templo se rasgó en dos, de arriba abajo. El centurión, que estaba enfrente, al ver cómo había expirado, dijo: «Realmente este hombre era Hijo de Dios».

[El texto extenso, con todo el relato de la Pasión es: Marcos 14,1 - 15,47]

ORACIÓN

CRISTO JESÚS comienzan los misterios. Y entre los misterios, el gran misterio de la sinrazón de la masa, que hoy te vitorea como rey y el viernes pedirá a gritos tu muerte. Pero el misterio principal es tu obediencia hasta la muerte, tu aceptación de ser un rey crucificado por el amor infinito que me tienes. Al pensar en las gentes que te aclaman hoy, quiero estar entre ellas, pero no seguirlas el viernes pidiendo tu crucifixión ante Pilato. Te doy gracias de corazón y te adoro como mi único Señor y Dios: esta Semana Santa te acompañaré en el Cenáculo, Getsemaní y el Calvario, y contigo espero celebrar tu triunfo sobre el pecado y la muerte, con tu gloriosa Resurrección.

MARZO
26
LUNES (FE)

LUNES SANTO

Santos Braulio *ob*, Cástulo *mr*, Manuel, Sabino, Cuadrado y Teodosio *mrs*

SAN BRAULIO DE ZARAGOZA

Papa Francisco: Jesús viene a salvarnos; y nosotros estamos llamados a elegir su camino: el camino del servicio, de la donación, del olvido de uno mismo. Podemos encaminarnos por este camino deteniéndonos durante estos días a mirar el Crucifijo: es la "cátedra de Dios". Os invito en esta semana a mirar a menudo esta "cátedra de Dios", para aprender el amor humilde, que salva y da la vida, para renunciar al egoísmo, a la búsqueda del poder y de la fama. Con su humillación, Jesús nos invita a caminar por su camino. Volvamos a él la mirada, pidamos la gracia de entender al menos un poco de este misterio de su anonadamiento por nosotros; y así, en silencio, contemplemos el misterio de esta semana *(20-3-2016)*.

PALABRA

Seis días antes de la Pascua, fue Jesús a Betania, donde vivía Lázaro, a quien había resucitado de entre los muertos. Allí le ofrecieron una cena; Marta servía, y Lázaro era uno de los que estaban con él a la mesa. María tomó una libra de perfume de nardo, auténtico y costoso, le ungió los pies y se los enjugó con su cabellera. Y la casa se llenó de la fragancia del perfume. Judas Iscariote, uno de sus discípulos, el que lo iba a entregar, dice: «¿Por qué no se ha vendido este perfume por trescientos denarios para dárselos a los pobres?». Esto lo dijo, no porque le importasen los pobres, sino porque era un ladrón; y como tenía la bolsa se llevaba de lo que iban echando. Jesús dijo: «Déjala; lo tenía guardado para el día de mi sepultura; porque a los pobres los tenéis siempre con vosotros, pero a mí no siempre me tenéis». Una muchedumbre de judíos se enteró de que estaba allí y fueron no solo por Jesús, sino también para ver a Lázaro, al que había resucitado de entre los muertos. Los sumos sacerdotes decidieron matar también a Lázaro, porque muchos judíos, por su causa, se les iban y creían en Jesús.

Isaías 42, 1-7; ***Salmo*** 26, 1-3.13-14 • **JUAN 12, 1-11**

ORACIÓN

CRISTO JESÚS, con la celebración del Domingo de Ramos, he comenzado a estar más cerca de ti en esta Semana Santa. Quiero que sea santa de verdad, junto al Santo de los Santos, que te entregarás a la pasión y la muerte en Cruz por mí. Quisiera hacerlo con el amor apasionado de María, hermana de Lázaro. Y no escatimar esfuerzos ni gastos cuando se trata de honrarte. Ella, con la fragancia del perfume. Yo, con mi compañía, mi oración cerca de ti, mi valoración de la amistad que me une a ti, mi respuesta de amor generoso y fiel al amor inmenso que me demuestras.

El Señor es mi luz y mi salvación *(Salmo 26,1)*.

San Ruperto *ob.* Beato Francisco Faà de Bruno *pb*

Papa Francisco: Asistiremos a la traición de Judas, uno de los Doce, que lo venderá por treinta monedas. Veremos al Señor apresado y tratado como un malhechor; abandonado por sus discípulos; llevado ante el Sanedrín, condenado a muerte, azotado y ultrajado. Escucharemos cómo Pedro, la «roca» de los discípulos, lo negará tres veces. Oiremos los gritos de la muchedumbre, soliviantada por los jefes, pidiendo que Barrabás quede libre y que a él lo crucifiquen. Veremos cómo los soldados se burlarán de él, vestido con un manto color púrpura y coronado de espinas. Y después, a lo largo de la vía dolorosa y a los pies de la cruz, sentiremos los insultos de la gente y de los jefes, que se ríen de su condición de Rey e Hijo de Dios. Esta es la vía de Dios, el camino de la humildad. Es el camino de Jesús, no hay otro *(29-3-2015)*.

PALABRA

Estando Jesús a la mesa con sus discípulos, se turbó en su espíritu y dio testimonio diciendo: «En verdad, en verdad os digo: uno de vosotros me va a entregar». Los discípulos se miraron unos a otros perplejos, por no saber de quién lo decía. Uno de ellos, el que Jesús amaba, estaba reclinado a la mesa en el seno de Jesús. Simón Pedro le hizo señas para que averiguase por quién lo decía. Entonces él, apoyándose en el pecho de Jesús, le preguntó: «Señor, ¿quién es?». Le contestó Jesús: «Aquel a quien yo le dé este trozo de pan untado». Y, untando el pan, se lo dio a Judas, hijo de Simón el Iscariote. Detrás del pan, entró en él Satanás. Entonces Jesús le dijo: «Lo que vas a hacer, hazlo pronto». Ninguno de los comensales entendió a qué se refería. Como Judas guardaba la bolsa, algunos suponían que Jesús le encargaba comprar lo necesario para la fiesta o dar algo a los pobres. Judas, después de tomar el pan, salió inmediatamente. Era de noche. Cuando salió, dijo Jesús: "Donde yo voy, no podéis ir vosotros"». Simón Pedro le dijo: «Señor, ¿adónde vas?». Jesús le respondió: «Adonde yo voy no me puedes seguir ahora, me seguirás más tarde». Pedro replicó: «Señor, ¿por qué no puedo seguirte ahora? Daré mi vida por ti». Jesús le contestó: «¿Conque darás tu vida por mí? En verdad en verdad te digo: no cantará el gallo antes de que me hayas negado tres veces».

Isaías **49, 1-6;** ***Salmo*** **70, 1-6.15.17 • JUAN 13, 21-31a. 36-38**

ORACIÓN

CRISTO JESÚS, no podían sospechar los apóstoles que la puesta en escena de tu trágico drama comenzaría por la traición de Judas. Yo quiero sentir lo que Pedro sintió, aunque luego demostró su debilidad: *Daré mi vida por ti.* Continúan los misterios, quiero estar más cerca de ti: ¿me aceptas al lado de María y de Juan?

Mi boca contará tu salvación, Señor *(Salmo 70,15).*

MARZO

28

MIÉRCOLES (FE)

MIÉRCOLES SANTO

Santos Esteban Harding *ab*, **Cástor** *mr*, **Gúntram** *re*

SAN ESTEBAN HARDING

Papa Francisco: «¿Cuánto me dais si yo os lo entrego?». Con esta traición, comienza el camino de la humillación, del despojamiento de Jesús. Como si estuviese en el mercado: esto cuesta treinta denarios... Una vez iniciada la senda de la humillación y del despojamiento, Jesús la recorre hasta el final. Jesús alcanza la completa humillación con la muerte de cruz. Se trata de la peor muerte, la que se reservaba a los esclavos y a los delincuentes. Jesús era considerado un profeta, pero muere como un delincuente. Contemplando a Jesús en su pasión, vemos como en un espejo los sufrimientos de la humanidad y encontramos la respuesta divina al misterio del mal, del dolor, de la muerte. Esta semana nos hará bien a todos nosotros mirar el crucifijo, besar las llagas de Jesús, besarlas en el crucifijo. Él cargó sobre sí todo el sufrimiento humano, se revistió con este sufrimiento. Esta semana pensemos mucho en el dolor de Jesús y digámonos a nosotros mismos: esto es por mí. Incluso si yo hubiese sido la única persona en el mundo, Él lo habría hecho. Lo hizo por mí. Besemos el crucifijo y digamos: por mí, gracias Jesús, por mí *(16-4-2014)*.

PALABRA

Uno de los Doce, llamado Judas Iscariote, fue a los sumos sacerdotes y les propuso: «¿Qué estáis dispuestos a darme, si os lo entrego?». Ellos se ajustaron con él en treinta monedas de plata. Y desde entonces andaba buscando ocasión propicia para entregarlo. El primer día de los Ácimos se acercaron los discípulos a Jesús y le preguntaron: «¿Dónde quieres que te preparemos la cena de Pascua?». Él contestó: «Id a la ciudad, a casa de quien vosotros sabéis, y decidle: "El Maestro dice: mi hora está cerca; voy a celebrar la Pascua en tu casa con mis discípulos"». Los discípulos cumplieron las instrucciones de Jesús y prepararon la Pascua. Al atardecer se puso a la mesa con los Doce. Mientras comían dijo: «En verdad os digo que uno de vosotros me va a entregar». Ellos, muy entristecidos, se pusieron a preguntarle uno tras otro: «¿Soy yo acaso, Señor?». Él respondió: «El que ha metido conmigo la mano en la fuente, ese me va a entregar. El Hijo del hombre se va como está escrito de él; pero, ¡ay de aquel por quien el Hijo del hombre es entregado!; ¡más le valdría a ese hombre no haber nacido!». Entonces preguntó Judas, el que lo iba a entregar: «¿Soy yo acaso, Maestro?». Él respondió: «Tú lo has dicho».

Isaías 50,4-9a; ***Salmo*** 68,8-10.21-22.31-34 • **MATEO 26,14-25**

ORACIÓN

CRISTO JESÚS, el traidor queda al descubierto, pero su resolución está tomada, es esclavo de su pasión y camina a ciegas. Es de noche. ¡Que jamás me deje arrastrar por la ceguera de la tentación y por la desesperación después de pecar! Yo confío en ti.

SANTO TRIDUO PASCUAL
Desde la tarde del Jueves hasta todo el Domingo de Pascua

MARZO
29
JUEVES

JUEVES SANTO DE LA CENA DEL SEÑOR

Santos Eustasio *ob*, Guillermo Tempier *ob*, Ludolfo *ob*

Papa Francisco: Este jueves, Jesús estaba a la mesa con los discípulos, celebrando la fiesta de la Pascua. Y el Evangelio contiene una frase que es precisamente el centro de lo que hizo Jesús por todos nosotros: «Habiendo amado a los suyos que estaban en el mundo, los amó hasta el extremo». Jesús nos amó. Jesús nos ama. El amor de Jesús por nosotros no tiene límites: cada vez más, cada vez más. No se cansa de amar. A ninguno. Nos ama a todos nosotros, hasta el punto de dar la vida por nosotros. Sí, dar la vida por todos nosotros; sí, dar la vida por cada uno de nosotros. Y cada uno puede decir: «Dio la vida por mí». Por cada uno. Ha dado la vida por ti, por mí, por él... por cada uno, con nombre y apellido. Su amor es así: personal. El amor de Jesús nunca defrauda, porque Él no se cansa de amar, como no se cansa de perdonar, no se cansa de abrazarnos. Jesús nos amó, a cada uno de nosotros, hasta el extremo *(2-4-2015)*.

PALABRA

- ***Éxodo*** 12, 1-8.11-14: Prescripciones sobre la cena pascual.
- ***Salmo*** 115, 12-18: ***El cáliz de la bendición es comunión con la sangre de Cristo.***
- ***1Corintios*** 11, 23-26: Cuando coméis y bebéis, proclamáis la muerte del Señor.

• **JUAN 13, 1-15:** Antes de la fiesta de la Pascua, sabiendo Jesús que había llegado su hora de pasar de este mundo al Padre, habiendo amado a los suyos que estaban en el mundo, los amó hasta el extremo. Estaban cenando, ya el diablo había suscitado en el corazón de Judas, hijo de Simón Iscariote, la intención de entregarlo; y Jesús, sabiendo que el Padre había puesto todo en sus manos, que venía de Dios y a Dios volvía, se levanta de la cena, se quita el manto y, tomando una toalla, se la ciñe; luego echa agua en la jofaina y se pone a lavarles los pies a los discípulos, secándolos con la toalla que se había ceñido. Llegó a Simón Pedro, y este le dijo: «Señor, ¿lavarme los pies tú a mí?». Jesús le replicó: «Lo que yo hago tú no lo entiendes ahora, pero lo comprenderás más tarde». Pedro le dice: «No me lavarás los pies jamás». Jesús le contestó: «Si no te lavo, no tienes parte conmigo». Simón Pedro le dice: «Señor, no solo los pies, sino también las manos y la cabeza». Jesús le dice: «Uno que se ha bañado no necesita lavarse más que los pies, porque todo él está limpio. También vosotros estáis limpios, aunque no todos». Porque sabía quién lo iba a entregar, por eso dijo: «No todos estáis limpios». Cuando acabó de lavarles los pies, tomó el manto, se lo puso otra vez y les dijo: «¿Comprendéis lo que he hecho con vosotros? Vosotros me llamáis "el Maestro" y "el Señor", y decís bien, porque lo soy. Pues si yo, el Maestro y el Señor, os he lavado los pies, también vosotros debéis lavaros los pies unos a otros; os he dado ejemplo para que lo que yo he hecho con vosotros, vosotros también lo hagáis».

ORACIÓN

CRISTO JESÚS, en este primer día del Triduo Pascual, junto al ejemplo que nos das de infinito amor y profunda humildad, lavando los pies sucios de tus apóstoles, les sorprendiste y nos sorprendes con tres regalos que te agradezco desde lo más hondo de mi corazón: ***el mandamiento nuevo del amor fraterno, el sacramento de la Eucaristía, y el Sacramento del sacerdocio.*** Son elementos sustanciales en la vida cristiana, ante los que solo me sale una palabra: ¡GRACIAS! Hoy te pido para mí y para todos los sacerdotes la fidelidad a tu amistad y la disponibilidad a servir a los hermanos en el sacramento de la reconciliación. Y para todos los cristianos, un amor apasionado a la Eucaristía y a recibir tu perdón sacramental, y una disposición al amor a los demás como tú nos amas, hasta la muerte en Cruz.

SANTO TRIDUO PASCUAL

VIERNES SANTO DE LA PASIÓN DEL SEÑOR

Colecta por los Santos Lugares

Santos Juan Clímaco *ab*, Antonio Daveluy *ob mr*, Leonardo Murialdo *pb*, Julio Álvarez *pb mr*, Zósimo *ob*

Ayuno y Abstinencia

MARZO
30
VIERNES

Papa Francisco: El gentío, que apenas unos días antes aclamaba a Jesús, transforma las alabanzas en un grito de acusación, prefiriendo incluso que en lugar de Jesús fuera liberado un homicida. Llega de este modo a la muerte en cruz, dolorosa e infamante, reservada a los traidores, a los esclavos y a los peores criminales. La soledad, la difamación y el dolor no son todavía la culminación del anonadamiento de Jesús. Para ser en todo solidario con nosotros, experimenta también en la cruz el misterioso abandono del Padre. Sin embargo, en el abandono, ora y confía: «Padre, a tus manos encomiendo mi espíritu». Suspendido en el patíbulo, además del escarnio, afronta la última tentación: la provocación a bajar de la cruz, a vencer el mal con la fuerza, y a mostrar el rostro de Dios potente e invencible. Jesús, en cambio, precisamente aquí, en el culmen del anonadamiento, revela el rostro auténtico de Dios, que es misericordia. Perdona a sus verdugos, abre las puertas del paraíso al ladrón arrepentido y toca el corazón del centurión. Si el misterio del mal es abismal, infinita es la realidad del Amor que lo ha atravesado, llegando hasta el sepulcro y los infiernos, asumiendo todo nuestro dolor para redimirlo, llevando luz donde hay tinieblas, vida donde hay muerte, amor donde hay odio. Jesús se ha humillado por nosotros, viene a salvarnos; y nosotros estamos llamados a elegir su camino: el camino del servicio, de la donación, del olvido de uno mismo. Os invito este día a mirar a menudo esta "cátedra de Dios", para aprender el amor humilde, que salva y da la vida, para renunciar al egoísmo, a la búsqueda del poder y de la fama. Dirijamos a Él nuestra mirada, pidamos la gracia de entender al menos un poco de este misterio de su anonadamiento por nosotros. Y, así, en silencio, contemplemos el Misterio *(20-3-2016)*.

PALABRA

- ***Isaías*** 52,13 - 53,12: Fue traspasado por nuestras rebeliones.
- ***Salmo*** 30, 2.6.12-17.25: ***Padre, a tus manos encomiendo mi espíritu.***
- ***Hebreos*** 4, 14-16; 5, 7-9: A pesar de ser Hijo, aprendió, sufriendo, a obedecer.

JUAN 18, 1 - 19, 42: PASIÓN DE NUESTRO SEÑOR JESUCRISTO SEGÚN SAN JUAN.

Salió Jesús con sus discípulos al otro lado del torrente Cedrón, donde había un huerto, y entraron allí él y sus discípulos. Judas, el que lo iba a entregar, conocía también el sitio, porque Jesús se reunía a menudo allí con sus discípulos. Judas entonces, tomando una cohorte y unos guardias de los sumos sacerdotes y de los fariseos, entró allá con faroles, antorchas y armas. Jesús, sabiendo todo lo que venía sobre él, se adelantó y les dijo: «¿A quién buscáis?». Le contestaron: «A Jesús, el Nazareno». Les dijo Jesús: «Yo soy». Estaba también con ellos Judas, el que lo iba a entregar. Al decirles: «Yo soy», retrocedieron y cayeron a tierra. Les preguntó otra vez: «¿A quién buscáis?». Ellos dijeron: «A Jesús, el Nazareno». Jesús contestó: «Os he dicho que soy yo. Si me buscáis a mí, dejad marchar a estos». Y así se cumplió lo que había dicho: «No he perdido a ninguno de los que me diste». Entonces Simón Pedro, que llevaba una espada, la sacó e hirió al criado del sumo sacerdote, cortándole la oreja derecha. Este criado se llamaba Malco. Dijo entonces Jesús a Pedro: «Mete la espada en la vaina. El cáliz que me ha dado mi Padre, ¿no lo voy a beber?».

Llevaron a Jesús ante Anás y Caifás. Negaciones de Pedro

La cohorte, el tribuno y los guardias de los judíos prendieron a Jesús, lo ataron y lo llevaron primero a Anás, porque era suegro de Caifás, sumo sacerdote aquel año; Caifás era el que había dado a los judíos este consejo: «Conviene que muera un solo hombre por el pueblo».

Simón Pedro y otro discípulo seguían a Jesús. Este discípulo era conocido del sumo sacerdote y entró con Jesús en el palacio del sumo sacerdote, mientras Pedro se quedó fuera a la puerta. Salió el otro discípulo, el conocido del sumo sacerdote, habló a la portera e hizo entrar a Pedro. La criada portera dijo entonces a Pedro: «¿No eres tú también de los discípulos de ese hombre?». Él dijo: «No lo soy». Los criados y los guardias habían encendido un brasero, porque hacía frío, y se calentaban. También Pedro estaba con ellos de pie, calentándose. El sumo sacerdote interrogó a Jesús acerca de sus discípulos y de la doctrina. Jesús le contestó: «Yo he hablado abiertamente al mundo; yo he enseñado continuamente en la sinagoga y en el templo, donde se reúnen todos los judíos, y no he dicho nada a escondidas. ¿Por qué me preguntas a mí? Pregunta a los que me han oído de qué les he hablado. Ellos saben lo que yo he dicho». Apenas dijo esto, uno de los guardias que estaba allí le dio una bofetada a Jesús, diciendo: «¿Así contestas al sumo sacerdote?». Jesús respondió: «Si he faltado al hablar, muestra en qué he faltado; pero si he hablado como se debe, ¿por qué me pegas?». Entonces Anás lo envió atado a Caifás, sumo sacerdote. Simón Pedro estaba de pie, calentándose, y le dijeron: «¿No eres tú también de sus discípulos?». Él lo negó, diciendo: «No lo soy». Uno de los criados del sumo sacerdote, pariente de aquel a quien Pedro le cortó la oreja, le dijo: «¿No te he visto yo en el huerto con él?». Pedro volvió a negar, y enseguida cantó un gallo.

Mi reino no es de este mundo

Llevaron a Jesús de casa de Caifás al pretorio. Era el amanecer, y ellos no entraron en el pretorio para no incurrir en impureza y poder así comer la Pascua. Salió Pilato afuera, adonde estaban ellos, y dijo: «¿Qué acusación presentáis contra este hombre?». Le contestaron: «Si este no fuera un malhechor, no te lo entregaríamos». Pilato les dijo: «Lleváoslo vosotros y juzgadlo según vuestra ley». Los judíos le dijeron: «No estamos autorizados para dar muerte a nadie». Y así se cumplió lo que había dicho Jesús, indicando de qué muerte iba a morir. Entró otra vez Pilato en el pretorio, llamó a Jesús y le dijo: «¿Eres tú el rey de los judíos?». Jesús le contestó: «¿Dices eso por tu cuenta o te lo han dicho otros de mí?». Pilato replicó: «¿Acaso soy yo judío? Tu gente y los sumos sacerdotes te han entregado a mí; ¿qué has hecho?». Jesús le contestó: «Mi reino no es de este mundo. Si mi reino fuera de este mundo, mi guardia habría luchado para que no cayera en manos de los judíos. Pero mi reino no es de aquí». Pilato le dijo: «Entonces, ¿tú eres rey?». Jesús le contestó: «Tú lo dices: soy rey. Yo para esto he nacido y para esto he venido al mundo: para dar testimonio de la verdad. Todo el que es de la verdad escucha mi voz». Pilato le dijo: «Y, ¿qué es la verdad?». Dicho esto, salió otra vez adonde estaban los judíos y les dijo: «Yo no encuentro en él ninguna culpa. Es costumbre entre vosotros que por Pascua ponga a uno en libertad. ¿Queréis que os suelte al rey de los judíos?». Volvieron a gritar: «A ese no, a Barrabás». El tal Barrabás era un bandido.

¡Salve, rey de los judíos! ¡Crucifícalo!

Entonces Pilato tomó a Jesús y lo mandó azotar. Y los soldados trenzaron una corona de espinas, se la pusieron en la cabeza y le echaron por encima un manto color púrpura; y, acercándose a él, le decían: «¡Salve, rey de los judíos!». Y le daban bofetadas. Pilato salió otra vez afuera y les dijo: «Mirad, os lo saco afuera, para que sepáis que no encuentro en él ninguna culpa». Y salió Jesús afuera, llevando la corona de espinas y el manto color púrpura Pilatos les dijo: «He aquí al hombre». Cuando lo vieron los sumos sacerdotes y los guardias, gritaron: «¡Crucifícalo, crucifícalo!». Pilato les dijo: «Lleváoslo vosotros y crucificadlo, porque yo no encuentro culpa en él». Los judíos le contestaron: «Nosotros tenemos una ley, y según esa ley tiene que morir, porque se ha hecho Hijo de Dios». Cuando Pilato oyó estas palabras, se asustó aún más. Entró otra vez en el pretorio y dijo a Jesús: «¿De dónde eres tú?». Pero Jesús no le dio respuesta. Y Pilato le dijo: «¿A mí no me hablas? ¿No sabes que tengo autoridad para soltarte y autoridad para crucificarte?». Jesús le contestó: «No tendrías ninguna autoridad sobre mí, si no te la hubieran dado de lo alto. Por eso el que me ha entregado a ti tiene un pecado mayor». Desde este momento Pilato trataba de soltarlo, pero los judíos gritaban: «Si sueltas a ese, no eres amigo del César. Todo el que se hace rey está contra el César». Pilato entonces, al oír estas palabras, sacó afuera a Jesús y lo sentó en el tribunal, en el sitio que llaman «el Enlosado» (en hebreo Gábbata). Era el día de la Preparación de la Pascua, hacia el mediodía. Y dijo Pilato a los judíos: «He aquí a vuestro rey». Ellos gritaron: «¡Fuera, fuera; crucifícalo!». Pilato les dijo: «¿A vuestro rey voy a crucificar?». Contestaron los sumos sacerdotes: «No tenemos más rey que al César». Entonces se lo entregó para que lo crucificaran.

Crucifixión. Ahí tienes a tu madre. "Entregó el espíritu"

Tomaron a Jesús, y, cargando él mismo con la cruz, salió al sitio llamado «de la Calavera» (que en hebreo se dice "Gólgota"), donde lo crucificaron; y con él a otros dos, uno a cada lado, y en medio, Jesús. Y Pilato escribió un letrero y lo puso encima de la cruz; en él estaba escrito: «Jesús, el Nazareno, el rey de los judíos». Leyeron el letrero muchos judíos, porque estaba cerca el lugar donde crucificaron a Jesús, y estaba escrito en hebreo, latín y griego. Entonces los sumos sacerdotes de los judíos dijeron a Pilato: «No escribas: "El rey de los judíos", sino: "Este ha dicho: soy el rey de los judíos"». Pilato les contestó: «Lo escrito, escrito está». Los soldados cuando crucificaron a Jesús, tomaron su ropa, haciendo cuatro partes, una para cada soldado, y apartaron la túnica. Era una túnica sin costura, tejida toda de una pieza de arriba abajo. Y se dijeron: «No la rasguemos, sino echémosla a suerte, a ver a quién le toca». Así se cumplió la Escritura: «Se repartieron mis ropas y echaron a suerte mi túnica». Esto hicieron los soldados. Junto a la cruz de Jesús estaba su madre, la hermana de su madre, María, la de Cleofás, y María, la Magdalena. Jesús, al ver a su madre y junto a ella al discípulo que amaba, dijo a su madre: «Mujer, ahí tienes a tu hijo». Luego, dijo al discípulo: «Ahí tienes a tu madre». Y desde aquella hora, el discípulo la recibió como algo propio. Después de esto, sabiendo Jesús que ya todo estaba cumplido, para que se cumpliera la Escritura dijo: «Tengo sed». Había allí un jarro lleno de vinagre. Y, sujetando una esponja empapada en vinagre a una caña de hisopo, se la acercaron a la boca. Jesús, cuando tomó el vinagre, dijo: «Está cumplido». E, inclinando la cabeza, entregó el espíritu.

Y al punto salió sangre y agua. Sepultura

Los judíos entonces, como era el día de la Preparación, para que no se quedaran los cuerpos en la cruz el sábado, porque aquel sábado era un día grande, pidieron a Pilato que les quebraran las piernas y que los quitaran. Fueron los soldados, le quebraron las piernas al primero y luego al otro que habían crucificado con él; pero al llegar a Jesús, viendo que ya había muerto, no le quebraron las piernas, sino que uno de los soldados, con la lanza, le traspasó el costado, y al punto salió sangre y agua. El que lo vio da testimonio, y su testimonio es verdadero, y él sabe que dice verdad, para que también vosotros creáis. Esto ocurrió para que se cumpliera la Escritura: «No le quebrarán un hueso»; y en otro lugar la Escritura dice: «Mirarán al que traspasaron». Después de esto, José de Arimatea, que era discípulo de Jesús, aunque oculto por miedo a los judíos, pidió a Pilato que le dejara llevarse el cuerpo de Jesús. Y Pilato lo autorizó. Él fue entonces y se llevó el cuerpo. Llegó también Nicodemo, el que había ido a verlo de noche, y trajo unas cien libras de una mixtura de mirra y áloe. Tomaron el cuerpo de Jesús y lo envolvieron en los lienzos con los aromas, según se acostumbra a enterrar entre los judíos. Había un huerto en el sitio donde lo crucificaron, y en el huerto un sepulcro nuevo donde nadie había sido enterrado todavía. Y como para los judíos era el día de la Preparación, y el sepulcro estaba cerca, pusieron allí a Jesús.

ORACIÓN

CRISTO JESÚS, cuando leo o escucho el relato de tu pasión, quedo profundamente emocionado: fuimos -y somos- demasiado crueles con quien solo hiciste el bien a tu paso por este mundo. Pero hay algo aún más fuerte que el relato evangélico de los acontecimientos: tus sentimientos en aquellas atroces y salvíficas horas de tu Pasión y Muerte. Pienso en tu tristeza al descubrir la vil traición de Judas, que vio tantos milagros divinos y te vendió como un esclavo. Me conmueves en Getsemaní, cuando pides a tus tres principales la limosna de la compañía en tu oración, y responden con el sueño. Te quedas solo, y aún más cuando "todos te abandonaron y huyeron": ¿no te sentiste profundamente fracasado? Si así responden los Doce, vendiéndote uno, negándote otro y abandonándote todos, ¿qué será de los miles que te escucharon, comieron el buen pan que multiplicaste o fueron curados? Luego, las humillaciones ante los desprecios de Anás, Caifás y Pilato, y el pueblo, tu pueblo, que prefiere la liberación del bandido Barrabás y pide la crucifixión para ti. Me llena de confusión cuando pienso en tus sentimientos al quedar despojado de tus vestiduras, desnudo ante tu Madre y la muchedumbre. Y los horrorosos tormentos de la flagelación y la crucifixión. Tus siete Palabras en la Cruz expresan tus mejores sentimientos (ante María y Juan, el Buen Ladrón), tu sed, tu perdón, tu entrega al Padre que parece ausente: *Dios mío, ¿por qué me has abandonado? Hasta que todo quedó consumado y entregaste tu espíritu a las manos del Padre…* Has vencido al pecado y a la muerte. ¡Gracias, mi Dios y mi Señor!

MARZO

31

SÁBADO

SANTO TRIDUO PASCUAL

SÁBADO SANTO DE LA SEPULTURA DEL SEÑOR

Santos Benjamín *di mr,* Balbina *mr,* Guido *ab*

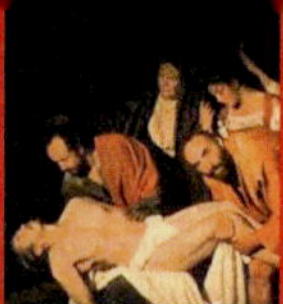

SEPULTURA DEL SEÑOR

Papa Francisco: Cuando llegó la «hora» de Jesús, esto es, la hora de la pasión, la fe de María fue entonces la lamparilla encendida en la noche, esa lamparilla en plena noche. María veló durante la noche del sábado santo. Su llama, pequeña pero clara, estuvo encendida hasta el alba de la Resurrección; y cuando le llegó la noticia de que el Sepulcro estaba vacío, su corazón quedó henchido de la alegría de la fe, la fe cristiana en la muerte y resurrección de Jesucristo. Porque la fe siempre nos lleva a la alegría, y ella es la Madre de la alegría *(12-10-2013).*

ORACIÓN

CRISTO JESÚS, ¿todo se ha cumplido? No. Jamás la muerte tiene la última palabra. Y, menos tu Muerte, que asestó el golpe mortal a la muerte que el hombre merecía por su pecado, también derrotado en el Calvario. Tú has cumplido todo lo que el Padre te había programado. Pero ese programa solo ha llegado al final de su primera parte. Dentro de unas horas irrumpirá la Vida y la Luz: tú ya habías previsto la primera parte que has cumplido y la segunda que el Padre realizará. En estas horas de espera y de esperanza, nos queda tu Madre, la mujer de fe, de amor y de esperanza. Hay otras buenas mujeres que compran aromas para honrar tu cuerpo, y en cuanto lo permita la ley mosaica irán al sepulcro. Tú, Madre, permaneces en casa con el apóstol Juan, tu nuevo hijo adoptivo que nos representa a todos. Allí esperas confiada en que se cumplirá la palabra de Jesús, que seguramente te ofrecerá las primicias de su victoria con su primera aparición Resucitado. Mientras, me quedo a tu lado, admirando la firmeza de tu fe, por encima de tantas calamidades que han caído sobre ti, mártir revivida del Calvario: ha sido ***la obra de los hombres,*** que culmina con la estampa de la Piedad, con tu Hijo muerto sobre tus brazos antes de ser sepultado. ¡Pero tú esperas segura ***la obra de Dios,*** anunciada por tu Hijo: *Al tercer día resucitaré!*

Las mujeres fueron al sepulcro llevando los aromas. Los hombres vestidos de blanco les dijeron: "¿Por qué buscáis entre los muertos al que vive?. No está aquí. HA RESUCITADO".

(Lucas 24, 1.5)

ABRIL
1
DOMINGO

SANTO TRIDUO PASCUAL

Santos María Egipcíaca *er*, Nuño Alvares *rl*, Celso *ob*, Hugo *ob*, Venancio *ob mr*. Beatos Juan Bretton *pf mr*, José Girotti *pb mr*

SANTA MARÍA EGIPCIACA

DOMINGO DE PASCUA DE LA RESURRECCIÓN DEL SEÑOR

Papa Francisco: "¿Por qué buscáis entre los muertos al que vive?". Al igual que Pedro y las mujeres, tampoco nosotros encontraremos la vida si permanecemos tristes y sin esperanza y encerrados en nosotros mismos. Abramos al Señor nuestros sepulcros sellados -cada uno de nosotros los conoce-, para que Jesús entre y los llene de vida; llevémosle las piedras del rencor y las losas del pasado, las rocas pesadas de las debilidades y de las caídas. Él desea venir y tomarnos de la mano, para sacarnos de la angustia. Pero la primera piedra que debemos remover es esta: la falta de esperanza que nos encierra en nosotros mismos. Que el Señor nos libre de esta terrible trampa de ser cristianos sin esperanza, que viven como si el Señor no hubiera resucitado y nuestros problemas fueran el centro de la vida. ¿Cómo podremos alimentar esta esperanza? La liturgia de esta noche santa nos enseña a hacer memoria de las obras de Dios. Las lecturas nos narran su fidelidad, la historia de su amor por nosotros Hacer memoria de todo lo que Él ha hecho en nuestra vida. No olvidemos su Palabra y sus obras; recordémoslas y hagámoslas nuestras, para ser centinelas del alba que saben descubrir los signos del Resucitado. ¡CRISTO HA RESUCITADO! Y nosotros tenemos la posibilidad de abrirnos y de recibir su don de esperanza. Abrámonos a la esperanza y pongámonos en camino; que el recuerdo de sus obras y de sus palabras sea la luz resplandeciente que oriente nuestros pasos confiadamente hacia esa Pascua que no conocerá ocaso *(26-3-2016)*.

VIGILIA PASCUAL EN LA NOCHE SANTA

PALABRA
- ***Génesis*** 1, 1 - 2, 2: Vio Dios todo lo que había hecho: y era muy bueno.
- ***Génesis*** 22, 1-18: El sacrificio de Abrahán, nuestro padre en la fe.
- ***Éxodo*** 14, 15 – 15, 1: Los israelitas pasaron el mar a pie enjuto.
- ***Isaías*** 54, 5-14: Con misericordia eterna te quiere el Señor, tu redentor.
- ***Isaías*** 55, 1-11: Venid a mí: sellaré con vosotros una alianza perpetua.
- ***Baruc*** 3, 9-15.32 – 4, 4: Camina a la claridad del resplandor del Señor.
- ***Ezequiel*** 36, 16-28: Derramaré un agua pura, os daré un corazón nuevo.
- ***Romanos*** 6, 3-11: ¿Es que no sabéis que cuantos fuimos bautizados en Cristo Jesús fuimos bautizados en su muerte? Por el bautismo fuimos sepultados con él en la muerte, para que, lo mismo que Cristo resucitó de entre los muertos por la gloria del Padre, así también nosotros andemos en una vida nueva. Pues si hemos sido incorporados a él en una muerte como la suya, lo seremos también en una resurrección como

la suya; sabiendo que nuestro hombre viejo fue crucificado con Cristo, para que fuera destruido el cuerpo de pecado, y, de este modo, nosotros dejáramos de servir al pecado; porque quien muere ha quedado libre del pecado. Si hemos muerto con Cristo, creemos que también viviremos con él; pues sabemos que Cristo, una vez resucitado de entre los muertos, ya no muere más; la muerte ya no tiene dominio sobre él. Porque quien ha muerto, ha muerto al pecado de una vez para siempre; y quien vive, vive para Dios. Lo mismo vosotros, consideraos muertos al pecado y vivos para Dios en Cristo Jesús.

• *Salmo* 117, 1-2.16-17.22-23: ***ALELUYA, ALELUYA, ALELUYA.***

• **MARCOS 16, 1-7:** Pasado el sábado, María Magdalena, María la de Santiago y Salomé compraron aromas para ir a embalsamar a Jesús. Y muy temprano, el primer día de la semana, al salir el sol, fueron al sepulcro. Y se decían unas a otras: «¿Quién nos correrá la piedra de la entrada del sepulcro?». Al mirar, vieron que la piedra estaba corrida, y eso que era muy grande. Entraron en el sepulcro y vieron a un joven sentado a la derecha, vestido de blanco. Y quedaron aterradas. Él les dijo: «No tengáis miedo. ¿Buscáis a Jesús el Nazareno, el crucificado? No está aquí. Ha resucitado. Mirad el sitio donde lo pusieron. Pero id a decir a sus discípulos y a Pedro: Él va por delante de vosotros a Galilea. Allí lo veréis, como os dijo».

MISA DEL DÍA DE PASCUA

• ***Hechos*** 10, 34a.37-43: "Vosotros conocéis lo que sucedió en toda Judea, comenzando por Galilea, después del bautismo que predicó Juan. Me refiero a Jesús de Nazaret, ungido por Dios con la fuerza del Espíritu Santo, que pasó haciendo el bien y curando a todos los oprimidos por el diablo, porque Dios estaba con él. Nosotros somos testigos de todo lo que hizo en la tierra de los judíos y en Jerusalén. A este lo mataron, colgándolo de un madero. Pero Dios lo resucitó al tercer día y le concedió la gracia de manifestarse, no a todo el pueblo, sino a los testigos designados por Dios: a nosotros, que hemos comido y bebido con él después de su resurrección de entre los muertos. Nos encargó predicar al pueblo, dando solemne testimonio de que Dios lo ha constituido juez de vivos y muertos. De él dan testimonio todos los profetas: que todos los que creen en él reciben, por su nombre, el perdón de los pecados".

• *Salmo* 117, 1-2.16-17.22-23: ***Este es el día que hizo el Señor: sea nuestra alegría y nuestro gozo.***

• *Colosenses* 3, 1-4: Ya que habéis resucitado con Cristo, buscad los bienes de allá arriba, donde está Cristo, sentado a la derecha de Dios; aspirad a los bienes de arriba, no a los de la tierra. Porque habéis muerto; y vuestra vida está con Cristo escondida en Dios. Cuando aparezca Cristo, vida vuestra, entonces también vosotros apareceréis gloriosos, juntamente con él.

• **JUAN 20, 1-9:** El primer día de la semana, María Magdalena fue al sepulcro al amanecer, cuando aún estaba oscuro, y vio la losa quitada del sepulcro. Echó a correr y fue donde estaba Simón Pedro y el otro discípulo, a quien Jesús amaba, y les dijo: «Se han llevado del sepulcro al Señor y no sabemos dónde lo han puesto». Salieron Pedro y el otro discípulo camino del sepulcro. Los dos corrían juntos, pero el otro discípulo corría más que Pedro; se adelantó y llegó primero al sepulcro; e, inclinándose, vio los lienzos tendidos; pero no entró. Llegó también Simón Pedro detrás de él y entró en el sepulcro: vio los lienzos tendidos y el sudario con que le habían cubierto la cabeza, no con los lienzos, sino enrollado en un sitio aparte. Entonces entró también el otro discípulo, el que había llegado primero al sepulcro; vio y creyó. Pues hasta entonces no habían entendido la Escritura: que él había de resucitar de entre los muertos.

ORACIÓN **JESUCRISTO RESUCITADO,** ¡has resucitado, como habías dicho! Con tu Resurrección, abres ante mí la vida nueva de la Pascua. Quiero morir al pecado y vivir desde hoy esa vida nueva que me ofreces, triunfador del pecado y de la muerte. ¡Enhorabuena, Señor, para ti y para todos los que te queremos como nuestro Dios y Salvador! Contigo y toda tu Iglesia, felicito también a tu Madre: *Reina del cielo, alégrate, aleluya; porque el Señor, a quien mereciste llevar en tu seno, aleluya, ha resucitado, según su palabra, aleluya. Ruega a Dios por nosotros, aleluya.*

SAN FRANCISCO DE PAULA

TIEMPO PASCUAL **LUNES OCTAVA DE PASCUA**

Santos FRANCISCO DE PAULA *er*, Domingo Tuóc *pb mr*, Abundio *ob*, Niceto *ob*, Teodora

ABRIL
2
LUNES

Papa Francisco: «¡Cristo ha resucitado!». Y, en Él, por el Bautismo, también nosotros hemos resucitado, hemos pasado de la muerte a la vida, de la esclavitud del pecado a la libertad del amor. Esta es la buena noticia que estamos llamados a anunciar a los demás y en todo ambiente, animados por el Espíritu Santo. Nosotros anunciamos la resurrección de Cristo cuando su luz ilumina los momentos oscuros de nuestra existencia y podemos compartirla con los demás; cuando sabemos sonreír con quien sonríe y llorar con quien llora; cuando caminamos junto a quien está triste y corre el riesgo de perder la esperanza; cuando transmitimos nuestra experiencia de fe a quien está en búsqueda de sentido y felicidad. Con nuestra actitud, con nuestro testimonio, con nuestra vida decimos: ¡Jesús ha resucitado! Lo decimos con toda el alma *(6-4-2015)*.

PALABRA

Las mujeres se marcharon a toda prisa del sepulcro; llenas de miedo y de alegría, corrieron a anunciarlo a los discípulos. De pronto, Jesús les salió al encuentro y les dijo: «Alegraos». Ellas se acercaron, le abrazaron los pies y se postraron ante él. Jesús les dijo: «No temáis: id a comunicar a mis hermanos que vayan a Galilea; allí me verán». Mientras las mujeres iban de camino, algunos de la guardia fueron a la ciudad y comunicaron a los sumos sacerdotes todo lo ocurrido. Ellos, reunidos con los ancianos, llegaron a un acuerdo y dieron a los soldados una fuerte suma, encargándoles: «Decid que sus discípulos fueron de noche y robaron el cuerpo mientras vosotros dormíais. Y si esto llega a oídos del gobernador, nosotros nos lo ganaremos y os sacaremos de apuros». Ellos tomaron el dinero y obraron conforme a las instrucciones. Y esta historia se ha ido difundiendo entre los judíos hasta hoy.

Hechos 2,14.22-33; ***Salmo*** 15,1-2.5-11 • **MATEO 28, 8-15**

ORACIÓN

JESUCRISTO RESUCITADO, *"Id a comunicar a mis hermanos que vayan a Galilea; allí me verán".* Galilea decía mucho a los apóstoles, de donde eran la mayoría: allí habían sido llamados por ti y designados, allí vivieron su primer amor tras el encuentro contigo, y ahora lo reviven. Para mí la Pascua es una invitación a recobrar mi primer amor, el fervor de mis primeros encuentros contigo. Allí, entre los gentiles a quienes me envías, está, para darme alegría y ánimo, tu Espíritu.

ABRIL

3

MARTES

MARTES OCTAVA DE PASCUA

Santos Sixto I *pp*, Ricardo Wych *ob*, Luis Scrosoppi *pb*

Papa Francisco: ¡Cristo ha resucitado! Quisiera que llegara este anuncio al corazón de cada uno, porque es allí donde Dios quiere sembrar esta Buena Nueva: Jesús ha resucitado, hay esperanza para ti, ya no estás bajo el dominio del pecado, del mal. Ha vencido el amor, ha triunfado la misericordia. El amor de Dios puede transformar nuestras vidas y hacer florecer esas zonas de desierto que hay en nuestro corazón *(31-3-2013)*.

PALABRA

Estaba María [Magdalena] fuera, junto al sepulcro, llorando. Mientras lloraba, se asomó al sepulcro y vio dos ángeles vestidos de blanco, sentados, uno a la cabecera y otro a los pies, donde había estado el cuerpo de Jesús. Ellos le preguntan: «Mujer, ¿por qué lloras?». Ella les contesta: «Porque se han llevado a mi Señor y no sé dónde lo han puesto». Dicho esto, se vuelve y ve a Jesús, de pie, pero no sabía que era Jesús. Jesús le dice: «Mujer, ¿por qué lloras?, ¿a quién buscas?». Ella, tomándolo por el hortelano, le contesta: «Señor, si tú te lo has llevado, dime dónde lo has puesto y yo lo recogeré». Jesús le dice: «¡María!». Ella se vuelve y le dice: «¡Rabbuní!», que significa «¡Maestro!». Jesús le dice: «No me retengas, que todavía no he subido al Padre. Pero anda, ve a mis hermanos y diles: "Subo al Padre mío y Padre vuestro, al Dios mío y Dios vuestro"». María la Magdalena fue y anunció a los discípulos: «He visto al Señor y ha dicho esto».

Hechos 2, 36-41; ***Salmo*** 32, 4-5.18-22 • **JUAN 20, 11-18**

ORACIÓN

JESUCRISTO RESUCITADO, El encuentro contigo resucitado cambia la vida: el grupo de mujeres que salían tristes se llenan de alegría, María Magdalena cambia el llanto en exultante exclamación: "¡Maestro!". El motor del cambio es el amor. Quienes no dieron importancia a tu muerte, tampoco se alegraron de tu resurrección. ¿Y yo? Del montón: ha pasado la semana santa y la santísima Noche de Pascua, que hubiera querido vivir más centrado en ti, en la profundidad de nuestra amistad. Pero tú, que tanto me quieres, no me das lo que merezco, sino lo que te dicta tu gran misericordia. ¡Dame la alegría de la Pascua, muy unido a ti, compartiendo gozoso tu victoria sobre el pecado que esclaviza y la muerte que termina con todo!

La misericordia del Señor llena la tierra *(Salmo 32,5).*

ABRIL
4
MIÉRCOLES

Santos Platón *ab*, Pedro *ob*.
Beato José Benito Dusmet *ob*

Papa Francisco: El camino de Emaús se convierte en símbolo de nuestra camino de fe: las Escrituras y la Eucaristía son los elementos indispensables para el encuentro con el Señor *(4-5-2014)*.

PALABRA

Aquel mismo día, el primero de la semana, dos discípulos de Jesús iban andando a una aldea llamada Emaús, distante unas dos leguas de Jerusalén; iban comentando todo lo que había sucedido. Mientras conversaban y discutían, Jesús en persona se acercó y se puso a caminar con ellos. Pero sus ojos no eran capaces de reconocerlo. Él les dijo: «¿Qué conversación es esa que traéis mientras vais de camino?». Ellos se detuvieron preocupados. Y uno de ellos, que se llamaba Cleofás, le replicó: «¿Eres tú el único forastero en Jerusalén, que no sabes lo que ha pasado allí estos días?». Él les preguntó: "¿Qué?" –"Lo de Jesús el Nazareno, que fue un profeta poderoso en obras y palabras, ante Dios y ante todo el pueblo; cómo lo entregaron a los sumos sacerdotes y nuestros jefes para que lo condenaran a muerte, y lo crucificaron. Nosotros esperábamos que él fuera el futuro liberador de Israel, pero con todo esto, ya estamos en el tercer día desde que esto sucedió. Es verdad que algunas mujeres de nuestro grupo nos han sobresaltado: pues fueron muy de mañana al sepulcro, no encontraron su cuerpo, e incluso vinieron diciendo que habían visto una aparición de ángeles, que dicen que está vivo. Algunos de los nuestros fueron también al sepulcro y lo encontraron como habían dicho las mujeres; pero a él no lo vieron». Entonces él les dijo: «¡Qué necios y torpes sois para creer lo que anunciaron los profetas! ¿No era necesario que el Mesías padeciera esto para entrar en su gloria?». Y, comenzando por Moisés y siguiendo por los profetas, les explicó lo que se refería a él en todas las Escrituras. Llegaron cerca de la aldea adonde iban, y él simuló que iba a seguir caminando; pero ellos le apremiaron, diciendo: «Quédate con nosotros, porque atardece y el día va de caída». Y entró para quedarse con ellos. Sentado a la mesa con ellos, tomó el pan, pronunció la bendición, lo partió y se lo dio. A ellos se les abrieron los ojos y lo reconocieron. Pero él desapareció de su vista. Y se dijeron el uno al otro: «¿No ardía nuestro corazón mientras nos hablaba por el camino y nos explicaba las Escrituras?». Y, levantándose en aquel momento, se volvieron a Jerusalén, donde encontraron reunidos a los Once con sus compañeros, que estaban diciendo: «Era verdad, ha resucitado el Señor y se ha aparecido a Simón». Y ellos contaron lo que les había pasado por el camino y cómo lo habían reconocido al partir el pan.

Hechos 3,1-10; ***Salmo*** 104,1-9 • **LUCAS 24,13-35**

ORACIÓN

JESUCRISTO RESUCITADO, ¡Qué privilegio el de aquellos discípulos de Emaús! ¿Y yo no lo tengo siempre que asisto a la celebración de la Eucaristía con tu Palabra, la fracción del pan, la comunión? Dame, Señor, fe y atención, para que arda mi corazón y te sienta cercano, dentro de mí.

Que se alegren los que buscan al Señor *(Salmo 104,3).*

ABRIL

5

JUEVES

JUEVES OCTAVA DE PASCUA

Santos VICENTE FERRER *pb*,
Irene *vg mr*, Juliana *vg*

Papa Francisco: Palabra de Dios, Eucaristía. Leer cada día un pasaje del Evangelio, y los domingos ir a recibir la comunión. Así sucedió a los discípulos de Emaús: acogieron la Palabra; compartieron la fracción del pan, y, de tristes y derrotados como se sentían, pasaron a estar alegres *(4-5-2014)*.

PALABRA

Los discípulos de Jesús contaron lo que les había pasado por el camino y cómo habían reconocido a Jesús al partir el pan. Estaban hablando de estas cosas, cuando él se presentó en medio de ellos y les dice: «Paz a vosotros». Pero ellos, aterrorizados y llenos de miedo, creían ver un espíritu. Él les dijo: «¿Por qué os alarmáis?, ¿por qué surgen dudas en vuestro corazón? Mirad mis manos y mis pies: soy yo en persona. Palpadme y daos cuenta de que un espíritu no tiene carne y huesos, como veis que yo tengo». Dicho esto, les mostró las manos y los pies. Pero como no acababan de creer por la alegría, y seguían atónitos, les dijo: «¿Tenéis ahí algo de comer?». Ellos le ofrecieron un trozo de pez asado. Él lo tomó y comió delante de ellos. Y les dijo: «Esto es lo que os dije mientras estaba con vosotros: que era necesario que se cumpliera todo lo escrito en la Ley de Moisés y en los Profetas y Salmos acerca de mí». Entonces les abrió el entendimiento para comprender las Escrituras. Y les dijo: «Así estaba escrito: el Mesías padecerá, resucitará de entre los muertos al tercer día y en su nombre se proclamará la conversión para el perdón de los pecados a todos los pueblos, comenzando por Jerusalén. Vosotros sois testigos de esto».

Hechos 3,11-26; ***Salmo*** 8,2.5-9 • **LUCAS 24,35-48**

ORACIÓN

JESUCRISTO RESUCITADO, también yo soy testigo de las profecías, de su cumplimiento histórico y de los inmensos frutos de tu vida y palabra, muerte y resurrección. Ante las tentaciones y dudas, me sales al paso tú en persona y me invitas a compartir contigo la luz de la Palabra y el Pan de la vida eterna. Palabra y Eucaristía, que me ofreces cada día, o cada domingo, para revivir en este tiempo pascual las maravillas que tus discípulos disfrutaron a tu lado y luego difundieron por toda la tierra.

Señor, Dios nuestro, ¡qué admirable es tu nombre en toda la tierra! *(Salmo 8,2).*

Santos Guillermo *ab*, Gala *vd*, Ireneo *ob*, Eutiquio *ob*

Papa Francisco: La Pascua es el acontecimiento que ha traído la novedad radical para todo ser humano, para la historia y para el mundo: es el triunfo de la vida sobre la muerte; es la fiesta del renacer y de la regeneración. ¡Dejemos que nuestra existencia sea conquistada y transformada por la Resurrección! *(6-4-2015)*.

PALABRA

Simón Pedro dice [a Tomás, Natanael, los Zebedeos y otros dos]: "Me voy a pescar". Ellos contestan: "Vamos". Salieron y se embarcaron; y aquella noche no pescaron nada. Estaba ya amaneciendo, cuando Jesús se presentó en la orilla; pero los discípulos no sabían que era Jesús. Jesús les dice: «Muchachos, ¿tenéis pescado?». Ellos contestaron: «No». Él les dice: «Echad la red a la derecha de la barca y encontraréis». La echaron, y no podían sacarla, por la multitud de peces. Y aquel discípulo a quien Jesús amaba le dice a Pedro: «Es el Señor». Al oír que era el Señor, Simón Pedro, que estaba desnudo, se ató la túnica y se echó al agua. Los demás discípulos se acercaron en la barca, porque no distaban de tierra más que unos doscientos codos, remolcando la red con los peces. Al saltar a tierra, ven unas brasas con un pescado puesto encima y pan. Jesús les dice: «Traed de los peces que acabáis de pescar». Simón Pedro subió a la barca y arrastró hasta la orilla la red repleta de peces grandes: ciento cincuenta y tres. Y aunque eran tantos, no se rompió la red. Jesús les dice: «Vamos, almorzad». Ninguno de los discípulos se atrevía a preguntarle quién era, porque sabían bien que era el Señor. Jesús se acerca, toma el pan y se lo da, y lo mismo el pescado. Esta fue la tercera vez que Jesús se apareció a los discípulos después de resucitar de entre los muertos.

Hechos 4,1-12; ***Salmo*** 117,1-4.22-27 • **JUAN 21,3-14**

ORACIÓN

JESUCRISTO RESUCITADO, Todos los discípulos te vieron, pero solo Juan, con ojos limpios y vida virginal, logró reconocerte: *¡Es el Señor!* Es el grito, o la confidencia, que yo estoy llamado a comunicar a quienes tenga cerca o estén lejos: *¡Es el Señor!* En ti está mi vida, de ti me viene todo lo bueno que tengo, por ti puedo cargar cada día con mi cruz.

La piedra que desecharon los arquitectos es ahora la piedra angular *(Salmo 117,22).*

ABRIL
7
SÁBADO

SÁBADO OCTAVA DE PASCUA

Santos JUAN B. DE LA SALLE *pb*, Teodoro *ob*, Germán José *pb*, Pedro Nguyên Van Luu *pb mr*

SAN JUAN BAUTISTA DE LA SALLE

Papa Francisco: El Evangelio nos hace ver diversas reacciones: la del apóstol Tomás, la de María Magdalena y la de los dos discípulos de Emaús: nos hace bien confrontarnos con ellos. Tomás pone una condición a la fe, pide tocar la evidencia, las llagas; María Magdalena llora, lo ve pero no lo reconoce, se da cuenta de que es Jesús solo cuando Él la llama por su nombre; los discípulos de Emaús, deprimidos y con sentimientos de fracaso, llegan al encuentro con Jesús dejándose acompañar por ese misterioso caminante. Cada uno por caminos distintos. Buscaban entre los muertos al que vive y fue el Señor mismo quien corrigió la ruta. Y yo, ¿qué hago? ¿Qué ruta sigo para encontrar a Cristo vivo? Él estará siempre cerca de nosotros para corregir la ruta si nos equivocamos *(23-4-2014)*.

PALABRA

Jesús, resucitado al amanecer del primer día de la semana, se apareció primero a María Magdalena, de la que había echado siete demonios. Ella fue a anunciárselo a sus compañeros, que estaban de duelo y llorando. Ellos, al oírle decir que estaba vivo y que lo había visto, no la creyeron. Después se apareció en figura de otro a dos de ellos que iban caminando al campo. También ellos fueron a anunciarlo a los demás, pero no los creyeron. Por último, se apareció Jesús a los Once, cuando estaban a la mesa, y les echó en cara su incredulidad y dureza de corazón, porque no habían creído a los que lo habían visto resucitado. Y les dijo: «Id al mundo entero y proclamad el Evangelio a toda la creación».

Hechos **4,13-21; *Salmo* 117,1.14-21 • MARCOS 16,9-15**

ORACIÓN

JESUCRISTO RESUCITADO, desconciertan la incredulidad y dureza de corazón de los apóstoles, que tantos prodigios habían visto junto a ti en los tres últimos años y tanto amor y sabiduría habían escuchado de tus labios. ¿Tan torpes somos, Señor? Admiro tu paciencia, con ellos y conmigo. Con ellos estuviste tres años. A mi lado, varios decenios. Para ellos, la única referencia eras tú, aunque sus intenciones al seguirte no siempre eran tan desinteresadas. Yo tengo, además de tu vida y tu palabra, la protección de tu Madre y mía, y la legión de santos, testigos fieles de que el hombre débil de todos los siglos puede seguirte llevando cada día su cruz. Una legión de testigos me empuja a vivir sumergido en ti.

Te doy gracias, Señor, porque me escuchaste *(Salmo 117,21)*.

**Santos Dionisio de Corinto *ob*,
Julia Billiart *vg*, Ágabo *NT***

DOMINGO DE LA DIVINA MISERICORDIA

Papa Francisco: Compartamos con alegría este momento de oración que nos introduce en el *Domingo de la Misericordia,* muy deseado por san Juan Pablo II -hoy, en el 2005 se nos fue- y quería esto para hacer realidad una petición de santa Faustina. El apóstol Tomás es un testarudo. No había creído. Y ha encontrado la fe cuando ha tocado las llagas del Señor. Una fe que no es capaz de meterse en las llagas del Señor no es fe. Una fe que no es capaz de ser misericordiosa, como son signos de misericordia las llagas del Señor, no es fe: es idea, es ideología. Nuestra fe es encarnada en Dios que se ha hecho carne, que se ha hecho pecado, que ha sido herido por nosotros. Si queremos creer seriamente y tener fe, debemos acercarnos y tocar aquellas llagas. Acariciar aquellas llagas e incluso bajar la cabeza y dejar que los otros acaricien nuestras heridas. Que sea el Espíritu Santo quien dé esos pasos: Él es el amor, él *es la misericordia* que se comunica a nuestros corazones. Permanezcamos con el corazón abierto, para que el Espíritu pueda transformarlo; y así, perdonados, reconciliados, inmersos en las llagas del Señor, seamos testigos de la alegría que brota del encuentro con el Señor Resucitado, vivo entre nosotros *(2-4-2016).*

PALABRA

• ***Hechos de los Apóstoles*** 4, 32-35: El grupo de los creyentes tenía un solo corazón y una sola alma: nadie llamaba suyo propio nada de lo que tenía, pues lo poseían todo en común. Los apóstoles daban testimonio de la resurrección del Señor Jesús con mucho valor. Y se los miraba a todos con mucho agrado. Entre ellos no había necesitados, pues los que poseían tierras o casas las vendían, traían el dinero de lo vendido y lo ponían a los pies de los apóstoles; luego se distribuía a cada uno según lo que necesitaba.

• ***Salmo*** 117, 2-4. 16-18. 22-24: ***Dad gracias al Señor porque es bueno, porque es eterna su misericordia.***

• ***1Juan*** 5, 1-6: Todo el que cree que Jesús es el Cristo ha nacido de Dios; y todo el que ama a aquel que da el ser, ama también al que ha nacido de él. En esto conocemos que amamos a los hijos de Dios: si amamos a Dios y cumplimos sus mandamientos. Pues en esto consiste el amor a Dios: en que guardemos sus mandamientos. Y sus mandamientos no son pesados, pues todo lo que ha nacido de Dios vence al mundo. Y lo que ha conseguido la victoria sobre el mundo es nuestra fe. ¿Quién es el que vence al mundo, sino el que cree que Jesús es el Hijo de Dios? Este es el que vino por el agua y la sangre: Jesucristo. No solo en el agua, sino en el agua y en la sangre; y el Espíritu es quien da testimonio, porque el Espíritu es la verdad.

• **JUAN 20, 19-31:** Al anochecer de aquel día, el primero de la semana, estaban los discípulos en una casa, con las puertas cerradas por miedo a los judíos. Y en esto entró Jesús, se puso en medio y les dijo: «Paz a vosotros». Y, diciendo esto, les enseñó las manos y el costado. Y los discípulos se llenaron de alegría al ver al Señor. Jesús repitió: «Paz a vosotros. Como el Padre me ha enviado, así también os envío yo». Y, dicho esto, exhaló su aliento sobre ellos y les dijo: «Recibid el Espíritu Santo; a quienes les perdonéis los pecados, les quedan perdonados; a quienes se los retengáis, les quedan retenidos». Tomás, uno de los Doce, llamado el Mellizo, no estaba con ellos cuando vino Jesús. Y los otros discípulos le decían: «Hemos visto al Señor». Pero él les contestó: «Si no veo en sus manos la señal de los clavos, si no meto el dedo en el agujero de los clavos y no meto la mano en su costado, no lo creo». A los ocho días, estaban otra vez dentro los discípulos y Tomás con ellos. Llegó Jesús, estando cerradas las puertas, se puso en medio y dijo: «Paz a vosotros». Luego dijo a Tomás: «Trae tu dedo, aquí tienes mis manos; trae tu mano y métela en mi costado; y no seas incrédulo, sino creyente». Contestó Tomás: «¡Señor mío y Dios mío!». Jesús le dijo: «¿Porque me has visto has creído? Bienaventurados los que crean sin haber visto». Muchos otros signos, que no están escritos en este libro, hizo Jesús a la vista de los discípulos. Estos se han escrito para que creáis que Jesús es el Mesías, el Hijo de Dios, y para que, creyendo, tengáis vida en su nombre.

ORACIÓN

JESUCRISTO RESUCITADO, Tu divina Misericordia explica todo el cúmulo de misterios de tus últimos días: tu pasión, tu muerte, tu resurrección, tu victoria sobre los enemigos del hombre, que son el pecado y la muerte. ¿Por qué todo eso? ¡Por tu gran misericordia, que quieres contagiármela! Y, aunque como Dios estás en todas partes, hay un lugar privilegiado para encontrarte y para sentir con fuerza tu divina misericordia: la comunidad cristiana, la Iglesia. Allí te encontró Tomás cuando volvió a la comunidad. Y con él, que te vio, te digo hoy sin haberte visto: *¡Señor mío y Dios mío!*

SOLEMNIDAD DE LA ANUNCIACIÓN DEL SEÑOR

Santos Casilda *vg*, Hugo *ob*, Liborio *ob*, Máximo *ob*

ABRIL 9 LUNES

JORNADA PRO-VIDA

Papa Francisco: El "sí" de María que abre la puerta al "sí" de Jesús: "Yo vengo para hacer tu voluntad", este "sí" que va con Jesús durante toda la vida, hasta la Cruz. Hoy es un bonito día para dar gracias al Señor por habernos enseñado el camino del "sí", pero también para pensar en nuestra vida. Todos nosotros durante cada día, debemos decir 'sí' o 'no' y pensar si siempre decimos 'sí' o muchas veces nos escondemos, con la cabeza baja, como Adán y Eva. Hoy es la fiesta del "sí". En el "sí" de María está el "sí" de toda la Historia de la Salvación, y comienza allí el último "sí" del hombre y de Dios *(4-4-2016)*.

PALABRA

El ángel Gabriel fue enviado por Dios a una ciudad de Galilea llamada Nazaret, a una virgen desposada con un hombre llamado José, de la estirpe de David: el nombre de la virgen era María. El ángel, entrando en su presencia, dijo: «Alégrate, llena de gracia, el Señor está contigo». Ella se turbó grandemente ante estas palabras y se preguntaba qué saludo era aquel. El ángel le dijo: «No temas, María, porque has encontrado gracia ante Dios. Concebirás en tu vientre y darás a luz un hijo, y le pondrás por nombre Jesús. Será grande, se llamará Hijo del Altísimo, el Señor Dios le dará el trono de David, su padre; reinará sobre la casa de Jacob para siempre, y su reino no tendrá fin».Y María dijo al ángel: «¿Cómo será eso, pues no conozco varón?». El ángel le contestó: «El Espíritu Santo vendrá sobre ti, y la fuerza del Altísimo te cubrirá con su sombra; por eso el Santo que va a nacer será llamado Hijo de Dios. También tu pariente Isabel ha concebido un hijo en su vejez, y ya está de seis meses la que llamaban estéril, "porque para Dios nada hay imposible"». María contestó: «He aquí la esclava del Señor; hágase en mí según tu palabra».Y el ángel se retiró.

Isaías 7,10-14; 8,10b; ***Salmo*** 39,7-11; ***Hebreos*** 10,4-10 • **LUCAS 1, 26-38**

ORACIÓN

VERBO ENCARNADO HIJO DEL PADRE ETERNO: Gracias por tu amor que te llevó a humillarte y participar de nuestra pobre naturaleza. Te felicito por la elección de María para ser la Madre: primero, tuya; luego, de toda la humanidad redimida. ¡Que nunca estéis ausentes de mi vida tú y la Madre!

Aquí estoy, Señor, para hacer tu voluntad *(Salmo 39,8.9)*.

ABRIL
10
MARTES (FE)

Mártes 2º de Pascua Tomo II - Salterio 2ª semana

Santos Miguel de los Santos *pb*, Terencio y *co mrs*, Magdalena de Canosa *vg*, Beda *mj*

Papa Francisco: En esta segunda semana de Pascua, durante la cual celebramos los misterios pascuales, nos hará bien pensar en nuestras comunidades, ya sean diocesanas, parroquiales, familiares o muchas otras, y pedir la gracia de la armonía que es más unidad -la unidad armoniosa, la armonía, que es el don del Espíritu- pedir la gracia de la pobreza -no de la miseria: que tengo lo que tengo y tengo que gestionarlo bien por el bien común y con generosidad- y pedir la gracia de la paciencia. La comunidad cristiana demuestra que renació en el Espíritu Santo, cuando es una comunidad que busca la armonía, la pobreza, y cuando no se enfada inmediatamente ante las dificultades y se siente ofendida *(14-4-2015)*.

PALABRA

Dijo Jesús a Nicodemo: «Tenéis que nacer de nuevo; el viento sopla donde quiere y oyes su ruido, pero no sabes de dónde viene ni a dónde va. Así es todo el que ha nacido del Espíritu». Nicodemo le preguntó: «¿Cómo puede suceder eso?». Le contestó Jesús: «¿Tú eres maestro en Israel, y no lo entiendes? Te lo aseguro, de lo que sabemos hablamos; de lo que hemos visto damos testimonio, y no aceptáis nuestro testimonio. Si no creéis cuando os hablo de la tierra, ¿cómo creeréis cuando os hable del cielo? Porque nadie ha subido al cielo, sino el que bajó del cielo, el Hijo del hombre. Lo mismo que Moisés elevó la serpiente en el desierto, así tiene que ser elevado el Hijo del hombre, para que todo el que cree en él tenga vida eterna».

***Hechos* 4, 32-37; *Salmo* 92, 1-5 • JUAN 3, 1-5a.7b-15**

ORACIÓN

JESUCRISTO, si mirar a una serpiente de bronce protegía la vida de los que fueron mordidos por la serpiente en el desierto, mirarte con fe a ti clavado en la Cruz, creyendo con el corazón y proclamando con los labios que eres el Señor, me da la Vida sin fin. Quiero mirarte cada día con ojos nuevos y nuevo asombro: que no me acostumbre, impasible, a verte clavado por mí en la Cruz. Quiero verte en los que sufren, descubrirte y servirte en los hermanos.

El Señor reina, vestido de majestad *(Salmo 92,1)*

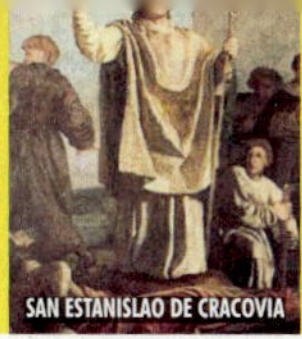

SAN ESTANISLAO DE CRACOVIA

ABRIL
11
MIÉRCOLES (MO)

Santos ESTANISLAO *ob mr*, Isaac *mj*.
Beata Elena Guerra *vg*

Papa Francisco: *«Dios no envió a su Hijo al mundo para juzgar al mundo, sino para que el mundo se salve por Él»* (*Jn* 3, 17). Ante la luz de este Juez de misericordia, nuestras rodillas se doblan en adoración y nuestras manos y nuestros pies se fortalecen. Podemos hablar de humanismo solamente a partir de la centralidad de Jesús, descubriendo en Él los rasgos del auténtico rostro del hombre. La contemplación del rostro de Jesús muerto y resucitado es lo que recompone nuestra humanidad, también la que está fragmentada por las fatigas de la vida, o marcada por el pecado.

PALABRA

Jesús dijo a Nicodemo: Tanto amó Dios al mundo que entregó a su Hijo único para que no perezca ninguno de los que creen en él, sino que tenga vida eterna. Porque Dios no envió a su Hijo al mundo para juzgar al mundo, sino para que el mundo se salve por él. El que cree en él no será juzgado; el que no cree ya está juzgado, porque no ha creído en el nombre del Unigénito de Dios. Este es el juicio: que la luz vino al mundo, y los hombres prefirieron la tiniebla a la luz, porque sus obras eran malas. Pues todo el que obra mal detesta la luz y no se acerca a la luz, para no verse acusado por sus obras. En cambio, el que obra la verdad se acerca a la luz, para que se vea que sus obras están hechas según Dios.

Hechos 5,17-26; ***Salmo*** 33, 2-9 • **JUAN 3, 16-21**

ORACIÓN

JESUCRISTO, no te envió el Padre a juzgar al mundo, sino a dar la salvación a quien quiera aceptarla. ¡Yo la acepto, la necesito, me urge, porque creo firmemente que tú eres el Hijo de Dios, el único que puede dar sentido y alegría a mi vida, y salvarme! Haz que esta fe, a veces vacilante o tan débil que ni se nota en mi día a día, se afirme y se llene de obras de vida eterna. ¿Cómo puedo creer que te amo, si no correspondo con mi amor al tuyo, para progresar en nuestra maravillosa amistad?

Si el afligido invocó al Señor, él lo escuchó *(Salmo 33,7).*

Santos Julio I *pp*, David Uribe *pb mr*, José Moscati *cf*, Damián *ob*, Víctor *mr*, Visia y Sofía *mrs*

Papa Francisco: La fe, para mí, nació del encuentro con Jesús. Un encuentro personal que tocó mi corazón y dio una nueva dirección y un nuevo sentido a mi existencia... La Iglesia, a pesar de todas sus parsimonias, infidelidades, errores y pecados, no tiene otro objetivo y finalidad que vivir y dar testimonio de Jesús: Él ha sido enviado por el Padre (Abbá) a evangelizar a los pobres, a proclamar a los cautivos la libertad, y a los ciegos, la vista *(4-9-2013)*.

PALABRA

Dijo Jesús a Nicodemo: «El que viene de lo alto está por encima de todos. El que es de la tierra es de la tierra y habla de la tierra. El que viene del cielo está por encima de todos. De lo que ha visto y ha oído da testimonio, y nadie acepta su testimonio. El que acepta su testimonio certifica que Dios es veraz. El que Dios envió habla las palabras de Dios, porque no da el Espíritu con medida. El Padre ama al Hijo y todo lo ha puesto en su mano. El que cree en el Hijo posee la vida eterna; el que no crea al Hijo no verá la vida, sino que la ira de Dios pesa sobre él».

Hechos **5, 27-33;** ***Salmo*** **33, 2.9.17-20 • JUAN 3, 31-36**

ORACIÓN

JESUCRISTO, me pones delante una realidad con dos vertientes. La realidad es mi vida, mi ser. Como hijo de Adán, "vengo de la tierra", y mi hombre viejo tiende a pensar con criterios humanos y "hablar de la tierra". Pero la segunda y más importante vertiente de mi ser es que he sido rescatado por ti, y me has dado la fe: "El que cree en el Hijo posee la vida eterna", soy un hombre, una mujer, para la eternidad. Hacia ella camino, de tu mano, con tu Espíritu.

Si el afligido invocó al Señor, él lo escuchó *(Salmo 33,7).*

SAN HERMENEGILDO

ABRIL
13
VIERNES (ML)

Santos MARTÍN I *pp mr*, HERMENEGILDO *mr*, Sabás Reyes *pb mr*

Papa Francisco: Los discípulos razonan con parámetros de «mercado», pero Jesús sustituye la lógica del *comprar* con otra lógica, la lógica del *dar*. Ordena a los discípulos que hagan sentar a la gente, luego *toma* los cinco panes y los dos peces, *da gracias* al Padre y los *distribuye*. Estos gestos anticipan los de la última Cena, que dan al pan de Jesús su significado más auténtico. El pan de Dios es Jesús mismo. Al comulgar con Él, recibimos su vida en nosotros y nos convertimos en hijos del Padre celestial y hermanos entre nosotros. Recibiendo la comunión nos encontramos con Jesús realmente vivo y resucitado. Participar en la Eucaristía significa entrar en la lógica de Jesús, la lógica de la gratuidad, de la fraternidad *(26-7-2015)*.

PALABRA

Jesús se marchó a la otra parte del mar de Galilea, o de Tiberíades. Lo seguía mucha gente, porque habían visto los signos que hacía con los enfermos. Subió Jesús entonces a la montaña y se sentó allí con sus discípulos. Estaba cerca la Pascua, la fiesta de los judíos. Jesús entonces levantó los ojos, y al ver que acudía mucha gente, dice a Felipe: «¿Con qué compraremos panes para que coman estos?». Lo decía para probarlo, pues bien sabía él lo que iba a hacer. Felipe le contestó: «Doscientos denarios de pan no bastan para que a cada uno le toque un pedazo». Uno de sus discípulos, Andrés, el hermano de Simón Pedro, le dice: «Aquí hay un muchacho que tiene cinco panes de cebada y dos peces; pero, ¿qué es eso para tantos?». Jesús dijo: «Decid a la gente que se siente en el suelo». Había mucha hierba en aquel sitio. Se sentaron; solo los hombres eran unos cinco mil. Jesús tomó los panes, dijo la acción de gracias y los repartió a los que estaban sentados, y lo mismo todo lo que quisieron del pescado. Cuando se saciaron, dice a sus discípulos: «Recoged los pedazos que han sobrado; que nada se pierda». Los recogieron y llenaron doce canastos con los pedazos de los cinco panes de cebada que sobraron a los que habían comido. La gente entonces, al ver el signo que había hecho, decía: «Este es verdaderamente el Profeta que va a venir al mundo». Jesús, sabiendo que iban a llevárselo para proclamarlo rey, se retiró otra vez a la montaña él solo.

Hechos 5, 34-42; ***Salmo*** 26, 1.4.13-14 • **JUAN 6, 1-15**

ORACIÓN

JESUCRISTO, cuando viste a la multitud, lo primero que pensaste fue el modo de alimentarlos. Luego seguirá el discurso sobre la Eucaristía, "el pan de la vida", pero comienzas por multiplicar el pan para que sacien su hambre corporal.

Una cosa pido al Señor: habitar en su casa *(Salmo 26,4)*.

ABRIL
14
SÁBADO (FE)

Sábado 2º de Pascua **Tomo II - Salterio 2ª semana**

Santos Lamberto *ob,* Bernardo *ab,* Ludivina *vg.*
Beato Pedro González (San Telmo) *pb*

Papa Francisco: "Que vayan a Galilea; allí me encontrarán". ¿Cuál es mi Galilea? Búscala y la encontrarás. Es necesario volver allí, para ver a Jesús resucitado, y convertirse en testigos de su resurrección. No es un volver atrás, no es una nostalgia. Es volver al primer amor, para recibir el fuego que Jesús ha encendido en el mundo, y llevarlo a todos los extremos de la tierra. "Galilea de los gentiles": horizonte del Resucitado, horizonte de la Iglesia; deseo intenso de encuentro. ¡Pongámonos en camino! *(19-4-2014).*

PALABRA

Al oscurecer, los discípulos de Jesús bajaron al mar, embarcaron y empezaron la travesía hacia Cafarnaún. Era ya noche cerrada, y todavía Jesús no los había alcanzado; soplaba un viento fuerte, y el lago se iba encrespando. Habían remado unos veinticinco o treinta estadios, cuando vieron a Jesús que se acercaba a la barca, caminando sobre el lago, y se asustaron. Pero Él les dijo: «Soy yo, no temáis». Querían recogerlo a bordo, pero la barca tocó tierra enseguida, en el sitio adonde iban.

Hechos **6, 1-7;** ***Salmo*** **32, 1-5.18-19 • JUAN 6, 16-21**

ORACIÓN

JESUCRISTO, toda vida humana y todo corazón pasan por noches cerradas y han de luchar para protegerse de los vientos fuertes que soplan. Pero tú me conoces bien, y sabes que mis ojos no pueden distinguirte en medio de la noche del espíritu, ni mis fuerzas son capaces de impedir que los fuertes vientos me envuelvan y dominen. Tú, creador del día y de la noche, de la calma y de los vientos, puedes acercarte a mí para decirme en todo momento con energía y autoridad: *Soy yo, no temas.* Y volverá a mi corazón la luz y la paz que el mundo no puede dar, pero yo las necesito para vivir y para ser testigo de ti en este difícil mundo de hoy.

Que tu misericordia, Señor, venga sobre nosotros, como lo esperamos de ti *(Salmo 32,22).*

SAN DAMIÁN DE MOLOKAI, LEPROSO

Santos Damián de Molokai *pb*, Abundio *cf*, Teodoro y Pausilipo *mrs*

Papa Francisco: *[Vosotros sois testigos de todo esto].* El testigo es uno que ha visto, que recuerda y cuenta. Ver, recordar y contar son los tres verbos que describen la identidad y la misión. El testigo es uno que ha *visto*, con ojo objetivo, ha visto una realidad, pero no con ojo indiferente; ha visto y se ha dejado involucrar por el acontecimiento. Por eso *recuerda*, no solo porque sabe reconstruir en modo preciso los hechos sucedidos, sino también porque aquellos hechos le han hablado y él ha captado el sentido profundo. Entonces el testigo *cuenta*, no de manera fría y distante sino como uno que se ha dejado poner en cuestión y desde aquel día ha cambiado de vida. Cristo puede ser testimoniado por quienes han tenido una experiencia personal de Él, en la oración y en la Iglesia, a través de un camino que tiene su fundamento en el Bautismo, su alimento en la Eucaristía, su sello en la Confirmación, su continua conversión en la Penitencia *(19-4-2015)*.

PALABRA

• ***Hechos de los Apóstoles*** 3, 13-15.17-19: Pedro dijo a la gente: «El Dios de Abrahán, de Isaac y de Jacob, el Dios de nuestros padres, ha glorificado a su siervo Jesús, al que vosotros entregasteis ante Pilato, cuando había decidido soltarlo. Vosotros renegasteis del Santo y del Justo y pedisteis el indulto de un asesino; matasteis al autor de la vida, pero Dios lo resucitó de entre los muertos, y nosotros somos testigos de ello. Ahora bien, hermanos, sé que lo hicisteis por ignorancia, al igual que vuestras autoridades; pero Dios cumplió de esta manera lo que había predicho por los profetas, que su Mesías tenía que padecer. Por tanto, arrepentíos y convertíos, para que se borren vuestros pecados".

• ***Salmo*** 4, 2.7.9: ***Haz brillar sobre nosotros la luz de tu rostro, Señor.***

• ***1Juan*** 2, 1-5a: Hijos míos, os escribo esto para que no pequéis. Pero si alguno peca, tenemos a uno que abogue ante el Padre: a Jesucristo, el Justo. Él es víctima de propiciación por nuestros pecados, no solo por los nuestros, sino también por los del mundo entero. En esto sabemos que lo conocemos: en que guardamos sus mandamientos. Quien dice: «Yo lo conozco» y no guarda sus mandamientos, es un mentiroso y la verdad no está en él. Pero quien guarda su palabra, ciertamente en él el amor de Dios ha llegado a su plenitud. En esto conocemos que estamos en él.

• **LUCAS 24, 35-48:** Contaron los discípulos lo que les había pasado en el camino y cómo habían reconocido a Jesús al partir el pan. Estaban hablando de estas cosas, cuando él se presentó en medio de ellos y les dice: «Paz a vosotros». Pero ellos, aterrorizados y llenos de miedo, creían ver un espíritu. Y él les dijo: «¿Por qué os alarmáis?, ¿por qué surgen dudas en vuestro corazón? Mirad mis manos y mis pies: soy yo en persona. Palpadme y daos cuenta de que un espíritu no tiene carne y huesos, como veis que yo tengo». Dicho esto, les mostró las manos y los pies. Pero como no acababan de creer por la alegría, y seguían atónitos, les dijo: «¿Tenéis ahí algo que comer?». Ellos le ofrecieron un trozo de pez asado. Él lo tomó y comió delante de ellos. Y les dijo: «Esto es lo que os dije mientras estaba con vosotros: que era necesario que se cumpliera todo lo escrito en la Ley de Moisés y en los Profetas y Salmos acerca de mí». Entonces les abrió el entendimiento para comprender las Escrituras. Y les dijo: «Así está escrito: el Mesías padecerá, resucitará de entre los muertos al tercer día, y en su nombre se predicará la conversión para el perdón de los pecados a todos los pueblos, comenzando por Jerusalén. Vosotros sois testigos de esto».

ORACIÓN

JESUCRISTO, *¡Paz a vosotros!* Falta me hace escuchar tus palabras después de resucitar. Porque, a pesar de las continuas muestras de amor, aún se cuelan dudas y falsas alarmas en mi corazón. Quiero sentirte a ti, vivo, en persona, que abras mi entendimiento para comprender las Escrituras y los designios que tiene para mí el Padre que te resucitó para mi salvación.

Santos Engracia y *co mrs*,
Bernardita Soubirous *vg*,
Benito José Labre *cf*, Toribio de Astorga

ABRIL
16
LUNES (FE)

Papa Francisco: *Me buscáis, no porque habéis visto las señales, sino porque habéis comido aquellos panes y os habéis saciado.* Es la tentación de caer en el mundanismo. Muchos siguen a Jesús por interés. Incluso entre sus apóstoles: los hijos de Zebedeo querían ser, uno, primer ministro y el otro, ministro de economía, querían el poder. Esa gracia de llevar la buena noticia a los pobres, la libertad a los cautivos y la vista a los ciegos, la libertad a los oprimidos y proclamar un año de gracia, se vuelve oscura, se pierde y se convierte en querer algo del poder *(20-4-2015)*.

PALABRA

Después que Jesús hubo saciado a cinco mil hombres, sus discípulos lo vieron caminando sobre el mar. Al día siguiente, la gente que se había quedado al otro lado del mar notó que allí no había habido más que una barca y que Jesús no había embarcado con sus discípulos, sino que sus discípulos se habían marchado solos. Entretanto, unas barcas de Tiberíades llegaron cerca del sitio donde habían comido el pan después que el Señor había dado gracias. Cuando la gente vio que ni Jesús ni sus discípulos estaban allí, se embarcaron y fueron a Cafarnaún en busca de Jesús. Al encontrarlo en la otra orilla del lago, le preguntaron: «Maestro, ¿cuándo has venido aquí?». Jesús les contestó: «En verdad, en verdad os digo: me buscáis, no porque habéis visto signos, sino porque comisteis pan hasta saciaros. Trabajad, no por el alimento que perece, sino por el alimento que perdura para la vida eterna, el que os dará el Hijo del hombre; pues a este lo ha sellado el Padre, Dios». Ellos le preguntaron: «Y, ¿qué tenemos que hacer para realizar las obras de Dios?». Respondió Jesús: «La obra que Dios quiere es esta: que creáis en el que él ha enviado».

Hechos 6, 8-15; ***Salmo*** 118, 23-30 • **JUAN 6, 22-29**

ORACIÓN

JESUCRISTO, tú, pensando en nosotros, te preocupas del alimento espiritual y corporal. Yo, pensando en ti, solo me interesa el espiritual: "el alimento que perdura hasta la vida eterna", el que me orienta para creer en el que el Padre me ha enviado para dar sentido y fuerzas a mi paso por este mundo: mi misión es pasar haciendo el bien, peregrino hacia la vida eterna para siempre, donde recibiré el Bien mayor, que eres tú mismo.

Dichoso el que camina en la ley del Señor *(Salmo 118,1).*

Santos Elías, Pablo e Isidoro de Córdoba *mrs,* Pablo y Hermógenes *mrs,* Roberto *ab*

Papa Francisco: «Yo soy el pan de vida. El que viene a mí no tendrá hambre, y el que cree en mí no tendrá sed jamás». Esta es la referencia a la Eucaristía, el don más grande que sacia el alma y el cuerpo. Encontrar y acoger en nosotros a Jesús, «pan de vida», da significado y esperanza al camino a menudo tortuoso de la vida. Pero este «pan de vida» nos ha sido dado con un cometido, esto es, para que podamos a su vez saciar el hambre espiritual y material de nuestros hermanos, anunciando el Evangelio por todas partes. Con el testimonio de nuestra actitud fraterna y solidaria hacia el prójimo, hagamos presente a Cristo y su amor en medio de los hombres *(2-8-2015)*.

PALABRA

El gentío dijo a Jesús: «¿Y qué signo haces tú, para que veamos y creamos en ti? ¿Cuál es tu obra? Nuestros padres comieron el maná en el desierto, como está escrito: "Pan del cielo les dio a comer"». Jesús les replicó: «En verdad en verdad os digo: no fue Moisés quien os dio pan del cielo, sino que es mi Padre el que os da el verdadero pan del cielo. Porque el pan de Dios es el que baja del cielo y da vida al mundo». Entonces le dijeron: «Señor, danos siempre de este pan». Jesús les contestó: «Yo soy el pan de vida. El que viene a mí no pasará hambre, y el que cree en mí no tendrá sed jamás».

Hechos 7, 51 - 8,1a; ***Salmo*** 30,3-8.17.21 • **JUAN 6, 30-35**

ORACIÓN

JESUCRISTO, "danos siempre de ese pan, pan de Dios que baja del cielo y da vida al mundo". Te lo pido entre avergonzado y esperanzado: avergonzado, porque cada día o cada domingo lo recibo y apenas doy importancia a lo que es el mismo Dios hecho Hombre, tu mismo Cuerpo resucitado; y esperanzado porque en este mundo ya me da la unión íntima contigo, el Amigo que no defrauda, y sé que me dará la vida eterna.

A tus manos, Señor, encomiendo mi espíritu *(Salmo 30,6)*.

Miércoles 3° de Pascua

Santos Eusebio *ob,* Anastasia *vd,* Perfecto *pb mr.* María de la Encarnación *mf rl.* Beato Andrés Hibernón *rl*

ABRIL

18

MIÉRCOLES (FE)

Papa Francisco: El corazón se llena de confianza y esperanza pensando en las palabras de Jesús citadas en el Evangelio: «El que come mi carne y bebe mi sangre tiene vida eterna, y yo lo resucitaré en el último día». Vivamos la Eucaristía con espíritu de fe, de oración, de perdón, de penitencia, de alegría comunitaria, de atención hacia los necesitados y hacia las necesidades de tantos hermanos y hermanas, con la certeza de que el Señor cumplirá lo que nos ha prometido: la vida eterna.

PALABRA

Dijo Jesús al gentío: «Yo soy el pan de vida. El que viene a mí no pasará hambre, y el que cree en mí no tendrá sed jamás; pero, como os he dicho, me habéis visto y no creéis. Todo lo que me da el Padre vendrá a mí, y al que venga a mí no lo echaré afuera, porque he bajado del cielo, no para hacer mi voluntad, sino la voluntad del que me ha enviado. Esta es la voluntad del que me ha enviado: que no pierda nada de lo que me dio, sino que lo resucite en el último día. Esta es la voluntad de mi Padre: que todo el que ve al Hijo y cree en él tenga vida eterna, y yo lo resucitaré en el último día».

Hechos 8,1b-3.4-8; ***Salmo*** 65,1-7 • **JUAN 6,35-40**

ORACIÓN

JESUCRISTO, tú sabes que mi mayor deseo es que se cumpla en mi vida la voluntad del Padre y que yo la acepte como lo mejor, porque así lo es. Tú no dejarás que me pierda, y me resucitarás en el último día, para alabarte eternamente con todos los santos.

Aclamad al Señor, tierra entera *(Salmo 65,1).*

Santos León IX *pp*, Jorge de Antioquía *ob*, Marta *vg mr*

Papa Francisco: "Nadie puede venir a mí, si no lo atrae el Padre", "el que cree en mí, tiene la vida eterna". Nos hace reflexionar. Esta palabra introduce en la dinámica de la fe, que es una relación: la relación entre la persona humana, todos nosotros, y la persona de Jesús, donde el Padre juega un papel decisivo, y también el Espíritu Santo, que está implícito aquí. No basta encontrar a Jesús para creer en Él, no basta leer la Biblia, el Evangelio, eso es importante, ¿eh?, pero no basta. No basta ni siquiera asistir a un milagro: lo despreciaron y condenaron. Y yo me pregunto: ¿por qué esto? ¿No fueron atraídos por el Padre? No, esto sucedió porque su corazón estaba cerrado a la acción del Espíritu de Dios. Y si tú tienes el corazón cerrado, la fe no entra. Dios Padre siempre nos atrae hacia Jesús. Somos nosotros quienes abrimos nuestro corazón o lo cerramos *(9-8-2015)*.

PALABRA

Dijo Jesús al gentío: «Nadie puede venir a mí, si no lo atrae el Padre que me ha enviado. Y yo lo resucitaré el último día. Está escrito en los profetas: "Serán todos discípulos de Dios". Todo el que escucha al Padre y aprende viene a mí. No es que alguien haya visto al Padre, a no ser el que está junto a Dios: ese ha visto al Padre. En verdad, en verdad os digo: el que cree tiene vida eterna. Yo soy el pan de la vida. Vuestros padres comieron en el desierto el maná y murieron: este es el pan que baja del cielo, para que el hombre coma de él y no muera. Yo soy el pan vivo que ha bajado del cielo; el que coma de este pan vivirá para siempre. Y el pan que yo daré es mi carne para la vida del mundo».

Hechos 8, 26-40; ***Salmo*** 65, 8-9.16-17.20 • **JUAN 6, 44-51**

ORACIÓN

JESUCRISTO: "Yo lo resucitaré el último día", aseguras al que te sigue, y esas palabras han alentado y alientan a todos los que por ti dan su vida y su sangre. Yo, aunque sea solo un aprendiz, me considero afortunado de estar en tu escuela: "discípulo de Dios, el que escucha al Padre, aprende y va a ti". No ofrece nuestro mundo el mejor ambiente para escuchar tu voz, en medio de tantas voces que gritan en mi entorno proponiéndome mil falsas promesas de felicidad. Yo prefiero tu palabra, y el alimento que me ofreces: "Yo soy el pan vivo; el que coma de este pan vivirá para siempre". Palabra y eucaristía, que me aseguran tu presencia en mi vida actual, y la vida eterna. Hoy te ruego por el papa emérito Benedicto XVI, que hoy, hace trece años, aceptó la pesada carga de la cruz del servicio papal a toda la Iglesia en su ancianidad: que tu presencia llene su vida, y lo sostenga y consuele en su retiro por amor a la Iglesia.

Aclamad al Señor, tierra entera *(Salmo 65,1).*

Santos Inés de Montepulciano *vg*, Aniceto *pp*, Secundino *mr*, Marcelino *ob*

ABRIL
20
VIERNES (FE)

Papa Francisco: La víspera de su muerte redentora en la cruz, Él realizó lo que había predicho: «Yo soy el pan vivo que ha bajado del cielo. El que coma de este pan vivirá para siempre, y el pan que yo daré es mi carne por la vida del mundo... El que come mi carne y bebe mi sangre habita en mí y yo en él». Jesús toma entre sus manos el pan y dice: «Tomad, esto es mi Cuerpo». Con este gesto y con estas palabras, Él asigna al pan una función que ya no es la de simple alimento físico, sino la de hacer presente su Persona en medio de la comunidad de los creyentes. No basta afirmar que en la Eucaristía Jesús está presente, sino que es necesario ver en ella la presencia de una vida donada y participar de ella. Cuando tomamos y comemos ese Pan, somos asociados a la vida de Jesús, entramos en comunión con Él, nos comprometemos a realizar la comunión entre nosotros, a transformar nuestra vida en don, sobre todo a los más pobres *(7-6-2015)*.

PALABRA

Disputaban los judíos entre sí: «¿Cómo puede este darnos a comer su carne?». Entonces Jesús les dijo: «En verdad, en verdad os digo: si no coméis la carne del Hijo del hombre y no bebéis su sangre no tenéis vida en vosotros. El que come mi carne y bebe mi sangre tiene vida eterna, y yo lo resucitaré en el último día. Mi carne es verdadera comida, y mi sangre es verdadera bebida. El que come mi carne y bebe mi sangre habita en mí y yo en él. Como el Padre que vive me ha enviado y yo vivo por el Padre, así, del mismo modo, el que me come vivirá por mí. Este es el pan que ha bajado del cielo; no como el de vuestros padres, que lo comieron y murieron. El que come este pan vivirá para siempre». Esto lo dijo Jesús en la sinagoga, cuando enseñaba en Cafarnaún.

Hechos 9, 1-20; ***Salmo*** 116, 1-2 • **JUAN 6, 52-59**

ORACIÓN

JESUCRISTO: "El que coma de este pan vivirá para siempre". En este mundo me aseguras que "habitaré en ti y tú en mí". No solo a tu lado o en pos de ti, sino en ti, y tú en mí. No puede pensarse en unión más profunda. Ni amistad más fuerte entre tú y yo, si como tu carne, que es la eucaristía. Y para la eternidad, vida para siempre. Tus palabras me invitan a meditar en la importancia de la comunión: estar siempre preparado, en gracia y consciente para comulgar sabiendo lo que hago. Y me invitas a convertirme: no puedo vivir en ti y tú conmigo, sin amarte en los demás llevando una vida mundana.

Id al mundo entero y proclamad el Evangelio *(Marcos 16,15)*.

Santos ANSELMO *ob dc*, Anastasio *ab*, Conrado de Parzham *rl*, Román Adame *pr mr*

Papa Francisco: «¡Este modo de hablar es duro! –decían–. ¿Quién puede hacerle caso?». Pedro hace entonces su confesión de fe en nombre de los otros Apóstoles: «Señor, ¿a quién vamos a acudir? Tú tienes palabras de Vida eterna». La fidelidad a Dios es una cuestión de fidelidad a una persona, a la cual nos adherimos para recorrer juntos un mismo camino. Y esta persona es Jesús. ¡Tenemos necesidad de Jesús, de estar con Él, de alimentarnos en su mesa, con sus palabras de vida eterna! Creer en Jesús significa hacer de Él el centro, el sentido de nuestra vida. Adherirse a Él, en una verdadera relación de fe y de amor, no significa estar encadenados, sino ser profundamente libres, siempre en camino *(23-8-2015)*.

PALABRA

Muchos de los discípulos de Jesús dijeron: «Este modo de hablar es duro, ¿quién puede hacerle caso?». Sabiendo Jesús que sus discípulos lo criticaban, les dijo: «¿Esto os escandaliza?, ¿y si vierais al Hijo del hombre subir a donde estaba antes? El Espíritu es quien da vida; la carne no sirve para nada. Las palabras que os he dicho son espíritu y vida. Y con todo, hay algunos de entre vosotros que no creen». Pues Jesús sabía desde el principio quiénes no creían y quién lo iba a entregar. Y dijo: «Por eso os he dicho que nadie puede venir a mí, si el Padre no se lo concede». Desde entonces, muchos discípulos suyos se echaron atrás y no volvieron a ir con él. Entonces Jesús les dijo a los Doce: «¿También vosotros queréis marcharos?». Simón Pedro le contestó: «Señor, ¿a quién vamos a acudir? Tú tienes palabras de vida eterna; nosotros creemos y sabemos que tú eres el Santo de Dios».

Hechos 9,31-42; ***Salmo*** 115,12-17 • **JUAN 6,60-69**

ORACIÓN

JESUCRISTO: me admira tu valentía, al quedarte solo con tus Doce: "También vosotros queréis marcharos?". No quieres seguidores a disgusto, prefieres que seamos siempre libres. Y hoy te dice a ti, lector: *¿Tú también prefieres seguir a otros maestros?* Ojalá respondamos tú y yo, de corazón, con Pedro: Fuera de ti, *¿A quién vamos a acudir? Solo tú tienes palabras de vida eterna.* Y seamos consecuentes.

¿Cómo pagaré al Señor todo el bien que me ha hecho? *(Salmo 115,12)*.

SS. SOTERO Y CAYO, PAPAS

Santos Sotero y Cayo *pps*, Leónidas *mr*, Oportuna *ab*, Teodoro *ob*

ABRIL **22** DOMINGO

JORNADA MUNDIAL DE ORACIÓN POR LAS VOCACIONES

Papa Francisco: Cristo es el Pastor verdadero, que realiza el modelo más alto de amor por el rebaño: Él *dispone* libremente de su propia vida, nadie se la quita, sino que la *dona* en favor de las ovejas. En abierta oposición a los falsos pastores, Jesús se presenta como el verdadero y único Pastor del pueblo. En la figura de Jesús, Pastor bueno, contemplamos a la Providencia de Dios, su solicitud paternal por cada uno de nosotros. ¡No nos deja solos! La consecuencia de esta contemplación de Jesús, Pastor verdadero y bueno, es la exclamación de conmovido estupor que nos ofrece san Juan: «Mirad qué amor nos ha tenido el Padre...» (1*Juan* 3, 1). Es verdaderamente un amor sorprendente y misterioso, porque donándonos a Jesús como Pastor que da la vida por nosotros, el Padre nos ha dado lo más grande y precioso que nos podía donar. Pero contemplar y agradecer no basta. También hay que *seguir* al buen Pastor *(26-4-2015)*.

PALABRA

• ***Hechos de los Apóstoles*** 4, 8-12: Pedro, lleno de Espíritu Santo, dijo: «Jefes del pueblo y ancianos: Porque le hemos hecho un favor a un enfermo, nos interrogáis hoy para averiguar qué poder ha curado a este hombre; quede bien claro a todos vosotros y a todo Israel, que ha sido el nombre de Jesucristo el Nazareno, a quien vosotros crucificasteis y a quien Dios resucitó de entre los muertos; por este Nombre, se presenta este sano ante vosotros. Él es "la piedra que desechasteis vosotros, los arquitectos, y que se ha convertido en piedra angular"; no hay salvación en ningún otro, pues bajo el cielo, no se ha dado a los hombres otro nombre por el que debamos salvarnos».

• ***Salmo*** 117, 1.8-9.21-29: ***La piedra que desecharon los arquitectos es ahora la piedra angular.***

• ***1Juan*** 3, 1-2: Mirad qué amor nos ha tenido el Padre para llamarnos hijos de Dios, pues, ¡lo somos! El mundo no nos conoce porque no lo conoció a él. Queridos, ahora somos hijos de Dios y aún no se ha manifestado lo que seremos. Sabemos que, cuando él se manifieste, seremos semejantes a él, porque lo veremos tal cual es.

• **JUAN 10, 11-18:** Dijo Jesús: «Yo soy el Buen Pastor. El buen pastor da su vida por las ovejas; el asalariado, que no es pastor ni dueño de las ovejas, ve venir al lobo, abandona las ovejas y huye; y el lobo las roba y las dispersa; y es que a un asalariado no le importan las ovejas. Yo soy el buen Pastor, que conozco a las mías y las mías me conocen, igual que el Padre me conoce y yo conozco al Padre; yo doy mi vida por las ovejas. Tengo, además, otras ovejas que no son de este redil; también a estas las tengo que traer, y escucharán mi voz, y habrá un solo rebaño y un solo Pastor. Por eso me ama el Padre, porque yo entrego mi vida para poder recuperarla. Nadie me la quita, sino que yo la entrego libremente. Tengo poder para entregarla y tengo poder para recuperarla. Este mandato he recibido de mi Padre».

ORACIÓN **JESUCRISTO:** tú eres mi pastor, el que dio su vida libremente para que yo, pobre oveja tuya, tenga vida. Tú me conoces mejor que yo mismo, y yo quiero conocerte cada día más. Hoy te doy gracias por los padres que me diste: la mejor herencia que nos dejaron a hijos y nietos ha sido conocerte, creer en ti y gozar de tu amistad; y, entre los hijos, has elegido dos para el sacerdocio. ¡Gracias, Señor! Que la fidelidad de los sacerdotes responda a la generosidad de sus padres.

Santos JORGE *mr*,
Adalberto *ob mr*, Gerardo *ob*.
Beato Gil de Asís *rl*

ABRIL
23
LUNES (ML)

Papa Francisco: La imagen de la puerta se refiere a la de la casa, del hogar doméstico, donde encontramos seguridad, amor, calor. Jesús nos dice que existe una puerta que nos hace entrar en la familia de Dios, en el calor de la casa de Dios, de la comunión con Él. Esta puerta es Jesús mismo Él es la puerta. Él es el paso hacia la salvación. Él conduce al Padre. Y la puerta, que es Jesús, nunca está cerrada, esta puerta nunca está cerrada, está abierta siempre y a todos, sin distinción, sin exclusiones, sin privilegios. «Pero, Padre, seguramente yo estoy excluido, porque soy un gran pecador. ¡No, no estás excluido! Precisamente por esto eres el preferido, porque Jesús prefiere al pecador, siempre, para perdonarle, para amarle. Jesús te está esperando para abrazarte, para perdonarte. Todos están invitados a cruzar esta puerta, a atravesar la puerta de la fe, a entrar en su vida, y a hacerle entrar en nuestra vida, para que Él la transforme, la renueve, le dé alegría plena y duradera.

PALABRA

Dijo Jesús a los fariseos: «En verdad, en verdad os digo: el que no entra por la puerta en el aprisco de las ovejas, sino que salta por otra parte, ese es ladrón y bandido; pero el que entra por la puerta es pastor de las ovejas. A este le abre el guarda, y las ovejas atienden a su voz, y él va llamando por el nombre a sus ovejas y las saca fuera. Cuando ha sacado todas las suyas camina delante de ellas, y las ovejas lo siguen, porque conocen su voz; a un extraño no lo seguirán, sino que huirán de él, porque no conocen la voz de los extraños». Jesús les puso esta comparación, pero ellos no entendieron de qué les hablaba. Por eso añadió Jesús: «En verdad, en verdad os digo: yo soy la puerta de las ovejas. Todos los que han venido antes de mí son ladrones y bandidos; pero las ovejas no los escucharon. Yo soy la puerta: quien entre por mí se salvará y podrá entrar y salir, y encontrará pastos. El ladrón no entra sino para robar y matar y hacer estragos; yo he venido para que tengan vida y la tengan abundante».

Hechos 11, 1-18; ***Salmo*** 41, 2-3; 42, 3-4 • **JUAN 10, 1-10**

ORACIÓN

JESUCRISTO, tú eres la puerta de la Vida, no hay otra entrada ni otro camino hacia la felicidad que todos anhelamos. Hay falsos maestros que ofrecen rutas que prometen la libertad y el placer, pero llevan a la que nunca me deje embaucar. Me lo dices bien claro y yo me aferro a tu palabra de salvación, que acepto gozoso con la alegría de la fe.

ABRIL

24

MARTES (ML)

Martes 4° de Pascua

Santos FIDEL DE SIGMARINGA *pb mr*, M.ª Cleofé y M.ª Salomé *NT*, Gregorio de Elvira *ob*, Benito Menni *pb*, M.ª Eufrasia Pelletier *vg*

SAN BENITO MENNI

Papa Francisco: *Vosotros no creéis porque no sois de mis ovejas...* Estos doctores de la ley tenían el corazón cerrado, se sentían dueños de sí mismos y, de hecho, eran huérfanos porque no tenían una relación con el Padre. Hablaban, sí, de sus padres: nuestro padre Abrahán, los Patriarcas, pero como figuras distantes. Jesús nos invita a ser sus discípulos, pero para serlo, debemos dejarnos atraer por el Padre hacia él. Y la oración humilde del hijo que podemos hacer es: Padre, atráeme hacia Jesús; Padre, permíteme conocer a Jesús. Y el Padre enviará el Espíritu que abrirá nuestros corazones y nos llevará a Jesús. Un cristiano que no se siente atraído por el Padre hacia Jesús es un cristiano que vive en condición de orfandad; y nosotros tenemos un Padre, no somos huérfanos *(19-4-16)*.

PALABRA

Se celebraba en Jerusalén la fiesta de la Dedicación del templo. Era invierno, y Jesús se paseaba en el templo por el pórtico de Salomón. Los judíos, rodeándolo, le preguntaban: «¿Hasta cuándo nos vas a tener en suspenso? Si tú eres el Mesías, dínoslo francamente». Jesús les respondió: «Os lo he dicho, y no creéis; las obras que yo hago en nombre de mi Padre, esas dan testimonio de mí. Pero vosotros no creéis, porque no sois de mis ovejas. Mis ovejas escuchan mi voz, y yo las conozco, y ellas me siguen, y yo les doy la vida eterna; no perecerán para siempre, y nadie las arrebatará de mi mano. Lo que mi Padre me ha dado es más que todas las cosas, y nadie puede arrebatar nada de la mano de mi Padre. Yo y el Padre somos uno».

Hechos 11, 19-26; ***Salmo*** 86, 1-7 • **JUAN 10, 22-30**

ORACIÓN

JESUCRISTO: tus palabras a los judíos son tremendamente duras: "Vosotros no creéis porque no sois de mis ovejas", aunque a ellos no les importara quedar fuera de tu rebaño. Si me lo dijeras a mí, me dejarías más helado que el tiempo de Jerusalén aquel día, que "era invierno". No soy capaz de entender la posibilidad de estar fuera de tu aprisco, la Iglesia, no tenerte como Pastor, no considerarte mi mejor Amigo. Tú lo eres todo para mí. ¡Nunca me dejes, por favor!

***Alabad al Señor todas las naciones** (Salmo 116,1).*

FIESTA DE SAN MARCOS, EVANGELISTA.
Santos Pedro de Betancur *rl*, Aniano *ob*, Franca *ab*

ABRIL
25
MIÉRCOLES

Papa Francisco: "Id y proclamad el Evangelio". El Evangelio, este mensaje de salvación, tiene dos objetivos que están unidos: el primero, suscitar la fe, y esto es la evangelización; el segundo, transformar el mundo según el proyecto de Dios, y esto es la animación cristiana de la sociedad. Pero no son dos cosas separadas, son una única misión: llevar el Evangelio con el testimonio de nuestra vida transforma el mundo. Esto es el Evangelio, la Buena Nueva: el amor de Dios ha vencido. Cristo murió en la cruz por nuestros pecados y resucitó. Con Él podemos luchar contra el mal y vencerlo cada día *(4-10-2013)*.

PALABRA

Se apareció Jesús a los Once y les dijo: «Id al mundo entero y proclamad el Evangelio a toda la creación. El que crea y sea bautizado se salvará; el que no crea será condenado. A los que crean, les acompañarán estos signos: echarán demonios en mi nombre, hablarán lenguas nuevas, agarrarán serpientes en sus manos y, si beben un veneno mortal, no les hará daño. Impondrán las manos a los enfermos, y quedarán sanos». Después de hablarles, el Señor Jesús fue llevado al cielo y se sentó a la derecha de Dios. Ellos se fueron a predicar por todas partes, y el Señor cooperaba confirmando la palabra con las señales que los acompañaban.

1Pedro 5,5b-14; ***Salmo*** 88,2-7.16-17 • **MARCOS 16,15-20**

ORACIÓN

JESUCRISTO, no es bastante para ti gastarte y desgastarte desde tu nacimiento hasta la Cruz: sentado a la derecha del Padre, continúas sosteniendo a tu Iglesia con los dones del Espíritu Santo y los milagros que realizas. Te fuiste, pero continúas vivo entre nosotros. Estoy en las mejores manos. Solo tengo que temer una cosa: dejarte, no porque te olvides de mí, sino por mis pecados. ¡No permitas que nada ni nadie logre lo que más detesto: vivir separado de ti!

Cantaré eternamente tus misericordias, Señor *(Salmo 88,1).*

Santos ISIDORO *ob dc*, Cleto *pp*.
Beatos Domingo y Gregorio *pbs*

FIESTA DE SAN ISIDORO, OBISPO, DOCTOR DE LA IGLESIA, PATRONO DE INTERNET

Papa Francisco: El Evangelio es fuente de alegría, de liberación y de salvación para todos los hombres. La Iglesia es consciente de este don, por lo tanto, no se cansa de proclamar sin cesar a todos «lo que existía desde el principio, lo que hemos oído, lo que hemos visto con nuestros propios ojos» (1*Juan* 1,1). La misión de los servidores de la Palabra -obispos, sacerdotes, religiosos y laicos- es la de poner a todos, sin excepción, en una relación personal con Cristo. En el inmenso campo de la acción misionera de la Iglesia, todo bautizado está llamado a vivir lo mejor posible su compromiso, según su situación personal *(24-5-2015)*.

PALABRA

Dijo Jesús a sus discípulos: «Vosotros sois la sal de la tierra. Pero si la sal se vuelve sosa, ¿con qué la salarán? No sirve más que para tirarla fuera y que la pise la gente. Vosotros sois la luz del mundo. No se puede ocultar una ciudad puesta en lo alto de un monte. Tampoco se enciende una lámpara para meterla debajo del celemín, sino para ponerla en el candelero y que alumbre a todos los de casa. Brille así vuestra luz ante los hombres, para que vean vuestras buenas obras y den gloria a vuestro Padre que está en los cielos».

2Corintios 1,1-10; ***Salmo*** 118,99-104 • **MATEO 5,13-16**

ORACIÓN

JESUCRISTO, "luz del mundo y sal de la tierra". Eso fue San Isidoro, a quien preparaste en el seno de una familia profundamente cristiana, que dejó su Cartagena natal para trasladarse a Sevilla y preservar la fe católica. Hoy lo tenemos a la vanguardia de los medios de comunicación social, como Patrono de Internet, pero desde el siglo VII ha sido luz con sus obras, y sal con el ejemplo de su vida. Sal y luz: solo si yo estoy encendido por ti y salado, podré serlo para los demás, con mi vida y mi palabra y en las redes sociales.

Lámpara es tu palabra para mis pasos, luz en mi sendero (Salmo 118,105).

ABRIL 27 VIERNES (FE)

Santos Rafael Arnaiz *mj.* Zita *vg*, Simeón *ob mr*,

Papa Francisco: *En la casa del Padre hay muchas estancias. Voy a prepararos sitio.* Con su oración Jesús intercede por cada uno de nosotros... Yo creo que Jesús hace ver sus llagas al Padre, porque las llagas las ha llevado consigo después de la Resurrección, las hace ver al Padre y nos nombra a cada uno de nosotros... El cristiano es un hombre de esperanza, que espera que el Señor vuelva. Toda la Iglesia está en la espera de Jesús, Jesús volverá. Esta es la esperanza cristiana *(22-4-16).*

PALABRA

Dijo Jesús a sus discípulos: «No se turbe vuestro corazón; creed en Dios y creed también en mí. En la casa de mi Padre hay muchas moradas; si no, os lo habría dicho, porque me voy a prepararos un lugar. Cuando vaya y os prepare un lugar, volveré y os llevaré conmigo, para que donde estoy yo estéis también vosotros. Y adonde yo voy, ya sabéis el camino». Tomás le dice: «Señor, no sabemos adónde vas, ¿cómo podemos saber el camino?». Jesús le responde: «Yo soy el camino y la verdad y la vida. Nadie va al Padre, sino por mí».

Hechos 13, 26-33; ***Salmo*** 2, 6-12 • **JUAN 14, 1-6**

ORACIÓN

JESUCRISTO, la muerte, que tantos tintes de oscuridad suele tener y tantos temblores causa, encuentra en tus palabras la más positiva imagen, que es la que debe prevalecer, porque tú sabes bien lo que dices, tú eres la Verdad. Y tú dices, en el anuncio de tu Ascensión, que te vas a la casa de tu Padre para prepararme un lugar y que cuando lo tengas preparado, vendrás a llevarme contigo para siempre esté yo donde estás tú. ¿Miedo a la muerte? ¡Esperanza firme: estar contigo es con mucho lo mejor!

Tú eres mi hijo: yo te he engendrado hoy *(Salmo 2,7).*

ABRIL

28

SÁBADO (ML)

Sábado 4° de Pascua — Tomo II - Salterio 4ª semana

Santos PEDRO CHANEL ***pb mr,*** **LUIS M.ª G. DE MONTFORT** ***pb,*** **Vital** ***mr,*** **Prudencio** ***ob,*** **Juana Beretta Molla** ***mf.*** **Beato José Cebula** ***pb mr***

SANTA JUANA BERETTA MOLLA

Papa Francisco: La verdadera autoridad de la Iglesia de Roma es la caridad de Cristo, no hay otra. Esta es la única fuerza que la hace universal y creíble para los hombres y el mundo; esta es el corazón de su verdad, que no erige muros de división y exclusión, sino que se transforma en puente que construye la comunión y llama a la unidad del género humano. No se puede representar a alguien sin reflejar sus rasgos, sin evocar su rostro. Jesús dice: *«Quien me ha visto a mí, ha visto al Padre».* Es importante no consentir que se desvanezca el rostro de aquel que está en la raíz del propio itinerario, o que se confunda la voz que ha dado origen al propio camino. «Acuérdate de Jesucristo» (2*Timoteo* 2, 8), decía Pablo a su discípulo. No perder la memoria de Jesucristo *(25-6-2015).*

PALABRA

Dijo Jesús a sus discípulos: «Si me conocierais a mí, conoceríais también a mi Padre. Ahora ya lo conocéis y lo habéis visto». Felipe le dice: «Señor, muéstranos al Padre y nos basta». Jesús le replica: «Hace tanto que estoy con vosotros, ¿y no me conoces, Felipe? Quien me ha visto a mí ha visto al Padre. ¿Cómo dices tú: "Muéstranos al Padre"? ¿No crees que yo estoy en el Padre, y el Padre en mí? Lo que yo os digo no lo hablo por cuenta propia. El Padre, que permanece en mí, él mismo hace las obras. Creedme: yo estoy en el Padre y el Padre en mí. Si no, creed a las obras. En verdad, en verdad os digo: el que cree en mí, también él hará las obras que yo hago, y aún mayores. Porque yo me voy al Padre. Y lo que pidáis en mi nombre, yo lo haré, para que el Padre sea glorificado en el Hijo. Si me pedís algo en mi nombre, yo lo haré».

Hechos 13,44-52; ***Salmo*** 97,1-4 • **JUAN 14,7-14**

ORACIÓN

JESUCRISTO, de tus enseñanzas aprendo a intentar conocerte mejor, porque cada día te escucho y te hablo. Y me animas a creer más en ti, a fiarme plenamente de ti y a pedir al Padre en tu nombre lo que necesite. Te hago caso: hoy le pido al Padre, en tu nombre, con fe, todo aquello que necesito para mi salvación. No es posible que esta oración no sea escuchada por quien tanto me ama y quiere darme la vida eterna.

Los confines de la tierra han contemplado la salvación de nuestro Dios *(Salmo 97,3).*

Santos CATALINA DE SIENA *vg dc*, Tíquico *NT*, Hugo *ab*

Papa Francisco: El Evangelio de hoy nos presenta a Jesús durante la última Cena, en el momento en el que sabe que la muerte está ya cercana. Ha llegado su «hora». Por última vez Él está con sus discípulos, y entonces quiere imprimir bien en sus mentes una verdad fundamental: también cuando Él ya no estará físicamente en medio de ellos, podrán permanecer *aún unidos a Él de un modo nuevo,* y así dar mucho fruto. Todos podemos estar unidos a Jesús de un modo nuevo. Si por el contrario uno perdiese esta comunión con Él, esta comunión con Él se volvería estéril, es más, dañina para la comunidad. Y para expresar esta realidad, este nuevo modo de estar unidos a Él, Jesús usa la imagen de la vid y los sarmientos: «Yo soy la vid, vosotros los sarmientos». Los frutos de esta unión profunda con Jesús son maravillosos: toda nuestra persona es transformada por la gracia del Espíritu: alma, inteligencia, voluntad, afectos, y también el cuerpo, porque somos unidad de espíritu y cuerpo. Recibimos un nuevo modo de ser, la vida de Cristo se convierte también en la nuestra: podemos pensar como Él, actuar como Él, ver el mundo y las cosas con los ojos de Jesús. Como consecuencia, podemos amar a nuestros hermanos, comenzando por los más pobres y los que sufren, como hizo Él, y amarlos con su corazón y llevar así al mundo frutos de bondad, de caridad y de paz. *(3-5-2015).*

PALABRA

• ***Hechos de los Apóstoles*** 9, 26-31: Llegado Pablo a Jerusalén, trataba de juntarse con los discípulos, porque todos le tenían miedo, porque no se fiaban de que fuera discípulo. Entonces Bernabé, tomándolo consigo, lo presentó a los apóstoles y él les contó cómo había visto al Señor en el camino, lo que le había dicho y cómo en Damasco había actuado valientemente en el nombre de Jesús. Saulo se quedó con ellos y se movía libremente en Jerusalén predicando públicamente el nombre del Señor. Hablaba y discutía también con los helenistas, que se propusieron matarlo. Al enterarse los hermanos, lo bajaron a Cesarea y lo enviaron a Tarso. La Iglesia gozaba de paz en toda Judea, Galilea y Samaría. Se iba construyendo y progresaba en el temor del Señor, y se multiplicaba con el consuelo del Espíritu Santo.

• ***Salmo*** 21, 26-32: ***El Señor es mi alabanza en la gran asamblea.***

• ***1Juan*** 3, 18-24: Hijos míos, no amemos de palabra ni de boca, sino con obras y según la verdad. En esto conoceremos que somos de la verdad, y tranquilizaremos nuestro corazón ante él, en el caso de que nos condene nuestro corazón, pues Dios es mayor que nuestro corazón y lo conoce todo. Queridos, si el corazón no nos condena, tenemos plena confianza ante Dios. Cuanto pidamos lo recibiremos de él, porque guardamos sus mandamientos y hacemos lo que le agrada. Y este es su mandamiento: que creamos en el nombre de su Hijo Jesucristo, y que nos amemos unos a otros tal como nos lo mandó. Quien guarda sus mandamientos permanece en Dios y Dios en él; en esto conocemos que permanece en nosotros: por el Espíritu que nos dio.

• **JUAN 15, 1-8:** Dijo Jesús a sus discípulos: «Yo soy la verdadera vid y mi Padre es el labrador. A todo sarmiento que no da fruto en mí lo arranca, y a todo el que da fruto lo poda para que dé más fruto. Vosotros ya estáis limpios por la palabra que os he hablado; permaneced en mí y yo en vosotros. Como el sarmiento no puede dar fruto por sí, si no permanece en la vid, así tampoco vosotros, si no permanecéis en mí. Yo soy la vid, vosotros los sarmientos; el que permanece en mí y yo en él, ese da fruto abundante; porque sin mí no podéis hacer nada. Al que no permanece en mí, lo tiran fuera, como el sarmiento, y se seca; luego los recogen y los echan al fuego, y arden. Si permanecéis en mí y mis palabras permanecen en vosotros, pedid lo que deseáis, y se realizará. Con esto recibe gloria mi Padre, con que deis fruto abundante; así seréis discípulos míos».

ORACIÓN

JESUCRISTO, tú eres la vid verdadera, y yo un sarmiento que recibe de ti la vida. Te pido que podes, cortes, quemes, endereces, refuerces y dispongas a tu gusto de este pobre sarmiento, para que pueda dar fruto de vida eterna. ¡Sin ti no puedo nada!

Santos PÍO V *pp,* José Benito Cottolengo *pb,*
Amador y *co mrs,*
M.ª de la Encarnación Guyart *vd rl*

Papa Francisco: "Vendremos a él y haremos morada en él". El profeta Oseas nos adentra en la ternura de Dios, como que Dios le cuenta a su pueblo cómo lo quiere, cómo lo ama, cómo lo cuida. Nos lo dice a cada uno de nosotros, y nos hará bien tomar este texto en un momento de soledad, ponernos en la presencia de Dios y escuchar cuando nos dice: "Cuando tú eras niño, yo te amé, te salvé, te enseñé a caminar". La cercanía de Dios es esta ternura: me enseñó a caminar, sin Él yo no sabría caminar en el Espíritu. Cuántas veces pienso que tenemos miedo a la ternura de Dios, y por eso no dejamos que se experimente en nosotros y así tantas veces somos duros, severos, castigadores... *(12-6-2015).*

PALABRA

Dijo Jesús a sus discípulos: «El que acepta mis mandamientos y los guarda, ese me ama; y el que me ama, será amado por mi Padre, y yo también lo amaré y me manifestaré a él». Le dijo Judas, no el Iscariote: «Señor, ¿qué ha sucedido para que te reveles a nosotros y no al mundo?». Respondió Jesús y le dijo: «El que me ama guardará mi palabra, y mi Padre lo amará, y vendremos a él y haremos morada en él. El que no me ama, no guardará mis palabras. Y la palabra que estáis oyendo no es mía, sino del Padre que me envió. Os he hablado de esto ahora que estoy a vuestro lado, pero el Paráclito, el Espíritu Santo, que enviará el Padre en mi nombre, será quien os lo enseñe todo y os vaya recordando todo lo que os he dicho».

Hechos 14, 5-18; ***Salmo*** 113B, 1-4.15-16 • **JUAN 14, 21-26**

ORACIÓN

JESUCRISTO, ¿te amo yo? Si me respondo según tus palabras, mi amor a ti va paralelo a cumplir o no tus palabras, hacer lo que tú quieres o lo que a mí me apetece. Pero yo quiero amarte, quiero responder con mi débil y efímero amor a tu Amor firme e infinito, porque tú y yo somos amigos, y yo quiero serte fiel. Espero con ansia el envío que me anuncias de tu Espíritu, no solo para que me enseñe todo, sino para que también encienda mi corazón con un amor inextinguible, a ti y a los hermanos.

No a nosotros, Señor, sino a tu nombre da la gloria *(Salmo 113B,1).*

13 MAYO 2017: I CENTENARIO DE LAS APARICIONES. El Papa, en Fátima

Tenemos una Madre, una «Señora muy bella», comentaban entre los videntes de Fátima mientras regresaban a casa, en aquel bendito 13 de mayo de hace cien años. Según las palabras de Lucía, los tres privilegiados se encontraban dentro de la Luz de Dios que la Virgen irradiaba. Fátima es sobre todo este manto de Luz que nos cubre, cuando nos refugiamos bajo la protección de la Virgen Madre para pedirle, como enseña la Salve Regina, «muéstranos a Jesús».

(Papa Francisco, 13 de mayo de 2017, homilía)

MAYO

1

MARTES (ML)

SAN JOSÉ OBRERO

Santos JOSÉ OBRERO, Jeremías *prof*, Ricardo Pampuri *rl*, Segundo *ob*, Segismundo *re*. Beata Mafalda *vg*

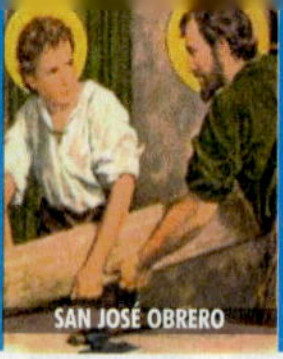
SAN JOSÉ OBRERO

Papa Francisco: En el Evangelio, la Sagrada Familia de Nazaret se presenta como una familia de trabajadores, y Jesús mismo era conocido como el «hijo del carpintero» o incluso «el carpintero». Y san Pablo no duda en poner en guardia a los cristianos: «Si alguno no quiere trabajar, que no coma» (2*Tesalonicenses* 3, 10). El compromiso del trabajo y la vida del espíritu, en la concepción cristiana, no están de ninguna manera en contraste entre sí. Es importante comprender bien esto. Oración y trabajo pueden y deben ir de la mano, en armonía, como enseña san Benito. La falta de trabajo perjudica al espíritu, como la ausencia de oración hace daño también a la actividad práctica *(19-8-2015)*.

PALABRA

Jesús fue a su ciudad y se puso a enseñar en su sinagoga. La gente decía admirada: «¿De dónde saca este esa sabiduría y esos milagros? ¿No es el hijo del carpintero? ¿No es su Madre María, y sus hermanos Santiago, José, Simón y Judas? ¿No viven aquí todas sus hermanas? Entonces, ¿de dónde saca todo eso?». Y se escandalizaban a causa de él. Jesús les dijo: «Solo en su tierra y en su casa desprecian a un profeta». Y no hizo allí muchos milagros, por su falta de fe.

Génesis 1,26 - 2,3; ***Salmo*** 89, 2-4.12-16 • **MATEO 13, 54-58**

ORACIÓN

JESÚS, el "Mes de María" comienza con la memoria de tu padre legal, san José, en su calidad de obrero, seguramente carpintero. La Palabra de Dios y la Iglesia que la proclama y la tiene como guía, valoran altamente el trabajo del hombre y de la mujer, siempre que no absorba todas las energías humanas y todo el tiempo, sin dejar espacio para la relación contigo: no se vive para trabajar, sino que se trabaja para poder vivir. Tú eras "el hijo del carpintero" para tus paisanos de Nazaret. Al iniciar el mes de María con esta conmemoración litúrgica, honramos a tus "padres": así aparecen en Jerusalén, cuando te llevaron a la Pascua. Padres sencillos, trabajadores, mujer y hombre de fe, que te ayudaron a crecer en los caminos humanos y divinos.

Haz prósperas, Señor, las obras de nuestras manos. *(Salmo 89,17).*

Santos ATANASIO *ob dc*,
Félix de Sevilla *di mr*,
Hesperio y Zoes *es* e hijos *mrs.*

Papa Francisco: *"Sin mí no podéis hacer nada".* La humildad es la virtud de los santos y de las personas llenas de Dios, que cuanto más crecen en importancia, más aumenta en ellas la conciencia de su nulidad y de no poder hacer nada sin la gracia de Dios. Muchas veces, también en la Iglesia, creemos ser buenos cristianos porque hacemos obras sociales y de caridad bien organizadas. Está bien, son cosas buenas. Pero no debemos olvidar que la savia que lleva la vida y transforma los corazones es el Espíritu Santo, el Espíritu de Cristo. Dejad que Él, el Señor, ocupe el centro de vuestro corazón y de vuestro obrar. Y precisamente permaneciendo sólidamente unidos a Él, como sarmientos a la vid, podéis ir hacia las periferias del mundo *(14-3-2015)*.

PALABRA

Dijo Jesús a sus discípulos: «Yo soy la verdadera vid, y mi Padre es el labrador. A todo sarmiento mío que no da fruto en mí lo arranca, y a todo el que da fruto lo poda, para que dé más fruto. Vosotros ya estáis limpios por la palabra que os he hablado; permaneced en mí, y yo en vosotros. Como el sarmiento no puede dar fruto por sí, si no permanece en la vid, así tampoco vosotros, si no permanecéis en mí. Yo soy la vid, vosotros los sarmientos; el que permanece en mí y yo en él, ese da fruto abundante; porque sin mí no podéis hacer nada. Al que no permanece en mí lo tiran fuera, como el sarmiento, y se seca; luego los recogen y los echan al fuego, y arden. Si permanecéis en mí, y mis palabras permanecen en vosotros, pedid lo que deseáis, y se realizará. Con esto recibe gloria mi Padre, con que deis fruto abundante; así seréis discípulos míos».

Hechos **15,1-6;** ***Salmo*** **121,1-5 • JUAN 15,1-8**

ORACIÓN

JESUCRISTO, son rotundas tus palabras al decir que tú eres la vid y nosotros los sarmientos y dejar muy claro que necesitamos estar vitalmente unidos a la vid: "Sin mí no podéis hacer nada". Exiges lo que yo más quiero: estar siempre íntimamente unido al Amigo de mi vida, de quien me vienen todos los bienes que veo y que veré. ¡Que no haya nada ni nadie que pueda separarnos!

Vamos alegres a la casa del Señor *(Salmo 121,1).*

FIESTA DE SAN FELIPE y SANTIAGO, APÓSTOLES

Santos Timoteo y Maura ***mrs,*** **Juvenal** ***ob***

SAN FELIPE Y SANTIAGO

Papa Francisco: “Nadie puede venir a mí, si no lo atrae el Padre”. Esta palabra introduce en la dinámica de la fe, que es la relación entre la persona humana y la persona de Jesús. Dios Padre siempre nos atrae hacia Jesús. Somos nosotros quienes abrimos nuestro corazón o lo cerramos. En cambio la fe, que es como una semilla en lo profundo del corazón, florece cuando nos dejamos “atraer” por el Padre hacia Jesús, y “vamos a Él” con ánimo abierto, con corazón abierto, sin prejuicios; entonces reconocemos en su rostro el rostro de Dios. Y ahí nosotros recibimos el don, el regalo de la fe. Entonces, con esta actitud de fe, podemos comprender el sentido del “Pan de la vida”: en Jesús, en su “carne” está presente todo el amor de Dios, que es el Espíritu Santo. Quien se deja atraer por este amor va hacia Jesús, y va con fe, y recibe de Él la vida, la vida eterna *(9-8-2015)*.

PALABRA

Jesús dijo a Tomás: «Yo soy el camino, y la verdad, y la vida. Nadie va al Padre, sino por mí. Si me conocierais a mí, conoceríais también a mi Padre. Ahora ya lo conocéis y lo habéis visto». Felipe le dice: «Señor, muéstranos al Padre y nos basta». Jesús le replica: «Hace tanto que estoy con vosotros, ¿y no me conoces, Felipe? Quien me ha visto a mí ha visto al Padre. ¿Cómo dices tú: “Muéstranos al Padre”? ¿No crees que yo estoy en el Padre, y el Padre en mí? Lo que yo os digo no lo hablo por cuenta propia. El Padre, que permanece en mí, él mismo hace las obras. Creedme: yo estoy en el Padre, y el Padre en mí. Si no, creed a las obras. En verdad, en verdad os digo: el que cree en mí, también él hará las obras que yo hago, y aún mayores. Porque yo me voy al Padre. Y lo que pidáis en mi nombre, yo lo haré, para que el Padre sea glorificado en el Hijo. Si me pedís algo en mi nombre, yo lo haré».

1Corintios 15,1-8; ***Salmo*** 18,2-5 • **JUAN 14,6-14**

ORACIÓN

JESUCRISTO, Camino, Verdad y Vida: qué maravilla de definición arrancó de tus labios Tomás, cuando te dijo que no sabía a dónde ibas. Te decimos tantas veces que eres el Camino que nos lleva a la Verdad que da la Vida, que nos parece normal lo que es tan extraordinario. Nadie en la historia de la humanidad ha podido decir de sí lo que tú dices que eres para nosotros. Ojalá nunca tenga que escuchar tu reproche a Felipe: Hace tanto que estoy con vosotros, ¿y no me conoces? Aprovecho tu consejo y hoy le pido al Padre en tu nombre, que me dé el conocimiento vivo de ti, el Amigo de verdad.

A toda la tierra alcanza su pregón *(Salmo 18, 5).*

Santos José M.ª Rubio *pb*, Florián *mr*, Silvano y *co mrs*, Antonina *mr*. Beato Ceferino Jiménez *mr*

Papa Francisco: Estamos invitados a celebrar esa misteriosa comunión entre Dios y su Pueblo, entre Dios y nosotros. Una comunión que siempre da fruto, que siempre da vida. Esta confianza brota de la fe, saber que contamos con su gracia, que siempre transformará y regará nuestra tierra. Una confianza que se vuelve testimonio en los rostros de tantos que nos estimulan a seguir a Jesús, a ser discípulos de Aquel que no decepciona jamás. El discípulo se siente invitado a confiar, se siente invitado por Jesús a ser amigo, a compartir su suerte, a compartir su vida. «A vosotros no os llamo siervos, os llamo amigos porque os di a conocer todo lo que sabía de mi Padre». Los discípulos son aquellos que aprenden a vivir en la confianza de la amistad de Jesús. Y el Evangelio nos presenta la cédula de identidad del cristiano, su credencial *(12-7-2015)*.

PALABRA

Dijo Jesús a sus discípulos: «Este es mi mandamiento: Que os améis unos a otros como yo os he amado. Nadie tiene amor más grande que el que da la vida por sus amigos. Vosotros sois mis amigos si hacéis lo que yo os mando. Ya no os llamo siervos, porque el siervo no sabe lo que hace su señor: a vosotros os llamo amigos, porque todo lo que he oído a mi Padre os lo he dado a conocer. No sois vosotros los que me habéis elegido, soy yo quien os he elegido; y os he destinado para que vayáis y deis fruto, y vuestro fruto permanezca. De modo que lo que pidáis al Padre en mi nombre, os lo dé. Esto os mando: que os améis unos a otros».

Hechos 15, 22-31; ***Salmo*** 56, 8-12 • **JUAN 15, 12-17**

ORACIÓN

JESUCRISTO, la Ley de Moisés ordenaba, como supremo mandamiento con respecto a los hombres, "amar al prójimo como a mí mismo". ¡Qué difícil es querer a otra persona con el mismo amor y comprensión que tengo para mí! Pero tú has puesto el listón más alto: "Que os améis unos a otros como yo os he amado". El amor de la Ley era humano: el que yo tengo para mí. El tuyo es divino: el que tú nos tienes, el que te llevó a la Cruz, y desde ella perdonaste a tus verdugos. Solo con la ayuda de tu Espíritu podré amar como tú me amas.

Te daré gracias ante todos los pueblos, Señor *(Salmo 56,10).*

**Santos Ángel de Sicilia *pb mr*,
Francisco Laval *ob*, Máximo *ob*, Niceto *ob*.**

Papa Francisco: Jesús nos ha elegido y nos ha rescatado. Nos ha elegido por pura gracia. Estamos salvados, y el príncipe del mundo, que no quiere que nos salvemos, nos odia y hace nacer la persecución que desde los primeros tiempos de Jesús continúa hasta hoy. –Pero, Padre, ¿cuál es el arma para defenderse de las seducciones del príncipe de este mundo? –El arma es la misma de Jesús: la Palabra de Dios, y luego la humildad y la mansedumbre. Permanezcamos ovejas siempre, porque así tendremos un pastor que nos defienda *(4-5-2013)*.

PALABRA

Dijo Jesús a sus discípulos: «Si el mundo os odia, sabed que me ha odiado a mí antes que a vosotros. Si fuerais del mundo, el mundo os amaría como cosa suya, pero como no sois del mundo, sino que yo os he escogido sacándoos del mundo, por eso el mundo os odia. Recordad lo que os dije: "No es el siervo más que su amo. Si a mí me han perseguido, también a vosotros os perseguirán; si han guardado mi palabra, también guardarán la vuestra". Y todo eso lo harán con vosotros a causa de mi nombre, porque no conocen al que me envió».

Hechos 16,1-10; ***Salmo*** 99,1-5 • **JUAN 15,18-21**

ORACIÓN

JESUCRISTO, en tu paso por este mundo, y cada cristiano en su tiempo, fuiste víctima del odio y la persecución; y nosotros lo somos a causa del Nombre del Príncipe de la Paz y del Amor infinito hecho hombre. Un contrasentido que te llevó a librar duras batallas contra quienes se oponían a escuchar y guardar tu Palabra. Y te llevó a morir en la Cruz para dar testimonio de la Verdad. No es posible que yo sufra tanto por ti como tú por mí: te odiaron a muerte y te persiguieron hasta crucificarte. El martirio es un don que no concedes a todos tus seguidores. ¿Lo tienes previsto para mí? ¡Viva Cristo Rey!

Aclama al Señor, tierra entera *(Salmo 99,1).*

SANTO DOMINGO SAVIO

Santos Domingo Savio *cf*, Benita *vg*, Mariano y Santiago *mrs*, Lucio Cireneo *NT*

Papa Francisco: El Evangelio de hoy vuelve a llevarnos al Cenáculo, donde escuchamos el mandamiento nuevo de Jesús. Dice así: «Este es mi mandamiento: que os améis unos a otros, como yo os he amado». Y, pensando en el sacrificio de la cruz ya inminente, añade: «Nadie tiene amor más grande que el que da la vida por sus amigos. Vosotros sois mis amigos si hacéis lo que yo os mando». Estas palabras resumen todo lo que Él hizo: Jesús dio la vida por sus amigos. Amigos que no lo habían comprendido, que en el momento crucial lo abandonaron, traicionaron y negaron. Esto nos dice que Él nos ama aun sin ser merecedores de su amor: ¡así nos ama Jesús! Son muchos los *pequeños y grandes gestos* que obedecen al mandamiento del Señor: gestos pequeños, de todos los días, gestos de cercanía a un anciano, a un niño, a un enfermo, a una persona sola y con dificultades, sin casa, sin trabajo, inmigrante, refugiada... Gracias a la fuerza de esta Palabra de Cristo, cada uno de nosotros puede hacerse prójimo del hermano y la hermana que encuentra *(10-5-2015)*.

PALABRA

• ***Hechos de los Apóstoles*** 10, 25-26.34-35.44-48: Cuando iba a entrar Pedro, Cornelio le salió al encuentro y, postrándose, le quiso rendir homenaje. Pedro lo levantó, diciéndole: "Levántate, que soy hombre como tú". Pedro tomó la palabra y dijo: "Ahora comprendo con toda verdad que Dios no hace distinción de personas, sino que acepta al que lo teme y practica la justicia, sea de la nación que sea". Todavía estaba hablando Pedro, cuando bajó el Espíritu Santo sobre los que escuchaban la palabra, y los fieles de la circuncisión que habían venido con Pedro se sorprendieron de que el don del Espíritu Santo se derramara también sobre los gentiles, porque los oían hablar en lenguas extrañas y proclamar la grandeza de Dios. Entonces Pedro añadió: "¿Se puede negar el agua del bautismo a los que han recibido el Espíritu Santo igual que nosotros?". Y mandó bautizarlos en el nombre de Jesucristo. Entonces le rogaron que se quedara unos días con ellos.

• ***Salmo*** 97, 1-4: ***El Señor revela a las naciones su justicia.***

• ***1Juan*** 4, 7-10: Amémonos unos a otros, ya que el amor es de Dios, y todo el que ama ha nacido de Dios y conoce a Dios. Quien no ama no ha conocido a Dios, porque Dios es amor. En esto se manifestó el amor que Dios nos tiene: en que Dios envió al mundo a su Hijo único, para que vivamos por medio de él. En esto consiste el amor: no en que nosotros hayamos amado a Dios, sino en que él nos amó y nos envió a su Hijo, como víctima de propiciación por nuestros pecados.

• **JUAN 15, 9-17:** Dijo Jesús a sus discípulos: Como el Padre me ha amado, así os he amado yo; permaneced en mi amor. Si guardáis mis mandamientos, permaneceréis en mi amor; lo mismo que yo he guardado los mandamientos de mi Padre y permanezco en su amor. Os he hablado de esto para que mi alegría esté en vosotros, y vuestra alegría llegue a plenitud. Este es mi mandamiento: que os améis unos a otros como yo os he amado. Nadie tiene amor más grande que el que da la vida por sus amigos. Vosotros sois mis amigos, si hacéis lo que yo os mando. Ya no os llamo siervos, porque el siervo no sabe lo que hace su señor: a vosotros os llamo amigos, porque todo lo que he oído a mi Padre os lo he dado a conocer. No sois vosotros los que me habéis elegido, soy yo quien os he elegido; y os he destinado para que vayáis y deis fruto, y vuestro fruto permanezca. De modo que lo que pidáis al Padre en mi nombre, os lo dé. Esto os mando: que os améis unos a otros.

ORACIÓN

JESUCRISTO, "Vosotros sois mis amigos, soy yo quien os he elegido". ¿Cómo es posible que me elijas a mí, habiendo tanta gente buena que encajaría mejor en tu amistad, conociendo mi debilidad y lo inútil que soy? Respuesta: tu amor misericordioso puede fortalecer mi fragilidad para dejarme modelar por tu Palabra y responder con mi vida a tu elección, que es lo mejor que me ha ocurrido.

MAYO **7** LUNES (FE)

Santos Flavia Domitila *mr,* Agustín Roscelli *pb,* Flavio *mr.* Beata Gisela *vd rl*

Papa Francisco: Con la unción del Espíritu, la santidad de Jesucristo se imprime en nuestra humanidad y nos hace capaces de amar a los hermanos con el mismo amor con que Dios nos ama. Por tanto, es necesario realizar gestos de humildad, de fraternidad, de perdón, de reconciliación, para sentirnos todos hermanos y así alejar de nosotros rencores y divisiones *(24-5-2014).*

PALABRA

Dijo Jesús a sus discípulos: «Cuando venga el Paráclito, que os enviaré desde el Padre, el Espíritu de la verdad, que procede del Padre, él dará testimonio de mí; y también vosotros daréis testimonio, porque desde el principio estáis conmigo. Os he hablado de esto, para que no os escandalicéis. Os excomulgarán de la sinagoga; más aún, llegará incluso una hora cuando el que os dé muerte pensará que da culto a Dios. Y esto lo harán porque no han conocido ni al Padre ni a mí. Os he hablado de esto para que, cuando llegue la hora, os acordéis de que yo os lo había dicho».

Hechos 16,11-15; ***Salmo*** 149,1-6.9 • **JUAN 15,26 - 16,4a**

ORACIÓN

JESUCRISTO, de nuevo, un doble anuncio. Por una parte, las incomprensiones y persecución del mundo. Por otra, la asistencia del Espíritu Defensor. Hoy te pido por los que no te conocen. Que mi testimonio les ayude a preguntarse quién es mi Señor y mi Dios. Que te busquen y se encuentren contigo.

El Señor ama a su pueblo *(Salmo 149,4).*

MAYO
8
MARTES (FE)

Santos Víctor *mr*, Eladio *ob*, Arsenio *di*.

Papa Francisco: El Espíritu Santo es el alma de la Iglesia. Él *da la vida, suscita los diferentes carismas* que enriquecen al Pueblo de Dios y, sobre todo, *crea la unidad* entre los creyentes: de muchos, hace un solo cuerpo, el cuerpo de Cristo. Toda la vida y la misión de la Iglesia dependen del Espíritu Santo; Él realiza todas las cosas *(29-11-2014)*.

PALABRA

Dijo Jesús a sus discípulos: «Ahora me voy al que me envió, y ninguno de vosotros me pregunta: "¿Adónde vas?". Sino que, por haberos dicho esto, la tristeza os ha llenado el corazón. Sin embargo, os digo la verdad: os conviene que yo me vaya; porque si no me voy, no vendrá a vosotros el Paráclito. En cambio, si me voy, os lo enviaré. Y cuando venga, dejará convicto al mundo acerca de un pecado, de una justicia y de una condena. De un pecado, porque no creen en mí; de una justicia, porque me voy al Padre, y no me veréis; de una condena, porque el príncipe de este mundo está condenado».

Hechos **16, 22-34;** ***Salmo*** **137, 1-3.7-8 • JUAN 16, 5-11**

ORACIÓN

JESUCRISTO, eres tú quien me dice que me conviene que te vayas. Yo hubiera elegido estar físicamente contigo ya en este mundo. Tú te vas para enviarme tu Espíritu Santo, de quien me vendrá la fortaleza, el consuelo, el gozo de la fe, la paz del corazón. Acepto complacido tu decisión, con la confianza de que se cumpla tu promesa. Espero que venga tu Espíritu y renueve mi vida.

Tu derecha me salva, Señor *(Salmo 137,7).*

PROFETA ISAIAS (Miguel Ángel)

Santos Isaías *prof*, Hermes *NT*, Pacomio *ab*, Catalina de Bolonia *vg*

Papa Francisco: Cuando oramos, es porque el Espíritu Santo inspira en nosotros la oración en el corazón. Cuando salimos de nosotros mismos y nos acercamos a los demás para escucharlos, ayudarles, es el Espíritu de Dios quien nos ha impulsado *(29-11-2014)*.

PALABRA

Dijo Jesús a sus discípulos: «Muchas cosas me quedan por deciros, pero no podéis cargar con ellas por ahora; cuando venga él, el Espíritu de la verdad, os guiará hasta la verdad plena. Pues no hablará por cuenta propia, sino que hablará de lo que oye y os comunicará lo que está por venir. Él me glorificará, porque recibirá de lo mío y os lo anunciará. Todo lo que tiene el Padre es mío. Por eso os he dicho que recibirá y tomará de lo mío y os lo anunciará».

Hechos 17,15.22 - 18,1; ***Salmo*** 148,1-2.11-14 • **JUAN 16,12-15**

ORACIÓN

JESUCRISTO, sueles hablar muy claro para quien te escucha con fe y amor. Pero es necesario que Alguien avive la memoria, vaya completando el contenido de nuestra fe, la aplicación a mi vida concreta. Es tu Espíritu, por el que tú estás presente en mi vida, en mi memoria, en mi corazón, con todo lo que el Padre tiene, que es también tuyo y lo compartes conmigo. ¡La Trinidad Santísima, con este pobre pecador!

Llenos están el cielo y la tierra de tu gloria *(Isaías 6,3).*

MAYO

10

JUEVES (MO)

Jueves 6º de Pascua **Tomo II - Salterio 2ª semana**

Santos JUAN DE ÁVILA *pb dc*,
Antonino de Florencia *ob*,
Job *AT*, Solongia *vg mr*

SAN JUAN DE ÁVILA

Papa Francisco: Nunca se escuchó hablar de un santo triste o de una santa con rostro fúnebre. Nunca se oyó decir esto. Sería un contrasentido. El cristiano es una persona que tiene el corazón lleno de paz porque sabe centrar su alegría en el Señor, incluso cuando atraviesa momentos difíciles de la vida. Tener fe no significa no tener momentos difíciles sino tener la fuerza de afrontarlos sabiendo que no estamos solos. Y esta es la paz que Dios da a sus hijos *(14-12-2013)*.

PALABRA

Dijo Jesús a sus discípulos: «Dentro de poco ya no me veréis, pero dentro de otro poco me volveréis a ver». Comentaron entonces algunos discípulos: «¿Qué significa eso de "dentro de poco ya no me veréis, pero dentro de otro poco me volveréis a ver", y eso de "me voy con el Padre"?».Y se preguntaban: «¿Qué significa ese "poco"? No entendemos lo que dice». Comprendió Jesús que querían preguntarle y les dijo: «¿Estáis discutiendo de eso que os he dicho: "Dentro de poco ya no me veréis, pero dentro de otro poco me volveréis a ver"? En verdad, en verdad os digo: vosotros lloraréis y os lamentaréis, mientras el mundo estará alegre; vosotros estaréis tristes, pero vuestra tristeza se convertirá en alegría».

Hechos 18,1-8; ***Salmo*** 97,1-4 • **JUAN 16,16-20**

ORACIÓN

JESUCRISTO, tenemos tristeza porque anuncias tu partida, no te veremos entre nosotros ni te oiremos, aunque leamos tu Palabra. Mientras el mundo ríe, tus discípulos lloramos y nos lamentamos porque te vas. Una esperanza me queda: la certeza de que sigues dentro de mí, a mi lado, aunque invisible. Y tu Palabra, que siempre se cumple: "Vuestra tristeza se convertirá en alegría".

El Señor revela a las naciones su salvación *(Salmo 97,2)*.

Eucaristía, sacramento de amor y unión, porque por amor es dado, amor representa y amor obra en nuestras entrañas; todo este negocio es amor.

San Juan de Ávila

Santos Francisco de Jerónimo *pb,* Mamerto *ob.*
Beato Ceferino Namuncurá *la.*

Papa Francisco: La Iglesia que surge en Pentecostés recibe en custodia el fuego del Espíritu Santo, que no llena tanto la mente de ideas, sino que hace arder el corazón; es investida por el viento del Espíritu, que no transmite un poder, sino que dispone para un servicio de amor, un lenguaje que todos pueden entender *(29-11-2014).*

PALABRA

Dijo Jesús a sus discípulos: «En verdad, en verdad os digo: vosotros lloraréis y os lamentaréis, mientras el mundo estará alegre; vosotros estaréis tristes, pero vuestra tristeza se convertirá en alegría. La mujer, cuando va a dar a luz, siente tristeza, porque ha llegado su hora; pero, en cuanto da a luz al niño, ni se acuerda del apuro, por la alegría de que al mundo le ha nacido un hombre. También vosotros ahora sentís tristeza; pero volveré a veros, y se alegrará vuestro corazón, y nadie os quitará vuestra alegría. Ese día no me preguntaréis nada».

Hechos **18,9-18;** ***Salmo*** **46,2-7 • JUAN 16,20-23a**

ORACIÓN

JESUCRISTO, junto a tu adiós que causa tristeza, tu promesa segura: "Volveré a veros, y se alegrará vuestro corazón, y nadie os quitará vuestra alegría". Podré tener, como he tenido tantas veces, momentos de crisis, de desánimo, de tristeza: es la cruz, indispensable a quien quiere seguirte. Pero sobre las aguas movedizas de esos momentos grises, sobresale el aceite de la fe y la esperanza: fe en tu promesa que se cumplirá un día, y el gozo de la esperanza ya en este valle de lágrimas.

Dios es el rey del mundo *(Salmo 46,8).*

MAYO
12
SÁBADO (ML)

Sábado 6º de Pascua — **Tomo II - Salterio 2ª semana**

Santos NEREO Y AQUILES *mrs,*
PANCRACIO *mr,*
Domingo de la Calzada *pb,* **Germán** *ob.*
Beatos Álvaro del Portillo *ob,* **Imelda** *vg,*
Juana de Portugal *mj.*
Ntra. Sra de los Desamparados.

Papa Francisco: Dios nos invita a orar con insistencia, no porque no sabe lo que necesitamos, o porque no nos escucha. Al contrario, Él escucha siempre y conoce todo sobre nosotros, con amor. En nuestro camino cotidiano, especialmente en las dificultades, en la lucha contra el mal, el Señor no está lejos, está a nuestro lado; nosotros luchamos con Él a nuestro lado, y nuestra arma es precisamente la oración, que nos hace sentir su presencia junto a nosotros, su misericordia, también su ayuda. Hay una lucha que librar cada día; pero Dios es nuestro aliado, la fe en Él es nuestra fuerza, y la oración es la expresión de esta fe *(20-10-2013)*.

PALABRA

Dijo Jesús a sus discípulos: «En verdad, en verdad os digo: si pedís algo al Padre en mi nombre, os lo dará. Hasta ahora no habéis pedido nada en mi nombre; pedid, y recibiréis, para que vuestra alegría sea completa. Os he hablado de esto en comparaciones; viene la hora en que ya no hablaré en comparaciones, sino que os hablaré del Padre claramente. Aquel día pediréis en mi nombre, y no os digo que yo rogaré al Padre por vosotros, pues el Padre mismo os quiere, porque vosotros me queréis y creéis que yo salí de Dios. Salí del Padre y he venido al mundo, otra vez dejo el mundo y me voy al Padre».

Hechos 18,23-28; ***Salmo*** 46,2-3.8-10 • **JUAN 16,23b-28**

ORACIÓN

JESUCRISTO, me recuerdas hoy una verdad capital: que no es imprescindible -aunque sí conveniente- que tú intercedas al Padre por mí, porque "el Padre mismo me quiere". Tu presencia en mi vida es lo mejor que tengo. Quieres que "mi alegría sea completa", Y me ofreces el camino para llegar a ese gozo: "Pedid al Padre en mi nombre y lo recibiréis". Esta es mi petición al Padre que me quiere como hijo suyo: *En nombre de Jesús, te pido con fe que camine siempre con él como mi mejor Amigo.*

Dios es el rey del mundo *(Salmo 46,8).*

Tomo II - Salterio 3ª semana **DOMINGO VII DE PASCUA**

MAYO

13

DOMINGO

NTRA. SRA. DE FÁTIMA.
Santos Pedro Nolasco *pb*,
Pedro Regalado *pb*, Inés de Poitiers *ab*

JORNADA MUNDIAL DE LAS COMUNICACIONES SOCIALES

SOLEMNIDAD DE LA ASCENSIÓN DEL SEÑOR

Papa Francisco: ***"Id al mundo entero y proclamad el Evangelio"*. La intimidad de la Iglesia con Jesús es una intimidad itinerante, y la comunión esencialmente se configura como comunión misionera. Fiel al modelo del Maestro, es vital que hoy la Iglesia salga a anunciar el Evangelio a todos, en todos los lugares, en todas las ocasiones, sin demoras, sin asco y sin miedo. La alegría del Evangelio es para todo el pueblo, no puede excluir a nadie. La Iglesia «en salida» es una Iglesia con las puertas abiertas. Salir hacia los demás para llegar a las periferias humanas no implica correr hacia el mundo sin rumbo y sin sentido. Muchas veces es más bien detener el paso, dejar de lado la ansiedad para mirar a los ojos y escuchar, o renunciar a las urgencias para acompañar al que se quedó al margen del camino. Prefiero una Iglesia accidentada, herida y manchada por salir a la calle, antes que una Iglesia enferma por el encierro y la comodidad de aferrarse a las propias seguridades *(Evan. gaud. 24-11-2013)*.**

PALABRA

• ***Hechos de los Apóstoles*** 1, 1-11: En mi primer libro, Teófilo, escribí de todo lo que Jesús hizo y enseñó desde el comienzo hasta el día en que fue llevado al cielo, después de haber dado instrucciones a los apóstoles que había escogido, movido por el Espíritu Santo. Se les presentó él mismo después de su pasión , dándoles numerosas pruebas de que estaba vivo, apareciéndoseles durante cuarenta días y hablándoles del reino de Dios. Una vez que comían juntos les ordenó que no se alejaran de Jerusalén, sino "aguardad que se cumpla la promesa del Padre, de la que me habéis oído hablar, porque Juan bautizó con agua, pero vosotros seréis bautizados con Espíritu Santo dentro de no muchos días". Los que se habían reunido, le preguntaron, diciendo: "Señor, ¿es ahora cuando vas a restaurar el reino de Israel?". Les dijo: "No os toca a vosotros conocer los tiempos o momentos que el Padre ha establecido con su propia autoridad: en cambio, recibiréis la fuerza del Espíritu Santo que va a venir sobre vosotros y seréis mis testigos en Jerusalén, en toda Judea y Samaría y hasta el confín de la tierra". Dicho esto, a la vista de ellos, fue elevado al cielo, hasta que una nube se lo quitó de la vista. Cuando miraban fijos al cielo, mientras él se iba marchando, se les presentaron dos hombres vestidos de blanco, que les dijeron: "Galileos, ¿qué hacéis ahí plantados mirando el cielo? El mismo Jesús que ha sido tomado de entre vosotros y llevado al cielo, volverá como lo habéis visto marcharse al cielo".

• ***Salmo*** 46, 2-9: ***Dios asciende entre aclamaciones; el Señor, al son de trompetas.***

• *Efesios* 1, 17-23: Que el Dios del Señor nuestro Jesucristo, el Padre de la gloria, os dé espíritu de sabiduría y revelación para conocerlo. Ilumine los ojos de vuestro corazón para que comprendáis cuál es la esperanza a la que os llama, cuál la riqueza de gloria que da en herencia a los santos y cuál la extraordinaria grandeza de su poder para nosotros, los que creemos, según la eficacia de su fuerza poderosa, que desplegó en Cristo, resucitándolo de entre los muertos y sentándolo a su derecha en el cielo, por encima de todo principado, potestad, fuerza y dominación, y por encima de todo nombre conocido, no solo en este mundo, sino en el futuro. Y todo lo puso bajo sus pies y lo dio a la Iglesia, como Cabeza, sobre todo. Ella es su cuerpo, plenitud del que llena todo en todos.

• **MARCOS 16, 15-20:** Se apareció Jesús a los Once, y les dijo: «Id al mundo entero y proclamad el Evangelio a toda la creación. El que crea y sea bautizado, se salvará; el que no crea será condenado. A los que crean, los acompañarán estos signos: echarán demonios en mi nombre, hablarán lenguas nuevas, tomarán serpientes en sus manos, y si beben un veneno mortal no les hará daño. Impondrán las manos a los enfermos y quedarán sanos». Después de hablarles, el Señor Jesús fue llevado y se sentó a la derecha de Dios. Ellos se fueron a predicar por todas partes, y el Señor cooperaba confirmando la palabra con las señales que los acompañaban.

ORACIÓN

JESUCRISTO, me quedo mirando al cielo viéndote subir al Padre. Y te pido con la Iglesia: «Llévame en tu compañía,/ donde tú vayas, Jesús,/ porque bien sé que eres tú/ la vida del alma mía;/ si tú vida no me das,/ yo sé que vivir no puedo,/ ni si yo sin ti me quedo,/ ni si tú sin mí te vas». Y bajo del monte, dispuesto a dar testimonio de tu amor y de tu gloria. No puedo quedarme mirando al cielo, he de pisar el suelo y anunciar al mundo que te has ido para interceder por nosotros ante el Padre y prepararnos un lugar en la gloria. Adonde has ido tú, que eres nuestra Cabeza, estamos destinados a ir nosotros, que somos tu Cuerpo.

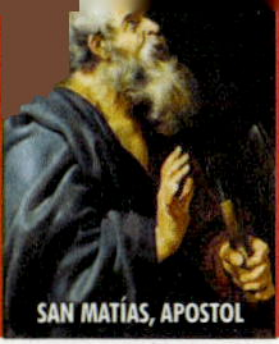
SAN MATÍAS, APOSTOL

FIESTA DE SAN MATÍAS, APÓSTOL

Santas María Dominica Mazzarello *rl*, Justa y Eredina *mrs*

MAYO
14
LUNES

Papa Francisco: La mayor prueba de la fiabilidad del amor de Cristo se encuentra en su muerte por los hombres. Si dar la vida por los amigos es la demostración más grande de amor, Jesús ha ofrecido la suya por todos, también por los que eran sus enemigos, para transformar los corazones. Por eso, los evangelistas han situado en la hora de la cruz el momento culminante de la mirada de fe, porque en esa hora resplandece el amor divino en toda su altura y amplitud.

PALABRA

Dijo Jesús a sus discípulos: «Como el Padre me ha amado, así os he amado yo; permaneced en mi amor. Si guardáis mis mandamientos, permaneceréis en mi amor; lo mismo que yo he guardado los mandamientos de mi Padre y permanezco en su amor. Os he hablado de esto para que mi alegría esté en vosotros, y vuestra alegría llegue a plenitud. Este es mi mandamiento: que os améis unos a otros como yo os he amado. Nadie tiene amor más grande que el que da la vida por sus amigos. Vosotros sois mis amigos, si hacéis lo que yo os mando. Ya no os llamo siervos, porque el siervo no sabe lo que hace su señor; a vosotros os llamo amigos, porque todo lo que he oído a mi Padre os lo he dado a conocer. No sois vosotros los que me habéis elegido, soy yo quien os he elegido y os he destinado para que vayáis y deis fruto, y vuestro fruto dure. De modo que lo que pidáis al Padre en mi nombre os lo dé. Esto os mando: que os améis unos a otros».

Hechos 1,15-17.20-26; ***Salmo*** 112,1-8 • **JUAN 15,9-17**

ORACIÓN

JESUCRISTO, en la fiesta del apóstol San Matías, insistes en la amistad entre tú y yo, una amistad que será realidad por mi parte cuando sea fiel a tus mandatos. Tú me has elegido: estoy en tus manos, haz de mí lo que quieras: estoy seguro de que quieres aumentar mi fe, alentar mi esperanza y fortalecer mi amor.

El Señor lo sentó con los príncipes de su pueblo *(Salmo 112,8).*

Santos ISIDRO LABRADOR *es*, Juana de Lestonnac *rl*, Indalecio, Torcuato y Eufrasio *obs mrs*

Papa Francisco: El Evangelio nos presenta a Jesús en diálogo con su Padre, nos pone en el centro de la intimidad hecha oración entre el Padre y el Hijo. Cuando se acercaba su hora, Jesús rezó al Padre por sus discípulos, por los que estaban con Él y por los que vendrían. Nos hace bien pensar que, en su hora crucial, Jesús pone en su oración la vida de los suyos, nuestra vida. Y le pide a su Padre que los mantenga en la unidad y en la alegría. Conocía bien Jesús el corazón de los suyos, conoce bien nuestro corazón. Por eso reza, pide al Padre para que no les gane una conciencia que tiende a aislarse, refugiarse en las propias certezas, seguridades, espacios; a desentenderse de la vida de los demás *(20-9-2015)*.

PALABRA

Levantando los ojos al cielo, dijo Jesús: «Padre, ha llegado la hora, glorifica a tu Hijo, para que tu Hijo te glorifique a ti y, por el poder que tú le has dado sobre toda carne, dé la vida eterna a los que le has dado. Esta es la vida eterna: que te conozcan a ti, único Dios verdadero, y a tu enviado, Jesucristo. Yo te he glorificado sobre la tierra, he llevado a cabo la obra que me encomendaste. Y ahora, Padre, glorifícame junto ti, con la gloria que yo tenía junto a ti, antes que el mundo existiese. He manifestado tu nombre a los que me diste de en medio del mundo. Tuyos eran, y tú me los diste, y ellos han guardado tu palabra. Ahora han conocido que todo lo que me diste procede de ti, porque yo les he comunicado las palabras que tú me diste, y ellos las han recibido, y han conocido verdaderamente que yo salí de ti, y han creído que tú me has enviado. Te ruego por ellos; no ruego por el mundo, sino por estos que tú me diste, porque son tuyos. Y todo lo mío es tuyo, y lo tuyo mío; y en ellos he sido glorificado. Ya no voy a estar en el mundo, pero ellos están en el mundo, mientras yo voy a ti».

Hechos 20,17-27; ***Salmo*** 67,10-11.20-21 • **JUAN 17,1-11a**

ORACIÓN

JESUCRISTO, acojo con la sed del desierto la vida eterna que ofreces a los que te dio el Padre. Y propongo como programa de mi vida terrena esa vida eterna que ya ha comenzado: conocer mejor a tu Padre y a ti y al Espíritu, para amaros más y vivir unido a los Tres. Mi lectura del Evangelio es mi rato privilegiado de cada día para adelantar la vida eterna, progresando en el conocimiento de quién es mi Dios y cuál es su Voluntad sobre mí.

Reyes de la tierra, cantad a Dios *(Salmo 67,33)*.

SANTA GEMA GALGANI

MAYO
16
MIÉRCOLES (FE)

Santos Simón Stock *pb*, Gema Galgani *vg*, Andrés Bobola *pb mr*, Alipio y Posidio *obs*. Beato Gil de Santarem *pb*

Papa Francisco: *"No ruego que los retires del mundo, sino que los guardes del mal"*. El peligro de la mundanidad. Vivir mundanamente. Vivir con el espíritu del mundo que Jesús no quería. Pensad en la oración sacerdotal de Jesús cuando ora al Padre: «No ruego que los retires del mundo, sino que los guardes del mal». La mundanidad va contra el testimonio, mientras que el espíritu de oración es un testimonio que se ve: se ve quién es el hombre y la mujer que rezan, así como quien reza formalmente pero no con el corazón. Son testimonios que la gente ve *(21-3-2015)*.

PALABRA

Jesús, levantando los ojos al cielo, oró, diciendo: «Padre santo, guárdalos en tu nombre, a los que me has dado, para que sean uno, como nosotros. Cuando estaba con ellos, yo guardaba en tu nombre a los que me diste, y los custodiaba, y ninguno se perdió, sino el hijo de la perdición, para que se cumpliera la Escritura. Ahora voy a ti, y digo esto en el mundo para que ellos mismos tengan mi alegría cumplida. Yo les he dado tu palabra, y el mundo los ha odiado porque no son del mundo, como tampoco yo soy del mundo. No ruego que los retires del mundo, sino que los guardes del maligno. No son del mundo, como tampoco yo soy del mundo. Conságralos en la verdad; tu palabra es verdad. Como tú me enviaste al mundo, así yo los envío también al mundo. Y por ellos yo me consagro, para que también ellos se consagren en la verdad».

Hechos 20, 28-38; ***Salmo*** 67, 29-36 • **JUAN 17, 11b-19**

ORACIÓN

JESUCRISTO, confío plenamente en tu oración, cuando le pides al Padre que me guarde del mal, frente al odio del mundo: *Padre, el mundo los ha odiado porque no son del mundo, como tampoco yo soy del mundo. No ruego que los retires del mundo, sino que los guardes del mal. No son del mundo, como tampoco yo soy del mundo. Conságralos en la verdad.* ¿Qué importa el odio del mundo si cuento con tu amor y tu intercesión omnipotente?

Reyes de la tierra, cantad a Dios *(Salmo 67,33).*

Santos PASCUAL BAILÓN *rl*, Víctor *mr*, Heraclio y Pablo *mrs*

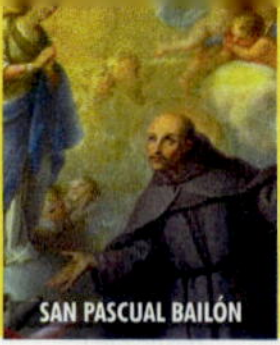
SAN PASCUAL BAILÓN

Papa Francisco: El ir adelante de la Iglesia es obra del Espíritu Santo. ¿Y cómo puedo estar seguro de que esa voz que escucho es la voz de Jesús, y que cuanto he escuchado sobre lo que debo hacer está inspirado por el Espíritu Santo? La respuesta es sencilla: rezar. Sin oración, no hay sitio para el Espíritu. Pedir a Dios que nos mande este don: "Señor, danos el Espíritu Santo para que podamos discernir en cada momento qué debemos hacer".

PALABRA

Levantando los ojos al cielo, oró Jesús diciendo: «Padre Santo, no solo por ellos ruego, sino también por los que crean en mí por la palabra de ellos, para que todos sean uno, como tú, Padre, en mí y yo en ti, que ellos también lo sean en nosotros, para que el mundo crea que tú me has enviado. Yo les he dado la gloria que tú me diste, para que sean uno, como nosotros somos uno: yo en ellos y tú en mí, para que sean completamente uno, de modo que el mundo sepa que tú me has enviado y los has amado como me has amado a mí. Padre, este es mi deseo: que los que me has dado estén conmigo, donde yo estoy, y contemplen mi gloria, la que me diste, porque me amabas, antes de la fundación del mundo. Padre justo, si el mundo no te ha conocido, yo te he conocido, y estos han conocido que tú me enviaste. Les he dado a conocer y les daré a conocer tu nombre, para que el amor que me tenías esté en ellos, y yo en ellos».

Hechos 22,30; 23,6-11; ***Salmo*** 15,1-2. 5-11 • **JUAN 17,20-26**

ORACIÓN

JESUCRISTO, me veo reflejado en tu oración al Padre: no solo ruegas por los apóstoles que escucharon tu oración en directo, sino también por los que, gracias a su palabra y a la de los que en estos veinte siglos les han sucedido, en el siglo XXI somos muchos millones los que creemos en ti, queremos vivir unidos a ti y esperamos contemplar eternamente tu gloria. Yo estoy plenamente convencido de que, si este es tu deseo y lo pides al Padre, los que confiamos en ti no quedaremos defraudados: tú eres la Verdad y la Vida.

Protégeme, Dios mío, que me refugio en ti *(Salmo 15,1).*

SANTA MARÍA JOSEFA C. J.

Santos JUAN I *pp mr,* Rafaela M.ª *vg,* M.ª Josefa del C. J. *vg,* Félix de Cantalice *rl,* Eric *re*

Papa Francisco: «Pedro, ¿me amas?», Pedro no confía en sí mismo y en sus propias fuerzas, sino en Jesús y en su divina misericordia: «Señor, tú conoces todo; tú sabes que te quiero». Y aquí desaparece el miedo, la inseguridad, la pusilanimidad. Pedro ha experimentado que la fidelidad de Dios es más grande que nuestras infidelidades y más fuerte que nuestras negaciones. También hoy, a nosotros Jesús nos pregunta: «¿Me amas?». Lo hace precisamente porque conoce nuestros miedos y fatigas. Pedro nos muestra el camino: fiarse de Él, que «sabe todo» de nosotros, no confiando en nuestra capacidad de serle fieles a Él, sino en su fidelidad inquebrantable. Jesús nunca nos abandona, porque no puede negarse a sí mismo *(29-6-2014).*

PALABRA

Habiéndose aparecido Jesús a sus discípulos, después de comer, le dice a Simón Pedro: «Simón, hijo de Juan, ¿me amas más que estos?». Él le contestó: «Sí, Señor, tú sabes que te quiero». Jesús le dice: «Apacienta mis corderos». Por segunda vez le pregunta: «Simón, hijo de Juan, ¿me amas?». Él le contesta: «Sí, Señor, tú sabes que te quiero». Él le dice: «Pastorea mis ovejas». Por tercera vez le pregunta: «Simón, hijo de Juan, ¿me quieres?». Se entristeció Pedro de que le preguntara por tercera vez: "¿Me quieres?", y le contestó: «Señor, tú conoces todo, tú sabes que te quiero». Jesús le dice: «Apacienta mis ovejas. En verdad, en verdad te digo: cuando eras joven, tú mismo te ceñías e ibas adonde querías; pero, cuando seas viejo, extenderás las manos, otro te ceñirá y te llevará adonde no quieras». Esto dijo aludiendo a la muerte con que iba a dar gloria a Dios. Dicho esto, añadió: «Sígueme».

Hechos **25,13-21;** ***Salmo*** **102,1-2.11-12.19-20 • JUAN 21,15-19**

ORACIÓN

JESUCRISTO, me uno al diálogo, y te digo con Pedro: «Tú lo conoces todo, tú sabes que te quiero». Aunque te niegue, te dé la espalda y vaya tras dioses falsos –es la expresión de mi debilidad-, sé que tú todo lo conoces, y yo sigo queriéndote como mi mejor Amigo, que ni me deja ni me olvida nunca. ¡Dame, Señor, tu Espíritu de fortaleza, para que permanezca siempre en el amor y la fidelidad a ti!

El Señor puso en el cielo su trono *(Salmo 102,19).*

Santos Francisco Coll *pb,* Urbano I *pp,* Celestino V *pp,* Ivón *pb*

Papa Francisco: La Iglesia va adelante con sorpresas, con las novedades del Espíritu Santo. -Pero, Padre, ¿por qué meterse en tantos problemas? Hagamos las cosas como las hemos hecho siempre, que estamos más seguros... -Hacer las cosas como se han hecho siempre es una alternativa "de muerte". Hay que correr el riesgo, con la oración, también con la humildad, de aceptar lo que el Espíritu Santo, nos pide cambiar. Este es el camino. Hay que pedir la gracia de no tener miedo cuando el Espíritu, con seguridad, me pide dar un paso adelante, tener la valentía apostólica de llevar vida y no hacer de nuestra vida cristiana un museo de recuerdos *(3-5-2015).*

PALABRA

Pedro, volviéndose, vio que los seguía el discípulo a quien Jesús amaba, el mismo que en la cena se había apoyado en su pecho y le había preguntado: «Señor, ¿quién es el que te va a entregar?». Al verlo, Pedro dice a Jesús: «Señor, y este ¿qué?». Jesús le contesta: «Si quiero que se quede hasta que yo venga, ¿a ti qué? Tú sígueme». Entonces empezó a correr entre los hermanos el rumor de que ese discípulo no moriría. Pero no le dijo Jesús que no moriría, sino: «Si quiero que se quede hasta que yo venga, ¿a ti qué?». Este es el discípulo que da testimonio de todo esto y lo ha escrito; y nosotros sabemos que su testimonio es verdadero. Muchas otras cosas hizo Jesús. Si se escribieran una por una, pienso que ni el mundo entero podría contener los libros que habría que escribir».

Hechos **28, 16-20.30-31;** ***Salmo*** **10, 4-7 • JUAN 21, 20-25**

ORACIÓN

JESUCRISTO, "Tú sígueme". Todo lo demás, o prepara ese seguimiento o es su consecuencia. Después de decirle esto a Pedro, todo queda zanjado. Yo quisiera entenderlo tan bien como lo entendió el apóstol, pecador arrepentido de negar tres veces al Maestro. Porque yo lo he negado muchísimas veces más, y mi seguimiento no es tan fiel como el Amor que él me tiene. Para cualquier otra cosa que intente atraer mi atención, me vale la pregunta de Jesús: "¿A ti qué?". Sobre todo, "Sígueme".

Los buenos verán tu rostro, Señor *(Salmo 10,7).*

PENTECOSTÉS (J. B. Maino,O.P.)

Santos **BERNARDINO DE SIENA** *pb*, Lidia *NT*, Áurea *mr*

DÍA DE LA ACCIÓN CATÓLICA Y DEL APOSTOLADO SEGLAR

SOLEMNIDAD DE PENTECOSTÉS

Papa Francisco: La fiesta de Pentecostés nos hace revivir los inicios de la Iglesia: «De repente se produjo desde el cielo un estruendo, como de viento que soplaba fuertemente... y se llenaron todos de Espíritu Santo». Esta efusión transformó completamente a los discípulos: el miedo es remplazado por la valentía, la cerrazón cede el lugar al anuncio, y toda duda es expulsada por la fe llena de amor. Es el «bautismo» de la Iglesia, que así comenzaba su camino en la historia, guiada por la fuerza del Espíritu Santo. El Espíritu Santo, infundido en Pentecostés en el corazón de los discípulos, es el inicio de una nueva época: la época del testimonio y la fraternidad. Es un tiempo que viene de lo alto, viene de Dios, como las llamas de fuego que se posaron sobre la cabeza de cada discípulo. Era la llama del amor que quema toda aspereza; era la lengua del Evangelio que traspasa los límites puestos por los hombres y toca los corazones de la muchedumbre, sin distinción de lengua, raza o nacionalidad. Como ese día de Pentecostés, el Espíritu Santo es derramado continuamente también hoy sobre la Iglesia y sobre cada uno de nosotros para que salgamos de nuestras mediocridades y de nuestras cerrazones y comuniquemos a todo el mundo el amor misericordioso del Señor *(24-5-2015)*.

VIGILIA

PALABRA

- ***Génesis*** 11,1-9: Babel: allí confundió el Señor las lenguas de toda la tierra.
- ***Éxodo*** 19,3-8a.16-20a: El Señor bajará al monte, más a la vista del pueblo.
- ***Ezequiel*** 37,1-14: Huesos secos: Infundiré mi Espíritu y viviréis.
- ***Joel*** 3,1-5: Derramaré mi Espíritu sobre mis siervos.
- ***Salmo*** 103, 1-2.24-30: ***Envía tu Espíritu, Señor, y repuebla la faz de la tierra.***
- ***Romanos*** 8, 22-27: El Espíritu intercede con gemidos inefables.
- **JUAN 7, 37-39:** El último día, el más solemne de las fiestas, Jesús en pie gritó: «El que tenga sed, que venga a mí y beba el que cree en mí; como dice la Escritura: "de sus entrañas manarán ríos de agua viva». Dijo esto refiriéndose al Espíritu, que habían de recibir los que creyeran en él. Todavía no se había dado el Espíritu, porque Jesús no había sido glorificado.

• ***Hechos de los Apóstoles*** 2, 1-11: Al cumplirse el día de Pentecostés, estaban todos juntos en el mismo lugar. De repente, se produjo desde el cielo un estruendo, como de viento que soplaba fuertemente, y llenó toda la casa donde se encontraban sentados. Vieron aparecer unas lenguas, como llamaradas, que se dividían, posándose encima de cada uno de ellos. Se llenaron todos de Espíritu Santo y empezaron a hablar en otras lenguas, según el Espíritu les concedía manifestarse. Residían entonces en Jerusalén judíos devotos venidos de todos los pueblos que hay bajo el cielo. Al oírse este ruido, acudió la multitud y quedaron desconcertados, porque cada uno los oía hablar en su propia lengua. Estaban todos estupefactos y admirados, diciendo: «¿No son galileos todos esos que están hablando? Entonces, ¿cómo es que cada uno de nosotros los oímos hablar en nuestra lengua nativa? Entre nosotros hay partos, medos, elamitas y habitantes de Mesopotamia, de Judea y Capadocia, del Ponto y Asia, de Frigia y Panfilia, de Egipto y de la zona de Libia, que limita con Cirene; hay ciudadanos romanos forasteros, tanto judíos como prosélitos; también hay cretenses y árabes; y cada uno los oímos hablar de las grandezas de Dios en nuestra propia lengua».

• ***Salmo*** 103: ***Envía tu Espíritu, Señor, y repuebla la faz de la tierra.***

• ***1Corintios*** 12, 3b-7.12-13: Nadie puede decir «Jesús es Señor», sino por el Espíritu Santo. Hay diversidad de ministerios, pero un mismo Señor; y hay diversidad de actuaciones, pero un mismo Dios que obra todo en todos. Pero a cada cual se le otorga la manifestación del Espíritu para el bien común. Pues lo mismo que el cuerpo es uno y tiene muchos miembros, y todos los miembros del cuerpo, a pesar de ser muchos, son un solo cuerpo, así es también Cristo. Pues todos nosotros, judíos y griegos, esclavos y libres, hemos sido bautizados en un mismo Espíritu, para formar un solo cuerpo. Y todos hemos bebido de un solo Espíritu.

• **JUAN 20, 19-23:** Al anochecer de aquel día, el primero de la semana, estaban los discípulos en una casa, con las puertas cerradas por miedo a los judíos. Y en esto entró Jesús, se puso en medio y les dijo: «Paz a vosotros». Y, diciendo esto, les enseñó las manos y el costado. Y los discípulos se llenaron de alegría al ver al Señor. Jesús repitió: «Paz a vosotros. Como el Padre me ha enviado, así también os envío yo». Y, dicho esto, sopló sobre ellos y les dijo: «Recibid el Espíritu Santo; a quienes les perdonéis los pecados, les quedan perdonados; a quienes se los retengáis, les quedan retenidos».

ORACIÓN

JESUCRISTO, gracias por el envío de tu Espíritu. Que lo que prometiste que haría el Espíritu, se cumpla en mi vida. ¡Ven, Espíritu Santo, llena el corazón de tu fiel y enciende en mí el fuego de tu amor! Solo con la asistencia del Espíritu podrá renovarse la faz de mi vida, hasta que llegue a ser cristiano, otro Cristo.

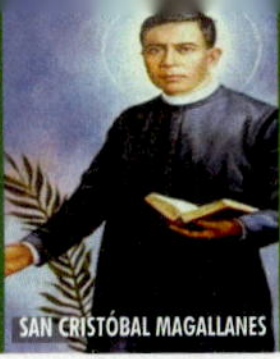

Santos **CRISTÓBAL MAGALLANES** y *co mrs,* **Eugenio de Mazenod** *ob.*
Beato Jacinto M.ª Cormier *pb*

TIEMPO ORDINARIO

Liturgia de las Horas: tomo III

Papa Francisco: Jesús les hace a sus discípulos una pregunta aparentemente indiscreta: «¿De qué discutíais por el camino?». Una pregunta que también puede hacernos hoy: ¿De qué habláis cotidianamente? ¿Cuáles son vuestras aspiraciones? «Ellos no contestaron, porque por el camino habían discutido sobre quién era el más importante». Les daba vergüenza decirle a Jesús de lo que hablaban. Jesús les dice que la vida auténtica se vive en el compromiso concreto con el prójimo: servir, cuidar a los frágiles de nuestras familias, de nuestra sociedad, de nuestro pueblo. Son los rostros sufrientes, desprotegidos y angustiados a los que Jesús propone mirar e invita concretamente a amar *(20-9-2015).*

PALABRA

Jesús y los tres discípulos bajaron del monte y volvieron a donde estaban los demás discípulos, vieron mucha gente alrededor, y a unos escribas discutiendo con ellos. El padre del niño dijo a Jesús: Si algo puedes, ten compasión de nosotros y ayúdanos». Jesús replicó: «¿Si puedo? Todo es posible al que tiene fe». Entonces el padre del muchacho gritó: «Creo, pero ayuda mi falta de fe». Jesús, al ver que acudía gente, increpó al espíritu inmundo, diciendo: «Espíritu mudo y sordo, yo te lo mando:Vete y no vuelvas a entrar en él». Gritando y sacudiéndolo violentamente, salió. El niño se quedó como un cadáver, de modo que la muchos decían que estaba muerto. Pero Jesús lo levantó, tomándolo de la mano, y el niño se puso en pie. Al entrar en casa, sus discípulos le preguntaron a solas: «¿Por qué no pudimos echarlo nosotros?». Él les respondió: «Esta especie solo puede salir con oración».

Santiago 3,13-18; ***Salmo*** 18,8-10.15 • **MARCOS 9,15-20a. 22b-29.**

ORACIÓN

SEÑOR, todo es posible al que tiene fe. ¡Dámela! Así no tendrás que soportar mi tibieza.

Los mandatos del Señor son rectos y alegran el corazón *(Salmo 18,9).*

MAYO

22

MARTES (ML)

Martes 7° Tiempo Ordinario Tomo III - Salterio 3ª semana

Santos JOAQUINA DE VEDRUNA *rl*, **RITA DE CASIA** *vl rl*, **Quiteria** *vg*, **Domingo Ngôn** *pf mr*

SANTA JOAQUINA DE VEDRUNA

Papa Francisco: *¿Quién es el más importante?* Los discípulos discutían quién ocuparía el lugar más importante, quién escalaría más pronto para ocupar los cargos que darían ciertas ventajas. Y Jesús les trastoca su lógica diciéndoles sencillamente que la vida auténtica se vive en el compromiso concreto con el prójimo. Es decir, sirviendo. Servir significa, en gran parte, cuidar la fragilidad. Servir significa cuidar a los frágiles de nuestras familias, de nuestra sociedad *(20-9-2015)*.

PALABRA

Jesús y sus discípulos atravesaron Galilea; no quería que nadie se enterase, porque iba instruyendo a sus discípulos. Les decía: «El Hijo del hombre va a ser entregado en manos de los hombres, y lo matarán; y, después de muerto, a los tres días resucitará». Pero no entendían aquello, y les daba miedo preguntarle. Llegaron a Cafarnaún, y, una vez en casa, les preguntó: «¿De qué discutíais por el camino?». Ellos callaban, pues por el camino habían discutido quién era el más importante. Jesús se sentó, llamó a los Doce y les dijo: «Quien quiera ser el primero, que sea el último de todos y el servidor de todos». Y, tomando a un niño, lo puso en medio de ellos, lo abrazó y les dijo: «El que acoge a un niño como este en mi nombre me acoge a mí; y el que me acoge a mí no me acoge a mí, sino al que me ha enviado».

Santiago 4,1-10; ***Salmo*** 54,7-11.23 • **MARCOS 9,30-37**

ORACIÓN

SEÑOR, tu palabra de hoy me llega con fuerza y claridad: es urgente que me haga como niño, sin ambiciones ni rivalidades, que me fíe plenamente de ti, para comenzar a entender el abecé de tu Evangelio. Tú viniste a servir, nos serviste y sigues sirviéndonos por amor. ¿Y yo quiero ser el primero, el señor a quien otros sirven, el importante? ¡Qué necedad!

Encomienda a Dios tus afanes, que él te sustentará *(Salmo 54,23).*

Santos Lucio y *co mrs,* Desiderio *ob,* Eutiquio *ab*

23

MIÉRCOLES (FE)

Papa Francisco: Seguir a Jesús siempre es difícil. Para mí fue difícil Hay momentos difíciles, en los que te sientes solo, te sientes árido, sin gozo interior. Hay momentos oscuros, de oscuridad interior. Pero es muy bello seguir a Jesús, ir por el camino de Jesús, que luego sopesas y sigues adelante. Y luego llegan momentos más bellos. Pero nadie debe pensar que en la vida no habrá dificultades *(7-6-2013).*

PALABRA

Juan dijo a Jesús: «Maestro, hemos visto a uno que echaba demonios en tu nombre, y se lo hemos querido impedir, porque no viene con nosotros». Jesús respondió: «No se lo impidáis, porque uno que hace un milagro en mi nombre no puede luego hablar mal de mí. El que no está contra nosotros está a favor nuestro».

Santiago 4,13-17; ***Salmo*** 48,2-3.6-11 • **MARCOS 9,38-40**

ORACIÓN

SEÑOR, siempre estás atento a las reacciones de tus discípulos, y los corriges oportunamente: alejados de los criterios del mundo, llegarán a pensar como tú. Eso quiero para mí: corrígeme, endereza mi modo de pensar y haz que sienta y piense como tú, enmienda mi vida para que sea yo testigo creíble de tu presencia salvadora en la sociedad de mi tiempo.

Bienaventurados los pobres en el espíritu, porque de ellos es el reino de los cielos *(Mateo 5,3).*

MAYO
24
JUEVES

María Auxiliadora. Santos Vicente de Lérins *pb mj*, Simeón Estilita *pb er*, Juana mujer de Cusa *NT*, Traslación de Santo Domingo

MARÍA AUXILIADORA

FIESTA DE JESUCRISTO SUMO Y ETERNO SACERDOTE

(«Liturgia de las Horas», tomo III, después del 31 de mayo)

Papa Francisco: *"Haced esto en conmemoración mía"*. Nuestro Sumo Sacerdote, Jesucristo, eligió algunos discípulos que en la Iglesia desempeñaran, en nombre suyo, el oficio sacerdotal: ejerciendo públicamente en su nombre el oficio sacerdotal en favor de todos los hombres, continuaran su misión personal de Maestro, Sacerdote y Pastor. Los discípulos –futuros sacerdotes– solo ven la superficialidad de la multitud que aprieta por todos lados a Jesús hasta sofocarlo. Esto os pido: sed pastores con «olor a oveja», que eso se note.

PALABRA

Cuando llegó la hora, Jesús se sentó a la mesa y los apóstoles con él y les dijo: «Ardientemente he deseado comer esta Pascua con vosotros, antes de padecer, porque os digo que ya no volveré a comer hasta que se cumpla en el reino de Dios». Y tomando un cáliz, después de pronunciar la acción de gracias, dijo: «Tomad esto, repartidlo entre vosotros; porque os digo que no beberé desde ahora del fruto de la vid hasta que venga el reino de Dios». Y, tomando pan, después de pronunciar la acción de gracias, lo partió y se lo dio diciendo: «Esto es mi cuerpo que se entrega por vosotros; haced esto en memoria mía». Después de cenar, hizo lo mismo con el cáliz diciendo: «Este cáliz es la nueva alianza en mi sangre, que es derramada por vosotros».

Isaías 52,13-53,12; ***Salmo*** 39,6-11 • **LUCAS 22, 14-20**

ORACIÓN

JESUCRISTO, SUMO Y ETERNO SACERDOTE, de tu sacerdocio participamos todos los bautizados, que somos sacerdotes, profetas y reyes. Y más, los que tú has elegido para perpetuar la maravilla de la eucaristía, de la penitencia y demás sacramentos, por medio del sacramento del Orden. Gracias por el bautismo. Gracias por la eucaristía. Y gracias, porque sigues ejerciendo en el cielo tu Sacerdocio eterno, intercediendo continuamente por mí ante el Padre.

Tú eres sacerdote eterno, según el rito de Melquisedec *(Salmo 109,4).*

SANTA MAGDALENA SOFÍA

Santos BEDA *pb dc,* GREGORIO VII *pp,* M.ª MAGDALENA DE PAZZI *vg,* Magdalena Sofía *vg,* Vicenta M.ª López Vicuña *vg*

MAYO
25
VIERNES (ML)

Papa Francisco: Jesús va a la plenitud de la armonía de la creación: "Dios los creó hombre y mujer" y los dos serán una carne sola. Jesús no negocia la verdad. Y esta es la verdad sobre el matrimonio, no hay otra. Hay dureza en el corazón, hay pecado, algo se puede hacer: el perdón, la comprensión, el acompañamiento, la integración, el discernimiento de estos casos... ¡Pero la verdad no se vende nunca! Jesús nos enseña a tener con el corazón una gran adhesión a la verdad y también con el corazón una gran comprensión y acompañamiento a todos nuestros hermanos que están en dificultad *(20-5-2016).*

PALABRA

Jesús se marchó a Judea y a Transjordania; otra vez se le fue reuniendo gente por el camino, y según costumbre les enseñaba. Acercándose unos fariseos, le preguntaron para ponerlo a prueba: «¿Le es lícito a un hombre divorciarse de su mujer?». Él les replicó: «¿Qué os ha mandado Moisés?». Contestaron: «Moisés permitió escribir el acta de divorcio y repudiarla». Jesús les dijo: «Por la dureza vuestro corazón dejó escrito Moisés este precepto. Pero al principio de la creación Dios los creó hombre y mujer. Por eso dejará el hombre a su padre y a su madre, se unirá a su mujer y serán los dos una sola carne. De modo que ya no son dos, sino una sola carne. Pues lo que Dios ha unido, que no lo separe el hombre». En casa, los discípulos volvieron a preguntarle sobre lo mismo. Él les dijo: «Si uno repudia a su mujer y se casa con otra, comete adulterio contra la primera. Y si ella se divorcia de su marido y se casa con otro, comete adulterio».

Santiago 5,9-12; ***Salmo*** 10,1-4.8-12 • **MARCOS 10,1-12**

ORACIÓN

SEÑOR, la terquedad de unos y la malicia de otros van logrando tirar por tierra los cimientos del matrimonio y la familia, tan bien puestos por ti desde el principio de la creación. Parejas del mismo sexo con el sagrado nombre de matrimonio, divorcio, familias rotas, hijos a la deriva con padres de hecho que suplantan a los de derecho y de verdad... son algunos de los amargos frutos de la maligna acción del hombre y de algunos gobiernos contra la institución matrimonial. ¡Ten compasión de nuestro mundo, danos la audacia necesaria para defender los valores cristianos, los más provechosos para el hombre, la mujer y los niños de hoy y de siempre!

El Señor es compasivo y misericordioso *(Salmo 102,8).*

Santos FELIPE NERI *pb*,
Mariana de Jesús Paredes *vg*,
Pedro Mártir Sans *ob mr*, Felicísima *mr*

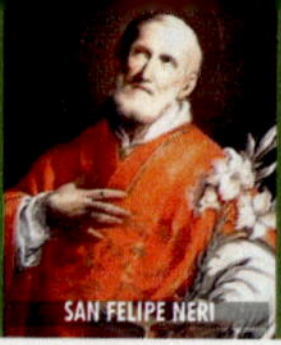

Papa Francisco: Quisiera manifestar mi rechazo a todo tipo de experimentación educativa con los niños. Con los niños y jóvenes no se puede experimentar. No son cobayas de laboratorio. [Interesante,] el logotipo de la Sagrada Familia encima de un burrito escapando a Egipto, defendiendo ese niño. A veces para defender hay que escapar. A veces hay que quedarse y proteger. A veces hay que pelear. Pero siempre hay que tener ternura.

PALABRA

Le acercaban a Jesús niños para que los tocara, pero los discípulos les regañaban. Al verlo, Jesús se enfadó y les dijo: «Dejad que los niños se acerquen a mí: no se lo impidáis; de los que son como ellos es el reino de Dios. En verdad os digo que quien no acepte el reino de Dios como un niño, no entrará en él». Y tomándolos en brazos los bendecía imponiéndoles las manos.

Santiago 5,13-20; ***Salmo*** 140,1-3.8 • **MARCOS 10,13-16**

ORACIÓN

SEÑOR, tú sueles ir a contracorriente del mundo, porque tus caminos y tus criterios no son los de los hombres. Yo opto por seguirte a ti y dar la espalda al mundo. No impediré, sino que fomentaré, que los niños se acerquen a ti, conozcan tu amor y se queden contigo para toda la vida. Con la inocencia, con la transparencia, con la sencillez, con la ductilidad de niño quiero aceptar tu reino, que viene a mí con su eterna juventud y novedad, para implantar en mi vida de hombre viejo lo mejor del hombre nuevo, a tu imagen.

Suba, Señor, mi oración como incienso en tu presencia *(Salmo 140,2).*

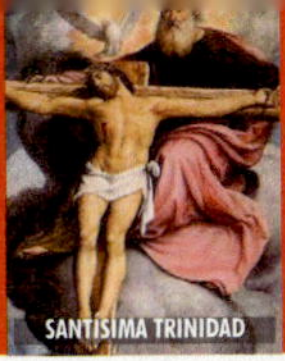

Santos AGUSTÍN DE CANTERBURY *ob*, Bruno *ob*, Bárbara Kim y Bárbara Yi *mrs*

MAYO
27
DOMINGO

DÍA PRO ORÁNTIBUS (monjes y monjas)

SOLEMNIDAD DE LA SANTÍSIMA TRINIDAD

Papa Francisco: Hoy celebramos la fiesta de la Santísima Trinidad, que nos recuerda el misterio del único Dios en tres Personas: el Padre, el Hijo y el Espíritu Santo. La Trinidad es comunión de Personas divinas, las cuales son una con la otra, una para la otra y una en la otra: esta comunión es la vida de Dios, el misterio de amor del Dios vivo. Y Jesús nos reveló este misterio. Él nos habló de Dios como Padre; nos habló del Espíritu; y nos habló de sí mismo como Hijo de Dios. No estamos llamados a vivir los unos sin los otros, por encima o contra los demás, sino los unos *con* los otros, *por* los otros y *en* los otros. Esto significa acoger y testimoniar concordes la belleza del Evangelio; vivir el amor recíproco y hacia todos, compartiendo alegrías y sufrimientos, aprendiendo a pedir y conceder el perdón, valorando los diversos carismas bajo la guía de los pastores. En una palabra, se nos encomienda la tarea de edificar *comunidades eclesiales que sean cada vez más familia,* capaces de reflejar el esplendor de la Trinidad y evangelizar, no solo con las palabras, sino con la fuerza del amor de Dios que habita en nosotros *(31-5-2015).*

PALABRA

• ***Deuteronomio*** 4, 32-34.39-40: Moisés habló al pueblo, diciendo: «Pregunta, pregunta a los tiempos antiguos, que te han precedido, desde el día en que Dios creó al hombre sobre la tierra: ¿hubo jamás desde un extremo al otro del cielo palabra tan grande como esta?, ¿se oyó cosa semejante?, ¿hay algún pueblo que haya oído, como tú has oído, la voz del Dios vivo, hablando desde el fuego, y haya sobrevivido?, ¿algún dios intentó jamás venir a buscarse una nación entre las otras por medio de pruebas, signos, prodigios y guerra, con mano fuerte y brazo poderoso, por grandes terrores, como todo lo que el Señor, vuestro Dios, hizo con vosotros en Egipto?». Reconoce, pues, hoy y medita en tu corazón, que el Señor es el único Dios allá arriba en el cielo, y aquí abajo en la tierra; no hay otro. Guarda los preceptos y mandamientos que yo te prescribo hoy, para que seas feliz, tú y tus hijos, después de ti, y prolongues tus días en el suelo que el Señor tu Dios te da siempre.

• ***Salmo*** 32, 4-9. 18-22: ***Dichoso el pueblo que el Señor se escogió como heredad.***

• ***Romanos*** 8, 14-17: Los que se dejan llevar por el Espíritu de Dios, esos son hijos de Dios. Habéis recibido, no un espíritu de esclavitud, para recaer en el temor, sino un espíritu de hijos adoptivos, que nos hace gritar: ¡Abba! (Padre). Ese Espíritu y nuestro espíritu dan un testimonio concorde: que somos hijos de Dios; y si somos hijos, también herederos de Dios y coherederos con Cristo, ya que sufrimos con él para ser también con él glorificados.

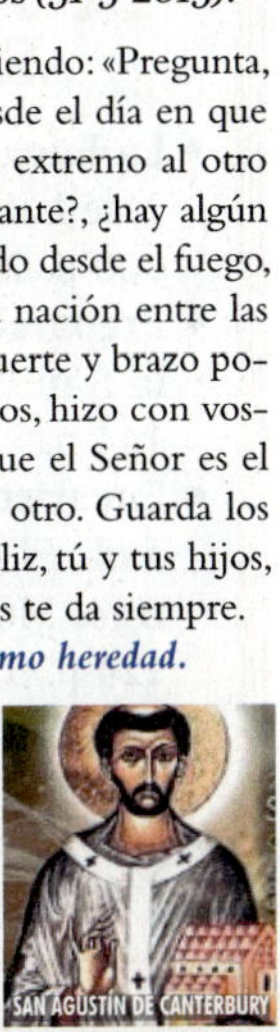

• **MATEO 28, 16-20:** Los once discípulos se fueron a Galilea, al monte que Jesús les había indicado. Al verlo, ellos se postraron, pero algunos dudaron. Acercándose a ellos, Jesús les dijo: «Se me ha dado todo poder en el cielo y en la tierra. Id, pues, y haced discípulos de todos los pueblos, bautizándolos en el nombre del Padre y del Hijo y del Espíritu Santo; enseñándoles a guardar todo lo que os he mandado. Y sabed que yo estoy con vosotros todos los días, hasta el final de los tiempos».

ORACIÓN **SANTÍSIMA TRINIDAD, PADRE, HIJO Y ESPÍRITU SANTO:** que toda mi vida –aquí en la tierra y luego en el cielo– sea un acto de adoración a mis Tres y mi Todo. Que nunca olvide que soy vuestro templo, al que habéis venido para hacer morada en mí. ¡Lejos de mí el pecado, que es negación del Dios Uno y Trino: a quien más amo, al único que quiero adorar! Gloria al Padre y al Hijo y al Espíritu Santo. Lo digo con mis labios y quiero glorificaros con mi vida.

Santos Justo de Urgel *ob*, Germán de París *ob*, Guillermo *mj*

Papa Francisco: El Evangelio dice que: "Jesús lo amó" [al joven rico], y entonces le dijo: "Mira, te falta una cosa: da todo lo que tienes a los pobres y ven conmigo, a predicar el Evangelio". Y ese chico se fue triste. Se fue triste porque tenía mucho dinero y no se animó a dejarlo por Jesús. Y se fue con su dinero y con su tristeza. Al principio estaba con su alegría, con esa hermosa alegría que daba el encuentro con Jesús. Y se fue con su tristeza.

PALABRA

Cuando salía Jesús al camino, se le acercó uno corriendo, se arrodilló y le preguntó: «Maestro bueno, ¿qué haré para heredar la vida eterna?». Jesús le contestó: «¿Por qué me llamas bueno? No hay nadie bueno más que Dios. Ya sabes los mandamientos: no matarás, no cometerás adulterio, no robarás, no darás falso testimonio, no estafarás, honra a tu padre y a tu madre». Él replicó: «Maestro, todo eso lo he cumplido desde mi juventud». Jesús se le quedó mirando, lo amó y le dijo: «Una cosa te falta: anda, vende lo que tienes, dáselo a los pobres, así tendrás un tesoro en el cielo, y luego ven y sígueme». A estas palabras, él frunció el ceño y se marchó triste, porque era muy rico. Jesús, mirando alrededor, dijo a sus discípulos: «¡Qué difícil les será entrar en el reino de Dios a los que tienen riquezas!». Los discípulos quedaron sorprendidos de estas palabras. Jesús añadió: «Hijos, ¡qué difícil les es entrar en el reino de Dios! Más fácil le es a un camello pasar por el ojo de una aguja, que a un rico entrar en el reino de Dios». Ellos se espantaron y comentaban: «Entonces, ¿quién puede salvarse?». Jesús se les quedó mirando y les dijo: «Es imposible para los hombres, no para Dios. Dios lo puede todo».

1Pedro 1,3-9; ***Salmo*** 110,1-6.9-10 • **MARCOS 10,17-27**

ORACIÓN

SEÑOR, lo recuerdas con todo detalle. Aquel joven llegó corriendo, deprisa, se arrodilló para llamarte Maestro bueno, e iba en busca del camino para la vida eterna. Parecía una vocación clara. Y tú le sonreíste. Todo iba bien, hasta que le dijiste que le faltaba una cosa: *Anda, vende lo que tienes, dale el dinero a los pobres y luego sígueme.* Y el joven se fue con su dinero y su tristeza... ¿Tan fuerte es el atractivo del vil dinero? Tanto que tú lo pones al nivel de la fe en el único Dios, un dios falso a quien no puede servirse a la vez que al único Dios. Solo tú eres mi único Dios, no dejes que me robe mi fe y mi esperanza el "estiércol del demonio" que me separa triste de ti. Como signo, HOY daré una buena limosna a los pobres.

El Señor recuerda siempre su alianza *(Salmo 110,5).*

Santos Bona *vg*, Gerardo *ob*, Maximino *ob*.
Beato José Gérard *pb*

Papa Francisco: Quizá pensaba Pedro: «Esta es una bella actividad comercial, ir detrás de Jesús nos hace ganar mucho, cien veces más». Pero Jesús añade tres palabritas: «Junto con persecuciones». Y después, la vida eterna. Viene a decirle: «Sí, vosotros lo habéis dejado todo y recibiréis en la tierra muchas cosas, pero con la persecución». Es como una ensalada con el aceite de la persecución. Esta es la ganancia del cristiano y este es el camino para el que quiere andar siguiendo a Jesús. Porque es el camino que él hizo: él fue perseguido.

PALABRA

Pedro se puso a decir a Jesús: «Ya ves que nosotros lo hemos dejado todo y te hemos seguido». Jesús dijo: «En verdad os digo que no hay nadie que haya dejado casa, o hermanos o hermanas, o madre o padre, hijos o tierras, por mí y por el Evangelio, que no reciba ahora, en este tiempo, cien veces más –casas y hermanos y hermanas y madres e hijos y tierras, con persecuciones– y en la edad futura, vida eterna. Muchos primeros serán últimos, y muchos últimos primeros».

1Pedro 1,10-16; ***Salmo*** 97,1-4 • **MARCOS 10,28-31**

ORACIÓN

SEÑOR, ¿qué importa si era poco o mucho lo que dejó cada uno de los Doce? Te importa, y mucho, su total desprendimiento. Todos tenían su familia, de la que alguno era el cabeza, todos tenían su trabajo más o menos considerado, algunos tenían su casa propia y su barca con sus redes… "Nosotros lo hemos dejado todo y te hemos seguido". Fueron generosos, confiados y valientes. Pero tú no te dejas ganar en generosidad: les prometes cien veces más -con persecuciones, como su Maestro- y la vida eterna. ¿Qué me diría cualquiera de ellos si pudiera mandarles un *WhatsApp* preguntándoles: ¿Merece la pena, merece la alegría? No me hace falta preguntarles nada. Ya conozco la respuesta, que hago mía, a tu lado.

***El Señor da a conocer su salvación** (Salmo 97, 2).*

Santos FERNANDO III *re*,
Juana de Arco *vg*,
Matías Mulumba *mr*, Gabino *mr*.
Beata Matilde Téllez

Papa Francisco: Santiago y Juan fueron a Jesús a pedirle la función de jefe de gobierno. Nosotros queremos el triunfo ahora sin ir por la cruz. Fui a predicar ejercicios espirituales a unas religiosas y el último día se confesaron. Vino una hermana anciana, de más de ochenta años. Era una mujer de Dios. Al final le dije: "Hermana, como penitencia rece por mí, porque necesito una gracia, ¿eh? Si usted la pide al Señor, seguro que me la dará". Ella se detuvo un momento, como si rezara, y me dijo esto: "Seguro que el Señor le dará la gracia, pero no se equivoque: a su modo divino". Esto me hizo mucho bien: sentir que el Señor nos da siempre lo que pedimos pero lo hace con su modo divino». Este modo implica la cruz. No por masoquismo, no, no: por amor, por amor hasta el final *(29-5-2013)*.

PALABRA

Jesús dijo a los doce: «Mirad, estamos subiendo a Jerusalén, y el Hijo del hombre va a ser entregado a los sumos sacerdotes y a los escribas, lo condenarán a muerte y lo entregarán a los gentiles, se burlarán de él, le escupirán, lo azotarán y lo matarán; y a los tres días resucitará». Se le acercaron los hijos de Zebedeo, Santiago y Juan, y le dijeron: «Maestro, concédenos sentarnos en tu gloria uno a tu derecha y otro a tu izquierda». Jesús replicó: «No sabéis lo que pedís, ¿podéis beber el cáliz que yo he de beber, o bautizaros con el bautismo con que yo me voy a bautizar?». Contestaron: «Podemos». Jesús les dijo: «El cáliz que yo voy a beber lo beberéis, y seréis bautizados con el bautismo con que yo me voy a bautizar, pero el sentarse a mi derecha o a mi izquierda no me toca a mí concederlo; está ya reservado». Los otros diez, al oír aquello, se indignaron contra Santiago y Juan. Jesús, llamándolos, les dijo: «Sabéis que los que son reconocidos como jefes de los pueblos los tiranizan, y que los grandes los oprimen. No será así entre vosotros: el que quiera ser grande, sea vuestro servidor; y el que quiera ser primero, sea esclavo de todos. Porque el Hijo del hombre no ha venido a que le sirvan, sino a servir y dar su vida en rescate por muchos».

***1Pedro* 1,18-25; *Salmo* 147,12-15.19-20 • MARCOS 10,33-35.37-45**

ORACIÓN

SEÑOR, tú me pones en la cruda realidad de acompañarte en tu subida a Jerusalén para beber contigo el cáliz del sufrimiento, tan poco atractivo para ti como para mí. Por la Cruz a la Luz.

Glorifica al Señor, Jerusalén *(Salmo 147,12).*

MAYO

31

JUEVES

FIESTA DE LA VISITACIÓN DE LA BIENAVENTURADA VIRGEN MARÍA

Santos Noé Mawaggali *mr*, Petronila *vg mr*, Silvio *ob*

VISITACIÓN DE MARÍA

Papa Francisco: María fue "deprisa". Esta chica de dieciséis o diecisiete años, no más, era valiente. Se levanta y va. Valentía de mujer: esas mujeres valientes que llevan adelante la familia, estas mujeres que llevan adelante la educación de los hijos, que enfrentan tantas adversidades, tanto dolor, que curan los enfermos... Se levantan y sirven, sirven. El servicio es signo cristiano. Quien no vive para servir, no sirve para vivir. Servicio en la alegría, esta es la actitud que yo quisiera subrayar *(31-5-2016)*.

PALABRA

En aquellos mismos días, María se levantó y se puso en camino de prisa hacia la montaña, a una ciudad de Judá; entró en casa de Zacarías y saludó a Isabel. Aconteció que, en cuanto Isabel oyó el saludo de María, saltó la criatura en su vientre. Se llenó Isabel de Espíritu Santo y, levantando la voz exclamó: «¡Bendita tú entre las mujeres y bendito el fruto de tu vientre! ¿Quién soy yo para que me visite la madre de mi Señor? Pues, en cuanto tu saludo llegó a mis oídos, la criatura saltó de alegría en mi vientre. ¡Bienaventurada la que ha creído, porque lo que te ha dicho el Señor se cumplirá!». María dijo: «Proclama mi alma la grandeza del Señor, "se alegra mi espíritu en Dios, mi salvador; porque ha mirado la humildad de su esclava". Desde ahora me felicitarán todas las generaciones, porque el Poderoso ha hecho obras grandes en mí: "su nombre es santo, y su misericordia llega a sus fieles de generación en generación". Él hace proezas con su brazo: dispersa a los soberbios de corazón, "derriba del trono a los poderosos y enaltece a los humildes, a los hambrientos los colma de bienes y a los ricos los despide vacíos. Auxilia a Israel, su siervo, acordándose de la misericordia" –como lo había prometido a nuestros padres– en favor de Abrahán y su descendencia por siempre». María se quedó con Isabel unos tres meses y volvió a su casa.

Sofonías 3,14-18; ***Salmo: Isaías*** 12,2-6 • **LUCAS 1,39-56**

ORACIÓN

JESÚS, mayo termina evocando a tu Madre, que, contigo en su seno –Ah, qué procesión del Corpus/ la que se inició aquel día–, corrió presurosa a casa de Isabel. La que se declaró esclava del Señor se hizo sierva de su prima, cuyo hijo saltó de gozo en sus entrañas. Con María, recito el Magníficat: *Proclama mi alma la grandeza del Señor: a los hambrientos los colma de bienes, su misericordia llega a sus fieles de generación en generación...*

Qué grande es en medio de ti el Santo de Israel *(Isaías 12,6)*.

SAN PEDRO Y SAN PABLO (El Greco)

Pedro y Pablo nos sitúan ante la obra de la misericordia de Dios en el corazón de dos hombres. Es la obra de la misericordia de Dios en estos dos hombres, que eran grandes pecadores. Y Dios quiere colmarnos también a nosotros con su gracia, como lo hizo con Pedro y con Pablo.

(Papa Francisco, 29 de junio de 2014, homilía)

JUNIO

1

VIERNES (MO)

Viernes 8º Tiempo Ordinario Tomo III - Salterio 4ª semana

Santos JUSTINO *mr,* Fortunato *pb,* Íñigo *ab,* Próculo *mr.* Ntra. Sra. de la Luz

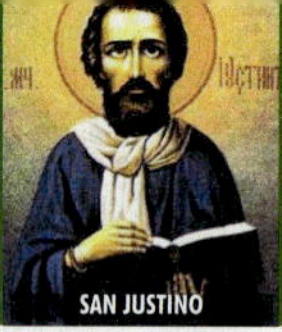

Papa Francisco: *[Al llegar no encontró más que hojas]* Hemos sido llamados por Dios y llamados para permanecer con Jesús unidos a él. En realidad, este vivir, este permanecer en Cristo, marca todo lo que somos y lo que hacemos. Es precisamente la «vida en Cristo» lo que garantiza nuestra eficacia apostólica y la fecundidad de nuestro servicio: *"Soy yo quien os he elegido y os he destinado para que vayáis y deis fruto, y vuestro fruto permanezca"* (Jn 15,16).

PALABRA

Después que el gentío lo hubo aclamado, entró Jesús en Jerusalén, en el templo, lo estuvo observando todo y, como era ya tarde, salió hacia Betania con los Doce. Al día siguiente, cuando salió de Betania, sintió hambre. Vio de lejos una higuera con hojas y se acercó para ver si encontraba algo; al llegar no encontró más que hojas, porque no era tiempo de higos. Entonces le dijo: «Nunca jamás coma nadie frutos de ti». Los discípulos lo oyeron. Llegaron a Jerusalén y, entrando en el templo, se puso a echar a los que vendían y compraban en el templo, volcando las mesas de los cambistas y los puestos de los que vendían palomas. Y no consentía a nadie transportar objetos por el templo. Y los instruía diciendo: «¿No está escrito: "Mi casa será casa de oración para todos los pueblos"? Vosotros en cambio la habéis convertido en cueva de bandidos». Se enteraron los sumos sacerdotes y los escribas y, como le tenían miedo, porque todo el mundo admiraba su enseñanza, buscaban una manera de acabar con él. Cuando atardeció, salieron de la ciudad. A la mañana siguiente, al pasar, vieron la higuera seca de raíz. Pedro cayó en la cuenta y dijo a Jesús: «Maestro, mira, la higuera que maldijiste se ha secado». Jesús contestó: «Tened fe en Dios. En verdad os digo que si uno dice a este monte: "Quítate de ahí y tírate al mar", y no duda en su corazón, sino que cree en que sucederá lo que dice, lo obtendrá. Por eso os digo: Todo cuanto pidáis en la oración, creed que os lo han concedido, y lo obtendréis. Y cuando os pongáis a orar, perdonad lo que tengáis contra otros, para que también vuestro Padre del cielo os perdone vuestras culpas».

1Pedro 4,7-13; ***Salmo*** 95,10-13 • **MARCOS 11,11-26**

ORACIÓN

SEÑOR, si tu casa es casa de oración, mi persona –templo de Dios– es sagrada y no puedo dedicarla a lo que me aparta de ti. Tú quieres que dé fruto, de lo contrario podría ocurrirme como a la higuera, que solo tenía hojas ¡Ten compasión de mí! La fe me une a ti y pone mi vida a tu servicio y al servicio y reconciliación de los hermanos, con la confianza plena de que jamás me dejarás de tu mano.

Llega el Señor a regir la tierra *(Salmo 95,13).*

Santos MARCELINO Y PEDRO ***mrs,***
Eugenio I ***pp,*** **Erasmo** ***ob mr,*** **Guido** ***ob.***
Beato Sadoc y ***co mrs***

JUNIO
2
SÁBADO (ML)

Papa Francisco: ¿Con qué autoridad haces esto? ¿Por qué Jesús constituía un problema? No es porque hiciera milagros. Ni porque predicara y hablara de la libertad del pueblo. El problema que escandalizaba a esta gente era aquello que los demonios gritaban a Jesús: Tú eres el Hijo de Dios, tú eres el santo. Esto, esto es el centro. Lo que escandaliza de Jesús es su naturaleza de Dios encarnado. Y como a Él, también a nosotros nos tienden trampas en la vida; lo que escandaliza de la Iglesia es el misterio de la encarnación del Verbo. También ahora oímos decir a menudo: *Vosotros, cristianos, sed un poco más normales, como las otras personas, sensatas, no seáis tan rígidos.* Detrás, en realidad, está la petición de no anunciar que «Dios se hizo hombre», porque la encarnación del Verbo es el escándalo. Si nosotros nos convertimos en cristianos sensatos, cristianos sociales, de beneficencia solamente, ¿cuál será la consecuencia? Que no tendremos jamás mártires. Cuando afirmamos que el Hijo de Dios vino y se hizo carne, cuando predicamos el escándalo de la cruz, vendrán las persecuciones, vendrá la cruz.

PALABRA

Jesús y los discípulos volvieron a Jerusalén y, mientras paseaba por el templo, se le acercaron los sumos sacerdotes, los escribas y los ancianos y le preguntaron: «¿Con qué autoridad haces esto? ¿Quién te ha dado semejante autoridad para hacer esto?». Jesús les replicó: «Os voy a hacer una pregunta y, si me contestáis, os diré con qué autoridad hago esto: El bautismo de Juan ¿era del cielo o de los hombres? Contestadme». Se pusieron a deliberar: «Si decimos que es del cielo, dirá: "¿Y por qué no le habéis creído?". ¿Pero cómo vamos a decir que es de los hombres?». (Temían a la gente, porque todo el mundo estaba convencido de que Juan era un profeta). Y respondieron a Jesús: «No sabemos». Jesús les replicó: «Pues tampoco yo os digo con qué autoridad hago esto».

Judas 17.20b-25; ***Salmo*** 62,2-6 • **MARCOS 11,27-33**

ORACIÓN

SEÑOR, es admirable tu sabiduría en tantos momentos de tu vida como el que hoy nos evoca el Evangelio: no hay quien te haga caer en la trampa de la dialéctica humana. Pero tu respuesta nunca es para vencer, sino para que conozcan la verdad de tu autoridad y de la salvación que ofreces a quien quiera escucharte con los oídos limpios y la mente y el corazón abiertos y sin prejuicios.

Mi alma está sedienta de ti, Señor, Dios mío *(Salmo 62,2).*

JUNIO
3
DOMINGO

Santos CARLOS LUANGA y *co mrs,*
Juan Grande *rl,*
Clotilde *re,* Olivia *vg*

DÍA DE CARIDAD. COLECTA

SOLEMNIDAD DEL SANTÍSIMO CUERPO Y SANGRE DE CRISTO

Papa Francisco: Hoy se celebra en muchos países la solemnidad del Santísimo Cuerpo y Sangre de Cristo o, según la expresión en latín más conocida, la solemnidad del *Corpus Christi*. Jesús toma entre sus manos el pan y dice «Tomad, esto es mi Cuerpo» Con este gesto y con estas palabras, Él asigna al pan una función que no es más la de simple alimento físico, sino la de hacer presente su Persona en medio de la comunidad de los creyentes. Cuando tomamos y comemos ese Pan, somos asociados a la vida de Jesús, entramos en comunión con Él, nos comprometemos a realizar la comunión entre nosotros. La fiesta de hoy nos impulsa a acoger la invitación íntima a la conversión y al servicio, al amor y al perdón. Nos estimula a convertirnos, con la vida, en imitadores de lo que celebramos en la liturgia. El Cristo, que nos nutre bajo las especies consagradas del pan y del vino, es el mismo que viene a nuestro encuentro en los acontecimientos cotidianos; está en el pobre que tiende la mano, está en el que sufre e implora ayuda, está en el hermano que pide nuestra disponibilidad y espera nuestra acogida. Está en el niño que no sabe nada de Jesús, de la salvación, que no tiene fe. Está en cada ser humano, también en el más pequeño e indefenso *(7-6-2015)*.

PALABRA

• ***Éxodo*** 24, 3-8: Moisés bajó y contó al pueblo todo lo que había dicho el Señor y todos sus mandatos; y el pueblo contestó a una: «Haremos todo lo que dice el Señor». Moisés puso por escrito todas las palabras del Señor. Se levantó temprano y edificó un altar en la falda del monte, y doce estelas, por las doce tribus de Israel. Y mandó a algunos jóvenes israelitas ofrecer al Señor holocaustos y vacas, como sacrificio de comunión. Tomó la mitad de la sangre y la puso en vasijas, y la otra mitad la derramó sobre el altar. Después tomó el documento de la alianza, se lo leyó en alta voz al pueblo, el cual respondió: «Haremos todo lo que manda el Señor y le obedeceremos». Tomó Moisés la sangre y roció al pueblo, diciendo: «Esta es la sangre de la alianza que hace el Señor con vosotros, sobre todos estos mandatos».

• ***Salmo*** 115, 12-15: ***Alzaré la copa de la salvación, invocando el nombre del Señor.***

• ***Hebreos*** 9, 11-15: Cristo ha venido como sumo sacerdote de los bienes definitivos. Su tienda es más grande y más perfecta: no hecha por manos de hombre, es decir, no de este mundo creado. No lleva sangre de machos cabríos, ni de becerros, sino la suya propia; y así ha entrado en el santuario una vez para siempre, consiguiendo la liberación eterna. Si la sangre de machos cabríos y de toros, y la ceniza de una becerra, santifican con su aspersión a los profanos, devolviéndoles la pureza externa, ¡cuánto más la sangre de Cristo que, en virtud del Espíritu eterno, se ha ofrecido a Dios como sacrificio sin mancha, podrá purificar nuestra conciencia de las obras muertas, para que demos culto del Dios vivo! Por esa razón es mediador de una alianza nueva: en ella ha habido una muerte que ha redimido de los pecados cometidos durante la primera alianza; y así los llamados pueden recibir la promesa de la herencia eterna.

• **MARCOS 14, 12-16.22-26:** El primer día de los Ácimos, cuando se sacrificaba el cordero pascual, le dijeron a Jesús sus discípulos: «¿Dónde quieres que vayamos a prepararte la cena de Pascua?». Él envió a dos discípulos diciéndoles: «Id a la ciudad, os saldrá al paso un hombre que lleva un cántaro de agua; seguidlo, y en la casa en que entre, decidle al dueño: "El Maestro pregunta: ¿Cuál es la habitación donde voy a comer la Pascua con mis discípulos?". Os enseñará una habitación grande en el piso de arriba, acondicionada y dispuesta. Preparádnosla allí». Los discípulos se marcharon, llegaron a la ciudad, encontraron lo que les había dicho y prepararon la Pascua. Mientras comían, Jesús tomó pan, y pronunciando la bendición, lo partió y se lo dio, diciendo: «Tomad, esto es mi cuerpo». Después, tomó el cáliz, pronunció la acción de gracias, se lo dio y todos bebieron. Y les dijo: «Esta es mi sangre de la alianza, que es derramada por muchos. En verdad os digo que no volveré a beber del fruto de la vid hasta el día que beba el vino nuevo en el reino de Dios». Después de cantar el himno, salieron para el monte de los Olivos.

ORACIÓN

¡BENDITO SEAS, JESÚS, EN EL SANTÍSIMO SACRAMENTO DEL ALTAR! No quiero "acostumbrarme" a la Eucaristía, quiero verte cada día con ojos nuevos para descubrir tu rostro cercano; y, con nuevo corazón, amarte como el mejor amigo y adorarte como mi Dios y mi Señor. Te has quedado para mí: que no pase ningún día sin que recuerde y agradezca ese gesto supremo de amor, que me llama a amarte también en los necesitados.

Santos Pedro de Verona ***pb mr,***
Francisco Caracciolo ***pb,***
Walter ***ab***

SAN PEDRO MÁRTIR DE VERONA

Papa Francisco: *[Le quedaba uno, su hijo querido. Y lo envió el último, pensando que a su hijo lo respetarían]* El Hijo, el último enviado, que ha sido desechado, juzgado, no escuchado y matado, se ha vuelto la piedra angular... El camino de nuestra redención es un camino de fracasos. El de la cruz, es un escándalo. Pero, precisamente allí, el amor vence. Y esa historia, que comienza con un sueño de amor y sigue con una historia de fracasos, acaba en la victoria del amor: la cruz de Jesús. No debemos olvidar este camino, es un camino difícil ¡también el nuestro! Si cada uno de nosotros hace un examen de conciencia, verá cuántas veces le ha dicho a Jesús: *Vete,* cuántas veces se ha querido salvar a sí mismo *(1-6-2015).*

PALABRA

Jesús se puso a hablar en parábolas a los sumos sacerdotes, a los escribas y a los ancianos: «Un hombre plantó una viña, la rodeó con una cerca, cavó un lagar, construyó una torre, la arrendó a unos labradores y se marchó lejos. A su tiempo, envió un criado a los labradores, para percibir su tanto del fruto de la viña. Ellos lo agarraron, lo azotaron y lo despidieron con las manos vacías. Les envió otro criado; a este lo descalabraron e insultaron. Envió a otro y lo mataron; y a otros muchos los apalearon o los mataron. Le quedaba uno, su hijo querido. Y lo envió el último, pensando que a su hijo lo respetarían. Pero los labradores se dijeron: "Este es el heredero. Venga, lo matamos, y será nuestra la herencia". Y, agarrándolo, lo mataron y lo arrojaron fuera de la viña. ¿Qué hará el dueño de la viña? Vendrá, hará perecer a los labradores y arrendará la viña a otros. ¿No habéis leído aquel texto: "La piedra que desecharon los arquitectos es ahora la piedra angular. Es el Señor quien lo ha hecho, ha sido un milagro patente"?». Intentaron echarle mano, porque veían que la parábola iba por ellos; pero temieron a la gente, y, dejándolo allí, se marcharon.

2 Pedro 1,2-7; ***Salmo*** 90,1-2.15-16 • **MARCOS 12,1-12**

ORACIÓN

SEÑOR, la parábola va por mí, pero yo no intento echarte mano, sino que reconozco que me dices la verdad de mi vida. ¡Cuántos mimos y cuidados has tenido con la vid de mi fe y de mi vida cristiana, desde que la plantaste en la viña de tu Iglesia por el bautismo, la fortaleces con la eucaristía, la purificas con la penitencia! Y yo, ¿cómo respondo? ¡Que jamás me separe de ti la muerte del pecado, que me aleja de la salvación, de la fe viva!

Dios mío, confío en ti *(Salmo 90,2).*

Santos **BONIFACIO** *ob mr*,
Doroteo *ob mr*, Franco *er*, Sancho *mr*

Papa Francisco: Reforzados por el Espíritu Santo, que nos guía a la verdad, nos renueva a nosotros y a toda la tierra, y nos da los frutos: reforzados por el Espíritu y por sus dones, llegamos a ser capaces de luchar, sin concesión alguna, contra el pecado; de luchar, sin concesión alguna, contra la corrupción que, día tras día, se extiende cada vez más por el mundo.

PALABRA

Enviaron a Jesús algunos de los fariseos y de los herodianos, para cazarlo con una pregunta. Se acercaron y le dijeron: «Maestro, sabemos que eres veraz y no te preocupa lo que digan; porque no te fijas en apariencias, sino que enseñas el camino de Dios conforme a la verdad. ¿Es lícito pagar impuesto al César o no? ¿Pagamos o no pagamos?». Adivinando su hipocresía, les replicó: «¿Por qué me tentáis? Traedme un denario, que lo vea». Se lo trajeron. Y él les preguntó: «¿De quién es esta imagen y esta inscripción?». Le contestaron: «Del César». Jesús les replicó: «Dad al César lo que es del César y a Dios lo que es de Dios». Y se quedaron admirados.

1Pedro 3,12-15a.17-18; ***Salmo*** 89,2-4.10.14.16 • **MARCOS 12, 13-17**

ORACIÓN

SEÑOR, los fariseos y herodianos, como los que están en contra de ti y de tu Iglesia, discuten tu mensaje y te tienden trampas para que caigas. Pero tu sabiduría supera infinitamente la medida de su maldad y de su astucia: y son ellos quienes son atrapados por su trampa. Al César lo que es del César, a Dios lo que es de Dios. Mi vida entera, solo para Dios; lo demás, que se lo quede el César. Quiero buscar sobre todo el reino de Dios y su justicia. Tú pones lo demás.

Señor, tú has sido nuestro refugio de generación en generación *(Salmo 89,1).*

JUNIO

6

MIÉRCOLES (ML)

Miércoles 9º Tiempo Ordinario Tomo III - Salterio 1ª semana

Santos NORBERTO *ob*, Bonifacia Rodríguez *vg*, Rafael Guízar *ob*, Marcelino Champagnat *pb*, Artemio y Paulina *mrs*

SAN MARCELINO CHAMPAGNAT

Papa Francisco: Los saduceos negaban la resurrección, y le hacen una pregunta a Jesús, para ponerlo en dificultad. Parten de un caso imaginario: «Una mujer tuvo siete maridos, que murieron uno tras otro», y preguntan a Jesús: «¿De cuál de ellos será esposa después de su muerte?». Jesús responde que la vida después de la muerte, la vida eterna, es otra vida, en otra dimensión donde, entre otras cosas, ya no existirá el matrimonio. Delante de nosotros está el Dios de los vivientes, el Dios de la alianza: ya en esta tierra, en la oración, en los sacramentos, en la fraternidad, encontramos a Jesús y su amor, y así podemos pregustar algo de la vida resucitada.

PALABRA

Se acercan a Jesús unos saduceos, de los que dicen que no hay resurrección, y le preguntan: «Maestro, Moisés nos dejó escrito: "Si a uno se le muere su hermano, dejando mujer, pero no hijos, que se case con la viuda y dé descendencia a su hermano". Pues bien, había siete hermanos: el primero se casó y murió sin hijos; el segundo se casó con la viuda y murió también sin hijos; lo mismo el tercero; y ninguno de los siete dejó hijos. Por último, murió la mujer. Cuando llegue la resurrección y resuciten, ¿de cuál de ellos será la mujer? Porque los siete han estado casados con ella». Jesús les respondió: «¿No estáis equivocados, por no entender la Escritura ni el poder de Dios? Pues cuando resuciten, ni los hombres se casarán, ni las mujeres serán dadas en matrimonio, serán como ángeles del cielo. Y a propósito de que los muertos resucitan, ¿no habéis leído en el libro de Moisés, en el episodio de la zarza, lo que le dijo Dios: "Yo soy el Dios de Abrahán, el Dios de Isaac, el Dios de Jacob"? No es Dios de muertos, sino de vivos. Estáis muy equivocados».

2Timoteo 1,1-3. 6-12; ***Salmo*** 122,1-2 • **MARCOS 12,18-27**

ORACIÓN

SEÑOR, cualquier pretexto es bueno para ponerte la zancadilla quienes no tienen otra cosa que hacer que llevarte la contraria. Cuando no son los escribas y fariseos, son los saduceos. Se inventan una historia truculenta para ponerte a prueba. *"Estáis equivocados, no entendéis la Escritura ni el poder de Dios"*, son tus primeras palabras al responderles. Nos empeñamos en organizar la vida celestial con los organigramas de la vida terrena, que tan mal nos van. Dejo en tus manos ambas dimensiones de mi vida: en este mundo, permíteme que siga tus pasos; para la otra vida, me basta que me abras la puerta. Ahora y siempre, "hágase tu voluntad en la tierra como en el cielo".

A ti, Señor, levanto mis ojos *(Salmo 122,1)*.

B. ANA DE S. BARTOLOMÉ

Santos Antonio M.ª Gianelli *ob*, Roberto *ab*, Pedro y *co mrs*. Beata Ana de San Bartolomé *vg*

JUNIO **7** JUEVES (FE)

Papa Francisco: En el Evangelio de Marcos (12, 28-34), cuando Jesús responde al escriba que le interroga sobre cuál es el más importante de los mandamientos Jesús no responde con una explicación, sino que usa la Palabra de Dios: «¡Escucha, Israel! El Señor nuestro Dios es el único Señor». La confesión de Dios se realiza en la vida, en el camino de la vida; no basta decir: yo creo en Dios, el único. Se sigue viviendo como si Él no fuera el único Dios, hay otras divinidades a nuestra disposición: es el peligro de la idolatría, que llega a nosotros con el espíritu del mundo. «¡Escucha, Israel! El Señor nuestro Dios es el único Señor». El camino del amor a Dios —amarás al Señor tu Dios con todo tu corazón y con toda tu alma— es un camino de amor; es un camino de fidelidad: al Señor le complace hacer la comparación de este camino con el amor nupcial, que nos impone expulsar los ídolos, descubrirlos, porque existen y están bien ocultos, en nuestra personalidad, en nuestro modo de vivir; y nos hacen infieles en el amor *(6-6-2013)*.

PALABRA

Un escriba se acercó a Jesús y le preguntó: «¿Qué mandamiento es el primero de todos?». Respondió Jesús: «El primero es: "Escucha, Israel: el Señor, nuestro Dios, es el único Señor: amarás al Señor, tu Dios, con todo tu corazón, con toda tu alma, con toda tu mente, con todo tu ser". El segundo es este: "Amarás a tu prójimo como a ti mismo". No hay mandamiento mayor que estos". El escriba replicó: «Muy bien, Maestro, tienes razón cuando dices que el Señor es uno solo y no hay otro fuera de él; y que amarlo con todo el corazón, con todo el entendimiento y con todo el ser, y amar al prójimo como a uno mismo vale más que todos los holocaustos y sacrificios». Jesús, viendo que había respondido sensatamente, le dijo: «No estás lejos del reino de Dios». Y nadie se atrevió a hacerle más preguntas.

2Timoteo 2,8-15; ***Salmo*** 24,4-5.8-10.14 • **MARCOS 12,28b-34**

ORACIÓN

SEÑOR, es admirable tu pedagogía: para ti no hay un solo primer mandamiento aislado, que es amar a Dios, si no va acompañado del amor al hermano. No son dos amores contrapuestos, sino el único amor a ti y al prójimo en el que tú estás vivo y presente. ¡Que no me quede solo en melodiosos cantos "al Amor de los amores", y me cierre al amor de obra al hermano que tengo a mi lado!

Señor, enséñame tus caminos *(Salmo 24,4)*.

JUNIO

8

VIERNES

Santos Maximino *cf*, Guillermo *ob*, Medardo *ob*. Beatas Diana y Cecilia *vgs*

SOLEMNIDAD DEL SAGRADO CORAZÓN DE JESÚS

Papa Francisco: El corazón de Cristo es la ternura de Dios. ¿Cómo voy a entregarte, cómo te voy a abandonar? Cuando estás solo, desorientado, perdido, ven a mí, que yo te voy a salvar, yo te voy a consolar. "Venid a mí los que estáis cansados y agobiados, y yo os aliviaré, pero a los míos, a mis pequeños, tratadlos con ternura, con la misma ternura con que os trato yo". Eso nos dice el Corazón de Cristo hoy y es lo que pido para vosotros y también para mí *(12-6-2015)*.

PALABRA

Los judíos, como era el día de la Preparación, para que no se quedaran los cuerpos en la cruz el sábado, porque aquel sábado era un día solemne, pidieron a Pilato que les quebraran las piernas y que los quitaran. Fueron los soldados, le quebraron las piernas al primero y luego al otro que habían crucificado con él; pero al llegar a Jesús, viendo que ya había muerto, no le quebraron las piernas, sino que uno de los soldados, con la lanza, le traspasó el costado, y al punto salió sangre y agua. El que lo vio da testimonio, y su testimonio es verdadero, y él sabe que dice verdad, para que también vosotros creáis. Esto ocurrió para que se cumpliera la Escritura: «No le quebrarán un hueso»; y en otro lugar la Escritura dice: «Mirarán al que atravesaron».

Oseas 11, 1b.3-4.8c-9; ***Salmo: Isaías*** 12, 2-6; ***Efesios*** 3, 8-12.14-19

• JUAN 19, 31-37

ORACIÓN

¡SAGRADO CORAZÓN DE JESÚS, EN TI CONFÍO! Es el único siempre fiel, en el que puedo descansar, el que me perdona siempre que se lo pido y me ama infinitamente conociendo lo ingrato e infiel que le soy. ¿Cómo no amar al Corazón que más me ama, del que salió el agua de mi bautismo que me hizo hijo de Dios, y la sangre de la Eucaristía que me alimenta para la Vida?

Sacaréis aguas con gozo de las fuentes de la salvación *(Isaías 12,3).*

Inmaculado Corazón de la Bienaventurada Virgen María
Santos EFRÉN *di dc*, José de Anchieta *pb*, Ricardo *ob*, Columba *ab*.
Beata Ana M.ª Taigi *mf*

JUNIO
9
SÁBADO

Papa Francisco: Al oír la Palabra de Dios provoca estupor: quedaron asombrados José y María al encontrar a Jesús en el Templo. Y después nos da alegría. Pero el estupor es más que la alegría. Es un momento en el cual se siembra la Palabra de Dios en nuestro corazón. Custodiar la Palabra de Dios quiere decir abrirle nuestro corazón, como la tierra se abre para recibir la semilla. La Palabra de Dios es semilla y se siembra. Y Jesús nos dijo lo que sucede con la semilla. Algunas caen a lo largo del camino, vienen los pájaros y las comen: ciertos corazones no saben recibirla. Guardar la Palabra de Dios es recibirla en nuestro corazón. Es necesario preparar nuestro corazón para recibirla. Meditar siempre sobre lo que nos dice esta Palabra hoy, mirando lo que sucede en la vida. Leer la vida con la Palabra de Dios: esto significa custodiar. Y hacer memoria. La memoria es una custodia de la Palabra de Dios, nos ayuda a custodiarla, a recordar todo lo que el Señor ha hecho en mi vida, todas las maravillas de la salvación *(8-6-2013)*.

PALABRA

Los padres de Jesús solían ir cada año a Jerusalén por las fiestas de Pascua. Cuando Jesús cumplió doce años, subieron a la fiesta según la costumbre y, cuando terminó, se volvieron; pero el niño Jesús se quedó en Jerusalén, sin que lo supieran sus padres. Estos, creyendo que estaba en la caravana, anduvieron el camino de un día y se pusieron a buscarlo entre los parientes y conocidos; al no encontrarlo, se volvieron a Jerusalén buscándolo. Y sucedió que, a los tres días, lo encontraron en el templo, sentado en medio de los maestros, escuchándolos y haciéndoles preguntas. Todos los que le oían quedaban asombrados de su talento y de las respuestas que daba. Al verlo, se quedaron atónitos, y le dijo su madre: «Hijo, ¿por qué nos has tratado así? Tu padre y yo te buscábamos angustiados». Él les contestó: «¿Por qué me buscabais? ¿No sabíais que yo debía estar en las cosas de mi Padre?». Pero ellos no comprendieron lo que les dijo. Él bajó con ellos a Nazaret y estaba sujeto a ellos. Su madre conservaba todo esto en su corazón.

Isaías 61,9-11; ***Salmo: 1Samuel*** 2,1.4-8 • **LUCAS 2,41-51**

ORACIÓN

JESÚS, a tus doce años revelas a tus padres la misión divina que te trajo a la Tierra. Y María, la Madre, guardaba tus palabras en su corazón. El corazón de tu Madre latía al ritmo del tuyo. Ella es tu mejor discípula, mi mejor maestra, el más alto ejemplo para mi vida, que quiere ser cristiana.

Mi corazón se regocija por el Señor, mi salvador *(1Samuel 2,1)*.

Santos Landerico *ob*, Itamar *ob*.
Beato Juan Dominici *ob*

Papa Francisco: El reino de Dios es una realidad humanamente pequeña y aparentemente irrelevante. Para entrar a formar parte de él es necesario ser pobres en el corazón; no confiar en las propias capacidades, sino en el poder del amor de Dios; no actuar para ser importantes ante los ojos del mundo, sino preciosos ante los ojos de Dios, que tiene predilección por los sencillos y humildes. Cuando vivimos así, a través de nosotros irrumpe la fuerza de Cristo y transforma lo que es pequeño y modesto en una realidad que fermenta toda la masa del mundo y de la historia *(14-6-2015)*.

PALABRA

• ***Génesis*** 3,9-15: Después que Adán comió del árbol, el Señor llamó al hombre: «Dónde estás». Él contestó: «Oí tu ruido en el jardín, me dio miedo, porque estaba desnudo y me escondí». El Señor replicó: «¿Quién te informó de que estabas desnudo? ¿Es que has comido del árbol del árbol del que te prohibí comer?». Adán respondió: «La mujer que me diste como compañera me ofreció del fruto, y comí». El Señor dijo a la mujer: «¿Qué es lo que has hecho?». Ella respondió: «La serpiente me engañó, y comí». El Señor dijo a la serpiente: «Por haber hecho eso, serás maldita entre todo el ganado y todas las fieras del campo; te arrastrarás sobre el vientre y comerás polvo toda tu vida; establezco hostilidades entre ti y la mujer, entre tu estirpe y la suya; ella te herirá en la cabeza cuando tú la hieras en el talón».

• ***Salmo*** 129, 1-8: ***Del Señor viene la misericordia, la redención copiosa.***

• ***2Corintios*** 4,13 – 5,1: Teniendo el mismo espíritu de fe, según lo que está escrito: «Creí, por eso hablé», también nosotros creemos y por eso hablamos; sabiendo que quien resucitó a Jesús también nos resucitará a nosotros con Jesús, y nos presentará con vosotros ante él. Pues todo esto es para vuestro bien, sabiendo que cuantos más reciban la gracia mayor sea el agradecimiento, para gloria de Dios. Por eso, no nos acobardamos, sino que aun cuando nuestro hombre exterior se vaya desmoronando, nuestro hombre interior se va renovando día a día. Pues la leve tribulación presente nos proporciona una inmensa e incalculable carga de gloria, ya que no nos fijamos en lo que se ve, sino en lo que no se ve; en efecto, lo que se ve es transitorio; lo que no se ve es eterno. Porque sabemos que si se destruye nuestra moraba terrena, tenemos un sólido edificio que viene de Dios, una sólida morada que no ha sido construida por manos humanas, es eterna y está en los cielos.

• **MARCOS 3, 20-35:** Jesús llega a casa y de nuevo se juntó tanta gente que no los dejaban ni comer. Al enterarse su familia, vinieron a llevárselo, porque se decía que estaba fuera de sus cabales. Y los escribas que habían bajado de Jerusalén decían: «Tiene dentro a Belcebú y expulsa a los demonios con el poder de Belcebú». Él los invitó a acercarse y les hablaba en parábolas: «Cómo va a echar Satanás a Satanás? Un reino dividido eternamente no puede subsistir, una familia dividida no puede subsistir. Si Satanás se rebela contra sí mismo, para hacerse la guerra, no puede subsistir, está perdido. Nadie puede meterse en casa de un hombre forzudo para arramblar con su ajuar, si primero no lo ata; entonces podrá arramblar con la casa. En verdad os digo que todo se les puede perdonar a los hombres: los pecados y cualquier blasfemia que digan; pero el que blasfeme contra el Espíritu Santo no tendrá perdón jamás, cargará con su pecado para siempre». Se refería a los que decían que tenía dentro un espíritu inmundo. Llegan su madre y sus hermanos y, desde fuera, lo mandaron llamar. «Mira, tu madre y tus hermanos y tus hermanas están fuera y te buscan». Él les pregunta: «Quiénes son mi madre y mis hermanos». Y, mirando a los que estaban sentados alrededor, dice: «Estos son mi madre y mis hermanos. El que haga la voluntad de Dios ese es mi hermano y mi hermana y mi madre».

ORACIÓN

SEÑOR, expones con meridiana claridad las condiciones para pertenecer a tu familia: cumplir la voluntad del Padre, lo que hizo la "esclava del Señor": "Hágase en mí según tu palabra". Es sencillo, pero ¡tan difícil! Sobre todo, cuando Belzebú intenta torcer nuestro espíritu y hacernos creer que la verdad la tiene él, negando que tú eres la Verdad. "Hacer tu voluntad", "que se haga tu voluntad y no la mía" son mi lema, siguiendo los pasos de tu Madre en Nazaret y los tuyos en Getsemaní.

Del Señor viene la misericordia, la redención copiosa *(Salmo 129,7).*

JUNIO
11
LUNES (MO)

San Bernabé, apóstol
Santas M.ª Rosa Molas *vg*, Alicia (Aleida) *vg*, Paula Frassinetti *vg*

Papa Francisco: «No llevéis en la faja oro, plata ni calderilla... La predicación evangélica nace de la gratuidad, del estupor de la salvación que llega; y eso que he recibido gratuitamente, debo darlo gratuitamente. No podemos predicar, anunciar el Reino de Dios, sin esta certeza interior de que todo es gratuito, todo es gracia. Cuando actuamos sin dejar espacio a la gracia, el Evangelio no tiene eficacia. No tengo riquezas, mi riqueza es solo el don que he recibido de Dios. Esta gratuidad es nuestra riqueza. Es una pobreza que nos salva de convertirnos en organizadores, empresarios. Se deben llevar adelante obras de la Iglesia y algunas son un poco complejas, pero con corazón de pobreza, no con corazón de inversión o como un empresario, porque la Iglesia no es una ONG. Es algo más importante. Nace de esta gratuidad recibida y anunciada. Se pierde la capacidad de alabar, porque alabar al Señor es esencialmente gratuito. Es una oración gratuita. No solo pedimos, alabamos *(11-6-2013)*.

PALABRA

Dijo Jesús a sus apóstoles: «Id y proclamad que el reino de los cielos está cerca. Curad enfermos, resucitad muertos, limpiad leprosos, echad demonios. Lo que habéis recibido gratis, dadlo gratis. No os procuréis en la faja oro, plata ni cobre; ni tampoco alforja para el camino, ni túnica de repuesto, ni sandalias, ni bastón; bien merece el obrero su sustento. Cuando entréis en una ciudad o aldea, averiguad quién hay allí de confianza y quedaos en su casa hasta que os vayáis. Al entrar en una casa, saludadla con la paz; si la casa se lo merece, vuestra paz vendrá a ella. Si no se lo merece, la paz volverá a vosotros».

Hechos **11,21b-26; 13,1-3; *Salmo* 97,1-6 • MATEO 10,7-13**

ORACIÓN

SEÑOR, la memoria de Bernabé, compañero de fatigas apostólicas de Pablo, me habla de la vocación evangelizadora de todos los bautizados: somos sacerdotes, reyes y profetas en el genuino sentido de "hablar en tu nombre". A todos, también a mí, débil y tantas veces infiel a tu amistad, me invitas a ser apóstol, mensajero y testigo del Evangelio de la vida, de la paz y de la alegría, aun en medio del sufrimiento y la persecución. Contágiame tu luz, para que pueda iluminar la vida de los demás por el camino de la fe.

El Señor revela a las naciones su justicia *(Salmo 97,2).*

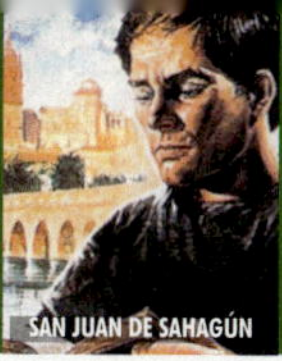
SAN JUAN DE SAHAGÚN

 Martes 10° Tiempo Ordinario

JUNIO
12
MARTES (FE)

Santos León III *pp*, Onofre *er*, Juan de Sahagún *pb*. Beata Mercedes de Jesús *vg*

Papa Francisco: La luz es para iluminar a otro; la sal es para dar sabor, conservar a otro. Darse. No conservarse a sí misma. La sal no es para el cristiano, es para darla. El cristiano es una sal dada por Dios en el Bautismo, algo que te es dado como regalo y continúa siendo dada como regalo si tú continúas dándola, iluminando y dando *(7-6-2016)*.

PALABRA

Dijo Jesús a sus discípulos: «Vosotros sois la sal de la tierra. Pero si la sal se vuelve sosa, ¿con qué la salarán? No sirve más que para tirarla fuera y que la pise la gente. Vosotros sois la luz del mundo. No se puede ocultar una ciudad puesta en lo alto de un monte. Tampoco se enciende una lámpara para meterla debajo del celemín, sino para ponerla en el candelero y que alumbre a todos los de casa. Brille así vuestra luz ante los hombres, para que vean vuestras buenas obras y den gloria a vuestro Padre que está en el cielo».

1Reyes **17,7-16; *Salmo* 4,2-8 • MATEO 5,13-16**

ORACIÓN

SEÑOR, defines a tus discípulos como te definiste a ti mismo: Yo soy/vosotros sois la luz del mundo. Y añades otra misión: la sal de la tierra. Es una llamada clara a la conversión. Cuántas veces pensamos que la misión de la Iglesia es hacer muchas cosas. Aquí tú aseguras con plena autoridad que no se trata de hacer cosas, sino de servir al mundo como luz que alumbre y sal que sale. Con una simple cerilla durante un apagón del Metro, todos pueden ver dónde está la puerta para librarse de las tinieblas. Con un poco de sal es suficiente para que una gran olla de comida quede sazonada. ¡Pero ha de ser luz que ilumine y sal que sale: ahí está la conversión! ¿Mi vida da luz a los que me rodean y buscan respuestas a sus interrogantes vitales? ¿Doy sabor a los sinsabores de la existencia de mis compañeros de trabajo alejados de tu Iglesia?

Haz brillar sobre nosotros, Señor, la luz de tu rostro *(Salmo 4,7).*

JUNIO

13

MIÉRCOLES (MO)

Miércoles 10° Tiempo Ordinario   Tomo III - Salterio 2ª semana

San ANTONIO DE PADUA *pb dc*, **Eulogio** *ob*, **Aquileo** *ob*

SAN ANTONIO DE PADUA

Papa Francisco: La ley que Dios nos da es una ley madura, la ley del amor, porque hemos llegado a la última hora. El apóstol Juan dice a su comunidad: Hermanos, hemos llegado a la última hora. A la hora del cumplimiento de la ley. Es la ley del Espíritu, la que nos hace libres. Hay dos tentaciones. *La primera* es la de volver atrás porque no estamos seguros. Pero esto interrumpe el camino. Tentación del miedo a la libertad, del miedo al Espíritu Santo. Pero la seguridad plena está en el Espíritu Santo que te conduce hacia adelante, que te da confianza y, como dice Pablo, es más exigente: en efecto, Jesús dice que "antes pasarán el cielo y la tierra que deje de cumplirse hasta la última letra o tilde de la ley". Por lo tanto, es más exigente, incluso si no nos da la seguridad humana, porque no podemos controlar al Espíritu Santo. *La segunda* tentación es el "progresismo adolescente": No podemos retroceder y deslizarnos fuera del camino. La ley es plena, siempre en continuidad, sin cortes: como la semilla que acaba en la flor, en el fruto. El camino es el de la libertad en el Espíritu Santo, que nos hace libres, en el discernimiento continuo sobre la voluntad de Dios, para seguir adelante por este camino, sin retroceder *(12-6-2013)*.

PALABRA

Dijo Jesús a sus discípulos: «No creáis que he venido a abolir la Ley y los Profetas: no he venido a abolir, sino a dar plenitud. En verdad os digo que antes pasarán el cielo y la tierra que deje de cumplirse hasta la última letra o tilde de la Ley. El que se salte uno solo de los preceptos menos importantes, y se lo enseñe así a los hombres será el menos importante en el reino de los cielos. Pero quien los cumpla y enseñe será grande en el reino de los cielos».

1Reyes 18,20-39; ***Salmo*** 15,1-5.8.11 • **MATEO 5,17-19**

ORACIÓN

SEÑOR, desde la primera página del Evangelio, tus padres y tú sois ejemplo en respetar y cumplir la ley, estando tú por encima de toda ley. Lo haces, y lo dices, para que yo aprenda a ser humilde, respetuoso, obediente. Y, además de cumplirla, anunciarla a los demás. Es más fácil buscar cualquier excusa para eludir este o aquel mandamiento, burlar la ley, hacer lo que me parezca al margen de lo establecido. Tú me dices -y yo quiero aceptarlo con plena responsabilidad y amor- que aun los preceptos menos importantes tienen un gran valor para ti. También para San Antonio, el "Doctor Evangélico", fiel discípulo de Francisco: espíritu cristiano y religioso, palabra evangelizadora, vida ejemplar.

Protégeme, Dios mío, que me refugio en ti *(Salmo 15,1)*.

Santos Eliseo ***prof,*** **Anastasio y** ***co mrs,*** **Fortunato** ***ob,*** **Metodio** ***ob***

JUNIO

14

JUEVES (FE)

Papa Francisco: "Vuestra justicia debe superar la de los escribas y los fariseos". Insultar es pecado, es matar, porque es dar una bofetada al alma del hermano, a su dignidad. Jesús nos pide que no seamos hipócritas y no vayamos a alabar a Dios con la misma lengua con la que se insulta al hermano *(9-6-2016)*.

PALABRA

Dijo Jesús a sus discípulos: «Si vuestra justicia no es mayor que la de los escribas y fariseos, no entraréis en el reino de los cielos. Habéis oído que se dijo a los antiguos: "No matarás", y el que mate será reo de juicio. Pero yo os digo: todo el que se deja llevar de la cólera contra su hermano será procesado. Y si uno llama a su hermano "imbécil", tendrá que comparecer ante el Sanedrín, y si lo llama "necio", merece la condena de la "gehenna" del fuego. Por tanto, si cuando vas a presentar tu ofrenda sobre el altar, te acuerdas allí mismo de que tu hermano tiene quejas contra ti, deja allí tu ofrenda ante el altar y vete primero a reconciliarte con tu hermano, y entonces vuelve a presentar tu ofrenda. Con el que te pone pleito, procura arreglarte enseguida, mientras vais todavía de camino, no sea que te entregue al juez, y el juez al alguacil, y te metan en la cárcel. En verdad te digo que no saldrás de allí hasta que hayas pagado el último céntimo».

1Reyes **18,41-46;** ***Salmo*** **64,10-13 • MATEO 5,20-26**

ORACIÓN

SEÑOR, frente al ojo por ojo de la venganza, tú propones –y practicas– la misericordia, la reconciliación, el perdón y el amor al enemigo. Entiendo, Señor, que la razón la tiene siempre el que más ama. Y yo quiero tener razón, yo quiero dejarme amar por ti y amarte a ti, y a los hermanos, y a los enemigos.

Oh Dios, tú mereces un himno en Sion *(Salmo 64,2).*

JUNIO

15

VIERNES (ML)

Viernes 10° Tiempo Ordinario **Tomo III - Salterio 2ª semana**

Santos M.ª MICAELA *vg*, Amós *prof*, Germana *vg*, Benilde *mr*, Vito *mr*

SANTA MARÍA MICAELA DEL S.S.

Papa Francisco: *[Los esposos]* necesitan la ayuda de Jesús, para caminar juntos con confianza, para quererse el uno al otro día a día, y perdonarse cada día. Rezar el uno por el otro. Esto es rezar en familia, y esto hace fuerte la familia: la oración. Si falta el amor de Dios, también la familia pierde la armonía, prevalecen los individualismos y se apaga la alegría... ¡Cuánto amor, y cuánta cercanía, debemos tener nosotros con los hermanos y las hermanas que en su vida tuvieron la desgracia de un fracaso en el amor! No hay que condenar sino caminar con ellos.

PALABRA

Dijo Jesús a sus discípulos: «Habéis oído el mandamiento "no cometerás adulterio". Pero yo os digo: todo el que mira a una mujer deseándola, ya ha cometido adulterio con ella en su corazón. Si tu ojo derecho te induce a pecar, sácatelo y tíralo. Más te vale perder un miembro que ser echado entero en la "gehenna". Si tu mano derecha te induce a pecar, córtatela y tírala, porque más te vale perder un miembro que ir a parar entero a la "gehenna". Se dijo: "El que repudie a su mujer, que le dé acta de repudio". Pero yo os digo: si uno repudia a su mujer -no hablo de unión ilegítima- la induce a cometer adulterio, y el que se casa con la repudiada comete adulterio».

1Reyes 19,9a.11-16; ***Salmo*** 26,7-9.13-14 • **MATEO 5,27-32**

ORACIÓN

SEÑOR, a primera vista, tu Palabra asusta a quienes somos débiles ante el sufrimiento, y dados al culto al cuerpo: *Si tu ojo derecho te hace caer, sácatelo y tíralo. Más te vale perder un miembro que ser echado entero en el infierno.* Pero hablar claro, a quien pone en serio peligro su vida eterna, es amarlo de verdad y con la verdad. Más vale un susto a tiempo y en el tiempo, que una desgracia eterna, para siempre.

Tu rostro buscaré, Señor *(Salmo 26,8).*

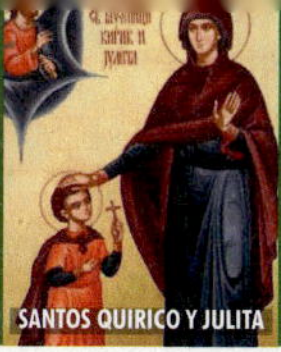

Santos Quirico y Julita ***mrs,***
Lutgarda ***vg,*** **Aureliano** ***ob***

JUNIO
16
SÁBADO (FE)

Papa Francisco: Si una cosa es verdadera, es buena y es bella; si es bella, es buena y es verdadera; y si es buena, es verdadera y es bella. Y estos elementos juntos nos hacen crecer y nos ayudan a amar la vida, incluso cuando estamos mal, también en medio de los problemas. La verdadera educación nos hace amar la vida *(10-5-2014)*.

PALABRA

Dijo Jesús a sus discípulos: «Habéis oído que se dijo a los antiguos: "No jurarás en falso" y "cumplirás tus juramentos al Señor". Pero yo os digo que no juréis en absoluto: ni por el cielo, que es el trono de Dios; ni por la tierra, que es estrado de sus pies; ni por Jerusalén, que es la ciudad del Gran Rey. Ni jures por tu cabeza, pues no puedes volver blanco o negro un solo cabello. Que vuestro hablar sea sí, sí, no, no. Lo que pasa de ahí viene del Maligno».

1Reyes 19,19-21; ***Salmo*** 15,1-2,5-10 • **MATEO 5, 33-37**

ORACIÓN

SEÑOR, es muy oportuna tu palabra, cuando vemos el poco valor que se da a la palabra humana. Para que alguna operación entre dos personas tenga valor ha de ser por escrito, ante notario, con pólizas y juramento. Y tú me ofreces la sencillez, del "sí" o el "no". Haría falta un cambio de mentalidad: que se acepte lo que alguien razonable diga y acepten lo que yo afirme. Que no se interfieran las sutilezas del Maligno en las relaciones de tus discípulos.

Tú eres, Señor, el lote de mi heredad *(Salmo 15,5).*

DOMINGO XI DEL TIEMPO ORDINARIO Tomo III - Salterio 3ª semana

Santos Teresa de Portugal *re,* Avito *ab,* Domingo Nguyên y *co mrs*

SANTA TERESA DE PORTUGAL, reina

Papa Francisco: Jesús habla con palabras sencillas, con comparaciones fáciles, para que todos puedan entender el mensaje. La oración es la pila del cristiano para iluminar. Tú puedes hacer muchas cosas, muchas obras, también obras de misericordia, tú puedes hacer muchas cosas grandes por la Iglesia –una universidad católica, un colegio, un hospital– y también te harán un monumento como benefactor de la Iglesia, pero si no rezas eso estará un poco oscuro. La actitud del cristiano es darse, dar sabor a la vida de los otros, dar sabor a muchas cosas con el mensaje del Evangelio *(7-6-2016).*

PALABRA

• ***Ezequiel*** 17,22-24: Así dice el Señor: "Arrancaré una rama del alto cedro y la plantaré. De sus ramas más altas arrancaré una tierna y la plantaré en la cima de un monte elevado; la plantaré en la montaña más alta de Israel, para que eche brotes y dé fruto y se haga un cedro noble. Anidarán en él aves de toda pluma, anidarán al abrigo de sus ramas. Y todos los árboles silvestres sabrán que yo soy el Señor, que humilla los árboles altos y ensalza los árboles humildes, seca los árboles lozanos y hace florecer los árboles secos. Yo, el Señor, lo he dicho y lo haré".

• ***Salmo*** 91,2-3.13-16: ***Es bueno dar gracias al Señor.***

• ***2Corintios*** 5,6-10: Hermanos: Siempre llenos de buen ánimo y sabiendo que, mientras habitamos en el cuerpo, estamos desterrados lejos del Señor caminamos en fe y no en visión. Pero estamos de buen ánimo y preferimos ser desterrados del cuerpo y vivir junto al Señor. Por lo cual, en destierro o en patria, nos esforzamos en agradarlo. Porque todos tenemos que comparecer ante el tribunal de Cristo, para recibir cada cual por lo que haya hecho mientras tenía este cuerpo, sea el bien o el mal.

• **MARCOS 4, 26-34:** Decía Jesús al gentío: «El reino de Dios se parece a un hombre que echa semilla en la tierra. Él duerme de noche y se levanta de mañana; la semilla germina y va creciendo, sin que él sepa cómo. La tierra va produciendo la cosecha ella sola: primero los tallos, luego la espiga, después el grano. Cuando el grano está a punto, se mete la hoz, porque ha llegado la siega». Dijo también: «¿Con qué podemos comparar el reino de Dios? ¿Qué parábola usaremos? Con un grano de mostaza: al sembrarlo en la tierra es la semilla más pequeña, pero después de sembrada crece, se hace más alta que las demás hortalizas y echa ramas tan grandes que los pájaros del cielo pueden anidar a su sombra». Con muchas parábolas parecidas les exponía la palabra, acomodándose a su entender. Todo se lo exponía con parábolas, pero a sus discípulos se lo explicaba todo en privado.

ORACIÓN

SEÑOR, la parábola de la mostaza viene a ser una síntesis de los veinte siglos de vida de tu Iglesia, que comenzó con María, los apóstoles y las mujeres que os ayudaban con sus bienes. Es completamente inexplicable la pujanza de la Iglesia después de tantos siglos de fracasos: solo una institución que está en tus manos puede subsistir y crecer. La iniciaste como un insignificante grano de mostaza, una rama tierna de cedro, y hoy es el mayor árbol que acoge al amparo de sus ramas a gentes de toda raza y nación. Que mi fe y mi vida cristiana siga el mismo curso de crecimiento, a pesar de mis pecados, deficiencias y limitaciones: no por afán de grandeza, sino para ser útil a los más necesitados de acogida y de ayuda, espiritual o material.

Santos Marcos y Marcelino ***mrs,***
Ciriaco y Paula ***mrs,*** **Gregorio Barbarigo** ***ob***

JUNIO
18
LUNES (FE)

Papa Francisco: Si a un cristiano se le pide diez, él debe dar cien, porque para él el todo es Jesucristo. Este es el secreto de la magnanimidad cristiana, que va siempre con la mansedumbre. El cristiano es una persona que ensancha su corazón con esta magnanimidad. Tiene el todo, que es Jesucristo; las demás cosas son la nada. Son buenas, sirven, pero en el momento de la confrontación elige el todo, que es Jesús. Seguir a Jesús no es fácil, pero tampoco es difícil, porque en el camino del amor, el Señor hace las cosas de modo tal que nosotros podemos seguir adelante. Y el Señor mismo nos ensancha el corazón. Cuando se tiende a seguir la nada, surgen los enfrentamientos en las familias, con los amigos, en la sociedad. También los enfrentamientos que terminan en la guerra: la nada es semilla de guerra, siempre; porque es semilla de egoísmo; el todo, lo grande, es Jesús. Que el Señor ensanche nuestro corazón y nos haga humildes, mansos y magnánimos, porque nosotros lo tenemos todo en Él *(17-6-2013).*

PALABRA

Dijo Jesús a sus discípulos: «Habéis oído que se dijo: "Ojo por ojo, diente por diente". Pero yo os digo: no hagáis frente al que os agravia. Al contrario, si uno te abofetea en la mejilla derecha, preséntale la otra; al que quiera ponerte pleito para quitarte la túnica, dale también el manto; a quien te requiera para caminar una milla, acompáñale dos; a quien te pide, dale, y al que te pide prestado, no lo rehúyas».

1Reyes 21,1-16; ***Salmo*** 5,2-7 • **MATEO 5,38-42**

ORACIÓN

SEÑOR, lo que sale espontáneo del corazón humano es el "ojo por ojo" de la venganza pura y dura: el que la hace, que la pague, como sentencia la justicia del mundo. "Pero yo os digo", y nos dices muy bien, que es preferible la misericordia, la reconciliación, el perdón y el amor al enemigo. El rencor y la venganza no están en el diccionario del cristiano. Ni en su corazón.

Atiende a mis gemidos, Señor *(Salmo 5,2).*

JUNIO

19

MARTES (ML)

Martes 11° Tiempo Ordinario Tomo III - Salterio 3ª semana

Santos ROMUALDO *ab*,
Gervasio y Protasio *mrs*, Lamberto *mr*,
Juliana de Falconieri *vg*

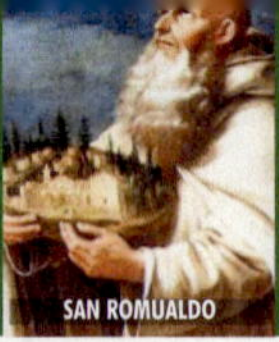
SAN ROMUALDO

Papa Francisco: "Habéis oído que se dijo... Pero yo os digo". Había una explicación muy teórica, casuística... Digamos que era una ley en la que no estaba el corazón en la Ley, que es el amor que Dios nos ha dado. En el Antiguo Testamento: Amar a Dios con todo el corazón, con todas tus fuerzas, con toda el alma, y al prójimo como a ti mismo. Y en las explicaciones de los Doctores de la Ley esto no estaba en el centro. En el Evangelio de hoy está el último peldaño: rezar por los que nos hacen mal, por los que nos persiguen *(14-6-2016)*.

PALABRA

Dijo Jesús a sus discípulos: «Habéis oído que se dijo: "Amarás a tu prójimo y aborrecerás a tu enemigo". Pero yo os digo: amad a vuestros enemigos, y rezad por los que os persiguen, para que seáis hijos de vuestro Padre celestial, que hace salir su sol sobre malos y buenos, y manda la lluvia a justos e injustos. Porque, si amáis a los que os aman, ¿qué premio tendréis? ¿No hacen lo mismo también los publicanos? Y si saludáis solo a vuestros hermanos, ¿qué hacéis de extraordinario? ¿No hacen lo mismo también los gentiles? Por tanto, sed perfectos, como vuestro Padre celestial es perfecto».

1Reyes 21,17-29; ***Salmo*** 50,3-6.11.16 • **MATEO 5,43-48**

ORACIÓN

SEÑOR, tú me pides que perdone, ame y rece por mis enemigos. Y yo te pido que hagas de mí un instrumento de tu paz. Donde haya odio, ponga yo amor; donde haya ofensa, ponga yo perdón; donde haya agravio, ponga yo amistad. Líbrame de la venganza, arroja de mi corazón el odio, el rencor y el desamor. ¡Quiero dar pasos cada día hacia la perfección del Padre y de sus mejores hijos! Ese es el camino para ser feliz, haciendo felices a los demás.

Misericordia, Señor, hemos pecado *(Salmo 50,3)*.

Santos Florentina de Cartagena *vg ab*, Metodio *ob*, Juan de Mateola *ab*

Papa Francisco: El Señor habla de los hipócritas que se mueven en ámbito sacro. El Señor habla de ayuno, oración y limosna: los tres pilares de la piedad cristiana, de la conversión interior que la Iglesia nos propone a todos. Y en este camino están los hipócritas, que presumen al hacer ayuno, al dar limosna, al rezar. Pienso que cuando la hipocresía llega a ese punto, en la relación con Dios estamos bastante cerca del pecado contra el Espíritu Santo. Estos no saben de belleza, no saben de amor, no saben de verdad; son viles *(19-6-2013)*.

PALABRA

Dijo Jesús a sus discípulos: «Cuidad de no practicar vuestra justicia delante de los hombres para ser vistos por ellos; de lo contrario, no tenéis recompensa de vuestro Padre celestial. Por tanto, cuando hagas limosna, no mandes tocar la trompeta ante ti, como hacen los hipócritas en las sinagogas y por las calles, para ser honrados por la gente; en verdad os digo que ya han recibido su recompensa. Tú, en cambio, cuando hagas limosna, que no sepa tu mano izquierda lo que hace tu derecha; así tu limosna quedará en secreto, y tu Padre, que ve en lo secreto, te lo recompensará. Cuando oréis, no seáis como los hipócritas, a quienes les gusta rezar de pie en las sinagogas y en las esquinas de las plazas, para que los vean los hombres. En verdad os digo que ya han recibido su recompensa. Tú, cuando ores, entra en tu cuarto, cierra la puerta y ora a tu Padre, que está en lo secreto, y tu Padre, que ve en lo secreto, te lo recompensará. Cuando ayunéis, no pongáis cara triste, como los hipócritas, que desfiguran sus rostros para hacer ver a los hombres que ayunan. En verdad os digo que ya han recibido su paga. Tú, en cambio, cuando ayunes, perfúmate la cabeza y lávate la cara, para que tu ayuno lo note, no los hombres, sino tu Padre, que está en lo escondido; y tu Padre, que ve en lo escondido, te recompensará».

2Reyes 2,1.6-14; ***Salmo*** 30,20.21.24 • **MATEO 6,1-6.16-18**

ORACIÓN

SEÑOR, hacer algo bueno para que lo vean los demás, y piensen y hablen bien de mí, es puro teatro e hipocresía. Lo aplicas a la oración, al ayuno y a la limosna, pero puede ampliarse a todo lo que se hace con esa intención viciada. Anteriormente, habías enseñado otra intención más positiva: "Brille vuestra luz ante los hombres, para que vean vuestras buenas obras y den gloria a vuestro Padre" (Mt 5,16).

Sed valientes de corazón los que esperáis en el Señor *(Salmo 30,25).*

JUNIO

21

JUEVES (MO)

Jueves 11° Tiempo Ordinario Tomo III - Salterio 3ª semana

Santos LUIS GONZAGA *rl*, Ramón de Roda *ob*, José Isabel Flores *pb mr*, Radolfo *ob*

SAN LUIS GONZAGA

Papa Francisco: *Padre nuestro:* un Padre que sabe lo que necesitamos antes que se lo pidamos, nos escucha en lo escondido, en el secreto como Él, Jesús, nos da el consejo de rezar en secreto. Un Padre que nos da la identidad de hijos, y cuando digo "Padre", llego a las raíces de mi identidad: mi identidad cristiana es ser hijo y esta es una gracia del Espíritu. Nadie puede decir "Padre", sin la gracia del Espíritu. Sin sentirse hijo, sin decir "Padre", nuestra oración es pagana, es una oración de palabras. Y rezarle al Padre es la piedra angular, Después rezamos a todos los santos y ángeles, hacemos las procesiones y las peregrinaciones. Todo es hermoso, pero siempre iniciando con "Padre". Si el espacio de la oración es decir "Padre", la atmósfera de la oración es decir 'nuestro': somos hermanos, somos familia *(16-6-2016).*

PALABRA

Dijo Jesús a sus discípulos: «Cuando recéis, no uséis muchas palabras, como los gentiles, que se imaginan que por hablar mucho les harán caso. No seáis como ellos, pues vuestro Padre sabe lo que os hace falta antes de que lo pidáis. Vosotros rezad así: "Padre nuestro que estás en el cielo, santificado sea tu nombre, venga a nosotros tu reino, hágase tu voluntad en la tierra como en el cielo, danos hoy nuestro pan de cada día, perdona nuestras ofensas, como también nosotros perdonamos a los que nos ofenden, no nos dejes caer en la tentación, y líbranos del mal". Porque si perdonáis a los hombres sus ofensas, también os perdonará vuestro Padre celestial, pero si no perdonáis a los hombres, tampoco vuestro Padre perdonará vuestras ofensas».

Eclesiástico 48,1-14; *Salmo* 96,1-7 • **MATEO 6,7-15**

ORACIÓN

SEÑOR, nos sales al paso de alguna duda que puede surgir: ¿Por qué pedirle algo a Dios, si ya conoce lo que necesitan sus hijos? Primero nos dices categóricamente, en este y en tantos pasajes evangélicos: "Vosotros rezad". No para que se entere Dios de lo que le digamos o pidamos, sino porque la oración es la fe hecha palabras dirigidas a Dios, y sin fe no hay vida cristiana. Segundo, nos dices cómo hemos de orar: no con muchas palabras, como si intentáramos embaucar a Dios. Y tercero, nos das la fórmula mejor para la oración, compuesta por ti: eres el que mejor conoce lo que el Padre desea escuchar, quien mejor sabe lo que el hombre necesita, el que sabe mejor que nadie cómo poner en contacto a los hijos con el Padre. Ah, y cómo ha de estar limpio el corazón de desamor, odio y rencor, para que la oración sea escuchada.

Alegraos, justos, con el Señor *(Salmo 96,12).*

JUNIO **22** VIERNES (ML)

Santos PAULINO DE NOLA *ob*, JUAN FISHER *ob* y TOMÁS MORO *pf mrs*

Papa Francisco: Donde está tu tesoro, está también tu corazón... Al final, las riquezas no dan la seguridad para siempre. Es más, te abajan en tu dignidad. Y esto sucede en la familia: muchas familias divididas. También en la raíz de las guerras está esta ambición, que destruye, corrompe. En este mundo, en este momento, hay tantas guerras por avaricia de poder, de riquezas. Se puede pensar en la guerra en nuestro corazón. La codicia es un paso, abre la puerta: después viene la vanidad -creerse importante, creerse poderoso- y al final, el orgullo. Y de allí todos los vicios, todos. Son pasos, pero el primero es este: la codicia, el querer acumular riquezas *(19-6-2015)*.

PALABRA

Dijo Jesús a sus discípulos: «No atesoréis para vosotros tesoros en la tierra, donde la polilla y la carcoma los roen, y donde los ladrones abren boquetes y los roban. Haceos tesoros en el cielo, donde no hay polilla ni carcoma que los roen, ni ladrones que abren boquetes y roban. Porque donde está tu tesoro allí estará tu corazón. La lámpara del cuerpo es el ojo. Si tu ojo está sano, tu cuerpo entero tendrá luz; pero si tu ojo está enfermo, tu cuerpo entero estará a oscuras. Si, pues, la luz que hay en ti está oscura, ¡cuánta será la oscuridad!».

2Reyes 11,1-4.9-18.20; ***Salmo*** 131, 11-14.17-18 • **MATEO 6, 19-23**

ORACIÓN

SEÑOR, tú eres la luz del mundo y quiero que seas el guía único de mi vida. Ayúdame a entender de verdad que no merece la pena perder la vida por las cosas de la tierra, y sí merece la alegría ganar la vida entregándola a ti y a tu reino. Mi tesoro eres tú, y a ti me entrego en alma, corazón y vida: quiero estar siempre unido a ti.

El Señor ha elegido Sion para vivir en ella *(Salmo 131,13)*.

Felices los que saben mirar con seriedad las pequeñas cosas y con tranquilidad las cosas grandes, porque irán lejos en la vida.

Santo Tomás Moro

**Santos José Cafasso *pb*, Edeltrudis *ab*, Tomás Garnet *pb mr*.
Beato Inocencio V**

Papa Francisco: Jesús percibe nuestros problemas, nuestras debilidades, nuestras necesidades. Ante los cinco panes, Jesús piensa: ¡he aquí la Providencia! De este poco, Dios puede sacar lo necesario para todos. Jesús se fía totalmente del Padre celestial, sabe que para Él todo es posible. Y nos pide convertirnos a la fe en la Providencia, saber compartir lo poco que somos y tenemos y no cerrarnos nunca en nosotros mismos *(2-6-2013)*.

PALABRA

Dijo Jesús a sus discípulos: «Nadie puede estar al servicio de dos señores. Porque despreciará a uno y amará al otro; o, al contrario, se dedicará al primero y no hará caso del segundo. No podéis servir a Dios y al dinero. Por eso os digo: no estéis agobiados por vuestra vida pensando qué vais a comer, ni por vuestro cuerpo pensando con qué os vais a vestir. ¿No vale más la vida que el alimento, y el cuerpo que el vestido? Mirad los pájaros del cielo: no siembran ni siegan, ni almacenan y, sin embargo, vuestro Padre celestial los alimenta. ¿No valéis vosotros más que ellos? ¿Quién de vosotros, a fuerza de agobiarse, podrá añadir una hora al tiempo de su vida? ¿Por qué os agobiáis por el vestido? Fijaos cómo crecen los lirios del campo: ni trabajan ni hilan. Y os digo que ni Salomón, en todo su fasto, estaba vestido como uno de ellos. Pues si a la hierba, que hoy está en el campo y mañana se arroja al horno, Dios la viste así, ¿no hará mucho más por vosotros, gente de poca fe? No andéis agobiados, pensando qué vais a comer, o qué vais a beber, o con qué os vais a vestir. Los gentiles se afanan por esas cosas. Ya sabe vuestro Padre del cielo que tenéis necesidad de todo eso. Buscad obre todo el reino de Dios y su justicia; y todo esto se os dará por añadidura. Por tanto, no os agobiéis por el mañana, porque el mañana traerá su propio agobio. A cada día le basta su desgracia».

2Crónicas 24,17-25; ***Salmo*** 88,4-5.29-34 • **MATEO 6,24-34**

ORACIÓN

SEÑOR, servirte a ti es reinar en libertad; servir al dinero es caer en esclavitud. Quiero descansar en ti, no andar agobiado por los afanes de este mundo. Tú me creaste a tu imagen y semejanza, y me hiciste tu hijo, muchísimo más que los pájaros y los lirios. ¿Qué puedo temer?

Le mantendré eternamente mi favor *(Salmo 88,29)*.

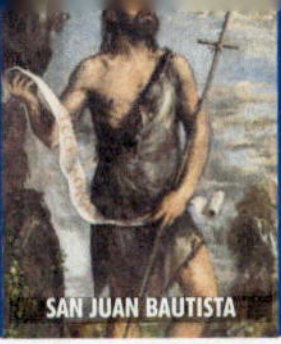

NATIVIDAD DE SAN JUAN BAUTISTA,
Santos María Guadalupe García Zavala *vg*,
Simplicio *pf ob*, Rumoldo *er mr*. Beata, *vg*

SOLEMNIDAD DE LA NATIVIDAD DE SAN JUAN BAUTISTA

Papa Francisco: La voz del Bautista grita también hoy en los desiertos de la humanidad, que son –¿cuáles son los desiertos de hoy?– las mentes cerradas y los corazones duros, y nos hace preguntarnos si en realidad estamos en el buen camino, viviendo una vida según el Evangelio. Hoy, como entonces, nos advierte con las palabras del profeta Isaías: «Preparad el camino del Señor, allanad sus senderos» (v. 4). Es una apremiante invitación a abrir el corazón y acoger la salvación que Dios nos ofrece incesantemente, casi con terquedad, porque nos quiere a todos libres de la esclavitud del pecado *(6-12-2015)*.

PALABRA

• ***Isaías*** 49, 1-6: Escuchadme, islas; atended, pueblos lejanos. El Señor me llamó desde el vientre materno, de las entrañas de mi madre, y pronunció mi nombre. Hizo de mi boca una espada afilada, me escondió en la sombra de su mano, me hizo flecha bruñida, me guardó en su aljaba y me dijo: "Tú eres mi siervo, Israel, por medio de ti me glorificaré". Y yo pensaba: "En vano me he cansado, en viento y en nada he gastado mis fuerzas". En realidad, el Señor defendía mi causa, mi recompensa la custodiaba Dios. Y ahora dice el Señor, el que me formó desde el vientre como siervo suyo, para que le devolviese a Jacob, para que le reuniera a Israel: he sido glorificado a los ojos de Dios. Y mi Dios era mi fuerza: "Es poco que seas mi siervo para restablecer las tribus de Jacob y traer de vuelta a los supervivientes de Israel. Te hago luz de las naciones, para que mi salvación alcance hasta el confín de la tierra".

• ***Salmo*** 138, 1-15: ***Te doy gracias porque me has escogido portentosamente.***

• ***Hechos*** 13,22-26: Dijo Pablo: «Dios suscitó como rey a David, en favor del cual dio testimonio, diciendo: "Encontré a David, hijo de Jesé, hombre conforme a mi corazón, que cumplirá todos mis preceptos". Según lo prometido, Dios sacó de su descendencia un salvador para Israel: Jesús. Juan predicó a todo Israel un bautismo de conversión antes de que llegara Jesús; y, cuando Juan estaba para concluir el curso de su vida, decía: "Yo no soy quien pensáis, pero mirad, viene uno detrás de mí a quien no merezco desatarle las sandalias de los pies". Hermanos, hijos del linaje de Abrahán y todos vosotros los que teméis a Dios: A nosotros se nos ha enviado esta palabra de salvación».

• **LUCAS 1, 57-66.80:** A Isabel se le cumplió el tiempo del parto y dio a luz un hijo. Se enteraron sus vecinos y parientes de que el Señor le había hecho una gran misericordia, y la felicitaban. A los ocho días fueron a circuncidar al niño, y lo llamaban Zacarías, como a su padre. La madre intervino diciendo: «¡No! Se va a llamar Juan». Le replicaron: «Ninguno de tus parientes se llama así». Entonces preguntaban por señas al padre cómo quería que se llamase. Él pidió una tablilla y escribió: «Juan es su nombre». Todos se quedaron extrañados. Inmediatamente se le soltó la boca y la lengua, y empezó a hablar bendiciendo a Dios. Los vecinos quedaron sobrecogidos, y corrió la noticia por toda la montaña de Judea. Y todos los que lo oían reflexionaban diciendo: «¿Qué va a ser este niño?». Porque la mano del Señor estaba con él. El niño iba creciendo, y su carácter se afianzaba; vivió en el desierto hasta que se presentó a Israel.

ORACIÓN

SEÑOR, tú definiste a tu pariente y precursor Juan como el más grande nacido de mujer. Tan grande, que la Iglesia solo celebra la fiesta de tu nacimiento, el de tu Madre y el de Juan. Y tu Madre, contigo en su vientre, estuvo cerca de Juan antes de su nacimiento. Qué estupendo inicio de su vida, para el que saltó de gozo en el vientre de su madre al acercarse la tuya contigo en el suyo. Hoy miro con asombro la gran figura de Juan, un magnífico ejemplo para mí: tan fiel a su misión, a la Verdad, a ti, hasta dar por ti su vida, decapitado en la cárcel.

Santos Máximo de Turín *ob*, Próspero de Aquitania *es mj*, Domingo Henares *ob mr*, Orosia *vg mr*

JUNIO
25
LUNES (FE)

Papa Francisco: Si tú juzgas continuamente a los otros, con la misma medida serás juzgado. Mírate al espejo, pero no para maquillarte, para que no se vean las arrugas. No, no, no, ¡ese no es el consejo! Mírate al espejo para mirarte a ti, como tú eres: querer quitar la mota del ojo ajeno, mientras que en tu ojo hay una viga: "hipócrita". El juicio corresponde solo a Dios. A nosotros el amor, la comprensión, el rezar por los otros cuando vemos cosas que no son buenas, pero también hablar con ellos: no juzgar, porque a nuestro juicio le falta misericordia, y cuando Dios juzga, juzga con misericordia *(20-6-2016)*.

PALABRA

Dijo Jesús a sus discípulos: «No juzguéis, para que no seáis juzgados. Porque seréis juzgados como juzguéis vosotros, y la medida que uséis, la usarán con vosotros. ¿Por qué te fijas en la mota que tiene tu hermano en el ojo y no reparas en la viga que llevas en el tuyo? ¿Cómo puedes decirle a tu hermano: "Déjame que te saque la mota del ojo", teniendo una viga en el tuyo? Hipócrita; sácate primero la viga del ojo; entonces verás claro y podrás sacar la mota del ojo de tu hermano».

2Reyes 17,5-8.13-15a.18; ***Salmo*** 59,3-5.12-14 • **MATEO 7,1-5**

ORACIÓN

SEÑOR, nada humano te era y te es ajeno. Conocías lo que los sabios griegos habían escrito, aunque lo atribuyeran al falso dios Júpiter: "Júpiter puso sobre nuestros hombros unas alforjas con dos aberturas: en la abertura delantera están los defectos ajenos y las virtudes propias; en la de la espalda, las virtudes de los otros y los defectos propios". Por eso vemos más rápidamente los pecados de los demás que los propios. Con toda verdad, te digo con el Salmo 50 *(Miserere): Yo reconozco mi culpa, tengo siempre presente mi pecado; en la culpa nací, pecador me concibió mi madre. Lava del todo mi delito, limpia mi pecado, crea en mí un corazón puro.*

Que tu mano salvadora, Señor, nos responda *(Salmo 59,7).*

Santos PELAYO *mr*, **Josemaría Escrivá** *pb*, **Juan y Pablo** *mrs*, **José María Robles** *pb mr*

Papa Francisco: *[Entrad por la puerta estrecha]* La casa de Dios es un refugio, no una prisión, y la puerta se llama Jesús. Y si la puerta está cerrada, decimos: «¡Señor, abre la puerta!». Jesús es la puerta y nos hace entrar y salir. Son los ladrones, los que tratan de evitar la puerta: es curioso, los ladrones siempre tratan de entrar por otro lado, por la ventana, por el tejado, pero evitan la puerta, porque tienen malas intenciones, y se meten en el rebaño para engañar a las ovejas y aprovecharse de ellas. Nosotros debemos pasar por la puerta y escuchar la voz de Jesús: si escuchamos su tono de voz, estamos seguros, estamos salvados. Podemos entrar sin temor y salir sin peligro. En este hermoso discurso de Jesús, se habla también del guardián, que tiene la tarea de abrir al buen Pastor *(18-11-15)*.

PALABRA

Dijo Jesús a sus discípulos: «No deis lo santo a los perros, ni les echéis vuestras perlas a los cerdos; no sea que las pisoteen con sus patas y luego se vuelvan para destrozaros. Así, pues, todo lo que deseáis que haga la gente con vosotros, hacedlo vosotros con ellos; pues esta es la Ley y los Profetas. Entrad por la puerta estrecha. Porque ancha es la puerta y espacioso el camino que lleva a la perdición, y muchos entran por ellos. ¡Qué estrecha es la puerta y qué angosto el camino que lleva a la vida! Y pocos dan con ellos».

2Reyes 19,9b-11.14-21.31-35a.36; ***Salmo*** 47,2-4.10-11
• MATEO 7,6.12-14

ORACIÓN

SEÑOR, lo que me dices hoy es tan de sentido común, está tan claro, que no puedo comprender cómo no es norma constante de mi vida. Me doy cuenta de que me equivoco muchas veces y no acierto a pasar por la puerta estrecha del amor, de la pureza, de la humildad, para portarme con los demás como quiero que ellos se porten conmigo. Si miro mi vida, veo que tú, sin mérito alguno mío, me tratas como el mejor hermano, como el más fiel amigo. Dame esa apertura de corazón, esa misericordia y generosidad, para tratar así a los demás.

Dios ha fundado su ciudad para siempre *(Salmo 47,9)*.

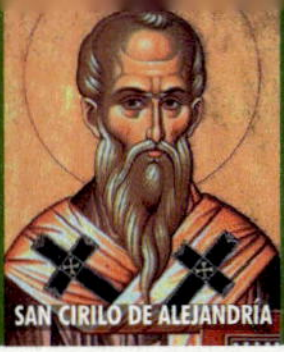

Santos CIRILO DE ALEJANDRÍA *ob dc*, Zoilo *mr*, Gudena *mr*.
Ntra. Sra. del Perpetuo Socorro

JUNIO
27
MIÉRCOLES (ML)

Papa Francisco: Podemos «frustrar» el sueño de Dios si no nos dejamos guiar por el Espíritu Santo. El Espíritu nos da esa sabiduría que va más allá de la ciencia, para trabajar generosamente con verdadera libertad y humilde creatividad. Para cultivar y guardar bien la viña, es preciso que nuestro corazón y nuestra mente estén custodiados en Jesucristo por la «paz de Dios, que supera todo juicio» (*Filipenses* 4,7).

PALABRA

Dijo Jesús a sus discípulos: «Cuidado con los profetas falsos; se acercan con piel de oveja, pero por dentro son lobos rapaces. Por sus frutos los conoceréis. ¿Acaso se cosechan uvas de las zarzas o higos de los cardos? Así, todo árbol sano da frutos buenos; pero el árbol dañado da frutos malos. Un árbol sano no puede dar frutos malos, ni un árbol dañado dar frutos buenos. El árbol que no da fruto bueno se tala y se echa al fuego. Es decir, que por sus frutos los conoceréis».

2Reyes 22,8-13; 23,1-3; ***Salmo*** 118,33-37.40 • **MATEO 7,15-20**

ORACIÓN

SEÑOR, la llave de mi corazón la tienes tú solo y solo tú puedes abrirlo y conocerlo a fondo. Es la fuente de las buenas y malas intenciones, virtudes y pecados. Te pido por David: *¡Crea en mí un corazón puro, renuévame por dentro con espíritu firme!*
Muéstrame, Señor, el camino de tus decretos *(Salmo 118,33).*

JUNIO
28
JUEVES (MO)

Jueves 12° Tiempo Ordinario Tomo III - Salterio 4ª semana

Santos IRENEO DE LYON *ob mr*, Argimiro *mj mr*, Pablo I *pp*, Lucía Wang-Cheng y *co mrs*

Papa Francisco: *[Víspera de los Apóstoles Pedro y Pablo].* En el recuerdo de los santos Pedro y Pablo, asociamos el de María, imagen viva de la Iglesia, esposa de Cristo, que los dos apóstoles fecundaron con su sangre. María, Pedro y Pablo son nuestros compañeros de viaje en la búsqueda de Dios; son nuestros guías en el camino de la fe y la santidad; ellos nos impulsan hacia Jesús, para hacer todo lo que Él nos pide. Invoquemos su ayuda para que nuestro corazón esté siempre abierto a las sugerencias del Espíritu Santo y al encuentro con los hermanos *(29-6-2015).*

PALABRA

Dijo Jesús a sus discípulos: «No todo el que me dice "Señor, Señor" entrará en el reino de los cielos, sino el que cumple la voluntad de mi Padre que está en los cielos. Aquel día muchos dirán: "Señor, Señor, ¿no hemos profetizado en tu nombre, y en tu nombre echado demonios, y no hemos hecho en tu nombre muchos milagros"? Entonces yo les declararé: "Nunca os he conocido. Alejaos de mí, los que obráis la iniquidad". El que escucha estas palabras mías y las pone en práctica se parece a aquel hombre prudente que edificó su casa sobre roca. Cayó la lluvia, se desbordaron los ríos, soplaron los vientos y descargaron contra la casa; pero no se hundió, porque estaba cimentada sobre roca. El que escucha estas palabras mías y no las pone en práctica se parece a aquel hombre necio que edificó su casa sobre arena. Cayó la lluvia, se desbordaron los ríos, soplaron los vientos y rompieron contra la casa, y se derrumbó. Y su ruina fue grande». Al terminar Jesús este discurso, la gente estaba admirada de su enseñanza, porque les enseñaba con autoridad, y no como sus escribas.

2Reyes 24,8-17; ***Salmo*** 78,1-5.8.9 • **MATEO 7,21-29**

ORACIÓN

SEÑOR SEÑOR... Ya sé que decir esto es lo fácil. Lo difícil es edificar mi vida sobre la roca firme que eres tú, y las piedras vivas de tus bienaventuranzas, consejos, actitudes. Si te digo "Señor" es porque estoy convencido de que eres mi Señor y deseo que tu señorío sobre mi vida sea cada día mayor. Tú eres mi Señor, yo soy tu siervo, y quiero serlo de verdad: haciendo lo que manda mi Señor. ¡Que acepte siempre la voluntad de tu Padre y la cumpla, para que jamás me digas: "No te conozco", y mi vida esté fundamentada en ti, la roca firme!

Por el honor de tu nombre, Señor, líbranos *(Salmo 78,9).*

Santos **PEDRO Y PABLO** *aps,*
Emma *vd,* Siro *ob*

JUNIO
29
VIERNES

SOLEMNIDAD DE LOS SANTOS PEDRO Y PABLO, APÓSTOLES

Papa Francisco: En la fe de estos dos apóstoles, Pedro y Pablo, se funda la Iglesia de Roma, que desde siempre los venera como patronos. En realidad, toda la Iglesia universal los mira con admiración, considerándolos dos columnas y dos grandes luces que brillan en el corazón de los creyentes de Oriente y Occidente. Quieren traer nuevamente a Jesús, su amor misericordioso, su consolación, su paz. ¡Tenemos tanta necesidad de esto! Recibamos su mensaje, guardemos su testimonio como un tesoro. La fe sincera y sólida de Pedro, el corazón grande y universal de Pablo nos ayudarán a ser cristianos alegres, fieles al Evangelio y abiertos al encuentro con todos *(29-6-2016).*

PALABRA

Al llegar a la región de Cesarea de Filipo, Jesús preguntó a sus discípulos: «¿Quién dice la gente que es el Hijo del hombre?». Ellos contestaron: «Unos que Juan Bautista, otros que Elías, otros que Jeremías o uno de los profetas». Él les preguntó: «Y vosotros, ¿quién decís que soy yo?». Simón Pedro tomó la palabra y dijo: «Tú eres el Mesías, el Hijo de Dios vivo». Jesús le respondió: «¡Bienaventurado tú, Simón, hijo de Jonás!, porque eso no te lo ha revelado ni la carne ni la sangre, sino mi Padre que está en los cielos. Ahora yo te digo: Tú eres Pedro, y sobre esta piedra edificaré mi Iglesia, y el poder del infierno no la derrotará. Te daré las llaves del reino de los cielos; lo que ates en la tierra, quedará atado en los cielos, y lo que desates en la tierra, quedará desatado en los cielos».

Hechos 12,1-11; ***Salmo*** 33,2-9; ***2Timoteo*** 4,6-8.17-18

• MATEO 16,13-19

ORACIÓN

SEÑOR, tú sabías a quiénes elegías para estar al frente de los apóstoles. En Pedro tengo el ejemplo del bravucón que cae, se levanta, llora su pecado y promete amarte hasta la muerte. Y en Pablo, que queriendo hacer el bien es el mal lo que le sale, me enseñas a aspirar a que seas tú, no yo, quien viva en mí. Pedro y Pablo, los padres y testigos de la fe, por cuya causa dieron su sangre en Roma.

A toda la tierra alcanza su pregón *(Salmo 18,5).*

Santos PROTOMÁRTIRES DE ROMA,
Marcial *ob*, Ladislao *re*, Adolfo *ob*

Papa Francisco: *[En Israel no he encontrado tanta fe].* ¿En quién ponemos nuestra fe? ¿En nosotros mismos, en las cosas, o en Jesús? Cuando está Dios en nuestro corazón habita la paz, la dulzura, la ternura, el entusiasmo, la serenidad y la alegría, que son frutos del Espíritu Santo. ¿Estás dispuesto a entrar en esta onda de la revolución de la fe?

PALABRA

Al entrar Jesús en Cafarnaún, un centurión se le acercó rogándole: «Señor, tengo en casa un criado que está en cama paralítico y sufre mucho». Le contestó: «Voy yo a curarlo». Pero el centurión le replicó: «Señor, no soy digno de que entres bajo mi techo. Basta que lo digas de palabra, y mi criado quedará sano. Porque yo también vivo bajo disciplina y tengo soldados a mis órdenes; y le digo a uno: "Ve" y va; al otro: "Ven", y viene; a mi criado: "Haz esto", y lo hace». Al oírlo, Jesús quedó admirado y dijo a los que le seguían: «En verdad os digo que en Israel no he encontrado en nadie tanta fe. Os digo que vendrán muchos de oriente y occidente y se sentarán con Abrahán, Isaac y Jacob en el reino de los cielos; en cambio, a los ciudadanos del reino los echarán fuera, a las tinieblas. Allí será el llanto y el rechinar de dientes». Y dijo Jesús al centurión: «Vete; que te suceda según has creído». Y en aquel momento se puso bueno el criado. Al llegar Jesús a casa de Pedro, encontró a la suegra en cama con fiebre; le tocó su mano, y se le pasó la fiebre; se levantó y se puso a servirle. Al anochecer, le llevaron muchos endemoniados; él, con su palabra, expulsó los espíritus y curó a todos los enfermos para que se cumpliera lo dicho por medio del profeta Isaías: «Él tomó nuestras dolencias y cargó con nuestras enfermedades».

Lamentaciones 2,2.10-14.18-19; ***Salmo*** 73,1-7.20-21 • **MATEO 8,5-17**

ORACIÓN

SEÑOR, yo creo en ti, creo y experimento tu amor, creo en tu poder para sanar mi alma. Pero esta fe, la mejor herencia de mis padres, quiero que sea cada día más nueva y más mía: que nunca me acostumbre a ser cristiano como lo más normal, y tengan que venir los alejados para hacerme caer en la cuenta de lo maravilloso que es tener fe, estar en tu Iglesia, contarme entre los hijos de Dios y hermanos tuyos.

No olvides sin remedio la vida de los pobres *(Salmo 73,19).*

SANTIAGO. Pórtico de la Gloria (Catedral compostelana)

Hermanos, esperad con paciencia hasta la venida del Señor. ¿Está sufriendo alguno de vosotros? Rece. ¿Está contento? Cante. ¿Está enfermo alguno de vosotros? Llame a los presbíteros de la Iglesia, que recen por él, y lo unjan con óleo en el nombre del Señor. La oración hecha con fe salvará al enfermo y el Señor lo restablecerá; y si hubiere cometido algún pecado, le será perdonado.

(Santiago 5, 7.13-15)

DOMINGO XIII DEL TIEMPO ORDINARIO Tomo III - Salterio 1ª semana

Santos Aarón *AT,* Nicasio *mr,* Teodorico *pb,* Justino Orona y Atilano Cruz *pbs mrs*

COLECTA DEL ÓBOLO DE SAN PEDRO

JORNADA DE RESPONSABILIDAD DEL TRÁFICO

Papa Francisco: El Evangelio de hoy presenta la curación de una mujer que desde hacía doce años padecía flujos de sangre. A causa de esta enfermedad que, según la cultura del tiempo, la hacía «impura», ella debía evitar todo contacto humano: pobrecilla, estaba condenada a una muerte civil. Esta mujer anónima, en medio de la multitud que sigue a Jesús, se dice a sí misma: «Con solo tocarle el manto curaré». Y así fue. Quien cree «toca» a Jesús y toma de Él la gracia que salva. La fe es esto: tocar a Jesús y recibir de Él la gracia que salva la vida espiritual, nos salva de tantos problemas. Jesús se da cuenta, y en medio de la gente, busca el rostro de aquella mujer. Ella se adelanta temblorosa y Él le dice: «Hija, tu fe te ha salvado». Y cada vez que Jesús se acerca a nosotros, cuando vamos hacia Él con fe, escuchamos esto del Padre: «Hijo, tú eres mi hijo. Tú te has curado. Yo perdono a todos, todo. Yo curo a todos y todo». El mensaje es claro, y se puede resumir en una pregunta: *¿Creemos que Jesús puede curarnos y puede despertarnos de la muerte? (28-6-2015).*

PALABRA

• ***Sabiduría*** 1, 13-15; 2, 23-25: Dios no hizo la muerte, ni se recrea en la destrucción de los vivientes; todo lo creó para que subsistiera; las criaturas del mundo son saludables, no hay en ellas veneno de muerte ni imperio del Abismo sobre la tierra, porque la justicia es inmortal. Dios creó al hombre para la inmortalidad y lo hizo a imagen de su propio ser; pero la muerte entró en el mundo por la envidia del diablo, y los de su partido pasarán por ella.

• ***Salmo*** 29, 2-6.11-13: ***Te ensalzaré, Señor, porque me has librado.***

• ***2Corintios*** 8, 7-9.13-15: Lo mismo que sobresalís en todo –en la fe, en la palabra, en el conocimiento, en el empeño y en el amor que os hemos comunicado–, sobresalid también en esta obra de caridad. Pues conocéis la gracia de nuestro Señor Jesucristo, el cual, siendo rico, se hizo pobre por vosotros, para enriqueceros, con su pobreza. Pues no se trata de aliviar a otros pasando vosotros estrecheces; se trata de igualar. En este momento, vuestra abundancia remedia su carencia, para que la abundancia de ellos remedie vuestra carencia; así habrá igualdad. Como está escrito: «Al que recogía mucho, no le sobraba; y al que recogía poco, no le faltaba».

• **MARCOS 5, 21-30.33-43:** Jesús atravesó de nuevo en barca a la otra orilla, se le reunió mucha gente a su alrededor, y se quedó junto al mar. Se acercó un jefe de la sinagoga, que se llamaba Jairo, y al verlo se echó a sus pies, rogándole con insistencia: «Mi niña está en las últimas; ven, impón las manos sobre ella, para que se cure y viva». Jesús se fue con él, y lo seguía mucha gente que lo apretujaba. Había una mujer que padecía flujos de sangre desde hacía doce años. Había sufrido mucho a manos de los médicos y se había gastado en eso toda su fortuna; pero, en vez de mejorar, se había puesto peor. Oyó hablar de Jesús y, acercándose por detrás, entre la gente, le tocó el manto, pensando: «Con solo tocarle el manto curaré». Inmediatamente se secó la fuente de sus hemorragias y notó que su cuerpo estaba curado. Jesús, notando que había salido fuerza de él, se volvió enseguida, en medio de la gente y preguntaba: «¿Quién me ha tocado el manto?». le dice: «Hija, tu fe te ha salvado. Vete en paz y queda curada de tu enfermedad». Todavía estaba hablando, cuando llegaron de casa del jefe de la sinagoga para decirle: «Tu hija se ha muerto. ¿Para qué molestar más al maestro?». Jesús alcanzó a oír lo que hablaban y le dijo al jefe de la sinagoga: «No temas; basta que tengas fe». No permitió que lo acompañara nadie, más que Pedro, Santiago y Juan, el hermano de Santiago. Llegan a casa del jefe de la sinagoga y encuentra el alboroto de los que lloraban y se lamentaban a gritos y después de entrar les dijo: «¿Qué estrépito y qué lloros son estos? La niña no está muerta, está dormida». Se reían de él. Pero él los echó fuera a todos, y, con el padre y la madre de la niña y sus acompañantes, entró donde estaba la niña, la tomó de la mano, y le dijo: «Talitha qumi» (que significa: «Contigo hablo, niña, levántate»). La niña se levantó inmediatamente y echó a andar; tenía doce años. Y se quedaron fuera de sí llenos de estupor. Les insistió en que nadie se enterase; y les dijo que dieran de comer a la niña.

ORACIÓN

SEÑOR, me conmueve tu bondad y tus detalles. Demuestras tu bondad compadeciéndote de aquel padre desolado y resucitando a su hija, y curando a la mujer enferma. Y tus detalles, al preocuparte de que dieran de comer a la niña resucitada. Para lo más importante y para lo ordinario de cada día, tú eres único.

Te ensalzaré, Señor, porque me has librado *(Salmo 29,1).*

Santos Bernardino Realino *pb,* Liberato y *co mrs,* Monegunda *er*

Papa Francisco: Un discípulo, para seguirle pide una condición: «Señor, déjame primero ir a enterrar a mi padre». El Señor lo detiene: «¡No!». El testimonio es sin condiciones, debe ser firme, debe ser decidido, debe tener el lenguaje, tan fuerte, de Jesús: ¡sí sí, no no! Es exactamente este el lenguaje del testimonio. En nuestros días hay más testimonios, más mártires en la Iglesia que en los primeros siglos.

PALABRA

Viendo Jesús que lo rodeaba mucha gente, dio orden de atravesar a la otra orilla. Se le acercó un escriba y le dijo: «Maestro, te seguiré a donde vayas». Jesús le respondió: «Las zorras tienen madrigueras y los pájaros nidos, pero el Hijo del hombre no tiene donde reclinar la cabeza». Otro, que era discípulo, le dijo: «Señor, déjame ir primero a enterrar a mi padre». Jesús le replicó: «Tú, sígueme. Deja que los muertos entierren a sus muertos».

Amós 2,6-10.13-16; ***Salmo*** 49,16-23 • **MATEO 8,18-22**

ORACIÓN

SEÑOR, como aquel escriba, y con toda sinceridad, te digo hoy: *Te seguiré a donde vayas.* Pero para que ese seguimiento sea efectivo y fiel a tu estilo de vida, tengo que renunciar a mi burguesía: tú no tienes donde reclinar la cabeza más que la Cruz, y yo estoy rodeado de comodidades.

Atención, los que olvidáis a Dios *(Salmo 49,22).*

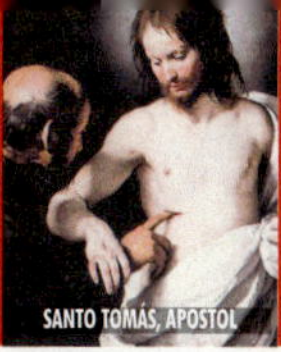

SANTO TOMÁS, APÓSTOL

FIESTA DE SANTO TOMÁS, APÓSTOL.

Santos Heliodoro *ob*, León II *pp*, Raimundo Gayrard *es*

Papa Francisco: Tomás no se contenta y busca, pretende constatar él mismo. Jesús lo espera con paciencia y va también al encuentro de la exigencia del discípulo incrédulo: «Trae tu dedo, aquí tienes mis manos...». En el contacto salvífico con las llagas del Resucitado, Tomás manifiesta las propias heridas, la propia humillación; en la marca de los clavos encuentra la prueba decisiva de que era amado, esperado, entendido. Se encuentra frente a un Mesías lleno de dulzura, de misericordia, de ternura. Era ese el Señor que buscaba; él, en las profundidades secretas del propio ser, porque siempre había sabido que era así. ¡Cuántos de nosotros buscamos encontrar a Jesús, tal como es: dulce, misericordioso, tierno! Reencontrado el contacto personal con la amabilidad y la misericordiosa paciencia de Cristo, Tomás comprende el significado profundo de su Resurrección e, íntimamente trasformado, declara su fe plena y total en Él exclamando: «¡Señor mío y Dios mío!». ¡Bonita, bonita expresión, esta de Tomás! *(12-4-2015)*.

PALABRA

Tomás, uno de los Doce, llamado el Mellizo, no estaba con ellos cuando vino Jesús. Y los otros discípulos le decían: «Hemos visto al Señor». Pero él les contestó: «Si no veo en sus manos la señal de los clavos, si no meto el dedo en el agujero de los clavos y no meto la mano en su costado, no lo creo». A los ocho días, estaban otra vez dentro los discípulos y Tomás con ellos. Llegó Jesús, estando cerradas las puertas, se puso en medio y dijo: «Paz a vosotros». Luego dijo a Tomás: «Trae tu dedo, aquí tienes mis manos; trae tu mano y métela en mi costado; y no seas incrédulo, sino creyente». Contestó Tomás: «¡Señor mío y Dios mío!». Jesús le dijo: «¿Porque me has visto has creído? Bienaventurados los que crean sin haber visto».

Efesios 2,19-22; ***Salmo*** 116. 1-2 • **JUAN 20,24-29**

ORACIÓN

SEÑOR, aunque comienza por poner condiciones para creer que has resucitado, la incredulidad de Tomás se rinde a la evidencia de tu presencia y tu invitación a que toque tus heridas: y esa incredulidad inicial nos ha sido muy provechosa a los que somos exigentes, incluso contigo. Tu presencia en medio de aquella Iglesia inicial produjo el milagro, con solo verte: *¡Señor mío y Dios mío!* Tomás solo vio tu cuerpo, y confesó su fe en tu divinidad. Después de casi 2.000 años, a mí me basta tu Palabra y la de tu Iglesia para creer en ti, Dios y Hombre resucitado, Salvador y Amigo que tanto me amas.

Id al mundo entero y proclamad el Evangelio *(Marcos 16,15)*.

JULIO

4

MIÉRCOLES (ML)

Santos ISABEL DE PORTUGAL *re*, Valentín de Berriochoa *ob mr*, Berta *ab*. Beato Pedro Jorge Frassati *la*

SAN VALENTIN DE BERRIOCHOA

Papa Francisco: Cuando el demonio ha sido expulsado tiene paciencia, espera para volver y si lo dejas entrar caes en una situación peor. El diablo convence para hacer las cosas con relativismo, tranquilizando la conciencia. Tranquilizar la conciencia, Anestesiar la conciencia. Y esto es un gran mal. Cuando el mal espíritu consigue anestesiar la conciencia, se puede hablar de una verdadera victoria suya, se convierte en propietario de esa conciencia. Y así se vive esta mundanidad que es hija del mal espíritu. Vigilancia: ¿Ha venido este demonio educado con sus amigos hasta mí? Discernir y vigilar, para no dejar entrar a quien engaña, seduce, encanta *(9-10-2015)*.

PALABRA

Llegó Jesús a la otra orilla, a la región de los gerasenos. Desde los sepulcros, dos endemoniados salieron a su encuentro; eran tan furiosos que nadie se atrevía a transitar por aquel camino. Y le dijeron a gritos: «¿Qué tenemos que ver nosotros contigo, Hijo de Dios? ¿Has venido a atormentarnos antes de tiempo?». A cierta distancia, una gran piara de cerdos estaba paciendo. Los demonios le rogaron: «Si nos echas, mándanos a la piara». Jesús les dijo: «Id». Salieron y se metieron en los cerdos. Y la piara entera se abalanzó acantilado abajo y murieron en las aguas. Los porquerizos huyeron al pueblo y lo contaron todo, incluyendo lo de los endemoniados. Entonces el pueblo entero salió a donde estaba Jesús y, al verlo, le rogaron que se marchara de su país.

Amós *5,14-15.21-24;* ***Salmo*** *49,7-13.16-17* • **MATEO 8, 28-34**

ORACIÓN

SEÑOR, los endemoniados quedaron libres de la terrible posesión de los demonios: para ellos acudiste tú. Sin embargo, sus paisanos, muy apegados a sus cerdos, no dieron importancia a la liberación de los endemoniados, por la pérdida de sus cerdos y te echaron de su región. ¿Cuántos demonios suman el valor de una persona humana? Tú lo creaste todo. Pero solo viniste a salvar al hombre, tomando la naturaleza humana. Y a eso estamos invitados: a valorar a las personas -en quienes estás tú- más que a todos los otros seres creados.

Al que sigue buen camino le haré la salvación de Dios *(Salmo 49,23).*

B. PEDRO-JORGE FRASSATI

SAN ANTONIO Mª ZACCARIA

Santos ANTONIO M.ª ZACCARIA *pb*, Marta *mf*

JULIO 5 JUEVES (ML)

Papa Francisco: El Señor se preocupa por todos, comparte su sufrimiento y abre el corazón a la esperanza. Pienso también en todos los agentes sanitarios: ¡qué valioso trabajo realizan! Ellos encuentran cada día en los enfermos no solo los cuerpos marcados por la fragilidad, sino personas, a quienes ofrecen atención y respuestas adecuadas. Pienso también en las familias, donde es normal preocuparse por cuidar a quien está enfermo. Ayudaos unos a otros con amor, y sentiréis la presencia consoladora de Dios. La actitud generosa y cristiana hacia los enfermos es sal de la tierra y luz del mundo.

PALABRA

Subió Jesús a una barca, cruzó a la otra orilla y fue a su ciudad. En esto le presentaron un paralítico, acostado en una camilla. Viendo la fe que tenían, dijo al paralítico: «¡Ánimo, hijo!, tus pecados te son perdonados». Algunos de los escribas se dijeron: «Este blasfema». Jesús, sabiendo lo que pensaban, les dijo: «¿Por qué pensáis mal en vuestros corazones? ¿Qué es más fácil, decir: "Tus pecados te son perdonados", o decir: "Levántate y echa a andar"? Pues, para que veáis que el Hijo del hombre tiene potestad en la tierra para perdonar pecados –entonces dice al paralítico–: "Ponte en pie, toma tu camilla y vete a tu casa"». Se puso en pie, y se fue a su casa. Al ver esto, la gente quedó sobrecogida y alababa a Dios, que da a los hombres tal potestad.

Amós 7,10-17; ***Salmo*** 18,8-11 • **MATEO 9,1-8**

ORACIÓN

SEÑOR, me veo reflejado en personajes de este acontecimiento de salvación. Como los escribas, soy incrédulo, porque exijo signos para creer que tú eres mi Dios, el que me salva de mis pecados y sus consecuencias. Como el enfermo, soy paralítico, sin fuerzas ni ganas de moverme para hacer el bien: paradójicamente los calores del verano –que en el hemisferio norte llegan ahora con todas sus fuerzas– amenazan con congelar la vida del espíritu. Pero tengo tus palabras de perdón y de misión: *Tus pecados están perdonados. Ponte en pie, toma tu camilla y vete.* Pero yo estoy convencido de que a tu lado viviré mejor. ¿Verdad que puedo quedarme contigo?

Los mandamientos del Señor son verdaderos y enteramente justos
(Salmo 18,10).

Viernes 13° Tiempo Ordinario Tomo III - Salterio 1ª semana

**Santos MARÍA GORETTI *vg mr*,
Rómulo *ob*, Paladio *ob*.
Beata Nazaria Ignacia March *vg***

Papa Francisco: Jesús habla muchas veces de la importancia de la fe, más que de la observancia de la ley. Estando a la mesa con Mateo y otros publicanos y pecadores, dice a los fariseos que le replicaban: "Id y aprender qué significa: *Misericordia quiero y no sacrificios*. Que yo no he venido a llamar a los justos, sino a los pecadores". Jesús afirma que de ahora en adelante la regla de vida de sus discípulos deberá ser la que da el primado a la misericordia *(11-4-2015)*.

PALABRA

Al pasar vio Jesús a un hombre llamado Mateo, sentado al mostrador de los impuestos, y le dijo: «Sígueme». Él se levantó y lo siguió. Y, estando a la mesa en casa de Mateo, muchos publicanos y pecadores, que habían acudido, se sentaban con Jesús y sus discípulos. Los fariseos, al verlo, preguntaron a los discípulos: «¿Cómo es que vuestro maestro come con publicanos y pecadores?». Jesús lo oyó y dijo: «No tienen necesidad de médico los sanos, sino los enfermos. Andad, aprended lo que significa "misericordia quiero y no sacrificio": que no he venido a llamar a los justos, sino a los pecadores».

Amós 8,4-6.9-12; ***Salmo*** 118,2.10.20.30.40.131 • **MATEO 9,9-13**

ORACIÓN

SEÑOR, no te damos asco los publicanos y los pecadores. Me consuela profundamente escuchar de tus labios que has venido a buscar, no a los que se tienen por justos, sino a los que somos pecadores. Por eso buscas mi amistad. ¡Hazme partícipe de tu compasión y de tu misericordia para comprender y tratar mejor a los demás!

No solo de pan vive el hombre, sino de toda palabra que sale de la boca de Dios *(Mateo 4,4).*

Santos Fermín *ob*, Odón *ob*, Edilburga *ab*. Beato Benedicto XI *pp*

Papa Francisco: Jesús decía: La ley permite odiar al enemigo; pero yo te digo que reces por el enemigo, no odies. La doctrina de la ley se enriquece y se renueva con Jesús. Jesús mismo dice: "Yo hago nuevas todas las cosas". Como si su vocación fuese la de renovar todo. Y esto es el Reino de Dios que Jesús predica. Es una renovación, una renovación auténtica. Y esta renovación está ante todo en nuestro corazón. Ser cristiano significa dejarse renovar por Jesús en una nueva vida. Pidamos la gracia de no tener miedo de la novedad del Evangelio, de no tener miedo de la renovación que realiza el Espíritu Santo, de no tener miedo a dejar caer las estructuras caducas que nos aprisionan. Y si tenemos miedo sabemos que con nosotros está la Madre que nos protege *(6-julio-2013)*.

PALABRA

Los discípulos de Juan se acercaron a Jesús, preguntándole: «¿Por qué nosotros y los fariseos ayunamos a menudo y, en cambio, tus discípulos no ayunan?». Jesús les dijo: «¿Es que pueden guardar luto los amigos del esposo mientras el esposo está con ellos? Llegará un día en que les arrebatarán al esposo, y entonces ayunarán. Nadie echa un remiendo de paño sin remojar a un manto pasado; porque la pieza tira del manto y deja un roto peor. Tampoco se echa vino nuevo en odres viejos, porque revientan los odres; se derrama el vino, y los odres se estropean; el vino nuevo se echa en odres nuevos, y así las cosas se conservan».

Amós 9,11-15; ***Salmo*** 84,9-14 • **MATEO 9,14-17**

ORACIÓN

SEÑOR, frente a la caricatura grotesca de quienes acusan al cristianismo de aguafiestas, tú defines el cristianismo como una fiesta de bodas a la que estoy invitado como amigo del novio, que eres tú. Lo viejo quedó atrás. Que la tristeza del hombre viejo dé paso al gozo de quien se siente amado por ti, invitado a la fiesta de la vida, salvado y llamado a comunicar al mundo la alegría de la salvación.

Dios anuncia la paz a su pueblo *(Salmo 84,9)*.

Santos Áquila y Priscila ***NT es,*** **Adrián** ***pp,*** **Pancracio** ***ob mr,*** **Landrada** ***ab***

SS. ÁQUILA Y PRISCILA, esposos

Papa Francisco: La Sagrada Familia de Nazaret se presenta como una familia de trabajadores, y Jesús mismo era conocido como «el hijo del carpintero» o incluso «el carpintero» (*Mc* 6, 3). Y san Pablo no duda en poner en guardia a los cristianos: «Si alguno no quiere trabajar, que no coma» (2*Tes* 3, 10). El compromiso del trabajo y la vida del espíritu, en la concepción cristiana, no están de ninguna manera en contraste entre sí. Es importante comprender bien esto. Oración y trabajo pueden y deben ir de la mano. La falta de trabajo perjudica al espíritu, como la ausencia de oración hace daño también a la actividad práctica *(19-8-2015)*.

PALABRA

• ***Ezequiel*** 2, 2-5: El espíritu entró en mí, me puso en pie y oí que me decía: «Hijo de Adán, yo te envío a los israelitas, a un pueblo rebelde que se ha rebelado contra mí. Sus padres y ellos me han ofendido hasta el presente día. También los hijos son testarudos y obstinados; a ellos te envío para que les digas: "Esto dice el Señor". Ellos, te hagan caso o no te hagan caso (pues son un pueblo rebelde), sabrán que hubo un profeta en medio de ellos».

• ***Salmo*** 122, 1-4: ***Nuestros ojos están en el Señor, esperando su misericordia.***

• ***2Corintios*** 12, 7b-10: Para que no me engría, se me ha dado una espina en la carne: un emisario de Satanás que me abofetea, para que no me engría. Por ello, tres veces le he pedido al Señor que lo apartase de mí y me ha respondido: «Te basta mi gracia: la fuerza se realiza en la debilidad». Así que muy a gusto me glorío de mis debilidades, para que resida en mí la fuerza de Cristo. Por eso vivo contento en medio de mis debilidades, los insultos, las privaciones, las persecuciones y las dificultades sufridas por Cristo. Porque cuando soy débil, entonces soy fuerte.

• **MARCOS 6, 1-6:** Se dirigió Jesús a su ciudad y lo seguían sus discípulos. Cuando llegó el sábado, empezó a enseñar en la sinagoga; la multitud que lo oía se preguntaba asombrada: «¿De dónde saca todo eso? ¿Qué sabiduría es esa que le sido dada? ¿Y esos milagros que realizan sus manos? ¿No es este el carpintero, el hijo de María, hermano de Santiago y José y Judas y Simón? ¿Y sus hermanas no viven con nosotros aquí?». Y se escandalizaban a cuenta de él. Les decía: «No desprecian a un profeta más que en su tierra, entre sus parientes y en su casa». No pudo hacer allí ningún milagro, solo curó algunos enfermos imponiéndoles las manos. Y se admiraba de su falta de fe. Y recorría los pueblos de alrededor enseñando.

SEÑOR, tus paisanos, que conocían tu oficio de carpintero y sabían quién era tu madre y quiénes eran tus primos, no podían entender ni tu sabia enseñanza ni tus maravillosos milagros. Sus prejuicios les impedían ver la realidad que palpaban. Yo te alabo por el trabajo de tus manos, por tu madre, por José, por tus primos. El Padre te dio la mejor familia, en la que sobresale María, la que está siempre de tu parte y acoge tu Palabra en su corazón. Ser de tu familia es un privilegio. ¿Me aceptas en tu familia terrena y celestial?

JULIO

9

LUNES (ML)

Lunes 14º Tiempo Ordinario — Tomo II - Salterio 2ª semana

Santos AGUSTÍN ZHAO RONG ***pb y co mars,*** **Juan de Colonia** ***pb y co mars,*** **Verónica Giuliani** ***ab,*** **N.ª S.ª del Rosario de Chiquinquirá**

SAN AGUSTÍN ZHAO RONG

Papa Francisco: Había personas que gritaban fuerte porque era su trabajo: trabajaban así, llorando en las casas de los difuntos. Pero su llanto no era el llanto de un padre. Esto hace pensar en la primera cosa que decimos a Dios en el Credo: "Creo en Dios Padre". Hace pensar en la paternidad de Dios. Dios es así con nosotros. Alguien podría observar: *Pero Padre, Dios no llora.* ¡Cómo que no! Recordemos a Jesús cuando lloraba contemplando Jerusalén: *Jerusalén, Jerusalén, cuántas veces intenté reunir a tus hijos, como la gallina reúne a sus polluelos bajo las alas.* Dios llora; Jesús lloró por nosotros. Y en ese llanto está la representación del llanto del Padre, que nos quiere a todos consigo en los momentos difíciles.

PALABRA

Mientras Jesús hablaba, se acercó un jefe de los judíos que se arrodilló ante él y le dijo: «Mi hija acaba de morir. Pero ven tú, impón tu mano sobre ella y vivirá». Jesús se levantó y lo siguió con sus discípulos. Entre tanto, una mujer que sufría flujos de sangre desde hacía doce años se le acercó por detrás y le tocó la orla del manto, pensando que con solo tocarle el manto se curaría. Jesús se volvió y, al verla, le dijo: «¡Ánimo, hija! Tu fe te ha salvado». Y en aquel momento quedó curada la mujer. Jesús llegó a casa de aquel jefe y, al ver a los flautistas y el alboroto de la gente, dijo: «¡Retiraos! La niña no está muerta, está dormida». Se reían de él. Cuando echaron a la gente, entró él, tomó a la niña de la mano, y ella se levantó. La noticia se divulgó por toda aquella comarca.

Oseas 2,16.17b-18.21-22; ***Salmo*** 144,2-9 • **MATEO 9,18-26**

ORACIÓN

SEÑOR, gracias por tu palabra de estímulo, de esperanza, de salvación: *¡Ánimo, hija, hijo! Tu fe te ha curado.* Los que no conocen tu poder –y la fuerza de tu amor–, se ríen de ti. Pero tú sabes bien lo que dices y lo que haces: tú eres la vida cuando se confía en ti, tú eres la salvación cuando se tiene fe en ti. Tu amor, tu poder y tu palabra me animan a seguir siempre a tu lado.

El Señor es clemente y misericordioso *(Salmo 144,8).*

Santos Amalia, Rufina, Segunda, Anatolia y Victoria ***mrs,***
Bianor y Silvano ***mrs***

Papa Francisco: *Como ovejas que no tienen pastor...* La gente que ha seguido siempre [a Jesús, lo hacía] para escuchar su palabra -¡una palabra que daba esperanza!, las palabras de Jesús dan siempre esperanza; y también para incluso tocar solo el borde de su manto. Jesús mismo buscaba a estas multitudes cansadas y agobiadas como ovejas sin pastor y las buscaba para anunciarles el Reino de Dios y para curar a muchos en el cuerpo y en el espíritu.

PALABRA

Le llevaron a Jesús un endemoniado mudo. Y después de echar al demonio, el mudo habló. La gente decía admirada: «Nunca se ha visto en Israel cosa igual». En cambio, los fariseos decían: «Este echa los demonios con el poder del jefe de los demonios». Jesús recorría todas las ciudades y aldeas, enseñando en sus sinagogas, anunciando el evangelio del reino y curando toda enfermedad y toda dolencia. Al ver a las muchedumbres, se compadecía de ellas, porque estaban extenuadas y abandonadas, como ovejas que no tienen pastor. Entonces dice a sus discípulos: «La mies es abundante, pero los trabajadores son pocos; rogad, pues, al Señor de la mies que mande trabajadores a su mies».

Oseas 8,4-7.11-13; ***Salmo*** 113B,3-10 • **MATEO 9,32-38**

ORACIÓN

SEÑOR, al ver a las gentes de nuestro tiempo, también te compadeces de nosotros, extenuados bajo el peso del pecado, abandonados de los falsos pastores que huyen al menor peligro sin importarles que las ovejas se queden sin pastor. Tú eres el Pastor con el corazón más grande, la misericordia más amplia y el poder sin límites, para compadecerte de nuestro mundo y de mí, y aportar los remedios a todo mal. Tú eres la respuesta a tantas vidas sin rumbo y a tanto sufrimiento. ¡Envía a tu Iglesia testigos tuyos, seglares, religiosos y sacerdotes santos! Y, si tú quieres, cuenta conmigo, aunque bien conoces mi fragilidad.

Israel confía en el Señor *(Salmo 113B, 9).*

JULIO

11

MIÉRCOLES

FIESTA DE SAN BENITO, ABAD, PATRONO DE EUROPA

Santos Pío I *pp*, Olga *mf*, Marciana *vg mr*, Abundio *pb mr*

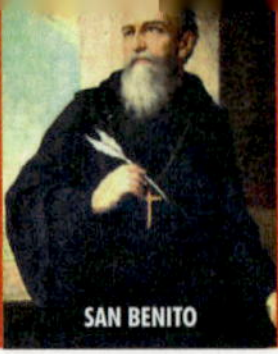
SAN BENITO

Papa Francisco: San Benito resumía el estilo de vida que indicaba a sus monjes en estas palabras: *«Ora et labora»*, reza y trabaja. De la contemplación, de una fuerte relación de amistad con el Señor, nace en nosotros la capacidad de vivir y llevar el amor de Dios, su misericordia, su ternura hacia los demás. Y también nuestro trabajo con el hermano necesitado, nuestro trabajo de caridad en las obras de misericordia, nos lleva al Señor, porque nosotros vemos precisamente al Señor en el hermano y en la hermana necesitados.

PALABRA

Dijo Pedro a Jesús: «Nosotros lo hemos dejado todo y te hemos seguido; ¿qué nos va a tocar?». Jesús les dijo: «En verdad os digo: cuando llegue la renovación, y el Hijo del hombre se siente en el trono de su gloria, también vosotros, los que me habéis seguido, os sentaréis en doce tronos para juzgar a las doce tribus de Israel. El que por mí deja casa, hermanos o hermanas, padre o madre, mujer, hijos o tierras, recibirá cien veces más, y heredará la vida eterna».

Proverbios 2,1-9; ***Salmo*** 33,2-6.9.12-15 • **MATEO 19,27-29**

ORACIÓN

SEÑOR, san Benito comprendió perfectamente y aplicó a su vida tu respuesta a Pedro. Dejó todo lo que tenía para seguirte en libertad. Y tú le diste cien veces más, y la vida eterna, que disfruta a tu lado con tantos miles de monjes que siguieron su Regla. Hoy te pido por Europa, de la que es Patrón: que no pierda en el siglo XXI los rasgos cristianos que definen los mejores siglos de su historia, iluminada por la fe en ti, mi Señor Jesucristo, el único Salvador de todo hombre y mujer.

Bendigo al Señor en todo momento *(Salmo 33,2).*

SS. LUIS Y CELIA, padres Sª. Teresita

Santos Luis y Celia Martín ***es pf,***
Ignacio Clemente Delgado ***ob mr,***
Juan Gualberto ***ab,***
Juan Jones y Juan Wall ***pbs mrs***

JULIO
12
JUEVES (FE)

Papa Francisco: Enviando en misión a sus discípulos, Jesús les confiere un doble mandato: anunciar el Evangelio de la salvación y curar a los enfermos (cf. *Mt* 10, 7-8). Fiel a esta enseñanza, la Iglesia ha considerado siempre la asistencia a los enfermos parte integrante de su misión. «Pobres y enfermos tendréis siempre con vosotros», advierte Jesús (cf. *Mt* 26, 11), y la Iglesia los encuentra continuamente en su camino, considerando a las personas enfermas una vía privilegiada para encontrar a Cristo, acogerlo y servirlo. Curar a un enfermo, acogerlo, servirlo, es servir a Cristo: el enfermo es la carne de Cristo *(8-2-2015)*.

PALABRA

Dijo Jesús a sus apóstoles: «Id y proclamad que ha llegado el reino de los cielos. Curad enfermos, resucitad muertos, limpiad leprosos, arrojad demonios. Gratis habéis recibido, dad gratis. No procuréis en la faja oro, plata ni cobre; ni tampoco alforja para el camino, ni dos túnicas, ni sandalias, ni bastón; bien merece el obrero su sustento. Cuando entréis en una ciudad o aldea, averiguad quién hay allí de confianza y quedaos en su casa hasta que os vayáis. Al entrar en una casa, saludadla con la paz; si la casa se lo merece, vuestra paz vendrá a ella. Si no se lo merece, la paz volverá a vosotros. Si alguno no os recibe o no escucha vuestras palabras, al salir de su casa o de la ciudad, sacudid el polvo de los pies. En verdad os digo que el día del juicio les será más llevadero a Sodoma y Gomorra que a aquella ciudad».

Oseas 11,1-4.8c-9; ***Salmo*** 79,2.3.15-16 • **MATEO 10,7-15**

ORACIÓN

SEÑOR, qué bien saben los comerciantes explotar el deseo de bienestar que anida en el corazón humano: ofrecen el paraíso en este mundo. Tú y yo sabemos que no puede haber “bien-estar” si tú no estás en nuestra vida. Tú nos conoces mejor que nadie, porque somos obra tuya, y nos ofreces el camino de la auténtica verdad: el desprendimiento de todo lo que nos ata y esclaviza, el poder contra las fuerzas del mal contando con tu gracia, y el seguimiento fiel de tu camino. No podré ser feliz si no rechazo los ídolos del mundo y te sigo en libertad. ***Que brille tu rostro, Señor, y nos salve*** *(Salmo 79, 4)*.

JULIO
13
VIERNES (ML)

Viernes 14° Tiempo Ordinario Tomo III - Salterio 2ª semana

Santos ENRIQUE *em*, Teresa de J. de los Andes *vg*, Silas *NT*, Esdras *AT*. Beato Jacobo de Varazze *ob*

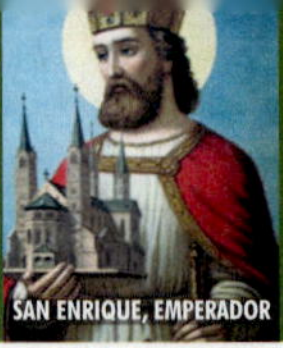
SAN ENRIQUE, EMPERADOR

Papa Francisco: La fe es una gracia, es un don. Y a nosotros nos corresponde protegerla con la santa "astucia", con la oración, con el amor, con la caridad. Es necesario acoger en nuestro corazón la luz de Dios y, al mismo tiempo, practicar aquella astucia espiritual que sabe armonizar la sencillez con la sagacidad, como Jesús pide a sus discípulos: «Sed sagaces como serpientes y sencillos como palomas».

PALABRA

Dijo Jesús a sus apóstoles: «Mirad que os mando como ovejas entre lobos; por eso, sed sagaces como serpientes y sencillos como palomas. Pero ¿cuidado con la gente!, porque os entregarán a los tribunales, os azotarán en las sinagogas y os harán comparecer ante gobernadores y reyes, por mi causa, para dar testimonio ante ellos y ante los gentiles. Cuando os entreguen, no os preocupéis de lo que vais a decir o de cómo lo diréis: en su momento se os sugerirá lo que tenéis que decir, porque no seréis vosotros los que habléis, sino que el Espíritu de vuestro Padre hablará por vosotros. El hermano entregará al hermano a la muerte, el padre al hijo; se rebelarán los hijos contra sus padres, y los matarán. Y seréis odiados por todos a causa de mi nombre; pero el que persevere hasta el final se salvará. Cuando os persigan en una ciudad, huid a otra. En verdad os digo que no terminaréis con las ciudades de Israel antes de que vuelva el Hijo del hombre».

Oseas 14,2-10; ***Salmo*** 50,3-4.8-9 12-14.17 • **MATEO 10,16-23**

ORACIÓN

SEÑOR, nos mandas como ovejas en medio de lobos. Tú fuiste delante, como un cordero manso que los lobos persiguieron a muerte. ¿Y puedo yo aspirar a ser amado por todos? Quiero ser discípulo tuyo y seguidor fiel. Tú me aconsejas que emplee la sagacidad de la serpiente y la sencillez de la paloma para extender tu reino, con la ayuda de tu Espíritu que pondrá en mi boca la palabra adecuada. Nada puedo temer. ¡Aquí me tienes!

Mi boca proclamará tu alabanza *(Salmo 50,17).*

Santos CAMILO *pb*, Francisco Solano *pb*, Tuscana *vd rl*. Beato Mariano de Euse *pb*

Papa Francisco: *[No tengáis miedo...]* La vida del que ha descubierto a Jesús se llena de un gozo interior tan grande, que nada ni nadie puede robárselo. Cristo da a los suyos la fuerza necesaria para no estar tristes ni agobiarse, pensando que los problemas no tienen solución. Apoyado en esta verdad, el cristiano no duda que aquello que se hace con amor, engendra una serena alegría, hermana de esa esperanza que rompe la barrera del miedo y abre las puertas a un futuro prometedor.

PALABRA

Dijo Jesús a sus apóstoles: «Un discípulo no es más que su maestro, ni un esclavo más que su amo; ya le basta al discípulo con ser como su maestro, y al esclavo como su amo. Si al dueño de la casa lo han llamado Belzebú, ¡cuánto más a los criados! No les tengáis miedo, porque nada hay cubierto que no llegue a descubrirse; ni nada hay escondido que no llegue a saberse. Lo que os digo en la oscuridad decidlo a la luz, y lo que os digo al oído, pregonadlo desde la azotea. No tengáis miedo a los que matan el cuerpo, pero no pueden matar el alma. No; temed al que puede llevar a la perdición alma y cuerpo en la "gehenna". ¿No se venden un par de gorriones por un céntimo? Y, sin embargo, ni uno solo cae al suelo sin que lo disponga vuestro Padre. Pues vosotros hasta los cabellos de la cabeza tenéis contados. Por eso, no tengáis miedo; valéis más vosotros que muchos gorriones. A quien se declare por mí ante los hombres, yo también me declararé por él ante mi Padre que está en los cielos. Y si uno me niega ante los hombres, yo también lo negaré ante mi Padre que está en los cielos».

Isaías 6,1-8; ***Salmo*** 92,1-2.5 • **MATEO 10,24-33**

ORACIÓN

SEÑOR, en nuestro tiempo –y más en algunos meses del año– se otorga un valor casi absoluto al culto al cuerpo que un día enterrarán o incinerarán. No merece la pena cuidar tanto al cuerpo que perecerá, mientras que se descuida lo único necesario: la vida del alma inmortal. Por eso me dices: *No temas a los que matan el cuerpo, sino a los que pueden destruir alma y cuerpo.* Quiero ponerme de tu parte y seguirte, cuidando sobre todo "lo único necesario": no puedo ser, como discípulo, más que mi Maestro.

El Señor reina, vestido de majestad *(Salmo 92,1).*

JULIO
15
DOMINGO

DOMINGO XV DEL TIEMPO ORDINARIO Tomo III - Salterio 3ª semana

Santos BUENAVENTURA *pb dc*, Pompilio M. Pirrotti *pb*, Vladimiro *re*. Beata Ana Mª Javouhey

SAN BUENAVENTURA

Papa Francisco: Hay una palabra central en la espiritualidad cristiana, en la experiencia del discipulado: hospitalidad. Jesús, como buen maestro, pedagogo, los envía a vivir la hospitalidad. Les dice: «Quedaos en la casa donde entréis». Los envía a aprender una de las características fundamentales de la comunidad creyente. Podríamos decir que cristiano es aquel que aprendió a hospedar, que aprendió a alojar. En la lógica del Evangelio no se convence con los argumentos, con las estrategias, con las tácticas, sino simplemente aprendiendo a alojar, a hospedar. Hospitalidad con el hambriento, con el sediento, con el forastero, con el desnudo, con el enfermo, con el preso (cf. *Mt* 25,34-37), con el leproso, con el paralítico. Hospitalidad con el que no piensa como nosotros, con el que no tiene fe o la ha perdido. Y, a veces, por culpa nuestra *(12-7-2015)*.

PALABRA

• ***Amós*** 7, 12-15: Dijo Amasías, sacerdote de Casa-de-Dios, a Amós: «Vidente, vete y refúgiate en tierra de Judá: come allí tu pan y profetiza allí. No vuelvas a profetizar en "Casa-de-Dios", porque es el santuario real, el templo del país». Respondió Amós: «No soy profeta ni hijo de profeta, sino pastor y cultivador de higos». El Señor me sacó de junto al rebaño y me dijo: «Ve y profetiza a mi pueblo Israel».

• ***Salmo*** 84, 9-14: ***Muéstranos, Señor, tu misericordia y danos tu salvación.***

• ***Efesios*** 1, 3-14: Bendito sea Dios, Padre de Nuestro Señor Jesucristo, que nos ha bendecido en Cristo con toda clase de bendiciones espirituales en los cielos. Él nos eligió en Cristo antes de la fundación del mundo para que fuésemos santos e intachables ante él por el amor. Él nos ha destinado por medio de Jesucristo, según el beneplácito de su voluntad, a ser sus hijos, para alabanza de la gloria de su gracia, que tan generosamente nos ha concedido en el Amado. En él, por su sangre, tenemos la redención, el perdón de los pecados, conforme a la riqueza de su gracia que en su sabiduría y prudencia ha derrochado sobre nosotros, dándonos a conocer el misterio de su voluntad: el plan que había proyectado realizar por Cristo, en la plenitud de los tiempos: recapitular en Cristo todas las cosas del cielo y de la tierra. En él hemos heredado también los que estábamos destinados por decisión del que lo hace todo según su voluntad, para que seamos alabanza de su gloria quienes antes esperábamos en el Mesías. En él, también vosotros, después de haber escuchado la palabra de la verdad -el evangelio de vuestra salvación- creyendo en él habéis sido marcados por Cristo con el Espíritu Santo prometido. Él es la prenda de nuestra herencia, mientras llega la redención del pueblo de su propiedad, para alabanza de su gloria.

• **MARCOS 6, 7-13:** Llamó Jesús a los Doce y los fue enviando de dos en dos, dándoles autoridad sobre los espíritus inmundos. Les encargó que llevaran para el camino un bastón y nada más, pero ni pan ni alforja, ni dinero suelto en la faja; que llevasen sandalias, pero no una túnica de repuesto. Y añadió: «Quedaos en la casa donde entréis, hasta que os vayáis de aquel sitio. Y si un lugar no os recibe ni os escucha, al marcharos sacudíos el polvo de los pies, en testimonio contra ellos». Ellos salieron a predicar la conversión, echaban muchos demonios, ungían con aceite a muchos enfermos y los curaban.

ORACIÓN **SEÑOR,** envías a tus discípulos a anunciar la conversión y la paz, con poder de curar: tres elementos que necesito. Conversión de vida para ser todo tuyo; paz, que es el fruto de tu presencia en mi vida, en mi familia, en mi comunidad; curación de las heridas del cuerpo y del alma. Gracias, Señor, por la misión que me encomiendas. Ayúdame a serte fiel.

JULIO
16
LUNES (MO)

NTRA. SRA. DEL CARMEN.
Santos Reinilda, Grimoaldo y Gondulfo *mrs*

VIRGEN DEL CARMEN

Bienaventurada Virgen María del Monte Carmelo

Papa Francisco: Nuestro camino de fe está unido de manera indisoluble a María desde el momento en que Jesús, muriendo en la cruz, nos la ha dado como Madre diciendo: «He ahí a tu madre» (*Jn* 19,27). Y la «mujer» se convierte en nuestra Madre en el momento en el que pierde al Hijo divino. Y su corazón herido se ensancha para acoger a todos los hombres, buenos y malos, a todos, y los ama como los amaba Jesús. Ella nos precede y continuamente nos confirma en la fe, en la vocación y en la misión. Con su ejemplo de humildad y de disponibilidad a la voluntad de Dios nos ayuda a traducir nuestra fe en un anuncio del Evangelio alegre y sin fronteras. De este modo nuestra misión será fecunda, porque está modelada sobre la maternidad de María. A ella confiamos nuestro itinerario de fe, los deseos de nuestro corazón, nuestras necesidades, las del mundo entero, especialmente el hambre y la sed de justicia y de paz y de Dios; y la invocamos todos juntos *(1-1-2014)*.

PALABRA

Estaba Jesús hablando a la gente, cuando su madre y sus hermanos se presentaron fuera, tratando de hablar con él. Uno se lo avisó: "Tu madre y tus hermanos están fuera y quieren hablar contigo". Pero él contestó al que le avisaba: "¿Quién es mi madre y quiénes son mis hermanos?". Y, extendiendo su mano hacia los discípulos, dijo: "Estos son mi madre y mis hermanos. El que cumple la voluntad de mi Padre que está en los cielos, ese es mi hermano, y mi hermana, y mi madre".

Zacarías 2,14-17; ***Salmo Lucas*** 1,46-55 • **MATEO 12,46-50**

ORACIÓN

SEÑOR, al proclamar familia tuya a los que cumplen la voluntad del Padre, definiste con toda propiedad lo más maravilloso de tu Madre, a quien no podemos imitar en la maternidad, pero sí en su condición de discípula de la Palabra. Hoy aclamo a la Madre, con el hermoso nombre del Carmen, y te pido por quienes tienen este bello nombre, por la gran Familia Carmelitana y por las Gentes del Mar, que la veneran por Patrona. También pongo en tus manos una súplica para mí: que me admitas, con tu madre y tus primos, en tu familia, si no de la sangre, sí de la fe.

Al que sigue buen camino le haré la salvación de Dios *(Lucas 1,49).*

SANTAS JUSTA Y RUFINA

JULIO
17
MARTES (FE)

Santos Justa y Rufina ***vgs mrs,***
Marcelina ***vg,*** **Alejo** ***cf,*** **Jacinto** ***mr***

Papa Francisco: Hoy estamos, mañana no estaremos. "Piensa, hombre, qué será de ti: pasto de gusanos" (San Bernardo). Nos comerán los gusanos, a todos, si no tenemos la roca, acabaremos pisoteados. Hay que estar firme en la roca que es Él, nuestra esperanza es Él. Nosotros somos todos pecadores, somos débiles, pero si ponemos la esperanza en Él, podremos ir adelante. Y esta es la alegría de un cristiano: saber que en Él hay esperanza, está el perdón, está la paz, está la alegría. Y no poner nuestra esperanza en cosas que hoy están y mañana no estarán.

PALABRA

Se puso Jesús a recriminar a las ciudades donde había hecho la mayor parte de sus milagros, porque no se habían convertido: «¡Ay de ti, Corozaín, ay de ti, Betsaida! Si en Tiro y en Sidón se hubieran hecho los milagros que en vosotras, hace tiempo que se habrían convertido, cubiertas de sayal y ceniza. Pues os digo que el día del juicio les será más llevadero a Tiro y a Sidón que a vosotras. Y tú, Cafarnaún, ¿piensas escalar el cielo? Bajarás al abismo. Porque si en Sodoma se hubieran hecho los milagros que en ti, habría durado hasta hoy. Pues os digo que el día del juicio le será más llevadero a Sodoma que a ti».

Isaías 7,1-9; ***Salmo*** 47,2-8 • **MATEO 11,20-24**

ORACIÓN

SEÑOR, hoy me invitas a la conversión con palabras que me aterrarían, si olvidara que me las dices porque me quieres. Toda mi vida es un camino de conversión, hasta que mi vida sea conforme a la tuya. Fruto de esa conversión, que es dejarme guiar por tu Espíritu para tener la Vida que viene de ti, será la alabanza eterna de tu bondad, porque contigo sí es posible tener la esperanza de «escalar el cielo».

Dios ha fundado su ciudad para siempre *(Salmo 47,9).*

**Santos Arnulfo *ob*, Teodosia *mj mr*,
Bruno *ob*, Federico *ob***

Papa Francisco: *[Se las has revelado a los pequeños).* No por casualidad en el Evangelio hay algunas palabras muy bonitas y fuertes de Jesús sobre los «pequeños». Este término «pequeños» se refiere a todas las personas que dependen de la ayuda de los demás, y en especial a los niños. Por ejemplo, Jesús dice: «Te doy gracias, Padre, Señor del cielo y de la tierra, porque has escondido estas cosas a los sabios y entendidos, y se las has revelado a los pequeños». Los niños pueden enseñarnos de nuevo a sonreír y a llorar. Pero, nosotros mismos, tenemos que preguntarnos: ¿sonrío espontáneamente, con naturalidad, con amor, o mi sonrisa es artificial? ¿Todavía lloro o he perdido la capacidad de llorar? Dos preguntas muy humanas que nos enseñan los niños *(18-3-2015).*

PALABRA

Tomó la palabra Jesús y dijo: «Te doy gracias, Padre, Señor del cielo y de la tierra, porque has escondido estas cosas a los sabios y entendidos y se las has revelado a los pequeños. Sí, Padre, así te ha parecido bien. Todo me ha sido entregado por mi Padre, y nadie conoce al Hijo más que el Padre, y nadie conoce al Padre sino el Hijo, y aquel a quien el Hijo se lo quiera revelar».

Isaías 10,5-7. 13-16; ***Salmo*** 93,5-10. 14-15 • **MATEO 11,25-27**

ORACIÓN

SEÑOR, tú das gracias al Padre por su predilección con la gente sencilla. Y yo te doy gracias a ti, porque has mirado la pobreza espiritual de tu siervo. ¿Quién soy yo para que te fijes en mí? En expresión de santa Catalina de Siena, soy "la nada más el pecado". Y a esta nada, y pecadora, has comunicado tu revelación, para que conozca tu bondad y tu luz, y camine agradecido y sabiendo cómo agradarte en cada paso de mi vida.

***El Señor no rechaza a su pueblo** (Salmo 93,14).*

Santos Epafras *NT*, Macrina *vg*, Áurea *vg mr*, Bernoldo *ob*

Papa Francisco: «Venid a mí...». Nos llama a todos a su lado: «Venid a mí», y nos promete alivio y consuelo. Lo dice también a quienes poseen todo, pero su corazón está vacío y sin Dios. También a ellos Jesús dirige esta invitación: «Venid a mí». La invitación de Jesús es para todos. Pero de manera especial para los que sufren más. Jesús promete dar alivio a todos, pero nos hace también una invitación, que es como un mandamiento: «Tomad mi yugo sobre vosotros y aprended de mí, que soy manso y humilde de corazón».

PALABRA

Tomó la palabra Jesús y dijo: «Venid a mí todos los que estáis cansados y agobiados, y yo os aliviaré. Tomad mi yugo sobre vosotros y aprended de mí, que soy manso y humilde de corazón, y encontraréis descanso para vuestras almas. Porque mi yugo es llevadero y mi carga ligera».

***Isaías* 26,7-9.12.16-19; *Salmo* 101,13-21 • MATEO 11,28-30**

ORACIÓN

SEÑOR, me invitas a ir a ti, cuando estoy cansado y agobiado, a cargar con tu yugo y a aprender de ti, manso y humilde de corazón. Por eso, convierto tu gran consejo en oración del corazón, que repito hoy una y mil veces: *Jesús, manso y humilde de corazón, haz mi corazón como el tuyo.*

El Señor desde el cielo se ha fijado en la tierra *(Salmo 101,20).*

JULIO

20

VIERNES (ML)

Viernes 15° Tiempo Ordinario Tomo III - Salterio 3ª semana

Santos APOLINAR *ob mr*, Elías *prof*, José M.ª Díaz Sanjurjo *ob mr*, Marina *vg mr*, Aurelio *ob.* Beatas Rita, Dolores y Francisca *vgs mrs*

S. JOSÉ Mª DÍAZ SANJURJO

Papa Francisco: Jesús es el centro que nos regenera y nos funda en la fe. En cambio, los fariseos ponían en el centro de su religiosidad muchos mandamientos. Hay muchos cristianos sin Cristo, sin Jesús. Por ejemplo, quienes tienen la enfermedad de los fariseos y son cristianos que ponen su fe y su religiosidad, su cristiandad, en muchos mandamientos. No. He aquí una regla y un signo. La regla es: soy un buen cristiano, estoy en el camino del buen cristiano si hago lo que viene de Jesús o me lleva a Jesús porque Él es el centro. El signo es la adoración ante Jesús, la oración de adoración ante Jesús.

PALABRA

Atravesó Jesús en sábado un sembrado; los discípulos, que tenían hambre, empezaron a arrancar espigas y a comérselas. Los fariseos, al verlo, le dijeron: «Mira, tus discípulos están haciendo una cosa que no está permitida en sábado». Les replicó: «¿No habéis leído lo que hizo David, cuando él y sus hombres sintieron hambre? Entró en la casa de Dios y comieron de los panes de la proposición, cosa que no les estaba permitida ni a él ni a sus compañeros, sino solo a los sacerdotes. ¿Y no habéis leído en la Ley que los sacerdotes pueden violar el sábado en el templo sin incurrir en culpa? Pues os digo que aquí hay uno que es más que el templo. Si comprendierais lo que significa "quiero misericordia y no sacrificio", no condenaríais a los inocentes. Porque el Hijo del hombre es señor del sábado».

Isaías **38,1-6.21-22.7-8;** ***Salmo: Isaías*** **38,10-12.16**

• MATEO 12,1-8

ORACIÓN

SEÑOR, quieres misericordia y no sacrificios. Y aquí me tienes, más justiciero con los demás que compasivo y comprensivo ante las debilidades ajenas. Dame tu Espíritu, para que todos los días, los sábados y toda la semana, pase por este mundo, como tú, haciendo el bien, amando, no juzgando ni condenando, teniendo misericordia con quienes no me caen bien, y compasión con los andan extraviados. ¡Si ellos hubieran recibido los dones que me has dado, serían modelos para mí!

Tú, Señor, detuviste mi alma para que no pereciese *(Isaías 38,17).*

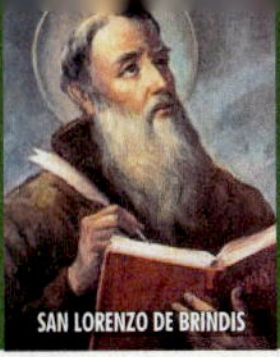

JULIO

21

SÁBADO (ML)

Santos LORENZO DE BRINDIS *pb dc*, Práxedes *vg mr*, Víctor *mr*, Alberico *pb mr*

Papa Francisco: «Le llevaron todos los enfermos» «Él los curó a todos». Me pregunto dónde están las puertas ante las cuales llevar a los enfermos para que sean curados. Jesús nunca se negó a curarlos. Nunca pasó de largo, nunca miró hacia otro lado. Y cuando un padre o una madre, o incluso sencillamente personas amigas le llevaban un enfermo para que lo tocara y lo curara, no se entretenía con otras cosas; la curación estaba antes que la ley, incluso una tan sagrada como el descanso del sábado. He aquí la tarea de la Iglesia. Ayudar a los enfermos, no quedarse en habladurías, ayudar siempre, consolar, aliviar, estar cerca de los enfermos; esta es la tarea *(10-6-2015)*.

PALABRA

Al salir de la sinagoga, los fariseos planearon el modo de acabar con Jesús. Pero Jesús se enteró, se marchó de allí, y muchos le siguieron. Él los curó a todos, mandándoles que no lo descubrieran. Así se cumplió lo que dijo el profeta Isaías: «Mirad a mi siervo, mi elegido, mi amado, en quien me complazco. Sobre él pondré mi espíritu para que anuncie el derecho a las naciones. No porfiará, no gritará, nadie escuchará su voz por las calles. La caña cascada no la quebrará, la mecha vacilante no la apagará, hasta llevar el derecho a la victoria; en su nombre esperarán las naciones».

Miqueas 2, 1-5; ***Salmo*** 9,22-25.28-29.30 • **MATEO 12, 14-21**

ORACIÓN

SEÑOR, en tu santo Nombre –Jesús, Yahvé salva– esperan las naciones y pongo yo toda mi esperanza. Me quedo con los rasgos que vio en ti Isaías: el predilecto de Dios, lleno de su Espíritu, manso y humilde, que con inmensa paciencia refuerza la caña cascada de mi pobreza y alienta el pábilo vacilante de mi débil fe. En ti está toda mi fuerza y mi riqueza.

No te olvides de los humildes, Señor *(Salmo 9,33)*.

JULIO

22

DOMINGO

DOMINGO XVI DEL TIEMPO ORDINARIO Tomo III - Salterio 4ª semana

Santos MARÍA MAGDALENA *NT*, Anastasio *mj*, Cirilo *ob*, Gualterio (Walter) *cf*

Papa Francisco: "Al desembarcar, Jesús vio una gran muchedumbre y se compadeció de ella, porque eran como ovejas sin pastor, y estuvo enseñándoles largo rato". *Ver, tener compasión, enseñar:* los podemos llamar los "verbos del Pastor". 'Ver' y 'tener compasión' configuran a Jesús como el Buen Pastor. Su compasión no es solo un sentimiento humano, sino la conmoción del Mesías en la que se hizo carne la ternura de Dios. Y de esta compasión nace el deseo de Jesús de nutrir a la multitud con el pan de su palabra. O sea, *enseñar* la Palabra de Dios a la gente. Jesús tiene compasión; Jesús enseña. ¡Qué bello es esto! Ante los grandes desafíos que el anuncio del Evangelio tiene que enfrentar, he invitado a alcanzar de Cristo Señor la gracia que salva y que da fuerzas al empeño del testimonio cristiano, a desarrollar la difusión de la Palabra de Dios, para que la importante religiosidad de tantos pueblos pueda siempre ser testimonio fiel del Evangelio *(19-7-2015)*.

PALABRA

• ***Jeremías*** 23,1-6: ¡Ay de los pastores que dispersan y dejan perecer las ovejas de mi rebaño! –oráculo del Señor–. Por eso, así dice el Señor, Dios de Israel, a los pastores que pastorean a mi pueblo: «Vosotros dispersasteis mis ovejas, las expulsasteis, no las guardasteis; pues yo os tomaré cuenta, por la maldad de vuestras acciones –oráculo del Señor–. Yo mismo reuniré el resto de mis ovejas, de todos los países a donde las expulsé, y las volveré a traer a sus dehesas, para que crezcan y se multipliquen. Les pondré pastores que las pastoreen: ya no temerán ni se espantarán y ninguna se perderá –oráculo del Señor–. Mirad que llegan días –oráculo del Señor– en que suscitaré a David un vástago legítimo: reinará como rey prudente, hará justicia y derecho en la tierra. En sus días se salvará Judá, Israel habitará seguro. Y lo llamarán con este nombre: "El-Señor-nuestra-justicia"».

• ***Salmo*** 22, 1-6: ***El Señor es mi pastor, nada me falta.***

• ***Efesios*** 2, 13-18: Ahora, gracias a Cristo Jesús, los que un tiempo estabais lejos estáis cerca por la sangre de Cristo. Él es nuestra paz: el que de los dos pueblos ha hecho uno, derribando en su cuerpo de carne el muro que los separaba: la enemistad. Él ha abolido la ley con sus mandamientos y decretos, para crear, de los dos, en sí mismo, un único hombre nuevo, haciendo las paces. Reconcilió con Dios a los dos, uniéndolos en un solo cuerpo mediante la cruz, dando muerte, en él, a la hostilidad. Vino a anunciar la paz: paz a vosotros los de lejos, paz también a los de cerca. Así, unos y otros, podemos acercarnos al Padre por medio de él en un mismo Espíritu.

• **MARCOS 6, 30-34:** Los apóstoles volvieron a reunirse con Jesús, y le contaron todo lo que habían hecho y enseñado. Él les dijo: «Venid vosotros a solas a un lugar desierto a descansar un poco». Porque eran tantos los que iban y venían, que no encontraban tiempo ni para comer. Se fueron en barca a solas a un lugar desierto. Muchos los vieron marcharse y los reconocieron; entonces de todas las aldeas fueron corriendo por tierra a aquel sitio y se les adelantaron. Al desembarcar, Jesús vio una multitud y se compadeció de ella, porque andaban como ovejas que no tienen pastor, y se puso a enseñarles muchas cosas.

ORACIÓN

SEÑOR, tu entrega a anunciar la Buena Nueva, cumpliendo la misión que el Padre te confió, es tan fiel y absoluta, que no te queda tiempo ni para comer. Necesitas el descanso, pero lo rehúsas, porque te da lástima ver a la multitud –a mí entre tantos– como ovejas sin pastor. ¡Tú eres mi Pastor y Maestro, yo me siento a tus pies, como María la hermana de Marta, para lo único necesario: escuchar tu Palabra!

JULIO

23

LUNES

FIESTA DE SANTA BRÍGIDA, RELIGIOSA, PATRONA DE EUROPA

Santos Ezequiel *prof,* Juan Casiano *pb,*
Beata Margarita M. L. de Maturana

SANTA BRÍGIDA

Papa Francisco: Es necesario permanecer en Cristo resucitado y en su amor. Jesús lo había repetido con insistencia a sus discípulos: «Permaneced en mí... Permaneced en mi amor» (*Jn* 15, 4. 9). Este es el secreto de los santos: permanecer en Cristo, unidos a Él como los sarmientos a la vid, para dar mucho fruto (cf. *Jn* 15, 1-8). Y este fruto no es otra cosa que el amor *(17-5-2015).*

PALABRA

Dijo Jesús a sus discípulos: «Yo soy la vid verdadera, y mi Padre es el labrador. A todo sarmiento que no da fruto en mí, lo arranca, y a todo el que da fruto lo poda, para que dé más fruto. Vosotros ya estáis limpios por la palabra que os he hablado; permaneced en mí, y yo en vosotros. Como el sarmiento no puede dar fruto por sí, si no permanece en la vid, así tampoco vosotros, si no permanecéis en mí. Yo soy la vid, vosotros los sarmientos; el que permanece en mí y yo en él, ese da fruto abundante; porque sin mí no podéis hacer nada. Al que no permanece en mí lo tiran fuera, como el sarmiento, y se seca; luego los recogen y los echan al fuego y arden. Si permanecéis en mí y mis palabras permanecen en vosotros, pedid lo que deseáis y se realizará. Con esto recibe gloria mi Padre, con que deis fruto abundante; así seréis discípulos míos».

Gálatas 2,18-20; ***Salmo*** 33,2-11 • **JUAN 15,1-8**

ORACIÓN

SEÑOR, la unión contigo es esencial a la vida cristiana. Infinitamente más que Jonás y que Salomón eres tú, de quien me viene, no solo la sabiduría sino también la vida presente y eterna. Apartado de ti no tengo más destino que el fuego, porque yo sería un sarmiento seco desgajado de la vid, que eres tú. Sin ti ni puedo tener vida ni puedo hacer nada bueno. Me alegro de que me lo digas tan claro. Esta es mi experiencia: cuando estás vivo en mí y acepto tu palabra y tu presencia, están asegurados la paz del corazón, la alegría de vivir y el gozo de hacer el bien a los "pequeños".

***Bendigo al Señor en todo momento** (Salmo 33,2a).*

JULIO
24
MARTES (ML)

Santos SARBELIO MAKHLÛF *pb*, **Cristina** *vg mr*, **Balduino** *ab*, **Boris y Gleb** *mrs*, **José Fernández** *pb mr*. **Beatas M.ª Pilar** *mj* y *co mrs*

Papa Francisco: El Evangelio de hoy muestra la actitud fundamental con la que María expresó su amor a Jesús: hacer la voluntad de Dios. «El que haga la voluntad de mi Padre que está en los cielos, ese es mi hermano y mi hermana y mi madre» (*Mt* 12,50). Con estas palabras Jesús deja un mensaje importante: la voluntad de Dios es la ley suprema que establece la verdadera pertenencia a Él. Por ello María instaura un vínculo de parentesco con Jesús antes aún de darle a luz: se convierte en discípula y madre de su Hijo en el momento en que acoge las palabras del Ángel.

PALABRA

Estaba Jesús hablando a la gente, cuando su madre y sus hermanos se presentaron fuera, tratando de hablar con él. Uno se lo avisó: «Tu madre y tus hermanos están fuera y quieren hablar contigo». Pero él contestó al que le avisaba: «¿Quién es mi madre y quiénes son mis hermanos?». Y, extendiendo su mano hacia sus discípulos, dijo: «Estos son mi madre y mis hermanos. El que cumple la voluntad de mi Padre que está en los cielos, ese es mi hermano y mi hermana y mi madre».

Miqueas 7,14-15.18-20; ***Salmo*** 84,2-8 • **MATEO 12,46-50**

ORACIÓN

SEÑOR, te respondes a ti mismo con la mejor definición que podías ofrecer de tu Madre. Yo no puedo, nadie puede, imitar a María en su maternidad divina, ni a tus primos en el parentesco de sangre. ¡Pero tú señalas lo más grande que tenía tu Madre: que siempre cumplió la voluntad del Padre! Como ella, te digo: *Aquí está la esclava del Señor. Hágase en mí tu palabra.* Con esta actitud, soy de tu familia.

Muéstranos, Señor, tu misericordia *(Salmo 84,8).*

JULIO

25

MIÉRCOLES

Santos SANTIAGO EL MAYOR *ap*, Cucufate *mr*, Cristóbal *mr*, Olimpia *vd mr*

SANTIAGO EL MAYOR

SOLEMNIDAD DE SANTIAGO, APÓSTOL, PATRONO DE ESPAÑA

Papa Francisco: El mundo propone imponerse a toda costa, competir, hacerse valer... Pero los cristianos, por la gracia de Cristo muerto y resucitado, *son los brotes de otra humanidad,* en la cual tratamos de vivir al servicio de los demás, de no ser altivos, sino disponibles y respetuosos. Esto *no es debilidad, sino auténtica fuerza.* Quien lleva en sí el poder de Dios, de su amor y su justicia, no necesita usar violencia, sino que habla y actúa con la fuerza de la verdad, de la belleza y del amor *(5-4-2015).*

PALABRA

Se acercó a Jesús la madre de los hijos de Zebedeo con sus hijos y se postró para hacerle una petición. Él le preguntó: «¿Qué deseas?». Ella contestó: «Ordena que estos dos hijos míos se sienten en tu reino, uno a tu derecha y el otro a tu izquierda». Pero Jesús replicó: «No sabéis lo que pedís. ¿Podéis beber el cáliz que yo he de beber?». Contestaron: «Lo somos». Él les dijo: «Mi cáliz lo beberéis; pero el puesto a mi derecha o a mi izquierda no me toca a mí concederlo, es para aquellos para quienes lo tiene reservado mi Padre». Los otros diez, al oír aquello, se indignaron contra los dos hermanos. Y llamándolos, Jesús les dijo: «Sabéis que los jefes de los pueblos los tiranizan y que los grandes los oprimen. No será así entre vosotros: el que quiera ser grande entre vosotros, que sea vuestro servidor, y el que quiera ser primero entre vosotros, que sea vuestro esclavo. Igual que el Hijo del hombre no ha venido para que le sirvan, sino para servir y dar su vida en rescate por muchos».

Hechos 4,33.5,12.27-33. 12,2; ***Salmo*** 66,2-8; ***2 Corintios*** 4,7-15

• MATEO 20,20-28

ORACIÓN

SEÑOR, en este día del Apóstol que evangelizó España y su mensaje llegó a los pueblos hermanos de América, lo veneramos como maestro de nuestra fe: lejos de las ambiciones de su juventud, Santiago llegó a España a servir y a entregar su vida por ti y por tu Evangelio. Fue tu elegido para que nos llegara la fe.

Oh Dios, que te alaben los pueblos, que todos los pueblos te alaben *(Salmo 66,4).*

SAN JOAQUÍN Y SANTA ANA

Santos JOAQUÍN Y ANA *es.*
Jorge Preca *pb.* **Beato Vicente** *pb* y *co mrs*

JULIO
26
JUEVES (MO)

DÍA DE LOS ABUELOS

Papa Francisco: ¿Qué es el reino de los cielos? Jesús no se preocupa para explicarlo. Lo enuncia desde el comienzo de su Evangelio: «El reino de los cielos está cerca» –también hoy está cerca, entre nosotros–; sin embargo, nunca lo deja ver directamente, sino siempre de manera indirecta, narrando el obrar de un propietario, de un rey, de diez vírgenes... Prefiere dejarlo intuir, con parábolas y semejanzas, manifestando sobre todo los efectos: el reino de los cielos es capaz de cambiar el mundo, como la levadura oculta en la masa; es pequeño y humilde como un granito de mostaza, que, sin embargo, llegará a ser grande como un árbol.

PALABRA

Se acercaron a Jesús los discípulos y le preguntaron: «¿Por qué les hablas en parábolas?». Él les contestó: «A vosotros se os han dado a conocer los secretos del reino de los cielos y a ellos no. Porque al que tiene se le dará y tendrá de sobra, y al que no tiene se le quitará hasta lo que tiene. Por eso les hablo en parábolas, porque miran sin ver y escuchan sin oír ni entender. Así se cumple en ellos la profecía de Isaías: "Oiréis con los oídos sin entender; miraréis con los ojos sin ver; porque está embotado el corazón de este pueblo, son duros de oído, han cerrado los ojos; para no ver con los ojos, ni oír con los oídos, ni entender con el corazón, ni convertirse para que yo los cure" ¡Pero bienaventurados vuestros ojos porque ven y vuestros oídos porque oyen! En verdad os digo que muchos profetas y justos desearon ver lo que veis y no lo vieron, y oír lo que oís y no lo oyeron».

Jeremías 2,1-3.7-8.12-13; ***Salmo*** 35,6-11 • **MATEO 13,10-17**

ORACIÓN

SEÑOR, quiero convertirme –dirigir mi atención y mi vida toda hacia ti– para que me cures de mi sordera, de mi ceguera y de mi embotamiento de corazón. Pero, con el profeta, te pido: *Conviérteme y me convertiré a ti.* Porque por mis fuerzas, no puedo. Mi salvación es obra tuya: yo me dejo guiar por ti, y sé que estoy en buenas manos. Hoy, evocando a tus abuelos, Joaquín y Ana, te pido para mis abuelos una ancianidad llena de ti con el cariño de la familia si están en este mundo, y la vida eterna contigo si ya te los has llevado de este mundo.

En ti, Señor, está la fuente viva *(Salmo 35,10).*

JULIO
27
VIERNES (FE)

Viernes 16° Tiempo Ordinario Tomo III - Salterio 4ª semana

Santos Celestino I *pp*, Pantaleón *mr*,
Beatos Tito Brandsma *pb mr*,
M.ª Pilar Izquierdo *vg*

Papa Francisco: La semilla de la Palabra de Dios a menudo es bloqueada por las tribulaciones, ahogada por preocupaciones y seducciones mundanas. Todas estas dificultades podrían desalentarnos, replegándonos por sendas aparentemente más cómodas. Pero la verdadera alegría de los llamados consiste en creer y experimentar que Él, el Señor, es fiel, y con Él podemos caminar, ser discípulos y testigos del amor de Dios, abrir el corazón a grandes ideales, a cosas grandes *(15-1-2014)*.

PALABRA

Jesús a sus discípulos: «Vosotros oíd lo que significa la parábola del sembrador: si uno escucha la palabra del reino sin entenderla, viene el Maligno y roba lo sembrado en su corazón. Esto significa lo sembrado al borde del camino. Lo sembrado en terreno pedregoso significa el que escucha la palabra y la acepta enseguida con alegría; pero no tiene raíces, es inconstante, y, en cuanto viene una dificultad o persecución por la palabra, enseguida sucumbe. Lo sembrado entre abrojos significa el que escucha la palabra; pero los afanes de la vida y la seducción de las riquezas ahogan la palabra y se queda estéril. Lo sembrado en tierra buena significa el que escucha la palabra y la entiende; ese da fruto y produce ciento o sesenta o treinta por uno».

Jeremías 3, 14-17; ***Salmo: Jeremías*** 31, 10-13 • **MATEO 13, 18-23**

ORACIÓN

SEÑOR, sembrador de la semilla de tu Palabra en el campo de mi vida: labra, limpia, siembra, riega, para que dé fruto. Algunos días tu Palabra me interpela, me invita a conversión, a dejar de lado los afanes de la vida y la seducción de las riquezas y del placer. Pero dura poco esa alegría, precisamente por esas seducciones. Tú puedes preparar el campo de mi corazón para que la semilla de tu Palabra arraigue y transforme mi vida. Siempre, a tu lado, de la mano del mejor Amigo.

El Señor nos guardará como un pastor a su rebaño *(Jeremías 10).*

Santos Catalina Thomas, Víctor I *pp*, Melchor de Quirós *ob mr*, Pedro Poveda *pb mr*, Nazario y Celso *mrs*

JULIO
28
SÁBADO (FE)

Papa Francisco: La parábola del trigo y la cizaña afronta el problema del mal en el mundo y pone de relieve la paciencia de Dios. La enseñanza de la parábola es doble. Ante todo, dice que el mal que hay en el mundo *no proviene de Dios, sino de su enemigo, el Maligno*. El enemigo es astuto: ha sembrado el mal en medio del bien, de tal modo que es imposible para nosotros separarlos claramente; pero Dios, al final, podrá hacerlo. Segundo: la contraposición entre la impaciencia de los servidores y la *paciente espera* del propietario del campo, que representa a Dios. Nosotros a veces tenemos una gran prisa por juzgar, clasificar. Dios, en cambio, sabe esperar. Él mira la vida de cada persona con paciencia y misericordia: la certeza de que el mal no tiene ni la primera ni la última palabra. Gracias a esta paciente espera de Dios, la cizaña misma, es decir, el corazón malo con muchos pecados, al final puede llegar a ser buen trigo *(20-7-2014)*.

PALABRA

Jesús propuso otra parábola al gentío: «El reino de los cielos se parece a un hombre que sembró buena semilla en su campo; pero, mientras los hombres dormían, un enemigo fue y sembró cizaña en medio del trigo y se marchó. Cuando empezaba a verdear y se formaba la espiga, apareció también la cizaña. Entonces fueron los criados a decirle al amo: «Señor, ¿no sembraste buena semilla en tu campo? ¿De dónde sale la cizaña?». Él les dijo: «Un enemigo lo ha hecho». Los criados le preguntaron: «¿Quieres que vayamos a arrancarla?». Pero él les respondió: «No, que al recoger la cizaña podéis arrancar también el trigo. Dejadlos crecer juntos hasta la siega, y cuando llegue la siega diré a los segadores: arrancad primero la cizaña y atadla en gavillas para quemarla, y el trigo almacenadlo en mi granero».

Jeremías **7, 1-11; *Salmo* 83, 3-6.8.11 • MATEO 13, 24-30**

ORACIÓN

SEÑOR, esa es mi vida: entre lo bueno que tú has sembrado y cultivado en mí, está la cizaña del enemigo, al que tantas veces presto atención, y sigo torpemente sus consignas. ¡Gracias por tu paciencia, gracias por la luz de tu palabra y la fuerza de tu Espíritu, que me descubre las asechanzas del demonio y hace posible la victoria de la gracia!

¡Qué deseables son tus moradas, Señor del universo! *(Salmo 83,2.)*

¡Atención!: El Domingo 5 de agosto, Tomo IV de "Liturgia de las Horas"

Santa MARTA *NT*, Urbano II *pp*, Félix *mr*, Próspero *mr*

SANTA MARTA

Papa Francisco: El Evangelio de este domingo presenta el gran signo de la multiplicación de los panes. Un joven que pone a disposición todo lo que tiene: cinco panes y dos peces. Jesús esperaba justamente eso. Ordena a los discípulos que hagan sentar a la gente, luego *toma* los panes y los peces, *da gracias* al Padre y los *distribuye*. Estos gestos anticipan los de la última Cena, que dan al pan de Jesús su significado más auténtico. El pan de Dios es Jesús mismo. Al comulgar con Él, recibimos su vida en nosotros y nos convertimos en hijos del Padre celestial y hermanos entre nosotros. Jesús sacia no solo el hambre material, sino el más profundo, el hambre de sentido de la vida, el hambre de Dios. Ante el sufrimiento, la soledad, la pobreza y las dificultades de tanta gente, ¿qué podemos hacer nosotros? Podemos ofrecer ese poco que tenemos: alguna hora de tiempo, algún talento, alguna competencia... ¿Quién de nosotros no tiene sus «cinco panes y dos peces»? ¡Todos los tenemos! Si estamos dispuestos a ponerlos en las manos del Señor, bastarían para que en el mundo hubiera un poco más de amor, de paz, de justicia y, sobre todo, de alegría *(26-7-2015)*.

PALABRA

• ***2Reyes*** 4, 42-44: Vino un hombre de Balalisá trayendo en la alforja el pan de las primicias, veinte panes de cebada y grano reciente para el profeta del Señor. Eliseo dijo: «Dáselos a la gente para que coman». El criado replicó: «¿Qué hago yo con esto para cien personas?». Eliseo insistió: «Dáselos a la gente para que coman. Porque esto dice el Señor: "Comerán y sobrará"». El criado se los sirvió a la gente; comieron y sobró, como había dicho el Señor.

• ***Salmo*** 144, 10-11. 15-18: ***Abres tú la mano, Señor, y sacias de favores a todo viviente.***

• ***Efesios*** 4, 1-6: Yo, el prisionero por el Señor, os ruego que andéis como pide la vocación a la que habéis sido convocados. Sed siempre humildes y amables, sed comprensivos; sobrellevaos mutuamente con amor; esforzándoos en mantener la unidad del Espíritu, con el vínculo de la paz. Un solo cuerpo y un solo Espíritu, como una sola es la esperanza de la vocación a la que habéis sido convocados. Un Señor, una fe, un bautismo. Un Dios, Padre de todos, que está sobre todos, actúa por medio de todos y está en todos.

• **JUAN 6, 1-15:** Jesús se marchó a la otra parte del mar de Galilea (o de Tiberíades). Lo seguía mucha gente, porque habían visto los signos que hacía con los enfermos. Subió Jesús entonces a la montaña y se sentó allí con sus discípulos. Estaba cerca la Pascua, la fiesta de los judíos. Jesús entonces levantó los ojos, y al ver que acudía mucha gente dice a

Felipe: «¿Con qué compraremos panes para que coman estos?». Lo decía para probarlo, pues bien sabía él lo que iba a hacer. Felipe le contestó: «Doscientos denarios de pan no bastan para que a cada uno le toque un pedazo». Uno de sus discípulos, Andrés, el hermano de Simón Pedro, le dice: «Aquí hay un muchacho que tiene cinco panes de cebada y dos peces, pero, ¿qué es eso para tantos?». Jesús dijo: «Decid a la gente que se siente en el suelo». Había mucha hierba en aquel sitio. Se sentaron: solo los hombres eran unos cinco mil. Jesús tomó los panes, dijo la acción de gracias y los repartió a los que estaban sentados, y lo mismo, todo lo que quisieron del pescado. Cuando se saciaron, dice a sus discípulos: «Recoged los pedazos que han sobrado; que nada se pierda». Los recogieron y llenaron doce canastos con los pedazos de los cinco panes de cebada que sobraron a los que habían comido. La gente entonces, al ver el signo que había hecho, decía: «Este es verdaderamente el Profeta que va a venir al mundo». Jesús, sabiendo que iban a llevárselo para proclamarlo rey, se retiró otra vez a la montaña, él solo.

ORACIÓN **SEÑOR,** tú eres la misericordia personalizada: tu corazón se enternece ante la miseria que ves en nosotros. Expones tu Palabra como nadie lo hizo ni podrá hacerlo nunca, la gente te sigue entusiasmada y hasta se olvida de que tiene que comer. Y ahí estás tú, para alimentar alma y cuerpo. Quien pone su confianza en ti, jamás queda defraudado. Es una de las mejores lecciones que nos dejaron nuestros mayores y cada día la compruebo leyendo mi EVANGELIO 2018.

JULIO
30
LUNES (ML)

Lunes 17° Tiempo Ordinario Tomo III - Salterio 1ª semana

Santos PEDRO CRISÓLOGO *ob* y *dc*,
Abdón y Senén *mrs*, Julita *mr*.
Beatos Braulio y *co mrs*, José M.ª Muro y *co mrs*

SAN PEDRO CRISÓLOGO

Papa Francisco: La parábola utiliza la imagen del grano de mostaza. Aun siendo *la más pequeña* de todas las semillas, está llena de vida y crece hasta hacerse «*más alta* que las demás hortalizas». Y así es el Reino de Dios: una realidad humanamente pequeña y aparentemente irrelevante. Para entrar a formar parte de él es necesario ser pobres en el corazón. Dios tiene predilección por los sencillos y humildes. Cuando vivimos así, a través de nosotros irrumpe la fuerza de Cristo y transforma lo que es pequeño y modesto en una realidad que fermenta toda la masa del mundo y de la historia *(14-6-15)*.

PALABRA

Jesús propuso esta otra parábola al gentío: «El reino de los cielos se parece a un grano de mostaza que uno toma y siembra en su campo; aunque es la más pequeña de las semillas, cuando crece es más alta que las hortalizas; se hace un árbol hasta el punto que vienen los pájaros del cielo a anidar en sus ramas». Les dijo otra parábola: «El reino de los cielos se parece a la levadura; una mujer la amasa con tres medidas de harina, hasta que todo fermenta». Jesús expuso todo esto a la gente en parábolas y sin parábolas no les hablaba nada. Así se cumplió lo dicho por medio del profeta: «Abriré mi boca diciendo parábolas; anunciaré lo secreto desde la fundación del mundo».

Jeremías 12, 1-11; ***Salmo: Deuteronomio*** 32, 18-21

• MATEO 13, 31-35

ORACIÓN

SEÑOR, parece insignificante lo que siembras en nuestra vida al elegirnos para ser tu campo y bautizarnos con agua y Espíritu. Y, sin embargo, es el principio de la grandiosa obra que haces a la humanidad y en mi propia vida. Tu Iglesia es el gigantesco árbol donde pueden encontrar cobijo los que buscan la Vida, es el puñado de levadura que fermenta a toda la masa humana. ¿Tengo yo esa capacidad de acogida y ese poder –que viene de ti– de ser fermento de bien entre mis familiares, amigos, hermanos de comunidad, en esta sociedad mortecina?

Despreciaste al Dios que te engendró *(Deuteronomio 32,18).*

JULIO

31

MARTES (MO)

San IGNACIO DE LOYOLA *pb*, Fabio *mr*, Elena *vd*

Papa Francisco: La parábola del trigo y la cizaña es más bien compleja, de la cual Jesús da explicaciones a sus discípulos. La escena tiene lugar en un campo donde el dueño siembra el trigo; pero una noche llega el enemigo y siembra cizaña, término que en hebrero deriva de la misma raíz del nombre "Satanás". Todos sabemos que el demonio es un "sembrador de cizaña". Los servidores quieren quitar inmediatamente la hierba mala, pero el dueño lo impide: Dios es paciente, sabe esperar. Qué hermoso es esto: nuestro Dios es un padre paciente, que nos espera siempre y nos espera con el corazón en la mano para acogernos, para perdonarnos *(20-7-2014)*.

PALABRA

Jesús dejó a la gente y se fue a casa. Los discípulos se le acercaron a decirle: «Explícanos la parábola de la cizaña en el campo». Él les contestó: «El que siembra la buena semilla es el Hijo del hombre; el campo es el mundo; la buena semilla son los ciudadanos del reino; la cizaña son los partidarios del Maligno; el enemigo que la siembra es el diablo; la cosecha es el fin del tiempo, y los segadores los ángeles. Lo mismo que se arranca la cizaña y se echa al fuego, así será al final de los tiempos: el Hijo del hombre enviará a sus ángeles, y arrancarán de su reino todos los escándalos y a todos los que obran iniquidad, y los arrojarán al horno de fuego; allí será el llanto y el rechinar de dientes. Entonces los justos brillarán como el sol en el reino de su Padre. El que tenga oídos, que oiga».

Jeremías 14,17-22; ***Salmo*** 78,8-9.11.13 • **MATEO 13,36-43**

ORACIÓN

SEÑOR, Íñigo de Loyola había recibido tu mejor semilla en su corazón, por el bautismo y la formación, y la guardó en medio de una vida agitada. Hasta que pusiste en sus manos tu biografía y la de tus santos: la *Vida de Cristo*, de Ludolfo de Sajonia, y la obra *Flos sanctorum*, del dominico Jacobo de Varazze. Esto le hizo preguntarse: "¿Y si yo hiciera lo mismo que san Francisco o que santo Domingo?". La respuesta a esa inquietud fue la plena entrega personal al Padre y la fundación de la Compañía que lleva tu nombre. Y salir con sus compañeros al mundo desde 1540 a sembrar -y siguen sembrando en todo el mundo- tu buena semilla, que ha dado a la Iglesia y al mundo los mejores frutos del Evangelio. ¿Y si yo, Señor, sin ser fundador, te siguiera como san Ignacio, "para mayor gloria de Dios"?

Por el honor de tu nombre líbranos, Señor *(Salmo 78,9)*.

DOCE VIDAS DE JESÚS

Colección de obras clásicas de la exégesis y de la teología sobre Jesucristo. Formato 13,50 x 20,50 cm.

Vida de Jesucristo según el Evangelio (2ª ed.). Obra clásica de la exégesis. Joseph Mª. Lagrange, O.P. XII + 544 p. 17,45 €

La más antigua vida de Jesús: Diatessaron (2ª ed.). Los cuatro Evangelios en un solo relato del siglo II. Taciano. 270 p. 10,50 €

Vida de Cristo (2ª ed.). Fray Luis de Granada, O.P. 366 p. 13,25 €

Jesucristo (2ª ed.). Léonce de Grandmaison, S.J. 644 p. Cristología clásica. 21 €

Vida de Jesús según los Evangelios sinópticos (2ª ed.). José Salguero, O.P. 356 p. 13,85 €

Nuestro Señor Jesucristo según los Evangelios (2ª ed.). Louis Claude Fillion. 448 p. 14,45 €

Memorias de un reportero de los tiempos de Cristo (2ª ed.). Carlos Mª de Heredia, S.J. 1.010 p. 23,45 €. Texto novelado, fiel al Evangelio.

Vida de Nuestro Señor Jesucristo (2ª ed.) Remigio Vilariño Ugarte, S.J. 654 p. 21 €

La vida de Jesús en el país y pueblo de Israel (2ª ed.). Franz Michel William. 494 p. 17,45 €

Vida de Jesús. François Mauriac. 224 p. 10,50 € Joya literaria del novelista francés.

Historia de Cristo (3ª ed.). Giovanni Papini. 384 p. Su obra cumbre. 14,45 €

Vida de Jesucristo (2ª ed.). Giuseppe Ricciotti. 596 p. 19,25 €

Colección completa: 179 €

CORONACIÓN DE LA VIRGEN (Velázquez)

Cuando la Virgen de las vírgenes fue llevada al cielo por el que era su Dios y su Hijo, el Rey de reyes, en medio de la alegría y exultación de los ángeles y arcángeles y de la aclamación de todos los santos, se cumplió la profecía del Salmista, que decía al Señor: De pie a tu derecha está la Reina, enjoyada con oro de Ofir.

(Amadeo de Lausana)

AGOSTO

1

MIÉRCOLES (MO)

Miércoles 17° Tiempo Ordinario Tomo III - Salterio 1ª semana

Santos ALFONSO M.ª DE LIGORIO *ob dc*, Félix *mr*

SAN ALFONSO Mª DE LIGORIO

Papa Francisco: Jesús es el tesoro escondido, Él es la perla de gran valor. Es la alegría de cada uno de nosotros cuando descubrimos la cercanía y la presencia de Jesús en nuestra vida. Una presencia que transforma la existencia y nos hace estar abiertos a las exigencias de los hermanos; una presencia que invita a acoger a cada una de las demás presencias, incluso la del extranjero y del inmigrante. Es una presencia acogedora, es una presencia alegre.

PALABRA

Jesús dijo al gentío: «El reino de los cielos se parece a un tesoro escondido en el campo: el que lo encuentra, lo vuelve a esconder y, lleno de alegría, va a vender todo lo que tiene y compra el campo. El reino de los cielos se parece también a un comerciante en perlas finas que, al encontrar una de gran valor se va a vender todo lo que tiene y la compra».

Jeremías 15, 10. 16-21; ***Salmo*** 58, 2-4.10-11.17-18

• MATEO 13, 44-46

ORACIÓN

SEÑOR, mi tesoro eres tú, por ti merece la pena –mejor, la alegría– de dejarlo todo, venderlo todo y dar su importe a los pobres, tenerlo todo por basura… con tal de poseerte, de nunca perderte, de dejarme querer por ti. ¡Mi Dios y mi todo!

Dios es mi refugio en el peligro *(58,17).*

BEATA JUANA DE AZA, madre de santo Domingo

AGOSTO

2

JUEVES (ML)

Santos EUSEBIO *ob*, PEDRO J. EYMARD *pb*, Pedro Fabro *pb*, Pedro de Osma *ob*. Beata Juana de Aza *mf*. Ntra. Sra. de los Ángeles

Papa Francisco: *[Red que echan en el mar, y recoge toda clase de peces]* Allí donde vamos, hasta en la más pequeña parroquia, en el rincón más perdido de esta tierra, está la única Iglesia; nosotros estamos en casa, estamos en familia, estamos entre hermanos y hermanas. Y esto es un gran don de Dios. La Iglesia es una sola para todos. No existe una Iglesia para los europeos, una para los africanos..., no; es la misma en todo lugar. Es como en una familia: se puede estar lejos, distribuidos por el mundo, pero los vínculos profundos que unen a todos los miembros de la familia permanecen sólidos, cualquiera que sea la distancia.

PALABRA

Dijo Jesús al gentío: «El reino de los cielos se parece también a la red que echan en el mar y recoge toda clase de peces: cuando está llena, la arrastran a la orilla, se sientan, y reúnen los buenos en cestos y los malos los tiran. Lo mismo sucederá al final de los tiempos: saldrán los ángeles, separarán a los malos de los buenos y los echarán al horno de fuego. Allí será el llanto y el rechinar de dientes. ¿Entendéis bien todo esto?». Ellos le responden: «Sí». Él les dijo: «Pues bien, un escriba que se ha hecho discípulo del reino de los cielos es como un padre de familia que va sacando de su tesoro lo nuevo y lo antiguo». Cuando Jesús acabó estas parábolas, partió de allí.

Jeremías **18,1-6;** ***Salmo*** **145,1-6 • MATEO 13,47-53**

ORACIÓN

SEÑOR, tú echas la red de tu Iglesia al inmenso océano de este mundo huracanado. No pones trabas a los peces que se acercan a ella para encontrar en ti la Vida, muriendo a este mundo. Todos están llamados a la salvación. Sin embargo, hay muchos que escapan al ver tu red y la maldicen. ¡También quieres que esos se salven! Te pido que mi vida y mi palabra los invite a entrar en tu iglesia.

Dichoso a quien auxilia el Dios de Jacob *(Salmo 145,5).*

AGOSTO

3

VIERNES (FE)

Viernes 17° Tiempo Ordinario

Santos Martín *er,* Eufronio *ob,* Pedro *ob*

Papa Francisco: La fe florece cuando nos dejamos "atraer" por el Padre hacia Jesús, y vamos a Él con ánimo abierto, con corazón abierto, sin prejuicios; entonces reconocemos en su rostro el rostro de Dios y en sus palabras la palabra de Dios, porque el Espíritu Santo nos ha hecho entrar en la relación de amor y de vida que hay entre Jesús y Dios Padre. Y ahí nosotros recibimos el don, el regalo de la fe *(9-8-2015).*

PALABRA

Fue Jesús a su ciudad y se puso a enseñar en la sinagoga. La gente decía admirada: «¿De dónde saca este esa sabiduría y esos milagros? ¿No es el hijo del carpintero? ¿No es su madre María, y sus hermanos Santiago, José, Simón y Judas? ¿No viven aquí todas sus hermanas? Entonces, ¿de dónde saca todo eso?». Y se escandalizaban a causa de él. Jesús les dijo: «Solo en su tierra y en su casa desprecian a un profeta». Y no hizo allí muchos milagros, porque les faltaba fe.

Jeremías 26, 1-9; ***Salmo*** 68, 5.8-10.14 • **MATEO 13, 54-58**

ORACIÓN

SEÑOR, tus paisanos te miraban con desprecio, porque tu Madre era María, la esposa del carpintero, y tus primos no eran de los principales de Nazaret. Yo estoy de tu lado, orgulloso de tener como Madre a María, a ti como mi Hermano mayor y mi Salvador. Aumenta mi fe, haz en mi vida el milagro de seguirte cada día con admiración creciente y con fidelidad más firme.

Que me escuche tu gran bondad, Señor *(68,14).*

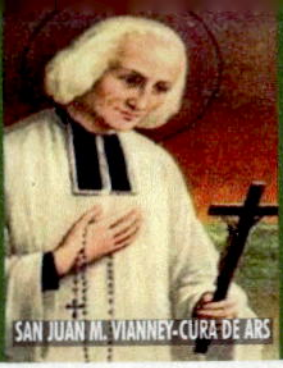

AGOSTO

4

SÁBADO (MO)

Santos JUAN Mª. VIANNEY *pb*, patrón de los sacerdotes, Jacinto *mr*, Rainiero *ob mr*, Aristarco *NT*

Papa Francisco: Juan acabó mal, decapitado por orden de Herodes. Se convirtió en el precio de un espectáculo para la corte en un banquete. Cuando existe la corte es posible hacer de todo: la corrupción, los vicios, los crímenes. Las cortes favorecen estas cosas. [Antes de su muerte sufrió] la oscuridad del hombre de Dios: Juan pasó por esta oscuridad, pero fue anunciador de Jesucristo; no se adueñó de la profecía, se convirtió en imitador de Jesucristo.

PALABRA

Oyó el tetrarca Herodes lo que se contaba de Jesús y dijo a sus cortesanos: «Ese es Juan Bautista, que ha resucitado de entre los muertos, y por eso las fuerzas milagrosas actúan en él». Es que Herodes había mandado prender a Juan y lo había metido en la cárcel encadenado, por motivo de Herodías, mujer de su hermano Filipo; porque Juan le decía que no le estaba permitido vivir con ella. Quería mandarlo matar, pero tuvo miedo de la gente, que lo tenía por profeta. El día del cumpleaños de Herodes, la hija de Herodías danzó delante de todos, y le gustó tanto a Herodes que juró darle lo que pidiera. Ella, instigada por su madre, le dijo: «Dame ahora mismo en una bandeja la cabeza de Juan el Bautista». El rey lo sintió; pero, por el juramento y los invitados, ordenó que se la dieran; y mandó decapitar a Juan en la cárcel. Trajeron la cabeza en una bandeja, se la entregaron a la joven, y ella se la llevó a su madre. Sus discípulos recogieron el cadáver, lo enterraron, y fueron a contárselo a Jesús.

Jeremías 26,11-16. 24; ***Salmo*** 68,15-16. 30-34 • **MATEO 14,1-12**

ORACIÓN

SEÑOR, si alguien piensa que seguirte a ti, el Cristo, es sencillo y fácil, que evoque la trayectoria del Bautista. O la del Cura de Ars, que hoy recuerda el calendario: sufrió humillaciones por decir la Verdad, que al Bautista le costó la vida. Con tu gracia el santo sacerdote fue tu mayor apóstol en la Francia de su siglo XIX y es patrón de los sacerdotes. Nada me importa, con tal de ser tu amigo, alcanzar tu favor y anunciar con mi ejemplo y mi vida la maravilla de ser amigo de mi Señor. Danos, Señor, en nuestro tiempo, santos sacerdotes que te sigan con la fidelidad y el ardor pastoral de san Juan María Vianney.

En el día de la gracia, escúchame, Señor *(Salmo 6814).*

DEDICACIÓN DE LA BASÍLICA DE SANTA MARÍA LA MAYOR, Ntra. Sra. de las Nieves, Virgen Blanca. Santos Casiano *ob*, Viator *er*, Margarita *vd*

"Liturgia de las Horas": tomo IV

Papa Francisco: «Trabajad no por el alimento que no dura, sino por el alimento que perdura, dando vida eterna, el que os dará el Hijo del hombre». O sea, buscad la salvación, el encuentro con Dios. Con estas palabras nos quiere hacer entender que más allá del hambre físico el hombre lleva consigo un hambre más importante que no puede ser saciada con el alimento normal. Se trata de hambre de vida, hambre de eternidad que solamente Él puede satisfacer en cuanto es "el pan de vida". Jesús no elimina la preocupación y la búsqueda del alimento cotidiano, no, no elimina la preocupación de todo esto que puede volver la vida más avanzada. Pero Jesús nos recuerda que el verdadero significado de nuestra existencia terrena está al final en la eternidad, está en el encuentro con Él. Y este encuentro nos ilumina durante todos los días de nuestra vida. Si pensamos en este encuentro, en este gran don, los pequeños dones de la vida, también los sufrimientos y las preocupaciones, serán iluminados por la esperanza de este encuentro *(2-8-2015)*.

PALABRA

• ***Éxodo*** 16, 2-4.12-15: La comunidad de los israelitas protestó contra Moisés y Aarón en el desierto diciendo: «¡Ojalá hubiéramos muerto a manos del Señor en Egipto, cuando nos sentábamos alrededor de la olla de carne y comíamos pan hasta hartarnos! Nos habéis sacado a este desierto para matar de hambre a toda la comunidad». El Señor dijo a Moisés: «Yo haré llover pan del cielo: que el pueblo salga a recoger la ración de cada día; lo pondré a prueba a ver si guarda mi ley o no. He oído las murmuraciones de los israelitas. Diles de mi parte: Al atardecer comeréis carne, por la mañana os hartaréis de pan; para que sepáis que yo soy el Señor Dios vuestro». Por la tarde una banda de codornices cubrió todo el campamento; por la mañana había una capa de rocío alrededor de él. Cuando se evaporó la capa de rocío apareció en la superficie del desierto un polvo parecido a la escarcha. Al verlo los israelitas se dijeron: «¿Qué es esto?». Pues no sabían lo que era. Moisés les dijo: «Es el pan que el Señor os da de comer».

• ***Salmo*** 77, 3-4.23.25.54: ***El Señor les dio pan del cielo.***

• ***Efesios*** 4, 17.20-24: Esto es lo que digo y aseguro en el Señor: que no andéis ya, como es el caso de los gentiles, en la vaciedad de sus ideas. Vosotros, en cambio, no es así como habéis aprendido a Cristo, si es que lo habéis oído a él y habéis sido adoctrinados por él, conforme a la verdad que hay en Jesús. Despojaos del hombre viejo y de su anterior modo de vida, corrompido por apetencias seductoras; renovaos en la mente y en el espíritu y revestíos de la nueva condición humana, creada a imagen de Dios: justicia y santidad verdaderas.

• **JUAN 6, 24-35:** Cuando la gente vio que ni Jesús ni sus discípulos estaban allí, se embarcaron y fueron a Cafarnaún en busca de Jesús. Al encontrarlo en la otra orilla del mar, le preguntaron: «Maestro, ¿cuándo has venido aquí?». Jesús les contestó: «En verdad, en verdad os digo: me buscáis no porque habéis visto signos, sino porque comisteis pan hasta saciaros. Trabajad no por el alimento que perece, sino por el alimento que perdura para la vida eterna, el que os dará el Hijo del hombre; pues a este lo ha sellado el Padre, Dios». Ellos le preguntaron: «Y ¿qué tenemos que hacer para realizar las obras de Dios?». Respondió Jesús: «La obra de Dios es esta: que creáis en el que él ha enviado». Le replicaron: «¿Y qué signo haces tú, para que veamos y creamos en ti? ¿Cuál es tu obra? Nuestros padres comieron el maná en el desierto, como está escrito: «Pan del cielo les dio a comer». Jesús les replicó: «En verdad, en verdad os digo: no fue Moisés quien os dio pan del cielo, sino que es mi Padre quien os da el verdadero pan del cielo. Porque el pan de Dios es el que baja del cielo y da vida al mundo». Entonces le dijeron: «Señor, danos siempre de este pan». Jesús les contestó: «Yo soy el pan de vida. El que viene a mí no tendrá hambre, y el que cree en mí no tendrá sed jamás».

ORACIÓN

SEÑOR, son muchos los trabajos que nos agobian día a día para procurar el alimento y el bienestar corporal perecedero. Tú nos dices: *Trabajad por el alimento que perdura, dando vida eterna.* Te refieres al Pan de la vida. Y qué poca importancia doy algunos días a la Eucaristía –que debería ser el centro de mi jornada o de mi semana–, que es el pan de Dios que baja del cielo y da la vida al mundo. Te lo pido de corazón: ¡Dame siempre de ese Pan, y que yo lo reciba con toda el hambre de mi alma, con toda la gratitud de mi corazón!

AGOSTO

6

LUNES

FIESTA DE LA TRANSFIGURACIÓN DEL SEÑOR.

Santos Justo y Pastor *mrs,* Hormisdas *pp*

TRANSFIGURACIÓN DEL SEÑOR

Papa Francisco: La consigna para los discípulos y para nosotros es esta: «¡Escuchadlo!». Escuchad a Jesús. Él es el Salvador: seguidlo. Con Pedro, Santiago y Juan subamos también nosotros hoy al monte de la Transfiguración y permanezcamos en contemplación del rostro de Jesús, para acoger su mensaje y traducirlo en nuestra vida; para que también nosotros podamos ser transfigurados por el Amor. En realidad, el amor es capaz de transfigurar todo. ¡El amor lo transfigura todo! *(1-3-2015).*

PALABRA

Jesús tomó consigo a Pedro, a Santiago y a Juan, subió aparte con ellos solos a un monte alto, y se transfiguró delante de ellos. Sus vestidos se volvieron de un blanco deslumbrador, como no puede dejarlos ningún batanero del mundo. Se les aparecieron Elías y Moisés conversando con Jesús. Entonces Pedro tomó la palabra y dijo a Jesús: «Maestro, ¡qué bueno es que estemos aquí! Vamos a hacer tres tiendas, una para ti, otra para Moisés y otra para Elías». No sabía qué decir, pues estaban asustados. Se formó una nube que los cubrió y salió una voz de la nube: «Este es mi Hijo, el amado; escuchadlo». De pronto, al mirar alrededor, no vieron a nadie más que a Jesús, solo con ellos. Cuando bajaban de la montaña, les ordenó que no contasen a nadie lo que habían visto hasta que el Hijo del hombre resucitara de entre los muertos». Esto se les quedó grabado y discutían qué querría decir aquello de resucitar de entre los muertos.

2Pedro 1, 16-19; ***Salmo*** 96, 1-2.5-6.9 • **MARCOS 9, 2-10**

ORACIÓN

SEÑOR, invitas a la gloria de tu transfiguración –anticipo de la gloria de tu resurrección – a los tres que serán testigos de tu agonía en Getsemaní. Es estupendo estar contigo cuando te va bien: transfigurado, habla el Padre, la Ley y los Profetas confirman tu palabra... Pero cuando te vean desfigurado, «varón de dolores», te abandonarán y huirán. Yo quiero acompañarte siempre, en los misterios de luz y en los de dolor. Pero, como Pedro, soy débil y pecador: aumenta mi fe, líbrame del peor mal que es el pecado que me aleja de ti.

El Señor reina, altísimo sobe toda la tierra *(Salmo 96,1.9).*

Santos SIXTO II *pp*, CAYETANO *pb*, Alberto *pb*, Donato *ob*, Afra *mr*, Miguel de la Mora *pb mr*

Papa Francisco: *[Ánimo, soy yo]* Para alguno el encuentro con Jesús es algo esperado, deseado, buscado por largo tiempo, como nos lo muestra la parábola del comerciante que da vueltas por el mundo para encontrar algo de valor. Para otros ocurre de forma improvisa, casi por casualidad. Dios se deja encontrar de una manera o de otra, porque es Él el primero que desea encontrarnos: vino para ser el «Dios con nosotros». Y Jesús está entre nosotros: *Cuando os reunís en mi nombre, yo estoy entre vosotros.*

PALABRA

Después que la gente se hubo saciado, enseguida Jesús apremió a sus discípulos a que subieran a la barca y se le adelantaran a la otra orilla, mientras él despedía a la gente. Y, después de despedir a la gente, subió al monte a solas para orar. Llegada la noche, estaba allí solo. Mientras tanto, la barca iba ya muy lejos de tierra, sacudida por las olas, porque el viento era contrario. A la cuarta vela de la noche se les acercó Jesús, andando sobre el mar. Los discípulos, viéndole andar sobre el agua, se asustaron y gritaron de miedo, diciendo que era un fantasma. Jesús les dijo enseguida: «¡Ánimo, soy yo, no tengáis miedo!». Pedro le contestó: «Señor, si eres tú, mándame ir hacia ti sobre el agua». Él le dijo: «Ven». Pedro bajó de la barca y echó a andar sobre el agua, acercándose a Jesús; pero, al sentir la fuerza del viento, le entró miedo, empezó a hundirse y gritó: «Señor, sálvame». Enseguida Jesús extendió la mano, lo agarró y le dijo: «¡Qué poca fe! ¿Por qué has dudado?». En cuanto subieron a la barca, amainó el viento. Los de la barca se postraron ante él, diciendo: «Realmente eres Hijo de Dios». Terminada la travesía, llegaron a tierra en Genesaret. Y los hombres de aquel lugar, apenas lo reconocieron, pregonaron la noticia por toda aquella comarca y trajeron donde él a todos los enfermos. Le pedían tocar siquiera la orla de su manto, y cuantos la tocaban quedaban curados.

Jeremías 30,1-2.12-15.18-22; ***Salmo*** 101,16-23.29 • **MATEO 14,22-36**

ORACIÓN

SEÑOR, me veo reflejado en Pedro: cuando me fío de ti puedo caminar sobre las aguas de la muerte, del sufrimiento, de la enfermedad, del desprecio. Pero cuando me apoyo en mis propias fuerzas, me miro viendo mi debilidad y dejo de mirarte, me hundo ante la más mínima prueba. ¡Contigo, al fin del mundo! ¡Contigo siempre: así en la tierra como en el cielo!

El Señor reconstruyó Sion y apareció en su gloria *(Salmo 101,17).*

AGOSTO

8

MIÉRCOLES

Miércoles 18° Tiempo Ordinario Tomo IV - Salterio 2ª semana

Santos DOMINGO DE GUZMÁN *pb*, Ciriaco y *co mrs*, Pablo Ke Tingzhu *mr*

Papa Francisco: Hoy damos gracias al Padre por la obra que santo Domingo, lleno de la luz y de la sal de Cristo, cumplió hace ochocientos años; una obra al servicio del Evangelio, predicado con la palabra y con la vida; una obra que, con la gracia del Espíritu Santo, ha hecho que muchos hombres y mujeres hayan sido ayudados a no perderse en medio del "carnaval" de la curiosidad mundana, sino que hayan sentido el gusto de la sana doctrina, el gusto del Evangelio, y se hayan convertido, a su vez en luz y sal, artesanos de obras buenas... y verdaderos hermanos y hermanas que glorifican a Dios y enseñan a glorificar a Dios con las buenas obras de la vida *(21-1-2017)*.

PALABRA

Jesús se marchó y se retiró a la región de Tiro y Sidón. Entonces una mujer cananea, saliendo de uno de aquellos lugares, se puso a gritarle: «Ten compasión de mí, Señor, Hijo de David. Mi hija tiene un demonio muy malo». Él no le respondió nada. Entonces los discípulos se le acercaron a decirle: «Atiéndela, que viene detrás gritando». Él les contestó: «Solo he sido enviado a las ovejas descarriadas de Israel». Ella se acercó y se postró ante él diciendo: «Señor, ayúdame». Él le contestó: «No está bien tomar el pan de los hijos y echárselo a los perros». Pero ella repuso: «Tienes razón, Señor; pero también los perritos se comen las migajas que caen de la mesa de los amos». Jesús le respondió: «Mujer, qué grande es tu fe; que se cumpla lo que deseas». En aquel momento quedó curada su hija.

Jeremías **31,1-7; *Salmo: Jeremías*** **31,10-13 • MATEO 15,21-28**

ORACIÓN

SEÑOR, "¡qué grande es tu fe!", le dijiste a la mujer cananea, y, siglos después, al español Domingo de Guzmán, que hoy evoca el calendario. Domingo vivió la fe y propagó la fe en ti, el Salvador, y fundó la Orden de Predicadores (Dominicos) para continuar la siembra de tu Palabra: una siembra fructífera en sabios (Francisco de Vitoria, Lacordaire, Lagrange, Colunga, Congar, Schillebeexk...); y, sobre todo, en *santos*: 83 canonizados (de Martín de Porres a Tomás de Aquino o Catalina de Siena y los cuatro papas dominicos), trescientos beatificados, millares de hijos de Domingo que han vivido y esparcido el buen olor de Cristo, estén o no en proceso de canonización: la Orden "ha llenado las bibliotecas de libros y el cielo de santos". Porque tú bendices la obra de tu gran amigo Domingo, y proteges su obra como el mejor pastor a su rebaño.

El Señor nos guardará como un pastor a su rebaño *(Jeremías 31,10).*

SANTA TERESA BENEDICTA

Santos TERESA B. DE LA CRUZ *vg mr,*
Cándida M.ª de J. *vg,* **Román** *mr.*
Beatos Florentino Asensio *ob mr*

AGOSTO
9
JUEVES

FIESTA DE SANTA TERESA B. DE LA CRUZ, VIRGEN Y MÁRTIR, PATRONA DE EUROPA

Papa Francisco: La victoria de los mártires, su testimonio del poder del amor de Dios, sigue dando frutos en la Iglesia, que sigue creciendo gracias a su sacrificio. Jesús pide al Padre que nos consagre y proteja, pero no que nos aparte del mundo. Sabemos que Él envía a sus discípulos para que sean fermento de santidad y verdad en el mundo: la sal de la tierra, la luz del mundo. En esto, los mártires nos muestran el camino. Los mártires nos invitan a poner a Cristo por encima de todo y a ver todo lo demás en relación con él y con su Reino eterno. Nos hacen preguntarnos si hay algo por lo que estaríamos dispuestos a morir *(16-8-2014).*

PALABRA

Dijo Jesús a sus discípulos esta parábola: «El reino de los cielos se parece a diez vírgenes que tomaron sus lámparas y salieron al encuentro del esposo. Cinco de ellas eran necias y cinco eran prudentes. Las necias, al tomar las lámparas, no se proveyeron de aceite; en cambio, las prudentes se llevaron alcuzas de aceite con las lámparas. El esposo tardaba, les entró sueño a todas y se durmieron. A medianoche se oyó una voz: "¡Que llega el esposo, salid a su encuentro!". Entonces se despertaron todas aquellas vírgenes y se pusieron a preparar sus lámparas. Y las necias dijeron a las prudentes: "Dadnos de vuestro aceite, que se nos apagan las lámparas". Pero las prudentes contestaron: "Por si acaso no hay bastante para vosotras y nosotras, mejor es que vayáis a la tienda y os lo compréis". Mientras iban a comprarlo, llegó el esposo, y las que estaban preparadas entraron con él al banquete de bodas, y se cerró la puerta. Más tarde llegaron también las otras vírgenes, diciendo: "Señor, señor, ábrenos". Pero él respondió: "En verdad os digo: no os conozco". Por tanto, velad, porque no sabéis el día ni la hora».

Oseas 2,16b.17de.21-22; ***Salmo*** 44,11-17 • **MATEO 25,1-13**

ORACIÓN

SEÑOR, no siempre tengo en cuenta que lo que tiene más valor es mi alma, creada a tu imagen y semejanza: estar siempre preparados, dispuestos a recibirte, sin dejarnos agobiar por este mundo y sus afanes. Lo sabía perfectamente santa Teresa Benedicta de la Cruz (Edith Stein), intrépida judía convertida al cristianismo, mártir carmelita. A pesar de la mentalidad reinante del culto al cuerpo, yo quiero seguir su ejemplo: primero y sobre todo, el alma. Así pudo morir cuando el Esposo vino a buscarla, y se entregó a él para siempre, dando testimonio de su fe.

Escucha, hija, mira: inclina el oído *(Salmo 44,11a).*

AGOSTO

10

VIERNES

FIESTA DE SAN LORENZO, DIÁCONO Y MÁRTIR

San Blano ***ob***

Papa Francisco: Los mártires y la comunidad cristiana tuvieron que elegir entre seguir a Jesús o al mundo. Habían escuchado la advertencia del Señor de que el mundo los odiaría por su causa; sabían el precio de ser discípulos. Para muchos, esto significó persecución y, más tarde, la fuga a las montañas, donde formaron aldeas católicas. Estaban dispuestos a grandes sacrificios y a despojarse de todo lo que pudiera apartarles de Cristo: sabían que solo Cristo era su verdadero tesoro. En nuestros días, muchas veces vemos cómo el mundo cuestiona nuestra fe. Los mártires nos invitan a poner a Cristo por encima de todo *(16-8-2014)*.

PALABRA Jesús a sus discípulos: «En verdad, en verdad os digo: si el grano de trigo no cae en tierra y muere, queda infecundo; pero si muere, da mucho fruto. El que se ama a sí mismo se pierde, y el que se aborrece a sí mismo en este mundo se guardará para la vida eterna. El que quiera servirme, que me siga, y donde esté yo, allí también estará mi servidor; a quien me sirve, el Padre lo honrará».

2Corintios 9,6-10; ***Salmo*** 111,1-2.5-9 • **JUAN 12,24-26**

ORACIÓN **SEÑOR,** si no leyera tus palabras con fe o no me fiara de ti, dejaría que saliera mi instinto de conservación y mi autoestima humana para rechazarlas de plano como algo absurdo. ¿Caer en tierra y morir, aborrecerse, servirte..? Son verbos que espantan a la naturaleza humana. Pero tú y los mártires los hicisteis vida y disteis la vida de este modo heroico. Definitivamente, renuncio a los criterios humanos y me pongo a tu lado, te seguiré en la vida, en el servicio y en la muerte. Cuento con tu gracia, y espero la mirada misericordiosa del Padre.

Dichoso el que se apiada y presta *(Salmo 111,5).*

Santos CLARA *vg*, Susana *mr*, Rufino *ob*, Alejandro *ob*. Beato Juan E. Newmann *ob*

Papa Francisco: [Por vuestra poca fe] "Nadie puede venir a mí, si no lo atrae el Padre que me envió"; y añade: "El que cree, tiene la vida eterna". No basta encontrar a Jesús para creer en Él, no basta leer la Biblia, el Evangelio, eso es importante, ¿eh?, pero no basta. No basta ni siquiera asistir a un milagro. Dios Padre siempre nos atrae hacia Jesús. Somos nosotros quienes abrimos nuestro corazón o lo cerramos. En cambio, la fe, que es como una semilla en lo profundo del corazón, florece cuando nos dejamos "atraer" por el Padre hacia Jesús, y "vamos a Él" con ánimo abierto, con corazón abierto, sin prejuicios; entonces reconocemos en su rostro el rostro del Padre *(9-8-2015)*.

PALABRA

Se acercó a Jesús un hombre que, de rodillas, le dijo: «Señor, ten compasión de mi hijo, que es lunático y sufre mucho; muchas veces se cae en el fuego o en el agua. Se lo he traído a tus discípulos, y no han sido capaces de curarlo». Jesús tomó la palabra y dijo: «¡Generación incrédula y perversa! ¿Hasta cuándo tendré que estar con vosotros? ¿Hasta cuándo tendré que soportaros? Traédmelo». Jesús increpó al demonio, y salió; en aquel momento se curó el niño. Los discípulos se acercaron a Jesús y le preguntaron aparte: «¿Y por qué no pudimos echarlo nosotros?». Les contestó: «Por vuestra poca fe. En verdad os digo que, si tuvierais fe como un grano de mostaza, le diríais a aquel monte: "Trasládate desde ahí hasta aquí", y se trasladaría. Nada os sería imposible».

Habacuc 1, 12 - 2, 4; ***Salmo*** 9, 8-13 • **MATEO 17, 14-20**

ORACIÓN

SEÑOR, tengo muy claro que mi fe no es ni como el minúsculo grano de mostaza: no solo porque no mueve montañas, sino porque ni puede mover mi vida siempre hacia el bien, hacia las buenas obras en favor de los necesitados. ¡Ten compasión de mí, dame un corazón nuevo, ten paciencia conmigo!

No abandonas a los que te buscan, Señor *(Salmo 9,11)*.

Mírate cada día en el espejo de la pobreza, la humildad y la caridad de Cristo, y observa en Él tu rostro.

Santa Clara de Asís

DOMINGO XIX DEL TIEMPO ORDINARIO

Santos JUANA F. DE CHANTAL *rl*, **Alejandro Longo** *pb mr*, **Aniceto y Focio** *mrs*. **Beatos Inocencio XI** *pp*, **Victoria Díez** *vg mr*, **Sebastián Calvo y** *co mrs*

SANTA FRANCISCA F. DE CHANTAL

Papa Francisco: La gente busca a Jesús, porque se ha quedado entusiasmada con el milagro de la multiplicación de los panes, ¡querían hacerlo rey! Pero cuando Jesús afirma que el verdadero pan es Él mismo, muchos se escandalizan, no comprenden, y comienzan a murmurar. Jesús responde: "Nadie puede venir a mí, si no lo atrae el Padre que me envió"; y añade: "El que cree, tiene la vida eterna". Esta palabra introduce en la dinámica de la fe, que es una relación entre la persona humana, todos nosotros, y la persona de Jesús, donde el Padre juega un papel decisivo, y naturalmente, también el Espíritu Santo, que está implícito aquí. Muchas personas estuvieron en estrecho contacto con Jesús y no le creyeron, es más, también lo despreciaron y condenaron: ¿por qué esto? ¿No fueron atraídos por el Padre? No, esto sucedió porque su corazón estaba cerrado a la acción del Espíritu de Dios. Y si tú tienes el corazón cerrado, la fe no entra. Dios Padre siempre nos atrae hacia Jesús. Somos nosotros quienes abrimos nuestro corazón o lo cerramos. "Yo soy el pan vivo bajado del cielo. El que coma de este pan vivirá para siempre". En Jesús, en su "carne" está presente todo el amor de Dios, que es el Espíritu Santo. Quien se deja atraer por este amor va hacia Jesús, y va con fe, y recibe de Él la vida, la vida eterna *(9-8-2015)*.

PALABRA

• ***1Reyes*** 19, 4-8: Elías continuó por el desierto una jornada de camino, y al final se sentó bajo una retama, y se deseó la muerte diciendo: «Basta ya, Señor, quítame la vida, pues yo no valgo más que mis padres». Se echó debajo de la retama y se quedó dormido. De pronto un ángel lo tocó y le dijo: «Levántate, come». Miró Elías y vio a su cabecera un pan cocido en las brasas y una jarra de agua. Comió, bebió y volvió a echarse. Pero el ángel del Señor le tocó por segunda vez diciendo: «Levántate, come, que el camino es superior a tus fuerzas». Se levantó Elías, comió y bebió, y con la fuerza de aquel alimento caminó cuarenta días y cuarenta noches, hasta el Horeb, el monte de Dios.

• ***Salmo*** 33, 2-9: ***Gustad y ved qué bueno es el Señor.***

• ***Efesios*** 4, 30 – 5,2: No entristezcáis al Espíritu Santo de Dios con que él os ha sellado para el día de la liberación final. Desterrad de vosotros la amargura, la ira, los enfados e insultos y toda la maldad. Sed buenos, comprensivos, perdonándoos unos a otros como Dios os perdonó en Cristo. Sed imitadores de Dios, como hijos queridos, y vivid en el amor como Cristo os amó y se entregó por nosotros a Dios como oblación y víctima de suave olor.

• **JUAN 6, 41-51:** Los judíos murmuraban de Jesús porque había dicho: «Yo soy el pan bajado del cielo», y decían: «¿No es este Jesús, el hijo de José? ¿No conocemos a su padre y a su madre?, ¿cómo dice ahora que ha bajado del cielo?». Jesús tomó la palabra y les dijo: «No critiquéis. Nadie puede venir a mí, si no lo atrae el Padre que me ha enviado. Y yo lo resucitaré en el último día. Está escrito en los profetas: "Serán todos discípulos de Dios". Todo el que escucha al Padre y aprende, viene a mí. No es que nadie haya visto al Padre, a no ser el que está junto a Dios: ese ha visto al Padre. En verdad, en verdad os digo: el que cree, tiene vida eterna. Yo soy el pan de la vida. Vuestros padres comieron en el desierto el maná y murieron: este es el pan que baja del cielo, para que el hombre coma de él y no muera. Yo soy el pan vivo que ha bajado del cielo: el que coma de este pan vivirá para siempre. Y el pan que yo daré es mi carne, por la vida del mundo».

ORACIÓN

SEÑOR, tus enemigos aluden a tu madre y a José como obstáculo para tu origen divino. Y tú, que tanto amaste a María y a José, les anuncias a tu Padre, tu único Padre, que quiere que todos se salven por medio de ti. ¿Cómo? Escuchando o leyendo tu palabra: yo quiero ser "discípulo de Dios". Y comer tu Cuerpo, pan de vida eterna: *El que coma de este pan vivirá para siempre. Y el pan que yo daré es mi carne, para la vida del mundo.* ¡Dame siempre de ese pan, y cuando lo coma sea consciente de tu amor y agradecido!

AGOSTO

13

LUNES (ML)

Lunes 19º Tiempo Ordinario Tomo IV - Salterio 3ª semana

Santos PONCIANO é HIPÓLITO *mrs*, Máximo el Confesor *ab*, Radegunda *re*, Benildo *rl*. Beatos Secundino M.ª y *co mrs*, Santiago Gapp *pb mr*

San Ponciano y San Hipólito

Papa Francisco: Jesús, tras verificar que Pedro y los otros once habían creído en él como Mesías e Hijo de Dios, comenzó a manifestarles que tenía que «padecer mucho..., ser ejecutado y resucitar al tercer día». Pedro siente el deber de reprender al Maestro. Entonces Jesús reprende duramente a Pedro, porque no piensa «como Dios, sino como los hombres». Los cristianos vivimos en el mundo, incorporados en la realidad social y cultural de nuestro tiempo., y es justo que sea así, pero esto comporta el riesgo de convertirnos en "mundanos". Es triste encontrar que ya no son sal de la tierra, y sabemos que cuando la sal pierde su sabor ya no sirve para nada *(31-8-2014)*.

PALABRA

Mientras Jesús y los discípulos recorrían juntos Galilea, les dijo: «El Hijo del hombre será entregado en manos de los hombres, lo matarán, pero resucitará al tercer día». Ellos se pusieron muy tristes. Cuando llegaron a Cafarnaún, los que cobraban el impuesto de las dos dracmas se acercaron a Pedro y le preguntaron: «¿Vuestro Maestro no paga las dos dracmas?». Contestó: «Sí». Cuando llegó a casa, Jesús se adelantó a preguntarle: «¿Qué te parece, Simón? Los reyes del mundo, ¿a quién le cobran impuestos y tasas, a sus hijos o a los extraños?». Contestó: «A los extraños». Jesús le dijo: «Entonces, los hijos están exentos. Sin embargo, para no darles mal ejemplo, ve al mar, echa el anzuelo, agarra el primer pez que pique, ábrele la boca y encontrarás una moneda de plata. Tómala y págales por mí y por ti».

Ezequiel 1,2-5.24-28c; ***Salmo*** 148,1-2.11-14 • **MATEO 17,22-27**

ORACIÓN

SEÑOR, qué hermosa es tu delicadeza. Tú lo has hecho todo. No tienes obligación de rendir cuentas ni pagar tributo a nadie. "Sin embargo, para no escandalizar..." a los cobradores de impuestos y para indicar, a quienes eran y somos tus discípulos, cuál es tu estilo, eres capaz de hacer un milagro y pagar las dos dracmas. Soy tu discípulo y acojo tu ejemplo y lección: estoy en este mundo y todo lo que ordenen las autoridades me concierne y debo obedecer, siempre que sea conforme a tu Evangelio.

Llenos están el cielo y la tierra de tu gloria *(Isaías 6,3)*.

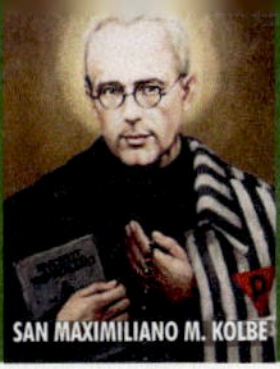
SAN MAXIMILIANO M. KOLBE

Santos MAXIMILIANO M.ª KOLBE ***pb mr*****,**
Marcelo ***ob mr*****, Arnulfo** ***ob***

Papa Francisco: «Cuidado con despreciar a uno de estos pequeños». Los niños son en sí mismos una riqueza para la humanidad y también para la Iglesia, porque nos remiten constantemente a la condición necesaria para entrar en el reino de Dios: la de no considerarnos autosuficientes, sino necesitados de ayuda, amor y perdón. Los niños nos recuerdan otra cosa hermosa, nos recuerdan que somos siempre hijos: incluso cuando se llega a la edad de adulto, o anciano: la vida no nos la hemos dado nosotros mismos, sino que la hemos recibido. El gran don de la vida es el primer regalo que nos ha sido dado. Es motivo de gran alegría sentir que en cada edad de la vida, en cada situación, en cada condición social, somos y permanecemos hijos *(18-3-2015)*.

PALABRA

Se acercaron los discípulos a Jesús y le preguntaron: «¿Quién es el mayor en el reino de los cielos?». Él llamó a un niño, lo puso en medio y dijo: «En verdad os digo que, si no os convertís y os hacéis como niños, no entraréis en el reino de los cielos. Por tanto, el que se haga pequeño como este niño, ese es el más grande en el reino de los cielos. El que acoge a un niño como este en mi nombre me acoge a mí. Cuidado con despreciar a uno de estos pequeños, porque os digo que sus ángeles están viendo siempre en el cielo el rostro de mi Padre celestial. ¿Qué os parece? Suponed que un hombre tiene cien ovejas: si una se le pierde, ¿no deja las noventa y nueve en los montes y va en busca de la perdida? Y si la encuentra, en verdad os digo que se alegra más por ella que por las noventa y nueve que no se habían extraviado. Igualmente, no es voluntad de vuestro Padre que está en el cielo que se pierda ni uno de estos pequeños».

Ezequiel 2,8 - 3,4: ***Salmo*** 118, 14.24.72.103.111.131

• MATEO 18, 1-5. 10. 12-14

ORACIÓN

SEÑOR, qué distintos son tus criterios y los míos. Lo que para mí carece de importancia social, para ti es lo más importante en tu reino. Tanto, que si no me hago como un niño, continuaré siendo la oveja descarriada que con tanto cariño buscas para tu redil.

¡Qué dulce al paladar tu promesa, Señor! *(Salmo 118,103)*.

AGOSTO

15

MIÉRCOLES

ASUNCIÓN DE LA VIRGEN MARÍA,
Virgen de la Paloma, de los Reyes.
Santos Tarsicio, Luis Batis,
Manuel Morales,
Salvador Lara y David Roldán ***mrs***

ASUNCIÓN DE LA VIRGEN (Tiziano)

SOLEMNIDAD DE LA ASUNCIÓN DE LA BIENAVENTURADA VIRGEN MARÍA

Papa Francisco: María, una humilde y sencilla joven de un pueblecito perdido de la periferia del Imperio romano, justamente porque acogió y vivió el Evangelio, fue admitida por Dios para estar en la eternidad al lado del trono de su Hijo. La Asunción de María concierne a cada uno de nosotros, atañe a nuestro futuro: nos hace mirar al cielo, preanuncia "los cielos nuevos y la tierra nueva", con la victoria de Cristo resucitado sobre la muerte y la derrota definitiva del Maligno. *(15-8-2016).*

PALABRA

En aquellos días, María se levantó y se puso en camino de prisa hacia la montaña, a una ciudad de Judá; entró en casa de Zacarías y saludó a Isabel. Aconteció que, en cuanto Isabel oyó el saludo de María, saltó la criatura en su vientre. Se llenó Isabel de Espíritu Santo y, levantando la voz, exclamó: «¡Bendita tú entre las mujeres y bendito el fruto de tu vientre! ¿Quién soy yo para que me visite la madre de mi Señor? Pues, en cuanto tu saludo llegó a mis oídos, la criatura saltó de alegría en mi vientre. ¡Bienaventurada la que ha creído, porque lo que te ha dicho el Señor se cumplirá!». María dijo: «Proclama mi alma la grandeza del Señor, "se alegra mi espíritu en Dios, mi salvador; porque ha mirado la humildad de su esclava". Desde ahora me felicitarán todas las generaciones, porque el Poderoso ha hecho obras grandes en mí: "su nombre es santo, y su misericordia llega a sus fieles de generación en generación". Él hace proezas con su brazo: dispersa a los soberbios de corazón, "derriba del trono a los poderosos y enaltece a los humildes, a los hambrientos los colma de bienes y a los ricos los despide vacíos. Auxilia a Israel, su siervo, acordándose de la misericordia" –como lo había prometido a "nuestros padres"– en favor de Abrahán y su descendencia por siempre». María se quedó con Isabel unos tres meses y volvió a su casa.

Apocalipsis 11,19a;12,1-6.10; ***Salmo*** 44,11-12.16; ***1Corintios*** 15,20-27a • **LUCAS 1,39-56**

ORACIÓN

JESÚS, qué alegría para ti, con el Padre y el Espíritu, con los ángeles y todos los santos, cuando la Madre, "terminado el curso de su vida mortal, fue elevada en cuerpo y alma a los cielos".

De pie a tu derecha está la reina, enjoyada con oro de Ofir *(Salmo 44,10).*

AGOSTO
16
JUEVES (ML)

Santos ESTEBAN DE HUNGRÍA *re*, Roque *cf*, Teodoro *ob*

Papa Francisco: Dios no se cansa nunca de perdonar, somos nosotros los que nos cansamos de acudir a su misericordia. Él nos permite levantar la cabeza y volver a empezar, con una ternura que nunca nos desilusiona y que siempre puede devolvernos la alegría.

PALABRA

Se adelantó Pedro y preguntó a Jesús: «Señor, si mi hermano me ofende, ¿cuántas veces tengo que perdonarlo? ¿Hasta siete veces?». Jesús le contesta: «No te digo hasta siete veces, sino hasta setenta veces siete. Por esto, se parece el reino de los cielos a un rey que quiso ajustar las cuentas con sus criados. Al empezar a ajustarlas, le presentaron uno que debía diez mil talentos. Como no tenía con qué pagar, el señor mandó que lo vendieran a él con su mujer y sus hijos y todas sus posesiones, y que pagara así. El empleado, arrojándose a sus pies, le suplicaba diciendo: "Ten paciencia conmigo, y te lo pagaré todo". Se compadeció el señor de aquel criado y lo dejó marchar, perdonándole la deuda. Pero, al salir, el criado aquel encontró a uno de sus compañeros que le debía cien denarios y, agarrándolo, lo estrangulaba, diciendo: "Págame lo que me debes". El compañero, arrojándose a sus pies, le rogaba, diciendo: "Ten paciencia conmigo, y te lo pagaré". Pero él se negó y fue y lo metió en la cárcel hasta que pagara lo que debía. Entonces el señor lo llamó y le dijo: "¡Siervo malvado! Toda aquella deuda te la perdoné porque me lo rogaste. ¿No debías tú también tener compasión de tu compañero, como yo tuve compasión de ti?". Y el señor, indignado, lo entregó a los verdugos hasta que pagara toda la deuda. Lo mismo hará con vosotros mi Padre celestial, si cada cual no perdona de corazón a su hermano».

Ezequiel 12,1-12; ***Salmo*** 77,56-62 • **MATEO 18,21-30.32-35**

ORACIÓN

SEÑOR, tu amor y el perdón de mis deudas –mis pecados– son ilimitados. ¿Por qué soy como el empleado de la parábola, a quien perdonaste una gran deuda, y no perdona los céntimos que le debe el compañero? ¡Que aprenda de ti, manso, humilde y generoso de corazón, capaz de amar y de perdonar siempre! San Maximiliano Kolbe llegó al heroísmo del amor, dando su vida por un padre de familia condenado a muerte.

¡No olvidéis las acciones de Dios! (Salmo 77,7).

AGOSTO
17
VIERNES (FE)

Viernes 19º Tiempo Ordinario Tomo IV - Salterio 3ª semana

Santos Jacinto de Polonia *pb,* Eusebio *pp,* Beatriz de Silva *vg,* Clara de Montefalco *vg,* Juana Delanoue *vg*

SAN JACINTO DE POLONIA

Papa Francisco: La castidad por el reino de los cielos muestra cómo la afectividad tiene su lugar en la libertad madura y se convierte en un signo del mundo futuro, para hacer resplandecer siempre el primado de Dios. Pero, por favor, una castidad «fecunda», una castidad que genera hijos espirituales en la Iglesia. Es importante esta maternidad de la vida consagrada, esta fecundidad *(8-5-2013).*

PALABRA

Se acercaron a Jesús unos fariseos y le preguntaron, para ponerlo a prueba: «¿Es lícito a un hombre despedir a su mujer por cualquier motivo?». Él les respondió: «¿No habéis leído que el Creador, en el principio, los creó hombre y mujer, y dijo: "Por eso dejará el hombre a su padre y a su madre, y se unirá a su mujer, y serán los dos una sola carne"? De modo que ya no son dos, sino una sola carne. Pues lo que Dios ha unido, que no lo separe el hombre». Ellos insistieron: «¿Y por qué mandó Moisés darle acta de divorcio y repudiarla?». Él les contestó: «Por la dureza de vuestro corazón os permitió Moisés repudiar a vuestras mujeres; pero, al principio, no era así. Pero yo os digo que, si uno repudia a su mujer –no hablo de unión ilegítima– y se casa con otra, comete adulterio». Los discípulos le replicaron: «Si esa es la situación del hombre con la mujer, no trae cuenta casarse». Pero él les dijo: «No todos pueden con eso, solo los que han recibido ese don. Hay eunucos que salieron así del vientre de su madre, a otros los hicieron los hombres, y hay quienes se hacen eunucos por el reino de los cielos. El que pueda entender, que entienda».

Ezequiel 16,1-15.60.63; ***Salmo Isaías*** 12,2-3.4bcd.5-6

• MATEO 19,3-12

ORACIÓN

SEÑOR, a muchos jóvenes les aterra dar su palabra de amor hasta la muerte en el matrimonio. Convénceles de que tú todo lo puedes, y quien se fía de ti participa de tu poder. ¿No se aman sin esfuerzo en el noviazgo? Si estás tú, mucho más se amarán, antes y después del sacramento. A mí y a los que has llamado al celibato por el reino de los cielos, danos fidelidad y alegría en nuestra vocación.

Ha cesado tu ira y me has consolado *(Isaías 12,1).*

Tomo IV - Salterio 3ª semana **Sábado 19° Tiempo Ordinario**

Santos Elena *em*, Alberto Hurtado *pb*, Fermín *ob*, Agapito *mr*. Beatos Manés de Guzmán *pb*, Martín Martínez Pascual *pb mr*

AGOSTO

18

SÁBADO (FE)

Papa Francisco: En una sociedad bien constituida los privilegios solamente deben ser para los niños y para los ancianos Los niños porque ciertamente llevarán la fuerza delante de la historia, y los ancianos porque son la sede de la sabiduría de un pueblo. Los horrores de la manipulación educativa que hemos vivido en las grandes dictaduras genocidas del siglo XX conservan su actualidad bajo ropajes diversos y propuestas que fuerzan a caminar a los niños por el camino dictatorial del "pensamiento único". Me decía hace poco un gran educador: "A veces uno no sabe si con estos proyectos educativos manda el niño a la escuela o a un campo de reeducación" *(11-4-2014)*.

PALABRA

Le presentaron unos niños a Jesús para que les impusiera las manos y orase, pero los discípulos los regañaban. Jesús dijo: «Dejadlos, no impidáis a los niños acercarse a mí; de los que son como ellos es el reino de los cielos». Les impuso las manos y se marchó de allí.

Ezequiel 18,1-10.13b. 30-32; ***Salmo*** 50,12-15.18-19

• MATEO 19,13-15

ORACIÓN

SEÑOR, no disimulas tu preferencia por los niños, por los "pequeños", por los pobres: por los que carecen de recursos propios, y todo lo esperan. Por eso, das gracias a tu Padre porque ha reservado la revelación de sus designios de amor salvador a los pequeños y los ha ocultado a los sabios de este mundo. Lo veo claro: cuando yo me fío plenamente de ti y todo lo espero de ti, estoy completamente seguro de que no quedaré defraudado.

Oh Dios, crea en mí un corazón puro *(Salmo 50,12)*.

Santos JUAN EUDES *pb*, EZEQUIEL MORENO *ob*, Luis *ob*, Sixto III *pp*, Magín *mr*. Beato Guerrico *ab*

SAN EZEQUIEL MORENO

Papa Francisco: ¿Qué significa «comer la carne y beber la sangre» de Jesús? Para responder, es necesario intuir qué sucede en el corazón de Jesús mientras parte el pan para la muchedumbre hambrienta. Sabiendo que deberá morir en la cruz por nosotros, Jesús se identifica con ese pan partido y compartido, y eso se convierte para Él en «signo» del Sacrificio que le espera. Este proceso culmina en la Última Cena, donde el pan y el vino *se convierten realmente en su Cuerpo y en su Sangre*. Es la *Eucaristía,* que Jesús nos deja con una finalidad precisa: que nosotros podamos *convertirnos en una sola una cosa con Él*. Nutrirnos de ese «Pan de vida» significa entrar en sintonía con el corazón de Cristo, asimilar sus elecciones, sus pensamientos, sus comportamientos. Significa entrar en un dinamismo de amor y convertirse en personas de paz, personas de perdón, de reconciliación, de compartir solidario. Vivir en comunión real con Jesús en esta tierra, nos hace pasar de la muerte a la vida. El Cielo comienza precisamente en esta comunión con Jesús *(16-8-2015)*.

PALABRA

• ***Proverbios*** 9,1-6: La sabiduría se ha construido su casa plantando siete columnas; ha preparado el banquete, mezclado el vino y puesto la mesa; ha despachado a sus criados para que lo anuncien en los puntos que dominan la ciudad: «Los inexpertos, que vengan aquí, voy a hablar a los faltos de juicio: Venid a comer mi pan y a beber mi vino que he mezclado; dejad la inexperiencia y viviréis, seguid el camino de la prudencia».

• ***Salmo*** 33, 2-3. 10-15: ***Gustad y ved qué bueno es el Señor.***

• ***Efesios*** 5, 15-20: Fijaos bien cómo andáis; no seáis insensatos, sino sensatos, aprovechando la ocasión, porque vienen días malos. Por eso, no estéis aturdidos, daos cuenta de lo que el Señor quiere. No os emborrachéis con vino, que lleva al libertinaje; sino dejaos llenar del Espíritu. Recitad entre vosotros salmos, himnos y cánticos inspirados; cantad y tocad con toda el alma para el Señor. Dad siempre gracias a Dios Padre por todo, en nombre de Nuestro Señor Jesucristo.

• **JUAN 6, 51-58:** Dijo Jesús a la gente: «Yo soy el pan vivo que ha bajado del cielo: el que coma de este pan, vivirá para siempre. Y el pan que yo daré es mi carne, por la vida del mundo». Disputaban los judíos entre sí: «¿Cómo puede este darnos a comer su carne?». Entonces Jesús les dijo: «En verdad, en verdad os digo: si no coméis la carne del Hijo del hombre y no bebéis su sangre, no tenéis vida en vosotros. El que come mi carne y bebe mi sangre, tiene vida eterna, y yo le resucitaré en el último día. Mi carne es verdadera comida y mi sangre es verdadera bebida. El que come mi carne y bebe mi sangre, habita en mí y yo en él. Como el Padre que vive me ha enviado y yo vivo por el Padre, así, del mismo modo, el que me come, vivirá por mí. Este es el pan que ha bajado del cielo: no como el de vuestros padres, que lo comieron y murieron: el que come este pan vivirá para siempre».

ORACIÓN

SEÑOR, tú eres mi vida. Lo eres, porque todo lo creaste, también mi alma. Y lo eres porque me alimentas con tu Cuerpo entregado y con tu Sangre derramada. ¿Cuándo valoraré debidamente la maravilla de la Eucaristía? ¡Oh sagrado banquete, en el que se recibe al mismo Cristo, se renueva la memoria de su Pasión y Resurrección, el alma se llena de gracia y se nos da la prenda de la gloria futura! Sí, comiendo de este Pan, tu Cuerpo resucitado, viviré eternamente.

AGOSTO
20
LUNES (MO)

Lunes 20° Tiempo Ordinario Tomo IV - Salterio 4ª semana

Santos BERNARDO *ab,* Samuel *prof,* Leovigildo y Cristóbal *mjs mrs*

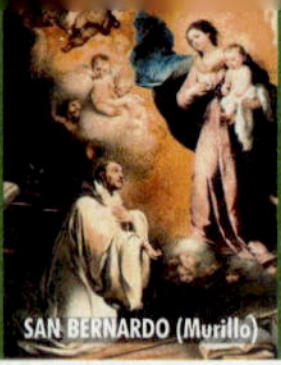
SAN BERNARDO (Murillo)

Papa Francisco: El espíritu del mundo no ama el camino del Hijo de Dios, que se vació a sí mismo, se hizo pobre, se hizo nada, se humilló, para ser uno de nosotros. La pobreza que le dio miedo a aquel muchacho tan generoso -había cumplido todos los mandamientos-, y cuando Jesús le dijo: "Mira, vende todo lo que tienes y dáselo a los pobres", se puso triste, le tuvo miedo a la pobreza. Siempre tratamos de escamotear la pobreza, incluso por cosas razonables, pero estoy hablando de escamotearla en el corazón. Que hay que saber administrar los bienes, es una obligación, pues los bienes son un don de Dios, pero cuando esos bienes entran en el corazón y te empiezan a conducir la vida, ahí perdiste. Ya no eres como Jesús. Tienes tu seguridad donde la tenía el joven triste, el que se fue entristecido *(20-9-2015).*

PALABRA

Se acercó uno a Jesús y le preguntó: «Maestro, ¿qué tengo que hacer de bueno para obtener la vida eterna?». Jesús le contestó: «¿Por qué me preguntas qué es bueno? Uno solo es Bueno. Mira, si quieres entrar en la vida, guarda los mandamientos». Él le preguntó: «¿Cuáles?». Jesús le contestó: «No matarás, no cometerás adulterio, no robarás, no darás falso testimonio, honra a tu padre y a tu madre, y ama a tu prójimo como a ti mismo». El joven le dijo: «Todo eso lo he cumplido. ¿Qué me falta?». Jesús le contestó: «Si quieres ser perfecto, anda, vende tus bienes, da el dinero a los pobres –así tendrás un tesoro en el cielo– y luego ven y sígueme». Al oír esto, el joven se fue triste, porque era rico.

Ezequiel 24,15-24; ***Salmo: Deuteronomio*** 32, 18-21
• MATEO 19, 16-22

ORACIÓN

SEÑOR, no sabía el joven rico que seguirte a ti es incompatible con tener el corazón apegado al dinero, que llenaba todo su corazón: tú ya no cabías en su vida. Y ante la elección entre sus riquezas y tú, se quedó con su dinero y su tristeza, y sin ti y sin la alegría de vivir: *El joven se fue triste, porque era rico.* Yo prefiero la alegría para mi vida: vale más que todo el oro del mundo. Tú eres el lote de mi heredad y mi tesoro, no quiero que nada ni nadie impida que te siga por el camino de la vida eterna, desprendido del falso dios del dinero que esclaviza. Prefiero servir solo al único Dios: el que me libera.

Despreciaste al Dios que te engendró (Deuteronomio 32,18).

Santos PÍO X *pp*, Ciriaca *vd*,
José Dang Dinh *pb mr*.
Beatos Victoria Rasoamanarivo *es*,
Ramón Peiró *pb mr*

AGOSTO
21
MARTES (MO)

Papa Francisco: O sirves a Dios o sirves al dinero. En el dinero estaba todo ese espíritu mundano; dinero, vanidad, orgullo... ¡El Evangelio es el Evangelio!: despojarnos del yo orgulloso y despegarnos del afán de tener, del dinero, que es un ídolo que posee. Todos estamos llamados a ser pobres, despojarnos de nosotros mismos; y por esto debemos aprender a estar con los pobres, compartir con quien carece de lo necesario, tocar la carne de Cristo.

PALABRA

Dijo Jesús a sus discípulos: «En verdad os digo que difícilmente entrará un rico en el reino de los cielos. Lo repito: más fácil le es a un camello pasar por el ojo de una aguja que a un rico entrar en el reino de los cielos». Al oírlo, los discípulos dijeron espantados: «Entonces ¿quién puede salvarse?». Jesús se les quedó mirando y les dijo: «Es imposible ara los hombres; pero Dios lo puede todo». Entonces le dijo Pedro a Jesús: «Ya ves, nosotros lo hemos dejado todo y te hemos seguido; ¿qué nos va a tocar?». Jesús les dijo: «En verdad os digo: cuando llegue la renovación, y el Hijo del hombre se siente en el trono de su gloria, también vosotros, los que me habéis seguido, os sentaréis en doce tronos para juzgar a las doce tribus de Israel. Todo el que por mí deja casa, hermanos o hermanas, padre o madre, mujer, hijos o tierras, recibirá cien veces más, y heredará la vida eterna. Pero muchos primeros serán últimos y muchos últimos primeros».

Ezequiel 28,1-10; ***Salmo: Deuteronomio*** 32,26-28.30.35-36

• MATEO 19,23-30

ORACIÓN

SEÑOR, "para los hombres es imposible salvarse, pero Dios lo puede todo". Tus palabras no dejan lugar a dudas. Por mucho que me empeñe, yo solo no puedo nada. Pero tú me das la fuerza de dejarlo todo y seguirte: es la mejor opción cristiana para quien se siente invitado por ti. Es la garantía de salvación cuando se toma en serio ese desprendimiento: heredar la vida eterna.

Yo doy la muerte y la vida *(Deuteronomio 32,39).*

AGOSTO

22

MIÉRCOLES (MO)

Santa MARÍA VIRGEN, REINA.
Santos Sinforiano *mr,* Felipe Benizi *pb,* Juan Kemble *pb mr*

CORONACIÓN DE MARÍA

Bienaventurada Virgen María Reina

Papa Francisco: María ha entrado definitivamente en la gloria del Cielo. Pero esto no significa que esté lejos, que se separe de nosotros; María, por el contrario, nos acompaña, lucha con nosotros, sostiene a los cristianos en el combate contra las fuerzas del mal. La oración con María, en especial el Rosario –pero escuchadme con atención: el Rosario. ¿Vosotros rezáis el Rosario todos los días?

PALABRA

El ángel Gabriel fue enviado por Dios a una ciudad de Galilea llamada Nazaret, a una virgen desposada con un hombre llamado José, de la estirpe de David: el nombre de la virgen era María. El ángel, entrando en su presencia, dijo: «Alégrate, llena de gracia, el Señor está contigo». Ella se turbó grandemente ante estas palabras y se preguntaba qué saludo era aquel. El ángel le dijo: «No temas, María, porque has encontrado gracia ante Dios. Concebirás en tu vientre y darás a luz un hijo, y le pondrás por nombre Jesús. Será grande, se llamará Hijo del Altísimo, el Señor Dios le dará el trono de David, su padre; reinará sobre la casa de Jacob para siempre, y su reino no tendrá fin». Y María dijo al ángel: «¿Cómo será eso, pues no conozco varón?». El ángel le contestó: «El Espíritu Santo vendrá sobre ti, y la fuerza del Altísimo te cubrirá con su sombra; por eso el Santo que va a nacer será llamado Hijo de Dios. También tu pariente Isabel ha concebido un hijo en su vejez, y ya está de seis meses la que llamaban estéril, "porque para Dios nada hay imposible"». María contestó: «He aquí la esclava del Señor; hágase en mí según tu palabra». Y el ángel se retiró.

Isaías 9,1-3.5-6; ***Salmo*** 112,1-8 • **LUCAS 1,26-38**

ORACIÓN

SEÑOR, la que se declaró "esclava del Señor" fue elevada a la máxima categoría: Reina del Universo, Reina de los corazones, Reina de quienes queremos seguir sus pasos y necesitamos una guía y un ejemplo: la esclava-reina. Es el cumplimiento de una de las sentencias que más repites: *El que se humilla será exaltado.* Contigo, le digo hoy: *¡Alégrate, Reina y Madre de misericordia!*

Bendito sea el nombre del Señor, ahora y por siempre *(Salmo 112)*

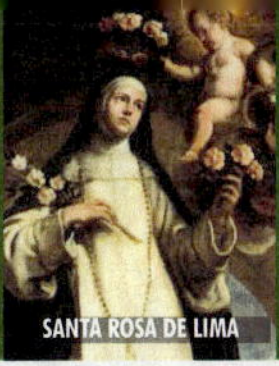

AGOSTO

23

JUEVES (ML)

Santos ROSA DE LIMA *vg*, Eugenio *ob*, Abundio e Ireneo *mrs*

Papa Francisco: Salid por las calles e id a las encrucijadas: llamad a todos los que encontréis, ninguno quede excluido. Me gusta una Iglesia inquieta, cada vez más cercana a los abandonados, los olvidados, los imperfectos. Deseo una Iglesia alegre con rostro de madre, que comprenda, acompañe, acaricie *(10-11-2015)*.

PALABRA

Jesús volvió a hablar en parábolas a los sumos sacerdotes y a los fariseos, diciendo: «El reino de los cielos se parece a un rey que celebraba la boda de su hijo. Mandó criados para que avisaran a los convidados a la boda, pero no quisieron ir. Volvió a mandar otros criados, encargándoles que dijeran a los convidados: "Tengo preparado el banquete, he matado terneros y reses cebadas, y todo está a punto. Venid a la boda". Pero ellos no hicieron caso; uno se marchó a sus tierras, otro a sus negocios; los demás les agarraron a los criados y los maltrataron y los mataron. El rey montó en cólera, envió sus tropas, que acabaron con aquellos asesinos y prendieron fuego a la ciudad. Luego dijo a sus criados: "La boda está preparada, pero los convidados no se la merecían. Id ahora a los cruces de los caminos, y a todos los que encontréis, llamadlos a la boda". Los criados salieron a los caminos y reunieron a todos los que encontraron, malos y buenos. La sala del banquete se llenó de comensales. Cuando el rey entró a saludar a los comensales, reparó en uno que no llevaba traje de fiesta y le dijo: "Amigo, ¿cómo has entrado aquí sin el vestido de fiesta?". El otro no abrió la boca. Entonces el rey dijo a los camareros: "Atadlo de pies y manos y arrojadlo fuera, a las tinieblas. Allí será el llanto y el rechinar de dientes". Porque muchos son los llamados y pocos los elegidos».

Ezequiel 36,23-28; ***Salmo*** 50,12-15.18-19 • **MATEO 22,1-14**

ORACIÓN

SEÑOR, los invitados se excusan y no acuden: ¡tienen cosas "más importantes" que hacer! Las obras de misericordia de la dominica santa Rosa de Lima, el amor a ti y a la Iglesia, la oración y las penitencias preparaban su alma para recibirte en la comunión con el traje de fiesta del alma cristiana.

Derramaré sobre nosotros un agua pura que os purificará de todas vuestras inmundicias *(Ezequiel 36,25).*

AGOSTO

24

VIERNES

FIESTA DE SAN BARTOLOMÉ, APÓSTOL

SS. Jorge *mj*, Juana Antida Thouret *vg*, Emilia de Vialar *vg*

SAN BARTOLOMÉ, APÓSTOL

Papa Francisco: [Cuando los primeros discípulos] siguieron a Jesús, permanecieron con Él toda la tarde. Luego, al volver a casa, decían: «Hemos escuchado a un rabino»... ¡No! «¡Hemos encontrado al Mesías!». Estaban entusiasmados. Algunos reían... Pensemos en esa frase: «¿Puede salir algo bueno de Nazaret?». No lo creían. Pero ellos lo habían encontrado. Ese encuentro que transforma; de ese encuentro viene todo. Este es el camino de la santidad cristiana: cada día buscar a Jesús para encontrarlo y cada día dejarse buscar y encontrar por Jesús.

PALABRA

Felipe encontró a Natanael y le dijo: «Aquel de quien escribieron Moisés en la ley y los profetas, lo hemos encontrado: Jesús, hijo de José, de Nazaret». Natanael le replicó: «¿De Nazaret puede salir algo bueno?». Felipe le contestó: «Ven y verás». Vio Jesús que se acercaba Natanael y dijo de él: «Ahí tenéis a un israelita de verdad, en quien no hay engaño». Natanael le contesta: «¿De qué me conoces?». Jesús le responde: «Antes de que Felipe te llamara, cuando estabas debajo de la higuera, te vi». Natanael respondió: «Rabí, tú eres el Hijo de Dios, tú eres el Rey de Israel». Jesús le contestó: «¿Por haberte dicho que te vi debajo de la higuera, crees? Has de ver cosas mayores». Y le añadió: «En verdad, en verdad os digo: veréis el cielo abierto y a los ángeles de Dios subir y bajar sobre el Hijo del hombre».

Apocalipsis 21,9b-14; ***Salmo*** 144,10-13.17-18 • **JUAN 1,45-51**

ORACIÓN

SEÑOR, Natanael, antes de conocerte, emite un prejuicio contra ti y contra Nazaret. Y tú no haces caso de palabras necias, sino que contestas con un elogio: *Ahí tenéis a un israelita de verdad, en quien no hay engaño.* Es tu estilo, que quiero hacer mío: devolver bien por mal. Y prometes, a Bartolomé, y a mí, que veremos cosas mayores: el cielo abierto. Ya en esta vida hay momentos en los que vas dejando caer migajas de cielo. ¿Cómo será la gran casa del Padre, a la que camino a tu lado?

Tus santos, Señor, proclaman la gloria de tu reinado *(Salmo 144,12).*

SAN JOSÉ DE CALASANZ

Santos LUIS IX DE FRANCIA *re*, JOSÉ DE CALASANZ *pb*, Ginés *mr*. Beato Luis Urbano *pb mr*

Papa Francisco: Jesús no se confiaba a ellos [los fariseos], porque «los conocía a todos, y no necesitaba el testimonio de nadie sobre un hombre, porque Él sabía lo que hay dentro de cada hombre» (*Jn* 2, 24-25). ¿Puede fiarse Jesús de mí, o tengo una doble cara? ¿Me presento como católico, como uno cercano a la Iglesia, y luego vivo como un pagano? Él no tenía necesidad de que alguien diese testimonio; Él, en efecto, conocía lo que había en el hombre *(8-3-2015)*.

PALABRA

Habló Jesús a la gente y a sus discípulos, diciendo: «En la cátedra de Moisés se han sentado los escribas y los fariseos: haced y cumplid todo lo que os digan; pero no hagáis lo que ellos hacen, porque ellos dicen, pero no hacen. Lían fardos pesados y se los cargan a la gente en los hombros, pero ellos no están dispuestos a mover un dedo para empujar. Todo lo que hacen es para que los vea la gente: alargan las filacterias y agrandan las orlas del manto; les gustan los primeros puestos en los banquetes y los asientos de honor en las sinagogas; que les hagan reverencias por la calle y que la gente los llame "rabbí". Vosotros, en cambio, no os dejéis llamar "rabbí", porque uno solo es vuestro maestro, y todos vosotros sois hermanos. Y no llaméis padre vuestro a nadie en la tierra, porque uno solo es vuestro Padre, el del cielo. No os dejéis llamar maestros, porque uno solo es vuestro maestro, el Mesías. El primero entre vosotros será vuestro servidor. El que se enaltece será humillado, y el que se humilla será enaltecido».

Ezequiel 43,1-7a; ***Salmo*** 84,9-14 • **MATEO 23,1-12**

ORACIÓN

SEÑOR, la gloria del mundo fenece como flor que se marchita. Lo que cuenta es tu opinión, mi vida real a tus ojos. ¡Que nunca obre buscando la alabanza de los hombres, ni te robe la gloria que solo se debe a ti, autor de todo lo bueno que hay en mí!

La gloria del Señor habitará en nuestra tierra *(Salmo 84,10)*.

AGOSTO
26
DOMINGO

DOMINGO XXI DEL TIEMPO ORDINARIO Tomo IV - Salterio 1ª semana

Santos TERESA DE J. JORNET *vg,*
Junípero Serra *pb,*
Melquisedec *AT,* Juana Isabel *vg.*

SANTA TERESA DE JESÚS JORNET

Papa Francisco: Hoy concluye la lectura del discurso sobre el «Pan de vida» que Jesús pronunció el día después del milagro de la multiplicación de los panes y los peces. Al final de su discurso, el gran entusiasmo del día anterior se desvaneció, porque Jesús había dicho que era el Pan bajado del cielo y que daría su carne como alimento y su sangre como bebida. Desde ese momento, «muchos discípulos suyos se echaron atrás y no volvieron a ir con Él». Frente a estas deserciones, Jesús no regatea ni atenúa sus palabras, es más: obliga a hacer una elección clara: o estar con Él o separarse de Él, y les dice a los Doce: «¿También vosotros queréis marcharos?». Entonces, Pedro hace su confesión de fe en nombre de los otros Apóstoles: «Señor, ¿a quién vamos a acudir? Tú tienes palabras de Vida eterna». No dice: «¿adónde iremos?», sino «¿a quién iremos?». El problema de fondo no es ir y abandonar la obra emprendida, sino *a quién* ir. La fidelidad a Dios es una cuestión de fidelidad a una persona, a la cual nos adherimos para recorrer juntos un mismo camino. Y esta persona es Jesús. Todo lo que tenemos en el mundo no sacia nuestra hambre de infinito. ¡Tenemos necesidad de Jesús, de estar con Él, de alimentarnos en su mesa, con sus palabras de vida eterna! Creer en Jesús significa hacer de Él el centro, el sentido de nuestra vida *(23-8-2015)*.

PALABRA

• ***Josué*** 24, 1-2a. 15-17.18b: Josué reunió todas las tribus de Israel en Siquén y llamó a los ancianos, a los jefes, a los jueces, a los magistrados para que se presentasen ante Dios. Josué dijo a todo el pueblo: «Si no os parece bien servir al Señor, escoged a quién servir: a los dioses a quienes sirvieron vuestros antepasados al este del Éufrates o a los dioses de los amorreos, en cuyo país habitáis. Yo y mi casa serviremos al Señor». El pueblo respondió: «¡Lejos de nosotros abandonar al Señor para servir a dioses extranjeros! El Señor es nuestro Dios; él nos sacó a nosotros y a nuestros padres de Egipto, de la esclavitud; él hizo a nuestra vista grandes signos, nos protegió en el camino que recorrimos y entre los pueblos por donde cruzamos. También nosotros serviremos al Señor: ¡es nuestro Dios!».

• ***Salmo*** 33, 2-3. 16-23: ***Gustad y ved qué bueno es el Señor.***

• ***Efesios*** 5, 21-32: Sed sumisos unos a otros en el temor de Cristo: las mujeres, a sus maridos, como al Señor; porque el marido es cabeza de la mujer, como Cristo es cabeza de la Iglesia; él, que es el salvador del cuerpo. Como la Iglesia se somete a Cristo, así también las mujeres a sus maridos en todo. Maridos, amad a vuestras mujeres como Cristo amó a su Iglesia. Él se entregó a sí mismo por ella, para consagrarla, purificándola con el baño del agua y la palabra, y para presentársela gloriosa, sin mancha ni arruga ni nada semejante, sino santa e inmaculada. Así deben también los maridos amar a sus mujeres, como cuerpos suyos que son. Amar a su mujer es amarse a sí mismo. Pues nadie jamás ha odiado su propia carne, sino que le da alimento y calor, como Cristo hace con la Iglesia, porque somos miembros de su cuerpo. «Por eso dejará el hombre a su padre y a su madre, y se unirá a su mujer y serán los dos una sola carne». Es este un gran misterio: y yo lo refiero a Cristo y a la Iglesia.

• **JUAN 6, 60-69:** Muchos discípulos de Jesús, al oírlo, dijeron: «Este modo de hablar es duro, ¿quién puede hacerle caso?». Sabiendo Jesús que sus discípulos lo criticaban, les dijo: «¿Esto os escandaliza?, ¿y si vierais al Hijo del hombre subir adonde estaba antes? El Espíritu es quien da vida; la carne no sirve para nada. Las palabras que os he dicho son espíritu y vida. Y con todo, hay algunos de entre vosotros que no creen». Pues Jesús sabía desde el principio quiénes no creían y quién lo iba a entregar. Y dijo: «Por eso os he dicho que nadie puede venir a mí, si el Padre no se lo concede». Desde entonces muchos discípulos se echaron atrás y no volvieron a ir con él. Entonces Jesús les dijo a los Doce: «¿También vosotros queréis marcharos?». Simón Pedro le contestó: «Señor, ¿a quién vamos a acudir? Tú tienes palabras de vida eterna; nosotros creemos y sabemos que tú eres el Santo de Dios».

ORACIÓN

SEÑOR, lo que pasó entonces sigue ocurriendo hoy: muchos te dejan porque, engañados por el mundo y la carne, el demonio les hace creer que seguirte es de idiotas. Pues, mira, yo quiero ser ese idiota: desprecio olímpicamente lo que ofrece el mundo y sus engaños, y me agarro fuertemente a tu mano. Con Pedro te pregunto yo: *¿A quién voy a ir lejos de ti?* Y me respondo aclamándote: *¡Tú tienes palabras de vida eterna!*

AGOSTO

27

LUNES (MO)

Lunes 21° Tiempo Ordinario Tomo IV - Salterio 1ª semana

Santos MÓNICA *mf*, Cesáreo de Arlés *ob*, Amadeo *ob*, David Lewis *pb mr*. Beato Domingo Barberi, *pb*

SANTA MÓNICA

Papa Francisco: [Los fariseos] parecían justos, pero Jesús les dice una palabra no tan bonita: «hipócritas». Así los llama Jesús. Y para hacernos comprender cómo son ellos, la fotografía que Jesús les hace es: «Sois sepulcros blanqueados». Quien está cerrado, no puede recibir, es incapaz de recibir esta valentía del Espíritu Santo, y permanece cerrado y no puede ir a la periferia. Pídele al Señor permanecer abierto a la voz del Espíritu, para ir a esa periferia *(30-4-2015)*.

PALABRA

Habló Jesús diciendo: «¡Ay de vosotros, escribas y fariseos hipócritas, que cerráis a los hombres el reino de los cielos! Ni entráis vosotros, ni dejáis entrar a los que quieren. ¡Ay de vosotros, escribas y fariseos hipócritas, que viajáis por tierra y mar para ganar un prosélito, y cuando lo conseguís, lo hacéis digno de la "gehenna" el doble que vosotros! ¡Ay de vosotros, guías ciegos, que decís: "Jurar por el templo no obliga, jurar por el oro del templo sí obliga"! ¡Necios y ciegos! ¿Qué es más, el oro o el templo que consagra el oro? O también: "Jurar por el altar no obliga, jurar por la ofrenda que está en el altar sí obliga". ¡Ciegos! ¿Qué es más, la ofrenda o el altar que consagra la ofrenda? Quien jura por el altar jura por él y por cuanto hay sobre él; quien jura por el templo, jura por él y por quien habita en él; y quien jura por el cielo, jura por el trono de Dios y también por el que está sentado en él».

2Tesalonicenses 1, 1-5. 11b-12; ***Salmo*** 95, 1-5 • **MATEO 23, 13-22**

ORACIÓN

SEÑOR, es verdad que hay guías ciegos, que conducen a la ruina: ni entran al reino ni dejan entrar. Pero tú me llamas, desde tu amor infinito, a la Verdad y a la Vida. Que la verdad esté siempre en mis labios, con la sencillez que tú quieres. Y mi vida eterna, que ya ha comenzado, se prolongue sin fin a tu lado, después de pasar por este mundo haciendo el bien a quien precisa una mano amiga.

Contad las maravillas del Señor a todas las naciones *(Salmo 95,3)*.

Santos AGUSTÍN *ob dc*, Julián *mr*, Hermes *mr*, Alejandro *ob*

Papa Francisco: *[Descuidáis lo más grave de la ley: el derecho, la compasión y la sinceridad]* Cuando conocieron el amor de Dios, los santos le siguieron con todo el corazón, sin condiciones e hipocresías; gastaron su vida al servicio de los demás, soportaron sufrimientos y adversidades sin odiar y respondiendo al mal con el bien, difundiendo alegría y paz. Esta es la vida de los santos: personas que por amor a Dios no le pusieron condiciones a Él en su vida; no fueron hipócritas; gastaron su vida al servicio de los demás para servir al prójimo; sufrieron muchas adversidades, pero sin odiar. Los santos no odiaron nunca. Comprended bien esto: el amor es de Dios, pero el odio ¿de quién viene? El odio no viene de Dios, sino del diablo.

PALABRA

Habló Jesús diciendo: «¡Ay de vosotros, escribas y fariseos hipócritas, que pagáis el diezmo de la menta, del anís y del comino, y descuidáis lo más grave de la ley: el derecho, la misericordia y la fidelidad! Esto es lo que habría que practicar, aunque sin descuidar aquello. ¡Guías ciegos, que filtráis el mosquito y os tragáis el camello! ¡Ay de vosotros, escribas y fariseos hipócritas, que limpiáis por fuera la copa y el plato, mientras por dentro estáis rebosando de robo y desenfreno! ¡Fariseo ciego!, limpia primero la copa por dentro, y así quedará limpia también por fuera».

2 Tesalonicenses 2,1-3a.14-17; ***Salmo*** 95,10-13 • **MATEO 23,23-26**

ORACIÓN

SEÑOR, tú quieres que yo sea cristiano sincero, con todo mi ser, abierto a la comprensión, misericordioso, dispuesto a cargar con el peso de los otros. Y yo también lo quiero, pero solo podré serlo con tu gracia. Lo demás son mezquindades, el décimo del comino, que es la caricatura del ser cristiano.

Llega el Señor a regir la tierra *(Salmo 95,13).*

Nos hiciste, Señor, para ti, y nuestro corazón no descansará hasta que te encuentre a ti. Tú eres mi Dios, por ti suspiro día y noche.

Tarde te amé, Hermosura tan antigua y tan nueva, tarde te amé. Tú estabas conmigo, mas yo no estaba contigo. Me tocaste, y deseé con ansia la paz que procede de ti.

San Agustín

AGOSTO

29

MIÉRCOLES (MO)

Martirio de San Juan Bautista

Santos Sabina *mr*, Víctor *er*, Adelfo *ob*

MARTIRIO DE SAN JUAN BAUTISTA

Papa Francisco: El Bautista siguió a Jesús, en la vida y en la muerte afrentosa: Juan, víctima de un hombre débil y lujurioso, que se dejó llevar por el odio de una adúltera por el capricho de una bailarina. Son dos «muertes humillantes». Como Jesús, también Juan tuvo su huerto de los olivos, su angustia en la cárcel cuando creía haberse equivocado. Por ello manda a sus discípulos a preguntar a Jesús: dime, ¿eres tú o me equivoqué y existe otro? Es la experiencia de la «oscuridad del alma», de la oscuridad que purifica.

PALABRA

Herodes había mandado prender a Juan y lo había metido en la cárcel encadenado. El motivo era que Herodes se había casado con Herodías, mujer de su hermano Filipo, y Juan le decía que no le era lícito tener la mujer de su hermano. La ocasión llegó cuando Herodes, por su cumpleaños, dio un banquete a sus magnates, a sus oficiales y a la gente principal de Galilea. La hija de Herodías entró y danzó, gustando mucho a Herodes y a los convidados. El rey le dijo a la joven: «Pídeme lo que quieras, que te lo daré». Y le juró: «Te daré lo que me pidas, aunque sea la mitad de mi reino». Ella salió a preguntarle a su madre: «¿Qué le pido?». La madre le contestó: «La cabeza de Juan el Bautista». Entró ella enseguida, a toda prisa, se acercó al rey y le pidió: «Quiero que ahora mismo me des en una bandeja la cabeza de Juan el Bautista». El rey se puso muy triste; pero, por el juramento y los convidados, no quiso desairarla. Enseguida le mandó a uno de su guardia que trajese la cabeza de Juan. Fue, lo decapitó en la cárcel, trajo la cabeza en una bandeja y se la entregó a la joven; la joven se la entregó a su madre. Al enterarse sus discípulos, fueron a recoger el cadáver y lo pusieron en un sepulcro.

Jeremías 1,17-19; ***Salmo*** 70,1-6.15.17 • **MARCOS 6,17-18. 21-29**

ORACIÓN

SEÑOR, en los tres momentos capitales de vuestra vida, Juan Bautista sigue una trayectoria paralela a la tuya. Ambos tuvisteis una relación sobrenatural desde el vientre de vuestras madres, y él saltó de gozo por tu presencia. La vida de los dos fue de anuncio de salvación, aunque la de Juan fue para prepararte los caminos a ti. Y la muerte cruenta e injusta os unió en el holocausto de vuestra vida al Padre por la humanidad. ¿Me aceptáis en vuestra compañía y en los dos momentos capitales finales: misión y martirio?

Mi boca contará tu auxilio *(Salmo 70,15).*

SANTA JUANA JUGÁN

AGOSTO

30

JUEVES (FE)

Santos Juana Jugan *vg,* Félix y Adauto *mrs,* Margarita Ward *mr.* Beato Alfredo Ildefonso Schuster *ob*

Papa Francisco: La única virtud posible para contemplar el tiempo la debe regalar el Señor: es la esperanza. El cristiano se mueve por este camino del momento, con la oración y el discernimiento. Pero deja el tiempo a la esperanza. El cristiano sabe esperar al Señor en cada momento; pero espera en el Señor al final de los tiempos. Que el Señor nos dé la gracia de caminar con sabiduría. También esta es un don: la sabiduría que en el momento nos conduce a orar y a discernir; y en el tiempo, que es mensajero de Dios, nos hace vivir con esperanza.

PALABRA

Dijo Jesús a sus discípulos: «Estad en vela, porque no sabéis qué día vendrá vuestro Señor. Comprended que si supiera el dueño de casa a qué hora de la noche viene el ladrón, estaría en vela y no dejaría que abrieran un boquete en su casa. Por eso, estad también vosotros preparados, porque a la hora que menos penséis viene el Hijo del hombre. ¿Quién es el criado fiel y prudente, a quien el señor encarga de dar a la servidumbre la comida a sus horas? Bienaventurado ese criado, si el señor, al llegar, lo encuentra portándose así. En verdad os digo que le confiará la administración de todos sus bienes. Pero si dijese aquel mal siervo para sus adentros: "Mi señor tarda en llegar", y empieza a pegar a sus compañeros, y a comer y a beber con los borrachos, el día y la hora que menos se lo espera, llegará el amo y lo castigará con rigor, y le hará compartir la suerte de los hipócritas. Allí será el llanto y el rechinar de dientes».

1Corintios **1,1-9;** ***Salmo*** **144,2-7 • MATEO 24,42-51**

ORACIÓN

SEÑOR, qué maravillosa es tu pedagogía, al establecer el estar alerta continuamente, en tensión entre el camino y la meta, entre el tiempo y la eternidad. Como sea mi vida, será su final. No me importa cómo será el resto de mi vida terrena. Lo único que te pido es que viva y muera contigo. Tú harás lo demás.

Bendeciré tu nombre por siempre, Señor *(Salmo 144,1).*

AGOSTO

31

VIERNES (FE)

Viernes 21° Tiempo Ordinario Tomo IV - Salterio 1ª semana

Santos Ramón Nonato *rl*, José de Arimatea y Nicodemo *NT*, Dominguito del Val *mr*. Beato Pedro Tarrès y *co mrs*

Papa Francisco: Lo que se nos pide [en la parábola de las diez vírgenes] es que estemos preparados para el encuentro bello, el encuentro con Jesús, que significa saber ver los signos de su presencia, tener viva nuestra fe, con la oración, con los Sacramentos, estar vigilantes para no adormecernos, para no olvidarnos de Dios. La vida de los cristianos dormidos es una vida triste, no es una vida feliz. El cristiano debe ser feliz con la alegría de Jesús.

PALABRA

Dijo Jesús a sus discípulos esta parábola: «El reino de los cielos se parece a diez vírgenes que tomaron sus lámparas y salieron al encuentro del esposo. Cinco de ellas eran necias y cinco eran prudentes. Las necias, al tomar las lámparas, no se proveyeron de aceite; en cambio, las prudentes se llevaron alcuzas de aceite con las lámparas. El esposo tardaba, les entró sueño a todas y se durmieron. A medianoche se oyó una voz: "¡Que llega el esposo, salid a su encuentro!". Entonces se despertaron todas aquellas vírgenes y se pusieron a preparar sus lámparas. Y las necias dijeron a las prudentes: "Dadnos de vuestro aceite, que se nos apagan las lámparas". Pero las prudentes contestaron: "Por si acaso no hay bastante para vosotras y nosotras, mejor es que vayáis a la tienda y os lo compréis". Mientras iban a comprarlo, llegó el esposo, y las que estaban preparadas entraron con él al banquete de bodas, y se cerró la puerta. Más tarde llegaron también las otras vírgenes, diciendo: "Señor, señor, ábrenos". Pero él respondió: "En verdad os digo: no os conozco". Por tanto, velad, porque no sabéis el día ni la hora».

1Corintios 1,17-25; ***Salmo*** 32,1-5.10-11 • **MATEO 25,1-13**

ORACIÓN

SEÑOR, no sabemos el día ni la hora de tu venida. Pero sí sé lo que quieres de mí: que sea feliz en esta vida, con la lámpara de la fe encendida, cumpliendo tu Palabra. Y esta felicidad, que aquí convive con el sufrimiento y el cansancio, un día será plena y eterna. ¡Cómo me quieres, Señor, a pesar de mis infidelidades: has venido a salvar a los pecadores!

La misericordia del Señor llena la tierra *(Salmo 32,5).*

EXALTACION DE LA SANTA CRUZ

Exaltamos la cruz de Jesús, porque en ella se reveló al máximo el amor de Dios por la humanidad: «Tanto amó Dios al mundo que entregó a su Unigénito» (Jn 3,16). El Padre «dio» al Hijo para salvarnos, y esto implicó la muerte de Jesús, y la muerte en la cruz. ¿Por qué fue necesaria la cruz? A causa de la gravedad del mal que nos esclavizaba. La cruz de Jesús expresa ambas cosas: toda la fuerza negativa del mal y toda la omnipotencia mansa de la misericordia de Dios.

(Papa Francisco)

Santos Josué *AT*, Gil *ab*,
Sixto *ob*, Vicente *ob*

JORNADA MUNDIAL DE ORACIÓN POR EL CUIDADO DE LA CREACIÓN

Papa Francisco: *[El 8 de junio de 2015 el Papa Francisco presentó la encíclica "Laudato Si´", en defensa de la creación, dando un enfoque integral sobre la ecología que pone al hombre y a la vida en el centro de todo lo creado por Dios. Y el 10 de agosto* ***ordenó que el 1 de septiembre de cada año se celebre esta jornada].*** La parábola de los talentos nos enseña a no cerrarse en uno mismo, enterrando el propio talento, las propias riquezas espirituales, intelectuales, materiales, todo lo que el Señor nos ha dado, sino a abrirse, ser solidarios, estar atentos al otro.

PALABRA

Dijo Jesús a sus discípulos esta parábola: «Un hombre, al irse de viaje, llamó a sus siervos y los dejó al cargo de sus bienes: a uno le dejó cinco talentos, a otro dos, a otro uno, a cada cual según su capacidad; luego se marchó. El que recibió cinco talentos fue enseguida a negociar con ellos y ganó otros cinco. El que recibió dos hizo lo mismo y ganó otros dos. En cambio, el que recibió uno hizo un hoyo en la tierra y escondió el dinero de su señor. Al cabo de mucho tiempo volvió el señor de aquellos siervos y se puso a ajustar las cuentas con ellos. Se acercó el que había recibido cinco talentos y le presentó otros cinco, diciendo: "Señor, cinco talentos me dejaste; mira, he ganado otros cinco". Su señor le dijo: "Bien, siervo bueno y fiel; como has sido fiel en lo poco, te daré un cargo importante; entra en el gozo de tu señor". Se acercó luego el que había recibido dos talentos y dijo: "Señor, dos talentos me dejaste; mira, he ganado otros dos". Su señor le dijo: "Bien, siervo bueno y fiel; como has sido fiel en lo poco, te daré un cargo importante; pasa al banquete de tu señor". Se acercó también el que había recibido un talento y dijo: "Señor, sabía que eres exigente, que siegas donde no siembras y recoges donde no esparces, tuve miedo y fui a esconder tu talento bajo tierra. Aquí tienes lo tuyo". El señor le respondió: "Eres un siervo negligente y holgazán. Quitadle el talento y dádselo al que tiene diez. Porque al que tiene se le dará y le sobrará, pero al que no tiene, se le quitará hasta lo que tiene. Y a ese empleado inútil echadle fuera, a las tinieblas; allí será el llanto y el rechinar de dientes"».

1Corintios 1,26-31; ***Salmo*** 32,12-13.18-21 • **MATEO 25,14-26a. 28-30**

ORACIÓN

SEÑOR, si algo bueno tengo es lo que tú me has prestado para que lo administre en favor de los demás: en la familia, el trabajo, la amistad, la cercanía. Y para mejorar las estructuras sociales injustas, y los abusos de la naturaleza.

Dichoso el pueblo que el Señor se escogió como heredad *(Salmo 32,12).*

Santos Antonino *mr,* Zenón *mr,*
Teódota *mf.* Beata Ingrid *vd rl*

Papa Francisco: Hay que poner atención, cuidado con la levadura de los fariseos, con la levadura de Herodes. Herodes es malo, asesino y los fariseos hipócritas. Jesús recuerda [a los apóstoles] cuando partió los cinco panes y les exhorta a pensar en lo que Dios ha hecho por todos nosotros. Pero ellos no entendían, porque el corazón estaba endurecido por esta pasión, por esta maldad de discutir entre ellos y mirar quién era el culpable de haberse olvidado el pan. Estas no son cosas raras, este no es el discurso de un marciano, el hombre es capaz de hacer mucho bien. Por ejemplo, la Madre Teresa, una mujer de nuestro tiempo. Todos somos capaces de hacer mucho bien, pero todos nosotros somos capaces también de destruir; destruir en lo grande y en lo pequeño, en la misma familia; destruir a los hijos, no dejándoles crecer con libertad, no ayudándoles a crecer bien, anular a los hijos. Por eso es necesaria la meditación cotidiana, la oración, el debate entre nosotros, para no caer en esta maldad que lo destruye todo *(17-2-2015).*

PALABRA

• ***Deuteronomio*** 4, 1-2. 6-8: Moisés habló al pueblo diciendo: «Ahora, Israel, escucha los mandatos y decretos que yo os mando cumplir. Así viviréis y entraréis a tomar posesión de la tierra que el Señor Dios de vuestros padres os va a dar. Estos mandatos son vuestra sabiduría y vuestra inteligencia a los ojos de los pueblos que, cuando tengan noticia de todos ellos, dirán: «Cierto que esta gran nación es un pueblo sabio e inteligente». Y, en efecto, ¿hay alguna nación tan grande que tenga los dioses tan cerca como lo está el Señor Dios de nosotros siempre que lo invocamos? Y, ¿cuál es la gran nación, cuyos mandatos y decretos sean tan justos como toda esta Ley que hoy os doy?».

• ***Salmo*** 14, 2-5: ***Señor, ¿quién puede hospedarse en tu tienda?***

• ***Santiago*** 1, 17-18.21b-22.27: Todo regalo y todo don perfecto viene de arriba, procede del Padre de las luces, en el cual no hay ni alteración ni sombra de mutación. Por propia iniciativa nos engendró con la palabra de la verdad, para que seamos como una primicia de sus criaturas. Acoged con docilidad esa palabra que ha sido injertada en vosotros y es capaz de salvar vuestras vidas. Poned en práctica la palabra y no os contentéis con oírla, engañándoos a vosotros mismos. La religiosidad auténtica e intachable a los ojos de Dios Padre es esta: atender a huérfanos y viudas en su aflicción y mantenerse incontaminado del mundo.

• **MARCOS 7, 1-8.14-15.21-23:** Se reunieron junto a Jesús un grupo de fariseos y algunos escribas venidos de Jerusalén y vieron que algunos discípulos comían con manos impuras, es decir, sin lavarse las manos. (Pues los fariseos, como los demás judíos, no comen sin lavarse antes las manos, restregando bien, aferrándose a la tradición de sus mayores, y al volver de la plaza no comen sin lavarse antes, y se aferran a otras muchas tradiciones, de lavar vasos, jarras y ollas). Según eso, los fariseos y los escribas le preguntaron: «¿Por qué no caminan tus discípulos según las tradiciones de los mayores y comen el pan con manos impuras?». Él les contestó: «Bien profetizó Isaías de vosotros, hipócritas, como está escrito: "Este pueblo me honra con los labios, pero su corazón está lejos de mí. El culto que me dan está vacío, porque la doctrina que enseñan son preceptos humanos". Y añadió: Dejáis a un lado el mandamiento de Dios para aferraros a la tradición de los hombres». Llamó Jesús de nuevo a la gente y les dijo: «Escuchad y entended todos: nada que entre de fuera puede hacer al hombre impuro; lo que sale de dentro es lo que hace impuro al hombre. Porque de dentro, del corazón del hombre, salen los pensamientos perversos, las fornicaciones, robos, homicidios, adulterios, codicias, malicias, fraudes, desenfreno, envidia, difamación, orgullo, frivolidad. Todas esas maldades salen de dentro y hacen al hombre impuro».

ORACIÓN

SEÑOR, hoy confieso con mis labios y creo firmemente en mi corazón que tú eres mi único Señor. Y quiero, contando con tu gracia, que mi vida responda con obras de vida eterna a esa fe del corazón y a esa confesión de mi boca. ¡Ayúdame a que mi corazón, que se te rinde entero, sea fuente pura de donde no pueda brotar nada nocivo, nada sucio, sino la bondad, que tiende a difundirse, para que los demás vean tu amor y tu misericordia!

SAN GREGORIO MAGNO

Santos GREGORIO MAGNO ***pp dc,***
Basilisa ***vg mr,*** **Sandalio** ***mr***

Papa Francisco: ¿Qué ventaja hemos recibido por cumplir los mandamientos de Dios, mientras que los 'soberbios' aun haciendo el mal, se multiplican y, aun provocando a Dios quedan impunes? ¿Por qué a este que es un descarado a quien no le importa ni Dios ni los otros, que es una persona injusta y mala, le va todo bien en la vida, tiene todo lo que quiere y nosotros que queremos hacer el bien tenemos tantos problemas? ¿Qué dice el Salmo sobre los malvados, sobre los que pensamos que les va todo bien? «No así los impíos, no así; serán paja que arrebata el viento. Porque el Señor protege el camino de los justos, pero el camino de los impíos acaba mal» *(8-10-2015)*.

PALABRA

Jesús fue a Nazaret, donde se había criado, entró en la sinagoga, como era su costumbre los sábados, y se puso en pie para hacer la lectura. Le entregaron el libro del profeta Isaías y, desenrollándolo, encontró el pasaje donde estaba escrito: «El Espíritu del Señor está sobre mí, porque él me ha ungido. Me ha enviado a evangelizar a los pobres, a proclamar a los cautivos la libertad, y a los ciegos, la vista; a poner en libertad a los oprimidos; a proclamar el año de gracia del Señor». Y, enrollando el rollo y devolviéndolo al que lo ayudaba, se sentó. Toda la sinagoga tenía los ojos clavados en él. Y él comenzó a decirles: «Hoy se cumple esta Escritura que acabáis de oír». Y todos le expresaban su aprobación y se admiraban de las palabras de gracia que salían de su boca. Y decían: «¿No es este el hijo de José?». Y Jesús les dijo: «Ningún profeta es aceptado en su pueblo. Puedo aseguraros que en Israel había muchas viudas en los días de Elías, cuando estuvo cerrado el cielo tres años y seis meses, y hubo una gran hambre en todo el país; sin embargo, a ninguna de ellas fue enviado Elías sino a una viuda de Sarepta, en el territorio de Sidón. Y muchos leprosos había en Israel en tiempos del profeta Eliseo; sin embargo, ninguno de ellos fue curado sino Naamán, el sirio». Al oír esto, lo llevaron hasta un precipicio del monte sobre el que estaba edificado su pueblo, con intención de despeñarlo. Pero Jesús se abrió paso entre ellos y seguía su camino.

1Corintios 2, 1-5; ***Salmo*** 118, 97-102 • **LUCAS 4, 16-22.24-27.29-30**

ORACIÓN

SEÑOR, tus paisanos te desprecian, pero el Espíritu te unge y envía como Mesías de tu pueblo, de la humanidad, de los pobres. Yo, como pobre, necesito que me anuncies el Evangelio, que me des la luz y la libertad, que me liberes de las opresiones de mundo, demonio y carne. Quiero ser todo tuyo.

¡Cuánto amo tu ley, Señor! *(Salmo 118,97).*

SEPTIEMBRE

4

MARTES (FE)

Martes 22° Tiempo Ordinario Tomo IV - Salterio 2ª semana

Santos Moisés *AT,* Marcelo *mr,* Cándida *mr,* Rosalía *vg,* Marino *di er.* Ntra. Sra. de la Consolación

SANTA CÁNDIDA DE ROMA

Papa Francisco: *[Había un hombre que tenía un demonio]* ¿Qué ocurre cuando no se edifica sobre piedra? Sucede lo que ocurre a los niños en la playa cuando construyen castillos de arena. Todo se viene abajo. No es consistente. Cuando no se confiesa a Jesucristo, me viene a la memoria la frase de Léon Bloy: «Quien no reza al Señor, reza al diablo». Cuando no se confiesa a Jesucristo, se confiesa la mundanidad del diablo, la mundanidad del demonio.

PALABRA

Jesús bajó a Cafarnaún, ciudad de Galilea, y los sábados les enseñaba. Se quedaban asombrados de su enseñanza, porque su palabra estaba llena de autoridad. Había en la sinagoga un hombre poseído por un espíritu de demonio inmundo, y se puso a gritar con fuerte voz: «¡Basta! ¿Qué tenemos que ver nosotros contigo, Jesús Nazareno? ¿Has venido a acabar con nosotros? Sé quién eres: el Santo de Dios». Pero Jesús le increpó diciendo: «¡Cállate y sal de él!». Entonces el demonio, tirando al hombre por tierra en medio de la gente, salió sin hacerle daño. Quedaron todos asombrados y comentaban entre sí: «¿Qué clase de palabra es esta? Pues da órdenes con autoridad y poder a los espíritus inmundos, y salen». Y su fama se difundía por todos los lugares de la comarca.

1Corintios 2,10b-16; ***Salmo*** 144,8-14 • **LUCAS 4,31-37**

ORACIÓN

SEÑOR, mientras tus paisanos de Nazaret querían despeñarte, los de Cafarnaún estaban encantados con tu doctrina, avalada por los milagros. Yo sé que tú eres el Santo de Dios –y me llena de gozo– y sé lo que quieres de mí: que escuche o lea tu Palabra, que cada día me llega con tu Evangelio. Hacerla vida en mí ya es otra cosa: solo podré con la gracia de tu Espíritu, que me dará la victoria sobre el maligno. ***El Señor es justo en todos sus caminos*** *(Salmo 144,17).*

Le dijo el Señor: "El clamor de los hijos de Israel ha llegado a mí. Yo te envío al faraón para que saques a mi pueblo". Moisés replicó a Dios: "¿Quién soy yo para acudir al faraón?" Respondió Dios: "Yo estoy contigo"

MOISÉS, de Miguel Ángel

Santos TERESA DE CALCUTA *vg*, Bertín *ab*, Urbano y *co mrs*, Pedro Nguyên Tu y *co mrs*.

Papa Francisco: Madre Teresa, a lo largo de su existencia, fue una generosa dispensadora de la misericordia divina, poniéndose a disposición de todos por medio de la acogida y la defensa de la vida humana, tanto la no nacida como la abandonada y descartada. Se comprometió en la defensa de la vida, proclamando incesantemente que "el no nacido es el más débil, el más pequeño, el más pobre". Se inclinó sobre las personas desfallecidas que mueren abandonadas al borde de las calles, reconociendo la dignidad que Dios les había dado; hizo sentir su voz a los poderosos de la tierra, para que reconocieran sus culpas ante los crímenes de la pobreza creada por ellos mismos. La misericordia fue para ella la "sal" que daba sabor a cada obra suya. Ella solía decir: "Quizá no hablo tu idioma, pero puedo sonreír". Llevemos en el corazón la sonrisa y entreguémosla a todos los que encontremos en nuestro camino, especialmente a los que sufren. Abriremos así horizontes de alegría y esperanza a toda esa humanidad desanimada y necesitada de comprensión y ternura *(Homilía canonización, 4-9-2016)*.

PALABRA

Al salir Jesús de la sinagoga, entró en la casa de Simón. La suegra de Simón estaba con fiebre muy alta y le pidieron que hiciera algo por ella. Él, inclinándose sobre ella, increpó a la fiebre, y se le pasó; ella, levantándose enseguida, se puso a servirles. Al ponerse el sol, cuantos tenían enfermos con diversas dolencias se los llevaban; y él, imponiendo las manos sobre cada uno, los iba curando. De muchos de ellos salían también demonios, que gritaban y decían: «Tú eres el Hijo de Dios». Los increpaba y no les dejaba hablar, porque sabían que él era el Mesías. Al hacerse de día, salió y se fue a un lugar solitario. La gente lo andaba buscando; dieron con él e intentaban retenerlo para que no se separara de ellos. Pero él les dijo: «Es necesario que proclame el reino de Dios también a las otras ciudades, pues para esto he sido enviado». Y predicaba en las sinagogas de Judea.

1Corintios 3,1-9; ***Salmo*** 32,12-15. 20-21 • **LUCAS 4,38-44**

ORACIÓN

SEÑOR, la salud que das a la suegra de Pedro no es para quedarse pasivamente, sino para ponerse a tu servicio. Cuando yo recibo tantas cosas buenas que me llegan de tu amor, ¿cómo las recibo? Pon tus manos sobre mí y cúrame de esas fiebres, origen del egoísmo y de tantos males espirituales.

Dichoso el pueblo que el Señor se escogió como heredad (Salmo 32,12).

SEPTIEMBRE

6

JUEVES (FE)

Jueves 22° Tiempo Ordinario Tomo IV - Salterio 2ª semana

Santos Zacarías *prof,* Onesíforo *NT,* Bega *mj.* Ntra. Sra. de Guadalupe (España)

VIRGEN DE GUADALUPE (ESPAÑA)

Papa Francisco: "Rema mar adentro". Esta petición era una prueba para Simón, hombre práctico y sincero, que dice inmediatamente a Jesús: «Maestro, hemos estado bregando toda la noche y no hemos pescado nada». Con valor, sale de sí mismo y elige fiarse de Jesús. Dice: «Bah, está bien: Por tu palabra, echaré las redes». ¡Atención! No dice: con mis fuerzas, con mis cálculos, con mi experiencia de experto pescador, sino «por tu palabra». Y el resultado es una pesca increíble, las redes se llenaron, en tal medida que casi se rompieron.

PALABRA

La gente se agolpaba alrededor de Jesús para oír la palabra de Dios. Estando él de pie junto al lago de Genesaret vio dos barcas que estaban en la orilla; los pescadores que habían desembarcado, estaban lavando las redes. Subió a una de las barcas, la de Simón, y le pidió que la apartara un poco de tierra. Desde la barca, sentado, enseñaba a la gente. Cuando acabó de hablar, dijo a Simón: «Rema mar adentro, y echad las redes para la pesca». Respondió Simón y dijo: «Maestro, hemos estado bregando toda la noche y no hemos recogido nada; pero, por tu palabra, echaré las redes». Y, puestos a la obra, hicieron una redada tan grande de peces que las redes comenzaban a reventarse. Entonces hicieron señas a los compañeros, que estaban en la otra barca, para que vinieran a echarles una mano. Vinieron y llenaron las dos barcas, hasta el punto de que casi se hundían. Al ver esto, Simón Pedro se echó a los pies de Jesús diciendo: «Señor, apártate de mí, que soy un pecador». Y es que el estupor se había apoderado de él y de los que estaban con él, al ver la redada de peces que habían recogido; y lo mismo les pasaba a Santiago y Juan, hijos de Zebedeo, que eran compañeros de Simón. Y Jesús dijo a Simón: «No temas; desde ahora serás pescador de hombres». Ellos sacaron las barcas a tierra y, dejándolo todo, lo siguieron.

1Corintios **3,18-23;** ***Salmo*** **23,1-6 • LUCAS 5,1-11**

ORACIÓN

SEÑOR, como Pedro, soy un pecador, indigno de estar a tu lado. Pero tú has venido a salvar a los pecadores y de entre ellos eliges a los que serán pescadores de hombres. Sigue junto a mí, te necesito para seguir pescando, para seguir viviendo. Solo por tu palabra, echaré las redes: contigo conseguiré los frutos espirituales imposibles de lograr lejos de ti. Aquí me tienes, cuenta conmigo, que yo cuento contigo.

Del Señor es la tierra y cuanto la llena *(Salmo 23,1).*

Santos Regina *mr,* Madelberta *ab,* Clodoaldo *pb.*

Papa Francisco: *[El esposo está con ellos]* El corazón de Jesús es un corazón gozoso. Estamos acostumbrados a pensar en Jesús mientras predica, mientras cura, mientras va por la calle hablando a la gente, o cuando sube a la cruz. Pero no estamos muy acostumbrados a pensar en Jesús sonriente, alegre. *Jesús estaba lleno de alegría.* Una alegría que derivaba de la intimidad con el Padre. Es precisamente de esta relación con el Padre en el Espíritu Santo de donde nace la alegría interior de Jesús. Esa alegría que Él nos da.

PALABRA

Los fariseos y los escribas dijeron a Jesús: «Los discípulos de Juan ayunan a menudo y oran, y los de los fariseos también; en cambio, los tuyos, a comer y a beber». Jesús les dijo: «¿Acaso podéis hacer ayunar a los invitados a la boda mientras el esposo está con ellos? Llegarán días en que les arrebatarán al esposo, entonces ayunarán en aquellos días». Les dijo también una parábola: «Nadie recorta una pieza de un manto nuevo para ponérsela a un manto viejo; porque si lo hace, el nuevo se rompe y al viejo no le cuadra la pieza del nuevo. Nadie echa vino nuevo en odres viejos; porque, si lo hace, el vino nuevo reventará los odres, y se derramará, y los odres se estropearán. A vino nuevo, odres nuevos. Nadie que cate vino añejo quiere del nuevo, pues dirá: "El añejo es mejor"».

1Corintios 4,1-5; ***Salmo*** 36,3-6,27-28,39-40 • **LUCAS 5,33-39**

ORACIÓN

SEÑOR, es alentadora la imagen que ofreces de lo que es tu Iglesia, de lo que yo soy para ti. Tú te has desposado con la Iglesia, a la que amas tanto que das tu vida por ella. Y a mí me consideras tu amigo, invitado a la fiesta. ¿Cómo andar triste mientras tú me invitas al banquete de bodas de esta vida? Solo te pido que me ayudes a quedarme siempre contigo y no irme tras otros amores, sino serte siempre fiel: *tú y yo, amigos para siempre.*

El Señor es quien salva a los justos *(Salmo 36,39).*

SEPTIEMBRE

8

SÁBADO

NATIVIDAD DE MARÍA,
Ntra. Sra. de la Caridad del Cobre, de Covadonga, del Pino, de los Llanos, del Coro, de la Victoria, de Nuria. Santos Fausto *mr,* Sergio *pp.* Beato Federico Ozanam *cf*

FIESTA DE LA NATIVIDAD DE LA BIENAVENTURADA VIRGEN MARÍA

Papa Francisco: El signo de consuelo de Dios es el rostro luminoso de María, bendita porque ella creyó en la palabra del Señor: ¡la gran creyente! Como miembros de la Iglesia, estamos destinados a compartir la gloria de nuestra Madre, porque, gracias a Dios, también nosotros creemos en el sacrificio de Cristo en la cruz y, mediante el Bautismo, somos introducidos en este misterio de salvación *(15-8-2015).*

PALABRA

Genealogía a de Jesucristo, hijo de David, hijo de Abrahán. Abrahán engendró a Isaac, Isaac a Jacob, Jacob a Judá y a sus hermanos. Judá engendró, de Tamar, a Farés y a Zará, Farés a Esrón, Esrón a Aram, Aram a Aminadab, Aminadab a Naasón, Naasón a Salmón, Salmón engendró, de Rajab, a Booz; Booz engendró, de Rut, a Obed; Obed a Jesé, Jesé engendró a David, el rey. David, de la mujer de Urías, engendró a Salomón (...). Después del destierro de Babilonia, Jeconías engendró a Salatiel, Salatiel a Zorobabel (...). Eleazar a Matán, Matán engendró a Jacob; y Jacob engendró a José, el esposo de María, de la cual nació Jesús, llamado Cristo. La generación de Jesucristo fue de esta manera: María, su madre, estaba desposada con José y, antes de vivir juntos, resultó que ella esperaba un hijo por obra del Espíritu Santo. José, su esposo, como era justo y no quería difamarla, decidió repudiarla en privado. Pero, apenas había tomado esta resolución, se le apareció en sueños un ángel del Señor que le dijo: «José, hijo de David, no temas acoger a María, tu mujer, porque la criatura que hay en ella viene del Espíritu Santo. Dará a luz un hijo, y tú le pondrás por nombre Jesús, porque él salvará a su pueblo de sus pecados». Todo esto sucedió para que se cumpliese lo que había dicho el Señor por medio del profeta: «Mirad: la virgen concebirá y dará a luz un hijo y le pondrá por nombre Enmanuel, que significa "Dios-con-nosotros".

Miqueas 5,1-4a; ***Salmo*** 12,6 • **MATEO 1,1-6.12-15.18-23**

ORACIÓN

SEÑOR, si en el cielo celebráis los cumpleaños, hoy tenéis fiesta grande. Aquí la celebramos, viendo en María sobre todo la disponibilidad radical a cumplir la voluntad del Padre, a estar a tu lado en tu vida, en tu muerte y en tu resurrección, en ser tu más fiel discípula. Así quiero seguir sus huellas, que coinciden con las tuyas.

Desbordo de gozo con el Señor *(Isaías 61,10).*

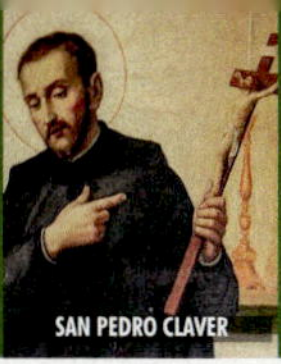

SEPTIEMBRE
9
DOMINGO

Santos PEDRO CLAVER *pb*, María de la Cabeza *es,* Ntra. Sra. de la Fuensanta (Murcia), de Aránzazu

Papa Francisco: El Evangelio de hoy relata la curación de un sordomudo por parte de Jesús, un acontecimiento prodigioso que muestra cómo Jesús restablece la plena comunicación del hombre con Dios y con los otros hombres. El sordomudo que es llevado ante Jesús se transforma en el símbolo del no-creyente que recorre un camino hacia la fe. En efecto, su sordera expresa la incapacidad de escuchar y de comprender no solo las palabras de los hombres, sino también la Palabra de Dios. Y san Pablo nos recuerda que «la fe nace del mensaje que se escucha». En el Bautismo, están el gesto y la palabra de Jesús: «*¡Effetá!* – ¡Ábrete!». Y el milagro se cumplió: en el Bautismo hemos sido curados de la sordera del egoísmo y del mutismo de la cerrazón y del pecado y hemos sido incorporados a la gran familia de la Iglesia; podemos escuchar a Dios que nos habla y comunicar su Palabra a cuantos no la han escuchado nunca o a quien la ha olvidado y sepultado bajo las espinas de las preocupaciones y de los engaños del mundo *(6-9-2015)*.

PALABRA

• ***Isaías*** 35, 4-7a: Decid a los cobardes de corazón: «Sed fuertes, no temáis. Mirad a vuestro Dios, que trae el desquite, viene en persona, resarcirá y os salvará. Se despegarán los ojos del ciego, los oídos del sordo se abrirán, saltará como un ciervo el cojo, la lengua del mudo cantará. Porque han brotado aguas en el desierto, torrentes en la estepa; el páramo será un estanque, lo reseco un manantial».

• ***Salmo*** 145, 7-10: ***Alaba, alma mía, al Señor.***

• ***Santiago*** 2, 1-5: No mezcléis la fe en Nuestro Señor Jesucristo glorioso con la acepción de personas. Suponed que en vuestra asamblea entra un hombre con sortija de oro y traje lujoso, y entra también un pobre con traje mugriento; si vosotros atendéis al que lleva el traje de lujo y le decís: «Tú siéntate aquí cómodamente», y al pobre le decís: «Tú quédate ahí de pie» o «siéntate en el suelo, a mis pies», ¿no estáis haciendo discriminaciones entre vosotros y convirtiéndoos en jueces de criterios inicuos? Mis queridos hermanos: ¿acaso no eligió Dios a los pobres según el mundo como ricos en la fe y herederos del Reino, que prometió a los que le aman?

• **MARCOS 7, 31-37:** Dejando Jesús el territorio de Tiro, pasó por Sidón, camino del mar de Galilea, atravesando la Decápolis. Y le presentaron un sordo, que, además, apenas podía hablar, y le piden que le imponga la mano. Él, apartándolo de la gente, a solas, le metió los dedos en los oídos y con la saliva le tocó la lengua. Y mirando al cielo, suspiró y le dijo: «Effetá» (esto es, «ábrete»). Y al momento se le abrieron los oídos, se le soltó la traba de la lengua y hablaba correctamente. Él les mandó que no lo dijeran a nadie; pero, cuanto más se lo mandaba, con más insistencia lo proclamaban ellos. Y en el colmo del asombro decían: «Todo lo ha hecho bien: hace oír a los sordos y hablar a los mudos».

ORACIÓN **SEÑOR,** todo lo has hecho bien en mi vida: lo que ha habido de mal ha sido cosecha propia de mis pecados, que has perdonado. Te doy gracias por mis padres, que me llevaron a tu Iglesia: en el Bautismo se me abrió el oído para escuchar tu Palabra, y la boca para proclamar tus maravillas. ¡Que nunca me aparte de tu camino, que nunca me desentienda de tu amistad!

SEPTIEMBRE

10

LUNES (FE)

Santos Nicolás de Tolentino *pb,* Pedro de Mezonzo *ob.* Beatos Alfonso Navarrete y *co mrs,* Francisco Gárate *rl.*

Papa Francisco: Estamos entre las llagas de Jesús Aquí está Jesús oculto en los muchachos, en los niños, en las personas. En el altar adoramos la Carne de Jesús; en ellos encontramos las llagas de Jesús. Jesús oculto en la Eucaristía y Jesús oculto en estas llagas. ¡Necesitan ser escuchadas! Deben ser escuchadas por quienes se dicen cristianos. El cristiano adora a Jesús, el cristiano busca a Jesús, el cristiano sabe reconocer las llagas de Jesús. Necesitamos decir: «Estas llagas deben ser escuchadas».

PALABRA

Un sábado, entró Jesús en la sinagoga a enseñar. Había allí un hombre que tenía la mano derecha paralizada. Los escribas y los fariseos estaban al acecho para ver si curaba en sábado, y encontrar de qué acusarlo. Pero él conocía sus pensamientos y dijo al hombre de la mano atrofiada: «Levántate y ponte en medio». Él, levantándose, se quedó en pie. Jesús les dijo: «Os voy a hacer una pregunta: «¿Qué está permitido en sábado, hacer el bien o el mal, salvar una vida o destruirla?».Y, echando en torno una mirada a todos, le dijo: «Extiende tu mano». Él lo hizo, y su mano quedó restablecida. Pero ellos, ciegos por la cólera, discutían qué había que hacer con Jesús.

1Corintios 5,1-8; ***Salmo*** 5,5-7.12 • **LUCAS 6,6-11**

ORACIÓN

SEÑOR, es absurdo anteponer la ley del descanso sabático al amor, que es la síntesis de la ley y está por encima de ella. Tu poder a favor de los hombres no conoce barreras. Todos los días y todas las horas son tuyas, Señor del tiempo, para hacer el bien. Es infinitamente mayor tu poder de hacer el bien que mi capacidad de recibir ¡Llena, Señor, mi corazón de ti, todos los días!

***Señor, guíame con tu justicia** (Salmo 5,9).*

Santos Proto y Jacinto *mrs*, Félix y Régula *mrs*, Emiliano *ob.* Beato Buenaventura Gran *rl.*
Ntra. Sra. de Valvanera, de Coromoto

Papa Francisco: Un apóstol es una persona que es mandada, es enviada a hacer algo y los Apóstoles fueron elegidos, llamados y enviados por Jesús, para continuar su obra, o sea orar –es la primera labor de un apóstol– y, segundo, anunciar el Evangelio. Esto es importante, porque cuando pensamos en los Apóstoles podríamos pensar que fueron solo a anunciar el Evangelio, a hacer muchas obras. Cada día hemos de librar una lucha, pero Dios es nuestro aliado, la fe en Él es nuestra fuerza, y la oración es la expresión de esta fe *(20-10-2013)*.

PALABRA

Jesús salió al monte a orar, y pasó la noche orando a Dios. Cuando se hizo de día, llamó a sus discípulos, escogió de entre ellos a doce, a los que también nombró apóstoles: Simón, al que puso de nombre Pedro, y Andrés, su hermano; Santiago, Juan, Felipe, Bartolomé, Mateo, Tomás, Santiago Alfeo, Simón, apodado el Zelote, Judas el de Santiago y Judas Iscariote, que fue el traidor. Después de bajar con ellos, se paró en una llanura, con un grupo grande de discípulos y una gran muchedumbre del pueblo, procedente de toda Judea, de Jerusalén y de la costa de Tiro y de Sidón. Venían a oírlo y a que los curara de sus enfermedades; los atormentados por espíritus inmundos quedaban curados, y toda la gente trataba de tocarlo, porque salía de él una fuerza que los curaba a todos.

1Corintios 6,1-11; ***Salmo*** 149,1-6.9 • **LUCAS 6,12-19**

ORACIÓN

SEÑOR, cada día, y siempre antes de cada actuación de importancia, te retiras para hablar con tu Padre, de quien siempre te confiesas el Hijo obediente. Me enseñas que la oración es una constante en tu vida. Y tus apóstoles de ayer y de hoy saben que la oración es el alma de todo apostolado: “Contemplar para ofrecer el fruto de la contemplación” es el lema de los dominicos, que el Vaticano II amplió a todos los sacerdotes.

El Señor ama a su pueblo *(Salmo 149,4).*

SANTO NOMBRE DE MARÍA, Ntra. Sra. de Lluc, de Estíbaliz. Santos Guido *cf*, Albeo *ob*

Papa Francisco: Bienaventurados quiere decir felices. Decidme: ¿Buscáis de verdad la felicidad? En una época en que tantas apariencias de felicidad nos atraen, corremos el riesgo de contentarnos con poco, de tener una idea de la vida "en pequeño". ¡Aspirad, en cambio, a cosas grandes! ¡Ensanchad vuestros corazones! Como decía el beato Pedro Jorge Frassati: «Vivir sin una fe, sin un patrimonio que defender, y sin sostener, en una lucha continua, la verdad, no es vivir, sino ir tirando. Jamás debemos ir tirando, sino vivir» (Carta a I. Bonini, 27 de febrero de 1925). En el día de la beatificación de Piergiorgio Frassati, el 20 de mayo de 1990, Juan Pablo II lo llamó «hombre de las Bienaventuranzas» *(21-1-2014)*.

PALABRA

Jesús, levantando los ojos hacia sus discípulos, les decía: «Bienaventurados los pobres, porque vuestro es el reino de Dios. Bienaventurados los que ahora tenéis hambre, porque quedaréis saciados. Bienaventurados los que ahora lloráis, porque reiréis. Bienaventurados vosotros, cuando os odien los hombres, y os excluyan, y os insulten, y proscriban vuestro nombre como infame, por causa del Hijo del hombre. Alegraos ese día y saltad de gozo, porque vuestra recompensa será grande en el cielo. Eso es lo que hacían vuestros padres con los profetas. Pero, ¡ay de vosotros, los ricos, porque ya tenéis vuestro consuelo! ¡Ay de vosotros, los que ahora estáis saciados, porque tendréis hambre! ¡Ay de los que ahora reís, porque haréis duelo y lloraréis! ¡Ay si todo el mundo habla bien de vosotros! Eso es lo que hacían vuestros padres con los falsos profetas».

1Corintios 7,25-31; ***Salmo*** 44,11-12.14-17 • **LUCAS 6,20-26**

ORACIÓN

SEÑOR, qué maravillosas tus bienaventuranzas, y qué cuesta arriba se nos hacen aceptarlas en toda su pavorosa grandeza y dureza. Solo con la ayuda de tu Espíritu, que logre hacer nuestro corazón como el tuyo, será posible aceptar como una dicha la pobreza, el hambre, las lágrimas, el odio y la exclusión social… En tus manos está mi vida. ¡Haz de mí lo que quieras, cuando quieras y como quieras!

Escucha, hija, mira: inclina el oído *(Salmo 44,11).*

SEPTIEMBRE

13

JUEVES (MO)

Jueves 23° Tiempo Ordinario Tomo IV - Salterio 3ª semana

Santos JUAN CRISÓSTOMO *ob dc*, Julián *pr mr*, Marcelino *mr*.

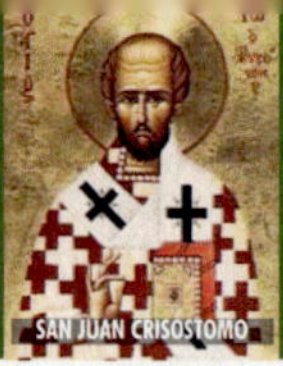

Papa Francisco: una cosa es dar el perdón -todos estamos obligados a perdonar, porque todos fuimos perdonados-, pero otra cosa es recibir el perdón. Y si uno está cerrado al perdón, no lo recibe, porque él cerró la puerta con llave desde dentro. Y lo que se puede es rezar para que el Señor le abra esa puerta. No todos pueden recibir el perdón, no saben recibirlo, o no están dispuestos a recibirlo. Y así se explica que haya gente que termine su vida de modo endurecido, mal, sin recibir la caricia de Dios *(25-9-2015)*.

PALABRA

Jesús a sus discípulos: «A vosotros los que me escucháis os digo: amad a vuestros enemigos, haced el bien a los que os odian, bendecid a los que os maldicen, orad por los que os calumnian. Al que te pegue en una mejilla, preséntale la otra; al que te quite la capa, no le impidas que tome también la túnica. A quien te pide, dale; al que se lleve lo tuyo, no se lo reclames. Tratad a los demás como queréis que ellos os traten. Pues si amáis solo a los que os aman, ¿qué mérito tenéis? También los pecadores aman a los que los aman. Y si hacéis bien solo a los que os hacen bien, ¿qué mérito tenéis? También los pecadores hacen lo mismo. Y si prestáis solo cuando esperáis cobrar, ¿qué mérito tenéis? También los pecadores prestan a otros pecadores, con intención de cobrárselo. Por el contrario, amad a vuestros enemigos, haced el bien y prestad sin esperar nada; será grande vuestra recompensa y seréis hijos del Altísimo, que es bueno con los malvados y desagradecidos. Sed misericordiosos como vuestro Padre es misericordioso; no juzguéis, y no seréis juzgados; no condenéis, y no seréis condenados; perdonad, y seréis perdonados; dad, y se os dará: os verterán una medida generosa, colmada, remecida, rebosante, pues con la medida con que midiereis se os medirá a vosotros».

1Corintios 8, 1b-7.11-13; ***Salmo*** 138, 1-3.13-14.23-24 • **LUCAS 6, 27-38**

ORACIÓN

SEÑOR, amar a mis enemigos, hacer el bien a los que me odian y orar por ellos..., no es que sea difícil: es imposible para mí, si tu Espíritu no cambia mi corazón de piedra por uno de carne a la medida del tuyo, manso y humilde, que perdonó desde la cruz a quienes te quitaban la vida. Desde mi pobreza y debilidad, quiero seguir tu ejemplo y tu doctrina, pero ¡envíame tu Espíritu!

Guíame, Señor, por el camino eterno *(Salmo 138,24)*.

FIESTA DE LA EXALTACIÓN DE LA SANTA CRUZ

Santos Alberto *ob*, Notburga *vg*

Papa Francisco: El 14 de septiembre la Iglesia celebra la fiesta de la Exaltación de la Santa Cruz. ¿Por qué «exaltar» la cruz? El Padre «dio» al Hijo para salvarnos, y esto implicó la muerte de Jesús, y la muerte en la cruz. ¿Por qué? A causa de la gravedad del mal que nos esclavizaba. La cruz de Jesús expresa ambas cosas: toda la fuerza negativa del mal y toda la omnipotencia mansa de la misericordia de Dios. La cruz parece determinar el fracaso de Jesús, pero en realidad manifiesta su victoria. En el Calvario, quienes se burlaban de Él, le decían: «Si eres el Hijo de Dios, baja de la cruz». Pero era verdadero lo contrario: precisamente porque era el Hijo de Dios estaba allí, en la cruz. Cuando dirigimos la mirada a la cruz donde Jesús estuvo clavado, contemplamos el signo del amor, del amor infinito de Dios por cada uno de nosotros y la raíz de nuestra salvación. De esa cruz brota la misericordia del Padre, que abraza al mundo entero. Por medio de la cruz de Cristo ha sido vencido el maligno, ha sido derrotada la muerte, se nos ha dado la vida, devuelto la esperanza. La cruz de Jesús es nuestra única esperanza verdadera. Por eso la Iglesia «exalta» la Santa Cruz y también por eso nosotros, los cristianos, bendecimos con el signo de la cruz *(14-9-2014)*.

PALABRA

Jesús a Nicodemo: «Nadie ha subido al cielo, sino el que bajó del cielo, el Hijo del hombre. Lo mismo que Moisés elevó la serpiente en el desierto, así tiene que ser elevado el Hijo del hombre, para que todo el que cree en él tenga vida eterna. Porque tanto amó Dios al mundo que entregó a su Unigénito para todo el que cree en él no perezca, sino que tenga vida eterna. Porque Dios no envió a su Hijo al mundo para juzgar al mundo, sino para que el mundo se salve por él. El que cree en él no será juzgado; el que no cree ya está juzgado, porque no ha creído en el nombre del Unigénito de Dios».

Números 21,4b-9; ***Salmo*** 77,1-2.34-38; ***Filipenses*** 2,6-11

• JUAN 3,13-17

ORACIÓN

SEÑOR, en el nombre del Padre y del Hijo y del Espíritu Santo, señalando una gran cruz de la frente al pecho y de hombro a hombro, comienzo el día y todas mis acciones relevantes, recordando que tu Cruz es fuente de vida. Al contemplarte en la Cruz confieso con mis labios y creo en mi corazón que tú eres mi Señor y mi Salvador: si los israelitas dañados de muerte se curaban mirando a la serpiente, ¿no voy a encontrar yo la salvación mirándote con fe clavado en la Cruz?

No olvidéis las acciones del Señor *(Salmo 77,7).*

NUESTRA SEÑORA, LA VIRGEN DE LOS DOLORES, de las Angustias, Bien Aparecida, del Camino. Santos Nicomedes *mr,* Valeriano *mr,* Alpino *ob*

NTRA. SRA. DE LOS DOLORES (Salzillo)

Bienaventurada Virgen María de los Dolores

Papa Francisco: Los cristianos tenemos una Madre, la misma de Jesús. No somos huérfanos. Con el corazón atravesado, acepta dar a luz a todos nosotros en ese momento de dolor. Y desde ese momento Ella se convierte en nuestra Madre, la que cuida de nosotros y no se avergüenza de nosotros: nos defiende. En un mundo que sufre la crisis de una gran orfandad, quizá nuestra ayuda es decir 'Mira a tu Madre'. Tenemos una que nos defiende, nos enseña, nos acompaña; que no se avergüenza de nuestros pecados *(15-9-2016).*

PALABRA

Junto a la cruz de Jesús estaban su madre, la hermana de su madre, María, la de Cleofás, y María, la Magdalena. Jesús, al ver a su madre y junto a ella al discípulo al que amaba, dijo a su madre: «Mujer, ahí tienes a tu hijo». Luego, dijo al discípulo: «Ahí tienes a tu madre». Y desde aquella hora, el discípulo la recibió como algo propio.

Hebreos 5,7-9; ***Salmo*** 30,2-6.15-16.20 • **JUAN 19,25-27**

ORACIÓN

SEÑOR, nos tenías reservado para el último momento tu más preciado y dulce regalo, tu Madre dolorosa. Con Juan, al pie de la cruz, acojo a María en mi casa, en mi corazón, en mi vida. Con ella me será más llevadero adaptar mi vida a la tuya, como hizo María: es tu mejor discípula conviviendo contigo en Nazaret y siguiéndote hasta el Calvario; es mi mejor maestra con su silencio al pie de la Cruz.

Sálvame, Señor, por tu misericordia *(Salmo 30,17).*

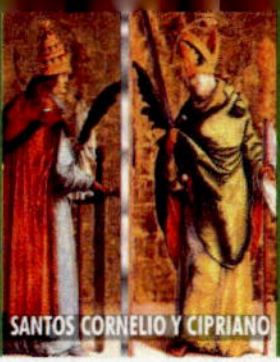

Santos CORNELIO Y CIPRIANO *mrs,*
Juan Macías *rl,* **Eufemia** *mr,* **Rogelio** *mj*

SEPTIEMBRE
16
DOMINGO

Papa Francisco: *«Y vosotros, ¿quién decís que soy yo?».* Pregunta que resuena aún hoy en nuestra conciencia, la de sus discípulos, y es decisiva para nuestra identidad y nuestra misión. Solo si reconocemos a Jesús en su verdad, seremos capaces de mirar la verdad de nuestra condición humana, y podremos dar nuestra aportación para la *plena humanización de la sociedad.* También hoy, queridos hermanos y hermanas, nuestra alegría es compartir esta fe y responder juntos al Señor Jesús: *«Tú eres para nosotros el Cristo, el Hijo del Dios vivo».* Nuestra alegría también es ir a contracorriente e ir más allá de la opinión corriente, que, como entonces, no logra ver en Jesús más que a un profeta o un maestro. Nuestra alegría es reconocer en Él la presencia de Dios, el enviado del Padre, el Hijo que vino para ser instrumento de salvación para la humanidad. Esta profesión de fe proclamada por Simón Pedro es también para nosotros. La misma no representa solo el fundamento de nuestra salvación, sino también *el camino* a través del cual ella se realiza y la meta a la cual tiende *(10-11-2015).*

PALABRA

• ***Isaías*** 50, 5-9a: El Señor Dios me abrió el oído; yo no me resistí, ni me eché atrás. Ofrecí la espalda a los que me apaleaban, la mejilla a los que mesaban mi barba. No oculté el rostro a insultos y salivazos. El Señor me ayudaba, por eso no sentía los ultrajes; por eso endurecí el rostro como pedernal, y sé que no quedaré defraudado. Tengo cerca a mi defensor, ¿quién pleiteará contra mí? Comparezcamos juntos. ¿Quién tiene algo contra mí? Que se me acerque. Mirad, el Señor me ayuda: ¿quién me condenará?

• ***Salmo*** 114, 1-9: ***Caminaré en presencia del Señor en el país de la vida.***

• ***Santiago*** 2, 14-18: ¿De qué le sirve a uno decir que tiene fe, si no tiene obras? ¿Podrá acaso salvarlo esa fe? Si un hermano o una hermana andan desnudos y faltos del alimento diario, y uno de vosotros les dice: «Id en paz: abrigaos y saciaos», pero no le da lo necesario para el cuerpo: ¿de qué sirve? Así es también la fe: si no tiene obras, está muerta por dentro. Pero alguno dirá: «Tú tienes fe y yo tengo obras. Muéstrame esa fe tuya sin las obras y yo, con las obras, te mostraré mi fe».

• **MARCOS 8, 27-35:** Jesús y sus discípulos se dirigieron a las aldeas de Cesarea de Filipo; por el camino preguntó a sus discípulos: «¿Quién dice la gente que soy yo?». Ellos le contestaron: «Unos, Juan Bautista; otros, Elías, y otros, uno de los profetas». Él les preguntó: «Y vosotros, ¿quién decís que soy?». Tomando la palabra Pedro le dijo: «Tú eres el Mesías». Y les conminó a que no hablaran a nadie acerca de esto. Y empezó a instruirlos: «El Hijo del hombre tiene que padecer mucho, ser reprobado por los ancianos, sumos sacerdotes y escribas, ser ejecutado y resucitar a los tres días». Se lo explicaba con toda claridad. Entonces Pedro se lo llevó aparte y se puso a increparlo. Pero él se volvió, y mirando a los discípulos increpó a Pedro: «¡Ponte detrás de mí, Satanás! ¡Tú piensas como los hombres, no como Dios!». Y llamando a la gente y a sus discípulos les dijo: «El que quiera venirse en pos de mí, que se niegue a sí mismo, que cargue con su cruz y me siga. Porque quien quiera salvar su vida, la perderá; pero el que pierda su vida por mí y por el Evangelio, la salvará».

ORACIÓN

SEÑOR, tu pregunta me llega directa: ¿Quién digo yo que eres tú para mí? Tú lo sabes todo, tú sabes que te quiero: eres mi Señor y mi Dios, mi Maestro y mi único Amigo de verdad, en quien puedo descansar sin ningún temor. Quiero seguirte adonde quiera que vayas, negándome a mí mismo, cargando con mi cruz a tu lado: así, hasta que te dé el abrazo definitivo que nos una para siempre al otro lado de esta vida.

Santos ROBERTO BELARMINO *ob dc*, Hildegarda de Bingen *vg dc*, Lamberto *ob*, Columba *vg mr*, Pedro de Arbués *pb mr*

Papa Francisco: *Merece lo que pide porque ama a nuestro pueblo.* Un gobernante que no ama no puede gobernar. Como mucho puede poner un poco de orden, pero no gobernar. Y era un hombre humilde que dijo al Señor: *No te molestes, porque no soy digno de que entres bajo mi techo.* Y con humildad: *Di una palabra y mi siervo quedará sano.* Ninguno de nosotros puede decir: *Pero yo no tengo que ver, son ellos quienes gobiernan.* No; yo soy responsable de su gobierno y debo hacer lo mejor de mi parte para que ellos gobiernen bien, participando en la política como puedo. La política, dice la doctrina social de la Iglesia, es una de las formas más altas de la caridad, porque es servir al bien común: los que gobiernan, con el servicio de la humildad y con el amor; los gobernados, con la participación y sobre todo con la oración.

PALABRA

Cuando Jesús terminó de exponer todas sus enseñanzas al pueblo, entró en Cafarnaún. Un centurión tenía enfermo, a punto de morir, a un criado a quien estimaba mucho. Al oír hablar de Jesús, el centurión le envió unos ancianos de los judíos, rogándole que viniese a curar a su criado. Ellos, presentándose a Jesús, le rogaban encarecidamente: «Merece que se lo concedas, porque tiene afecto a nuestra gente y nos ha construido la sinagoga». Jesús se puso en camino con ellos. No estaba lejos de la casa, cuando el centurión le envió unos amigos a decirle: «Señor, no te molestes, porque no soy digno de que entres bajo mi techo; por eso tampoco me creí digno de venir a ti personalmente. Dilo de palabra, y mi criado quedará sano. Porque también yo soy hombre sometido a una autoridad y con soldados a mis órdenes, y le digo a uno: "Ve", y va; al otro: "Ven", y viene; y a mi criado: "Haz esto", y lo hace». Al oír esto, Jesús se admiró de él y, volviéndose a la gente que lo seguía, dijo: «Os digo que ni en Israel he encontrado tanta fe». Y al volver a casa, los enviados encontraron al siervo sano.

1Corintios 11,17-26.33; ***Salmo*** 39,7-10.17 • **LUCAS 7,1-10**

ORACIÓN

SEÑOR, cuántas veces se repite algo semejante cerca de nosotros: hombres y mujeres, aparentemente alejados de ti, nos dan lección de fe, creen en tu palabra y confían en tu poder. El centurión era romano, aunque era favorable a los judíos y a su religión. ¡Pero a mí me has llamado a ser hijo de tu Padre! Tengo millones de razones para confiar plenamente en él y en su rostro misericordioso, que eres tú. Tú te admiraste de la fe del centurión. Yo me admiro de mi poca fe. Pero espero en ti.

Proclamad la muerte del Señor, hasta que vuelva *(1Corintios 11,26).*

SEPTIEMBRE
18
MARTES (FE)

Martes 24° Tiempo Ordinario Tomo IV - Salterio 4ª semana

Santos María de la Purísima *vg*, José de Cupertino *pb*, Ariadna *mr*, Sofía, Domingo Trach *pb mr*, Ricarda *re rl*

SANTA MARÍA DE LA PURÍSIMA

Papa Francisco: La misericordia de Jesús ¡es una fuerza que da vida, que resucita al hombre! La misericordia de Jesús no es solo un sentimiento, ¡es una fuerza que da vida, que resucita al hombre! Nos lo dice también el Evangelio de hoy, en el episodio de la viuda de Naín. *Al verla el Señor, se compadeció de ella.* Esta «compasión» es el amor de Dios por el hombre, es la misericordia, es decir, la actitud de Dios en contacto con la miseria humana, con nuestra indigencia, nuestro sufrimiento, nuestra angustia. Y ¿cuál es el fruto de este amor, de esta misericordia? ¡Es la vida! Si le mostramos nuestras heridas interiores, nuestros pecados, Él siempre nos perdona. ¡Es todo misericordia! Vayamos a Jesús.

PALABRA

Iba Jesús camino de una ciudad llamada Naín, e iban con él sus discípulos y mucho gentío. Cuando se acercaba a la entrada de la ciudad, resultó que sacaban a enterrar a un muerto, hijo único de su madre, que era viuda; y un gentío considerable de la ciudad la acompañaba. Al verla el Señor, se compadeció de ella y le dijo: «No llores». Y acercándose al ataúd, lo tocó (los que lo llevaban se pararon) y dijo: «¡Muchacho, a ti te lo digo, levántate!». El muerto se incorporó y empezó a hablar, y Jesús se lo entregó a su madre. Todos, sobrecogidos de temor, daban gloria a Dios, diciendo: «Un gran Profeta ha surgido entre nosotros», y «Dios ha visitado a su pueblo». El hecho se divulgó por toda Judea y por toda la comarca circundante.

1Corintios 12,12-14.27-31a; ***Salmo*** 99,1-5 • **LUCAS 7,11-17**

ORACIÓN

SEÑOR, en otras ocasiones, realizas tus milagros cuando te lo suplican con fe. En la entrada de la ciudad de Naín, ninguno del cortejo fúnebre de aquel joven te pidió nada. Pero, al ver las lágrimas de la pobre madre, fue tu corazón el que te lo pidió. Yo sé por experiencia propia que ante la aflicción no eres indiferente, y socorres a quien no intente esconderse de ti. *No llores... ¡Muchacho, levántate!* Vida para el joven muerto, inmensa alegría para la madre desconsolada: pones de manifiesto que Dios ha visitado a su pueblo. Yo pongo mis debilidades ante ti. Confío en tu compasión de amigo y en tu poder sanador de Dios.

Nosotros somos su pueblo y ovejas de su rebaño *(Salmo 99,3).*

SEPTIEMBRE

19

MIÉRCOLES (ML)

Santos JENARO *ob mr*, Alonso de Orozco *pb*, Mariano *er*, María de Cervelló *vg*, M.ª Emilia de Rodat *vg*

Papa Francisco: Al Bautismo se lo llama la iluminación. Esta luz no ha de ser tapada. Si uno tapa esa luz se vuelve tibio o, simplemente, cristiano solo de nombre. No hay que hacer esperar a quien está necesitado. Jamás postergar: el bien no tolera el congelador: el bien es hoy, y si tú no lo haces hoy, mañana no existirá. Es un pequeño pedazo de mafia que todos tenemos a nuestro alcance. El que se aprovecha de la confianza del prójimo para tramar el mal, es un mafioso. Hay que llevar adelante la luz recibida gratuitamente, esa luz de Dios que hace tanto bien: la luz de la amistad, la luz de la benevolencia, la luz de la fe, la luz de la esperanza, la luz de la paciencia, la luz de la bondad *(19-9-2016)*.

PALABRA

Dijo el Señor: «¿A quién, pues, compararé los hombres de esta generación? ¿A quién son semejantes? Se asemejan a unos niños, sentados en la plaza, que gritan a otros aquello de: "Hemos tocado la flauta y no habéis bailado, hemos entonado lamentaciones y no habéis llorado". Porque vino Juan el Bautista, que ni come pan ni bebe vino, y decís: "Tiene un demonio"; vino el Hijo del hombre, que come y bebe, y decís: "Mirad qué hombre más comilón y borracho, amigo de publicanos y pecadores". Sin embargo, los hijos de la sabiduría le han dado la razón».

1Corintios 12, 31 - 13,13; ***Salmo*** 32, 2-5.12.22 • **LUCAS 7, 31-35**

ORACIÓN

SEÑOR, la Sabiduría, que es la luz de la fe para la vida, hacía falta en tu tiempo para tu generación y hace tanta falta o más para el siglo XXI. Los falsos maestros nos ofrecen el paraíso en la tierra y se extrañan de que algunos no les hagamos caso, ni sigamos su ritmo, ni ajustemos nuestra conducta a sus consignas. Haz de mí un fiel discípulo de la Sabiduría, que sepa discernir y seguirte a ti, no al mundo ni al príncipe de este mundo, el eterno enemigo tentador.

Dichoso el pueblo que el Señor se escogió como heredad *(Salmo 32,12).*

SEPTIEMBRE

20

JUEVES (MO)

Jueves 24° Tiempo Ordinario Tomo IV - Salterio 4ª semana

Santos ANDRÉS KIM, PABLO CHONG y *co mrs*, Juan Carlos Cornay *pb mr.* Beatos Francisco de Posadas *pb*, José de Yermo *pb*

Papa Francisco: El Evangelio de hoy nos abre un camino de esperanza y de consuelo. Es bueno percibir sobre nosotros la mirada compasiva de Jesús, así como la percibió la mujer pecadora en la casa del fariseo. Esta mujer encontró verdaderamente al Señor. En el silencio, le abrió su corazón; en el dolor, le mostró el arrepentimiento por sus pecados; con su llanto, hizo un llamamiento a la bondad divina para recibir el perdón. Para ella no habrá ningún juicio sino el que viene de Dios, y este es el juicio de la misericordia *(13-3-2015)*.

PALABRA

Un fariseo rogaba a Jesús que fuera a comer con él y, entrando en casa del fariseo, se recostó a la mesa. En esto una mujer de la ciudad, una pecadora, se puso a regarle los pies con sus lágrimas, se los enjugaba con sus cabellos, los cubría de besos y se los ungía con el perfume. Al ver esto, el fariseo que lo había invitado se dijo: «Si este fuera profeta, sabría quién y qué es esta mujer que lo está tocando, pues es una pecadora». Jesús respondió y le dijo: «Simón, tengo algo que decirte». Él respondió: «Dímelo, Maestro». Jesús le dijo: «Un prestamista tenía dos deudores; uno le debía quinientos denarios y el otro cincuenta. Como no tenían con qué pagar, los perdonó a los dos. ¿Cuál de los dos le mostrará más amor?». Simón contestó: «Supongo que aquel a quien le perdonó más». Jesús le dijo: «Has juzgado rectamente». Y, volviéndose a la mujer, dijo a Simón: «¿Ves a esta mujer? He entrado en tu casa y no me has dado agua para los pies; ella, en cambio, me ha regado los pies con sus lágrimas y me los ha enjugado con sus cabellos. Tú no me diste el beso de paz; ella, en cambio, desde que entró, no ha dejado de besarme los pies. Tú no me ungiste la cabeza con ungüento; ella, en cambio, me ha ungido los pies con perfume. Por eso te digo: sus muchos pecados han quedado perdonados porque ha amado mucho; pero al que poco se le perdona, ama poco». Y a ella le dijo: «Han quedado perdonados tus pecados». «Tu fe te ha salvado, vete en paz».

1Corintios 15, 1-11; ***Salmo*** 117, 1-2.16-17.28 • **LUCAS 7, 36-50**

ORACIÓN

SEÑOR, hoy te veo rodeado de fariseos y dejándote tocar por una pecadora pública. Yo me coloco entre ellos. Es tanto lo que me has perdonado, que mil vidas no me bastarían para amarte en la medida de tu perdón.

Dad gracias al Señor porque es bueno *(Salmo 117,1).*

FIESTA DE SAN MATEO, APÓSTOL Y EVANGELISTA

Santos Jonás *prof,* Cástor *ob,* Landelino *mj,* Maura *vg*

SEPTIEMBRE
21
VIERNES

Papa Francisco: Celebramos la fiesta del apóstol y evangelista san Mateo. Celebramos la historia de una conversión... Un día, como otro cualquiera, mientras estaba sentado a la mesa de recaudación de los impuestos, Jesús pasaba, lo vio, se acercó y le dijo: «“Sígueme”. Y él, levantándose, lo siguió». Jesús lo miró. Qué fuerza de amor tuvo la mirada de Jesús para movilizar a Mateo como lo hizo; qué fuerza han de haber tenido esos ojos para levantarlo. Sabemos que Mateo era un publicano, es decir, recaudaba impuestos de los judíos para dárselos a los romanos. Los publicanos eran mal vistos, incluso considerados pecadores, y por eso vivían apartados y despreciados de los demás... Lo miró con ojos de misericordia; lo miró como nadie lo había mirado antes. Y esa mirada abrió su corazón, lo hizo libre, lo sanó, le dio una esperanza, una nueva vida... Es nuestra historia personal; al igual que muchos otros, cada uno de nosotros puede decir: yo también soy un pecador en el que Jesús puso su mirada. Jesús va delante, nos precede, abre el camino y nos invita a seguirlo *(21-9-2015).*

PALABRA

Al pasar vio Jesús a un hombre llamado Mateo, sentado al mostrador de los impuestos, y le dijo: «Sígueme». Él se levantó y lo siguió. Y, estando en la casa, sentado a la mesa, muchos publicanos y pecadores, que habían acudido, se sentaban con Jesús y sus discípulos. Los fariseos, al verlo, preguntaron a los discípulos: «¿Cómo es que vuestro maestro come con publicanos y pecadores?». Jesús lo oyó y dijo: «No tienen necesidad de médico los sanos, sino los enfermos. Andad, aprended lo que significa “misericordia quiero y no sacrificio”: que no he venido a llamar a justos, sino a pecadores».

Efesios 4,1-7.11-13; ***Salmo*** 18,2-5 • **MATEO 9,9-13**

ORACIÓN

SEÑOR, lo que para los fariseos es motivo de escándalo -escándalo farisaico- y de crítica despiadada, para mí es una maravilla verte entre los pecadores públicos, sin que te den asco ni los publicanos ni los fariseos que se creían pluscuamperfectos, pero en realidad eran sepulcros blanqueados. Y a uno de los menos queridos de la gente, tú lo eliges para que sea tu apóstol Mateo. No solo lo dices, sino que lo practicas, entonces y ahora: has venido a llamar a los pecadores, a sanar a los enfermos. Y aquí me tienes a mí, que voy aprendiendo lo que significa “misericordia” estando a tu lado.

A toda la tierra alcanza su pregón *(Salmo 18,5).*

SEPTIEMBRE

22

SÁBADO (FE)

Sábado 24° Tiempo Ordinario Tomo IV - Salterio 4ª semana

Santos Mauricio y *co mrs,* Emérita *mr.*
Beatos José Aparicio
y 232 mártires de Valencia

BB. JOSÉ APARICIO Y 232 MÁRTIRES DE VALENCIA

Papa Francisco: El Creador invita al hombre a participar en su obra creadora. Le dice:"¡Cultiva! Te doy las semillas, te doy la tierra, el agua, el sol, te doy tus manos y la de tus hermanos. Ahí lo tienes, es también tuyo". Es un regalo, es un don, es una ofrenda. No es algo adquirido, no es algo comprado. Nos precede y nos sucederá. Es un don dado por Dios para que con Él podamos hacerlo nuestro. Dios no quiere una creación para sí, para mirarse a sí mismo. Todo lo contrario. La creación es un don para ser compartido. Es el espacio que Dios nos da para construir con nosotros. El mundo, la historia, el tiempo es el lugar donde vamos construyendo ese nosotros con Dios, el nosotros con los demás, el nosotros con la tierra *(7-7-2015).*

PALABRA

Habiéndose reunido una gran muchedumbre y gente que salía de toda la ciudad, dijo Jesús en parábola: «Salió el sembrador a sembrar su semilla. Al sembrarla, algo cayó al borde del camino, lo pisaron, y los pájaros del cielo se lo comieron. Otra parte cayó en terreno pedregoso, y, después de brotar, se secó por falta de humedad. Otra parte cayó entre abrojos, y los abrojos, creciendo al mismo tiempo, la ahogaron. Y otra parte cayó en tierra buena y, después de brotar, dio fruto al ciento por uno». Dicho esto, exclamó: «El que tenga oídos para oír, que oiga». Entonces le preguntaron los discípulos: «¿Qué significa esa parábola?». Él les respondió: «A vosotros se os ha otorgado conocer los misterios del reino de Dios; pero a los demás, en parábolas, "para que viendo no vean y oyendo no entiendan". El sentido de la parábola es este: la semilla es la palabra de Dios. Los del borde del camino son los que escuchan, pero luego viene el diablo y se lleva la palabra de sus corazones, para que no crean y se salven. Los del terreno pedregoso son los que, al oír, reciben la palabra con alegría, pero no tienen raíz; son los que por algún tiempo creen, pero en el momento de la prueba fallan. Lo que cayó entre abrojos son los que han oído, pero, dejándose llevar por los afanes y riquezas y placeres de la vida, se quedan sofocados y no llegan a dar fruto maduro. Los de la tierra buena son los que escuchan la palabra con un corazón noble y generoso, la guardan y dan fruto con perseverancia».

1Corintios 15,35-37.42-49; ***Salmo*** 55,10-14 • **LUCAS 8,4-15**

ORACIÓN

SEÑOR, me veo reflejado en la tierra al borde del camino, entre piedras y zarzas. Pero yo sé que tú eres el mejor sembrador, y prepararás la tierra de mi corazón para que sea la buena tierra que dé mucho fruto.

Caminaré en presencia de Dios a la luz de la vida *(Salmo 55,14).*

SAN PÍO DE PIETRELCINA

SEPTIEMBRE
23
DOMINGO

Santos PÍO DE PIETRELCINA *pb*, Zacarías e Isabel *es*. Cristóbal, Antonio y Juan de Taxkala, niños *mrs*, Lino *pp*.

Papa Francisco: «Tomad mi yugo y aprended de mí, que soy manso y humilde de corazón, y encontraréis descanso para vuestras almas» (*Mt* 11,28-29). El yugo de Jesús es yugo de amor y, por tanto, garantía de descanso. A veces nos pesa la soledad de nuestras fatigas, y estamos tan cargados del yugo que ya no nos acordamos de haberlo recibido del Señor. Nos parece solamente nuestro y, por tanto, nos arrastramos como bueyes cansados en el campo árido, abrumados por la sensación de haber trabajado en vano, olvidando la plenitud del descanso vinculado indisolublemente a Aquel que hizo la promesa. Aprender de Jesús; mejor aún, aprender a ser como Jesús, manso y humilde; entrar en su mansedumbre y su humildad mediante la contemplación de su obrar *(23-9-15)*.

• ***Sabiduría*** 2, 12.17-20: Se dijeron los impíos: «Acechemos al justo, que nos resulta incómodo: se opone a nuestras acciones, nos echa en cara nuestros pecados, nos reprende nuestra educación errada; veamos si sus palabras son verdaderas, comprobando el desenlace de su vida. Si es el justo hijo de Dios, lo auxiliará, y lo librará del poder de sus enemigos; lo someteremos a la prueba de la afrenta y la tortura, para comprobar su moderación y apreciar su paciencia; lo condenaremos a muerte ignominiosa, pues dice que hay quien se ocupa de él».

• ***Salmo*** 53, 3-8: ***El Señor sostiene mi vida.***

• ***Santiago*** 3, 16 - 4,3: Donde hay envidia y rivalidad, hay turbulencia y todo tipo de malas acciones. En cambio, la sabiduría que viene de lo alto es, en primer lugar, intachable, y, además, es apacible, comprensiva, conciliadora, llena de misericordia y buenos frutos, imparcial y sincera. El fruto de la justicia se siembra en la paz para quienes trabajan por la paz. ¿De dónde proceden los conflictos y las luchas que se dan entre vosotros? ¿No es precisamente de esos deseos de placer que pugnan dentro de vosotros? Ambicionáis y no tenéis, asesináis y envidiáis y no podéis conseguir nada, lucháis y hacéis la guerra, y no obtenéis porque no pedís. Pedís y no recibís, porque pedís mal, con la intención de satisfacer vuestras pasiones.

• **MARCOS 9, 30-37:** Jesús y sus discípulos atravesaron Galilea; no quería que nadie se enterase, porque iba instruyendo a sus discípulos. Les decía: «El Hijo del hombre va a ser entregado en manos de los hombres, y lo matarán; y después de muerto, a los tres días resucitará». Pero no entendían lo que decía, y les daba miedo preguntarle. Llegaron a Cafarnaún, y una vez en casa, les preguntó: «¿De qué discutíais por el camino?». Ellos callaban, pues por el camino habían discutido quién era el más importante. Jesús se sentó, llamó a los Doce y les dijo: «Quien quiera ser el primero, que sea el último de todos y el servidor de todos». Y tomando un niño, lo puso en medio de ellos, lo abrazó y les dijo: «El que acoge a un niño como este en mi nombre, me acoge a mí; y el que me acoge a mí, no me acoge a mí, sino al que me ha enviado».

ORACIÓN **SEÑOR,** es incomprensible la alienación y el egoísmo de tus discípulos, que miran para otro lado y discuten quién es el más importante, mientras tú les hablas de tu pasión y muerte. Yo quiero ser tu discípulo, el último de todos, el servidor de todos, sin las grandes ambiciones que no tienen los niños, a quienes me uno para ser acogido por ti. ¿Me aceptas? ¡Gracias!

SAN MARTÍN DE PORRES

La vida de "Fray Escoba", que se hizo todo para todos como humilde fraile dominico.

Salvador Velasco.

390 p. 10ª ed. 7,75 €

FIGURAS SINGULARES DE LA MISERICORDIA

San Pedro Nolasco.
Enviado por la Trinidad para redimir
Joaquín Millán Rubio, mercedario.
350 p. Cartoné. 18 €
Una biografía completa del redentor de cautivos y fundador de la Orden de los Mercedarios.

Damián de Molokai a través de sus cartas
Osvaldo Aparicio. 144 p. Color. 5 €
Un documento fundamental para conocer al santo de los leprosos.

Ntra. Sra. de la Merced. Santos Gerardo Sagredo *ob mr*, Antonio González *pb mr*. Beato Dalmacio Moner *pb*

SEPTIEMBRE
24
LUNES (FE)

Papa Francisco: [*«Nadie enciende un candil y lo tapa»*]. Espero lío. Que acá adentro va a haber lío, va a haber. Pero quiero lío en las diócesis, quiero que se salga afuera... Quiero que la Iglesia salga a la calle, quiero que nos defendamos de todo lo que sea mundanidad, de lo que sea instalación, de lo que sea comodidad, de lo que sea clericalismo, de lo que sea estar encerrados en nosotros mismos.

PALABRA

Jesús dijo a la gente: «Nadie que ha encendido una lámpara, la tapa con una vasija o la mete debajo de la cama; sino que la pone en el candelero para que los que entren vean la luz. Pues nada hay oculto que no llegue a descubrirse, ni nada secreto que no llegue a saberse y hacerse público. Mirad, pues, cómo oís, pues al que tiene se le dará y al que no tiene se le quitará hasta lo que cree tener».

Proverbios 3,27-34; ***Salmo*** 14,2-5 • **LUCAS 8,16-18**

ORACIÓN

SEÑOR, en mi bautismo encendiste en mí la luz de la fe, no para uso individual, sino para que quienes pongas en mi camino "tengan luz", te conozcan y te sigan. No amas solo a los que eliges, sino a todos los hombres y mujeres, por alejados que estén. Eliges a los que quieres, para que seamos, como tú y tu Iglesia, luz del mundo, sal de la tierra, levadura en la masa. Te agradezco que te hayas fijado en mí. La misión que me has encomendado solo podré cumplirla unido a ti. ¡No me dejes de tu mano, Señor! Te lo pido para mí y para los demás.

El justo habite en tu monte santo, Señor *(Salmo 14,1)*.

Santos Cleofás *NT*, Fermín *ob mr*, Pablo y Tata *es* y cuatro hijos *mrs*. Ntra. Sra. de la Fuencisla

Papa Francisco: «Estos son mi madre y mis hermanos». La sabiduría de los afectos que no se compran ni se venden es la mejor dote del genio familiar. Precisamente en la familia aprendemos a crecer en ese clima de sabiduría de los afectos. Su «gramática» se aprende allí, de otra manera es muy difícil aprenderla. La invitación a poner los vínculos familiares en el ámbito de la obediencia de la fe y de la alianza con el Señor no los daña; al contrario, los protege, los desvincula del egoísmo, los resguarda de la degradación, los pone a salvo para la vida que no muere. La circulación de un estilo familiar en las relaciones humanas *es una bendición para los pueblos*: vuelve a traer la esperanza a la tierra. Cuando los afectos familiares se dejan convertir al testimonio del Evangelio, llegan a ser capaces de cosas impensables, que hacen tocar con la mano las obras de Dios *(2-9-2015)*.

PALABRA

Vinieron a Jesús su madre y sus hermanos, pero con el gentío no lograban llegar hasta él. Entonces le avisaron: «Tu madre y tus hermanos están fuera y quieren verte». Él respondió diciéndoles: «Mi madre y mis hermanos son estos: los que escuchan la palabra de Dios y la cumplen».

Proverbios 21,1-6.10-13; ***Salmo*** 118,1.27.30.34-35.44 • **LUCAS 8,19-21**

ORACIÓN

SEÑOR, qué maravilla poder considerarme –y ser– tu madre y tus hermanos. Pues lo soy, ateniéndome a la definición que das de tu madre y tus familiares más cercanos: los que escuchan la palabra y la cumplen. Cada día la leo en mi Evangelio. Ponerla por obra..., ya es más difícil. Pero con tu ayuda es posible acogerla en mi corazón, como tu Madre, y dejar que se forme en mí un hombre nuevo, a tu imagen.

Guíame, Señor, por la senda de tus mandatos *(Salmo 118,35).*

Santos COSME y DAMIÁN *mrs,*
Gedeón *AT,* **Nilo** *ab,* **Lucía Kim y** *co mrs*

SEPTIEMBRE
26
MIÉRCOLES (ML)

Papa Francisco: A nuestro pueblo le ofende mucho el corazón cuando ve que los que estamos consagrados estamos apegados al dinero. Eso es malo, y realmente no es buen ejemplo que tengan un coche último modelo. Creo que Dios nos pide en este momento mayor simplicidad, A la Iglesia se lo pide. Una vida sencilla, más simple, y más pobre también *(25-7-2013)*.

PALABRA

Habiendo convocado Jesús a los Doce, les dio poder y autoridad sobre toda clase de demonios y para curar enfermedades. Luego los envió a proclamar el reino de Dios y a curar a los enfermos, diciéndoles: «No llevéis nada para el camino: ni bastón ni alforja, ni pan ni dinero; tampoco tengáis dos túnicas cada uno. Quedaos en la casa donde entréis, hasta que os vayáis de aquel sitio. Y si algunos no os reciben, al salir de aquel pueblo sacudíos el polvo de vuestros pies, como testimonio contra ellos». Se pusieron en camino y fueron de aldea en aldea, anunciando la Buena Noticia y curando en todas partes.

Proverbios 30, 5-9; ***Salmo*** 118, 29.72.89.101.163 • **LUCAS 9, 1-6**

ORACIÓN

SEÑOR, proclamar el Evangelio y curar a los enfermos, del cuerpo y del alma: fue tu misión en este mundo y es la misión de tus discípulos. Envíame tu Espíritu para que, con su luz y su poder, anuncie el Evangelio, contagie esperanza a los decaídos, alivie los males de los demás. Todo eso será realidad cuando experimente la unión contigo y goce de tu confianza, aunque soy débil.

Lámpara es tu palabra para mis pasos *(Salmo 118,105).*

Santos VICENTE DE PAÚL *pb*, Cayo *ob*, Adolfo y Juan *mrs*

SAN VICENTE DE PAÚL

Papa Francisco: Solo el amor llena los vacíos, las vorágines negativas que el mal abre en el corazón y en la historia. Solo el amor puede hacer esto, y esta es la alegría de Dios. Jesús es todo misericordia, Jesús es todo amor: es Dios hecho hombre. Cada uno de nosotros es esa oveja perdida, esa moneda perdida. Y su corazón está en fiesta por cada hijo que regresa. Dios tiene esta alegría, cuando uno de nosotros pecadores va a Él y pide su perdón. Que cada uno piense en una persona con la que no estamos bien, con la que estamos enfadados, a la que no queremos. Pensemos en esa persona y en silencio, en este momento, oremos por esta persona y seamos misericordiosos con esta persona.

PALABRA

El tetrarca Herodes se enteró de lo que pasaba y no sabía a qué atenerse, porque unos decían que Juan había resucitado de entre los muertos, otros que había aparecido Elías, y otros que había vuelto a la vida uno de los antiguos profetas. Herodes se decía: «A Juan lo mandé decapitar yo. ¿Quién es este de quien oigo semejantes cosas?». Y tenía ganas de verlo.

Eclesiastés 1,2-11; ***Salmo*** 89,3-6.12-14.17 • **LUCAS 9,7-9**

ORACIÓN

SEÑOR, *como la cierva busca corrientes de agua viva, así mi alma te busca ti, tiene sed de Dios, del Dios vivo: ¿cuándo podré contemplar tu rostro?* Mi vida es tuya y quiero firmemente que mis pasos sigan tus huellas. Tengo inmensas ganas de verte, porque tú eres mi Dios. San Vicente de Paúl te vio en los pobres, te servía en los pobres, y para seguir sirviéndolos fundó las Hijas de la Caridad y la Congregación de la Misión.

Señor, tú has sido nuestro refugio de generación en generación
(Salmo 89,1).

Jesucristo no vino al mundo más que para cumplir la voluntad de su Padre, y durante toda su vida no hizo otra cosa; ¿querremos nosotros hacer algo distinto de la voluntad de Dios?

San Vicente de Paúl

Santos WENCESLAO *re, mr* LORENZO RUIZ y *co mrs,* Simón de Rojas *pb.* Beato Francisco Castelló *mr*

28

VIERNES (ML)

Papa Francisco: «Y vosotros, ¿quién decís que soy yo?». Esta es la pregunta más importante, con la que Jesús se dirige directamente a aquellos que lo han seguido, para verificar su fe. Seguir a Jesús significa tomar la propia cruz –todos la tenemos...– para acompañarlo en su camino, un camino incómodo, que no es el del éxito, de la gloria pasajera, sino el que conduce a la verdadera libertad, que nos libera del egoísmo y del pecado. Se trata de realizar un neto rechazo de esa mentalidad mundana que pone el propio «yo» y los propios intereses en el centro de la existencia. Jesús nos invita a perder la propia vida por Él, por el Evangelio, para recibirla renovada, realizada, auténtica. Podemos estar seguros, gracias a Jesús, de que este camino lleva, al final, a la resurrección, a la vida plena y definitiva con Dios. Decidir seguirlo a Él, nuestro Maestro y Señor, que se ha hecho Siervo de todos, exige caminar detrás de Él y escucharlo atentamente en su Palabra –acordaos de leer todos los días un pasaje del Evangelio– y en los Sacramentos *(13-9-2015)*.

PALABRA

Una vez que Jesús estaba orando solo, lo acompañaban sus discípulos y les preguntó: «¿Quién dice la gente que soy yo?». Ellos contestaron: «Unos que Juan el Bautista, otros que Elías, otros dicen que ha resucitado uno de los antiguos profetas». Él les preguntó: «Y vosotros, ¿quién decís que soy yo?». Pedro tomó la palabra y dijo: «El Mesías de Dios». Él les prohibió terminantemente decírselo a nadie, porque decía: «El Hijo del hombre tiene que padecer mucho, ser desechado por los ancianos, sumos sacerdotes y escribas, ser ejecutado y resucitar al tercer día».

Eclesiastés 3,1-11; ***Salmo*** 143,1-4 • **LUCAS 9,18-22**

ORACIÓN

SEÑOR, yo confieso convencido que tú eres el Mesías de Dios. Yo quiero estar a tu lado en todas las circunstancias de tu vida: en los misterios gozosos, luminosos y dolorosos, hasta que llegue a verte glorioso cara a cara en la casa del Padre. Y esto que quiero para mí, y para todos los que te buscan aun sin saberlo, equivale a lo que tú viviste y quieres compartir con nosotros.

Bendito el Señor, mi alcázar *(Salmo 143,1).*

SEPTIEMBRE
29
SÁBADO

Santos MIGUEL, GABRIEL y RAFAEL, ARCÁNGELES

FIESTA DE LOS SANTOS ARCÁNGELES MIGUEL, GABRIEL Y RAFAEL

Papa Francisco: Miguel –que significa: «¿Quién como Dios?»– es el modelo del primado de Dios, de su trascendencia y poder. Miguel lucha por restablecer la justicia divina; defiende al pueblo de Dios de sus enemigos y sobre todo del enemigo por excelencia, el diablo. En el camino y en las pruebas de la vida no estamos solos, estamos acompañados y sostenidos por los ángeles de Dios, que ofrecen, por decirlo así, sus alas para ayudarnos a superar tantos peligros, para poder volar alto respecto a las realidades que pueden hacer pesada nuestra vida o arrastrarnos hacia abajo.

PALABRA

Vio Jesús que se acercaba Natanael y dijo de él: «Ahí tenéis a un israelita de verdad, en quien no hay engaño». Natanael le contesta: «¿De qué me conoces?». Jesús le responde: «Antes de que Felipe te llamara, cuando estabas debajo de la higuera, te vi». Natanael respondió: «Rabí, tú eres el Hijo de Dios, tú eres el Rey de Israel». Jesús le contestó: «¿Por haberte dicho que te vi debajo de la higuera, crees? Has de ver cosas mayores». Y le añadió: «En verdad, en verdad os digo: veréis el cielo abierto y a los ángeles de Dios subir y bajar sobre el Hijo del hombre».

Daniel 7,9-10.13-14; ***Salmo*** 137,1-5 • **JUAN 1,47-51**

ORACIÓN

SEÑOR, los arcángeles te sirven y te adoran, mientras que algunas veces este pobre hombre que soy yo, esta pobre mujer, te da la espalda. Los tres arcángeles me hablan con el significado de sus nombres: *Quién como tú, Salud de los enfermos, Mensajero de la mejor noticia.* Te adoro, Señor Jesús, como mi Dios y mi Señor. Y te pido perdón por tantas veces como no te he tenido como lo más importante en mi vida.

Delante de los ángeles tañeré para ti, Señor *(Salmo 137,1).*

SAN JERÓNIMO (Salzillo)

SEPTIEMBRE
30
DOMINGO

Santos JERÓNIMO *pb dc*, Eusebia *vg*, Antonio *mr*, Honorio *ob*

Papa Francisco: Jesús encuentra hostilidad en la gente que no había aceptado cuanto dijo e hizo. Para ellos, la apertura de Jesús a la fe honesta y sincera de muchas personas que no formaban parte del pueblo elegido de Dios, les parecía intolerable. Los discípulos, por su parte, actuaron de buena fe, pero la tentación de ser escandalizados por la libertad de Dios que hace llover sobre «justos e injustos» (*Mt* 5,45), saltándose la burocracia, el oficialismo y los círculos íntimos, amenaza la autenticidad de la fe y, por tanto, tiene que ser vigorosamente rechazada. Cuando nos damos cuenta de esto, podemos entender por qué las palabras de Jesús sobre el escándalo son tan duras. Para Jesús, el escándalo intolerable es todo lo que destruye y corrompe nuestra confianza en este modo de actuar del Espíritu. Nuestro Padre no se deja ganar en generosidad y siembra. Siembra su presencia en nuestro mundo. Amor que nos da la certeza honda: somos buscados por Él, somos esperados por Él. Esa confianza es la que lleva al discípulo a estimular, acompañar y hacer crecer todas las buenas iniciativas que existen a su alrededor. Dios quiere que todos sus hijos participen de la fiesta del Evangelio. No impidáis todo lo bueno, dice Jesús, por el contrario, ayudadlo a crecer. Poner en duda la obra del Espíritu, dar la impresión de que la misma no tiene nada que ver con aquellos que «no son parte de nuestro grupo», que no son «como nosotros», es una tentación peligrosa. No bloquea solamente la conversión a la fe, sino que constituye una perversión de la fe. La fe abre la «ventana» a la presencia actuante del Espíritu y nos muestra que, como la felicidad, la santidad está siempre ligada a los pequeños gestos. «El que os dé a beber un vaso de agua en mi nombre –dice Jesús, pequeño gesto– no se quedará sin recompensa» (*Mc* 9,41) *(27-9-2015)*.

PALABRA

• ***Números*** 11, 25-29: El Señor bajó en la nube, habló con Moisés y, apartando algo del espíritu que poseía, se lo pasó a los setenta ancianos; al posarse sobre ellos el espíritu, se pusieron a profetizar enseguida. Habían quedado en el campamento dos del grupo, llamados Eldad y Medad; aunque estaban en la lista no habían acudido a la tienda, pero el espíritu se posó sobre ellos y se pusieron a profetizar en el campamento. Un muchacho corrió a contárselo a Moisés: «Eldad y Medad están profetizando en el campamento». Josué, hijo de Nun, ayudante de Moisés desde joven, intervino: «Moisés, señor mío, prohíbeselo». Moisés le respondió: «¿Estás celoso de mí? ¡Ojalá todo el pueblo del Señor fuera profeta y recibiera el espíritu del Señor!».

• ***Salmo*** 18, 8-14: ***Los mandatos del Señor son rectos y alegran el corazón.***

• ***Santiago*** 5, 1-6: Atención, ahora, los ricos, llorad a gritos por las desgracias que se os vienen encima. Vuestra riqueza está podrida y vuestros trajes se han apolillado. Vuestro oro y vuestra plata están oxidados, y su herrumbre se convertirá en testimonio contra vosotros y devorará vuestras carnes como fuego. ¡Habéis acumulado riquezas... en los últimos días! Mirad, el jornal de los obreros que segaron vuestros campos, el que vosotros habéis retenido, está gritando, y los gritos de los segadores han llegado a los oídos del Señor del universo. Habéis vivido con lujo sobre la tierra y os habéis dado a la gran vida, habéis cebado vuestros corazones para el día de la matanza. Habéis condenado, habéis asesinado al inocente, el cual no os ofrece resistencia.

• **MARCOS 9, 38-43.45.47-48:** Juan dijo a Jesús: «Maestro, hemos visto a uno que echaba demonios en tu nombre, y se lo hemos querido impedir, porque no viene con nosotros». Jesús respondió: «No se lo impidáis, porque quien hace un milagro en mi nombre no puede luego hablar mal de mí. El que no está contra nosotros está a favor nuestro. Y el que os dé a beber un vaso de agua, porque sois de Cristo, en verdad os digo que no se quedará sin recompensa. El que escandalice a uno de estos pequeñuelos que creen, más le valdría que le encajasen en el cuello una piedra de molino y lo echasen al mar. Si tu mano te hace caer, córtatela: más te vale entrar manco en la vida que ir con las dos manos a la "gehenna", al fuego que no se apaga. Y si tu pie te hace caer, córtatelo: más te vale entrar cojo en la vida, que ser echado con los dos pies a la "gehenna". Y si tu ojo te hace caer, sácatelo: más te vale entrar tuerto en el Reino de Dios que ser echado con los dos ojos a la "gehenna", donde el gusano no muere y el fuego no se apaga».

ORACIÓN **SEÑOR,** tu bendita obsesión es la expansión del Reino de Dios para que los hombres se salven. Por eso, cualquier ayuda que lo haga posible, es bienvenida. Por eso, el que favorezca a los que evangelizan tendrá su premio. Por eso, el que escandaliza a un pequeño, que tan bien acoge tu mensaje, lo tiene difícil. Por eso, todo lo que me impida serte fiel, fuera de mí. Aunque me cueste sangre. Lo primero es antes.

LA VIRGEN DEL ROSARIO (Murillo)

Hago mías con gusto las palabras conmovedoras con las que el beato Bartolomé Longo termina la célebre Súplica a la Reina del Santo Rosario: «Oh Rosario bendito de María, dulce cadena que nos une con Dios, vínculo de amor que nos une a los Ángeles, torre de salvación contra los asaltos del infierno, puerto seguro en el común naufragio, no te dejaremos jamás. Tú serás nuestro consuelo en la hora de la agonía. Para ti el último beso de la vida que se apaga. Y el último susurro de nuestros labios será tu suave nombre, oh Reina del Rosario, oh Madre nuestra querida, oh Refugio de los pecadores, oh Soberana consoladora de los tristes. Que seas bendita por doquier, hoy y siempre, en la tierra y en el cielo».

(San Juan Pablo II, "Rosarium Virginis Mariae", 16 octubre 2002)

OCTUBRE

1

LUNES (MO)

Lunes 26° Tiempo Ordinario Tomo IV - Salterio 2° semana

Santos TERESA DEL NIÑO JESÚS ***vg dc*****, Verísimo, Máxima y Julia** ***mrs*****, Román** ***di mr***

SANTA TERESA DEL NIÑO JESÚS

Papa Francisco: Santa Teresa del Niño Jesús, a quien recordamos hoy, nos señala su «pequeño camino» hacia Dios, el abandono del niñito que se duerme sin miedo en brazos de su padre, porque «Jesús no pide grandes hazañas, sino únicamente abandono y gratitud. La joven santa y Doctora de la Iglesia, por el contrario, era experta en la «ciencia del Amor», y nos enseña que la caridad perfecta consiste en soportar los defectos de los demás, en no extrañarse de sus debilidades, en edificarse de los más pequeños actos de virtud que les veamos practicar; nos recuerda también que la caridad no debe quedarse encerrada en el fondo del corazón *(1-10-2016)*. La patrona de las misiones nos recuerda que la verdadera misión no es nunca proselitismo, sino atracción a Cristo a partir de la fuerte unión con Él en la oración, en la adoración y en la caridad concreta, que es servicio a Jesús presente en el más pequeño de los hermanos *(3-10-2016)*.

PALABRA

Se suscitó entre los discípulos una disputa sobre quién era el más importante. Entonces Jesús, conociendo los pensamientos de sus corazones, tomó de la mano a un niño, lo puso a su lado y les dijo: «El que acoge a este niño en mi nombre me acoge a mí; y el que me acoge a mí acoge al que me ha enviado. Pues el más pequeño de vosotros es el más importante». Juan tomó la palabra y dijo: «Maestro, hemos visto a uno que echaba demonios en tu nombre y se lo hemos prohibido, porque no anda con nosotros». Jesús le respondió: «No se lo impidáis; el que no está contra vosotros, está a favor vuestro».

Job 1,6-22; ***Salmo*** 16,1-3. 6-7 • **LUCAS 9,46-50**

ORACIÓN

SEÑOR, cuando prevalece la convicción errónea de que lo único que importa es esta vida terrena, se explica que quiera destacar, ser importante y considerado por la sociedad en la que vive. Escribía uno de los mayores pensadores islámicos, Ibn'Arabî de Murcia (1165-1240), a la vista de la autenticidad de los cristianos que le rodeaban: "Aquel cuya enfermedad se llama *Jesucristo* no tiene curación". ¡Bendita enfermedad incurable, tenerte a ti como único Maestro, estar siempre a favor tuyo, no importar nada más que tu opinión y decidir considerar importante lo que lo es de verdad: tú y tu Evangelio!

Inclina el oído y escucha mis palabras *(16,6)*.

Santos ÁNGELES CUSTODIOS,
Saturio *er.*
Beato Antonio Chevrier *pb.*
Ntra. Sra. de la Academia

OCTUBRE
2
MARTES (MO)

Santos Ángeles Custodios

Papa Francisco: Los niños vienen al mundo y esperan que se cumpla la promesa del amor de sus padres. Si no, los niños son heridos por un escándalo insoportable. Dios vigila esta promesa. ¿Recordáis qué dice Jesús? Los ángeles de los niños reflejan la mirada de Dios, y Dios no pierde nunca de vista a los niños (cf. *Mt* 18, 5-10). ¡Ay de aquellos que traicionan su confianza, ay! Su confiado abandono a nuestra promesa, que nos compromete desde el primer instante, nos juzga *(14-10-2015)*.

PALABRA

En aquel momento, se acercaron los discípulos a Jesús y le preguntaron: «¿Quién es el mayor en el reino de los cielos?». Él llamó a un niño, lo puso en medio y dijo: «En verdad os digo que, si no os convertís y os hacéis como niños, no entraréis en el reino de los cielos. Por tanto, el que se haga pequeño como este niño, ese es el más grande en el reino de los cielos. El que acoge a un niño como este en mi nombre me acoge a mí. Cuidado con despreciar a uno de estos pequeños, porque os digo que sus ángeles están viendo siempre en el cielo el rostro de mi Padre celestial».

Éxodo 23, 20-23; ***Salmo*** 90, 1-6.10-11 • **MATEO 18, 1-5.10**

ORACIÓN

SEÑOR, me has dado un estupendo regalo, una inestimable ayuda, y apenas le hago caso: es mi Ángel de la Guarda, que me protege y quiere guiarme por el camino de la santidad. Pero no siempre hago caso de sus indicaciones. Es tu voz, y yo quiero obedecerle.

A sus ángeles ha dado órdenes para que te guarden en tus caminos *(Salmo 90,11).*

OCTUBRE

3

MIÉRCOLES (ML)

Miércoles 26° Tiempo Ordinario Tomo IV - Salterio 2ª semana

Santos FRANCISCO DE BORJA *pb*, Dionisio Areopagita *NT*, Gerardo *ab*

SAN FRANCISCO DE BORJA

Papa Francisco: *[Te seguiré adonde vayas]* Dos discípulos de Juan el Bautista siguen al Maestro, y luego, a su vez, se convierten en «mediadores» que permiten a otros encontrar al Señor, conocerle y seguirle. Hay tres momentos en este relato. En primer lugar, está la *escucha*. Los dos discípulos escucharon el testimonio del Bautista. El segundo momento es el *encuentro*. Los dos discípulos encuentran al Maestro y permanecen con Él. El último rasgo del relato es *caminar*. Los dos discípulos caminan hacia Jesús y luego hacen un tramo del camino junto a Él. Es una enseñanza importante para todos nosotros. La fe es un camino con Jesús.

PALABRA

Mientras Jesús y sus discípulos iban de camino, le dijo uno: «Te seguiré adondequiera vayas». Jesús le respondió: «Las zorras tienen madriguera, y los pájaros del cielo nidos, pero el Hijo del hombre no tiene donde reclinar la cabeza». A otro le dijo: «Sígueme». Él respondió: «Señor, déjame primero ir a enterrar a mi padre». Le contestó: «Deja que los muertos entierren a sus muertos; tú vete a anunciar el reino de Dios». Otro le dijo: «Te seguiré, Señor, pero déjame primero despedirme de los de mi casa». Jesús le contestó: «Nadie que pone la mano en el arado y mira hacia atrás vale para el reino de Dios».

Job 9,1-12.14-16; ***Salmo*** 87,10-15 • **LUCAS 9,57-62**

ORACIÓN

SEÑOR, corazones partidos tú no los quieres, y las componendas no entran en el programa de tus seguidores, que no podremos nadar y guardar la ropa. Al que quiere seguirte no le doras la píldora, sino que le hablas de tu absoluta pobreza: no tienes donde reclinar tu cabeza. Yo, aunque mi naturaleza me pide confort, mi confianza en ti -sé de quién me fío- me decide a aceptar tu seguimiento con pleno desprendimiento. Solo tú me bastas.

Llegue hasta ti mi súplica, Señor *(Salmo 87,3).*

Solo son grandes ante Dios los que se tienen por pequeños.

San Francisco de Borja

OCTUBRE

4

JUEVES (MO)

San FRANCISCO DE ASÍS *rl*, Áurea de París *ab*, Petronio *ob*, Quintín *mr*

Papa Francisco: Francisco de Asís es el hombre de la pobreza, el hombre de la paz, el hombre que ama y custodia la creación; en este momento también nosotros mantenemos con la creación una relación no tan buena ¿no? Es el hombre que nos da este espíritu de paz, el hombre... ¡Ah, cómo quisiera una Iglesia pobre y para los pobres! *(18-5-2013)*. ¿Dónde inicia el camino de Francisco hacia Cristo? Comienza con la *mirada de Jesús en la cruz*. Dejarse mirar por él en el momento en el que da la vida por nosotros y nos atrae a sí. El Crucifijo no nos habla de derrota, de fracaso; paradójicamente nos habla de una muerte que es vida, que genera vida, porque nos habla de amor y el Amor no muere, más aún, vence el mal y la muerte *(4-10-2013)*.

PALABRA

Designó el Señor otros setenta y dos y los mandó por delante, de dos en dos, a todos los pueblos y lugares adonde pensaba ir él. Y les decía: «La mies es abundante y los obreros pocos; rogad, pues, al dueño de la mies que mande obreros a su mies. ¡Poneos en camino! Mirad que os mando como corderos en medio de lobos. No llevéis bolsa, ni alforja, ni sandalias; y no saludéis a nadie por el camino. Cuando entréis en una casa, decid primero: "Paz a esta casa". Y si allí hay gente de paz, descansará sobre ellos vuestra paz; si no, volverá a vosotros. Quedaos en la misma casa, comiendo y bebiendo de lo que tengan, porque el obrero merece su salario. No andéis cambiando de casa en casa. Si entráis en una ciudad y os reciben, comed lo que os pongan, curad a los enfermos que haya en ella, y decid: "El reino de Dios ha llegado a vosotros". Pero si entráis en una ciudad y no os reciben, saliendo a sus plazas, decid: "Hasta el polvo de vuestra ciudad, que se nos ha pegado a los pies, nos lo sacudimos sobre vosotros. De todos modos, sabed que el reino de Dios ha llegado".

Nehemías 8, 1-4a.5-6.7b-12; ***Salmo*** 18, 8-11 • **LUCAS 10, 1-12a**

ORACIÓN

SEÑOR, me mandas en actitud de absoluto desprendimiento de todo lo material, y en medio del peligro: como cordero en medio de lobos. Justamente, lo que Francisco eligió para sí y para sus seguidores. Como te tenía a ti como el único tesoro de su vida, lo tenía todo, era libre. Se había hecho pequeño, el "menor", para seguirte a ti y tener tu Evangelio como regla de vida, participar ya en esta vida de tu reino, y hacer a los demás partícipes de su riqueza espiritual. Con su amor universal, estaba en comunión con toda la humanidad y con toda la creación. Hoy quiero hacerte una petición especial para la gran Familia Franciscana: que los hijos e hijas de Francisco sigan sus huellas.

***Espero gozar de la dicha del Señor en el país de la vida** (26,13).*

OCTUBRE

5

VIERNES

Santos M.ª Faustina Kowalska *vg*, Froilán, *ob*, Apolinar *ob*, Atilano *ob*, Mauro y Plácido *mjs*. Beatos Raimundo de Capua *pb*, Bartolomé Longo

SANTA FAUSTINA KOWASKA

TÉMPORAS DE ACCIÓN DE GRACIAS Y DE PETICIÓN

Papa Francisco: Rezar siempre, pero no para convencer al Señor a fuerza de palabras. Él conoce mejor que nosotros aquello que necesitamos. La oración perseverante es más bien expresión de la fe en un Dios que nos llama a combatir con Él, cada día, en cada momento, para vencer el mal con el bien. Escuchad bien: un cristiano que no sabe dar gracias es alguien que ha olvidado el lenguaje de Dios. Recordemos la pregunta de Jesús, cuando curó a diez leprosos y solo uno de ellos volvió a dar las gracias. Una vez escuché decir a una persona anciana, muy sabia, muy buena, sencilla, pero con la sabiduría de la piedad, de la vida: «La gratitud es una planta que crece solo en la tierra de almas nobles». Esa nobleza del alma, esa gracia de Dios en el alma nos impulsa a decir gracias, a la gratitud. Es la flor de un alma noble *(13-5-2015)*.

PALABRA

Dijo Jesús a sus discípulos: «Pedid y se os dará, buscad y encontraréis, llamad y se os abrirá; porque quien pide recibe, quien busca encuentra y al que llama se le abre. Si a alguno de vosotros le pide su hijo pan, ¿le va a dar una piedra?; y si le pide pescado, ¿le dará una serpiente? Pues si vosotros, que sois malos, sabéis dar cosas buenas a vuestros hijos, ¡cuánto más vuestro Padre del cielo dará cosas buenas a los que le piden!».

Deuteronomio 8,7-18; ***Salmo: 1 Crónicas*** 29,10-12; 2 ***Corintios*** 5,17-21

• MATEO 7,7-11

ORACIÓN

SEÑOR, dedicar un día al año a considerar la oración de petición y de acción de gracias es plenamente evangélico. Tú nos animas a pedirte lo que creemos necesitar. Y te agrada que, cuando recibimos algo de ti, lo reconozcamos y te demos gracias. En la oración de petición mostramos nuestra pobreza, creemos en tu poder soberano y en el amor que nos tienes: te exponemos nuestra necesidad y esperamos ser atendidos por tu bondad. No todo debe acabar aquí: cuando nos concedes lo que te pedimos, es de bien nacidos tener la actitud de agradecértelo, algo que lamentablemente olvidamos, como los nueve leprosos judíos curados. Me invitas a pedirte, pero estás contento cuando reconocemos tu generosidad.

Tú eres Señor del universo *(1Crónicas, 29,12).*

Santos BRUNO *pb*, Fe *mr*,
María Francisca *vg*,
Román *ob*. Beato Juan de Palafox

OCTUBRE
6
SÁBADO (ML)

Papa Francisco: Mirando a Jesús que exulta en la alegría porque Dios revela su misterio a los humildes, podemos pedir la gracia de la humildad para todos, la gracia del temor de Dios, de caminar en su presencia tratando de ser irreprensibles. Y así, con esta humildad, podemos ser vigilantes en la oración, activos en la caridad fraterna y exultantes de alegría en la alabanza... La humildad del pequeño es aquella que camina en la presencia del Señor, no habla mal de los demás, ve solo el servicio, se siente el más pequeño... Allí está la fuerza *(29-11-2016)*.

PALABRA

Los setenta y dos volvieron con alegría diciendo: «Señor, hasta los demonios se nos someten en tu nombre». Jesús les dijo: «Estaba viendo a Satanás caer del cielo como un rayo. Mirad: os he dado potestad para pisotear serpientes y escorpiones y todo el poder del enemigo, y nada os hará daño alguno. Sin embargo, no estéis alegres porque se os someten los espíritus; estad alegres porque vuestros nombres están inscritos en el cielo». En aquella hora, se llenó de alegría en el Espíritu Santo, y dijo: «Te doy gracias, Padre, Señor del cielo y de la tierra, porque has escondido estas cosas a los sabios y entendidos, y las has revelado a los pequeños. Sí, Padre, porque así te ha parecido bien. Todo me lo ha entregado mi Padre, y nadie conoce quién es el Hijo sino el Padre; ni quién es el Padre sino el Hijo y aquel a quien el Hijo se lo quiera revelar». Y volviéndose a sus discípulos, les dijo aparte: «¡Bienaventurados los ojos que ven lo que vosotros veis! Porque os digo que muchos profetas y reyes quisieron ver lo que vosotros veis, y no lo vieron; y oír lo que vosotros oís, y no lo oyeron».

Job 42,1-3.5-6.12-17; ***Salmo*** 118,66.71.75.91.125.130

• LUCAS 10,17-24

ORACIÓN

SEÑOR, los sabios y entendidos de este mundo están invitados a deponer su orgullo y aceptar la sabiduría que viene de ti. La revelación es para los pequeños. Sí, la gente que acepta la sencillez del rezo del Rosario, cuya fiesta se celebra mañana; la sencillez de quienes escuchan en tierras de misión el mensaje de salvación que los intrépidos misioneros les llevan. Por estos te pedimos también en este mes de las misiones. Todo me invita a ponerme entre los pequeños, haciéndome pequeño y escuchar tu Palabra tal como salió de tus labios, sin ofrecer ninguna resistencia.

Haz brillar, Señor, tu rostro sobre tu siervo *(Salmo 118,135).*

OCTUBRE
7
DOMINGO

DOMINGO XXVII DEL TIEMPO ORDINARIO Tomo IV - Salterio 3ª semana

NTRA. SRA. LA VIRGEN DEL ROSARIO.
Santos Justina *vg mr*, Martín Cid *ab*, Marcelo *mr*

Papa Francisco: María nos mira como Madre: con ternura, con misericordia, con amor. Así ha mirado al hijo Jesús en todos los momentos de su vida, gozosos, luminosos, dolorosos, gloriosos, como contemplamos en los Misterios del Santo Rosario, simplemente con amor. Cuando estamos cansados, desanimados, abrumados por los problemas, volvámonos a María, sintamos su mirada que dice a nuestro corazón: "¡Ánimo, hijo, que yo te sostengo!" *(12-10- 2013).*

PALABRA

• *Génesis* 2, 18-24: El Señor Dios se dijo: «No está bien que el hombre esté solo; voy a hacerle alguien como él que le ayude». Entonces el Señor Dios modeló de arcilla todas las bestias del campo y todos los pájaros del cielo, y se los presentó al hombre, para ver qué nombre les ponía. Y cada ser vivo llevaría el nombre que el hombre le pusiera. Así el hombre puso nombre a todos los animales domésticos, a los pájaros del cielo y a las bestias del campo; pero no se encontraba ninguno como él que le ayudase. Entonces el Señor Dios dejó caer sobre el hombre un letargo, y el hombre se durmió. Le sacó una costilla y le cerró el sitio con carne. Y el Señor Dios trabajó la costilla que le había sacado al hombre haciendo una mujer, y se la presentó al hombre. El hombre dijo: "Esta sí que es hueso de mis huesos y carne de mi carne!". Su nombre será Mujer, porque ha salido del hombre. Por eso abandonará el hombre a su padre y a su madre, se unirá a su mujer y serán los dos una sola carne».

• *Salmo* 127, 1-6: ***Que el Señor nos bendiga todos los días de nuestra vida.***

• *Hebreos* 2, 9-11: Al que Dios había hecho un poco inferior a los ángeles, a Jesús, lo vemos ahora coronado de gloria y honor por su pasión y muerte. Pues, por la gracia de Dios, gustó la muerte por todos. Convenía que aquel, para quien y por quien existe todo, llevara muchos hijos a la gloria perfeccionando mediante el sufrimiento al jefe que iba a guiarlos a la salvación. El santificador y los santificados proceden todos del mismo. Por eso no se avergüenza de llamarlos hermanos.

• **MARCOS 10, 2-16:** Acercándose unos fariseos, le preguntaron a Jesús para ponerlo a prueba: «¿Le es lícito a un hombre repudiar a su mujer?». Él les replicó: «¿Qué os ha mandado Moisés?». Contestaron: «Moisés permitió escribir el acta de divorcio y repudiarla». Jesús les dijo: «Por la dureza de vuestro corazón dejó escrito Moisés este precepto. Pero al principio de la creación Dios los creó hombre y mujer. Por eso dejará el hombre a su padre y a su madre, se unirá a su mujer y serán los dos una sola carne. De modo que ya no son dos, sino una sola carne. Lo que Dios ha unido, que no lo separe el hombre». En casa, los discípulos volvieron a preguntarle sobre lo mismo. Él les dijo: «Si uno repudia a su mujer y se casa con otra, comete adulterio contra la primera. Y si ella repudia a su marido y se casa con otro, comete adulterio». Acercaban a Jesús niños para que los tocara, pero los discípulos les regañaban. Al verlo, Jesús se enfadó y les dijo: «Dejad que los niños se acerquen a mí: no se lo impidáis; de los que son como ellos es el reino de Dios. En verdad os digo que el que no acepte el reino de Dios como un niño, no entrará en él». Y tomándolos en brazos los bendecía imponiéndoles las manos.

ORACIÓN

SEÑOR, como estuviste presente el día feliz de la boda, haz que los esposos vivan tu presencia en los momentos de crisis: que no sean solo dos los que discuten y riñen, sino que estés tú también en medio del matrimonio, poniendo paz, amor y unidad, dando fuerzas a los esposos para perdonarse mutuamente, y seguir caminando en la entrega mutua y en el amor. Cuando falta esta realidad, los hijos son las víctimas inocentes.

Santos Hugo *rl*, Pelagia *vg mr*, Evodio *ob*, Reparada *vg mr*

Papa Francisco: Jesús muestra que el corazón del Buen Samaritano es bueno y generoso y que –a diferencia del sacerdote y del levita– Él pone en práctica la voluntad de Dios, que quiere la misericordia más que los sacrificios. Dios siempre quiere la misericordia y no la condena. Quiere la misericordia del corazón, porque Él es misericordioso y comprende bien nuestras miserias, nuestras dificultades y también nuestros pecados. A todos nos da este corazón misericordioso. El Samaritano hace precisamente esto: imita la misericordia de Dios, la misericordia hacia quien está necesitado *(14-7-2013)*.

PALABRA

Se presentó un maestro de la Ley y preguntó a Jesús para ponerlo a prueba: «Maestro, ¿qué tengo que hacer para heredar la vida eterna?». Él le dijo: «¿Qué está escrito en la Ley? ¿Qué lees en ella?». Él contestó: «"Amarás al Señor, tu Dios, con todo tu corazón y con toda tu alma y con toda tu fuerza" y con toda tu mente. Y "a tu prójimo como a ti mismo"». Él le dijo: «Has respondido correctamente. Haz esto y tendrás la vida». Pero el maestro de la Ley, queriendo justificarse, preguntó a Jesús: «¿Y quién es mi prójimo?». Respondió Jesús diciendo: «Un hombre bajaba de Jerusalén a Jericó, cayó en manos de unos bandidos, que lo desnudaron, lo molieron a palos y se marcharon, dejándolo medio muerto. Por casualidad, un sacerdote bajaba por aquel camino y, al verlo, dio un rodeo y pasó de largo. Y lo mismo hizo un levita que llegó a aquel sitio: al verlo dio un rodeo y pasó de largo. Pero un samaritano que iba de viaje, llegó adonde estaba él y, al verlo, se compadeció y acercándose, le vendó las heridas, echándoles aceite y vino, y, montándolo en su propia cabalgadura, lo llevó a una posada y lo cuidó. Al día siguiente, sacó dos denarios, se los dio al posadero y le dijo: "Cuida de él, y lo que gastes de más yo te lo pagaré a la vuelta". ¿Cuál de estos tres te parece que ha sido prójimo del que cayó en manos de los bandidos?». Él contestó: «El que practicó la misericordia con él». Jesús le dijo: «Anda, haz tú lo mismo».

Gálatas **1,6-12;** ***Salmo*** **110,1-2.7-10 • LUCAS 10,25-37**

ORACIÓN

SEÑOR, me indicas quién es mi prójimo y cómo ha de ser mi conducta: amor, misericordia, compasión y ayuda. Quiero seguir tus huellas con la sencillez de tantos santos que vivieron para amar. Tú eres mi mejor samaritano. Yo me dejo cuidar por ti y quiero ser buen samaritano con el prójimo marginado.

***El Señor recuerda siempre su alianza** (110,5).*

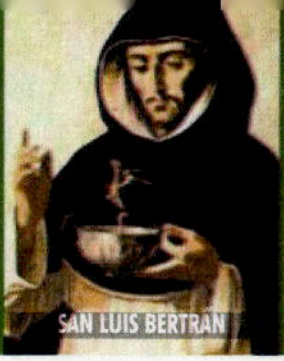

OCTUBRE

9

MARTES (ML)

Santos DIONISIO *ob,* JUAN LEONARDI *pb,* Luis Bertrán *pb,* Abrahán, patriarca

Papa Francisco: El espíritu de oración restituye el tiempo a Dios, sale de la obsesión de una vida a la que siempre le falta tiempo, vuelve a encontrar la paz de las cosas necesarias y descubre la alegría de los dones inesperados. Buenas guías para ello son las dos hermanas Marta y María, de las que habla el Evangelio. Ellas aprendieron de Dios la armonía de los ritmos familiares: la belleza de la fiesta, la serenidad del trabajo, el espíritu de oración. La visita de Jesús, a quien querían mucho, era su fiesta. Pero un día Marta aprendió que el trabajo de la hospitalidad, incluso siendo importante, no lo es todo, sino que escuchar al Señor, como hacía María, era la cuestión verdaderamente esencial, la «parte mejor» del tiempo *(26-8-2015)*.

PALABRA

Entró Jesús en una aldea, y una mujer llamada Marta lo recibió en su casa. Esta tenía una hermana llamada María, que, sentada a los pies del Señor, escuchaba su palabra. Marta, en cambio, andaba muy afanada con los muchos servicios; hasta que, acercándose, dijo: «Señor, ¿no te importa que mi hermana me haya dejado sola para servir? Dile que me eche una mano». Respondiendo, le dijo el Señor: «Marta, Marta, andas inquieta y preocupada con muchas cosas; solo una es necesaria. María, pues, ha escogido la parte mejor, y no le será quitada».

Gálatas 1,13-24; ***Salmo*** 138,1-3.13-15 • **LUCAS 10,38-42**

ORACIÓN

SEÑOR, Marta y María representan dos actitudes ante la vida. Una, la del sentido común racional: Marta trabaja agobiada, mientras María está embobada escuchándote. Pero nuestros criterios no son tus criterios. Yo hubiera estado de parte de Marta. Tú ves más allá, y valoras más la actitud de María, que ha elegido «lo único necesario», lo que no pasa. Y yo me pongo de tu parte. ¡Siempre tienes razón!

Guíame, Señor, por el camino eterno *(Salmo 138, 24).*

OCTUBRE

10

MIÉRCOLES (ML)

Miércoles 27° Tiempo Ordinario Tomo IV - Salterio 3ª semana

Santos TOMÁS DE VILLANUEVA *ob*, Daniel Comboni *ob*, Telquilda *ab*, Casio y Florencio *mrs*

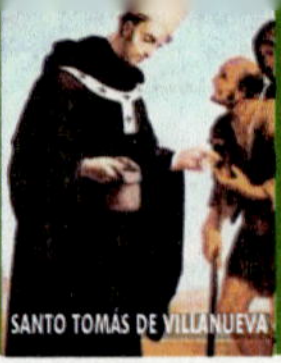
SANTO TOMÁS DE VILLANUEVA

Papa Francisco: "Cuando oréis decid: Padre...". Esta palabra es el secreto de la oración de Jesús, es la llave que él mismo nos da para que podamos entrar también nosotros en esa relación de diálogo confiado con el Padre que ha acompañado y sostenido su vida. Al nombre de "Padre", Jesús asocia dos peticiones: "santificado sea tu nombre, venga tu reino". La oración de Jesús, y por lo tanto la oración cristiana, es antes de todo hacerle un lugar a Dios, dejándole manifestar su santidad en nosotros y haciendo avanzar su reino a partir de la posibilidad de ejercitar su señoría de amor en nuestra vida *(24-7-2016)*.

PALABRA

Una vez que estaba Jesús orando en cierto lugar, cuando terminó, uno de sus discípulos le dijo: «Señor, enséñanos a orar, como Juan enseñó a sus discípulos». Él les dijo: «Cuando oréis decid: "Padre, santificado sea tu nombre, venga tu reino, danos cada día nuestro pan cotidiano, perdónanos nuestros pecados, porque también nosotros perdonamos a todo el que nos debe, y no nos dejes caer en la tentación"».

Gálatas **2.7-14;** ***Salmo*** **116,1,2 • LUCAS 11, 1-4**

ORACIÓN

SEÑOR, a la petición de tu discípulo, podrías haberle inscrito en un cursillo o haber pronunciado un gran discurso sobre la oración para orientar a tus seguidores a orar. No fue así: preferiste ofrecerles a ellos y a nosotros cuál es la oración que, por una parte, más complace al Padre, que es a quien se dirige la oración; y, por otra parte, mejor recoge las inquietudes de los orantes. Nadie conoce al Padre más que tú. Nadie sabe, como tú, lo que pasa por el corazón y por la vida del hombre: te hiciste hombre, sin dejar de ser Dios, para compartir nuestras necesidades y esperanzas. La oración por excelencia para el cristiano es tu Padrenuestro.

Id al mundo entero y proclamad el Evangelio *(Marcos 16,15).*

Santos JUAN XXIII *pp*,
Mª SOLEDAD TORRES *vg*,
Felipe el Diácono *NT*, **Fermín** *ob*.
Beata María de Jesús *mf rl*.
Ntra. Sra. de Begoña

OCTUBRE
11
JUEVES (ML)

Papa Francisco: Desde el día de la elección al pontificado de Juan XXIII, el nombre de Bérgamo y de Sotto il Monte se hicieron familiares en todo el mundo, y aún hoy, a más de cincuenta años de distancia, estos están asociados a su rostro sonriente y a su ternura de padre. Os invito a dar gracias al Señor por el gran don que fue su santidad para la Iglesia universal. Y os aliento a custodiar la memoria del bergamasco universal de profunda fe vivida en lo cotidiano, de familias pobres pero unidas por el amor del Señor, de comunidades capaces de compartir en la sencillez. Cierto, desde entonces el mundo ha cambiado, y son nuevos también los desafíos para la misión de la comunidad cristiana. Sin embargo, esa herencia puede inspirar aún hoy a esta Iglesia, llamada a vivir la dulce y consoladora alegría de evangelizar, a ser compañera de camino de todo hombre, y «fuente del pueblo» de la que todos pueden sacar el agua fresca del Evangelio *(25-4-2014)*.

PALABRA

Dijo Jesús a los discípulos: «Suponed que alguno de vosotros tiene un amigo, y viene durante la medianoche y le dice: "Amigo, préstame tres panes, pues uno de mis amigos ha venido de viaje y no tengo nada que ofrecerle". Y, desde dentro, aquel le responde: "No me molestes; la puerta está cerrada; mis niños y yo estamos acostados; no puedo levantarme para dártelos"; os digo que, si no se levanta y se los da por ser amigo suyo, al menos por su importunidad se levantará y le dará cuanto necesite. Pues así os digo yo: pedid y se os dará, buscad y hallaréis, llamad y se os abrirá; porque todo el que pide recibe, y el que busca halla, y al que llama se le abre. ¿Qué padre entre vosotros, si su hijo le pide un pez, le dará una serpiente en lugar del pez? ¿O si le pide un huevo, le dará un escorpión? Si vosotros, pues, que sois malos, sabéis dar cosas buenas a vuestros hijos, ¿cuánto más vuestro Padre del cielo dará el Espíritu Santo a los que le piden?».

Gálatas 3,1-5; ***Salmo: Lucas*** 1,69-75 • **LUCAS 11,5-13**

ORACIÓN

SEÑOR, 11 de octubre de 1962: recuerdo perfectamente cuando pude seguir con enorme emoción y juvenil esperanza, en mis primeras sesiones de televisión en blanco y negro, la apertura del Concilio ecuménico Vaticano II por san Juan XXIII, cuya fiesta celebramos hoy, 56 años después. Papa y Concilio son dos de los mejores regalos que hiciste a la humanidad en el siglo XX. Dame, Señor, la sabiduría del Concilio y la bondad del "Papa bueno", para aprender a ser tu testigo creíble para nuestro tiempo descreído, y a conseguir ser para los demás el reflejo fiel de tu misericordia y la cara amable de tu Iglesia.

Bendito sea el Señor, Dios de Israel, porque ha visitado a su pueblo *(Lucas 1,68).*

OCTUBRE

12

VIERNES

FIESTA DE LA BIENAVENTURADA VIRGEN MARÍA DEL PILAR

Santos Félix IV *pp*, Serafín *rl*, Maximiliano *ob*

Papa Francisco: En aquella hora en la que la fe de los discípulos se agrietaba por tantas dificultades e incertidumbres, Jesús les confió a aquella que fue la primera en creer, y cuya fe no decaería jamás. Y la «mujer» viene a ser nuestra Madre en el momento en el que pierde al Hijo divino. Y su corazón herido se ensancha para acoger a todos los hombres, buenos y malos, a todos, y los ama como los amaba Jesús. María se convierte así en fuente de esperanza y de verdadera alegría. La Madre del Redentor nos precede y continuamente nos confirma en la fe, en la vocación y en la misión. Con su ejemplo de humildad y de disponibilidad a la voluntad de Dios nos ayuda a traducir nuestra fe en un anuncio del Evangelio alegre y sin fronteras. De este modo nuestra misión será fecunda, porque está modelada sobre la maternidad de María *(1-1-2014)*.

PALABRA

Mientras Jesús hablaba a la gente, una mujer de entre el gentío levantó la voz, diciendo: «Dichoso el vientre que te llevó y los pechos que te criaron». Pero él repuso: «Mejor, dichosos los que escuchan la palabra de Dios y la cumplen».

1Crónicas 15,3-4.15-16; 16,1-2 (o ***Hechos*** 1,12-14); ***Salmo*** 26,1-5 • LUCAS 11,27-28

ORACIÓN

SEÑOR, en esta fiesta mariana de España y de la Hispanidad, se cumplen hoy 526 años que España descubrió América, en el día de la Virgen del Pilar, y se inició la ingente misión de evangelizar el Nuevo Mundo. Por eso, la mayor parte de los católicos del mundo alaban a Dios en la lengua española, y la devoción mariana es parte esencial en su vida cristiana. Podría ser motivo de orgullo hispano, pero es más motivo de gratitud a ti y a los evangelizadores, de responsabilidad y de fidelidad al Evangelio, y a la Virgen Madre, la proclamada feliz porque creyó en tu Palabra y la acogió en su corazón.

El Señor me ha coronado, sobre la columna me ha exaltado.

Santos Teófilo *ob*, Fausto, Jenaro y Marcial *mrs*, Florencio *mr*, Venancio *ab*

Papa Francisco: María cumplió la voluntad de Dios poniéndose a disposición de quien lo necesitaba. María siempre estuvo con su pueblo en favor de los pequeños. Ella conoció la soledad, la pobreza y el exilio, y aprendió a crear fraternidad y hacer de cualquier lugar en donde germine el bien la propia casa. A Ella le suplicamos que nos dé un alma de pobre que no tenga soberbia, un corazón puro que vea a Dios en el rostro de los desfavorecidos, una paciencia fuerte que no se arredre ante las dificultades de la vida *(8-9-2014)*.

PALABRA

Mientras Jesús hablaba a la gente, una mujer de entre el gentío, levantando la voz, le dijo: «Bienaventurado el vientre que te llevó y los pechos que te criaron». Pero él dijo: «Mejor, bienaventurados los que escuchan la palabra de Dios y la cumplen».

Gálatas 3,22-29; *Salmo* 104,2-7 • **LUCAS 11,27-28**

ORACIÓN

SEÑOR, qué entusiasmo producía tu presencia y tu palabra entre la gente sencilla, los pequeños. Yo hoy uno mi voz a la de la mujer del Evangelio para proclamar dichosa a la Madre que tienes. Y entiendo que, dejando de lado su maternidad física que jamás podrá nadie imitar, subrayes lo más importante en su vida: escuchó tu Palabra, la guardó en su corazón y la cumplió en su vida. Es lo que yo quiero hacer.

El Señor se acuerda de su alianza eternamente *(Salmo 104,8)*.

San CALIXTO I *pp.* Beata María Poussepin *vg*

Papa Francisco: *[Y luego, sígueme]* Creer quiere decir renunciar a uno mismo, salir de la comodidad y rigidez del propio yo para centrar nuestra vida en Jesucristo; abandonar, como Abrahán, la propia tierra poniéndose en camino con confianza, sabiendo que Dios indicará el camino hacia la tierra nueva. Esta «salida» no hay que entenderla como un desprecio de la propia vida, del propio modo sentir las cosas, de la propia humanidad; todo lo contrario, quien emprende el camino siguiendo a Cristo encuentra vida en abundancia, poniéndose del todo a disposición de Dios y de su reino. Dice Jesús: «El que por mí deja casa, hermanos o hermanas, padre o madre, mujer, hijos o tierras, recibirá cien veces más, y heredará la vida eterna». La raíz profunda de todo esto es el amor *(29-3-2015).*

PALABRA

• ***Sabiduría*** 7, 7-11: Supliqué y se me concedió la prudencia, invoqué y vino a mí un espíritu de sabiduría. La preferí a cetros y a tronos, y en su comparación tuve en nada la riqueza. No le equiparé la piedra más preciosa, porque todo el oro a su lado es un poco de arena y junto a ella la plata vale lo que el barro. La preferí a la salud y a la belleza, y me propuse tenerla por luz, porque su resplandor no tiene ocaso. Con ella, me vinieron todos los bienes juntos, en sus manos había riquezas incontables.

• ***Salmo*** 89, 12-17: ***Sácianos de tu misericordia, Señor, y toda nuestra vida será alegría y júbilo.***

• ***Hebreos*** 4, 12-13: La palabra de Dios es viva y eficaz, más tajante que espada de doble filo; penetra hasta el punto donde se dividen alma y espíritu, coyunturas y tuétanos. Juzga los deseos e intenciones del corazón. Nada se le oculta; todo está patente y descubierto a los ojos de aquel a quien hemos de rendir cuentas.

• **MARCOS 10, 17-30:** Cuando salía Jesús al camino, se le acercó uno corriendo, se arrodilló ante él y le preguntó: «Maestro bueno, ¿qué haré para heredar la vida eterna?». Jesús le contestó: «¿Por qué me llamas bueno? No hay nadie bueno más que Dios. Ya sabes los mandamientos: no matarás, no cometerás adulterio, no robarás, no darás falso testimonio, no estafarás, honra a tu padre y a tu madre». Él replicó: «Maestro, todo eso lo he cumplido desde mi juventud». Jesús se le quedó mirando, lo amó y le dijo: «Una cosa te falta: anda, vende lo que tienes, dáselo a los pobres, así tendrás un tesoro en el cielo, y luego ven y sígueme». A estas palabras, él frunció el ceño y se marchó triste, porque era muy rico. Jesús, mirando alrededor, dijo a sus discípulos: «¡Qué difícil les será entrar en el reino de Dios a los que tienen riquezas!». Los discípulos se quedaron sorprendidos de estas palabras. Pero Jesús añadió: «Hijos, ¡qué difícil es entrar en el reino de Dios! Más fácil le es a un camello pasar por el ojo de una aguja, que a un rico entrar en el reino de Dios». Ellos se espantaron y comentaban: «Entonces, ¿quién puede salvarse?». Jesús se les quedó mirando y les dijo: «Es imposible para los hombres, no para Dios. Dios lo puede todo». Pedro se puso a decirle: «Ya ves que nosotros lo hemos dejado todo y te hemos seguido». Jesús dijo: «En verdad os digo que no hay nadie que haya dejado casa, o hermanos o hermanas, o madre o padre, o hijos o tierras, por mí y por el Evangelio, que no reciba ahora, en este tiempo, cien veces más -casas, hermanos y hermanas y madres e hijos y tierras, con persecuciones-, y en la edad futura, vida eterna.

ORACIÓN

SEÑOR, Maestro bueno, gracias por tu mirada cariñosa y por tu invitación a seguirte en el desprendimiento. ¡No permitas tú, para quien nada hay imposible, que yo frunza el ceño y me aparte de ti triste, arrastrado por los bienes efímeros de este mundo que pasa! Prefiero dejarlo todo para seguirte con libertad, y aceptar lo que tú quieras darme, persecuciones incluidas.

OCTUBRE
15
LUNES

FIESTA DE SANTA TERESA DE JESÚS, VIRGEN Y DOCTORA DE LA IGLESIA

Santos Severo *ob,* Tecla *ab*

SANTA TERESA DE JESUS

Papa Francisco: Teresa de Jesús entendió su vida como camino de perfección por el que Dios conduce al hombre, morada tras morada, hasta Él y, al mismo tiempo, lo pone en marcha hacia los hombres. ¿Por qué caminos quiere llevarnos el Señor tras las huellas y de la mano de santa Teresa? Quisiera recordar cuatro que me hacen mucho bien: el camino de la alegría, de la oración, de la fraternidad y del propio tiempo. Teresa de Jesús invita a sus monjas a «andar alegres sirviendo». La Santa transitó también el camino de la oración, que definió bellamente como un «tratar de amistad estando muchas veces a solas con quien sabemos nos ama». Para la santa reformadora la senda de la oración discurre por la vía de la fraternidad en el seno de la Iglesia madre. Para la santa reformadora la senda de la oración discurre por la vía de la fraternidad; su experiencia mística no la separó del mundo ni de las preocupaciones de la gente de su tiempo. ¡Cómo desearía, en estos tiempos, unas comunidades cristianas más fraternas donde se haga este camino: andar en la verdad de la humildad que nos libera de nosotros mismos para amar más y mejor a los demás, especialmente a los más pobres! ¡Nada hay más hermoso que vivir y morir como hijos de esta Iglesia madre! *(15-10-2014).*

PALABRA

Tomó la palabra Jesús y dijo: «Te doy gracias, Padre, Señor del cielo y de la tierra, porque has escondido estas cosas a los sabios y entendidos y se las has revelado a los pequeños. Sí, Padre, así te ha parecido bien. Todo me ha sido entregado por mi Padre, y nadie conoce al Hijo más que el Padre, y nadie conoce al Padre sino el Hijo, y aquel a quien el Hijo se lo quiera revelar. Venid a mí todos los que estáis cansados y agobiados, y yo os aliviaré. Tomad mi yugo sobre vosotros y aprended de mí, que soy manso y humilde de corazón, y encontraréis descanso para vuestras almas. Porque mi yugo es llevadero y mi carga ligera».

Eclesiástico **15,1-6; *Salmo* 88,2-9.16-19 • MATEO 11,25-30**

ORACIÓN

SEÑOR, a santa Teresa, que no se las daba de sabia y entendida, la eligió el Padre para revelarle los grandes secretos, que tan fielmente vivió y con tanta destreza y elegancia divulgó. Lo que, en sus largas horas de oración, le decías al corazón es lo que con tanto acierto legó a la Iglesia en sus escritos. Pasión por ti, amor a la Iglesia, sencillez y espíritu de trabajo por el Reino: son las virtudes que diste a Teresa, primera Doctora de la Iglesia, esas cualidades son las que hoy te pido para mí, como te lo pedía la gran carmelita, esperándolo todo de ti: *¿Qué mandáis hacer de mí?*

Cantaré eternamente las misericordias del Señor *(Salmo 88,2).*

SANTA MARGARITA Mª ALACOQUE

Stos. EDUVIGIS *rl*,
MARGARITA M.ª DE ALACOQUE *vg*,
Longinos *NT*, **Gerardo Mayela** *rl*.
Beata Petra de S. José *vg*

OCTUBRE
16
MARTES (ML)

Papa Francisco: "Vosotros, los fariseos, limpiáis por fuera la copa y el plato, mientras por dentro rebosáis de robos y maldades". Esta gente sigue la religión del maquillaje: de la apariencia, el aparecer, fingir ser, pero dentro.... Jesús usa para esta gente una imagen muy fuerte: "Vosotros sois sepulcros blanqueados, bonitos por fuera, pero por dentro llenos de huesos de muerto y podredumbre". Tú puedes hacer todo el bien que quieras, pero si no lo haces humildemente, como nos enseña Jesús, este bien no sirve, porque es un bien que nace de ti mismo, de tu seguridad, no de la redención que Jesús nos ha dado *(11-10-2016)*.

PALABRA

Cuando Jesús terminó de hablar, un fariseo le rogó que fuese a comer con él. Él entró y se puso a la mesa. Como el fariseo se sorprendió al ver que no se lavaba las manos antes de comer, el Señor le dijo: «Vosotros, los fariseos, limpiáis por fuera la copa y el plato, mientras por dentro rebosáis de rapiña y maldad. ¡Necios! El que hizo lo de fuera, ¿no hizo también lo de dentro? Con todo, dad limosna de lo que hay dentro, y lo tendréis limpio todo».

Gálatas 5,1-6; ***Salmo*** 118,41.43-45.47.48 • **LUCAS 11,37-41**

ORACIÓN

SEÑOR, una vez más es evidente que los fariseos eran los enemigos frontales de tu mensaje. No son los maestros que yo necesito. Tú, manso y humilde de corazón, estás en el polo opuesto de quienes solo buscan orgullosamente la apariencia y el aplauso de la gente, a la que abruman con cargas insoportables. Tu palabra y tu ejemplo siguen atrayendo a millones de hombres y mujeres, y toda persona de buena voluntad, cristianos o no, encontramos en tu Evangelio la más alta filosofía y teología de la vida. Me aconsejas que aprenda de ti, manso y humilde de corazón: así podré "dar limosna de lo que hay dentro", compartir con los alejados o despistados tu Palabra de vida y tu amistad que salva.

Señor, que me alcance tu favor *(Salmo 118,41).*

Santos IGNACIO DE ANTIOQUÍA *ob mr,* Oseas *prof,* Rufo y Zósimo *mrs,* Ricardo Gwyn *mr.* Beato Contardo Ferrini *cf*

SAN IGNACIO DE ANTIOQUÍA

Papa Francisco: La actitud de los escribas y de los fariseos es la misma, es excluyente porque decían: “Nosotros somos perfectos, nosotros seguimos la ley. Estos son pecadores, son publicanos”. En cambio, la actitud de Jesús es incluir. Hay dos caminos en la vida: el camino de la exclusión de las personas de nuestra comunidad y el camino de la inclusión. No es fácil incluir a la gente porque hay resistencia, hay esa actitud selectiva. No juzgar nunca, y decir: Dios sabe: es su vida, pero yo no lo excluyo de mi corazón, de mi oración, de mi saludo, de mi sonrisa, y, si tengo ocasión, decirle una palabra bonita. Nunca excluir *(5-11-2015).*

PALABRA

Dijo el Señor: «¡Ay de vosotros, fariseos, que pagáis el diezmo de la hierbabuena, de la ruda y de toda clase de hortalizas, mientras pasáis por alto el derecho y el amor de Dios! Esto es lo que había que practicar, sin descuidar aquello. ¡Ay de vosotros, fariseos, que os encantan los asientos de honor en las sinagogas y los saludos en las plazas! ¡Ay de vosotros, que sois como tumbas no señaladas, que la gente pisa sin saberlo!». Le replicó un maestro de la Ley: «Maestro, diciendo eso nos ofendes también a nosotros». Y él dijo: «¡Ay de vosotros también, maestros de la Ley, que cargáis a los hombres cargas insoportables, mientras vosotros no tocáis las cargas ni con uno de vuestros dedos!».

***Gálatas 5, 18-25; Salmo 1, 1-6* • LUCAS 11, 42-46**

ORACIÓN

SEÑOR, hoy celebramos la conmemoración de san Ignacio, el gran obispo de Antioquía, que fue arrestado en la cárcel de Roma para ser martirizado por creer en ti y hablar bien de ti. Murió devorado por las fieras en el año 107, después de escribir a los Romanos desde la cárcel uno de los mejores testimonios de amor a ti, que nos hará bien recordar: *Moriré de buena gana por Dios, con tal que vosotros no me lo impidáis. Os lo pido por favor: no me demostréis una benevolencia inoportuna. Dejad que sea pasto de las fieras. Soy trigo de Dios y he de ser molido por los dientes de las fieras, para llegar a ser pan limpio de Cristo. Rogad por mí a Cristo, para que llegue a ser una víctima para Dios.* Esa sed tan viva de martirio es un maravilloso don de tu Espíritu, que bien querría para mí.

***El que te sigue, Señor, tendrá la luz de la vida** (Juan 8,12).*

FIESTA DE SAN LUCAS, EVANGELISTA

Santos Amable *pb*, Asclepiades *ob*

OCTUBRE
18
JUEVES

Papa Francisco: ¿Dónde encontraban los primeros discípulos la fuerza para dar este testimonio? No solo: ¿de dónde les venía la alegría y la valentía del anuncio, a pesar de los obstáculos y las violencias? ¿Cómo pudieron, con sus limitaciones y combatidos por las autoridades, llenar Jerusalén con su enseñanza? Está claro que solo pueden explicar este hecho la presencia del Señor Resucitado con ellos y la acción del Espíritu Santo. El Señor que estaba con ellos y el Espíritu que les impulsaba a la predicación explican este hecho extraordinario.

PALABRA

Designó el Señor otros setenta y dos y los mandó por delante, de dos en dos, a todos los pueblos y lugares adonde pensaba ir él. Y les decía: «La mies es abundante y los obreros pocos; rogad, pues, al dueño de la mies que mande obreros a su mies. ¡Poneos en camino! Mirad que os envío como corderos en medio de lobos. No llevéis bolsa, ni alforja, ni sandalias; y no saludéis a nadie por el camino. Cuando entréis en una casa, decid primero: "Paz a esta casa". Y si allí hay gente de paz, descansará sobre ellos vuestra paz; si no, volverá a vosotros. Quedaos en la misma casa, comed y bebed de lo que tengan, porque el obrero merece su salario. No andéis cambiando de casa. Si entráis en una ciudad y os reciben, comed lo que os pongan, curad a los enfermos que haya en ella, y decidles: "El reino de Dios ha llegado a vosotros"».

2Timoteo 4,10-17b; ***Salmo*** 144,10-13.17-18 • **LUCAS 10,1-9**

ORACIÓN

SEÑOR, tus palabras me vienen hoy directas: *ponte en camino, anuncia mi reino de amor y de paz, no te quedes parado lamentándote estérilmente de lo mal que está el mundo.* Estoy llamado, como san Lucas y los Doce, a colaborar en mejorar esta sociedad, con mi vida de servicio y mis palabras de orientación, ánimo y ayuda, porque está llegando el reino de Dios. Y quiero que cuando vengas, Cristo y Señor, encuentres fe en la tierra.

Tus santos, Señor, proclaman la gloria de tu reinado *(Salmo 144,12).*

Santos PEDRO DE ALCÁNTARA *pb*, JUAN DE BRÉBEUF E ISAAC JOGUES *pbs mrs*, PABLO DE LA CRUZ *ob*, Joel *prof*

SAN PEDRO DE ALCÁNTARA

Papa Francisco: Como en tiempos de Jesús, también hay ahora muchos que se proponen como «pastores» de nuestras existencias; pero solo el Resucitado es el verdadero Pastor que nos da la vida en abundancia. Invito a todos a tener confianza en el Señor que nos guía. Pero no solo nos guía: nos acompaña, camina con nosotros. Escuchemos su palabra con mente y corazón abiertos, para alimentar nuestra fe, iluminar nuestra conciencia y seguir las enseñanzas del Evangelio. Recemos por los pastores de la Iglesia, por todos los obispos, incluido el obispo de Roma, por todos los sacerdotes, por todos. La llamada a seguir a Jesús es al mismo tiempo entusiasmante y comprometedora. Para que se realice, siempre es necesario entablar una profunda amistad con el Señor a fin de poder vivir de Él y para Él.

PALABRA

Miles y miles de personas se agolpaban. Jesús empezó a hablar, dirigiéndose primero a sus discípulos: «Cuidado con la levadura de los fariseos, o sea, con su hipocresía. Pues nada hay cubierto que no llegue a descubrirse, ni nada hay escondido que no llegue a saberse. Por eso, lo que digáis en la oscuridad será oído a plena luz, y lo que digáis al oído en las recámaras se pregonará desde la azotea. A vosotros os digo, amigos míos: no tengáis miedo a los que matan el cuerpo, y después de esto no pueden hacer más. Os voy a decir a quién tenéis que temer: temed al que, después de la muerte, tiene poder para arrojar a la "gehenna". A ese tenéis que temer, os lo digo yo. ¿No se venden cinco gorriones por dos céntimos? Pues ni de uno solo de ellos se olvida Dios. Más aún, hasta los cabellos de vuestra cabeza están contados. No tengáis miedo: valéis más que muchos pájaros».

Efesios 1,11-14; *Salmo* 32,1-5.12-13 • **LUCAS 12,1-7**

ORACIÓN

SEÑOR, si tanto te cuidas de los pájaros y tienes contados hasta los cabellos de mi cabeza, ¿cómo vas a descuidar mi corazón, de donde sale lo mejor y lo peor que siento, digo y hago? Saber que estoy en tus manos es una garantía de seguridad espiritual. Por eso acojo con gratitud tus palabras: *No tengáis miedo a los que matan el cuerpo, pero no pueden hacer más.* No es posible que te despreocupes de mí, creado a tu imagen y semejanza, rescatado por tu sangre, hecho hijo de Dios por el bautismo. Contigo no solo estaré cuidado, sino que llegaré a ser tu amigo.

Dichoso el pueblo que el Señor se escogió como heredad *(Salmo 32,12).*

SAN CORNELIO EL CENTURIÓN

Santos Cornelio Centurión *NT*, Vital *ob*, Adelina *ab*, Andrés Calibia *mj mr*

Papa Francisco: Los cristianos de las apariencias se creen vivos, pero están muertos, y el Señor les pide estar vigilantes. Las apariencias son el sudario de estos cristianos: están muertos y el Señor los llama a la conversión. ¿Soy yo de estos cristianos de las apariencias? ¿Tengo vida dentro, tengo una vida espiritual? ¿Siento al Espíritu Santo, escucho al Espíritu Santo, voy adelante, o...? Pero, si todo aparece bien, no tengo nada que reprocharme: tengo una buena familia, la gente no habla mal de mí, tengo todo lo necesario, estoy en gracia de Dios, estoy tranquilo. Conversión: desde las apariencias a la realidad. De la tibieza al fervor.

PALABRA

Dijo Jesús a sus discípulos: «Todo aquel que se declare por mí ante los hombres, también el Hijo del hombre se declarará por él ante los ángeles de Dios, pero si uno me niega ante los hombres, será negado ante los ángeles de Dios. Todo el que diga una palabra contra el Hijo del hombre podrá ser perdonado, pero al que blasfeme contra el Espíritu Santo no se le perdonará. Cuando os conduzcan a las sinagogas, ante los magistrados y las autoridades, no os preocupéis de cómo o con qué razones os defenderéis o de lo que vais a decir, porque el Espíritu Santo os enseñará en aquel momento lo que tenéis que decir».

Efesios 1, 15-23; *Salmo* 8,2-7 • **LUCAS 12,8-12**

ORACIÓN

SEÑOR, contigo o contra ti, declararse seguidor y amigo tuyo o negarte ante los hombres. La disyuntiva es vital. Pero me pones fácil la elección, aunque alguna vez logre engañarme el enemigo. Yo sé que, aunque dijera algo contra ti, tú me perdonarías esa debilidad. Pero prefiero decir siempre la verdad. Con la ayuda de tu Espíritu, yo me declararé por siempre amigo y discípulo tuyo, de palabra y de obra. Y confío en que me librarás de blasfemar contra el Espíritu Santo, sin cuya presencia en mi vida me sería imposible seguirte con fidelidad.

Diste a tu Hijo el mando sobre las obras de tus manos *(Salmo 8,7)*.

OCTUBRE

21

DOMINGO

DOMINGO XXIX DEL TIEMPO ORDINARIO Tomo IV - Salterio 1ª semana

Santos Hilarión de Gaza *ab*, Viator *cf*, Celina *mf*, Severino *ob*, Úrsula *vg mr*, Laura de S.Cat.S. Montoya *vg*

JORNADA MUNDIAL POR LA EVANGELIZACIÓN DE LOS PUEBLOS (DOMUND)

S. LAURA DE S. CAT. MONTOYA

Papa Francisco: Donde hay alegría, fervor, deseo de llevar a Cristo a los demás, surgen las verdaderas vocaciones. Entre estas no deben olvidarse las vocaciones de los seglares a la misión. Hace tiempo que se ha tomado conciencia de la identidad y de la misión de los fieles laicos en la Iglesia, así como del papel cada vez más importante que ellos están llamados a desempeñar en la difusión del Evangelio. Por esta razón, es importante proporcionarles la formación adecuada, con vistas a una acción apostólica eficaz. «Dios ama al que da con alegría» (2Cor 9,7). La Jornada Mundial de las Misiones es también un momento para reavivar el deseo y el deber moral de la participación gozosa en las misiones. La contribución económica personal es el signo de una oblación de sí mismos, en primer lugar, al Señor y luego a los hermanos, porque la propia ofrenda material se convierte en un instrumento de evangelización de la humanidad que se construye sobre el amor *(8-6-2014)*.

PALABRA

• ***Isaías* 53, 10-11:** El Señor quiso triturarlo con el sufrimiento. Cuando entregue su vida como expiación, verá su descendencia, prolongará sus años; lo que el Señor quiere prosperará por su mano. Por los trabajos de su alma verá la luz, el justo se saciará de conocimiento. Mi siervo justificará a muchos, porque cargó con los crímenes de ellos.

• ***Salmo* 32, 4-5. 18-22:** ***Que tu misericordia, Señor, venga sobre nosotros, como lo esperamos de ti.***

• ***Hebreos* 4, 14-16:** Ya que tenemos un sumo sacerdote grande que ha atravesado el cielo, Jesús, Hijo de Dios, mantengamos firme la confesión de la fe. No tenemos un sumo sacerdote incapaz de compadecerse de nuestras debilidades, sino que ha sido probado en todo como nosotros, menos en el pecado. Por eso, comparezcamos confiados ante el trono de la gracia, para alcanzar misericordia y encontrar gracia para un auxilio oportuno.

• **MARCOS 10, 35-45:** Se acercaron a Jesús los hijos de Zebedeo, Santiago y Juan, y le dijeron: «Maestro, queremos que hagas lo que te vamos a pedir». Les preguntó: «¿Qué queréis que haga por vosotros?». Contestaron: «Concédenos sentarnos en tu gloria uno a tu derecha y otro a tu izquierda». Jesús replicó: «No sabéis lo que pedís, ¿sois capaces de beber el cáliz que yo he de beber, o de bautizaros con el bautismo con que yo me voy a bautizar?». Contestaron: «Podemos». Jesús les dijo: «El cáliz que yo voy a beber lo beberéis, y seréis bautizados con el bautismo con que yo me voy a bautizar, pero el sentarse a mi derecha o a mi izquierda no me toca a mí concederlo, sino que es para quienes está reservado». Los otros diez, al oír aquello, se indignaron contra Santiago y Juan. Jesús, llamándolos, les dijo: «Sabéis que los que son reconocidos como jefes de los pueblos los tiranizan, y que los grandes los oprimen. No será así entre vosotros: el que quiera ser grande entre vosotros, que sea vuestro servidor; y el que quiera ser primero, sea esclavo de todos. Porque el Hijo del hombre no ha venido a ser servido, sino a servir y dar su vida en rescate por la multitud».

ORACIÓN **SEÑOR,** en esta jornada misionera del Domund, pongo ante tus ojos la vida y la entrega de tantos miles de cristianos –religiosos, sacerdotes, laicos– que, lejos de las ambiciones terrenas, son capaces de beber cada día el cáliz de la pobreza, de la soledad, de la lejanía de los suyos, de los sufrimientos propios de las penurias del Tercer Mundo, Han sido enviados a servir a los pobres y a dar la vida por su salvación. Aunque yo esté en retaguardia, concédeme vivir ese espíritu misionero que nace de mi bautismo. ¡Y concédelo a todos los que leemos el Evangelio 2018!

OCTUBRE

22

LUNES (ML)

Lunes 29° Tiempo Ordinario Tomo IV - Salterio 1° semana

Santos JUAN PABLO II *pp*,
Nunilo y Alodía *vgs mrs.*
Beato Timoteo Giaccardo *pb*

SAN JUAN PABLO II

Papa Francisco: [Al celebrar hoy su fiesta], estoy agradecido a Juan Pablo II, como todos los miembros del pueblo de Dios, por su incansable servicio, su guía espiritual, por haber introducido a la Iglesia en el tercer milenio de la fe y por su extraordinario testimonio de santidad. Benedicto XVI destacó justamente, que lo que Juan Pablo II pedía a todos, es decir, no tener miedo y abrir de par en par las puertas a Cristo, él mismo lo había hecho primero: «Abrió a Cristo la sociedad, la cultura, los sistemas políticos y económicos, invirtiendo con la fuerza de un gigante, fuerza que le venía de Dios, una tendencia que podía parecer irreversible. Con su testimonio de fe, de amor y de valor apostólico, acompañado de una gran humanidad, ayudó a los cristianos de todo el mundo a no tener miedo de llamarse cristianos, de pertenecer a la Iglesia, de hablar del Evangelio. En una palabra: ayudó a no tener miedo de la verdad, porque la verdad es garantía de la libertad» *(24-4-2014)*.

PALABRA

Dijo uno de entre la gente a Jesús: «Maestro, dile a mi hermano que reparta conmigo la herencia». Él le contestó: «Hombre, ¿quién me ha constituido juez o árbitro entre vosotros?». Y les dijo: «Mirad: guardaos de toda clase de codicia. Pues, aunque uno ande sobrado, su vida no depende de sus bienes». Y les propuso una parábola: «Las tierras de un hombre rico produjeron una gran cosecha. Y empezó a echar cálculos, diciendo: "¿Qué haré? No tengo donde almacenar la cosecha". Y se dijo: "Haré lo siguiente: derribaré los graneros y construiré otros más grandes, y almacenaré allí todo el trigo y mis bienes. Y entonces me diré a mí mismo: alma mía, tienes bienes almacenados para muchos años; descansa, come, bebe, banquetea alegremente". Pero Dios le dijo: "Necio, esta noche te van a reclamar el alma. Y ¿de quién será lo que has preparado?". Así será el que atesora riquezas para sí y no es rico ante Dios».

***Efesios* 2,1-10; *Salmo* 99,1-5 • LUCAS 12,13-21**

ORACIÓN

SEÑOR, para millones de católicos, san Juan PABLO II fue tu portavoz en su pontificado (1978-2005), y sigue ayudándonos con su magisterio escrito. Él se proclamaba "Todo de María", sabiendo lo que te agrada que tomemos en serio tu legado desde la Cruz: He ahí a tu Madre. Hijo de María, fue tu fiel servidor, tu amigo íntimo y propagador incansable de tu presencia salvadora, de tu amor misericordioso y de tu Evangelio, desde Roma y desde los cinco continentes en sus 107 visitas pastorales. ¡Cuánto me ayudó y me ayuda a vivir unido a ti el testimonio de Juan Pablo II! Gracias, Señor, por este regalo que hiciste a tu Iglesia y a la humanidad.

El Señor nos hizo y somos suyos *(Salmo 99,3)*.

Santos JUAN DE CAPISTRANO *pb*, Marcos *ob*, Valerio *di mr*

Papa Francisco: La espera del retorno del Señor es el tiempo de la acción, el tiempo de hacer rendir los dones de Dios no para nosotros mismos, sino para él, para la Iglesia, para los demás; el tiempo en el cual buscar que crezca el bien en el mundo. Y en particular hoy, en este período de crisis, es importante no cerrarse en uno mismo, enterrando nuestras riquezas espirituales, intelectuales, materiales, todo lo que el Señor nos ha dado, sino abrirse, ser solidarios, estar atento al otro *(23-4-2013)*.

PALABRA

Dijo Jesús a sus discípulos: «Tened ceñida la cintura y encendidas las lámparas. Vosotros estad como los hombres que aguardan a que su señor vuelva de la boda, para abrirle apenas venga y llame. Bienaventurados aquellos criados a quienes el señor, al llegar, los encuentre en vela; en verdad os digo que se ceñirá, los hará sentar a la mesa y, acercándose, les irá sirviendo. Y, si llega a la segunda vigilia o a la tercera y los encuentra así, bienaventurados ellos».

Efesios 2, 12-22; ***Salmo*** 84, 9-14 • **LUCAS 12, 35-38**

ORACIÓN

SEÑOR, tú quieres que viva siempre pendiente de ti, que en cualquier momento puedes llegar a mi vida y pedirme cuentas. Que la lámpara de mi fe jamás se apague. Que la actitud de espera vigilante y activa nunca decaiga en mi vida, que es continua preparación para las bodas eternas.

El Señor anuncia la paz a su pueblo *(Salmo 84,9)*.

OCTUBRE

24

MIÉRCOLES (ML)

Santos ANTONIO M.ª CLARET *ob*, Proclo *ob*, Luis Guanella *pb*

Papa Francisco: El honesto no es prepotente con las personas ni con las cosas que le han sido confiadas para administrarlas, como el siervo malvado. La honestidad es la base sobre la que se apoyan todas las demás cualidades. La madurez es el esfuerzo para alcanzar una armonía entre nuestras capacidades físicas, psíquicas y espirituales. Es la meta y el resultado de un proceso de desarrollo que no termina nunca y que no depende de la edad que tengamos *(21-12-2015)*.

PALABRA

Dijo Jesús a sus discípulos: «Comprended que si supiera el dueño de casa a qué hora viene el ladrón, no le dejaría abrir un boquete en casa. Lo mismo vosotros, estad preparados, porque a la hora que menos penséis viene el Hijo del hombre». Pedro le dijo: «Señor, ¿dices esta parábola por nosotros o por todos?». El Señor le respondió: «¿Quién es el administrador fiel y solícito a quien el amo ha puesto al frente de su servidumbre para que reparta la ración de alimento a sus horas? Bienaventurado aquel criado a quien su amo, al llegar, lo encuentre portándose así. En verdad os digo que lo pondrá al frente de todos sus bienes. Pero si aquel criado dijere para sus adentros: "Mi amo tarda en llegar", y empieza a pegarles a los criados y criadas, a comer y beber y emborracharse, vendrá el señor de ese criado el día que no espera y a la hora que no sabe y lo castigará con rigor, y le hará compartir la suerte de los que no son fieles. El criado que, conociendo la voluntad de su señor, no se prepara ni obra de acuerdo con su voluntad, recibirá muchos azotes; pero el que, sin conocerla, ha hecho algo digno de azotes, recibirá menos. Al que mucho se le dio, mucho se le reclamará; al que mucho se le confió, más aún se le pedirá».

Efesios 3,2-12; ***Salmo: Isaías*** 12,2-6 • **LUCAS 12,39-48**

ORACIÓN

SEÑOR, mucho me has dado, y mucho puedes exigirme; mucho me has confiado, y de todo he de darte cuenta. ¡Ten misericordia de mí, aunque no siempre la tenga yo con quienes necesitan algo de mí y mi egoísmo se lo niegue! Tú sabes de qué barro estoy hecho y comprendes mejor que nadie la debilidad humana.

Sacaréis aguas con gozo de las fuentes del Salvador *(Isaías 12,3).*

Santos Crisanto y Daría *mrs,* Frutos,
Valentín y Engracia *mrs,* Bernardo Calbó *ob*

Papa Francisco: «¿Pensáis que he venido a traer paz a la tierra? No, sino división». ¿Qué significa esto? Significa que la fe no es una cosa decorativa, ornamental; vivir la fe no es decorar la vida con un poco de religión, como si fuese un pastel que se lo decora con nata. No, la fe no es esto. La fe comporta elegir a Dios como criterio-base de la vida, y Dios no es vacío, Dios no es neutro, Dios es siempre positivo, Dios es amor. No es que Jesús quiera dividir a los hombres entre sí, al contrario: Jesús es nuestra paz, nuestra reconciliación. Jesús no trae neutralidad, esta paz no es una componenda a cualquier precio. Seguir a Jesús comporta renunciar al mal, al egoísmo y elegir el bien, la verdad, la justicia, incluso cuando esto requiere sacrificio y renuncia a los propios intereses. Y esto sí, divide. Jesús es "signo de contradicción".

PALABRA

Dijo Jesús a sus discípulos: «He venido a prender fuego a la tierra, ¡y cuánto deseo que ya esté ardiendo! Con un bautismo tengo que ser bautizado, ¡y qué angustia sufro hasta que se cumpla! ¿Pensáis que he venido a traer paz a la tierra? No, sino división. Desde ahora estarán divididos cinco en una casa: tres contra dos y dos contra tres; estarán divididos el padre contra el hijo y el hijo contra el padre, la madre contra la hija y la hija contra la madre, la suegra contra la nuera y la nuera contra la suegra».

Efesios 3,14-21; ***Salmo*** 32,1-5.11-12.18-19 • **LUCAS 12,49-53**

ORACIÓN

SEÑOR, cuando día a día vas poniendo bálsamo en las llamas, alivio en las penas, paz en la zozobra… y de pronto leo palabras como las del Evangelio de hoy, de repente me desconciertan por salir de labios del "Príncipe de la paz". Nuestro Papa Francisco explica arriba que tú no quieres dividir a los hombres. Y recuerdo que Simeón predijo que serías bandera discutida: división entre quienes queremos seguirte y quienes rechazan tu reinado, aunque sean de mi misma familia. Predicas el amor y la unidad, pero no a costa de poner a nadie ni nada por encima de ti, que eres mi Señor y mi Dios. ¡Siempre contigo y por ti, aunque me cueste perder amistades y familiares!

La misericordia del Señor llena la tierra *(Salmo 32,5).*

Santos Albino *ob,* Fulco *ob,* Luciano y Marciano *mrs,* Amando *ob*

Papa Francisco: Que contemplar el juicio final jamás nos dé temor, sino que más bien nos impulse a vivir mejor el presente. Dios nos ofrece con misericordia y paciencia este tiempo para que aprendamos cada día a reconocerlo en los pobres y pequeños; para que nos empleemos en el bien y estemos vigilantes en la oración y en el amor. Que el Señor, al final de nuestra existencia y de la historia, nos reconozca como siervos buenos y fieles *(24-4-2013).*

PALABRA

Decía Jesús a la gente: «Cuando veis subir una nube por el poniente, decís enseguida: "Va a caer un aguacero", y así sucede. Cuando sopla el sur, decís: "Va a hacer bochorno", y sucede. Hipócritas: si sabéis interpretar el aspecto de la tierra y del cielo, ¿cómo no sabéis interpretar el tiempo presente? ¿Cómo no sabéis juzgar vosotros mismos lo que es justo? Por ello, mientras vas con tu adversario al magistrado, haz lo posible en el camino por llegar a un acuerdo con él, no sea que te lleve a la fuerza ante el juez, y el juez te entregue al guardia, y el guardia te meta en la cárcel. Te digo que no saldrás de allí hasta que no pagues la última monedilla».

Efesios 4,1-6; *Salmo* 23,1-6 • **LUCAS 12,54-59**

ORACIÓN

SEÑOR, descubrir los signos de los tiempos y considerarlos a la luz del Evangelio es tarea de tu Iglesia –tarea mía– en este siglo XXI. Tu palabra me orienta para saber lo que debo hacer. Siempre y en cualquier circunstancia, ser instrumento de tu paz y preferir la concordia a la enemistad. Tu Espíritu me da fuerzas para actuar así. ¡Gracias!

Esta es la generación que busca tu rostro, Señor *(Salmo 23,6).*

Santos Evaristo *pp*, Gaudioso *ob*, Vicente, Sabina y Cristeta *mrs*

OCTUBRE
27
SÁBADO (FE)

Papa Francisco: *[Si no os convertís...].* El rostro de Dios es el de un padre misericordioso, que siempre tiene paciencia. ¿Habéis pensado en la paciencia de Dios, la paciencia que tiene con cada uno de nosotros? Esa es su misericordia. Siempre tiene paciencia, paciencia con nosotros, nos comprende, nos espera no se cansa de perdonarnos si sabemos volver a él con el corazón contrito. "Grande es la misericordia del Señor", dice el salmo. *(17-3-2013).*

PALABRA

En aquel momento, se presentaron algunos a contar a Jesús lo de los galileos cuya sangre vertió Pilato con la de los sacrificios que ofrecían. Jesús les contestó: «¿Pensáis que esos galileos eran más pecadores que los demás galileos, porque han padecido todo esto? Os digo que no; y, si no os convertís, todos pereceréis lo mismo. Y aquellos dieciocho sobre los cayó la torre de Siloé y los mató, ¿pensáis que eran más culpables que los demás habitantes de Jerusalén? Os digo que no; y, si no os convertís, todos pereceréis de la misma manera». Y les dijo esta parábola: «Uno tenía una higuera plantada en su viña, y fue a buscar fruto en ella, y no lo encontró. Dijo entonces al viñador: "Ya ves: tres años llevo viniendo a buscar fruto en esta higuera, y no lo encuentro. Córtala. ¿Para qué va a perjudicar el terreno?". Pero el viñador respondió: "Señor, déjala todavía este año; yo cavaré alrededor y le echaré estiércol, a ver si da fruto en adelante. Si no, la puedes cortar"».

Efesios 4,7-16; *Salmo* 121,1-5 • **LUCAS 13,1-9**

ORACIÓN

SEÑOR, yo sería capaz de hacer las mayores barbaridades que condeno en otros, del pasado o del presente. No tengo derecho a enjuiciar, criticar o condenar a los demás. Si los que considero "malos" hubieran recibido de ti lo que tú me has dado, serían mucho mejores que yo. Si hay algo bueno en mi vida y en mi actuar, eres tú quien lo hace, es tuyo, no mío: yo no paso de ser un instrumento inútil. Gracias, por tu paciencia, tu misericordia, tu perdón y tus cuidados conmigo.

Vamos alegres a la casa del Señor *(Salmo 121,1).*

Santos Simón y Judas Tadeo aps, Fidel *mr*, Francisco Serrano *ob* y *co mrs*, Rodrigo Aguilar *pb mr*

SAN SIMÓN Y SAN JUDAS

Papa Francisco: *[El ciego le contestó: Maestro, que pueda ver].* El pueblo de Dios es un pueblo que no excluye a pobres y desfavorecidos, es más, los incluye. Dice el profeta: «Entre ellos hay ciegos y cojos». Es una familia de familias, en la cual quien tiene dificultades no se encuentra marginado, dejado atrás, sino que consigue estar al mismo paso que los otros, porque este pueblo camina al paso de los últimos; como se hace en las familias, y como nos enseña el Señor, que se ha hecho pobre entre los pobres, pequeño con los pequeños, último con los últimos. No lo ha hecho para excluir a los ricos, a los grandes y a los primeros, sino porque este es el único modo de salvarlos también a ellos, para salvar a todos: ir con los pequeños, con los excluidos y con los últimos *(25-3-2013).*

PALABRA

• ***Jeremías*** 31, 7-9: Así dice el Señor: «Gritad de alegría por Jacob, regocijaos por el mejor de los pueblos; proclamad, alabad y decid: El Señor ha salvado a su pueblo, al resto de Israel. Mirad que yo os traeré del país del norte, os congregaré de los confines de la tierra. Entre ellos hay ciegos y cojos, preñadas y paridas: una gran multitud retorna. Se marcharon llorando, los guiaré entre consuelos; los llevaré a torrentes de agua, por un camino llano en el que no tropezarán. Seré un padre para Israel. Efraín será mi primogénito».

• ***Salmo*** 125, 1-6: ***El Señor ha estado grande con nosotros, y estamos alegres.***

• ***Hebreos*** 5, 1-6: Todo sumo sacerdote, escogido de entre los hombres, está puesto para representar a los hombres en el culto a Dios: para ofrecer dones y sacrificios por los pecados. Él puede comprender a los ignorantes y extraviados, ya que también él está sujeto a debilidad. A causa de ella tiene que ofrecer sacrificios por sus propios pecados, como por los del pueblo. Nadie puede arrogarse este honor, sino el que es llamado por Dios, como en el caso de Aarón. Tampoco Cristo se confirió a sí mismo la dignidad de sumo sacerdote, sino que la recibió de aquel que le dijo: «Tú eres mi hijo, yo te he engendrado hoy», o, como dice en otro pasaje: «Tú eres sacerdote para siempre, según el rito de Melquisedec».

• **MARCOS 10, 46-52:** Al salir Jesús de Jericó con sus discípulos y bastante gente, el ciego Bartimeo (el hijo de Timeo) estaba sentado al borde del camino pidiendo limosna. Al oír que era Jesús Nazareno, empezó a gritar: «Hijo de David, Jesús, ten compasión de mí». Muchos le increpaban para que se callara. Pero él gritaba más: «Hijo de David, ten compasión de mí». Jesús se detuvo y dijo: «Llamadlo». Llamaron al ciego, diciéndole: «Ánimo, levántate, que te llama». Soltó el manto, dio un salto y se acercó a Jesús. Jesús le dijo: «¿Qué quieres que te haga?». El ciego le contestó: «"Rabbuni", que vea». Jesús le dijo: «Anda, tu fe te ha salvado». Y al momento recobró la vista y lo seguía por el camino.

ORACIÓN

SEÑOR, hijo de David, ten compasión de mí, que soy un pecador. Maestro, que pueda ver la magnitud de mis pecados y la infinidad de tu amor misericordioso. Ayúdame a responder con mi amor a tus delicadezas. Que no pida ya más limosna de afectos a las criaturas: solo tú puedes saciar la sed de mi corazón. ¡Hijo de David, ten compasión de mí, que soy un pecador!

Santos Narciso *ob,* Feliciano *mr,* Honorato *ob,* Joaquín Royo *pb mr*

Papa Francisco: Caminar es un arte, porque si caminamos siempre deprisa nos cansamos y no podemos llegar al final. Caminar es el arte de mirar el horizonte, pensar adónde quiero ir, pero también soportar el cansancio del camino. En el arte de caminar lo que importa no es caer, sino no "quedarse caídos". Levantarse pronto, inmediatamente, y seguir andando. Y esto es bello: esto es trabajar todos los días, esto es caminar humanamente. Pero también: es malo caminar solos, malo y aburrido. Caminar en comunidad con los amigos, con quienes nos quieren: esto nos ayuda a llegar precisamente a la meta a la que queremos llegar *(7-6-2013).*

PALABRA

Un sábado, enseñaba Jesús en una sinagoga. Había una mujer que desde hacía dieciocho años estaba enferma por causa de un espíritu, y andaba encorvada, sin poderse enderezar de ningún modo. Al verla, Jesús la llamó y le dijo: «Mujer, quedas libre de tu enfermedad». Le impuso las manos, y enseguida se puso derecha. Y glorificaba a Dios. Pero el jefe de la sinagoga, indignado porque Jesús había curado en sábado, dijo a la gente: «Hay seis días para trabajar; venid, pues, a que os curen en esos días, y no en sábado». Pero el Señor le respondió: «Hipócritas: cualquiera de vosotros, ¿no desata en sábado su buey o su burro del pesebre y lo lleva a abrevar? Y a esta, que es hija de Abrahán, y que Satanás ha tenido atada dieciocho años, ¿no era necesario soltarla de tal ligadura en día de sábado?». A estas palabras, sus enemigos quedaron abochornados, y toda la gente se alegraba de los milagros que hacía.

Efesios 4,32 - 5,8; ***Salmo*** 1,1-6 • **LUCAS 13,10-17**

ORACIÓN

SEÑOR, en otra ocasión decías que tú ya conoces lo que necesitamos antes de que te lo pidamos. La mujer enferma y encorvada no te pidió nada: la curaste porque la viste y te dio lástima, aunque fuera sábado. Yo tampoco te pido siempre lo que me conviene, porque soy torpe. Pero tú, que me conoces y me quieres, dame la salud, sobre todo la del espíritu.

Seamos imitadores de Dios, como hijos queridos *(Efesios 5,1).*

Santos Marcelo, Claudio, Lupercio y Victorico *mrs,* Germán *ob,* Gerardo *ob*

Papa Francisco: La parábola utiliza la imagen del grano de mostaza. Aun siendo *la más pequeña* de todas las semillas, está llena de vida y crece hasta hacerse «*más alta* que las demás hortalizas». Y así es el Reino de Dios: una realidad humanamente pequeña y aparentemente irrelevante. Para entrar a formar parte de él es necesario ser pobres en el corazón; no confiar en las propias capacidades, sino en el poder del amor de Dios; no actuar para ser importantes ante los ojos del mundo, sino preciosos ante los ojos de Dios, que tiene predilección por los sencillos y humildes. Cuando vivimos así, a través de nosotros irrumpe la fuerza de Cristo y transforma lo que es pequeño y modesto en una realidad que fermenta toda la masa del mundo y de la historia *(14-6-2015)*.

PALABRA

Decía Jesús: «¿A qué es semejante el reino de Dios o a qué lo compararé? Es semejante a un grano de mostaza que un hombre toma y siembra en su huerto; creció, se hizo un árbol y los pájaros del cielo anidaron en sus ramas». Y dijo de nuevo: «¿A qué compararé el reino de Dios? Es semejante a la levadura que una mujer tomó y metió en tres medidas de harina, hasta que todo fermentó».

Efesios 5,21-33; ***Salmo*** 127,1-5 • **LUCAS 13,18-21**

ORACIÓN

SEÑOR, conocías bien la vida agrícola de tu tiempo para explicar a tus coetáneos qué es el reino de Dios con imágenes del campo. Todo nos habla de él. Y todos los que te escuchaban entendían los parecidos que incluías en tus parábolas. Hoy queda clara la fuerza espiritual de tu reino: no hacen falta batallas externas para ampliar ese reino, tiene en sí mismo, en su ADN, la potencia espiritual para ser gigantesco, para dar vida a la masa muerta. Yo espero que también en mí, que poseo las primicias del Espíritu, esos gérmenes hagan avanzar mi vida de fe y de amor, que a gran escala logra tu reino en el mundo: *¡Venga a nosotros tu reino!*

Dichosos los que temen al Señor *(Salmo 127,1).*

OCTUBRE

31

MIÉRCOLES (FE)

Miércoles 30° Tiempo Ordinario Tomo IV - Salterio 2ª semana

Santos Alonso Rodríguez *pf rl*, Quintín *mr*, Jerónimo Hermosilla *ob mr*

SAN JERÓNIMO HERMOSILLA

Papa Francisco: «Esforzaos en entrar por la puerta estrecha». La imagen de la puerta se repite varias veces en el Evangelio y se refiere a la de la casa, del hogar doméstico, donde encontramos seguridad, amor, calor. Jesús nos dice que existe una puerta que nos hace entrar en la familia de Dios, en el calor de la casa de Dios, de la comunión con Él. Esta puerta es Jesús mismo. Él es la puerta. Él es el paso hacia la salvación. Él conduce al Padre. «No todo el que me dice "Señor, Señor" entrará en el reino de los cielos, sino el que hace la voluntad del Padre». Y añade: «Muchos me dirán ese día: "Señor, Señor, ¿no hemos profetizado en tu nombre y echado demonios en tu nombre?" Entonces yo les declararé: "Nunca os he conocido"». Es una palabra fuerte, no cabe duda, que tiene la finalidad de sacudirnos y llamarnos a la conversión. Os aseguro que si sois capaces de caminar cada vez más decididamente por la senda de las Bienaventuranzas, aprendiendo y enseñando a perdonaros mutuamente, en toda la gran familia de la Iglesia crecerá la capacidad de dar testimonio de la fuerza renovadora del perdón de Dios *(4-11-2015)*.

PALABRA

Jesús pasaba por ciudades y aldeas enseñando y se encaminaba hacia Jerusalén. Uno le preguntó: «Señor, ¿son pocos los que se salvan?». Jesús les dijo: «Esforzaos en entrar por la puerta estrecha, pues os digo que muchos intentarán entrar y no podrán. Cuando el amo de la casa se levante y cierre la puerta, os quedaréis fuera y llamaréis a la puerta diciendo: "Señor, ábrenos"; pero él os dirá: "No sé quiénes sois". Entonces comenzaréis a decir: "Hemos comido y bebido contigo, y tú has enseñado en nuestras plazas". Pero él os dirá: "No sé de dónde sois. Alejaos de mí todos los que obráis la iniquidad". Allí será el llanto y el rechinar de dientes, cuando veáis a Abrahán, a Isaac y a Jacob y a todos los profetas en el reino de Dios, pero vosotros os veáis arrojados fuera. Y vendrán de oriente y occidente, del norte y del sur, y se sentarán a la mesa en el reino de Dios. Mirad: hay últimos que serán primeros y primeros que serán últimos».

Efesios 6,1-9; ***Salmo*** 144,10-14 • **LUCAS 13,22-30**

ORACIÓN

SEÑOR, cuando veas que ando por el ancho camino que va a la ruina, empújame por la puerta estrecha que lleva a la vida. Pongo mi vida y mi libertad en tus manos. ¡Que jamás escuche de tus labios que no me conoces, que me aleje de ti, que soy un malvado! No importa que sea el último en tu reino, con tal de estar contigo ahora y por siempre.

El Señor es fiel a sus palabras *(Salmo 144,13).*

Es bello pensar que la muerte del cuerpo es como un sueño del que Jesús mismo nos despertará. Es bueno recordar en los cementerios no solo a nuestros seres queridos, sino a todos, también a aquellos a quienes nadie recuerda. La tradición de la Iglesia ha exhortado siempre a rezar por los fieles difuntos, ofreciendo por ellos la celebración eucarística, que es la mejor ayuda espiritual que podemos ofrecer a las almas, particularmente a las mas abandonadas. El recuerdo de los difuntos, el cuidado de los sepulcros y los sufragios son el testimonio de la confiada esperanza radicada en la certeza de que la muerte no es la última palabra sobre la suerte humana, porque el hombre está destinado a una vida sin límites que tiene su raiz y su fin en Dios.

(Papa Francisco)

NOVIEMBRE

1

JUEVES

SOLEMNIDAD DE TODOS LOS SANTOS

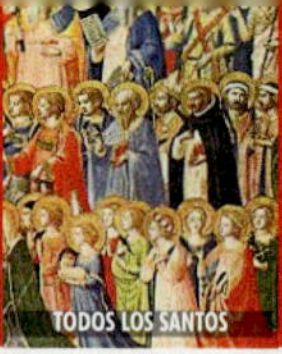
TODOS LOS SANTOS

Papa Francisco: Con toda la Iglesia celebramos hoy la solemnidad de Todos los Santos. Recordamos así, no solo a aquellos que han sido proclamados santos a lo largo de la historia, sino también a tantos hermanos nuestros que han vivido su vida cristiana en la plenitud de la fe y del amor, en medio de una existencia sencilla y oculta. Seguramente, entre ellos hay muchos de nuestros familiares, amigos y conocidos. Celebramos, por tanto, la fiesta de la santidad. Esa santidad que, tal vez, no se manifiesta en grandes obras o en sucesos extraordinarios, sino la que sabe vivir fielmente y día a día las exigencias del bautismo. Una santidad hecha de amor a Dios y a los hermanos. Amor fiel hasta el olvido de sí mismo y la entrega total a los demás, como la vida de esas madres y esos padres, que se sacrifican por sus familias sabiendo renunciar gustosamente, aunque no sea siempre fácil, a tantas cosas, a tantos proyectos o planes personales *(1-11-2016)*.

PALABRA

Al ver Jesús el gentío, subió al monte, se sentó, y se acercaron sus discípulos; y, abriendo la boca, les enseñaba diciendo: Bienaventurados los pobres en el espíritu, porque de ellos es el reino de los cielos. Bienaventurados los mansos, porque ellos heredarán la tierra. Bienaventurados los que lloran, porque ellos serán consolados. Bienaventurados los que tienen hambre y sed de la justicia, porque ellos quedarán saciados. Bienaventurados los misericordiosos, porque ellos alcanzarán misericordia. Bienaventurados los limpios de corazón, porque ellos verán a Dios. Bienaventurados los que trabajan por la paz, porque ellos serán llamados hijos de Dios. Bienaventurados los perseguidos por causa de la justicia, porque de ellos es el reino de los cielos. Bienaventurados vosotros cuando os insulten y os persigan y os calumnien de cualquier modo por mi causa. Alegraos y regocijaos, porque vuestra recompensa será grande en el cielo».

Apocalipsis 7,2-4.9-14; ***Salmo*** 23,1-6; ***1Juan*** 3,1-3 • **MATEO 5,1-12a**

ORACIÓN

SEÑOR, la gran asamblea de todos los santos viene hoy a testimoniar la verdad de las bienaventuranzas: fueron dichosos en la tierra, en medio de sufrimientos; y son plenamente felices en el cielo. ¡Tú me llamas a ser santo, porque quieres que sea feliz, en esta vida -con persecuciones-, y junto a ti por toda la eternidad, sin mancha ni arruga! Que un día me cuente entre los santos: que comparta con ellos su gloria, como en esta vida comparto su fe.

Esta es la generación que busca tu rostro, Señor *(Salmo 23,6)*.

CONMEMORACIÓN DE TODOS LOS FIELES DIFUNTOS

NOVIEMBRE
2
VIERNES

Papa Francisco: Nos detenemos con fe ante las tumbas de nuestros seres queridos, rezando también por los difuntos que nadie recuerda" (twit). Un cementerio es triste: nos recuerda a los nuestros que se fueron y nos recuerda el futuro y la muerte. Traemos flores como símbolo de esperanza: más adelante se convertirá en un día de fiesta, la tristeza se mezcla con la esperanza. Se hace memoria de los nuestros ante sus restos mortales, y la esperanza nos ayuda para hacer este camino que todos deberemos recorrer, todos, antes o después. Hay un ancla que no desilusiona: la esperanza de la Resurrección: Jesús fue el primero que hizo este camino y Él mismo nos abrió la puerta de la esperanza, con su cruz, para entrar donde contemplaremos a Dios *(2-11-2016)*.

PALABRA

Dijo Jesús a sus discípulos: «Que no tiemble vuestro corazón; creed en Dios y creed también en mí. En la casa de mi Padre hay muchas estancias; si no fuera así, ¿os habría dicho que voy a prepararos sitio? Cuando vaya y os prepare sitio, volveré y os llevaré conmigo, para que donde estoy yo estéis también vosotros. Y adonde yo voy, ya sabéis el camino». Tomás le dice: «Señor, no sabemos adónde vas, ¿cómo podemos saber el camino?». Jesús le responde: «Yo soy el camino, y la verdad, y la vida. Nadie va al Padre, sino por mí».

Lamentaciones 3,17-26; ***Salmo*** 129,1-8; ***Romanos*** 6,3-9
• JUAN 14,1-6

ORACIÓN

SEÑOR, la muerte nos llegará a todos. Pero para quienes te aclamamos como Camino, Verdad y Vida, la tristeza de la muerte se trueca en esperanza de ir a una de las muchas estancias que nos has preparado en la casa del Padre. "¡Al cielo, al cielo, al cielo quiero ir!", cantaba en la catequesis de niño. Hoy te pido que me concedas una muerte consciente, sabiendo que me has preparado un sitio en la casa del Padre, para que yo esté contigo toda la eternidad celestial. Y que junto a ti encuentre a mis padres, hermanos y familiares difuntos, y a tantos muertos, las almas del purgatorio, por quienes nadie en particular te pide: *¡Dales, Señor, el descanso eterno, y brille para ellos la luz perpetua!*

Desde lo hondo a ti grito, Señor *(Salmo 129,1).*

NOVIEMBRE

3

SÁBADO (ML)

Sábado 30° Tiempo Ordinario Tomo IV • Salterio 2ª semana

Santos MARTÍN DE PORRES *rl*, Pedro Almató *pb mr*, Germán, Silvia *mf*, Beato Manuel Lozano (Lolo)

Papa Francisco: San Martín de Porres, peruano, fue un humilde fraile dominico, que vivió entre 1579 y 1639. Su espiritualidad estaba en el servicio, porque sentía que todos los demás, incluso los más grandes pecadores, estaban por encima de él. "Considerad a los demás como superiores a cada uno de vosotros", dice el Apóstol a los cristianos. Él mismo se declaraba indigno de ser llamado apóstol, el último. Ese era su sentir: pensar que todos los demás eran superiores a él.

PALABRA

Un sábado, entró Jesús en casa de uno de los principales fariseos para comer, y ellos lo estaban espiando. Notando que los convidados escogían los primeros puestos, les decía una parábola: «Cuando te conviden a una boda, no te sientes en el puesto principal, no sea que hayan convidado a otro de más categoría que tú; y venga el que os convidó a ti y al otro y te diga: "Cédele el puesto a este". Entonces, avergonzado, irás a ocupar el último puesto. Al revés, cuando te conviden, vete a sentarte en el último puesto, para que, cuando venga el que te convidó, te diga: "Amigo, sube más arriba". Entonces quedarás muy bien ante todos los comensales. Porque todo el que se enaltece será humillado, y el que se humilla será enaltecido».

Filipenses 1,18b-26; ***Salmo*** 41,2-3.5 • **LUCAS 14,1.7-11**

ORACIÓN

SEÑOR, tengo muchos motivos para humillarme, sabiendo que soy un pecador y que "un corazón quebrantado y humillado tú no lo desprecias". La humildad no era una palabra vacía en el servicial hermano dominico san Martín de Porres. Nadie como él estaba siempre dispuesto a ver en los demás tu rostro y servirte en ellos. Sin hacer ruido. Aun cuando le insultaban, a causa de su familia o el color de su piel, respondía con una sonrisa. Fray Martín de Porres se humilló y lo has enaltecido.

Mi alma tiene sed del Dios vivo *(Salmo 41,3).*

Santos CARLOS BORROMEO *ob*, Vital y Agrícola *mrs*, Modesta *ab*, Félix de Valois *pb*

NOVIEMBRE **4** DOMINGO

Papa Francisco: El mes de noviembre está dedicado en particular al recuerdo y a la oración por los difuntos. Rogar por los difuntos es, sobre todo, un signo de reconocimiento por el testimonio que nos han dejado y el bien que han hecho. Es un agradecimiento al Señor por habérnoslos donado y por su amor y su amistad. La Iglesia ruega por los difuntos en modo particular durante la Santa Misa: «Concédeles el lugar del consuelo, de la luz y de la paz» (Canon romano). Un recuerdo simple, eficaz, lleno de significado, porque encomienda a nuestros seres queridos a la misericordia de Dios. Oremos con esperanza cristiana que estén con Él en el paraíso, en la espera de encontrarnos juntos en ese misterio de amor que no comprendemos, pero que sabemos que es verdad porque es una promesa que Jesús ha hecho *(30-11-2016)*.

• ***Deuteronomio*** 6,2-6: Habló Moisés al pueblo, diciendo: «Teme al Señor, tu Dios, guardando todos los mandatos y preceptos que te manda, tú, tus hijos y tus nietos, mientras viváis; así prolongarás tu vida. Escúchalo, Israel, y ponlo por obra para que te vaya bien y crezcas en número. Ya te dijo el Señor Dios de tus padres: "Eres una tierra que mana leche y miel". Escucha, Israel: El Señor nuestro Dios es solamente uno. Amarás al Señor tu Dios con todo el corazón, con toda el alma, con todas las fuerzas. Las palabras que yo te digo quedarán en tu memoria».

• ***Salmo*** 17,2-4.47-51: ***Yo te amo, Señor, tú eres mi fortaleza.***

• ***Hebreos*** 7,23-28: Ha habido multitud de sacerdotes del Antiguo Testamento, porque la muerte les impedía permanecer; en cambio, este, como permanece para siempre, tiene el sacerdocio que no pasa. De ahí que pueda salvar definitivamente a los que se acercan a Dios por medio de él, pues vive siempre para interceder a favor de ellos. Y tal convenía que fuese nuestro sumo sacerdote: santo, inocente, sin mancha, separado de los pecadores y encumbrado sobre el cielo. Él no necesita ofrecer sacrificios cada día como los sumos sacerdotes, que ofrecían primero por los propios pecados, después por los del pueblo, porque lo hizo de una vez para siempre, ofreciéndose a sí mismo. En efecto, la Ley hace sumos sacerdotes a hombres llenos de debilidades. En cambio, la palabra del juramento, posterior a la ley, consagra al Hijo, perfecto para siempre.

• **MARCOS, 12,28b-34.** Un escriba se acercó a Jesús y le preguntó: «¿Qué mandamiento es el primero de todos?». Respondió Jesús: «El primero es: "Escucha, Israel: el Señor, nuestro Dios, es el único Señor: amarás al Señor, tu Dios, con todo tu corazón, con toda tu alma, con toda tu mente, con todo tu ser". El segundo es este: "Amarás a tu prójimo como a ti mismo". No hay mandamiento mayor que estos». El escriba replicó: «Muy bien, Maestro, sin duda tienes razón cuando dices que el Señor es uno solo y no hay otro fuera de él; y que amarlo con todo el corazón, con todo el entendimiento y con todo el ser, y amar al prójimo como a uno mismo vale más que todos los holocaustos y sacrificios». Jesús, viendo que había respondido sensatamente, le dijo: «No estás lejos del reino de Dios». Y nadie se atrevió a hacerle más preguntas.

ORACIÓN

SEÑOR, con las palabras "Escucha, Israel", que preceden al mandamiento del amor, me indicas cuál ha de ser mi actitud ante tu Palabra de vida: escuchar, meditar, guardar en el corazón. Y hacer de mi vida un ejercicio alegre y prolongado de amor: amor a ti sobre todas las cosas, y al prójimo. Porque "obras son amores" y tú sabes que quiero amarte sobre todo, más que a mí mismo.

SANTA ÁNGELA DE LA CRUZ

Santos ÁNGELA DE LA CRUZ *vg*,
Bertila *ab*, **Domingo Mâu** *pb mr*,
Guido M. Conforti *ob*.
Beata María Rafols *vg*.

NOVIEMBRE
5
LUNES (FE)

Papa Francisco: Cuando san Pablo se acercó a los Apóstoles de Jerusalén, el criterio clave de autenticidad que le indicaron fue que no se olvidara de los pobres. Este gran criterio tiene una gran actualidad en el contexto presente, donde tiende a desarrollarse un nuevo paganismo individualista. La belleza misma del Evangelio no siempre puede ser adecuadamente manifestada por nosotros, pero hay un signo que no debe faltar jamás: la opción por los pobres, por aquellos que la sociedad descarta y desecha *(Ev. gaud. 24-11-2013)*.

PALABRA

Dijo Jesús a uno de los principales fariseos que lo había invitado: «Cuando des una comida o una cena, no invites a tus amigos, ni a tus hermanos, ni a tus parientes, ni a los vecinos ricos; porque corresponderán invitándote, y quedarás pagado. Cuando des un banquete, invita a pobres, lisiados, cojos y ciegos; y serás bienaventurado, porque no pueden pagarte; te pagarán en la resurrección de los justos».

Filipenses 2,1-4; ***Salmo*** 130,1-3 • **LUCAS 14,12-14**

ORACIÓN

SEÑOR, los pobres y discapacitados solo son acogidos por quienes tienen amor cristiano. El mundo los desprecia y los margina. Pero para ti son tus preferidos, en quienes estás vivo para ser amado y atendido. ¿Te veo en ellos como te vieron tantos santos y santas que dedicaron su vida a servirte en los niños sin familia y en los ancianos abandonados o enfermos? No siempre es fácil: necesito ojos nuevos para verte, y la fortaleza de tu Espíritu para servirles con cariño y lograr que su cruz les pese menos. En ti confío.

Guarda mi alma en la paz, junto a ti, Señor *(Salmo 54,19)*.

NOVIEMBRE

6

MARTES (MO)

Martes 31° Tiempo Ordinario Tomo IV - Salterio 3ª semana

MÁRTIRES DEL SIGLO XX EN ESPAÑA Santos Severo *ob*, Leonardo *er*, Melanio *ob*. Beata Josefa Naval *vg*

Papa Francisco: La fidelidad a Dios es una cuestión de fidelidad a una persona, a la cual nos adherimos para recorrer juntos un mismo camino. Y esta persona es Jesús. Todo lo que tenemos en el mundo no sacia nuestra hambre de infinito. ¡Tenemos necesidad de Jesús, de estar con Él, de alimentarnos en su mesa, con sus palabras de vida eterna! Creer en Jesús significa hacer de Él el centro, el sentido de nuestra vida. Cristo no es un elemento accesorio: es el «pan vivo», el alimento indispensable. Adherirse a Él, en una verdadera relación de fe y de amor, no significa estar encadenados, sino ser profundamente libres, siempre en camino. Cada uno de nosotros puede preguntarse: ¿quién es Jesús para mí? *(23-8-2015)*.

PALABRA

Uno de los comensales dijo a Jesús: «¡Bienaventurado el que coma en el reino de Dios!». Jesús le contestó: «Un hombre daba un gran banquete y convidó a mucha gente; a la hora del banquete mandó a su criado a avisar a los convidados: "Venid, que ya está preparado". Pero todos empezaron a excusarse. El primero le dijo: "He comprado un campo y tengo que ir a verlo. Dispénsame, por favor". Otro dijo: "He comprado cinco yuntas de bueyes y voy a probarlas. Dispénsame, por favor". Otro dijo: "Me acabo de casar y, por ello, no puedo ir". El criado volvió a contárselo a su señor. Entonces el dueño de casa, indignado, dijo a su criado: "Sal aprisa a las plazas y calles de la ciudad y tráete aquí a los pobres, a los lisiados, a los ciegos y a los cojos". El criado dijo: "Señor, se ha hecho lo que mandaste, y todavía queda sitio". Entonces el señor dijo al criado: "Sal por los caminos y senderos e insísteles hasta que entren y se llene la casa". Y os digo que ninguno de aquellos convidados probará mi banquete».

Filipenses 2, 5-11; ***Salmo*** 21, 26-32 • **LUCAS 14, 15-24**

ORACIÓN

SEÑOR, qué ceguera la de quienes no ven en tu invitación a seguirte más que el lado penitencial y un poco tristón. ¡Pero tu invitación es a celebrar contigo el banquete de la vida! Sin embargo, cualquier excusa parece buena para despreciar tu maravillosa invitación. Si estoy dispuesto a seguirte llevando mi cruz, ¿cómo rechazar tu invitación al gozo de la fiesta?, ¿por qué no acudo a la Eucaristía –diaria o semanal– como a la fiesta mejor?

El Señor es mi alabanza en la gran asamblea *(Salmo 21,26)*.

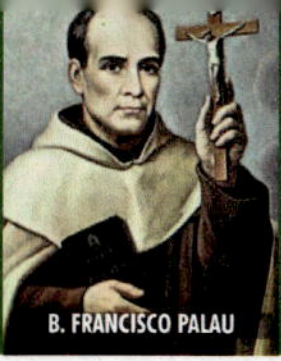

Stos. Lázaro *cf*, Jerón *mr*, Florencio *ob*, Jacinto Castañeda y Vicente Lê *pbs mrs*. Beato Francisco Palau *pb*

NOVIEMBRE
7
MIÉRCOLES (FE)

Papa Francisco: *[Quien no lleve su cruz...]* Jesús nos llama a seguirlo por su mismo camino de humillación: cuando en ciertos momentos de la vida no encontramos ningún camino de salida para nuestras dificultades, en la hora que experimentamos que somos frágiles y pecadores, precisamente entonces no debemos ocultar nuestro fracaso, sino abrirnos confiados a la esperanza, como hizo Jesús. Dios puso en la Cruz de Jesús todo el peso de nuestros pecados. En la Cruz vemos la monstruosidad del hombre, cuando se deja guiar por el mal; pero vemos también la inmensidad de la misericordia de Dios que no nos trata según nuestros pecados, sino según su misericordia *(18-4-2014)*.

PALABRA

Mucha gente acompañaba a Jesús; él se volvió y les dijo: «Si alguno viene a mí y no pospone a su padre y a su madre, a su mujer y a sus hijos, a sus hermanos y a sus hermanas, e incluso a sí mismo, no puede ser discípulo mío. Quien no carga con su cruz y viene en pos de mí no puede ser discípulo mío. Así, ¿quién de vosotros, si quiere construir una torre, no se sienta primero a calcular los gastos, a ver si tiene para terminarla? No sea que, si echa los cimientos y no puede acabarla, se pongan a burlarse de él los que miran, diciendo: "Este hombre empezó a construir y no ha sido capaz de acabar". ¿O qué rey, si va a dar la batalla a otro rey, no se sienta primero a deliberar si, con diez mil hombres, podrá salir al paso del que le ataca con veinte mil? Y si no, cuando el otro está todavía lejos, envía legados para pedir condiciones de paz. Lo mismo vosotros: el que no renuncia a todos sus bienes no puede ser discípulo mío».

Filipenses **2, 12-18; *Salmo* 26, 1.4.13-14 • LUCAS 14, 25-33**

ORACIÓN

SEÑOR, ha habido en la historia de la Iglesia muchos cristianos, santos, que renunciaron a todo para seguirte y para servirte, también a ti, en los hermanos más necesitados. Son los que experimentaron que "más vale dar que recibir", y se dieron. Y los que respondieron con toda su vida al interrogante: "¿Para qué vale la vida sino para darla?". La dieron y alcanzaron, ya en la tierra, una paz y una felicidad que jamás podrá dar el mundo. Y yo, ¿qué espero para decidirme a posponerlo todo y llevar mi cruz detrás de ti, mi único Dios?

El Señor es mi luz y mi salvación *(Salmo 26,1).*

NOVIEMBRE

8

JUEVES (FE)

Jueves 31° Tiempo Ordinario Tomo IV - Salterio 3ª semana

Santos Godofredo *ob*, Adeodato *pp*.
Beato Juan Duns Escoto *pb*

B. JUAN DUNS ESCOTO

Papa Francisco: La actitud de los escribas y de los fariseos es la misma, excluyente. En cambio, la actitud de Jesús es incluir. Hay dos caminos en la vida: el camino de la exclusión de las personas de nuestra comunidad y el camino de la inclusión. No es fácil incluir a la gente porque hay resistencia, hay esa actitud selectiva. Por eso, Jesús contaba dos parábolas: la oveja perdida y la mujer que pierde una moneda. Tanto el pastor como la mujer hacen de todo para encontrar lo que han perdido. Y cuando lo encuentran se llenan de alegría. No juzgar nunca, y decir: Dios sabe; es su vida, pero yo no lo excluyo de mi corazón, de mi oración, de mi saludo, de mi sonrisa, y si tengo ocasión decirle una palabra bonita. Nunca excluir, no tenemos el derecho. *(5-11-2015)*.

PALABRA

Solían acercarse a Jesús todos los publicanos y los pecadores a escucharlo. Y los fariseos y los escribas murmuraban diciendo: «Ese acoge a los pecadores y come con ellos». Jesús les dijo esta parábola: «¿Quién de vosotros que tiene cien ovejas y pierde una de ellas, no deja las noventa y nueve en el desierto y va tras la descarriada, hasta que la encuentra? Y, cuando la encuentra, se la carga sobre los hombros, muy contento; y, al llegar a casa, reúne a los amigos y a los vecinos para decirles: "¡Alegraos conmigo!, he encontrado la oveja que se me había perdido". Os digo que así también habrá más alegría en el cielo por un solo pecador que se convierta que por noventa y nueve justos que no necesitan convertirse. O ¿qué mujer que tiene diez monedas si se le pierde una, no enciende una lámpara y barre la casa y busca con cuidado, hasta que la encuentra? Y, cuando la encuentra, reúne a las amigas y a las vecinas y les dice: "¡Alegraos conmigo!, he encontrado la moneda que se me había perdido". Os digo que la misma alegría tendrán los ángeles de Dios por un solo pecador que se convierta».

Filipenses 3,3-8a; ***Salmo*** 104,2-7 • **LUCAS 15,1-10**

ORACIÓN

SEÑOR, hablas de conversión, me invitas a convertirme, hoy y cada día. ¡Cómo celebras que los pecadores como yo demos la espalda al pecado y encaminemos nuestros pasos hacia el Padre, a tu lado! A nadie excluye de su corazón, por muy pecador que sea. Pero yo no puedo convertirme, volver a ti, si tú no tomas la iniciativa: *"Hazme volver a ti, Señor, y volveré"* (Lamentaciones 5,21).

Que se alegren los que buscan al Señor *(Salmo 104,3).*

SANTA ISABEL DE LA TRINIDAD

DEDICACIÓN BASÍLICA DE LETRÁN (SALVADOR).
Santos Isabel de la Trinidad *vg*, Jorge *ob*, Ursino *ob*. Ntra. Sra. de la Almudena

NOVIEMBRE
9
VIERNES

FIESTA DE LA DEDICACIÓN DE LA BASÍLICA DE LETRÁN

Papa Francisco: Hoy, en las lecturas de la misa se ve claramente la capacidad que tiene el pueblo de alegrarse, cuando se restaura y se purifica el templo, y en cambio la incapacidad de alegrarse que tienen los jefes de los sacerdotes y los escribas ante la expulsión de los mercaderes del templo por parte de Jesús. Y os digo sinceramente, tengo miedo a las rigideces, tengo miedo. Los sacerdotes rígidos... ¡Lejos! ¡Te muerden! Y viene a mi mente la expresión de san Ambrosio, del siglo IV: «Donde hay misericordia está el espíritu del Señor, donde hay rigidez están solo sus ministros». El ministro sin el Señor se hace rígido, y esto es un peligro para el pueblo de Dios. Pastores, no funcionarios *(20-11-2015)*.

PALABRA

Se acercaba la Pascua de los judíos, y Jesús subió a Jerusalén. Y encontró en el templo a los vendedores de bueyes, ovejas y palomas, y a los cambistas sentados; y, haciendo un azote de cordeles, los echó a todos del templo, ovejas y bueyes; y a los cambistas les esparció las monedas y les volcó las mesas; y a los que vendían palomas les dijo: «Quitad esto de aquí; no convirtáis en un mercado la casa de mi Padre». Sus discípulos se acordaron de lo que está escrito: «El celo de tu casa me devora». Entonces intervinieron los judíos y le preguntaron: «¿Qué signos nos muestras para obrar así?». Jesús contestó: «Destruid este templo, y en tres días lo levantaré». Los judíos replicaron: «Cuarenta y seis años ha costado construir este templo, ¿y tú lo vas a levantar en tres días?». Pero él hablaba del templo de su cuerpo. Y, cuando resucitó de entre los muertos, los discípulos se acordaron de que lo había dicho, y dieron fe a la Escritura y a la palabra que había dicho Jesús.

Ezequiel 47,1-2.8-9.12; ***Salmo*** 45,2-9 • **JUAN 2,13-22**

ORACIÓN

SEÑOR, la Basílica de Letrán, catedral de Roma, Madre de todas las iglesias, me recuerda que soy templo tuyo, templo del Espíritu Santo, morada de la Trinidad. Pero yo soy ese templo que tú edificaste para venir y morar con el Padre y el Espíritu o, por el pecado, lo pervierto en mercado y cueva de ladrones. Te ofrezco las potencias de mi alma y los miembros de mi cuerpo: haz de mí un instrumento de tu gracia y de tu paz. Haz mi vida menos indigna, en la que se cumpla tu Palabra: *Vendremos a él y haremos morada en él.* ¿Puedo desear algo mejor?

Un río y sus canales alegran la ciudad de Dios, el Altísimo consagra su morada *(Salmo 45,5).*

**Santos LEÓN MAGNO *pp dc*,
Orestes *mr*, Andrés Avelino *pb***

Papa Francisco: *[No podéis servir a Dios y al dinero]* Tú, yo, ¿adoramos al Señor? ¿Acudimos a Dios solo para pedir, para agradecer, o nos dirigimos a él también para adorarlo? Adorar al Señor quiere decir darle a él el lugar que le corresponde; afirmar, creer que únicamente él guía verdaderamente nuestra vida; estar convencidos ante él de que es el único Dios, el Dios de nuestra vida, el Dios de nuestra historia. Esto tiene una consecuencia en nuestra vida: despojarnos de tantos ídolos, pequeños o grandes, que tenemos, y en los cuales nos refugiamos, en los cuales buscamos y tantas veces ponemos nuestra seguridad. Son ídolos que a menudo mantenemos bien escondidos, como la ambición... ¿He pensado qué ídolo oculto tengo en mi vida que me impide adorar al Señor? Adorar es despojarse de nuestros ídolos. El Señor es el único, el único Dios de nuestra vida, y nos invita a despojarnos de tantos ídolos y a adorarle solo a él *(14-4-2013)*.

PALABRA

Decía Jesús a sus discípulos: «Ganaos amigos con el dinero injusto, para que, cuando os falte, os reciban en las moradas eternas. El que es fiel en lo poco también en lo mucho es fiel; el que es injusto en lo poco, también en lo mucho es injusto. Pues, si no fuisteis fieles en la riqueza injusta, ¿quién os confiará la verdadera? Si no fuisteis fieles en lo ajeno, lo vuestro, ¿quién os lo dará? Ningún siervo puede servir a dos señores, porque, o bien aborrecerá a uno y amará al otro, o bien se dedicará al primero y no hará caso del segundo. No podéis servir a Dios y al dinero». Los fariseos, que eran amigos del dinero, estaban escuchando todo esto y se burlaban de él. Y les dijo: «Vosotros os las dais de justos delante de los hombres, pero Dios conoce vuestros corazones, pues lo que es sublime entre los hombres es abominable ante Dios».

Filipenses 4,10-19; ***Salmo*** 111,1-2.5-6.8.9 • **LUCAS 16,9-15**

ORACIÓN

SEÑOR, valorar las cosas pequeñas y tenerte como único Dios: dos consejos para mi vida, hecha de pequeñas obras, sin dejarme esclavizar por el poderoso caballero que es el dinero. ¡Porque tú eres mi único Dios y Señor, en quien encuentro la verdad que me hace libre y la vida que jamás terminará!

***Dichoso quien teme al Señor** (111,1).*

SAN MARTÍN DE TOURS

Santos MARTÍN DE TOURS *ob*, Teodoro Estudita *ab*, Marina de Omura *vg mr*

Papa Francisco: El episodio del Evangelio de este domingo se compone de dos partes: en una se describe *cómo no deben ser* los seguidores de Cristo; en la otra, se propone *un ideal ejemplar* de cristiano. En la *primera parte,* Jesús señala tres defectos que se manifiestan en el estilo de vida de los escribas, maestros de la ley: soberbia, avidez e hipocresía. Los escribas «aparentan hacer largas oraciones». También hoy existe el riesgo de comportarse de esta forma. Por ejemplo, cuando se separa la oración de la justicia, porque no se puede rendir culto a Dios y causar daño a los pobres. O cuando se dice que se ama a Dios y, sin embargo, se antepone a Él la propia vanagloria, el propio provecho. La *segunda parte:* una pobre mujer, viuda, da en su limosna apenas dos pequeñas monedas. Debido a su extrema pobreza, hubiera podido ofrecer una sola moneda para el templo y quedarse con la otra. Pero ella no quiere ir a la mitad con Dios: se priva de todo. En su pobreza ha comprendido que, teniendo a Dios, lo tiene todo; se siente amada totalmente por Él y, a su vez, lo ama totalmente. ¡Qué bonito ejemplo esa viejecita! *(8-11-2015).*

PALABRA

• ***1Reyes*** 17, 10-16: El profeta Elías se puso en camino hacia Sarepta, y, al llegar a la puerta de la ciudad, encontró allí una viuda que recogía leña. La llamó y le dijo: «Por favor, tráeme un poco de agua en un jarro para que beba». Mientras iba a buscarla le gritó: «Por favor, tráeme también en la mano un trozo de pan». Respondió ella: «Te juro por el Señor tu Dios, que no tengo ni pan; me queda solo un puñado de harina en el cántaro y un poco de aceite en la alcuza. Ya ves que estaba recogiendo un poco de leña. Voy a hacer un pan para mí y para mi hijo; nos lo comeremos y luego moriremos». Respondió Elías: «No temas. Anda, prepáralo como has dicho, pero primero hazme a mí un panecillo y tráemelo; para ti y para tu hijo lo harás después. Porque así dice el Señor Dios de Israel: "La orza de harina no se vaciará, la alcuza de aceite no se agotará, hasta el día en que el Señor envíe la lluvia sobre la tierra"». Ella se fue, hizo lo que le había dicho Elías y comieron él, ella y su hijo. Ni la orza de harina se vació, ni la alcuza de aceite se agotó: como lo había dicho el Señor por medio de Elías.

• ***Salmo*** 145, 7-10: ***Alaba, alma mía, al Señor.***

• ***Hebreos*** 9, 24-28: Cristo entró no en un santuario construido por hombres, imagen del auténtico, sino en el mismo cielo, para ponerse ante Dios, intercediendo por nosotros. Tampoco se ofrece a sí mismo muchas veces como el sumo sacerdote, que entraba en el santuario todos los años y ofrecía sangre ajena. Si hubiese sido así, tendría que haber padecido muchas veces, desde la fundación del mundo. De hecho, él se ha manifestado una sola vez, al final de los tiempos, para destruir el pecado con el sacrificio de sí mismo. Por cuanto el destino de los hombres es morir una sola vez; y después de la muerte, el juicio. De la misma manera Cristo se ofreció una sola vez para quitar los pecados de todos. La segunda vez aparecerá, sin ninguna relación al pecado, para salvar definitivamente a los que lo esperan.

• **MARCOS 12, 38-44:** Instruyendo Jesús en el templo, les decía: «¡Cuidado con los escribas! Les encanta pasearse con amplio ropaje y que les hagan reverencias en las plazas, buscan los asientos de honor en las sinagogas y los primeros puestos en los banquetes; y devoran los bienes de las viudas, y aparentan hacer largas oraciones. Esos recibirán una condenación más rigurosa». Estando Jesús sentado enfrente de las arcas para las ofrendas, observaba a la gente que iba echando dinero: muchos ricos echaban mucho; se acercó una viuda pobre y echó dos monedillas, es decir, un cuadrante. Llamando a sus discípulos les dijo: «En verdad os digo que esta viuda pobre ha echado en el arca de las ofrendas más que nadie. Porque los demás han echado de lo que les sobra, pero esta, que pasa necesidad, ha echado todo lo que tenía para vivir».

ORACIÓN **SEÑOR,** hablas primero de los escribas: ¡Cuidado con ellos! Son la expresión del egoísmo, de querer sobresalir en el primer lugar por encima de todos... El segundo aspecto, la pobre viuda que solo tenía dos reales y los echó en el cepillo del templo, en honor tuyo. ¿Y yo? ¿Me busco a mí mismo como los escribas, o estoy dispuesto a darlo todo por ti?

Santos JOSAFAT *ob*, Millán de la Cogolla *pb*, Nilo *ab*, Margarito Flores *pb mr*

Papa Francisco: La palabra de Jesús es fuerte hoy: Jesús es realista y dice que es inevitable que vengan los escándalos, pero ¡ay del hombre que causa el escándalo! Nosotros, adultos, estamos listos para hablar de los niños como de una promesa de vida. Y también nos conmovemos con facilidad, diciendo a los jóvenes que son nuestro futuro... Cuando sucede lo contrario, los niños son heridos por un escándalo insoportable, aún más grave, en cuanto que no tienen medios para descifrarlo. No pueden entender qué cosa sucede. Dios vigilia sobre esta promesa, desde el primer instante. Ay de aquellos que traicionan su confianza, ay de aquellos. Solo si miramos a los niños con los ojos de Jesús, podríamos realmente entender en qué sentido, defendiendo la familia, protegemos a la humanidad *(14-10-2015)*.

PALABRA

Jesús dijo a sus discípulos: «Es imposible que no haya escándalos; pero ¡ay de quien los provoca! Al que escandaliza a uno de estos pequeños, más le valdría que le ataran al cuello una piedra de molino y lo arrojasen al mar. Tened cuidado. Si tu hermano te ofende, repréndelo; si se arrepiente, perdónalo; si te ofende siete veces en un día, y siete veces vuelve a decirte: "Me arrepiento", lo perdonarás». Los apóstoles le pidieron al Señor: «Auméntanos la fe». El Señor contestó: «Si tuvierais fe como un granito de mostaza, diríais a esa morera: "Arráncate de raíz y plántate en el mar". Y os obedecería».

Tito 1,1-9; ***Salmo*** 23,1-6 • **LUCAS 17,1-6**

ORACIÓN

SEÑOR, me uno a los apóstoles para pedirte a gritos: ¡Auméntame la fe! Es imposible que viva sin fe quien te ha conocido. Con poca fe es fácil sucumbir frente a las tentaciones del enemigo, incluso con escándalo para otros. Tus palabras son muy duras para quienes escandalizan. Y yo por nada del mundo quiero ser motivo de escándalo, porque tú me llamas a ser testigo de tu amor y a perdonar siempre a quien me ofende. ¿Cómo podría, si tú no aumentas mi fe?

Esta es la generación que busca tu rostro, Señor *(Salmo 23,6).*

NOVIEMBRE

13

MARTES (ML)

Martes 32º Tiempo Ordinario Tomo IV - Salterio 4ª semana

Santos LEANDRO *ob*, Estanislao de Kostka *rl*, Diego de Alcalá *rl*, Eugenio *ob*, Agustina *vg*. Ntra. Sra. de los Treinta y Tres

SAN LEANDRO

Papa Francisco: Somos siervos inútiles. El deseo de poder no es el camino para convertirse en un siervo del Señor, sino un obstáculo que hemos pedido al Señor alejar de nosotros. Otro obstáculo es la deslealtad: cuando alguno quiere servir al Señor, pero también sirve a otras cosas que no son el Señor. Todos somos pecadores, y nos arrepentimos de esto; ser desleales es hacer el doble juego. Pidamos al Señor que nos quite los obstáculos. Todos queremos servir al Señor con bondad y fidelidad, pero necesitamos su gracia, solos no podemos: que sea Él quien nos quite estos obstáculos, que sea Él quien nos dé esta serenidad, esta paz del corazón para servirle libremente, no como esclavos, sino como hijos *(8-11-2016)*.

PALABRA

Dijo el Señor: «¿Quién de vosotros, si tiene un criado labrando o pastoreando, le dice cuando vuelve del campo: "Enseguida, ven y ponte a la mesa"? ¿No le diréis más bien: "Prepárame de cenar, cíñete y sírveme mientras como y bebo, y después comerás y beberás tú"? ¿Acaso tenéis que estar agradecidos al criado porque ha hecho lo mandado? Lo mismo vosotros: cuando hayáis hecho todo lo que se os ha mandado, decid: "Somos siervos inútiles, hemos hecho lo que teníamos que hacer"».

Tito 2,1-8.11-14; *Salmo* 36,3-4.18.23.27.29 • **LUCAS 17,7-10**

ORACIÓN

SEÑOR, me mandas que te diga unas palabras que, para ser sinceras, requieren buenas dosis de mansedumbre y de humildad, que yo no tengo. Quieres que acepte ser tu servidor y que te diga, después de haber hecho perfectamente todo el programa que me has trazado para mi jornada: *Soy un pobre siervo tuyo, he hecho lo que tenía que hacer.* Tener conciencia de haber hecho lo que te complace reporta una gran satisfacción, y cierta autovaloración que está muy lejos de la humildad necesaria para confesarme "un pobre siervo". Y otras tantas veces, no he hecho lo que debía, te he sido infiel y desobediente. Ten piedad de este pobre siervo, cuando está orgulloso de hacer algo bueno, movido por tu Espíritu, consciente de que sin ti no puedo hacer nada.

El Señor es quien salva a los justos *(Salmo 36,39).*

NOVIEMBRE
14
MIÉRCOLES (FE)

Santos José Pignatelli *pb*, Rufo *ob*, Lorenzo O'Toole *ob*, Serapio *mr*

Papa Francisco: La gratitud está en el corazón mismo de la fe. Escuchad bien: un cristiano que no sabe dar gracias es alguien que ha olvidado el lenguaje de Dios. Recordemos la pregunta de Jesús, cuando curó a diez leprosos y solo uno de ellos volvió a dar las gracias. Una vez escuché decir a una persona anciana, muy sabia, muy buena, sencilla, pero con la sabiduría de la piedad, de la vida: «La gratitud es una planta que crece solo en la tierra de almas nobles». Esa nobleza del alma, esa gracia de Dios en el alma nos impulsa a decir gracias a la gratitud. Es la flor de un alma noble. Esto es algo hermoso *(13-5-2015)*.

PALABRA

Yendo Jesús camino de Jerusalén, pasaba entre Samaría y Galilea. Cuando iba a entrar en una ciudad, vinieron a su encuentro diez hombres leprosos, que se pararon a lo lejos y a gritos le decían: «Jesús, maestro, ten compasión de nosotros». Al verlos, les dijo: «Id a presentaros a los sacerdotes». Y sucedió que, mientras iban de camino, quedaron limpios. Uno de ellos, viendo que estaba curado, se volvió alabando a Dios a grandes gritos y se postró a los pies de Jesús, rostro en tierra, dándole gracias. Este era un samaritano. Jesús tomó la palabra y dijo: «¿No han quedado limpios los diez?; los otros nueve, ¿dónde están? ¿No ha habido quien volviera a dar gloria a Dios más que este extranjero?». Y le dijo: «Levántate, vete; tu fe te ha salvado».

Tito 3, 1-7; *Salmo* 22, 1-6 • **LUCAS 17, 11-19**

ORACIÓN

SEÑOR, ¡maestro, ten compasión de mí! No tengo lepra corporal, pero la debilidad, el egoísmo, la pereza son males indómitos de mi espíritu. Cúrame, y dame un corazón agradecido para que reconozca que si algo bueno hay en mí tiene en ti su origen. Para hacer cualquier bien a los demás, necesito que cures mi corazón de la lepra del egoísmo.

El Señor es mi pastor, nada me falta (Salmo 22,1).

NOVIEMBRE

15

JUEVES (ML)

Jueves 32° Tiempo Ordinario Tomo IV - Salterio 4ª semana

Santos ALBERTO MAGNO *ob dc*, Marino y Aniano *mrs*, Leopoldo *cf*, Roque y Alfonso *pbs mrs*

SAN ALBERTO MAGNO

Papa Francisco: El Reino de Dios es como una pequeña semilla que está sembrada y crece sola, con el tiempo. No es una religión del espectáculo que siempre está buscando cosas nuevas, revelaciones, mensajes. Dios ha hablado por medio de Jesucristo: esta es la última Palabra de Dios. Hemos de vigilar con paciencia. La paciencia en nuestro trabajo, en nuestros sufrimientos... Vigilar como el hombre que plantó la semilla y espera la planta y trata que no haya mala hierba cerca, para que la planta crezca. La esperanza es el hilo de la historia de la salvación. ¿Yo tengo esperanza o voy adelante como puedo y no sé discernir el bien del mal, el grano de la cizaña, la suave luz del Espíritu Santo, de esta luminosidad artificial? Esperanza en esta semilla que está creciendo en nosotros *(10-11-2016)*.

PALABRA

Los fariseos preguntaron a Jesús: ¿Cuándo va a llegar el reino de Dios? Jesús les contestó: «El reino de Dios no viene aparatosamente, ni dirán: "Está aquí" o "Está allí"; porque mirad, el reino de Dios está en medio de vosotros». Dijo a sus discípulos: «Vendrán días en que desearéis ver un solo día del Hijo del hombre, y no lo veréis. Entonces se os dirá "Está aquí" o "Está allí"; no vayáis ni corráis detrás, pues como el fulgor del relámpago brilla de un extremo a otro del cielo, así será el Hijo del hombre en su día. Pero primero es necesario que padezca mucho y sea reprobado por esta generación».

Filemón **7-20; *Salmo* 145,7-10 • LUCAS 17,20-25**

ORACIÓN

SEÑOR, ¡tu reino está dentro de mí! ¿Para qué buscarlo fuera, cuando si dedicara cada día solo cinco minutos a mirarme por dentro, en la oración/reflexión que sigue a tu Palabra diaria, descubriría que hay en mí una fuerza que viene de ti: la gracia santificante, vida de tu reino? Tu reino, dentro de mí desde el día de mi bautismo, es el impulso que necesito para que nuestra amistad vaya en aumento por mi parte. Tú me amas infinitamente y tu amor es fiel y eterno; mi correspondencia es débil y tiene que afianzarse, para vivir contigo siempre, en medio del sufrimiento y la persecución que tú anuncias y yo experimento.

Dichoso a quien auxilia el Dios de Jacob *(Salmo 145,5).*

SANTA MARGARITA DE ESCOCIA

NOVIEMBRE

16

VIERNES (ML)

Santos MARGARITA DE ESCOCIA *re mf*, **GERTRUDIS** *vg*, **Edmundo** *ob*

Papa Francisco: Espíritu de curiosidad. Es cuando queremos adueñarnos de los proyectos de Dios, del futuro, de las cosas, conocer todo, tener todo entre las manos *¿Cuándo vendrá el reino de Dios?* ¡Curiosos! Querían saber la fecha, el día... Este espíritu de curiosidad nos impulsa a mirar solo los detalles, las noticias, las pequeñas noticias de cada día: ¿cómo se hará esto? Es el cómo, es el espíritu del cómo. No es un buen espíritu: es el espíritu de dispersión, de alejarse de Dios, el espíritu de hablar demasiado. Jesús nos dice una cosa interesante: este espíritu de curiosidad, que es mundano, nos lleva a la confusión. El Reino de Dios no viene en la confusión. Como Dios no habló al profeta Elías en el viento, en la tormenta, en el tifón. Habló en la brisa suave, la brisa que era sabiduría.

PALABRA

Dijo Jesús a sus discípulos: «Como sucedió en los días de Noé, así será también en los días del Hijo del hombre: comían, bebían, se casaban los hombres y las mujeres tomaban esposo, hasta el día que Noé entró en el arca; entonces llegó el diluvio y acabó con todos. Asimismo, como sucedió en los días de Lot: comían, bebían, compraban, vendían, sembraban, construían; pero el día que Lot salió de Sodoma, llovió fuego y azufre del cielo y acabó con todos. Así sucederá el día que se revele el Hijo del hombre. Aquel día, el que esté en la azotea y tenga sus cosas en casa, que no baje a recogerlas; igualmente, el que esté en el campo, que no vuelva atrás. Acordaos de la mujer de Lot. El que pretenda guardar su vida la perderá; y el que la pierda la recobrará. Os digo que aquella noche estarán dos juntos: a uno se lo llevarán y al otro lo dejarán; estarán dos moliendo juntas: a una se la llevarán y a la otra la dejarán». Ellos le preguntaron: «¿Dónde, Señor?». Él contestó: «Donde está el cadáver, allí se reunirán los buitres».

2Juan 4-9; ***Salmo*** 118,1.2.10.11.17.18 • **LUCAS 17,26-37**

ORACIÓN

SEÑOR, tus palabras me presentan la panorámica de la existencia, que puedo emplear en comer, beber y divertirme como si todo terminara aquí; o vivir conforme a la fe que hoy me iluminas. No, no quiero guardar mi vida, que estaría siempre en peligro. La dejo en tus manos, para que hagas de mí lo que quieras, que siempre será lo mejor. ¡Sé de quién me fío!

Dichoso el que camina en la ley del Señor *(Salmo 118,1).*

NOVIEMBRE

17

SÁBADO (MO)

Sábado 32° Tiempo Ordinario Tomo IV - Salterio 4ª semana

Santos ISABEL DE HUNGRÍA *re mf*, Aciscio *mr*, Aniano *ob*, Hugo *ob*, Hilda *ab*, Filipina Duchesne *rl*, Juan del Castillo *pb mr*

SANTA ISABEL DE HUNGRÍA

Papa Francisco: Si la viuda *[del Evangelio de hoy]* logró convencer a ese juez, ¿pensáis que Dios no nos escucha a nosotros, si le pedimos con insistencia? La expresión de Jesús es muy fuerte: *Pues Dios, ¿no hará justicia a sus elegidos que claman ante Él día y noche?* La oración perseverante es más bien expresión de la fe en un Dios que nos llama a combatir con Él, cada día, en cada momento, para vencer el mal con el bien. Aprendamos de la viuda del Evangelio a orar siempre, sin cansarnos.

PALABRA

Jesús dijo a sus discípulos una parábola para enseñarles que es necesario orar siempre sin desfallecer. «Había un juez en una ciudad que ni temía a Dios ni le importaban los hombres. En la misma ciudad había una viuda que solía ir a decirle: "Hazme justicia frente a mi adversario". Por algún tiempo se estuvo negando, pero después se dijo a sí mismo: "Aunque ni temo a Dios ni me importan los hombres, como esta viuda me está molestando, le voy a hacer justicia, no sea que siga viniendo a cada momento a importunarme"». Y el Señor añadió: «Fijaos en lo que dice el juez injusto; pues Dios, ¿no hará justicia a sus elegidos que claman ante él día y noche?; ¿o les dará largas? Os digo que les hará justicia sin tardar. Pero, cuando venga el Hijo del hombre, ¿encontrará esta fe en la tierra?».

3Juan **5-8;** ***Salmo*** **111,1-6 • LUCAS 18,1-8**

ORACIÓN

SEÑOR, *"Cuando venga el Hijo del hombre, ¿encontrará esta fe en la tierra?* ¿Tu pregunta es una duda o un deseo? Los criterios del mundo y las condiciones de la vida moderna hacen cada día más difícil que el "resto de Israel" pueda proclamar abiertamente su fe en el único Dios que salva al hombre por la muerte de su Hijo y la fortaleza del Espíritu. Hoy es un día muy apropiado para confesar que la historia de la humanidad está en tus manos, y proclamar que tú has vencido al mundo.

***Dichoso quien teme al Señor** (111,1).*

DEDICACIÓN DE LAS BASÍLICAS DE SAN PEDRO Y SAN PABLO, San Román *mr.* Ntra. Sra. de la Divina Providencia

DÍA DE LA IGLESIA DIOCESANA

Papa Francisco: El Evangelio de este penúltimo domingo del año litúrgico propone una parte del discurso de Jesús sobre los últimos eventos de la historia humana, elementos apocalípticos, como guerras, carestías, catástrofes cósmicas: «El sol se oscurecerá, la luna no dará su esplendor, las estrellas caerán del cielo, los astros se tambalearán. Sin embargo, el núcleo central en torno al cual gira el discurso de Jesús es Él mismo, el misterio de su persona y de su muerte y resurrección, y su regreso al final de los tiempos. Nuestra meta final es el encuentro con el Señor resucitado. Yo os quisiera preguntar: ¿cuántos de vosotros pensáis en esto? Habrá un día en que yo me encontraré cara a cara con el Señor. Y esta es nuestra meta: este encuentro. Nosotros no esperamos un tiempo o un lugar, vamos al encuentro de una persona: Jesús. El problema no es «cuándo» sucederán las señales premonitorias de los últimos tiempos, sino el estar preparados para el encuentro. El triunfo de Jesús al final de los tiempos, será el triunfo de la Cruz; la demostración de que el sacrificio de uno mismo por amor al prójimo y a imitación de Cristo, es el único poder victorioso y el único punto fijo en medio de la confusión y tragedias del mundo *(15-11-2015)*.

PALABRA

• ***Daniel*** 12, 1-3: Se levantará Miguel, el arcángel que se ocupa de tu pueblo: serán tiempos difíciles, como no los ha habido desde que hubo naciones hasta ahora. Entonces se salvará tu pueblo: todos los inscritos en el libro. Muchos de los que duermen en el polvo despertarán: unos para vida perpetua, otros para ignominia perpetua. Los sabios brillarán como el fulgor del firmamento, y los que enseñaron a muchos la justicia, como las estrellas, por la eternidad.

• ***Salmo*** 15, 5. 8-11: ***Protégeme, Dios mío, que me refugio en ti.***

• ***Hebreos*** 10, 11-14.18: Todo sacerdote ejerce su ministerio diariamente ofreciendo muchas veces los mismos sacrificios, porque de ningún modo pueden borrar los pecados. Pero Cristo "después de haber ofrecido" por los pecados un único sacrificio, está sentado para siempre jamás a la derecha de Dios y espera el tiempo que falta hasta que sus enemigos sean puestos como estrado de sus pies. Con una sola ofrenda ha perfeccionado para siempre a los que van siendo santificados. Donde hay perdón, no hay ofrenda por los pecados.

• **MARCOS 13, 24-32:** Dijo Jesús a sus discípulos: «En aquellos días, después de una gran angustia, el sol se oscurecerá, la luna no dará su resplandor, las estrellas caerán del cielo, los astros se tambalearán. Entonces verán venir al Hijo del hombre sobre las nubes con gran poder y gloria; enviará a los ángeles y reunirá a sus elegidos de los cuatro vientos desde el extremo de la tierra hasta el extremo del cielo. Aprended de esta parábola de la higuera: Cuando las ramas se ponen tiernas y brotan las yemas, deducís que el verano está cerca; pues cuando veáis vosotros que esto sucede, sabed que él está cerca, a la puerta. En verdad os digo que no pasará esta generación sin que todo suceda. El cielo y la tierra pasarán, pero mis palabras no pasarán. En cuanto al día y la hora, nadie lo conoce, ni los ángeles del cielo ni el Hijo, solo el Padre».

ORACIÓN **SEÑOR,** tu segunda venida será con gran poder y majestad. Y a mí, que me considero amigo tuyo, me alegra tu poder y me conforta tu majestad. Al final, triunfará la Verdad y la Vida, que eres tú, frente a la mentira y la muerte de este mundo y de su príncipe. ¡Tu palabra no pasará!

Santos Abdías *prof*, Matilde *vg*, Rafael J. Kalinowski *pb*, Máximo *mr*, Inés de Asís *vg*

Papa Francisco: Nuestra vida, algunas veces, es semejante a la del ciego que se abrió a la luz, que se abrió a Dios, que se abrió a su gracia. A veces, lamentablemente, es un poco como la de los doctores de la ley: desde lo alto de nuestro orgullo juzgamos a los demás, incluso al Señor. Hoy somos invitados a abrirnos a la luz de Cristo para dar fruto en nuestra vida, para eliminar los comportamientos que no son cristianos; todos nosotros somos cristianos, pero todos nosotros, todos, algunas veces tenemos comportamientos no cristianos, comportamientos que son pecados. Debemos arrepentirnos de esto, eliminar estos comportamientos para caminar con decisión por el camino de la santidad, que tiene su origen en el Bautismo: «iluminados» por Cristo en el Bautismo, a fin de que podamos comportarnos como «hijos de la luz», con humildad, paciencia, misericordia *(30-3-2014)*.

PALABRA

Cuando se acercaba Jesús a Jericó, había un ciego sentado al borde del camino, pidiendo limosna. Al oír que pasaba gente, preguntaba qué era aquello; y le informaron: «Pasa Jesús el Nazareno». Entonces empezó a gritar: «¡Jesús, hijo de David, ten compasión de mí!». Los que iban delante le regañaban para que se callara, pero él gritaba más fuerte: «¡Hijo de David, ten compasión de mí!». Jesús se paró y mandó que se lo trajeran. Cuando estuvo cerca, le preguntó: «¿Qué quieres que haga por ti?». Él dijo: «Señor, que recobre la vista». Jesús le dijo: «Recobra la vista, tu fe te ha salvado». Y enseguida recobró la vista y lo seguía, glorificando a Dios. Y todo el pueblo, al ver esto, alabó a Dios.

Apocalipsis 1,1-4; 2,1-5a; ***Salmo*** 1,1-6 • **LUCAS 18,35-43**

ORACIÓN

***¡JESÚS** Hijo de David, ten compasión de mí!* Este sencillo y profundo grito de ayuda no solo le valió al ciego de Jericó para recobrar la vista. A lo largo de los siglos de cristianismo, millones de veces ha salido del corazón y de los labios de los cristianos para pedirte que tengas compasión en todos los ámbitos de la vida. Ten compasión de mi vida sin sentido ni rumbo, ten compasión de mi matrimonio y de mis hijos, ten compasión de mis compañeros de estudio o de trabajo, ten compasión de quienes no tienen un trabajo digno, ni un salario, ni una casa. Y, sobre todo, al estilo del "Peregrino ruso", como "oración del corazón", millares de veces repetida: *Jesús, hijo de David, ten compasión de mí, que soy un pecador.*

***Al vencedor le daré a comer del árbol de la vida** (Apocalipsis 2,7).*

Martes 33° Tiempo Ordinario Tomo IV - Salterio 1ª semana

Stos. Crispín *ob mr,* Edmundo *re mr,* Francisco J. Cân *ct mr.* Beata Ángeles y *co mrs*

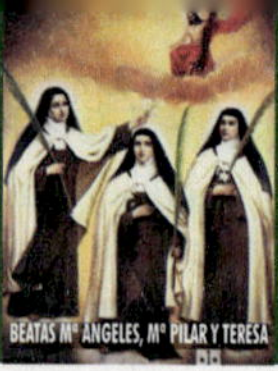

Papa Francisco: Zaqueo, impedido de acercarse a Jesús, probablemente por motivo de su mala fama, y siendo pequeño de estatura, trepa a un árbol, para poder ver al Maestro que pasa. Este gesto exterior, un poco ridículo, expresa sin embargo el acto interior del hombre que busca pasar sobre la multitud para tener un contacto con Jesús: se resigna a verlo solo de paso. Pero Jesús, cuando se acerca a ese árbol, lo llama por su nombre: «Zaqueo, date prisa y baja, porque es necesario que hoy me quede en tu casa». Y Jesús va a casa de Zaqueo, suscitando las críticas de toda la gente de Jericó: "Cómo? Con todas las personas buenas que hay en la ciudad, ¿va a estar precisamente con ese publicano?". Jesús dice: «Hoy ha sido la salvación de esta casa» En la casa de Zaqueo entró la alegría, entró la paz, entró la salvación, entró Jesús *(3-11-2013).*

PALABRA

Entró Jesús en Jericó e iba atravesando la ciudad. En esto, un hombre llamado Zaqueo, jefe de publicanos y rico, trataba de ver quién era Jesús, pero no lo lograba a causa del gentío, porque era pequeño de estatura. Corriendo más adelante, se subió a un sicómoro para verlo, porque tenía que pasar por allí. Jesús, al llegar a aquel sitio, levantó los ojos y dijo: «Zaqueo, date prisa y baja, porque es necesario que hoy me quede en tu casa». Él se dio prisa en bajar y lo recibió muy contento. Al ver esto, todos murmuraban, diciendo: «Ha entrado a hospedarse en casa de un pecador». Pero Zaqueo, de pie, dijo al Señor: «Mira, Señor, la mitad de mis bienes se la doy a los pobres; y si he defraudado a alguno, le restituyo cuatro veces más». Jesús le dijo: «Hoy ha sido la salvación de esta casa, pues también este es hijo de Abrahán. Porque el Hijo del hombre ha venido a buscar y a salvar lo que estaba perdido».

Apocalipsis **3,1-6.14-22;** ***Salmo*** **14,2-5 • LUCAS 19,1-10**

ORACIÓN

SEÑOR, el relato de Zaqueo me hace pensar que tus criterios no son los nuestros. ¡Cuántas veces habría deseado el mismo Zaqueo ser más alto! Y, sin embargo, su escasa estatura fue el camino que lo condujo hacia ti subiéndose al sicómoro. De las deficiencias que tanto nos cuesta aceptar, tú sacas grandes beneficios espirituales. Zaqueo, por ser bajo de estatura, se encontró contigo. Siendo pecador, encontró junto a ti la conversión. No soy digno de que entres en mi casa, pero tú viniste a salvar lo que estaba perdido. Aquí tienes mi pobreza: tus manos pueden hacer con ella maravillas.

Al vencedor le concederé sentarse conmigo en mi trono *(Apocalipsis 3,21).*

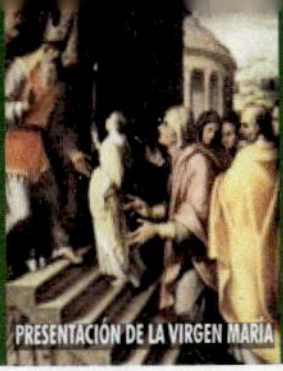

PRESENTACIÓN DE LA SANTÍSIMA VIRGEN.
Santos Gelasio I *pp*, Mauro *ob*, Rufo *NT*.
Ntra. Sra. de la Paz

Papa Francisco: El Evangelio nos hace reflexionar sobre la relación entre cómo empleamos los dones recibidos de Dios y su retorno, cuando nos preguntará cómo los hemos utilizado. ¡No enterréis los talentos! Apostad por ideales grandes que ensanchan el corazón, los ideales de servicio que harán fecundos vuestros talentos. La vida no se nos da para que la conservemos, sino para que la donemos.

PALABRA

Dijo Jesús esta parábola: «Un hombre noble se marchó a un país lejano para conseguirse el título de rey, y volver después. Llamó a diez empleados suyos y les repartió diez minas de oro, diciéndoles: "Negociad mientras vuelvo". Cuando regresó de conseguir el título real, mandó llamar a su presencia a los siervos. El primero se presentó y dijo: "Señor, tu mina ha producido diez". Él le contestó: "Muy bien, siervo bueno; como has sido fiel en lo pequeño, recibe el gobierno de diez ciudades". El segundo llegó y dijo: "Tu mina, señor, ha rendido cinco". A ese le dijo también: "Pues toma tú el mando de cinco ciudades". El otro llegó y dijo: "Señor, aquí está tu mina; la he tenido guardada en un pañuelo, pues tenía miedo, porque eres un hombre exigente, que retiras lo que no has depositado y siegas lo que no has sembrado". Él le dijo: "Por tu boca te juzgo, siervo malo. ¿Conque sabías que soy un hombre exigente, que retiro lo que no he depositado y siego lo que no he sembrado? Pues, ¿por qué no pusiste mi dinero en el banco? Al volver yo, lo habría cobrado con los intereses". Entonces dijo a los presentes: "Quitadle a este la mina y dádsela al que tiene diez". Le dijeron: "Señor, si ya tiene diez minas". Os digo: "Al que tiene se le dará, pero al que no tiene se le quitará hasta lo que tiene".

Apocalipsis 4,1-11; ***Salmo*** 150,1-5 • **LUCAS 19,12-13.15-26**

(o de la Presentación de la bienaventurada Virgen María: ***Zacarías*** 2,14-17; ***Salmo: Lucas*** 1,46-55; **Mateo 12,46-50**)

ORACIÓN

SEÑOR, tú eres mi Rey, y acepto con gozo lo que me has prestado para servirte a ti y a los hermanos. Que no me crea dueño de mis cualidades, ni las deje inactivas. Te has fiado de mí: ¡que no te defraude!

Santo, Santo, Santo es el Señor Dios, el todopoderoso *(Apocalipsis 4,8).*

Santos CECILIA *vg mr*, Filemón *NT*, Benigno *ob*.

Papa Francisco: Jesús mira a su pueblo, mira a la ciudad de Jerusalén: "¡Cuántas veces he querido reunir a tus hijos, como la clueca reúne a sus pollitos bajo las alas!" Alguno ha dicho que Dios se ha hecho hombre para poder llorar, llorar lo que habían hecho sus hijos. El llanto delante de la tumba de Lázaro es el llanto del amigo. Este es el llanto del Padre. El padre [del hijo pródigo] continuamente subía a la terraza para mirar el camino y ver si el hijo volvía. Este es el llanto de Dios Padre. Y con este llanto el Padre recrea en su Hijo toda la creación. Nos hará bien pensar que nuestro Padre Dios se ha hecho hombre para poder llorar y nos hará bien pensar que nuestro Padre Dios hoy llora por esta humanidad que no termina de entender la paz que Él nos ofrece, la paz del amor *(27-10-2006)*.

PALABRA

Al acercarse Jesús a Jerusalén y ver la ciudad, lloró sobre ella mientras decía: «¡Si reconocieras en este día lo que conduce a la paz! Pero ahora está escondido a tus ojos. Pues vendrán días sobre ti en que tus enemigos te rodearán de trincheras, te sitiarán, apretarán el cerco de todos los lados, te arrasarán con tus hijos dentro, y no dejarán piedra sobre piedra. Porque no reconociste el tiempo de tu visita».

***Apocalipsis* 5,1-10; *Salmo* 149,1-6.9 • LUCAS 19,41-44**

ORACIÓN

SEÑOR, me conforta verte con sentimientos humanos, hasta llorar por amor a tu Ciudad Santa, previendo su destrucción. Esto me da a entender tu disgusto cuando abandono la casa paterna, y tu alegría cuando recobro la dignidad de hijo de Dios. ¡Que reconozca en este día lo que conduce a la paz y a la salvación, y no pierda el tiempo en ocupaciones estériles o, peor, perniciosas!

Has hecho de nosotros para nuestro Dios un reino de sacerdotes
(Apocalipsis 5,10).

NOVIEMBRE

23

VIERNES (ML)

Santos CLEMENTE I *pp*, COLUMBANO *ab*, Lucrecia *mr*. Beato Miguel A. Pro *pb mr*

Papa Francisco: El Evangelio de hoy nos presenta el episodio de la expulsión de los vendedores del templo. Jesús «hizo un látigo con cuerdas, los echó a todos del Templo, con ovejas y bueyes», el dinero, todo. ¿Sabéis cuál es el látigo de Jesús para limpiar nuestra alma? La misericordia. Abrid el corazón a la misericordia de Jesús. ¿Le permito que haga limpieza de todos mis comportamientos contra Dios, contra el prójimo y contra nosotros mismos? Cada uno puede responder a sí mismo, en silencio, en su corazón. ¿Permito que Jesús haga un poco de limpieza en mi corazón? -Pero, Padre, tengo miedo de que me reprenda. *-No. Jesús no reprende jamás. Jesús hará limpieza con ternura, con misericordia, con amor. La misericordia es su modo de hacer limpieza (8-3-15).*

PALABRA

Entró Jesús en el templo y se puso a echar a los vendedores, diciéndoles: «Escrito está: "Mi casa es casa de oración"; pero vosotros la habéis hecho una "cueva de bandidos"». Todos los días enseñaba en el templo. Por su parte los sumos sacerdotes, los escribas y los principales del pueblo buscaban acabar con él, pero no sabían qué hacer, porque todo el pueblo estaba pendiente de él, escuchándolo.

Apocalipsis 10,8-11; ***Salmo*** 118,14.24.72.103.111.131

• LUCAS 19,45-48

ORACIÓN

SEÑOR, mientras unos te miran con rabia y quieren quitarte de en medio, la gente sencilla -los pequeños- estaba pendiente de tus labios. ¿Con quién estoy? Tú sabes que, como María de Betania, me quedaría muy a gusto a tus pies, escuchando tu Palabra de vida, lo único necesario. Pero tengo que hacer también las faenas de Marta. Haz que, en medio de los trabajos de esta vida, nunca olvide que tu presencia en mí hace que yo sea casa de oración. Y que jamás la profane, ni, menos, intente echarte de ella. ¡Antes morir que pecar!

¡Qué dulce al paladar tu promesa, Señor! *(Salmo 118,103).*

NOVIEMBRE

24

SÁBADO (MO)

Sábado 33° Tiempo Ordinario Tomo IV - Salterio 1ª semana

Santos ANDRÉS DUNG-LAC *pb* y *co mrs*, Crisógono *mr*, Flora y María *vgs mrs*, Mateo Alonso y *co mrs*

SAN ANDRÉS DUNG-LAC Y COMPS. MRS

Papa Francisco: Estamos llamados a ir al sepulcro [de Jesús] para ver que la gran piedra fue movida; para escuchar el anuncio: «Ha resucitado, no está aquí». Allí está la respuesta. Allí está el fundamento, la roca. No en «discursos persuasivos de sabiduría», sino en la palabra viviente de la cruz y la resurrección de Jesús. Esto es lo que predica el apóstol Pablo: Jesucristo crucificado y resucitado. Si Él no resucitó, nuestra fe es vana e inconsistente. Pero como Él resucitó, es más, Él es la Resurrección, entonces nuestra fe está llena de verdad y de vida eterna *(3-11-2014)*.

PALABRA

Se acercaron a Jesús unos saduceos, los que dicen que no hay resurrección, y preguntaron a Jesús: «Maestro, Moisés nos dejó escrito: "Si a uno se le muere su hermano, dejando mujer, pero sin hijos, que tome la mujer como esposa y dé descendencia a su hermano". Pues bien, había siete hermanos: el primero se casó y murió sin hijos. Y el segundo y el tercero se casaron con ella, y así los siete, y murieron sin dejar hijos. Por último, también murió la mujer. Cuando llegue la resurrección, ¿de cuál de ellos será la mujer? Porque los siete la tuvieron como mujer». Jesús les dijo: «En este mundo, los hombres se casan y las mujeres toman esposo, pero los que sean juzgados dignos de tomar parte en el mundo futuro y en la resurrección de entre los muertos no se casarán ni ellas serán dadas en matrimonio. Pues ya no pueden morir, ya que son como ángeles y son hijos de Dios, porque son hijos de la resurrección. Y que los muertos resucitan, lo indicó el mismo Moisés en el episodio de la zarza, cuando llama al Señor: "Dios de Abrahán, Dios de Isaac, Dios de Jacob". No es Dios de muertos, sino de vivos: porque para él todos están vivos». Intervinieron unos escribas: «Bien dicho, Maestro». Y no se atrevían a hacerle más preguntas.

Apocalipsis **11,4-12;** ***Salmo*** **143,1-2.9-10 • LUCAS 20,27-40**

ORACIÓN

SEÑOR, tú has dejado este mundo en manos de los hombres, colaboradores del Dios Creador. Pero también hay quien intenta tener en sus manos el gobierno y la organización de la gloria eterna. ¿No basta con el mal que hacemos en el mundo? Haz que en esta vida siga tus huellas terrenas, y cuando sea juzgado digno de tomar parte en tu resurrección, vea con mis ojos que tú eres un Dios de vivos y experimente que la Vida solo está en ti y solo de ti puede venirme.

¡Bendito el Señor, mi alcázar! *(Salmo 143,1).*

JESUCRISTO REY DEL UNIVERSO

Santos **CATALINA** *vg mr*,
Moisés *pb*, Pedro y Águeda Yi *mrs*

NOVIEMBRE
25
DOMINGO

SOLEMNIDAD DE JESUCRISTO REY DEL UNIVERSO

Papa Francisco: La solemnidad de Jesucristo, Rey del Universo corona el año litúrgico. El Evangelio presenta la realeza de Jesús en el culmen de su obra de salvación, y lo hace de una manera sorprendente. «El Mesías de Dios, el Elegido, el Rey» se muestra sin poder y sin gloria. Su realeza es paradójica: su trono es la cruz; su corona es de espinas; no tiene cetro, pero le ponen una caña en la mano; no viste suntuosamente, pero es privado de la túnica; no tiene anillos deslumbrantes en los dedos, pero sus manos están traspasadas por los clavos; no posee un tesoro, pero es vendido por treinta monedas. Verdaderamente el reino de Jesús no es de este mundo; pero justamente es aquí donde encontramos la redención y el perdón. Porque la grandeza de su reino no es el poder según el mundo, sino el amor Dios, un amor capaz de alcanzar y restaurar todas las cosas. Por este amor, Cristo se abajó hasta nosotros, vivió nuestra miseria humana, probó nuestra condición más ínfima: la injusticia, la traición, el abandono; experimentó la muerte, el sepulcro, los infiernos. De esta forma nuestro Rey fue incluso hasta los confines del Universo para abrazar y salvar a todo viviente. No nos ha condenado, ni siquiera conquistado, nunca ha violado nuestra libertad, sino que se ha abierto paso por medio del amor humilde que todo lo excusa, todo lo espera, todo lo soporta. Solo este amor ha vencido y sigue venciendo a nuestros grandes adversarios: el pecado, la muerte y el miedo *(20-11-2016)*.

PALABRA

• ***Daniel*** 7, 13-14: Mientras miraba, en la visión nocturna vi venir en las nubes del cielo como un hijo de hombre, que se acercó al anciano y se presentó ante él. Le dieron poder real y dominio; todos los pueblos, naciones y lenguas lo respetarán. Su dominio es eterno y no pasa, su reino no tendrá fin.

• ***Salmo*** 92, 1-2.5: ***El Señor reina, vestido de majestad.***

• ***Apocalipsis*** 1, 5-8: A Jesucristo, el testigo fiel, el primogénito de entre los muertos, el príncipe de los reyes de la tierra. Al que nos ama y nos ha liberado de nuestros pecados con su sangre, y nos ha hecho reino y sacerdotes para Dios, su Padre. A él, la gloria y el poder por los siglos de los siglos. Amén. ¡Mirad! Él viene entre las nubes. Todo ojo lo verá; también los que le traspasaron. Por él se lamentarán todos los pueblos de la tierra. Sí. Amén. Dice el Señor Dios: «Yo soy el Alfa y la Omega, el que es, el que era y ha de venir, el todopoderoso».

SANTA CATALINA DE ALEJANDRÍA

• **JUAN 18, 33b-37:** Pilato llamó a Jesús y le dijo: «¿Eres tú el rey de los judíos?». Jesús le contestó: «¿Dices eso por tu cuenta o te lo han dicho otros de mí?». Pilato replicó: «¿Acaso soy yo judío? Tu gente y los sumos sacerdotes te han entregado a mí: ¿qué has hecho?». Jesús le contestó: «Mi reino no es de este mundo. Si mi reino fuera de este mundo, mi guardia habría luchado para que no cayera en manos de los judíos. Pero mi reino no es de aquí». Pilato le dijo: «Entonces, ¿tú eres rey?». Jesús le contestó: «Tú lo dices: soy rey. Yo para esto he nacido y para esto he venido al mundo; para dar testimonio de la verdad. Todo el que es de la verdad, escucha mi voz».

ORACIÓN

JESUCRISTO, REY DEL UNIVERSO, tú eres el rey de reyes, tú eres el rey de mi vida, aunque para proclamarlo te hayan vestido un sayal y puesto en tus manos una caña a modo de cetro. ¿Qué importan las apariencias cuando eres el Testigo de la Verdad? Venga a mi vida tu reino, Señor: reino de la verdad y la vida, reino de la santidad y la gracia, reino de la justicia, el amor y la paz.

NOVIEMBRE

26

LUNES (FE)

Santos Juan Berchmans *rl*, Delfina *re*, Conrado *ob*, Leonardo *pb*, Tomás Dinh y Domingo Nguyên *pbs mrs*. Beato Santiago Alberione

Papa Francisco: La viuda fue al templo a adorar a Dios, a decir al Señor que está sobre todo y que ella le ama. Siente que debe realizar un gesto por el Señor y da todo lo que tenía para vivir. Es algo más que generosidad, es otra cosa. Elige bien: solo el Señor. Porque se olvida de sí misma. Podía decir: *Pero, Señor, tú lo sabes, necesito de esto para el pan de hoy...* Y esa moneda volvía al bolsillo. En cambio, eligió adorar al Señor hasta el final. Confiarse a la fidelidad del Señor: es una opción que también nosotros tenemos la oportunidad de hacer en nuestra vida cristiana. En la historia de la Iglesia, y también en nuestro tiempo, hay hombres, mujeres, ancianos y jóvenes que hacen esta elección. Nos alientan a dejar en el tesoro de la Iglesia todo lo que tenemos para vivir.

PALABRA

Jesús, alzando los ojos, vio a unos ricos que echaban donativos en el tesoro del templo; vio también una viuda pobre que echaba dos monedillas, y dijo: «En verdad os digo que esa viuda pobre ha echado más que todos, porque todos esos han contribuido a los donativos con lo que les sobra, pero ella, que pasa necesidad, ha echado todo lo que tenía para vivir».

Apocalipsis 14,1-3.4b-5; ***Salmo*** 23,1-6 • **LUCAS 21,1-4**

ORACIÓN

SEÑOR, me admira el gesto de total desprendimiento de la pobre viuda, que te ofreció todo lo que tenía, para tu gloria en el templo de Israel. Y descubro con gozo lo atento que estás para ver hasta lo más insignificante que ocurre en tu entorno. El templo era maravilloso, y cuanto más lo mirabas más te encantaba su belleza. Pero prefieres fijarte en los templos vivos que somos nosotros. Y admirar y reconocer lo bueno que hacemos, cuando tu Espíritu nos lleva siguiendo tus huellas. Ojalá mi pobre vida merezca la alabanza que hiciste de la viuda que se fio de ti y no quedó defraudada.

Esta es la generación que busca tu rostro, Señor *(Salmo 23,6).*

Ntra. Sra. de la Medalla Milagrosa. Santos Facundo y Primitivo *mrs,* Sigfrido *ob,* Bilgilda *vg.* Beato Ramón Llull *mr*

VIRGEN DE LA MEDALLA MILAGROSA

Papa Francisco: La fidelidad al Señor no decepciona. También en el momento de nuestra muerte y del juicio de Dios, si hemos sido fieles, no tendremos miedo. Está la llamada del Señor a pensar seriamente en el final de cada uno de nosotros: cada uno de nosotros tendrá su final. No nos gusta pensar en estas cosas, pero es la verdad. Nos hará bien pensar: "¿Cómo será el día en el que estaré delante de Jesús? Cuando Él me pregunte cómo ha estado mi corazón cuando ha caído la semilla: ¿como un camino o como las espinas? ¿Cómo he recibido la Palabra? ¿Con corazón abierto? ¿La he hecho brotar para el bien de todos o la he escondido? *(22-11-2016)*.

PALABRA

Como algunos ponderaban la belleza del templo, de lo bellamente adornado que estaba con piedra de calidad y exvotos. Jesús les dijo: «Esto que contempláis, llegarán días en que no quedará piedra sobre piedra que no sea destruida». Ellos le preguntaron: «Maestro, ¿cuándo va a ser eso?, ¿y cuál será la señal de que todo eso está para suceder?». Él dijo: «Mirad que nadie os engañe. Porque muchos vendrán en mi nombre, diciendo: "Yo soy", o bien: "Está llegando el tiempo"; no vayáis tras ellos. Cuando oigáis noticias de guerras y de revoluciones, no tengáis pánico. Porque eso tiene que ocurrir primero, pero el fin no será enseguida». Entonces les decía: «Se alzará pueblo contra pueblo y reino contra reino, habrá grandes terremotos, y en diversos países, hambres y pestes. Habrá también fenómenos espantosos y grandes signos en el cielo».

Apocalipsis 14,14-19; ***Salmo*** 95,10-13 • **LUCAS 21,5-11**

ORACIÓN

SEÑOR, nunca han faltado falsos profetas y engañadores de oficio. Pero tú me abres los ojos para descubrir la falsedad que hay en ellos y la Verdad que eres tú. En medio de las mayores catástrofes y tormentas de la vida, estás tú, aunque te hagas el dormido recostado en la barca de mi vida. Por eso, espero que no cunda el pánico en mi corazón, pase lo que pase. En ti confío, no quedaré confundido.

Llega el Señor a regir la tierra *(Salmo 23,6).*

Santos Catalina Labouré *vg*, Esteban *mj mr*, Andrés Trân *mr*

Papa Francisco: Las lecturas hablan a menudo de destrucción, de final, de calamidad. El Señor nos aconseja dos cosas. El cristiano es aquel que sabe vivir en el momento y sabe vivir en el tiempo. Tal vez nosotros podemos sentirnos dueños del momento. Pero el engaño es creernos dueños del tiempo. El tiempo no es nuestro. El tiempo es de Dios. Podemos llegar a ser soberanos del momento. Pero del tiempo existe solo un soberano: Jesucristo. Por ello el Señor nos aconseja: *No os dejéis engañar. Muchos, en efecto, vendrán en mi nombre diciendo: Soy yo, y el tiempo está cerca. No vayáis detrás de ellos. No os dejéis engañar en la confusión.* Que el Señor nos dé la gracia de caminar con sabiduría. También esta es un don: la sabiduría que en el momento nos conduce a orar y a discernir; y en el tiempo, que es mensajero de Dios, nos hace vivir con esperanza.

PALABRA

Dijo Jesús a sus discípulos: «Os echarán mano, os perseguirán, entregándoos a las sinagogas y a la cárcel, y os harán comparecer ante reyes y gobernadores, por causa de mi nombre. Esto os servirá de ocasión para dar testimonio. Por ello, meteos bien en la cabeza que no tenéis que preparar vuestra defensa, porque yo os daré palabras y sabiduría a las que no podrá hacer frente ni contradecir ningún adversario vuestro. Y hasta vuestros padres, y parientes, y hermanos, y amigos os entregarán, y matarán a algunos de vosotros, y todos os odiarán a causa de mi nombre. Pero ni un cabello de vuestra cabeza perecerá; con vuestra perseverancia salvaréis vuestras almas».

Apocalipsis 15,1-4; ***Salmo*** 97,1-3.7-9 • **LUCAS 21,12-19**

ORACIÓN

SEÑOR, la historia de la Iglesia, desde la era apostólica hasta nuestros días, da testimonio de que dices la verdad Tus apóstoles “estaban contentos por haber sido considerados dignos de sufrir a causa de tu nombre”. Y en los mártires de los veintiún siglos se cumplen tus predicciones. Desde mi fragilidad, quiero dar testimonio valiente de ti y de tu Iglesia, y estar contento cuando, a causa de tu nombre, sea ultrajado, despreciado, perseguido. Mira mi buena voluntad y mi perseverancia, y haz tú lo demás.

Grandes y admirables son tus obras, Señor, Dios omnipotente
(Apocalipsis 15,3).

Santos Saturnino *mr*, Iluminada *vg*, Francisco A. Fasani *pb*. Beato Bernardo F. de Hoyos *pb*

Papa Francisco: *["Ha caído Babilonia, la que sembraba la corrupción en los corazones". Apocalipsis de hoy]* La corrupción es la forma de vivir en la blasfemia, la corrupción es una forma de blasfemia. Otra voz potente: "Salvación, gloria y poder son de nuestro Dios". Es la voz poderosa de la adoración del pueblo de Dios que se salva y también del pueblo en camino, que todavía está en la tierra. El pueblo que se alegra cuando ve el final y la alegría de la victoria se hace adoración: belleza de la oración de adoración, delante del Tabernáculo: "Tú eres Dios. Yo soy un pobre hijo amado delante de ti" *(24-11-2016)*.

PALABRA

Dijo Jesús a sus discípulos: «Cuando veáis a Jerusalén sitiada por ejércitos, sabed que entonces está cerca su destrucción. Entonces, los que estén en Judea, que huyan a los montes; los que estén en medio de Jerusalén, que se alejen; los que estén en los campos, que no entren en ella; porque estos son "días de venganza" para que se cumpla todo lo que está escrito. ¡Ay de las que estén encintas o criando en aquellos días! Porque habrá una gran calamidad en esta tierra y un castigo para este pueblo. "Caerán a filo de espada", los llevarán cautivos "a todas las naciones", y "Jerusalén será pisoteada por los gentiles", hasta que alcancen su plenitud los tiempos de los gentiles. Habrá signos en el sol y la luna y las estrellas, y en la tierra angustia de las gentes, enloquecidas por el estruendo del mar y el oleaje, desfalleciendo los hombres por el miedo y la ansiedad ante lo que se le viene encima al mundo, pues las potencias del cielo serán sacudidas. Entonces verán al Hijo del hombre venir en una nube, con gran poder y gloria. Cuando empiece a suceder esto, levantaos, alzad la cabeza: se acerca vuestra liberación».

Apocalipsis 18,1-2.21-23;19,1-3. 9a; ***Salmo*** 99,1-5

• LUCAS 21,20-28

ORACIÓN

SEÑOR, si tuviera puesta mi esperanza en este mundo, temería el final. Pero ese final –de mi vida, del mundo– me abre la puerta para la Vida. Como Pablo, exclamo: *¿Quién me librará de este cuerpo de muerte?* Por eso, me uno exultante a tus palabras: *Levantaos, alzad la cabeza: se acerca vuestra liberación.*

Bienaventurados los invitados al banquete de bodas del Cordero *(Apocalipsis 19,9).*

SAN ANDRÉS, APÓSTOL

FIESTA DE SAN ANDRÉS, APÓSTOL

Santos Cutberto *pb mr*, Tadeo Liu *pb mr*, José Marchand *pb mr*

NOVIEMBRE
30
VIERNES

Papa Francisco: Los Apóstoles eran personas sencillas, no eran escribas ni doctores de la Ley. ¿Cómo pudieron, con sus limitaciones y combatidos por las autoridades, llenar Jerusalén con su enseñanza? Está claro que solo pueden explicar este hecho la presencia con ellos del Señor Resucitado y la acción del Espíritu Santo. Su fe se basaba en una experiencia tan fuerte y personal de Cristo muerto y resucitado, que no tenían miedo de nada ni de nadie, e incluso veían las persecuciones como un motivo de honor que les permitía seguir las huellas de Jesús y asemejarse a Él, dando testimonio con la vida *(14-4-2013)*.

PALABRA

Paseando Jesús junto al mar de Galilea, vio a dos hermanos, a Simón, llamado Pedro, y a Andrés, su hermano, que estaban echando la red en el mar, pues eran pescadores. Les dijo: «Venid en pos de mí, y os haré pescadores de hombres». Inmediatamente dejaron las redes y lo siguieron. Y, pasando adelante, vio a otros dos hermanos, a Santiago, hijo de Zebedeo, y a Juan, su hermano, que estaban en la barca repasando las redes con Zebedeo, su padre, y los llamó. Inmediatamente dejaron la barca y a su padre y lo siguieron.

Romanos 10,9-18; ***Salmo*** 18,2-5 • **MATEO 4,18-22**

ORACIÓN

SEÑOR, tu mirada, tu palabra, tu bondad, todo tu ser debía de tener la fuerza del más poderoso imán, para que aquellos jóvenes discípulos de Juan te siguieran sin titubear, con asombrosa prontitud, dejándolo todo. ¿Qué vieron en ti? La vida, el trabajo, la familia no se deja inmediatamente por cualquier motivo. Ah, si yo pudiera verte, escuchar tu voz, vivir contigo. Pero eso solo podrá ser en la otra vida. Concédeme sentirte más cerca, más vivo, y seguirte sin regateos, con la plena generosidad de aquellos jóvenes entusiasmados por ti y por la misión.

A toda la tierra alcanza su pregón *(Salmo 18,5).*

VIVE MEJOR LA NAVIDAD

CANTAR LA NAVIDAD

CD para cantar y escuchar. Villancicos.

Gran orquesta de Navidad. Orquestal, Maravillosa. Paul Mauriat. 12,50 €

A la lumbre del Portal II. Villancicos. Grupo Tahona. 12,50 €

Canciones de Navidad. Villancicos. Escolanía del Valle de los Caídos. 12,50 €

En el Portal de Belén. Villancicos. 6 €

Mágica Navidad. Villancicos. 2 CD. 21 €

Navidad musical. *Misa de Pastorela. Villancicos.* 12,50 €

Oratorio de Navidad. F. Palazón. 12,50 €

Villancicos del Padre Soler, 12,50 €

Villancicos espirituales. F. Palazón, J.L. Martín Descalzo. 12,50 €

Villancicos inolvidables. 2CD 21 €

VER LA NAVIDAD

Películas en DVD

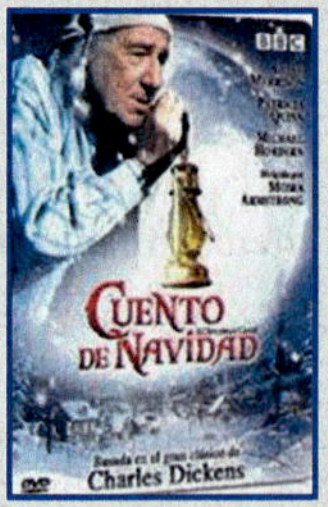

Cuento de Navidad. Adaptación del cuento de Dickens, 19 €

Cuentos para Navidad. 2 DVD dibujos. 19 €

Qué bello es vivir. Obra inolvidable de F. Capra. 12 €

LEER LA NAVIDAD

Contemplación de la Navidad. Versos y oraciones. A. López Baeza. 148 p. 5,75 €

El misterio de la Navidad. *Padres de la Iglesia.* 96 p. 5 €

Nos vino un Niño del cielo. Recopilación de poesía navideña latinoamericana. 368 p. 11,50 €

La Navidad de Pemán, 144 p. 7,25 €

Adviento y Navidad con los Santos Padres. A. González. 102 p. 7 €

El nacimiento de Jesús, de Bernardino Luini

El Verbo era la luz verdadera viniendo a este mundo. En el mundo estaba; el mundo se hizo por medio de él y el mundo no lo conoció, vino a su casa, y los suyos no lo recibieron. Pero a cuantos lo recibieron, les dio poder de ser hijos de Dios. Y el Verbo se hizo carne y habitó entre nosotros, y hemos contemplado su gloria: gloria como del Unigénito del Padre, lleno de gracia y de verdad.

(Juan 1, 10-14)

DICIEMBRE

1

SÁBADO (FE)

Sábado 34° Tiempo Ordinario Tomo IV - Salterio 3ª semana

Santos Nahún *prof*, Florencia *vg*, Eligio *ob*, Edmundo, Radulfo y Alejandro *pbs mrs*. Beatos Juan de Vercelli *pb*, Carlos de Foucauld *pb*

Papa Francisco: *[El Evangelio de estos días]* no termina con la destrucción: hay una promesa de esperanza. Jesús nos exhorta a levantar la cabeza, a no dejarse asustar por los paganos. Estos tienen su tiempo y debemos soportarlo con paciencia. Cuando pensamos en el final, con todos nuestros pecados, con toda nuestra historia, pensamos en el banquete que gratuitamente nos será dado y levantamos la cabeza. Ninguna depresión: ¡esperanza! Pero la realidad es fea: hoy muchos pueblos, ciudades, mucha gente que sufre; muchas guerras, mucho odio, mucha envidia, mucha mundanidad espiritual y mucha corrupción. ¡Sí, es verdad! ¡Todo esto caerá! Pero pidamos al Señor la gracia de estar preparados para el banquete que nos espera, con la cabeza siempre alta.

PALABRA

Dijo Jesús a sus discípulos: «Tened cuidado de vosotros, no sea que se emboten vuestros corazones con juergas, borracheras y las inquietudes de la vida, y se os eche encima de repente aquel día; porque caerá como un lazo sobre todos los habitantes de la tierra. Estad, pues, despiertos en todo tiempo, pidiendo que podáis escapar de todo lo que está por suceder y manteneros en pie ante el Hijo del hombre».

Apocalipsis **22,1-7;** ***Salmo*** **94,1-7 • LUCAS 21,34-36**

ORACIÓN

SEÑOR, no es momento de vicios, bebida y agobios de la vida que embotan la mente. Tu palabra de estos días apunta hacia ese momento grandioso y decisivo para la humanidad: los fenómenos que rodearán tu venida gloriosa. Por eso adviertes: *Tened cuidado, estad siempre despiertos, manteneos en pie*... Y, conociendo nuestra debilidad, me aconsejas que te pida fuerza para escapar de todo lo que está por suceder. Mándame, Señor, tu Espíritu de fortaleza, que robustezca mi fe, afianza mi esperanza y encienda mi amor a ti y a los hermanos débiles como yo. Tú vienes con poder y con misericordia.

Maranatá. ¡Ven, Señor Jesús! *(Apocalipsis 22,20).*

Santos Habacuc *prof*, Bibiana *mr*, Silverio *pp mr*. Beatos M.ª Ángela Astorch *ab*, Juan de Ruusbroeck *pb*

NUEVO AÑO LITÚRGICO CICLO "C"

TIEMPO DE ADVIENTO

"Liturgia de las Horas": tomo I

Papa Francisco: El Evangelio nos introduce a uno de los temas más sugestivos del tiempo de Adviento: la visita del Señor a la humanidad. La primera visita se realizó con la Encarnación, el nacimiento de Jesús en la gruta de Belén; la segunda es en el presente: el Señor nos visita continuamente cada día, camina a nuestro lado y es una presencia de consolación; y para concluir estará la última visita, que profesamos cada vez que recitamos el Credo: "De nuevo vendrá con gloria para juzgar a los vivos y a los muertos". El Señor hoy nos habla de esta última visita suya, la que sucederá al final de los tiempos y nos indica adónde llegará nuestro camino. De esta perspectiva viene también una invitación a la sobriedad, a no ser dominados por las cosas de este mundo, de las realidades materiales, sino más bien a gobernarlas *(27-11-2016)*.

PALABRA

• *Jeremías* 33, 14-16: «Mirad que llegan días –oráculo del Señor– en que cumpliré la promesa que hice a la casa de Israel y a la casa de Judá. En aquellos días y en aquella hora suscitaré a David un vástago legítimo, que hará justicia y derecho en la tierra. En aquellos días se salvará Judá y en Jerusalén vivirán tranquilos, y la llamarán así: Señor–nuestra–justicia».

• *Salmo* 24,4-5.8-10.14: ***A ti, Señor, levanto mi alma.***

• *1Tesalonicenses 3, 12 – 4,2:* Que el Señor os colme y os haga rebosar de amor mutuo y de amor todos, lo mismo que nosotros os amamos a vosotros. Y que afiance así vuestros corazones, de modo que os presentéis ante Dios nuestro Padre, santos e irreprochables en la venida de nuestro Señor Jesús con todos sus santos. Por lo demás, hermanos, os rogamos y exhortamos en el Señor Jesús: ya habéis aprendido de nosotros cómo comportarse para agradar a Dios; pues comportaos así y seguid adelante. Pues ya conocéis las instrucciones que os dimos, en nombre del Señor Jesús.

• **LUCAS 21, 25-28.34-36:** Dijo Jesús a sus discípulos: «Habrá signos en el sol y la luna y las estrellas, y en la tierra angustia de las gentes, perplejas por el estruendo del mar y el oleaje, desfalleciendo los hombres por el miedo y la ansiedad ante lo que se le viene encima al mundo, pues las potencias del cielo serán sacudidas. Entonces verán al Hijo del hombre venir en una nube, con gran poder y gloria. Cuando empiece a suceder esto, levantaos, alzad la cabeza; se acerca vuestra liberación. Tened cuidado de vosotros, no sea que se emboten vuestros corazones con juergas, borracheras y las inquietudes de la vida, y se os eche encima de repente aquel día; porque caerá como un lazo sobre todos los habitantes de la tierra. Estad, pues, despiertos en todo tiempo, pidiendo que podáis escapar de todo lo que está por suceder y manteneros en pie ante el Hijo del hombre».

ORACIÓN **JESÚS,** al iniciar su andadura el nuevo Año Litúrgico, que nos guía al encuentro contigo –porque tú vienes–, me alientan tus palabras: *Levantaos, alzad la cabeza, se acerca vuestra liberación.* Con los primeros cristianos, lo repetimos en cada celebración de la Eucaristía: *Maranata, Ven, Señor Jesús.* Ven, no tardes. Ven a liberarme de tantas cosas que me impiden avanzar con libertad. Dame fuerzas para escapar de todo lo que me separa de ti.

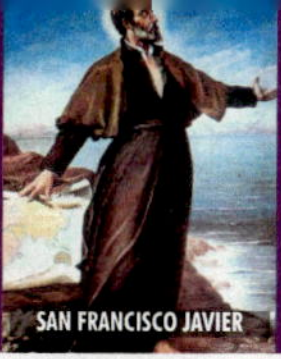
SAN FRANCISCO JAVIER

DICIEMBRE

3

LUNES (MO)

Santos FRANCISCO JAVIER *pb*, Sofonías *prof*, Lucio *er*, Casiano *mr*

Papa Francisco: En este tiempo de Adviento estamos llamados a ensanchar los horizontes de nuestro corazón, a dejarnos sorprender por la vida que se presenta cada día con sus novedades. Para hacer esto es necesario aprender a no depender de nuestras seguridades, de nuestros esquemas consolidados, porque el Señor viene en la hora en la que no nos imaginamos. Viene para introducirnos en una dimensión más hermosa y más grande. Nuestra Señora, Virgen del Adviento, nos ayude a no considerarnos propietarios de nuestra vida, a no hacer resistencia cuando el Señor viene para cambiarla, sino a estar listos para dejarnos visitar por Él, huésped esperado y grato, aunque desarticule nuestros planes *(27-11-2016)*.

PALABRA

Al entrar Jesús en Cafarnaún, un centurión se le acercó rogándole: «Señor, tengo en casa un criado que está en cama paralítico y sufre mucho». Le contestó: «Voy yo a curarlo». Pero el centurión le replicó: «Señor, no soy digno de que entres bajo mi techo. Basta que lo digas de palabra, y mi criado quedará sano. Porque yo también vivo bajo disciplina y tengo soldados a mis órdenes; y le digo a uno: "Ve", y va; al otro: "Ven", y viene; a mi criado: "Haz esto", y lo hace». Al oírlo, Jesús quedó admirado y dijo a los que le seguían: «En verdad os digo que en Israel no he encontrado en nadie tanta fe. Os digo que vendrán muchos de oriente y occidente y se sentarán con Abrahán, Isaac y Jacob en el reino de los cielos».

Isaías 2, 1-5; ***Salmo*** 121, 1-4.8-9 • **MATEO 8, 5-11**

ORACIÓN

JESÚS, quienes no te conocían y descubren la grandeza de tu amor, se quedan deslumbrados, y nos dan lecciones de fidelidad a quienes desde que nacimos vivimos en ambiente cristiano. Yo quiero mirarte con ojos nuevos, dejándome sorprender por la grandeza de tu amor, para amarte con corazón nuevo. Acojo este tiempo sagrado del Adviento como una oportunidad que me das para dirigir toda mi vida hacia ti, que vienes a salvarme.

Vamos alegres a la casa del Señor *(Salmo 121,1).*

DICIEMBRE

4

MARTES (ML)

Martes 1º de Adviento — Tomo I - Salterio 1ª semana

Santos JUAN DAMASCENO *pb dc*, Bárbara *vg mr*, Juan Taumaturgo *ob*, Bernardo *ob*

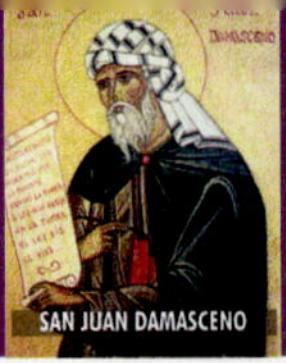

Papa Francisco: No por casualidad en el Evangelio hay algunas palabras muy bonitas y fuertes de Jesús sobre los «pequeños». Este término «pequeños» se refiere a todas las personas que dependen de la ayuda de los demás, y en especial a los niños. Por ejemplo, Jesús dice: «Te doy gracias, Padre, Señor del cielo y de la tierra, porque has escondido estas cosas a los sabios y entendidos, y se las has revelado a los pequeños». Y dice también: «Cuidado con despreciar a uno de estos pequeños, porque os digo que sus ángeles están viendo siempre en los cielos el rostro de mi Padre celestial» (*Mt* 18, 10) *(18-3-2015)*.

PALABRA

En aquella hora Jesús se llenó de la alegría en el Espíritu Santo y dijo: «Te doy gracias, Padre, Señor del cielo y de la tierra, porque has escondido estas cosas a los sabios y entendidos, y las has revelado a los pequeños. Sí, Padre, porque así te ha parecido bien. Todo me ha sido entregado por mi Padre, y nadie conoce quién es el Hijo sino el Padre; ni quién es el Padre, sino el Hijo, y aquel a quien el Hijo se lo quiere revelar». Y, volviéndose a sus discípulos, les dijo aparte: «¡Bienaventurados los ojos que ven lo que vosotros veis! Porque os digo que muchos profetas y reyes desearon ver lo que veis vosotros, y no lo vieron; y oír lo que oís, y no lo oyeron».

Isaías 11, 1-10; ***Salmo*** 71, 1-2.7-8.12-13.17 • **LUCAS 10, 21-24**

ORACIÓN

JESÚS, uno mi voz a la tuya para dar gracias al Padre porque ha elegido a los "pequeños", a la gente sencilla, para revelarle la palabra de vida, que eres tú. ¿Me ves entre los que te escuchan? Prefiero estar entre los pequeños elegidos que entre los sabios y entendidos. Sí, quiero ser discípulo tuyo, amigo tuyo, y, con tus apóstoles, ver lo que ellos vieron y escuchar lo que tú enseñas. Hoy te pido que alejes de mi corazón el orgullo y me des la mansedumbre y la humildad del corazón, a imagen del tuyo.

En sus días florezca la justicia y la paz abunde eternamente *(Salmo 71,7)*.

Santos Sabas *ab*, Juan Almond *pb mr*, Crispina *mf mr*.
Beato Felipe Rinaldi *pb*

5

MIÉRCOLES (FE)

Papa Francisco: El Adviento es un tiempo para caminar e ir al encuentro del Señor, es decir, un tiempo para no estar parado. ¿Cuáles son las actitudes que debo tener para encontrar al Señor? ¿Cómo debo preparar mi corazón para encontrar al Señor?". En la oración al inicio de la Misa la liturgia nos señala *3 actitudes: vigilantes en la oración, trabajadores en la caridad y exultantes en la bendición*. Es decir, debo orar, con vigilancia; debo ser trabajador en la caridad –la caridad fraterna: no solo dar una limosna, no; también tolerar a la gente que me molesta, tolerar en casa a los niños cuando hacen demasiado ruido, o al marido o a la mujer cuando están en dificultad, o a la suegra. Tolerar, siempre con la caridad, pero activa. Y también la alegría de bendecir al Señor. Así debemos vivir este camino, esta voluntad de encontrar al Señor *(28-11-2016)*.

PALABRA

Jesús se dirigió al mar de Galilea, subió al monte y se sentó en él. Acudió a él mucha gente llevando tullidos, ciegos, lisiados, sordomudos y muchos otros; los ponían a sus pies, y él los curaba. La gente se admiraba al ver hablar a los mudos, sanos a los lisiados, andar a los tullidos y con vista a los ciegos, y daban gloria al Dios de Israel. Jesús llamó a sus discípulos y les dijo: «Siento compasión de la gente, porque llevan ya tres días conmigo y no tienen qué comer. Y no quiero despedirlos en ayunas, no sea que desfallezcan en el camino». Los discípulos le dijeron: «¿De dónde vamos a sacar en un despoblado panes suficientes para saciar a tanta gente?». Jesús les dijo: «¿Cuántos panes tenéis?». Ellos contestaron: «Siete y algunos peces». Él mandó que la gente se sentara en el suelo. Tomó los siete panes y los peces, dijo la acción de gracias, los partió y los fue dando a los discípulos, y los discípulos a la gente. Comieron todos hasta saciarse y recogieron las sobras: siete canastos llenos.

Isaías 25,6-10a; ***Salmo*** 22,1-6 • **MATEO 15, 29-37**

ORACIÓN

JESÚS, no solo te ocupas en anunciar el reino de Dios, sino que también te preocupas de saciar el hambre física de miles de hombres, mujeres y niños. Es toda una lección de vida para tus discípulos de todos los tiempos. También tu Iglesia –también yo– está llamada a dar respuesta a los problemas temporales de los hombres ¿Siento verdadera lástima, compasión, misericordia de quienes padecen necesidad? No basta con sentir lástima, pero se comienza por ese sentimiento para continuar dando de comer.

Habitaré en la casa del Señor por años sin término *(Salmo 22,6)*.

DICIEMBRE

6

JUEVES

Jueves 1° de Adviento Tomo I - Salterio 1ª semana

Santos NICOLÁS *ob*, Pedro Pascual *ob mr*, Carmen M.ª Sallés *vg*

Papa Francisco: «Muchos me dirán ese día: “Señor, Señor, ¿no hemos profetizado en tu nombre y echado demonios en tu nombre?”. Entonces yo les declararé: “Nunca os he conocido”». Es una palabra fuerte, no cabe duda, que tiene la finalidad de sacudirnos y llamarnos a la conversión. De otro modo, haremos predicaciones incluso muy bellas, y tal vez también expulsaremos algún demonio, pero al final el Señor no nos reconocerá como sus discípulos, porque no hemos tenido la capacidad de perdonar y de dejarnos perdonar por los demás *(4-11-2015)*.

PALABRA

Dijo Jesús a sus discípulos: «No todo el que me dice “Señor, Señor” entrará en el reino de los cielos, sino el que hace la voluntad de mi Padre que está en los cielos. El que escucha estas palabras mías y las pone en práctica se parece a aquel hombre prudente que edificó su casa sobre roca. Cayó la lluvia, se desbordaron los ríos, soplaron los vientos y descargaron contra la casa; pero no se hundió, porque estaba cimentada sobre roca. El que escucha estas palabras mías y no las pone en práctica se parece a aquel hombre necio que edificó su casa sobre arena. Cayó la lluvia, se desbordaron los ríos, soplaron los vientos y rompieron contra la casa, y se derrumbó. Y su ruina fue grande».

***Isaías* 26, 1-6; *Salmo* 117, 1.8-9.19-27 • MATEO 7, 21.24-27**

ORACIÓN

JESÚS, en muchas ocasiones me invitas a orar, a pedir al Padre en tu nombre, a pedirte con fe lo que quiero que hagas en mi vida. Pero quieres que sea una oración que nazca de una vida según tu voluntad. Hoy te pido que mi vida responda a mi fe, mis obras a mis palabras: entonces cumpliré la voluntad de Dios y será tan robusta mi vida espiritual que nada ni nadie podrá contra ella. Seguiré estando entre los “pequeños”, pero con la fuerza de tu Espíritu.

Bendito el que viene en nombre del Señor *(Salmo 117,26).*

Viernes 1° de Adviento

DICIEMBRE **7** VIERNES

Santos AMBROSIO *ob dc*, Sabino *ob mr*, Urbano *ob*, Fara *ab*

Papa Francisco: Los ciegos, que seguían al Señor, gritaban para ser curados. También el ciego a la entrada de Jericó gritaba y los amigos del Señor querían hacerle callar. Pero ese hombre pidió una gracia al Señor y la pidió gritando, como diciendo a Jesús: "¡Hazlo! ¡Yo tengo derecho a que tú hagas esto!" El grito es aquí un signo de la oración. Así, Jesús nos enseña a rezar. Nosotros, habitualmente presentamos al Señor nuestra petición una, dos o tres veces, pero no con mucha fuerza: y luego me canso de pedirlo y me olvido de pedirlo. Los ciegos de los que habla Mateo gritaban y no se cansaban de gritar. Jesús nos dice: ¡Pedid! Pero también nos dice: ¡Llamad a la puerta! Y quien llama a la puerta hace ruido, incomoda, molesta. Precisamente estas son las palabras que Jesús usa para decirnos cómo debemos rezar.

PALABRA

Dos ciegos seguían a Jesús, gritando: «Ten compasión de nosotros, hijo de David». Al llegar a la casa se le acercaron los ciegos, y Jesús les dijo: «¿Creéis que puedo hacerlo?». Contestaron: «Sí, Señor». Entonces les tocó los ojos, diciendo: «Que os suceda conforme a vuestra fe». Y se les abrieron los ojos. Jesús les ordenó severamente: «¡Cuidado con que lo sepa alguien!». Pero ellos, al salir, hablaron de él por toda la comarca.

Isaías 29, 17-24; ***Salmo*** 26, 1.4.13-14 • **MATEO 9, 27-31**

ORACIÓN

JESÚS, yo te hubiera desobedecido como lo hicieron los ciegos: no se puede ser objeto de tu misericordia hasta el punto de recobrar la vista, sin hablar de ti por toda la comarca. Cuando tu amor se manifiesta en mi vida con tantas maravillas, no puedo ni debo callarlo. No es una actitud de desobediencia: los signos de estos tiempos de evangelización no son los de tu tiempo mesiánico.

El Señor es mi luz y mi salvación *(Salmo 26,1).*

¿Quién más casta que la madre que ha traído a su Hijo al mundo permaneciendo Virgen? Ella era virgen pura no solo en el cuerpo sino también en el espíritu.

San Ambrosio

DICIEMBRE
8
SÁBADO

INMACULADA CONCEPCIÓN DE MARÍA.
Ntra. Sra. de Caacupé,
Santa Narcisa de Jesús *vg*

SOLEMNIDAD DE LA INMACULADA CONCEPCIÓN DE LA BIENAVENTURADA VIRGEN MARÍA, PATRONA DE ESPAÑA

Papa Francisco: Celebrar esta fiesta implica dos cosas: acoger plenamente a Dios y su gracia misericordiosa en nuestra vida; y convertirnos a su vez en artífices de misericordia mediante un auténtico camino evangélico. La fiesta de la Inmaculada se convierte en fiesta en todos nosotros, si, con nuestros "sí" de cada día, conseguimos vencer nuestro egoísmo y hacer más feliz la vida de nuestros hermanos, darles esperanza, secando algunas lágrimas y dando un poco de alegría *(8-12-2015)*.

PALABRA

El ángel Gabriel fue enviado por Dios a una ciudad de Galilea llamada Nazaret, a una virgen desposada con un hombre llamado José, de la estirpe de David: el nombre de la virgen era María. El ángel, entrando en su presencia, dijo: «Alégrate, llena de gracia, el Señor está contigo». Ella se turbó grandemente ante estas palabras y se preguntaba qué saludo era aquel. El ángel le dijo: «No temas, María, porque has encontrado gracia ante Dios. Concebirás en tu vientre y darás a luz un hijo, y le pondrás por nombre Jesús. Será grande, se llamará Hijo del Altísimo, el Señor Dios le dará el trono de David, su padre; reinará sobre la casa de Jacob para siempre, y su reino no tendrá fin». Y María dijo al ángel: «¿Cómo será eso, pues no conozco varón?». El ángel le contestó: «El Espíritu Santo vendrá sobre ti, y la fuerza del Altísimo te cubrirá con su sombra; por eso el Santo que va a nacer será llamado Hijo de Dios. También tu pariente Isabel ha concebido un hijo en su vejez, y ya está de seis meses la que llamaban estéril, "porque para Dios nada hay imposible"». María contestó: «He aquí la esclava del Señor; hágase en mí según tu palabra». Y el ángel se retiró.

Génesis 3, 9-15.20; ***Salmo*** 97, 1-4 ***Efesios*** 1, 3-6.11-12 • **LUCAS 1,26-38**

ORACIÓN

JESÚS, cuando se cumplen 164 años del dogma de la Inmaculada Concepción de tu Madre, contigo, y con tu Iglesia de esta generación, felicito a la Madre Inmaculada: por haber sido concebida sin pecado y llena de gracia, y porque la Iglesia la propone como ejemplo de vida perfecta, purísima, sin pecado, colmada de gracia. Tú, el que más y mejor amas a María, ¿quieres unirte a mi alabanza y petición? Toda hermosa eres, María. Bajo tu amparo nos acogemos, líbranos de todos los peligros.

Cantad al Señor un cántico nuevo, porque ha hecho maravillas *(Salmo 97,1).*

Santos JUAN DIEGO *cf*, **Leocadia** *vg mr*, **Siro** *ob*, **Pedro Fourier** *pb*

Papa Francisco: En este segundo domingo de Adviento, la liturgia nos pone en la escuela de Juan el Bautista, que predicaba «un bautismo de conversión para perdón de los pecados». Y quizá nosotros nos preguntamos: «¿Por qué nos deberíamos convertir? La conversión concierne a quien de ateo se vuelve creyente, de pecador se hace justo, pero nosotros no tenemos necesidad, ¡ya somos cristianos! Entonces vamos bien». Pensando así, no nos damos cuenta de que es precisamente de esta presunción de lo que *debemos* convertirnos: de que somos cristianos, todos buenos, que vamos bien. Cuando estamos llamados a compartir alegrías y tristezas, ¿lloramos sinceramente con los que lloran y nos regocijamos con quienes se alegran? Cuando expresamos nuestra fe, ¿lo hacemos con valentía y sencillez, sin avergonzarnos del Evangelio? Y así podemos hacernos muchas preguntas. No vamos bien, siempre tenemos que convertirnos, tener los sentimientos que Jesús tenía *(6-12-2015)*.

PALABRA

• ***Baruc*** 5, 1-9: Jerusalén, despójate de tu vestido de luto y aflicción y viste las galas perpetuas de la gloria que Dios te da; envuélvete en el manto de la justicia de Dios y ponte a la cabeza la diadema de la gloria perpetua, porque Dios mostrará tu esplendor a cuantos viven bajo el cielo. Dios te dará un nombre para siempre: «Paz en la justicia» y «Gloria en la piedad». Ponte en pie, Jerusalén, sube a la altura, mira hacia Oriente y contempla a tus hijos, reunidos de Oriente a Occidente, a la voz del Espíritu, gozosos, porque Dios se acuerda de ti. A pie se marcharon, conducidos por el enemigo, pero Dios te los traerá con gloria, como llevados en carroza real. Dios ha mandado abajarse a todos los montes elevados, a todas las colinas encumbradas, ha mandado que se llenen los barrancos hasta allanar el suelo, para que Israel camine con seguridad, guiado por la gloria de Dios; ha mandado al bosque y a los árboles fragantes hacer sombra a Israel. Porque Dios guiará a Israel entre fiestas, a la luz de su gloria, con su justicia y su misericordia.

• ***Salmo*** 125, 1-6: ***El Señor ha estado grande con nosotros, y estamos alegres.***

• ***Filipenses*** 1, 4-6.8-11: Siempre que rezo por todos vosotros, lo hago con gran alegría. Porque habéis sido colaboradores míos en la obra del Evangelio, desde el primer día hasta hoy. Esta es nuestra confianza: que el que ha inaugurado entre vosotros esta buena obra, la llevará adelante hasta el Día de Cristo Jesús. Testigo me es Dios del amor entrañable con que os quiero en Cristo Jesús. Y esta es mi oración: que vuestro amor siga creciendo más y más en penetración y en sensibilidad para apreciar los valores. Así llegaréis al Día de Cristo limpios e irreprochables, cargados de frutos de justicia, por medio de Cristo Jesús, para gloria y alabanza de Dios.

• **LUCAS 3, 1-6:** En el año decimoquinto del imperio del emperador Tiberio, siendo Poncio Pilato gobernador de Judea, y Herodes tetrarca de Galilea, y su hermano Filipo virrey de Iturea y Traconítide, y Lisanio tetrarca de Abilene, bajo el sumo sacerdocio de Anás y Caifás, vino la Palabra de Dios sobre Juan, hijo de Zacarías, en el desierto. Y recorrió toda la comarca del Jordán, predicando un bautismo de conversión para perdón de los pecados, como está escrito en el libro de los oráculos del profeta Isaías: «Una voz grita en el desierto: Preparad el camino del Señor, allanad sus senderos; los valles serán rellenados, los montes y colinas serán rebajados; lo torcido será enderezado, lo escabroso será camino llano. Y toda carne verá la salvación de Dios».

ORACIÓN

JESÚS, qué bien cumple su misión tu primo Juan, preparando los caminos para tu encuentro con las gentes. Se consideraba solo como la voz que grita en el desierto. Pero toda su vida era ejemplo de austeridad, de testimonio, de invitación –con la palabra y la vida– a la conversión. Acojo sus palabras: que se eleve el valle de mi pereza, que descienda la colina de mi orgullo, que se enderece y se iguale lo torcido y escabroso de mi conducta. Así veré –y otros podrán ver– la salvación que nos traes.

SANTA EULALIA DE MÉRIDA

Santos EULALIA DE MÉRIDA *vg mr*, Mauro *mr*, Gregorio III *pp*. Ntra. Sra. de Loreto

Papa Francisco: El Evangelio nos presenta a Cristo que vence las parálisis de la humanidad. Describe el poder de la misericordia divina que perdona y cancela todo pecado cuando encuentra una fe auténtica. «¡Levántate y echa a andar!». Sigamos siempre adelante, buscando al Señor, buscando nuevos caminos, nuevas sendas para acercarnos al Señor.

PALABRA

Un día, estaba Jesús enseñando, y estaban sentados unos fariseos y maestros de la ley, venidos de todas las aldeas de Galilea, Judea y Jerusalén. Y el poder del Señor estaba con él para realizar curaciones. En esto, llegaron unos hombres que traían en una camilla a un hombre paralítico y trataban de introducirlo y colocarlo delante de él. No encontrando por donde introducirlo, a causa del gentío, subieron a la azotea, lo descolgaron con la camilla a través de las tejas, y lo pusieron en medio, delante de Jesús. Él, viendo la fe de ellos, dijo: «Hombre, tus pecados están perdonados». Entonces se pusieron a pensar los escribas y los fariseos: «¿Quién es este que dice blasfemias? ¿Quién puede perdonar pecados sino solo Dios?». Pero Jesús, conociendo sus pensamientos, respondió y les dijo: «¿Qué estáis pensando en vuestros corazones? ¿Qué es más fácil, decir: "Tus pecados te son perdonados", o decir: "Levántate y echa a andar"? Pues, para que veáis que el Hijo del hombre tiene poder en la tierra para perdonar pecados –dijo al paralítico–: "A ti te lo digo, ponte en pie, toma tu camilla y vete a tu casa"». Y, al punto, levantándose a la vista de ellos, tomó la camilla donde había estado tendido y se marchó a su casa dando gloria a Dios. El asombro se apoderó de todos y daban gloria a Dios. Y, llenos de temor, decían: «Hoy hemos visto maravillas».

Isaías 35, 1-10; ***Salmo*** 84, 9-14 • **LUCAS 5, 17-26**

ORACIÓN

JESÚS, solo Dios puede perdonar los pecados, tenían razón los fariseos. Precisamente «para que veáis», para demostrarles que eres Dios -y por misericordia con el paralítico- tú realizas el milagro de la curación: tú puedes curar enfermedades del cuerpo y sanar las dolencias del espíritu. De ambos poderes quiero beneficiarme: de la salud del cuerpo, si es tu voluntad; y del perdón, la misericordia y la fe que puedes aumentar en mí, porque es tu voluntad.

He aquí nuestro Dios; viene en persona y nos salvará *(Isaías 35,4).*

DICIEMBRE
11
MARTES (ML)

Martes 2° de Adviento Tomo I - Salterio 2ª semana

Santos DÁMASO I *pp*, Maravillas de Jesús *vg*, Daniel *pb*, Sabino *ob*

SAN DÁMASO, PAPA

Papa Francisco: [La oveja] se ha perdido porque tenía el corazón enfermo y huye para alejarse del Señor, para saciar esa oscuridad interior que la lleva a la doble vida. La figura que más me hace entender la actitud del Señor con la oveja perdida es la actitud del Señor con Judas. La doble vida de muchos cristianos, también, con dolor, podemos decir sacerdotes, obispos... la actitud del buen pastor con las ovejas perdidas. Este es el feliz anuncio que nos trae la Navidad y que nos pide esta sincera alegría que cambia el corazón, que nos lleva a dejarnos consolar por el Señor y no por los consuelos que buscamos para desahogarnos, para huir de la realidad, huir de la tortura interior, de la división interior *(6-12-2016)*.

PALABRA

Dijo Jesús a sus discípulos: «¿Qué os parece? Suponed que un hombre tiene cien ovejas: si una se le pierde, ¿no deja las noventa y nueve en los montes y va en busca de la perdida? Y si la encuentra, en verdad os digo que se alegra más por ella que por las noventa y nueve que no se habían extraviado. Igualmente, no es voluntad de vuestro Padre que está en el cielo que se pierda ni uno de estos pequeños».

Isaías 40, 1-11; ***Salmo*** 95, 1-3.10-13 • **MATEO 18, 12-14**

ORACIÓN

JESÚS, yo sé que me amas cuando te sigo con fidelidad, y sigues amándome cuando te doy la espalda. Cuando yo sea esa oveja que escapa de tu redil, corre en mi búsqueda y cárgame sobre tus hombros. Es un gran consuelo saber tus preferencias por los pecadores y conocer la voluntad del Padre: que ninguno de tus pequeños –y yo lo soy– se pierda. ¿Qué sería mi pobre vida sin ti?

Aquí está nuestro Dios, que llega con fuerza *(Isaías 40,9-10).*

¡Cómo complicamos nosotros la santidad! Y es muy sencilla, nada más que dejarse confiada y amorosamente en los brazos de Dios, queriendo y haciendo a cada momento lo que creemos que Él quiere.

(Santa Maravillas de Jesús)

VIRGEN DE GUADALUPE

DICIEMBRE
12
MIÉRCOLES (ML)

NTRA. SRA. DE GUADALUPE
(México: Solemnidad)
Santos Israel *pb,* Simón Phan *pf mr.*

Papa Francisco: María es la primera discípula y misionera, la nueva Arca de la Alianza quien, lejos de permanecer en un lugar reservado en nuestros templos, sale a visitar y acompaña con su presencia la gestación de Juan. Así lo hizo también en 1531: la Virgen de Guadalupe corrió al Tepeyac para servir y acompañar a ese Pueblo que estaba gestándose con dolor, convirtiéndose en su Madre y la de todos nuestros pueblos. Celebrar a María es, en primer lugar, hacer memoria de la madre, hacer memoria de que no somos ni seremos nunca un pueblo huérfano. ¡Tenemos Madre! Y donde está la madre hay siempre presencia y sabor a hogar; los hermanos se podrán pelear, pero siempre triunfará el sentido de unidad. Donde está la madre, no faltará la lucha a favor de la fraternidad. Siempre me ha impresionado ver, en distintos pueblos de América Latina, esas madres luchadoras que, a menudo ellas solas, logran sacar adelante a sus hijos. Así es María con nosotros; somos sus hijos: Mujer luchadora frente a la sociedad de la desconfianza y de la ceguera, frente a la sociedad de la desidia y la dispersión; Mujer que lucha para potenciar la alegría del Evangelio. Lucha para darle «carne» al Evangelio. Mirar la Guadalupana es recordar que la visita del Señor pasa siempre por medio de aquellos que logran «hacer carne» su Palabra *(12-12-2016).*

PALABRA

Jesús tomó la palabra y dijo: «Venid a mí todos los que estáis cansados y agobiados, y yo os aliviaré. Tomad mi yugo sobre vosotros y aprended de mí, que soy manso y humilde de corazón, y encontraréis descanso para vuestras almas. Porque mi yugo es llevadero y mi carga ligera».

Isaías 40, 25-31; ***Salmo*** 102, 1-4.8.10 • **MATEO 11, 28-30**

ORACIÓN

JESÚS, "Venid a mí, aprended de mí…". Posiblemente no haya en el Evangelio palabras que manifiesten con más claridad tu gran misericordia hacia los hombres con problemas. Y luego tu invitación a que aprendamos de ti, manso y humilde. Por eso te pido: Jesús, manso y humilde de corazón, haz mi corazón como el tuyo.

Bendice, alma mía, al Señor *(Salmo 102,1).*

DICIEMBRE

13

JUEVES (MO)

Jueves 2º de Adviento — Tomo I - Salterio 2ª semana

Santos LUCÍA *vg mr,* Otilia *ab,* Autberto *ob.* Beato Antonio Gras *pb*

SANTA LUCÍA

Papa Francisco: La grandeza de Juan es su “ser para”, siempre con el dedo allí, indicando a otro. Juan es siempre alguien que indica a otro y abre la puerta a otro testimonio, el del Padre, que Jesús dice: “Pero yo tengo un testimonio mayor que el de Juan, el del Padre”. La voz del Padre: “Este es mi Hijo”. Fue Juan quien abrió esta puerta. Juan es grande, porque siempre se pone a un lado. Es grande porque es humilde y elige abajarse, anonadarse, el mismo camino que luego seguirá Jesús. Da un gran testimonio: abre el camino del abajarse, de vaciarse de sí mismo *(16-12-16).*

PALABRA

Jesús dijo al gentío: «En verdad os digo que no ha nacido de mujer uno más grande que Juan el Bautista; aunque el más pequeño en el reino de los cielos es más grande que él. Desde los días de Juan el Bautista hasta ahora el reino de los cielos sufre violencia y los violentos lo arrebatan. Los Profetas y la Ley han profetizado hasta que vino Juan; él es Elías, el que tenía que venir, con tal que queráis admitirlo. El que tenga oídos que oiga».

Isaías **41, 13-20;** ***Salmo*** **144,1.9-13 • MATEO 11, 11-15**

ORACIÓN

JESÚS, Juan el Bautista fue santificado en el vientre materno con tu llegada a Ain Karem, dentro del vientre virginal de María. Pero tú me has elegido para ser miembro de tu Iglesia, y declaras que es un honor tan grande que, ni merezco, ni puedo por mis fuerzas estar a la altura de los santos hijos de Dios. ¡Ayúdame a ser digno miembro de tu Cuerpo Místico, a ser santo porque tu Padre es santo!

El Señor es clemente y misericordioso, lento a la cólera y rico en piedad *(Salmo 144,8).*

Santos JUAN DE LA CRUZ *pb dc*, **Venancio Fortunato** *ob*, **Jerón y** *co mrs*, **Pompeyo** *ob*, **Drósida** *mr*

Papa Francisco: La salvación se ofrece a todo hombre, a cada uno de nosotros. Ninguno de nosotros puede decir: «Yo soy santo, yo soy perfecto, yo ya estoy salvado». No. Siempre debemos acoger este ofrecimiento de la salvación *(6-12-2015)*.

PALABRA

Dijo Jesús al gentío: «¿A quién compararé esta generación? Se asemeja a unos niños sentados en la plaza, que gritan diciendo: "Hemos tocado la flauta, y no habéis bailado; hemos entonado lamentaciones, y no habéis llorado". Porque vino Juan, que ni comía ni bebía, y dicen: "Tiene un demonio". Vino el Hijo del hombre, que come y bebe, y dicen: "Ahí tenéis a un comilón y borracho, amigo de publicanos y pecadores". Pero la sabiduría se ha acreditado por sus obras».

Isaías 48, 17-19; *Salmo* 1, 1-6 • **MATEO 11, 16-19**

ORACIÓN

JESÚS, en tu vida comprobaste que contentar a todos es imposible. La diversidad de caracteres y opiniones se manifiesta en cada momento de la convivencia. Y quienes habéis estado en la vida pública, como tu Precursor Juan y tú, os visteis expuestos a habladurías y juicios especialmente de los enemigos, que nunca os faltaron. Poco te importaron los juicios humanos. Lo único que contaba para ti era la opinión del Padre. Esa es la lección que me das hoy: que esté bien firme, edificada mi vida sobre la Roca, que eres tú, y no me mueva al compás de las opiniones humanas, porque solo tú eres mi Maestro y has de ser en definitiva mi Juez: justo, sí, y misericordioso, también.

El que te sigue, Señor, tendrá la luz de la vida *(cf. Juan 8,12).*

Santos Valeriano *ob*, Maximino *pb*, María C. de Rosa *vg*

Papa Francisco: Para nuestros seres queridos que sufren por la enfermedad pedimos en primer lugar la salud; Jesús mismo manifestó la presencia del Reino de Dios precisamente a través de las curaciones: «Id a anunciar a Juan lo que estáis viendo y oyendo: los ciegos ven y los cojos andan; los leprosos quedan limpios y los sordos oyen; los muertos resucitan» (*Mt* 11,4-5). Pero el amor animado por la fe hace que pidamos para ellos algo más grande que la salud física: pedimos la paz, la serenidad de la vida que parte del corazón y que es don de Dios, fruto del Espíritu Santo, que el Padre no niega nunca a los que se lo piden con confianza *(15-9-2015)*.

PALABRA

Cuando bajaban de la montaña, los discípulos preguntaron a Jesús: «¿Por qué dicen los escribas que primero tiene que venir Elías?». Él les contestó: «Elías vendrá y lo renovará todo. Pero os digo que Elías ya ha venido, y no lo reconocieron, sino que han hecho con él lo que han querido. Así también el Hijo del hombre va a padecer a manos de ellos». Entonces entendieron los discípulos que se refería a Juan el Bautista.

Eclesiástico **48,1-4.9-11;** ***Salmo*** **79,2.3.15-19 • MATEO 17,10-13**

ORACIÓN

JESÚS, Juan Bautista no fue solo tu Precursor con su predicación de penitencia y su bautismo en el Jordán. También lo fue con su vida ejemplar y con su martirio por la Verdad. En este camino que nos prepara a tu venida, la figura de Juan me enseña a no esperar los elogios del mundo, que sería mal síntoma, sino que pueda tratarme a su antojo. No soy del mundo, ni quiero serlo. Discípulo tuyo, quiero esperarte con la esperanza de que renueves mi vida, la hagas en todo acorde con tu Palabra, incluso dispuesto a seguirte en tu Pasión.

Oh Dios, restáuranos, que brille tu rostro y nos salve *(Salmo 79,4).*

SAN JOSÉ MAÑANET

DICIEMBRE
16
DOMINGO

Santos Ageo *prof,* José Mañanet *pb,* Everardo *mj,* Adelaida *em*

Papa Francisco: En el Evangelio de hoy hay una pregunta que se repite tres veces: «¿Qué tenemos que hacer?». Esta pregunta la sentimos también nuestra. La liturgia de hoy nos repite, con las palabras de Juan, que es preciso convertirse, es necesario cambiar la dirección de marcha y tomar el camino de la justicia, la solidaridad, la sobriedad: son los valores imprescindibles de una existencia plenamente humana y auténticamente cristiana. *¡Convertíos!* Es la síntesis del mensaje del Bautista. Y la liturgia de este tercer domingo de Adviento nos ayuda a descubrir nuevamente una dimensión particular de la conversión: *la alegría (13-12-2015).*

PALABRA

• *Sofonías* 3, 14-18a: Regocíjate, hija de Sion, grita de júbilo, Israel, alégrate y gózate de todo corazón, Jerusalén. El Señor ha cancelado tu condena, ha expulsado a tus enemigos. El Señor será el rey de Israel, en medio de ti, y ya no temerás. Aquel día dirán a Jerusalén: No temas, Sion, no desfallezcan tus manos. El Señor tu Dios, en medio de ti, es un guerrero que salva. Él se goza y se complace en ti, te ama y se alegra con júbilo como en día de fiesta.

• *Salmo Isaías* 12, 2-6: ***Gritad jubilosos: Qué grande es en medio de ti el Santo de Israel.***

• *Filipenses* 4, 4-7: Alegraos siempre en el Señor; os lo repito, alegraos. Que vuestra mesura la conozca todo el mundo. El Señor está cerca. Nada os preocupe; sino que, en toda ocasión, en la oración y en la súplica, con acción de gracias, vuestras peticiones sean presentadas a Dios. Y la paz de Dios, que supera todo juicio, custodiará vuestros corazones y vuestros pensamientos en Cristo Jesús.

• **LUCAS 3, 10-18:** La gente preguntaba a Juan: «Entonces, ¿qué tenemos que hacer?». Él contestó: «El que tenga dos túnicas, que comparta con el que no tiene; y el que tenga comida, haga lo mismo». Vinieron también a bautizarse unos publicanos y le preguntaron: «Maestro, ¿qué debemos hacer nosotros?». Él les contestó: «No exijáis más de lo establecido». Unos soldados igualmente le preguntaban: «Y nosotros, ¿qué tenemos que hacer?». Él les contestó: «No hagáis extorsión ni os aprovechéis de nadie con falsas denuncias, sino contentaos con la paga». Como el pueblo estaba expectante, y todos se preguntaban en su interior sobre Juan si no sería el Mesías, Juan les respondió dirigiéndose a todos: «Yo os bautizo con agua; pero viene el que es más fuerte que yo, a quien no merezco desatarle la correa de sus sandalias. Él os bautizará con Espíritu Santo y fuego: en su mano tiene el bieldo para aventar su parva y reunir su trigo en el granero y quemar la paja en una hoguera que no se apaga». Con estas palabras y otras muchas exhortaciones, anunciaba al pueblo el Evangelio.

ORACIÓN **JESÚS,** con la invitación a la alegría, porque estás ya muy cerca, me llega el reconocimiento de Juan el Bautista, que tan bien cumplió su misión de preparar tu venida. Y, cuando tú llegaste, desaparecer hasta humillarse públicamente ante ti, señalarte como el Mesías y ofrecerte sus mejores discípulos. No hay en este mundo misión más grande que la de ayudar a otros a encontrarse contigo. Pongo mi pobreza –mi vida tan poco ejemplar y mi pobre palabra– al servicio de la evangelización. Tú harás lo demás.

SAN JUAN DE MATA

FERIA MAYOR

Santos Juan de Mata *pb,* Modesto *ob*

DICIEMBRE
17
LUNES

Papa Francisco: Jesús es consustancial al Padre, Dios; pero también consustancial a la madre, una mujer. Y es esta la consustancialidad de la madre: Dios se hizo historia, Dios quiso hacerse historia. Está con nosotros. Ha hecho camino con nosotros. ¿Cuál es el apellido de Dios? Somos nosotros, cada uno de nosotros. Él toma de nosotros el nombre para hacer de ello su apellido. «Yo soy el Dios de Abrahán, de Isaac, de Jacob, de Pedro, de Marietta, de Armony, de María José, de Simone, de Carmelo, de todos». De nosotros toma el apellido. El apellido de Dios somos cada uno de nosotros. Acercándose la Navidad, si Él hizo su historia con nosotros, si Él tomó de nosotros su apellido, si Él dejó que nosotros escribiésemos su historia, nosotros deberíamos dejar que Dios escribiera la nuestra *(17-12-2013).*

PALABRA

Libro del origen de Jesucristo, hijo de David, hijo de Abrahán. Abrahán engendró a Isaac, Isaac a Jacob, Jacob a Judá y a sus hermanos. Judá engendró, de Tamar, a Farés y a Zará... Salmón engendró, de Rahab, a Booz, Booz engendró, de Rut, a Obed; Obed engendró a Jesé, Jesé engendró a David, el rey. David, de la mujer de Urías, engendró a Salomón, Salomón engendró a Roboán... Josías engendró a Jeconías y a sus hermanos, cuando el destierro de Babilonia. Después del destierro de Babilonia, Jeconías engendró a Salatiel, Salatiel engendró a Zorobabel, Zorobabel engendró a Abiud, Abiud engendró a Eliaquín, Eliaquín engendró engendró a Azor, Azor engendró a Sadoc, Sadoc engendró a Aquín, Aquín engendró Eliud, Eliud engendró a Eleazar, Eleazar engendró a Matán, Matán engendró a Jacob; y Jacob engendró a José, el esposo de María, de la cual nació Jesús, llamado Cristo. Las generaciones desde Abrahán a David fueron en total catorce; desde David hasta la deportación a Babilonia, catorce; y desde la deportación a Babilonia hasta el Mesías, catorce.

Génesis 49, 1-2.8-10; ***Salmo*** 71, 1-8.17 • **MATEO 1, 1-3.5-7.11-17**

ORACIÓN

OH SABIDURÍA, *que brotaste de los labios del Altísimo y llegaste a nosotros de generación en generación, ordenándolo todo con firmeza y suavidad: ¡ven y muéstranos el camino de la salvación!* Frente a falsos maestros y agoreros engañosos, estás tú, la eterna Sabiduría de Dios, que ya vienes a mi vida y quieres encontrar abierta la puerta de mi corazón.

En sus días florezca la justicia y la paz abunde eternamente *(Salmo 71,7).*

FERIA MAYOR

Ntra. Sra. de la O (Expectación, Esperanza, Macarena). Santos Malaquías *prof,* Pablo Nguyên y *co cts mrs*

Papa Francisco: El personaje central es hoy José, novio, que quería mucho a su prometida esposa. Ella se había ido al encuentro de su prima para ayudarle, y cuando regresa se veían los primeros signos de la maternidad. José sufre, ve a las mujeres de la aldea que murmuraban en el mercado. Pero él se dice: *Esta mujer es buena, yo la conozco. Es una mujer de Dios. ¿qué me ha hecho? ¡No es posible! Pero yo tengo que acusarla y ella será lapidada. Pero ella es incapaz de la infidelidad.* Y José prefirió aparecer como pecador, como un hombre malo, para no hacerle sombra a su novia, a quien tanto quería. José en el momento más oscuro de su vida, carga sobre sí el problema: se acusa a sí mismo ante los ojos de los demás para proteger a su esposa; que digan lo que quieran. Y tomó consigo a su esposa diciendo: «No entiendo nada, pero el Señor me dijo esto y este aparecerá como mi hijo» *(18-12-2014).*

PALABRA

La generación de Jesucristo fue de esta manera: María, su madre, estaba desposada con José y, antes de vivir juntos, resultó que ella esperaba un hijo por obra del Espíritu Santo. José, su esposo, como era justo y no quería difamarla, decidió repudiarla en privado. Pero, apenas había tomado esta resolución, se le apareció en sueños un ángel del Señor que le dijo: «José, hijo de David, no temas acoger a María, tu mujer, porque la criatura que hay en ella viene del Espíritu Santo. Dará a luz un hijo y tú le pondrás por nombre Jesús, porque él salvará a su pueblo de sus pecados». Todo esto sucedió para que se cumpliese lo que había dicho el Señor por medio del profeta: «Mirad: la virgen concebirá y dará a luz un hijo y le pondrá por nombre Enmanuel, que significa "Dios-con-nosotros"». Cuando José se despertó, hizo lo que le había mandado el ángel del Señor y acogió a su mujer.

Jeremías 23, 5-8; ***Salmo*** 71, 2.12-13.18-19 • **MATEO 1, 18-24**

ORACIÓN

OH ADONAI, *Pastor de la casa de Israel, que te apareciste a Moisés en la zarza ardiente, en el Sinaí le diste la ley, y en la plenitud de los tiempos te encarnaste en las entrañas de María Virgen sin intervención de varón: ¡ven a librarnos con el poder de tu brazo!* Buen Pastor, ten compasión de la debilidad de tu oveja perdida, ven hasta mí y cárgame sobre tus hombros, donde también cargaste tu Cruz: tú eres la Misericordia visible del Padre.

En sus días florezca la justicia, y la paz abunde eternamente *(Salmo 71,7).*

Santos Anastasio I *pp,* Urbano V *pp,* Gregorio *ob*

Papa Francisco: En la Escritura se habla de la mujer estéril, de la esterilidad, de la incapacidad de concebir y dar vida. Pero también sucede el milagro del Señor, que hace que estas mujeres estériles puedan tener un hijo. Sucedió a la mujer de nuestro padre Abrahán. Y el Evangelio de hoy dice lo que sucedió a Isabel: de la imposibilidad de dar vida, viene la vida *(19-12-2013).*

PALABRA

En los días de Herodes, rey de Judea, había un sacerdote de nombre Zacarías, del turno de Abías, casado con una descendiente de Aarón, cuyo nombre era Isabel. Los dos eran justos ante Dios, y caminaban sin falta según los mandamientos y leyes del Señor. No tenían hijos, porque Isabel era estéril, y los dos eran de edad avanzada. Una vez que Zacarías oficiaba delante de Dios, se le apareció el ángel del Señor, de pie a la derecha del altar del incienso. Al verlo, Zacarías se sobresaltó y quedó sobrecogido de temor. Pero el ángel le dijo: «No temas, Zacarías, porque tu ruego ha sido escuchado: tu mujer Isabel te dará un hijo, y le pondrás por nombre Juan. Te llenarás de alegría y gozo, y muchos se alegrarán de su nacimiento. Pues será grande a los ojos del Señor: no beberá vino ni licor; estará lleno del Espíritu Santo ya en el vientre materno, y convertirá muchos hijos de Israel al Señor, su Dios. Irá delante del Señor, con el espíritu y poder de Elías, "para convertir los corazones de los padres hacia los hijos", y a los desobedientes, a la sensatez de los justos, para preparar al Señor un pueblo bien dispuesto». Zacarías replicó al ángel: «¿Cómo estaré seguro de eso? Porque yo soy viejo, y mi mujer es de edad avanzada». Respondiendo el ángel le dijo: «Yo soy Gabriel, que sirvo en presencia de Dios; he sido enviado para hablarte y comunicarte esta buena noticia. Pero te quedarás mudo, sin poder hablar, hasta el día en que esto suceda, porque no has dado fe a mis palabras, que se cumplirán en su momento oportuno». Al cumplirse los días de su servicio en el templo volvió a casa. Días después concibió Isabel, su mujer, y estuvo sin salir de casa cinco meses, diciendo: «Esto es lo que ha hecho por mí el Señor, cuando se ha fijado en mí para quitar mi oprobio ante la gente».

Jueces 13, 2-7.24-25a; ***Salmo*** 70, 3-6.16-17 • **LUCAS 1, 5-7.11-20.23-25**

ORACIÓN

OH RENUEVO** del tronco de Jesé, que te alzas como un signo para los pueblos, ante quien los reyes enmudecen, las naciones imploran su auxilio, y su nombre, Jesús, es garantía de salvación.* Señor Jesús, invoco tu Nombre con amor y con esperanza: amor, por el inmenso amor que tú me tienes; esperanza, porque se acerca tu venida. ***Que se llene mi boca de tu alabanza, y así cantaré tu gloria *(Salmo 70,8).*

DICIEMBRE

20

JUEVES

FERIA MAYOR

Santos Domingo de Silos *ab*, Ceferino *pp*, Ursicino *er*

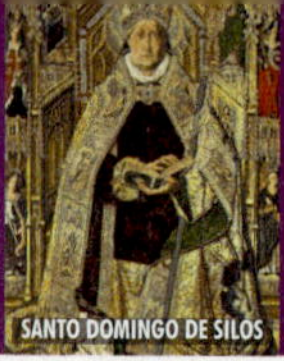

SANTO DOMINGO DE SILOS

Papa Francisco: «El Espíritu Santo vendrá sobre ti, y la fuerza del Altísimo te cubrirá con su sombra». Es la sombra de Dios, que en la historia de la salvación custodia siempre el misterio; la sombra de Dios que acompañó al pueblo en el desierto. El Señor cuidó siempre el misterio. Y cubrió el misterio. No hizo publicidad del misterio. En efecto, el misterio que hace publicidad de sí mismo no es cristiano, no es misterio de Dios. Es un fingimiento de misterio. El misterio de la maternidad personal de la Virgen permanece oculto. El silencio es precisamente la nube que cubre el misterio de nuestra relación con el Señor, de nuestra santidad y nuestros pecados *(20-12-2013)*.

PALABRA

En el mes sexto, el ángel Gabriel fue enviado por Dios a una ciudad de Galilea llamada Nazaret, a una virgen desposada con un hombre llamado José, de la estirpe de David: el nombre de la virgen era María. El ángel, entrando en su presencia, dijo: «Alégrate, llena de gracia, el Señor está contigo». Ella se turbó grandemente ante estas palabras y se preguntaba qué saludo era aquel. El ángel le dijo: «No temas, María, porque has encontrado gracia ante Dios. Concebirás en tu vientre y darás a luz un hijo, y le pondrás por nombre Jesús. Será grande, se llamará Hijo del Altísimo, el Señor Dios le dará el trono de David, su padre; reinará sobre la casa de Jacob para siempre, y su reino no tendrá fin». Y María dijo al ángel: «¿Cómo será eso, pues no conozco varón?». El ángel le contestó: «El Espíritu Santo vendrá sobre ti, y la fuerza del Altísimo te cubrirá con su sombra; por eso el Santo que va a nacer será llamado Hijo de Dios. También tu pariente Isabel ha concebido un hijo en su vejez, y ya está de seis meses la que llamaban estéril, "porque para Dios nada hay imposible"». María contestó: «He aquí la esclava del Señor; hágase en mí según tu palabra». Y el ángel se retiró.

Isaías 7, 10-14; ***Salmo*** 23, 1-6 • **LUCAS 1, 26-38**

ORACIÓN

***OH LLAVE DE DAVID** y cetro de la casa de Israel, concebido en el seno virginal de María: abres y nadie puede cerrar, cierras y nadie puede abrir: ¡ven y libra a los cautivos que viven en tinieblas y en sombra de muerte!* Sin ti, no hay libertad, ni hay luz, ni hay vida. Abre mi corazón para que experimente la libertad de los hijos de Dios que me traes para que no siga viviendo en las tinieblas de la muerte, sino en tu luz que da vida. Vienes a librarme de la esclavitud del pecado y me traes la libertad de los hijos de Dios.

Va a entrar el Señor; él es el Rey de la gloria *(Salmo 23,7.10)*.

Santos PEDRO CANISIO ***pb dc*****,**
Miqueas ***prof,*** **Temístocles** ***mr***

DICIEMBRE
21
VIERNES

Papa Francisco: María es nuestra Madre, que siempre viene deprisa cuando tenemos necesidad. Sería bello añadir a las Letanías de la Virgen una que diga así: "Señora que vas deprisa, ruega por nosotros". Es bello esto, ¿verdad? Porque Ella siempre va deprisa, Ella no se olvida de sus hijos. Y cuando sus hijos están en dificultades, tienen una necesidad y la invocan, Ella acude deprisa *(26-5-2013)*.

PALABRA

María se levantó y se puso en camino de prisa hacia la montaña, a una ciudad de Judá; entró en casa de Zacarías y saludó a Isabel. Aconteció que, en cuanto Isabel oyó el saludo de María, saltó la criatura en su vientre. Se llenó Isabel de Espíritu Santo y, levantando la voz, exclamó: «¡Bendita tú entre las mujeres, y bendito el fruto de tu vientre! ¿Quién soy yo para que me visite la madre de mi Señor? Pues, en cuanto tu saludo llegó a mis oídos, la criatura saltó de alegría en mi vientre. Bienaventurada la que ha creído, porque lo que le ha dicho el Señor se cumplirá».

Cantar 2, 8-14; ***Salmo*** 32, 2-3.11-12.20-21 • **LUCAS 1, 39-45**

ORACIÓN

OH SOL *que naces de lo alto, Resplandor de la luz eterna, Sol de justicia cuyos rayos, desde el vientre de María, alegraron a Juan antes de nacer: ¡ven ahora a iluminar a los que viven en tinieblas y en sombra de muerte!* Tú que vas a nacer de lo alto, haz que tu luz de Sol divino inunde mi existencia y me dé la alegría que hizo saltar de gozo a Juan en el vientre de su madre. Y al nacer de María hiciste de aquella noche el día más luminoso de la humanidad.

Aclamad, justos, al Señor, cantadle un cántico nuevo *(Salmo 32,1.3).*

FERIA MAYOR

Santos Francisca J. Cabrini *vg*, Isquirión *mr*

Papa Francisco: Que María nos ayude a percibir el asombro por el nacimiento de Jesús, el don de los dones, el regalo inmerecido que nos trae la salvación. El encuentro con Jesús nos hará también sentir a nosotros este gran asombro. Pero no podemos tener este asombro, no podemos encontrar a Jesús, si no lo encontramos en los demás, en la historia y en la Iglesia *(20-12-2015)*.

PALABRA

María dijo: «Proclama mi alma la grandeza del Señor, "se alegra mi espíritu en Dios, mi salvador; porque ha mirado la humildad de su esclava". Desde ahora me felicitarán todas las generaciones, porque el Poderoso ha hecho obras grandes en mí: "su nombre es santo, y su misericordia llega a sus fieles de generación en generación". Él hace proezas con su brazo: dispersa a los soberbios de corazón, "derriba del trono a los poderosos y enaltece a los humildes, a los hambrientos los colma de bienes y a los ricos los despide vacíos. Auxilia a Israel, su siervo, acordándose de la misericordia" –como lo había prometido a "nuestros padres"– en favor de Abrahán y su descendencia por siempre». María se quedó con Isabel unos tres meses y volvió a su casa.

1Samuel **1, 24-28;** ***Salmo:1Samuel*** **2, 1.4-7 • LUCAS 1, 46-56**

ORACIÓN

***OH REY** de las naciones y Deseado de todos los pueblos, Piedra angular de la Iglesia, que haces de dos pueblos uno solo, cantado por tu Madre en su "Magníficat": ¡ven y salva al hombre que formaste del barro de la tierra!* Todos los pueblos te desean y celebran tu Nacimiento, incluso sin saberlo o sin pensarlo. Yo sí lo sé y tu Evangelio me ayuda a prepararme para celebrar tu Navidad, poniéndote a ti en el centro de mi vida, y yo, confesando mis pecados, vivir en estado de gracia, que es tu presencia viva en mí.

Mi corazón se regocija en el Señor, mi Salvador *(1Samuel 2,1).*

Santos JUAN DE KETY *pb*, Ivón *ob*, Juan Stone *pb mr*, M.ª Margarita *mf rl*. Beatos Nicolás Factor *pb*, Antonio Galvão de França *pb*

Papa Francisco: El Evangelio de este domingo de Adviento subraya la figura de María. La vemos cuando, justo después de haber concebido en la fe al Hijo de Dios, afronta el largo viaje de Nazaret de Galilea a los montes de Judea, para ir a visitar y ayudar a su prima Isabel, que se siente envuelta de un gran *asombro*: «¿Quién soy yo para que me visite la madre de mi Señor?». Para celebrar bien la Navidad, estamos llamados a detenernos en los «lugares» del asombro. Son tres. El *primer* lugar es *el otro,* en quien reconocemos a un hermano. El *segundo* es *la historia*. Muchas veces creemos verla por el lado justo, y sin embargo corremos el riesgo de leerla al revés. Un *tercer* lugar de asombro es *la Iglesia*: mirarla con el asombro de la fe significa sentirla como Madre que, aun entre manchas y arrugas, deja ver las características de la Esposa amada y purificada por Cristo Señor. En Navidad Dios se nos dona enteramente dándonos a su Hijo, el Único, que es toda su alegría. Y solo con el corazón de María, la humilde y pobre hija de Sion, convertida en Madre del Hijo del Altísimo, es posible exultar y alegrarse por el gran don de Dios y por su imprevisible sorpresa. El encuentro con Jesús nos hará también sentir a nosotros este gran asombro. Pero no podemos tener este asombro, no podemos encontrar a Jesús, si no lo encontramos en los demás, en la historia y en la Iglesia *(20-12-2015)*.

PALABRA

• ***Miqueas*** 5, 1-4a: Así dice el Señor: «Pero tú, Belén de Efratá, pequeña entre las aldeas de Judá, de ti saldrá el jefe de Israel. Su origen es desde lo antiguo, de tiempo inmemorial. Los entregará hasta el tiempo en que la madre dé a luz, y el resto de sus hermanos retornarán a los hijos de Israel. En pie, pastoreará con la fuerza del Señor, por el nombre glorioso del Señor su Dios. Habitarán tranquilos porque se mostrará grande hasta los confines de la tierra, y esta será nuestra paz».

• ***Salmo*** 79, 2-3. 15-19: ***Oh Dios, restáuranos, que brille tu rostro y nos salve.***

• ***Hebreos*** 10, 5-10: Al entrar Cristo en el mundo, dice: «Tú no quisiste sacrificios ni ofrendas; pero me formaste un cuerpo; no aceptaste holocaustos ni víctimas expiatorias». Entonces yo dije: «He aquí que vengo -pues así está escrito en el comienzo del libro acerca de mí- para hacer, ¡oh Dios!, tu voluntad». Primero dice: «No quieres ni aceptas sacrificios ni ofrendas, holocaustos ni víctimas expiatorias» –que se ofrecen según la ley–. Después añade: «He aquí que vengo para hacer tu voluntad». Niega lo primero, para afirmar lo segundo. Y conforme a esa voluntad todos quedamos santificados por la oblación del cuerpo de Jesucristo, hecha una vez para siempre.

• **LUCAS 1, 39-45:** En aquellos mismos días, María se levantó y se puso en camino de prisa hacia la montaña, a una ciudad de Judá; entró en casa de Zacarías y saludó a Isabel. Aconteció que, en cuanto Isabel oyó el saludo de María, saltó la criatura en su vientre. Se llenó Isabel de Espíritu Santo y, levantando la voz, exclamó: «¡Bendita tú entre las mujeres y bendito el fruto de tu vientre! ¿Quién soy yo para que me visite la madre de mi Señor? Pues, en cuanto tu saludo llegó a mis oídos, la criatura saltó de alegría en mi vientre. ¡Bienaventurada la que ha creído, porque lo que le ha dicho el Señor se cumplirá!».

ORACIÓN ***OH ENMANUEL,*** *rey y legislador nuestro, esperanza de las naciones y salvador de los pueblos, a quien Juan el Bautista anunció como Cordero de Dios que quita el pecado del mundo: ¡ven a salvarnos, Señor Dios nuestro!* Enmanuel, Dios-con-nosotros, mi Amigo y Salvador, te espero con el corazón abierto y con mi pobreza espiritual que tú enriquecerás con tus dones divinos. ¡Ya llega mi liberación!

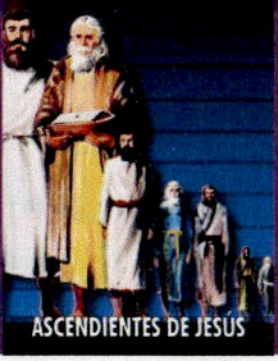

VIGILIA DE NAVIDAD

Santos Antepasados de Jesús: Adán, Abrahán, Jacob, David…, Delfín *ob*, Tarsila *vg*

DICIEMBRE
24
LUNES

Papa Francisco: El belén y el árbol de Navidad son signos navideños siempre sugestivos y queridos para nuestras familias cristianas: evocan el misterio de la Encarnación, al Hijo unigénito de Dios que se hizo hombre para salvarnos, y la luz que Jesús trajo al mundo con su nacimiento. Pero el belén y el árbol tocan el corazón de todos, incluso de quienes no creen, porque hablan de fraternidad, de intimidad y amistad, llamando a los hombres de nuestro tiempo a redescubrir la belleza de la sencillez, la comunión y la solidaridad. Son una invitación a la unidad, a la concordia y la paz; una invitación a dejar espacio en nuestra vida personal y social a Dios, que no viene con arrogancia a imponer su fuerza, sino que nos ofrece su amor omnipotente a través de la frágil figura de un Niño. El belén y el árbol llevan, pues, un mensaje de luz, de esperanza y amor *(19-12-2014)*.

PALABRA

Zacarías, padre de Juan, se llenó de Espíritu Santo y profetizó diciendo: «"Bendito sea el Señor, Dios de Israel", porque ha visitado y "redimido a su pueblo", suscitándonos una fuerza de salvación en la casa de David, su siervo, según lo había predicho desde antiguo por boca de sus santos profetas. Es la salvación que nos libra de nuestros enemigos y de la mano de todos los que nos odian; realizando la "misericordia que tuvo con nuestros padres, recordando su santa alianza" y el "juramento que juró a nuestro padre Abrahán", para concedernos que, libres de temor, arrancados de la mano de los enemigos, le sirvamos con santidad y justicia, en su presencia, todos nuestros días. Y a ti, niño, te llamarán profeta del Altísimo, porque irás delante "del Señor a preparar sus caminos", anunciando a su pueblo la salvación, el perdón de sus pecados. Por la entrañable misericordia de nuestro Dios, nos visitará el sol que nace de lo alto, para iluminar a los que viven en tinieblas y en sombra de muerte, para guiar nuestros pasos por el camino de la paz».

2Samuel 7,1-5.8b-12.14a.16; ***Salmo*** 88,2-5.27.29 • **LUCAS 1, 67-79**

ORACIÓN

JESÚS, hoy sé que vienes como Señor, y mañana contemplaré tu gloria. Vienes a mí para que, "libre de temor, arrancado de la mano de mis enemigos, te sirva con santidad y justicia todos los días de mi vida", maravillosa síntesis de la vida que recuerdo cada mañana. Te pido que en esta Navidad ninguna ocupación o preocupación aparte mi mente, mi corazón y mi vida de lo único importante, que eres tú, que vienes y llamas a la puerta de mi corazón, y me pides alojarte en mi vida. ¡Ven!

Cantaré eternamente tus misericordias, Señor *(Salmo 88,2)*.

NATIVIDAD DEL SEÑOR

NATIVIDAD DE JESÚS

SOLEMNIDAD DE LA NATIVIDAD DEL SEÑOR

Papa Francisco: Hoy la Iglesia revive el asombro de la Virgen María, de san José y de los pastores de Belén, contemplando al Niño que ha nacido y que está acostado en el pesebre: Jesús, el Salvador. En este día lleno de luz, resuena el anuncio del Profeta: «Un niño nos ha nacido, un hijo se nos ha dado». El poder de un Niño, Hijo de Dios y de María, no es el poder de este mundo, basado en la fuerza y en la riqueza, es el poder del amor. Es el poder que creó el cielo y la tierra, que da vida a cada criatura: es la fuerza que atrae al hombre y a la mujer, y hace de ellos una sola carne, una sola existencia; es el poder que regenera la vida, que perdona las culpas, reconcilia a los enemigos, transforma el mal en bien. Paz sobre la tierra a todos los hombres de buena voluntad, que cada día trabajan, con discreción y paciencia, en la familia y en la sociedad para construir un mundo más humano y más justo, sostenidos por la convicción de que solo con la paz es posible un futuro más próspero para todos. «Un niño nos ha nacido, un hijo se nos ha dado»: es el «Príncipe de la paz». Acojámoslo *(25-12-2016)*.

MISA DE MEDIANOCHE

PALABRA • ***Isaías*** 9,1-3.5-6: El pueblo que caminaba en tinieblas vio una luz grande; habitaban tierras de sombras, y una luz les brilló. Acreciste la alegría, aumentaste el gozo: se gozan en tu presencia, como gozan al segar, como se alegran al repartirse el botín. Porque la vara del opresor, el yugo de su carga, el bastón de su hombro, los quebrantaste como el día de Madián. Porque la bota que pisa con estrépito y la túnica empapada en sangre serán combustible, pasto del fuego. Porque un niño nos ha nacido, un hijo se nos ha dado: lleva al hombro el principado, y es su nombre: «Maravilla de Consejero, Dios fuerte, Padre de eternidad, Príncipe de la paz». Para dilatar el principado con una paz sin límites, sobre el trono de David y sobre su reino. Para sostenerlo y consolidarlo con la justicia y el derecho, desde ahora y por siempre. El celo del Señor del universo lo realizará.

• ***Salmo*** 95,1-3.11-13: ***Hoy nos ha nacido un Salvador: el Mesías, el Señor.***

• ***Tito*** 2,11-14: Se ha manifestado la gracia de Dios, que trae la salvación para todos los hombres, enseñándonos a que, renunciando a la impiedad y a los deseos mundanos, llevemos desde ahora una vida sobria, justa y piadosa, aguardando la dicha que esperamos y la manifestación de la gloria del gran Dios y Salvador nuestro, Jesucristo, el cual se entregó por nosotros para rescatarnos de toda iniquidad, y purificar para sí un pueblo de su propiedad, dedicado enteramente a las buenas obras.

•LUCAS 2,1-14: Sucedió en aquellos días que salió un decreto del emperador Augusto, ordenando que se empadronase todo el Imperio. Este primer empadronamiento se hizo siendo Cirino gobernador de Siria. Y todos iban a empadronarse, cada cual a su ciudad. También José, por ser de la casa y familia de David, subió desde la ciudad de Nazaret, en Galilea, a la ciudad de David, que se llama Belén, en Judea, para empadronarse con su esposa María, que estaba encinta. Y sucedió que, mientras estaban allí, le llegó a ella el tiempo del parto y dio a luz a su hijo primogénito, lo envolvió en pañales y lo recostó en un pesebre, porque no había sitio para ellos en la posada. En aquella misma región había unos pastores que pasaban la noche al aire libre, velando por turno su rebaño. De repente un ángel del Señor se les presentó; la gloria del Señor los envolvió de claridad, y se llenaron de gran temor. El ángel les dijo: «No temáis, os anuncio una buena noticia que será de gran alegría para todo el pueblo: hoy, en la ciudad de David, os ha nacido un Salvador, el Mesías, el Señor. Y aquí tenéis la señal: encontraréis un niño envuelto en pañales y acostado en un pesebre». De pronto, en torno al ángel, apareció una legión del ejército celestial, que alababa a Dios, diciendo: «Gloria a Dios en el cielo, y en la tierra paz a los hombres de buena voluntad».

MISA DEL DÍA

• ***Isaías*** 52,7-10a: ¡Qué hermosos son sobre los montes los pies del mensajero que anuncia la paz, que trae la buena noticia, que pregona la victoria, que dice a Sion: «Tu Dios reina»! Escucha: tus vigías gritan, cantan a coro, porque ven cara a cara al Señor, que vuelve a Sion. Romped a cantar a coro, ruinas de Jerusalén, porque el Señor consuela a su pueblo, ha rescatado a Jerusalén. Ha descubierto el Señor su santo brazo a los ojos de todas las naciones, y verán los confines de la tierra la victoria de nuestro Dios.
• ***Salmo*** 97,1-6: ***Los confines de la tierra han contemplado la victoria de nuestro Dios.***
• ***Hebreos*** 1,1-6: En muchas ocasiones y de muchas maneras habló Dios antiguamente a los padres por los profetas. En esta etapa final, nos ha hablado por el Hijo, al que ha nombrado heredero de todo, y por medio del cual ha realizado los siglos. Él es reflejo de su gloria, impronta de su ser. Él sostiene el universo con su palabra poderosa. Y, habiendo realizado la purificación de los pecados, está sentado a la derecha de la Majestad en las

alturas; tanto más encumbrado sobre los ángeles, cuanto más sublime es el nombre que ha heredado. Pues, ¿a qué ángel dijo jamás: "Hijo mío eres tú, yo te he engendrado hoy"; y en otro lugar: "Yo seré para él un padre y él será para mí un hijo"? Asimismo, cuando introduce en el mundo al primogénito, dice: "Adórenlo todos los ángeles de Dios".

• **JUAN 1,1-5.9-14:** En el principio existía el Verbo, y el Verbo estaba junto a Dios, y el Verbo era Dios. Este estaba en el principio junto a Dios. Por medio de él se hizo todo, y sin él no se hizo nada de cuanto se ha hecho. En él estaba la vida, y la vida era la luz de los hombres. Y la luz brilla en la tiniebla, y la tiniebla no lo recibió. El Verbo era la luz verdadera, que alumbra a todo hombre, viniendo al mundo. En el mundo estaba; el mundo se hizo por medio de él, y el mundo no lo conoció. Vino a su casa y los suyos no lo recibieron. Pero a cuantos lo recibieron, les dio poder de ser hijos de Dios, a los que creen en su nombre. Estos no han nacido de sangre, ni de deseo de carne, ni de deseo de varón, sino que han nacido de Dios. Y el Verbo se hizo carne y habitó entre nosotros, y hemos contemplado su gloria: gloria como del Unigénito del Padre, lleno de gracia y de verdad.

ORACIÓN

JESÚS, hoy me uno a toda la humanidad para felicitarte y para felicitarme. Te felicito, como María y José, como los ángeles y los pastores, porque te has hecho uno de nosotros, sin dejar tu categoría de Dios: **¡Gloria a Dios en el cielo!** Me felicito, porque mi naturaleza humana ha alcanzado en ti la máxima expresión: tú vas delante de nosotros, compartiendo nuestra humanidad, hasta que nosotros lleguemos adonde tú nos has preparado un sitio en tu gloria: **¡Paz en la tierra a los hombres de buena voluntad!** Estos son los sencillos, como los pastores. Son los pequeños del mundo: los grandes e importantes tienen cosas tan importantes en su agenda que poco les importas tú. Nosotros solo tenemos de importante tu Persona y tu Amistad. Con María y José, mi Navidad es estar a tu lado, adorarte y entregarte mi vida y mi gratitud.

FIESTA DE SAN ESTEBAN PROTOMÁRTIR

Santos Dionisio *pp*, Zenón *ob*, Zósimo *pp*

DICIEMBRE
26
MIÉRCOLES

Papa Francisco: El protomártir Esteban, lleno de Espíritu Santo, fue lapidado porque confesó su fe en Jesucristo, Hijo de Dios. El Unigénito que viene al mundo invita a cada creyente a elegir la vía de la luz y de la vida. Escogiendo la verdad, él se ha convertido en víctima del misterio de la iniquidad presente en el mundo. ¡Pero en Cristo, Esteban ha vencido! ¡Cuántos hermanos y hermanas en la fe sufren injusticias, violencias y son odiados a causa de Jesús! Los mártires de hoy son en número mayor respecto a los primeros siglos. Al hacer espacio dentro de nuestro corazón al Hijo de Dios que se dona a nosotros en la Navidad, renovemos la alegre y valiente voluntad de seguirlo fielmente como único guía *(26-12-2016)*.

PALABRA

Dijo Jesús a sus discípulos: «¡Cuidado con la gente!, porque os entregarán a los tribunales, os azotarán en las sinagogas y os harán comparecer ante gobernadores y reyes, por mi causa, para dar testimonio ante ellos y ante los gentiles. Cuando os entreguen, no os preocupéis de lo que vais a decir o de cómo lo diréis: en aquel momento se os sugerirá lo que tenéis que decir, porque no seréis vosotros los que habléis, sino que el Espíritu de vuestro Padre hablará por vosotros. El hermano entregará al hermano a la muerte, el padre al hijo; se rebelarán los hijos contra sus padres y los matarán. Y seréis odiados por todos a causa de mi nombre; pero el que persevere hasta el final se salvará».

Hechos 6,8-10; 7,54-60; ***Salmo*** 30,3-4. 6.8.16-17 • **MATEO 10,17-22**

ORACIÓN

JESÚS, a los cantos de los ángeles de Belén sigue el griterío de quienes insultan y apedrean a Esteban. Tu nacimiento me anuncia la salvación. La muerte de Esteban me enseña a sobrellevar con paciencia, con perdón y con amor, los odios e incomprensiones, a causa de tu nombre. Hazme partícipe del amor y el perdón al enemigo, última lección de Esteban.

A tus manos, Señor, encomiendo mi espíritu *(Salmo 30, 6)*.

DICIEMBRE
27
JUEVES

FIESTA DE SAN JUAN, APÓSTOL Y EVANGELISTA

Santos Fabiola *vd*, Teodoro *mj*

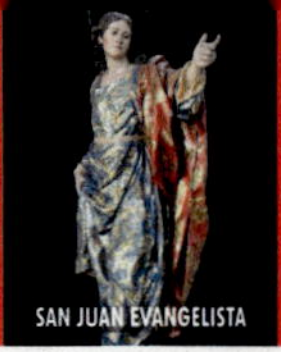
SAN JUAN EVANGELISTA

Papa Francisco: [*El amor del "discípulo amado" nos invita a dejarnos*] abrazar el Evangelio, para dejarnos guiar por la lógica nueva del amor y del servicio humilde y desinteresado. Os hago una pregunta: ¿cuántos de vosotros leéis cada día un pasaje del Evangelio? Y ¿cuántos de vosotros, tal vez, tenéis prisa por acabar el trabajo con el fin de no perder la telenovela...? Tener el Evangelio entre las manos, tener el Evangelio sobre la mesilla, tener el Evangelio en la cartera, tener el Evangelio en el bolsillo y abrirlo para leer la Palabra de Jesús *(26-7-2014)*.

PALABRA

El primer día de la semana, María la Magdalena echó a correr y fue donde estaba Simón Pedro y el otro discípulo, a quien Jesús amaba, y les dijo: «Se han llevado del sepulcro al Señor y no sabemos dónde lo han puesto». Salieron Pedro y el otro discípulo camino del sepulcro. Los dos corrían juntos, pero el otro discípulo corría más que Pedro; se adelantó y llegó primero al sepulcro; e, inclinándose, vio los lienzos tendidos; pero no entró. Llegó también Simón Pedro detrás de él y entró en el sepulcro: vio los lienzos tendidos y el sudario con que le habían cubierto la cabeza, no con los lienzos, sino enrollado en un sitio aparte. Entonces entró también el otro discípulo, el que había llegado primero al sepulcro; vio y creyó.

1Juan 1,1-4; ***Salmo*** 96,1-2.5-6.11-12 • JUAN 20,2-8

ORACIÓN

JESÚS, yo me habría asombrado, al verme profundamente indigno de ser "el hijo de María". ¿Quién puede suplirte a ti? Juan la recibió en su casa. Su vida fue desde entonces para ella y para la Iglesia. Desde joven, te acompañó en la pasión y en el Calvario, y fue testigo privilegiado de tu Resurrección. Aunque estoy tan lejos de ser tu discípulo predilecto y fiel como Juan, sé que cuento con tu amor, y quiero ser discípulo fiel: Juan pudo serlo, porque tu Espíritu modeló su corazón a imagen del tuyo.

Alegraos, justos, con el Señor *(Salmo 96,12).*

SANTOS INOCENTES

LOS SANTOS INOCENTES,
Antonio *mj*, Gaspar del Búfalo *pb*

DICIEMBRE
28
VIERNES

FIESTA DE LOS SANTOS INOCENTES, MÁRTIRES

Papa Francisco: Sí, hay esperanza para tu futuro – oráculo del Señor – los hijos regresarán a su patria» (*Jer* 31,16-17). Este texto de Jeremías es luego retomado por el evangelista Mateo y aplicado a la matanza de los inocentes. Un texto que nos pone ante la tragedia de la matanza de seres humanos indefensos, del horror del poder que desprecia y destruye la vida. Los niños de Belén murieron a causa de Jesús. Y Él, Cordero inocente, luego morirá, a su vez, por todos nosotros. El Hijo de Dios ha entrado en el dolor de los hombres *(4-1-2017)*.

PALABRA

Cuando se retiraron los magos, el ángel del Señor se apareció en sueños a José y le dijo: «Levántate, toma al niño y a su madre y huye a Egipto; quédate allí hasta que yo te avise, porque Herodes va a buscar al niño para matarlo». José se levantó, tomó al niño y a su madre, de noche, se fue a Egipto y se quedó hasta la muerte de Herodes para que se cumpliese lo que dijo el Señor por medio del profeta: «De Egipto llamé a mi hijo». Al verse burlado por los magos, Herodes montó en cólera y mandó matar a todos los niños de dos años para abajo, en Belén y sus alrededores, calculando el tiempo por lo que había averiguado de los magos. Entonces se cumplió lo dicho por medio del profeta Jeremías: «Un grito se oye en Ramá, llanto y lamentos grandes; es Raquel que llora por sus hijos, y rehúsa el consuelo, porque ya no viven».

1Juan 1,5 -2,2; ***Salmo*** 123, 2-8 • **MATEO 2, 13-18**

ORACIÓN

JESÚS, después de 2018 años hay quien piensa lo mismo que los grandes de tu tiempo, y tiene intenciones tan aviesas: sobras en los colegios y en los hospitales, donde los niños y los que tanto sufren mirarían con esperanza tu gesto supremo de amor en la Cruz. Y esto sucede entre los tuyos, en los países que tradicionalmente se han declarado cristianos y han evangelizado el mundo. ¿También en las familias estorbas, cuando tu imagen no se ve en ninguna pared? ¿También sobras en mi vida? No, tú eres mi Amigo de verdad, y no puedes consentir que llegue a pensar que me basto a mí mismo y que tú eres un estorbo para mi desarrollo. ¡Sin ti, yo no soy nada!

Hemos salvado la vida, como un pájaro, de la trampa del cazador *(Salmo 123,7).*

DICIEMBRE

29

SÁBADO (FE)

Día V de la Octava de Navidad

Santos TOMÁS BECKET *ob mr,* David *re prof,* Martiniano *ob,* Marcelo *ab,* Trófimo *ob*

Papa Francisco: María entra en el templo con el Niño en brazos. La Virgen es la que va caminando, pero su Hijo *va delante de ella*. Ella lo lleva, pero es Él quien la lleva a Ella por ese camino de Dios, que viene a nosotros para que nosotros podamos ir a Él. Jesús ha recorrido nuestro camino, y nos ha mostrado el «camino nuevo y vivo», que es Él mismo. Hasta en cinco ocasiones insiste el Evangelio en la *obediencia de María y José a la "Ley del Señor"*: Jesús no vino para hacer su voluntad, sino la voluntad del Padre *(2-2-2015)*.

PALABRA

Cuando se cumplieron los días de su purificación, según la ley de Moisés, los padres de Jesús lo llevaron a Jerusalén, para presentarlo al Señor, de acuerdo con lo escrito en la ley del Señor: «Todo varón primogénito será consagrado al Señor», y para entregar la oblación, como dice la ley del Señor: «un par de tórtolas o dos pichones». Había entonces en Jerusalén un hombre llamado Simeón, hombre justo y piadoso, que aguardaba el consuelo de Israel; y el Espíritu Santo estaba con él. Le había sido revelado por el Espíritu Santo que no vería la muerte antes de ver al Mesías del Señor. Impulsado por el Espíritu, fue al templo. Y cuando entraban con el niño Jesús sus padres para cumplir con él lo acostumbrado según la ley, Simeón lo tomó en brazos y bendijo a Dios diciendo: «Ahora, Señor, según tu promesa, puedes dejar a tu siervo irse en paz. Porque mis ojos "han visto a tu Salvador", a quien has presentado ante todos los pueblos: "luz para alumbrar a las naciones" y gloria de tu pueblo Israel». Su padre y su madre estaban admirados por lo que se decía del niño. Simeón los bendijo y dijo a María, su madre: «Este ha sido puesto para que muchos en Israel caigan y se levanten; y será como un signo de contradicción –a ti misma una espada te traspasará el alma–, para que se pongan de manifiesto los pensamientos de muchos corazones».

1Juan **2, 3-11;** ***Salmo*** **95, 1-6 • LUCAS 2, 22-35**

ORACIÓN

JESÚS, siendo Dios dejas que te lleven al templo para presentarte a Dios. Una humillación para el "Rey de Israel" y del universo, que obedeces siempre al Padre. Ya cumples tu misión de "alumbrar a las naciones" con la luz de tu ejemplo de humildad y obediencia. Y a tu Madre se le anuncia –como a mí y a todos tus discípulos– que una espada le atravesará el corazón. He de completar en mi carne lo que falta a tu Pasión.

Alégrese el cielo, goce la tierra *(Salmo 95,11).*

LA SAGRADA FAMILIA

Santos Félix I *pp*, Hermes *mr*, Rainiero *ob*, Rogelio *ob*

DICIEMBRE
30
DOMINGO

FIESTA DE LA SAGRADA FAMILIA

Papa Francisco: En el clima de alegría que es propio de la Navidad, celebramos la fiesta de la Sagrada Familia. El núcleo familiar de Jesús, María y José es para todo creyente, y en especial para las familias, una auténtica escuela del Evangelio. Aquí aprendemos que todo núcleo familiar cristiano está llamado a ser "iglesia doméstica", para hacer resplandecer las virtudes evangélicas y llegar a ser fermento de bien en la sociedad. Los rasgos típicos de la Sagrada Familia son: recogimiento y oración, mutua comprensión y respeto, espíritu de sacrificio, trabajo y solidaridad. La Virgen y san José enseñan a acoger a los hijos como don de Dios, a generarlos y educarlos cooperando de forma maravillosa con la obra del Creador y dando al mundo, en cada niño, una sonrisa nueva. Es en la familia unida donde los hijos alcanzan la madurez de su existencia, su personalidad, viviendo la experiencia significativa y eficaz del amor gratuito, de la ternura, del respeto recíproco, de la comprensión mutua, del perdón y de la alegría. **Recordemos las tres palabras clave para vivir en paz y alegría en la familia: permiso, gracias, perdón** *(27-12-2015)*.

PALABRA

• *Eclesiástico* 3, 3-7.14-17a: Dios hace al padre más respetable que a los hijos y afirma la autoridad de la madre sobre su prole. El que honra a su padre expía sus pecados, el que respeta a su madre acumula tesoros; el que honra a su padre se alegrará de sus hijos y, cuando rece, será escuchado; el que respeta a su padre tendrá larga vida, al que honra a su madre el Señor le escucha. Hijo mío, sé constante en honrar a tu padre, no lo abandones, mientras vivas; aunque flaquee su mente, ten indulgencia, no lo desprecies aun estando tú en pleno vigor. Porque la compasión hacia el padre no será olvidada y te servirá para reparar tus pecados.

• *Salmo* 127, 1-5: ***Dichosos los que temen al Señor y siguen sus caminos.***

• *Colosenses* 3, 12-21: Como elegidos de Dios, santos y amados, revestíos de compasión entrañable, bondad, humildad, mansedumbre, paciencia. Sobrellevaos mutuamente y perdonaos, cuando alguno tenga quejas contra otro. El Señor os ha perdonado: haced vosotros lo mismo. Y por encima de todo esto, el amor, que es el ceñidor de la unidad perfecta. Que la paz de Cristo reine en vuestro corazón: a ella habéis sido convocados, en un solo cuerpo. Sed también agradecidos. La Palabra de Cristo habite entre vosotros en toda su riqueza; enseñaos unos a otros con toda sabiduría; exhortaos mutuamente. Cantad a Dios, dando gracias de corazón, con salmos, himnos y cánticos inspirados. Y todo lo que de palabra o de obra realicéis, sea todo en nombre del Señor Jesús, dando gracias a Dios Padre por medio de él. Mujeres, sed sumisas a vuestros maridos, como conviene en el Señor. Maridos, amad a vuestras mujeres, y no seáis ásperos con ellas. Hijos, obedeced a vuestros padres en todo, que eso agrada al Señor. Padres, no exasperéis a vuestros hijos, no sea que pierdan el ánimo.

• **LUCAS 2, 41-52:** Los padres de Jesús solían ir cada año a Jerusalén por la fiesta de la Pascua. Cuando Jesús cumplió doce años, subieron a la fiesta según la costumbre y, cuando terminó, se volvieron; pero el niño Jesús se quedó en Jerusalén, sin que lo supieran sus padres. Estos, creyendo que estaba en la caravana, anduvieron el camino de un día y se pusieron a buscarlo entre los parientes y conocidos; al no encontrarlo, se volvieron a Jerusalén buscándolo. Y sucedió que, a los tres días, lo encontraron en el templo, sentado en medio de los maestros, escuchándolos y haciéndoles preguntas. Todos los que le oían, quedaban asombrados de su talento y de las respuestas que daba. Al verlo, se quedaron atónitos, y le dijo su madre: «Hijo, ¿por qué nos has tratado así? Tu padre y yo te buscábamos angustiados». Él les contestó: «¿Por qué me buscabais? ¿No sabíais que yo debía estar en las cosas de mi Padre?». Pero ellos no comprendieron lo que les dijo. Él bajó con ellos y fue a Nazaret y estaba sujeto a ellos. Su madre conservaba todo esto en su corazón. Y Jesús iba creciendo en sabiduría, en estatura y en gracia ante Dios y ante los hombres.

ORACIÓN

JESÚS, como todas las grandes revoluciones, tú iniciaste la mayor revolución espiritual con tu familia. Nazaret fue donde primero se vivió el Evangelio, antes de ser proclamado: la familia es el lugar privilegiado para vivir y transmitir la fe. Yo te doy gracias por la familia que me diste. Recompénsales con creces todo el bien que me han hecho mis padres. Y –en el caso de que hayan muerto– que estén gozando del fruto de esa misma fe, que es la gloria eterna. Y sus hijos y nietos fomentemos la mejor herencia: la fe, el amor y la unidad.

SAN SILVESTRE, PAPA

Día VII de la Octava de Navidad

DICIEMBRE 31 LUNES

Santos SILVESTRE I *pp,* Columba *vg mr,* Melania *es,* Juan F. Regis *pb,* Mario *ob*

Papa Francisco: Recorrer los días del año transcurrido puede presentarse como el recuerdo de hechos y acontecimientos que traen a la memoria momentos de alegría y de dolor, o bien como la ocasión para tratar de comprender si hemos percibido la presencia de Dios que todo lo renueva y sostiene con su ayuda. Hoy nuestros ojos necesitan focalizar de modo especial los signos que Dios nos ha concedido, para tocar con la mano la fuerza de su amor misericordioso. No podemos olvidar que muchas jornadas se vieron marcadas por la violencia, la muerte, el sufrimiento indecible de muchos inocentes... Aun así, cuántos grandes gestos de bondad, de amor y de solidaridad han colmado los días de este año, incluso sin convertirse en noticia de los telediarios. Las cosas buenas no son noticia. El bien vence siempre, incluso si en algún momento puede presentarse más débil y escondido. La compañía de la misericordia es luz para comprender mejor lo que hemos vivido, y esperanza que nos acompaña al inicio de un nuevo año *(31-12-2015).*

PALABRA

En el principio existía el Verbo, y el Verbo estaba junto a Dios, y el Verbo era Dios. Él estaba en el principio junto a Dios. Por medio de él se hizo todo, y sin él no se hizo nada de cuanto se ha hecho. En él estaba la vida, y la vida era la luz de los hombres. Y la luz brilla en la tiniebla, y la tiniebla no lo recibió. El Verbo era la luz verdadera, que alumbra a todo hombre, viniendo al mundo. En el mundo estaba; el mundo se hizo por medio de él, y el mundo no lo conoció. Vino a su casa y los suyos no lo recibieron. Pero a cuantos lo recibieron, les dio poder de ser hijos de Dios, a los que creen en su nombre. Estos no han nacido de sangre, ni de deseo de carne, ni de deseo de varón, sino que han nacido de Dios. Y el Verbo se hizo carne y habitó entre nosotros, y hemos contemplado su gloria: gloria como del Unigénito del Padre, lleno de gracia y de verdad. Juan da testimonio de él y grita diciendo: «Este es de quien dije: El que viene detrás de mí se ha puesto delante de mí, porque existía antes que yo"». Pues de su plenitud todos hemos recibido, gracia tras gracia. Porque la ley se dio por medio de Moisés, la gracia y la verdad nos han llegado por medio de Jesucristo. A Dios nadie lo ha visto jamás: Dios Unigénito, que está en el seno del Padre, es quien lo ha dado a conocer.

Juan 2, 18-21; ***Salmo*** 95, 1-2.11-13 • **JUAN 1,1-5.9-18**

ORACIÓN **JESÚS,** dime, ¿has crecido en mí -en sabiduría, en gracia, en fidelidad- en este 2018, o te he impedido hacer tu obra, que es siempre el secreto para tener la auténtica felicidad? Gracias por las manifestaciones de tu amor y tu perdón a lo largo de este año de gracia. La vida sigue en el 2019 que comienza mañana. Y tu misericordia es eterna. Señor del tiempo, ayúdame a aprovecharlo para hacer el bien, especialmente a los más necesitados en el alma y en el cuerpo. Y perdona todo el mal que he hecho o el bien que he dejado de hacer. Quiero ser siempre fiel a ti. Amén.

Alégrese el cielo, goce la tierra *(Salmo 95,11).*

AUDIOLIBROS.
"LIBROS PARA LEER" (CD + LIBRO)

• **LA BIBLIA PARA ESCUCHAR,** en 42 CD's con sus 4 libros: 175 € (en lugar de su precio: 218,50 €). *Ver reverso de la portada: LA BIBLIA EN CD'S.*

OTROS AUDIOLIBROS DE ESPIRITUALIDAD (orden alfabético)

1 CD: 9 € 2 CD: 16 €; 4 CD: 29 €

- **Amigos de Dios**, homilías de S. Josemaría Escrivá: 9 CD's con libro: 49,50 €
- **Cántico espiritual**, de San Juan de la Cruz ,extractos selectos: 4 CD's
- **Confesiones**, **de San Agustín**, extractos selectos: 2 CD's
- **Diálogos de Pasión**, de José L. Martín Descalzo: 1 CD
- **Diario del alma**, del B. Juan XXIII, extractos selectos: 1 CD
- **Divino impaciente, El**, de José M. Pemán, sobre S. Francisco Javier: 2 CD's
- **Es Cristo que pasa**, homilías de S. Josemaría Escrivá: 9 CD's: 49,50 €
- **Hermano Rafael. Escritos selectos**: 2 CD's
- **Historia de un alma**, de Santa Teresita,extractos selectos: 2 CD's
- **LAUDES Y VÍSPERAS**, de Audiprol, para rezar mañana y tarde: 4 CD's
- **Libro de la vida**, de Santa Teresa, extractos selectos: 2 CD's
- **MI CRISTO ROTO,** con la voz del autor, P. Cué, S. J.: 2 CD's
- **Poemas eucarísticos y marianos**. Selección: J. L. Gago (sin libro): 1 CD
- **San Francisco de Sales**. Testigo de amor, vida y mensaje: 1 CD
- **San Pablo cuenta su vida**, de Luis L. de las Heras: 2 CD's
- **Santa Juana Jugan,** fundadora de las Hermanitas de los Pobres.
- **Santa Maravillas de Jesús**, vida y mensaje: 1 CD
- **Santa Margarita Mª (Alacoque) y el Corazón de Dios**: 2 CD's
- **Santa Teresa.** Vida, obra, mensaje: 1 CD
- **Via Crucis.** Bíblico y actual, por J.A. Martínez Puche: 1 CD
- **Vida de Cristo**, de Fray Luis de Granada: 2 CD's

LITERATURA, HISTORIA (extractos selectos)

- **Cantar de Mio Cid,** en los inicios del castellano: 1 CD
- **Fuenteovejuna,** de Lope de Vega: 1 CD
- **Historia de Madrid,** de Teresa Uriburu: 2 CD's
- **Isabel la Católica,** promotora del Descubrimiento de América: 1CD
- **Lazarillo de Tormes.** Anónimo. 1 CD
- **Quijote de la Mancha**, **El ingenioso hidalgo don** (Cervantes): 4 CD's
- **Vida es sueño, La**, de Calderón de la Barca: 1 CD

ÍNDICE DE SANTOS, BEATOS Y CELEBRACIONES

Los beatos llevan asterisco (*) después del nombre.

D

E

ORACIONES Y VIDA CRISTIANA

1. ORACIONES MÁS COMUNES

1. SEÑAL DE LA CRUZ

Por la señal + de la Santa Cruz, de nuestros + enemigos líbranos, Señor + Dios nuestro. En el nombre del Padre, y del Hijo + y del Espíritu Santo. Amén.

2. PADRENUESTRO

Padre nuestro, que estás en el cielo, santificado sea tu nombre, venga a nosotros tu reino, hágase tu voluntad en la tierra como en el cielo. Danos hoy nuestro pan de cada día, perdona nuestras ofensas como también nosotros perdonamos a los que nos ofenden, no nos dejes caer en la tentación, y líbranos del mal. Amén. *(Este Amén se suprime en la misa.)*

3. AVEMARÍA

Dios te salve, María, llena eres de gracia, el Señor es contigo. Bendita tú eres entre todas las mujeres y bendito es el fruto de tu vientre, Jesús. Santa María, Madre de Dios, ruega por nosotros, pecadores, ahora y en la hora de nuestra muerte. Amén.

4. GLORIA

Gloria al Padre, y al Hijo, y al Espíritu Santo. Como era en el principio, ahora y siempre, por los siglos de los siglos. Amén.

5. ACTO DE CONTRICIÓN

Señor mío Jesucristo, Dios y hombre verdadero, Creador y Redentor mío: por ser tú quien eres, Bondad Infinita, y porque te amo sobre todas las cosas, me pesa de todo corazón haberte ofendido; propongo firmemente nunca más pecar, apartarme de todas las ocasiones de ofenderte; confesarme, y cumplir la penitencia que me fuere impuesta. Te ofrezco mi vida, obras y trabajos, en satisfacción de todos mis pecados; y así como te lo suplico, así confío en tu bondad y misericordia infinita que me los perdonarás por los merecimientos de tu sangre, pasión, muerte y resurrección; y me darás gracia para enmendarme, y para perseverar en tu santo servicio hasta la muerte. Amén

6. COMUNIÓN ESPIRITUAL

Creo, Jesús mío, que estás presente en el Santísimo Sacramento del Altar; te amo sobre todas las cosas y deseo recibirte dentro de mi alma. Mas, no pudiendo hacerlo ahora sacramentalmente, ven espiritualmente a mi corazón. No permitas, Jesús mío, que jamás me aparte y separe de ti. Así sea.

7. INVOCACIÓN AL ESPÍRITU SANTO

Ven, Espíritu Santo, llena los corazones de tus fieles y enciende en ellos el fuego de tu amor.

V. Envía, Señor, tu Espíritu y habrá una nueva creación.

R. Y renovarás la faz de la tierra.

Oración: Oh Dios, que has iluminado los corazones de tus fieles con la luz del Espíritu Santo; haznos dóciles a sus inspiraciones para gustar siempre el bien y gozar de su consuelo. Por Cristo nuestro Señor. Amén.

8. SALVE

Dios te salve, Reina y Madre de misericordia, vida, dulzura y esperanza nuestra, Dios te salve. A ti llamamos los desterrados hijos de Eva; a ti suspiramos, gimiendo y llorando, en este valle de lágrimas. Ea, pues, Señora, abogada nuestra, vuelve a nosotros esos tus ojos misericordiosos, y, después de este destierro, muéstranos a Jesús, fruto bendito de tu vientre. ¡Oh clementísima, oh piadosa, oh dulce Virgen María! Ruega por nosotros, santa Madre de Dios, para que seamos dignos de alcanzar las promesas de nuestro Señor Jesucristo. Amén.

9. CÁNTICO DE LA VIRGEN MARÍA (MAGNÍFICAT)

Proclama mi alma la grandeza del Señor, se alegra mi espíritu en Dios, mi salvador; porque ha mirado la humildad de su esclava. Desde ahora me felicitarán todas las generaciones, porque el Poderoso ha hecho obras grandes por mí: su nombre es santo, y su misericordia llega a sus fieles de generación en generación. Él hace proezas con su brazo: dispersa a los soberbios de corazón, derriba del trono a los poderosos y enaltece a los humildes, a los hambrientos los colma de bienes y a los ricos los despide vacíos. Auxilia a Israel, su siervo, acordándose de la misericordia –como lo había prometido a nuestros padres– en favor de Abrahán y su descendencia por siempre.

10. BAJO TU AMPARO

Bajo tu amparo nos acogemos, Santa Madre de Dios: No desprecies nuestras súplicas en las necesidades, mas líbranos siempre de todos los peligros. ¡Oh Virgen gloriosa y bendita!

11. "ACORDAOS" (San Bernardo)

Acuérdate, oh piadosísima Virgen María, que jamás se ha oído decir que ninguno de los que han acudido a tu protección, implorando tu asistencia y reclamando tu socorro, haya sido abandonado de ti. Animado con esta confianza, a ti también acudo, ¡oh Madre, Virgen de las vírgenes! Y, aunque gimiendo bajo el peso de mis pecados, me atrevo a comparecer ante tu presencia soberana. No deseches mis súplicas, ¡oh Madre de Dios!, antes bien, inclina a ellas tus oídos y dígnate atenderlas favorablemente. Amén.

12. BENDITA SEA TU PUREZA

Bendita sea tu pureza y eternamente lo sea, pues todo un Dios se recrea en tan graciosa belleza. A ti, celestial princesa, Virgen sagrada María, te ofrezco en este día alma, vida y corazón, mírame con compasión, no me dejes, Madre mía.

13. HAZ DE MÍ INSTRUMENTO DE TU PAZ (San Francisco)

Señor, haz de mí un instrumento de tu paz: donde haya odio, ponga yo amor; donde haya ofensa, ponga yo perdón; donde haya discordia, ponga yo armonía; donde haya error, ponga yo verdad; donde haya duda, ponga yo la fe; donde haya desesperación, ponga yo esperanza; donde haya tinieblas, ponga yo la luz; donde haya tristeza, ponga yo alegría. Que no me empeñe tanto: en ser consolado, como en consolar; en ser comprendido, como en comprender; en ser amado, como en amar. Porque dando, se recibe; olvidándose de sí, se encuentra; perdonando, se es perdonado; muriendo, se resucita a la Vida.

14. ACTO DE AMOR A CRISTO CRUCIFICADO

No me mueve, mi Dios, para quererte,
el cielo que me tienes prometido,
ni me mueve el infierno tan temido
para dejar por eso de ofenderte.
Tú me mueves, Señor,
muéveme el verte
clavado en esa cruz y escarnecido,
muéveme el ver tu cuerpo tan herido,
muévenme tus afrentas y tu muerte.
Muéveme, en fin, tu amor de tal manera,
que, aunque no hubiera cielo, yo te amara,
y, aunque no hubiera infierno, te temiera.
No me tienes que dar por que te quiera;
porque, aunque lo que espero no esperara,
lo mismo que te quiero, te quisiera.

15. ME PONGO EN TUS MANOS (P. Foucauld)

Padre, me pongo en tus manos, haz de mí lo que quieras: sea lo que sea, te doy las gracias. Estoy dispuesto a todo, lo acepto todo, con tal de que tu voluntad se cumpla en mí y en todas tus criaturas. No deseo nada más, Padre. Te confío mi alma, te la doy con todo el amor de que soy capaz, porque te amo y necesito darme, ponerme en tus manos sin medida, con una infinita confianza, porque tú eres mi Padre.

16. ORACIÓN DEL HOMBRE NUEVO

Concédeme, Señor, SERENIDAD para aceptar las cosas que no puedo cambiar; VALOR para cambiar lo que puedo; SABIDURÍA para conocer la diferencia.

17. VISITA AL SANTÍSIMO

• *Se repite cinco veces:* Bendito y alabado sea el Santísimo Sacramento del Altar. Sea por siempre bendito y alabado. Padrenuestro... Avemaría... Gloria al Padre...

• *Y una sexta vez, por las intenciones del Papa.*

• Dios mío, que estás aquí presente, yo te adoro con toda humildad, quiero amarte con todo mi corazón y concluir este día y toda mi vida en tu servicio. Amén.

18. OFRECIMIENTO DIARIO POR LA HUMANIDAD

Dios, Padre nuestro, yo te ofrezco toda mi jornada, mis oraciones, pensamientos, afectos y deseos, palabras, obras, alegrías y sufrimientos, en unión con tu Hijo Jesucristo, que sigue ofreciéndose a ti en la Eucaristía, por la salvación del mundo. Que el Espíritu Santo que guio a Jesús, sea mi guía y mi fuerza en este día, para que pueda ser testigo de tu amor. Con María, la Madre del Señor y de la Iglesia, te pido especialmente por las intenciones del Papa y de nuestros obispos para este mes.

19. OFRECIMIENTO A LA VIRGEN MARÍA

¡Oh Señora mía! ¡Oh Madre mía!
Yo me ofrezco enteramente a ti. Y, en prueba de mi filial afecto, te consagro en este día mis ojos, mis oídos, mi lengua, mi corazón: en una palabra, todo mi ser. Ya que soy todo tuyo, Madre de bondad, guárdame y defiéndeme como cosa y posesión tuya. Amén.

20. OFRECIMIENTO AL SEÑOR

Toma, Señor, y recibe toda mi libertad, mi memoria, mi entendimiento y toda mi voluntad, todo mi haber y mi poseer. Tú me lo diste, a ti, Señor, lo torno. Todo es tuyo. Dispón de todo según tu voluntad. Dame tu amor y tu gracia, que esta me basta.

2. LA JORNADA DEL BUEN CRISTIANO

• AL LEVANTARSE

(Hacer la señal de la Cruz)

Yo te adoro, Señor y Padre mío, y te amo con todo mi corazón. Te doy gracias por haberme creado y hecho cristiano y por el nuevo día que me regalas. Te ofrezco las acciones de este día: haz que sean según tu voluntad y para mayor gloria tuya. Líbrame del pecado y de todo mal. Que tu gracia esté siempre conmigo y con todos los que yo quiero. Amén.

(Rezar un Padrenuestro y tres Avemarías).

–Puede hacerse el «Ofrecimiento diario por la humanidad» y el «Ofrecimiento a la Virgen María» (núms. 18 y 19).

• AL MEDIODÍA. Ángelus

El Ángel del Señor anunció a María;
Y concibió por obra del Espíritu Santo.
Dios te salve, María...
Aquí está la esclava del Señor;
Hágase en mí según tu palabra.
Dios te salve, María...
Y el Hijo de Dios se hizo hombre;
Y habitó entre nosotros.
Dios te salve, María...
℣. Ruega por nosotros, Santa Madre de Dios.
℟. *Para que seamos dignos de las promesas de Cristo.*

Oración: Derrama, Señor, tu gracia en nuestros corazones, para que, habiendo conocido por el anuncio del Ángel la encarnación de tu Hijo Jesucristo, por los méritos de su pasión y de su cruz, y con la intercesión de la Virgen María, lleguemos a la gloria de la resurrección. Por el mismo Jesucristo, nuestro Señor. Amén.

Regina Coeli

(En tiempo pascual, en lugar del Ángelus se recita esta oración)

Reina del cielo, alégrate, aleluya; porque el Señor, a quien mereciste llevar en tu seno, aleluya; ha resucitado, según su palabra, aleluya. Ruega a Dios por nosotros, aleluya.
℣. Gózate y alégrate, Virgen María, aleluya.
℟. *Porque resucitó verdaderamente el Señor, aleluya.*

Oración: ¡Oh Dios, que por la resurrección de tu Hijo, nuestro Señor Jesucristo, te has dignado alegrar al mundo! Concédenos, te rogamos, que por la intercesión de su Madre, la Virgen María, alcancemos los gozos de la vida eterna. Por el mismo Jesucristo, nuestro Señor. Amén.

• BENDICIÓN DE LA MESA Y ACCIÓN DE GRACIAS

1. Bendice, Señor, los alimentos que vamos a tomar: que nos den fuerzas para hacer el bien a los demás.

2. Te bendecimos, Señor, por estos alimentos recibidos de tu infinita bondad. Da pan a los que tienen hambre, y hambre de ti a los que tenemos pan. Por Cristo nuestro Señor. Amén.

---

1. Te damos gracias, Padre de bondad, por el alimento que nos regalas y por todos tus beneficios: a ti, que vives y reinas por los siglos de los siglos. Amén.

2. Dios, que nos ha dado para hoy, nos dé para mañana: su gracia y su bendición, salud para el cuerpo y salvación para el alma. Amén.

• AL ACOSTARSE

Te adoro, Señor y Padre mío, y te amo con todo mi corazón. Te doy gracias por haberme creado y hecho cristiano y por haberme conservado en este día.

Guárdame en el descanso y líbrame de todos los peligros. Perdona los males que hoy he cometido y acepta el bien que he hecho.

Sálvame, Señor, despierto, y protégeme mientras duermo, para que viva con Cristo y descanse en paz. Amén.

Jesús, José y María, os doy el corazón y el alma mía.

Jesús, José y María, asistidme en mi última agonía.

Jesús, José y María, descanse con vosotros en paz el alma mía.

(Rezo de un Padrenuestro y tres Avemarías).

3. PRECES ESPECIALES

POR LOS ENFERMOS

En la enfermedad del cristiano se cumple especialmente lo que dijo Jesús: «El que quiera seguirme, que tome su cruz y me siga» (Mc 8,34). Es muy conveniente que el Crucifijo esté presente y visible para el enfermo, a fin de que se sienta unido a los dolores del Señor y encuentre en Cristo y en María el consuelo que tanto necesita. También, según las circunstancias, se le puede ayudar a rezar el rosario (por ejemplo, con el CD "El Rosario/20" o el Rosario electrónico) *u otras oraciones. Y animarle a pedir que cada día le lleven la Comunión.*

Ante una operación delicada y una situación terminal

Es importantísimo llamar a la parroquia o al capellán para que le administre el Sacramento de la Unción de los Enfermos, sin esperar a última hora. Habrá que advertir al enfermo que es el "sacramento de los enfermos", no la "extremaunción de los moribundos".

POR LOS MORIBUNDOS

Ayudar a bien morir es seguramente la más importante obra de caridad que se puede hacer a un ser querido o conocido. Cuando aparecen los síntomas de una muerte inminente, conviene que el moribundo escuche la

Recomendación de su alma

Querido hermano/a, te entrego a Dios, y, como criatura suya, te pongo en sus manos, pues es tu Creador, el que te formó del polvo de la tierra. Que al dejar esta vida, salgan a tu encuentro la Virgen María y todos los ángeles y santos.

Que Cristo, que sufrió muerte de cruz por ti, te conceda la verdadera libertad. Que Cristo, Hijo de Dios vivo, te aloje en su paraíso. Que Cristo, buen Pastor, te cuente entre sus queridas ovejas. Que te perdone todos los pecados y te agregue al número de sus elegidos. Que puedas contemplar cara a cara a tu Redentor y gozar de la visión de Dios por los siglos de los siglos. Amén.

Cuando, acabada la recomendación del alma, haya síntomas de muerte inminente, se le puede dar a besar el Crucifijo y decir, haciéndole la señal de la cruz en la frente:

Que el Padre, el Hijo y el Espíritu Santo estén contigo, te infundan esperanza y te conduzcan a la paz de su reino celestial, por los siglos de los siglos. Amén.

PRECES POR EL DIFUNTO

En el momento de expirar

Al cerrarle los ojos, rezar esta oración:

Concede, Señor, a nuestro/a hermano/a N., cuyos ojos no verán más la luz de este mundo, contemplar eternamente tu belleza y gozar de tu presencia, por los siglos de los siglos. Amén.

Otras preces por el difunto

A continuación, después de hacerle la señal de la cruz en la frente, se rezan estas preces, que también pueden repetirse en distintos momentos del velatorio y entierro:

V. Este primer mundo ha pasado definitivamente para nuestro/a hermano/a N. Pidamos al Señor que le conceda gozar ahora del cielo nuevo y de la tierra nueva que Él ha dispuesto para sus elegidos.

Venid en su ayuda, santos de Dios; salid a su encuentro, ángeles del Señor.

Todos. ***Recibid su alma y presentadla ante el Altísimo.***

V. Cristo, que te llamó, te reciba, y los ángeles te conduzcan al regazo de Abrahán.

Todos. ***Recibid su alma y presentadla ante el Altísimo.***

V. Dale, Señor el descanso eterno, y brille para él (ella) la luz perpetua.

Todos. ***Recibid su alma y presentadla ante el Altísimo.***

V. Hacia ti, Señor, levantamos nuestros ojos; contempla, Señor, nuestra fe en este momento de prueba y concede a N. el descanso eterno.

Oremos con la oración que Cristo nos enseñó y el Avemaría a nuestra Madre, para que interceda por nuestro/a hermano/a N.

Padre nuestro... Dios te salve, María...

V. Dale, Señor, el descanso eterno.

Todos. ***Y brille para él (ella) la luz eterna.***

V. Descanse en paz.

Todos. ***Amén.***

Otro formulario de preces en el velatorio y en el cementerio

V. Oremos por nuestro/a hermano/a N., que ha dejado este mundo. Que Cristo, que sufrió la muerte de cruz por él (ella), le conceda la felicidad verdadera.

Todos. ***Te lo pedimos, Señor.***

V. Que Cristo, el Hijo de Dios vivo, lo/a reciba en su paraíso.

Todos. Te lo pedimos, Señor.

V. Que le perdone todos sus pecados y lo/a agregue al número de los elegidos.

Todos. Te lo pedimos, Señor.

V. Que pueda contemplar cara a cara a su Redentor y gozar de la visión de su Señor por toda la eternidad.

Todos. Te lo pedimos, Señor.

V. Te pedimos, Señor, que tu siervo/a **N.**, que ha muerto ya para este mundo, viva ahora para ti y que tu amor misericordioso borre los pecados que cometió por fragilidad humana. Por Jesucristo nuestro Señor.

Todos. Amén.

Recemos el *Padre nuestro*, la oración que Cristo nos enseñó, y el *Avemaría* a nuestra Madre, para que interceda por nuestro/a hermano/a **N.**

Padre nuestro... Dios te salve, María...

V. Dale, Señor, el descanso eterno.

Todos. Y brille para él/ella la luz eterna.

V. Descanse en paz.

Todos. Amén.

POR LAS ALMAS DEL PURGATORIO

"Los que mueren en la gracia y en la amistad de Dios, pero imperfectamente purificados, aunque están seguros de su eterna salvación, sufren después de la muerte una purificación, a fin de obtener la santidad necesaria para entrar en la alegría del cielo. La Iglesia llama *purgatorio* a esta purificación final de los elegidos. Desde los primeros tiempos, la Iglesia ha honrado la memoria de los difuntos y ha ofrecido sufragios en su favor, en particular el sacrificio eucarístico, para que, una vez purificados, puedan llegar a la visión beatífica de Dios". *(Catecismo de la Iglesia Católica 1031-1032).*

Ya el Antiguo Testamento recomienda la ayuda espiritual que los vivos podemos prestar a las almas del purgatorio. Leemos en el segundo libro de los Macabeos (12,43-46): *Judas Macabeo recogió dos mil dracmas de plata y las envió a Jerusalén para que ofreciesen un sacrificio de expiación. Obró con gran rectitud y nobleza, pensando en la resurrección. Si no hubiera esperado la resurrección de los que habían caído [en la batalla], habría sido inútil y ridículo rezar por los muertos. Pero, considerando que a los que habían muerto piadosamente les estaba reservado un magnífico premio, la idea era piadosa y santa. Por eso, encargó un sacrificio de expiación por los muertos, para que fueran liberados del pecado.*

Se atribuye a Jacinto Verdaguer esta afirmación certera: ***"Las flores se secan, las lágrimas se evaporan, la oración llega al cielo".***

Lo único valioso que podemos hacer por nuestros difuntos y por todas las almas del purgatorio, además de lo que dice el *Catecismo*, es rezar, ofrecer la santa misa por ellos. Aquí añadimos algunas oraciones por las almas del purgatorio.

Oración de santa Gertrudis

Santa Gertrudis la Grande (1256-1301), monja alemana de Turingia, recibió del Señor esta oración por las almas del purgatorio, muy eficaz para la liberación de las benditas almas del purgatorio:

"Eterno Padre, yo te ofrezco la preciosísima Sangre de tu divino Hijo Jesús, en unión con todas las misas celebradas hoy

en todo el mundo, por todas las benditas almas del purgatorio".
Se puede añadir:
Y por los pecadores del mundo, de la Iglesia universal, de mi familia y de mi comunidad (parroquial, religiosa, cristiana). Amén

Oraciones de la Liturgia

•Acuérdate, Señor, de tus hijos *(nombres de familiares y conocidos difuntos)* que me han precedido con el signo de la fe y duermen ya el sueño de la paz. A ellos y a cuantos descansan en Cristo, concédeles el lugar del consuelo, de la luz y de la paz.
•A mis familiares y conocidos difuntos y a cuantos murieron en tu amistad recíbelos en tu reino, donde esperamos gozar todos juntos de la plenitud eterna de tu gloria. Por Cristo, Señor nuestro, por quien concedes al mundo todos los bienes.
•Dios misericordioso y eterno, vida de los mortales y gozo de los santos, escucha mi oración por todas las benditas almas del purgatorio; líbralas de las cadenas de la muerte y admítelas en las alegrías eternas de tu reino.
•Oh Dios, que resucitaste a tu Hijo para que, venciendo la muerte entrara en tu reino, escucha mi oración por las benditas almas del purgatorio. Que los difuntos que fueron en este mundo miembros de tu Iglesia peregrina, superada su condición mortal puedan participar con todos los santos en la asamblea de la Iglesia celestial y contemplarte cara a cara por toda la eternidad.
•Presta oídos, Señor Jesús, a la oración con la que imploro tu misericordia en favor de las benditas almas del purgatorio. Tú que hiciste, a quienes ya han muerto, miembros de tu Iglesia durante su vida mortal, llévalos contigo a la patria de la luz, para que ahora participen de la ciudadanía de los santos, contigo y con tu Madre María, que nos diste por Madre desde la Cruz.

Dales, Señor, el descanso eterno.
Y brille para ellos la luz perpetua.
Que todos los fieles difuntos, por la misericordia de Dios, descansen en paz.
Amén.

(¿Cómo agradecerán las benditas almas del purgatorio nuestra oración a Dios por ellos, cuando lleguen al cielo gracias a nuestra oración? -Ayudándonos con su santa intercesión en presencia de Dios, Padre misericordioso, Hijo que nos salva, y Espíritu Santo que nos alienta en nuestro caminar hacia la Patria)

4. SACRAMENTOS

Los sacramentos son siete:
El primero, Bautismo.
El segundo, Confirmación.
El tercero, Penitencia.
El cuarto, Eucaristía.
El quinto, Unción de los enfermos.
El sexto, Orden Sacerdotal.
El séptimo, Matrimonio.

El **Bautismo** *y la* **Confirmación,** *sacramentos de la iniciación cristiana, suelen recibirse de niño y de joven, una sola vez. La* **Penitencia** *(confesión) y la* **Eucaristía** *(comunión) deben recibirse con frecuencia. El*

Matrimonio *y el* **Orden Sacerdotal** *sirven a la edificación y salvación de los demás, por medio de los cónyuges cristianos y de los ministros sagrados. La* **Unción de los enfermos** *reconforta a los atribulados por la enfermedad.*

LA PENITENCIA

Para celebrar bien este sacramento es necesario:

– el examen de conciencia, *para poner toda tu vida a la luz del Evangelio;*

– el dolor de los pecados (contrición), *por haber ofendido a Dios;*

– el propósito de la enmienda, *porque quieres cambiar de vida, convertirte, con la gracia de Dios;*

– la confesión de los pecados al sacerdote: *exponer todos los pecados con sencillez y sinceridad;*

– la satisfacción: *cumplir la penitencia, reparar el daño causado al prójimo, restituir lo robado (bienes, fama...).*

• *Examen de conciencia*

Es necesario confesar los pecados graves, o «mortales», *que son los que tienen como objeto una materia grave (contra los Mandamientos), se cometen con pleno conocimiento y consentimiento deliberado. Sin embargo, para una más profunda y progresiva conversión, será bueno que también te arrepientas y confieses tus* pecados veniales. *A continuación tienes un cuestionario para ayudarte a examinar tu conciencia.*

Primer Mandamiento: ¿Tengo a Dios por encima de todo y trato de aumentar mi fe y mi amor a Dios? ¿He admitido en serio dudas contra las verdades de la fe?, etc.

Segundo Mandamiento: ¿He blasfemado? ¿He pronunciado palabras injuriosas contra Dios, la Virgen María, los santos o las cosas sagradas, incluso delante de otros?, etc.

Tercer Mandamiento (y Mandamientos de la Iglesia): ¿He santificado el domingo, asistiendo consciente y devotamente a la celebración de la Eucaristía y guardando el descanso sagrado?, etc. ¿Cumplo los mandamientos de la Iglesia?

Cuarto Mandamiento: ¿Honro a mis padres con el amor, el respeto y la obediencia debidos, o los maltrato y hago sufrir con mi conducta? ¿Ayudo a mis padres en sus necesidades, enfermedad, ancianidad?, etc.

Quinto Mandamiento: ¿Tengo odio, rencor o enemistad con alguien? ¿He escandalizado a otros, induciéndolos al mal? ¿He causado algún mal físico a otros? ¿He quitado la vida a alguien, en todos los sentidos? ¿He abortado o colaborado en aborto o eutanasia? ¿He conducido imprudentemente el coche o la moto? ¿He tomado drogas, o alcohol en exceso?

Sexto y noveno Mandamientos: ¿Me he entretenido en pensamientos, deseos o recuerdos impuros? ¿He cometido –o deseado– alguna acción impura: solo o con otros, de distinto o del mismo sexo, parientes, consagrados, menores de edad? ¿Me he puesto en peligro con diversiones, lecturas, espectáculos, páginas indecentes de internet? ¿Tengo amistades peligrosas? ¿Guardo la debida castidad en el noviazgo o en el matrimonio?, etc.

Séptimo y décimo Mandamientos: ¿He robado alguna cosa o cantidad de dinero? ¿Lo he devuelto? ¿Cumplo fielmente mis deberes sociales: impuestos, seguros, votaciones, etc.?

Octavo Mandamiento: ¿He mentido? ¿He reparado el daño derivado de mis mentiras? ¿He criticado a otros, descubriendo faltas graves? ¿He calumniado a otros atribuyéndoles algo que es falso? ¿He reparado o estoy dispuesto a reparar esa calumnia?, etc.

LA EUCARISTÍA, LA SANTA MISA

Todos los domingos y fiestas de precepto debes participar en la celebración de la Eucaristía, la Santa Misa, y procura comulgar. Si has cometido algún pecado, confiésate. Y celebra el domingo, día del Señor, en unión con todos los cristianos del mundo. Para participar activamente en la celebración, lee y aprende las oraciones y respuestas que hay a continuación.

Saludo inicial

SACERDOTE: En el nombre del Padre, y del Hijo y del Espíritu Santo.

TODOS: ***Amén.***

S: La gracia de nuestro Señor Jesucristo, el amor del Padre y la comunión del Espíritu Santo estén con vosotros.

T: ***Y con tu espíritu.***

Acto penitencial

S: Para celebrar dignamente estos sagrados misterios, reconozcamos nuestros pecados.

T: ***Yo confieso ante Dios todopoderoso y ante vosotros, hermanos, que he pecado mucho de pensamiento, palabra, obra y omisión. Por mi culpa, por mi culpa, por mi gran culpa. Por eso ruego a Santa María, siempre Virgen, a los ángeles, a los santos y a vosotros, hermanos, que intercedáis por mí ante Dios, nuestro Señor.***

S: Dios todopoderoso tenga misericordia de nosotros, perdone nuestros pecados y nos lleve a la vida eterna.

T: ***Amén.***

S: Señor, ten piedad.

T: ***Señor, ten piedad.***

S: Cristo, ten piedad.

T: ***Cristo, ten piedad.***

S: Señor, ten piedad.

T: ***Señor, ten piedad.***

Gloria

Gloria a Dios en el cielo, y en la tierra paz a los hombres que ama el Señor. Por tu inmensa gloria te alabamos, te bendecimos, te adoramos, te glorificamos, te damos gracias. Señor Dios, Rey celestial, Dios Padre todopoderoso. Señor Hijo único, Jesucristo, Señor Dios, Cordero de Dios, Hijo del Padre; Tú que quitas el pecado del mundo, ten piedad de nosotros; Tú que quitas el pecado del mundo, atiende nuestra súplica; Tú que estás sentado a la derecha del Padre, ten piedad de nosotros.

Porque solo tú eres Santo, solo tú Señor, solo tú Altísimo Jesucristo.

Con el Espíritu Santo, en la gloria de Dios Padre. Amén.

Final de la oración

S: Por Jesucristo... que vive y reina por los siglos de los siglos

(otras oraciones: Por Jesucristo nuestro Señor).

T: ***Amén.***

Final de las lecturas

Lector: Palabra de Dios.

T: ***Te alabamos, Señor.***

Evangelio

S: El Señor esté con vosotros.

T: ***Y con tu espíritu.***

S: Lectura del Santo Evangelio, según San...

T: ***Gloria a ti, Señor.***

S *(final):* Palabra del Señor.

T: ***Gloria a ti, Señor Jesús.***

Profesión de fe (Credo apostólico)

Creo en Dios, Padre todopoderoso, Creador del cielo y de la tierra.

Creo en Jesucristo, su único Hijo, nuestro Señor, que fue concebido por obra y gracia del Espíritu Santo, nació de Santa María Virgen, padeció bajo el poder de Poncio Pilato, fue crucificado, muerto y sepultado, descendió a los infiernos, al tercer día resucitó de entre los muertos, subió a los cielos y está sentado a la derecha de Dios, Padre todopoderoso.

Desde allí ha de venir a juzgar a vivos y muertos.

Creo en el Espíritu Santo, la santa Iglesia católica, la comunión de los santos, el perdón de los pecados, la resurrección de la carne y la vida eterna. Amén.

Presentación de las ofrendas

S: *(Pan)* Bendito seas, Señor... será para nosotros pan de vida.

T: ***Bendito seas por siempre, Señor.***

S: *(Vino)* Bendito seas, Señor... será para nosotros bebida de salvación.

T: ***Bendito seas por siempre, Señor.***

S: Orad, hermanos, para que este sacrificio, mío y vuestro, sea agradable a Dios, Padre todopoderoso.

T: ***El Señor reciba de tus manos este sacrificio para alabanza y gloria de su nombre, para nuestro bien y el de toda su santa Iglesia.***

Plegaria Eucarística. Prefacio

S: El Señor esté con vosotros.

T: ***Y con tu espíritu.***

S: Levantemos el corazón.

T: ***Lo tenemos levantado hacia el Señor.***

S: Demos gracias al Señor nuestro Dios.

T: ***Es justo y necesario.***

S: *(recita el Prefacio)*

T: ***Santo, Santo, Santo es el Señor, Dios del universo. Llenos están los cielos y la tierra de tu gloria. Hosanna en el cielo. Bendito el que viene en nombre del Señor. Hosanna en el cielo.***

Después de la Consagración

S: Este es el Sacramento de nuestra fe.

T: ***Anunciamos tu muerte, proclamamos tu Resurrección.***

¡Ven, Señor Jesús!

Final de la Plegaria Eucarística

S: Por Cristo... todo honor y toda gloria, por los siglos de los siglos.

T: ***AMÉN.***

Rito de la Comunión

–Rezo del Padrenuestro...

S: Líbranos... esperamos la venida gloriosa de nuestro Salvador Jesucristo.

T: ***Tuyo es el reino, tuyo el poder y la gloria, por siempre, Señor.***

Rito de la Paz

S: Señor Jesucristo... tú que vives y reinas por los siglos de los siglos.

T: ***Amén***

S: La paz del Señor esté siempre con vosotros.

T: ***Y con tu espíritu.***

S: Daos fraternalmente la paz.

(se da la paz a los más cercanos, diciendo: ***La paz sea contigo).***

T: ***Cordero de Dios, que quitas el pecado del mundo, ten piedad de nosotros*** *(dos veces).* ***Cordero de Dios, que quitas el pecado del mundo, danos la paz.***

Comunión:

S: Este es el Cordero... invitados a la Cena del Señor.

T: ***Señor, no soy digno de que entres en mi casa, pero una palabra tuya bastará para sanarme.***

S: El Cuerpo de Cristo.

COMULGANTE: ***Amén.***

Rito de despedida

S: El Señor esté con vosotros.

T: ***Y con tu espíritu.***

S: La bendición de Dios... descienda sobre vosotros.

T: ***Amén.***

S: Podéis ir en paz.

T: ***Demos gracias a Dios.***

• *PARA ANTES DE LA COMUNIÓN*

Oración de santo Tomás de Aquino

Omnipotente y eterno Dios: llego al sacramento de tu Hijo unigénito, como enfermo al médico de la vida, como manchado a la fuente de la misericordia, como ciego a la luz de la eterna claridad, como pobre al Señor de cielos y tierra, como desvalido al Rey de la gloria.

Por eso, Señor, ruego a tu infinita bondad y misericordia, que tengas a bien sanar mi enfermedad, limpiar mis manchas, alumbrar mi ceguera, enriquecer mi pobreza y vestir mi desnudez. Así podré recibir al Rey de los Ángeles y Señor de los señores, con tanta reverencia y humildad, con tanta contrición y ternura, con tanta pureza y fe, con tal propósito e intención, cual conviene a la salud de mi alma. Concédeme, te ruego, recibir no solo el Sacramento del Cuerpo y la Sangre del Señor, sino también la gracia y virtud de este Sacramento. Concédeme, Dios mío benignísimo, recibir de tal manera el Cuerpo que tu Hijo unigénito tomó de la Virgen María, que merezca ser incorporado a su Cuerpo Místico y contado entre sus miembros. Concédeme, Padre amantísimo, que logre yo contemplar un día cara a cara, por toda la eternidad, a este tu amadísimo Hijo, a quien ahora, en mi vida mortal, me propongo recibir encubierto bajo el velo del Sacramento. Te lo pido en nombre de tu Hijo Jesucristo, el cual vive y reina contigo en la unidad del Espíritu Santo, por los siglos de los siglos. Amén.

• *PARA DESPUÉS DE LA COMUNIÓN*

Oración de san Ignacio de Loyola

Alma de Cristo, santifícame.
Cuerpo de Cristo, sálvame.
Sangre de Cristo, embriágame.
Agua del costado de Cristo, lávame.
Pasión de Cristo, confórtame.
¡Oh buen Jesús!, óyeme.
Dentro de tus llagas escóndeme.

No permitas que me aparte de ti.
Del maligno enemigo, defiéndeme.
En la hora de mi muerte, llámame, y mándame ir a ti, para que con tus santos te alabe por los siglos de los siglos. Amén.

A Jesús Crucificado

Mírame, ¡oh mi amado y buen Jesús!, postrado en tu divina presencia. Te ruego, con el mayor fervor, que imprimas en mi corazón los sentimientos de fe, esperanza y caridad, verdadero dolor de los pecados y propósito firme de jamás ofenderte. Mientras, yo, con gran amor y compasión, voy considerando tus cinco llagas, comenzando por aquello que dijo el profeta David:
Han taladrado mis manos y mis pies, y se pueden contar todos mis huesos.

5. SANTO ROSARIO

(Después del enunciado de cada Misterio que se ha de meditar, se reza un Padrenuestro, diez Avemarías y el Gloria).

Misterios gozosos *(lunes y sábados)*

1º La Encarnación del Hijo de Dios.
2º La Visitación de la Virgen María a su prima Santa Isabel.
3º El Nacimiento del Hijo de Dios.
4º La Presentación del Niño Jesús en el Templo.
5º El Niño Jesús, perdido y hallado en el Templo.

Misterios luminosos *(jueves)*

1º El Bautismo del Señor en el Jordán.
2º La revelación de Jesús en las bodas de Caná.
3º El anuncio del Reino de Dios, invitación a la conversión.
4º La Transfiguración del Señor.
5º La institución de la Eucaristía.

Misterios dolorosos *(martes y viernes)*

1º La Oración de Jesús en el Huerto.
2º Los azotes que padeció el Señor, atado a la columna.
3º La coronación de espinas.
4º Jesús con la Cruz a cuestas.
5º La Crucifixión y Muerte del Señor.

Misterios gloriosos *(miércoles y domingos)*

1º La Resurrección del Señor.
2º La Ascensión del Señor a los cielos.
3º La venida del Espíritu Santo.
4º La Asunción de la Virgen María en cuerpo y alma a los cielos.
5º La Coronación de Nuestra Señora como Reina de cielos y tierra.

LETANÍAS DE NUESTRA SEÑORA

Señor, ten piedad.
R. *(Se repite lo mismo).*
Cristo, ten piedad. R.
Señor, ten piedad. R.
Cristo, óyenos. R.
Cristo, escúchanos. R.
Dios, Padre celestial.
R. *Ten misericordia de nosotros.*
Dios, Hijo Redentor del mundo.
R. *Ten misericordia de nosotros.*
Dios, Espíritu Santo. R.
Trinidad Santa, un solo Dios. R.
(A partir de aquí, se responde:
Ruega por nosotros)
Santa María,
Santa Madre de Dios,
Santa Virgen de las vírgenes,
Madre de Cristo,
Madre de la Iglesia,

Madre de la divina gracia,
Madre purísima,
Madre castísima,
Madre y virgen,
Madre santa,
Madre inmaculada,
Madre amable,
Madre admirable,
Madre del buen consejo,
Madre del Creador,
Madre del Salvador,
Virgen prudentísima,
Virgen digna de veneración,
Virgen digna de alabanza,
Virgen poderosa,
Virgen clemente,
Virgen fiel,
Ideal de santidad,
Morada de la sabiduría,
Causa de nuestra alegría,
Templo del Espíritu Santo,
Honor de los pueblos,
Modelo de entrega a Dios,
Rosa escogida,
Fuerte como la torre de David,
Hermosa como torre de marfil,
Casa de oro,
Arca de la Nueva Alianza,
Puerta del Cielo,
Estrella de la mañana,
Salud de los enfermos,
Refugio de los pecadores,
Consoladora de los afligidos,
Auxilio de los cristianos,
Reina de los Ángeles,
Reina de los Patriarcas,
Reina de los Profetas,
Reina de los Apóstoles,
Reina de los Mártires,
Reina de los que viven su fe,
Reina de las Vírgenes,
Reina de todos los Santos,
Reina concebida sin pecado original,
Reina elevada al cielo,
Reina del Santo Rosario,
Reina de la familia,
Reina de la paz,

Cordero de Dios, que quitas el pecado del mundo.

R. *Perdónanos, Señor.*

Cordero de Dios, que quitas el pecado del mundo.

R. *Escúchanos, Señor.*

Cordero de Dios, que quitas el pecado del mundo.

R. *Ten misericordia de nosotros.*

V. Ruega por nosotros, Santa Madre de Dios.

R. *Para que seamos dignos de las promesas de Cristo.*

Oremos: Te pedimos, Señor, que nosotros, tus siervos, gocemos siempre de salud de alma y cuerpo, y por la intercesión de santa María, la Virgen, líbranos de las tristezas de este mundo y concédenos las alegrías del cielo. Por Jesucristo nuestro Señor. Amén.

Ave María Purísima. Sin pecado concebida.

6. VÍA CRUCIS

Al comenzar cada Estación, se reza:

V. Te adoramos, Cristo, y te bendecimos.

R. **Porque por tu Santa Cruz redimiste al mundo.**

Y se termina con esta invocación:

Jesús, pequé: ten piedad y misericordia de mí.

Y termina la Estación con

1ª estación: Jesús es condenado a muerte.

2ª Jesús carga con la Cruz.
3ª Jesús cae bajo el peso de la Cruz.
4ª Jesús se encuentra con su Santísima Madre.
5ª El Cireneo ayuda a Jesús a llevar la Cruz.
6ª La Verónica limpia el rostro de Jesús.
7ª Jesús cae en tierra por segunda vez.
8ª Jesús consuela a las hijas de Jerusalén.
9ª Jesús cae por tercera vez.
10ª Jesús es despojado de sus vestiduras.
11ª Jesús es clavado en la Cruz.
12ª Jesús muere en la Cruz.
13ª Jesús es bajado de la Cruz y puesto en brazos de su Madre.
14ª Jesús es puesto en el sepulcro.

7. CONOCIMIENTOS CRISTIANOS BÁSICOS

1. Los diez Mandamientos de la Ley de Dios

1º Amarás a Dios sobre todas las cosas.
2º No tomarás el nombre de Dios en vano.
3º Santificarás las fiestas.
4º Honrarás a tu padre y a tu madre.
5º No matarás.
6º No cometerás actos impuros.
7º No robarás.
8º No dirás falsos testimonios ni mentirás.
9º No consentirás pensamientos ni deseos impuros.
10º No codiciarás los bienes ajenos.
Estos diez Mandamientos se resumen en dos: Amarás a Dios sobre todas las cosas, y al prójimo como a ti mismo.

2. Las ocho Bienaventuranzas

1ª Bienaventurados los pobres en el espíritu, porque de ellos es el reino de los cielos.
2ª Bienaventurados los mansos, porque ellos heredarán la tierra.
3ª Bienaventurados los que lloran, porque ellos serán consolados.
4ª Bienaventurados los que tienen hambre y sed de la justicia, porque ellos quedarán saciados.
5ª Bienaventurados los misericordiosos, porque ellos alcanzarán misericordia.
6ª Bienaventurados los limpios de corazón, porque ellos verán a Dios.
7ª Bienaventurados los que trabajan por la paz, porque ellos serán llamados hijos de Dios.
8ª Bienaventurados los perseguidos por causa de la justicia, porque de ellos es el reino de los cielos.
Bienaventurados vosotros cuando os insulten y os persigan y os calumnien de cualquier modo por mi causa. Alegraos y regocijaos, porque vuestra recompensa será grande en el cielo (Mt 5, 3-12).

3. Los siete dones del Espíritu Santo

Don de sabiduría.
Don de inteligencia.
Don de consejo.
Don de fortaleza.
Don de ciencia.
Don de piedad.
Don de temor de Dios.

4. Los doce frutos del Espíritu Santo

Caridad, gozo, paz, paciencia, longanimidad, bondad, benignidad, mansedumbre, fidelidad, modestia, continencia y castidad.

5. Las siete virtudes

Teologales: fe, esperanza y caridad.
Cardinales: prudencia, justicia, fortaleza y templanza.

7. Las catorce obras de misericordia

Siete espirituales:
1ª Enseñar al que no sabe.

2ª Dar buen consejo al que lo necesita.
3ª Corregir al que yerra.
4ª Perdonar las injurias.
5ª Consolar al triste.
6ª Sufrir con paciencia los defectos del prójimo.
7ª Rogar a Dios por vivos y difuntos.

Siete corporales:

1ª Visitar y cuidar a los enfermos.
2ª Dar de comer al hambriento.
3ª Dar de beber al sediento.
4ª Dar posada al peregrino.
5ª Vestir al desnudo.
6ª Redimir al cautivo.
7ª Enterrar a los muertos.

8. Los siete pecados capitales

1º Soberbia (contra la humildad).
2º Avaricia (contra la largueza).
3º Lujuria (contra la castidad).
4º Ira (contra la paciencia).
5º Gula (contra la templanza).
6º Envidia (contra la caridad).
7º Pereza (contra la diligencia).

9. Los cinco mandamientos de la Iglesia

1º Participar en la misa entera todos los domingos y demás fiestas de precepto, y no realizar trabajos serviles.

2º Confesar, al menos una vez al año, los pecados graves de que se tenga conciencia.

3º Recibir el sacramento de la Eucaristía al menos por Pascua.

4º Abstenerse de comer carne, y ayunar en los días establecidos por la Iglesia (ayuno y abstinencia: *el miércoles de ceniza y el viernes santo;* abstinencia: *los viernes de cuaresma).*

5º Ayudar a las necesidades de la Iglesia.

BIBLIOTECA BÁSICA CRISTIANA

EDIBESA le ofrece su fondo editorial de LIBROS, AUDIOLIBROS, MÚSICA y PELÍCULAS para su propia formación cristiana, para evangelizar y hacer regalos de provecho.

Consulte las novedades mes a mes en www.edibesa.com

1. BIBLIA. EVANGELIO

LA BIBLIA PARA LEER

La Biblia. Ilustrada y comentada (16 volúmenes) ¡Gran oferta!: Solo 150€. 3.000 p. Texto completo. 20x28 cm. Color. Cartoné acolchado.

Biblia Temática. Toda la Palabra de Dios, por orden alfabético de temas, con todos los textos bíblicos agrupados por títulos y subtítulos. Mucho más que unas "Concordancias" o un Diccionario bíblico. Autor: Luis Godtsseels, S.J. 739 páginas bicolor. ¡Solo 24,75 €!

La Biblia de la familia 1.400 p.+CD-Rom interactivo. Texto completo. 21,5x28,5 cm. Color. Cartoné. Canto Dorado. Un gran regalo para bodas. 45 €

Biblia de la Familia. Nueva edición con estuche, 55 €

La Biblia. Leer. Pensar. Orar... Cada día. 1310 p. 13,50 x 21 cm. Traducción interconfesional. Con método de la Lectio Divina 10 €

La Biblia. Dios habla hoy: El Libro. 1866 p. 12x18,5 cm. 17,75 €. Biblia interconfesional. Texto completo. Ilustraciones. Índices y cuadros pedagógicos.

San Pablo, Hechos y Cartas. 222 p. Texto completo. 222 p. 2,20 €

San Pablo. Testimonio y doctrina. *Texto de las Cartas por orden temático* 230 p. 8,25 €

LA BIBLIA PARA ESCUCHAR

42 CD + 4 libros: 139 €

1. Antiguo Testamento 1. Textos selectos de Pentateuco, Históricos, Narraciones, Sapienciales, Profetas. Libro: 934 p. 15,75 €. Libro+17CD: 65 €

2. Antiguo Testamento 2. Los Salmos. Texto íntegro de los 150 salmos. Libro: 322 p. 7,50 €. Libro + 4 CD: 19 €

3. Nuevo Testamento 1. Los Cuatro Evangelios. Texto íntegro. Libro: 508 p. 6,75 €. Libro + 10 CD: 45 €

4. Nuevo Testamento 2. Hechos, Cartas, Apocalipsis. Texto íntegro. Libro: 646 p. 9,50 €. Libro + 11 CD: 49 €

BIBLIAS PARA NIÑOS

Mi primera Biblia. Para niños a partir de 3 años. 26 p. cartón. 16x15,5 cm. Color. Cartoné acolchado. 9,50 €

La Biblia de los niños. A partir de 5 años. 142 p. 21,5x21,5 cm. Color. Ilustrada. Cartoné. 14,50 €

La Biblia de los pequeños. *Antiguo y Nuevo Testamento para los niños.* 200 p. Cartoné. Color + CD. 24x34 cm. 22,50 €

La Biblia, mi amiga. 320 p. 14x20,5 cm. Color. Ilustrada. Cartoné. 50 relatos para niños mayores y preadolescentes. Primera Comunión. 18 €

Jesús nos cuenta. Las parábolas del Evangelio. 128 p. Ilustradas y adaptadas para los más pequeños. 24x34 cm. Color. Cartoné.

EL EVANGELIO PARA LEER

El Evangelio para nuestros mayores. 500 p. 13,25 €. Letra grande. Bicolor. Reflexión-oración diaria de José A. Martínez Puche, O.P.

El Evangelio. *Oraciones y vida cristiana.* 218 p. 1,25 €. Texto de los cuatro Evangelios para cada día del año con oraciones cristianas. J. A. Martínez Puche.

El Evangelio. *Recuerdo de mi Primera Comunión.* 218 p. 1,50 €.Texto evangélico para cada día. Oraciones y vida cristiana. Para regalar a todos los niños.

El Evangelio. *Recuerdo de mi Confirmación.* 218 p. 1,25 €. Texto evangélico para cada día. Oraciones y vida cristiana. Para regalar a todos los confirmandos.
El Evangelio *(para cada día del año).* 186 p. Texto de los cuatro Evangelios para cada día del año. Rústica. 1 €. Cartoné. 3 €
El Evangelio para cada día. *Y vocabulario evangélico popular.* 326 p. 5,25 €. Texto evangélico para cada día. Índices de textos, onomástico y numérico. Santoral.
El Evangelio en crucigramas. *Textos de los evangelios concordados con pasatiempos* (4ª ed.) 614 p. 15 €
Ejercicios y pasatiempos de "El Evangelio en crucigramas" (2ª ed.). 310 p. 4 €. Sólo los pasatiempos del libro anterior.
La infancia de Jesús en pasatiempos. 142 p. 11 €
El Evangelio de Jesús. 318 p. 15,75 €. Difusión e influencia. Siglos I-XXI
Evangelio de los Hebreos. *Vida de Jesús, según los Evangelios y escritos apócrifos.* Pseudo Leví Hispano. 276 p. 8,50 €

EL EVANGELIO PARA ESCUCHAR

Los Evangelios. *Vida y doctrina de Jesucristo en los Cuatro Evangelios.* Textos seleccionados. Libro: 100 p. 2,75 €. Libro + 1 CD: 9 € seleccionados por J. A. Martínez Puche.
Las Palabras de Jesús. Todo lo que dijo el Señor (extraído de los Cuatro Evangelios por J. A. Martínez Puche.). Libro: 264 p. 5,50 €. Libro + 4 CD: 29 €

PARA COMPRENDER LA BIBLIA

Libros de exégesis, estudios, comentarios bíblicos y reflexión espiritual sobre la Palabra de Dios

Comprender las Escrituras. *Curso completo para el estudio de la Biblia* Scott Hahn. 550 p. Color. Cartoné. 21,50x28 cm. 35 €. Un buen regalo para cualquier ocasión.
La Biblia, comentada por ella misma. J. Cantera. 366 p. 11,50 €

EL ANTIGUO TESTAMENTO

Personajes bíblicos del Antiguo Testamento. Mª B. Daiber. 416 p. 14,50 €
El Pentateuco. *Historia y sentido* (2ª ed.). A.-Á. García. 292 p. 15 €
Moisés, contado por los sabios. E. Fleg. 246 p. Escritos de los sabios de Israel. 12,50 €
Comentario al Cantar de los Cantares. J-F. Rey. 212 p. 12 €
Cantar de los Cantares. *Resonancias bíblicas.* E. Jiménez. 314 p. 15,25 €
Introducción al estudio de los Salmos. J. G. Trapiello. 230 p. 12 €
Rey de Reyes. *Meditaciones sobre el salmo 2.* I. Domínguez. 198 p. 6,75 €
Los cánticos bíblicos de la Liturgia de las Horas.
Comentario exegético-espiritual. L. López. 414 p. 12,50 €

EL NUEVO TESTAMENTO

Palabras de Cristo. *El mensaje del Evangelio de Mateo.* Mons. P. Mori. 168 p. 11 €
Hágase en mí. *Comentario espiritual a San Mateo, en 24 charlas.* Ch. Villarroel. 312 p. + CD (56 charlas). 11,25 €
Cristo, mi justicia. ***En Cristo estamos salvados.*** Comentario y vivencia de Romanos 1-8. Ch. Villarroel. 360 p. 12,50 €
Comentario al Evangelio según San Juan. Santo Tomás de Aquino. Cada tomo: 7,50 €. **Tomo I.** *Cap. 1.* 264 p. **Tomo II.** *Cap. 2, 3 y 4.* 254 p. **Tomo III.** *Cap. 5 y 6.* 264 p. **Tomo IV**. *Cap. 7 y 8.* 224 p. **Tomo V**. *Cap. 9 y 10.* 188 p. **Tomo VI**. *Cap. 11 y 12.* 208 p. **Tomo VII.** *Cap. 13 y 14.* 216 p. **Tomo VIII.** *Cap. 15, 16 y 17.* 216 p. **Tomo IX.** *Cap. 18 y 19*, **y Tomo X.** *Capítulos 20 y 21*.
Pasión de Nuestro Señor Jesucristo. F. Fdez. Ramos. 240 p. 20 €
Saliendo al paso del Señor. *Comentarios bíblicos a los "pasos" de la Semana Santa.* J. Manuel Alcácer. 184 p.8,15 €
Pasión y muerte del Señor. Mons. Celso Morga. 252 p. 7,50 €

El Evangelio leído con humor. S. Gil del Muro. 176 p. 8,25 €.
Claves para leer los evangelios sinópticos (2ª ed.). Gerardo Sánchez. 274 p. 14 €
La revolución de la misericordia. *Comentario a la parábola del hijo pródigo y al relato de la mujer pecadora.* Mons. Francisco Cerro. 136 p. 9,50 €
El evangelio de la misericordia. J. Peraire. 160 p. 10,50 €
La familia, hogar de la misericordia. J-R. Flecha. 160 p. 10,50 €

2. DIOS. ESPÍRITU SANTO. JESUCRISTO

TRINIDAD. DIOS

Misterio trinitario. *Dios, desde el silencio y la cercanía* (2ª ed.). S. Fuster. 298 p. 15 €
Eucaristía y Trinidad para el siglo XXI. *Doce catequesis* (2ª ed.). S. Fuster. 180 p. 3,75 €
Para encontrar a Dios. *Vida teologal.* M. Gelabert. 288 p. Las virtudes teologales. 15 €
Vivencias de gratuidad. *Dios me salva* (3ª ed.). Chus Villarroel. 366 p. 10 €
Historia de la salvación. *Historia de amor de Dios al hombre.* Emiliano Jiménez. 342 p. 16,25 €
Más que Padre. *El Dios de todos los días* (2ª ed.). Rafael de Andrés. 386 p. 11,50 €. 500 textos sobre Dios.

ESPÍRITU SANTO

El Espíritu Santo. *Doce catequesis.* S. Fuster. 122 p. 3 €

JESUCRISTO

Las credenciales de Jesús. *Perfil humano y mensaje divino*. J. Álvarez. 276 p. Presentación de Jesús para creyentes y no creyentes. 14,50 €
El Señor de la Historia. *Manifestaciones extraordinarias de Jesucristo*.D. Pajariño. 372 p. Recorrido histórico de apariciones de Jesús. 18 €
Jesús. Volver a los comienzos. F.J. Sáez de Maturana. 1144 p. Cartoné. Una obra completa sobre Jesús. Presentación: J.A. Pagola. 29,80 €
Jesús de Nazaret. A. Hari. 228 p. Cartoné. Color. 18,5x23.5 cm. 18 €. Los niños conocen a Jesús a través de diez temas.
Un hombre llamado Jesús. L. Ruegenberg (ilust.), G. Wieghaus (Texto). 56 p. Color. Cartoné. 23,5x31 cm. 13,75 €. Jesús visto a través de los ojos de dos niños que están presentes en las principales escenas de su vida, según el Evangelio de Lucas.
Jesucristo, revelación del misterio del hombre. *Ensayo de Antropología Teológica* (4ª ed.). Martín Gelabert. 266 p. 15 €
Jesucristo en sus misterios. Columba Marmion. 344 p. 10,50 €
El lado humano de Jesús de Nazaret. J. Salvador. 436 p. 12,50 €
Emaús. *Era necesaria la pasión y la glorificación de Cristo.* J. Domínguez. 156 p. 5,75 €
Mi Cristo roto. *Guión literario.* R. Cué. 162 p. Meditaciones cuaresmales en TVE. 4,50 €
Mi Cristo roto, de casa en casa (3ª ed.). Ramón Cué. 196 p. Segunda parte de *Mi Cristo Roto*. 5,50 €
La Sábana Santa de Turín. *Su autenticidad* (10ª ed.). J. Loring. 254 p. 9,50 €
Jesús, el dinero y los negocios. J. Salvador. 264 p. 10,50 €
Jesucristo. *Todo un Hombre, todo un Dios.* J. Álvarez. 288 p. 8,75 €
Jesús, siempre y más. *Mil textos sobre Jesucristo* (2ª ed.). R. de Andrés. 526 p. 11,50 €
La Cristiada. *Vida de Jesús, N.S.* (1611). F. Diego de Hojeda. 528 p. Edición facsímil de 1896, bicolor, con dibujos originales. 41 €

Colección
DOCE VIDAS DE JESÚS

Colección de obras clásicas de la exégesis y de la teología sobre Jesucristo. Formato 13,50 x 20,50 cm. Colección completa 179 €

Vida de Jesucristo según el Evangelio (2ª ed.). J. M. Lagrange, O.P. XII + 544 p. Obra clásica de la exégesis. 17,45 €

La más antigua vida de Jesús: Diatessaron (2ª ed.). Taciano. 270 p. 10,50 €. Los cuatro Evangelios en un solo relato del siglo II.

Vida de Cristo (2ª ed.) Fray Luis de Granada, O.P. 366 p. 13,25 €

Jesucristo (2ª ed.). L. Grandmaison. 644 p. 21 €. Cristología clásica.

Vida de Jesús según los Evangelios sinópticos (2ª ed.) J. Salguero, O.P 356 p. 13,85 €.

Nuestro Señor Jesucristo según los Evangelios (2ª ed.) L.C. Fillion. 448 p. 14,45 €

Memorias de un reportero de los tiempos de Cristo (2ª ed.) Carlos Mª de Heredia, S.J. 1.010 p. 23,45 €. Texto novelado, fiel al Evangelio.

Vida de Nuestro Señor Jesucristo (2ª ed.). Remigio Vilariño, S.J. 654 p. 21 €

La vida de Jesús en el país y pueblo de Israel (2ª ed.). F. M. William. 494 p. 17 €

Vida de Jesús. François Mauriac 224 p. 10,50 €. Joya literaria del novelista francés.

Historia de Cristo (3ª ed.). G. Papini. 384 p. 14,45 €. Su obra cumbre.

Vida de Jesucristo (2ª ed.) G. Ricciotti. 596 p. 19,25 €

3. LA VIRGEN MARÍA. EL SANTO ROSARIO

Colección
BIBLIOTECA MARIANA

Colección de grandes clásicos sobre la Virgen María. Formato 14 x 17 cm.

María en la Biblia y en los Padres de la Iglesia (3ª ed.). J-R. Flecha, K. Stock, J. A. M. Puche. 392 p. 13,25 €

Documentos pontificios marianos (3ª ed.). J. A. M. Puche, J. Gil. 510 p. Diecinueve siglos de Magisterio. 16,50 €

San Bernardo de Claraval y san Alberto Magno hablan de María. *Homilías marianas. Marial* (2ª ed.). D. Yáñez, J. Álvarez., J. A. M. Puche. 322 p. 11,30 €

San Luis Mª G. de Montfort y san Alfonso hablan de María (3ª ed.). San Luis: *Tratado de la verdadera devoción a la Santísima Virgen. El secreto de María.* San Alfonso: *Las glorias de María, La salve. Las virtudes de María*. 490 p. 17,25 €

Antología mariana. *100 autores hablan de María* (3ª ed.). J. A. M. Puche, R. de Andrés. 422 p. 14,90 €

María en la literatura y en el arte (2ª ed.). Fray Luis de Granada (*Vida de María*). Poetas, pintores y escultores honran a la Virgen. 382 p. Color. 19,50 €

El Año Mariano. *Cada día con María* (2ª ed.). J. A. M. Puche. 688 p. Liturgia, teología, historia, piedad. Apéndice: El Rosario. El Escapulario del Carmen. 23,50 €

María, Madre de la Hispanidad (2ª ed.). *Vírgenes patronas de España y América.* J. A. Martínez Puche, O.P., R. del Olmo. 636 p. + 84 en color. 24,50 €

Enciclopedia de la Virgen. J. A. M. Puche, O.P., I. H. de la Mota, R del Olmo, O.S.A. 1906 p. 59,50 €

Biblioteca Mariana. Colección completa + Enciclopedia de la Virgen 179 €

Colección
LA SIERVA DEL SEÑOR

Colección de escritos sobre la Virgen María. Formato 13 x 23 cm. Serie Mínor 12 x 18 cm.

María, madre del Redentor. E. Jiménez. 326 p. 15,75 €. María, en su virginidad fiel y fecunda, nos muestra el verdadero camino de la fe.

El Evangelio de María. G. Blanquière 152 p. 12,75 €

La Reina de la Paz en Medjugorje. *Historia y Mensajes.* G.O.T.T. 306 p. 14,25 €
Serie Minor:
La hija de Joaquín. *Comprensión de la humanidad de María.* C. Paradinas. 128 p. 8 €
Vida de la Virgen María. R. L. Melús. 226 p. 13,75 €
La Virgen María. *Historia. Teología. Devoción.* J.Á. Maestro. 218 p. 9 €
María. Mujer, madre y amiga (2ª ed.). Mons. F. Cerro. 346 p. Oración, prefacio y textos históricos para todas las fiestas marianas del calendario litúrgico. 9,50 €
El misterio de Guadalupe. Ramiro Ribas. 272 p. 11,50 €. María ayuda a extender la fe y combatir el mal.
Secretos de Fátima. G. Gòrny, J. Rosikon. El Mayor enigma del siglo XX en un libro completamente ilustrado. Imprescindible para conocer la historia y mensajes de Fátima. 400 p. 29 €.

Y además

Imitación de María. T. de Kempis. 144 p. 6,80 €
La Iglesia habla de María. *50 años de documentos marianos pontificios.* AA.VV. 418 p. 15 documentos, desde Pío XII a Juan Pablo II. 5,75 €
María. *Un itinerario dogmático.* D. Cerbelaud. 384 p. 25 €
María, la Madre del Señor, en el Nuevo Testamento. K. Stock. 184 p. 9 €
Vida de María. *Vida y misterio de la Santísima Virgen.* Fray Luis de Granada. 108 p. 5,50 €
El libro de la Inmaculada. *Doctrina, historia, poesía y arte.* J. A. M. Puche. 208 p. 10,25 €
La leyenda mariana. *Vida de Myriam de Nazaret.* C. Mª de Heredia. 274 p. 11,45 €
Mariam de Judá. *Vida de María.* Jaime Colomina. 278 p. 11,75 €
Queridos hijos. Testimonios sobre Medjugorje. M. Danelon. 400 p. 14,50 €
El Avemaría. L. L. de las Heras. 82 p. 5,25 €. Estudio bíblico y espiritual del Avemaría.
Virgen de Guadalupe, Señora del Tepeyac (2ª ed.). J. A. Montes. 70 p. Historia de las apariciones y actualidad. 4,75 €
Memorias de María, memorias de Juan. *La vida de Jesús contada por la Madre y el Discípulo.* S. Valero. 252 p. 11,45 €
Fátima, ternura y misericordia. Mons. Francisco Cerro. 80 p. 5,90 €
Adorar con María. M-B. Angot. 146 p. La oración con María y oraciones de adoración, por la fundadora de *Casas de Adoración.* 5,25 €

LIBROS SOBRE EL ROSARIO

Rosarios para las fiestas del Señor. Sor Marie. 168 p. Veinticuatro rosarios originales para todo el año litúrgico. 10 €
Para rezar el Rosario. A. González. 104 p. Libro básico para rezar el Rosario. Por qué, cómo y diversas formas de hacerlo. 5 €
El Rosario meditado. *Una reflexión del Evangelio para cada Avemaría* (8ª ed.). P. Meseguer. 48 p. Color. Los 20 misterios. 1,50 €
El Rosario de la Virgen María (6ª ed.). *Carta apostólica.* Juan Pablo II. 46 p. 2,50 €
El Rosario de Juan Pablo II. *Los 20 misterios comentados por el Papa.* (12ª ed.). J. A. M. Puche. 48 p. Color. 1,50 €
El libro del Rosario. *Historia, doctrina, práctica, diccionario.* J. A. M. Puche. 304 p. Cartoné. 12,50 €
Rosario Bíblico. *Comentario y meditaciones de los veinte misterios.* Salvador Muñoz Iglesias. 178 p. 5 €
El Rosario de María. *Palabra de Dios para la contemplación de los 20 Misterios.* J. A. M. Puche. Desplegable 7,5 x 21,5 cm., a todo color (100 unidades). 10 €
El Rosario de la Virgen. Hoja bicolor plastificada de bolsillo (100 unidades). 7 €
El Rosario, oración de un corazón en vela. *Mis conversaciones con Maciej, que no lo reza.* E. Cárdenas. 130 p. 5,25 €
La Virgen del Rosario y santo Domingo en el arte. D. Iturgaiz. 144 p. + 24 láminas color. Cartoné. 11,50 €

PARA REZAR EL ROSARIO

Rosario con san Juan Pablo II. Comentario y rezo de los 20 Misterios, letanías y Salve. 2 CD+Libro 86 p.

El Rosario. Comentario bíblico, rezo de los 15 Misterios y letanías. 1 casete: 4 €. J.A. M. Puche. En catalán (**Sant Rosari**): 4 €
El Rosario/20. Comentario y rezo de los 20 Misterios. J.A.M. Puche. 2 CD: 13 €.
Santo Rosario/20. Los 20 Misterios con comentario de san Josemaría Escrivá. 2 CD + folleto: 18,50 €. 2 casetes: 8 €
El Rosario del Papa. Juan Pablo II comenta y reza los 15 Misterios. Letanías, Ángelus y Salve. 2 CD: 14 €. 2 casetes: 6 €
Rosario con Juan Pablo II. Reflexiones y rezo por el Papa de los 15 Misterios. Letanías y Salve. 1 casete. 5 €
Misterios luminosos. Complemento de "Rosario con el Papa" y "El Rosario". 1 CD: 5 €. 1 casete: 3 €
El Rosario del Papa (electrónico). Rosario Juan Pablo II. Aparato electrónico con los 20 misterios del Rosario, automatizados para cada día de la semana.
Con auriculares 44 €, sin auriculares 39 €

4. ESPIRITUALIDAD

Palabras de oro
CLÁSICOS DE ESPIRITUALIDAD

Imitación de Cristo (4ª ed.). T. de Kempis. 446 p. Traducción de Fray Luis de Granada. 11,75 €
Tratado del Amor de Dios (3ª ed.). S. F. de Sales. 952 p. 17,50 €
Credo, Padrenuestro. Avemaría. *Exposición y comentarios.* Santo Tomás de Aquino. 240 p. 12,15 €
El arte de aprovechar nuestras faltas según san Francisco de Sales. J. Tissot. 216 p. 11,75 €
Guía de pecadores. Fray Luis de Granada. 784 p. 19,75 €
A los catequistas y catecúmenos. San Agustín. 320 p. 12,50 €
Libro de la vida. Santa Teresa. 516 p. 17,50 €
Relatos de un peregrino ruso. Anónimo. 112 p. El gran libro de la espiritualidad del Oriente cristiano. 5 €
Confesiones. San Agustín. 448 p. Texto íntegro. 7,75 €
En las fuentes de la alegría con san Francisco de Sales. F. Vidal. 494 p. Escritos del santo. 9,50 €
Tratados espirituales de San Vicente Ferrer. *De la vida espiritual, Sobre las tentaciones de la fe, Vida de Cristo en la Misa.* San Vicente Ferrer. 164 p. 5,50 €
El alma de todo apostolado. J. B. Chautard. 240 p. 8,90 €

Colección
ESPIRITUALIDAD DE LOS PADRES DE LA IGLESIA

Nueve libros de divulgación patrística, preparados por las Benedictinas de la Abadía argentina de Santa Escolástica, con selección de textos por temas. Formato 12 x 18 cm. Cada libro 5 €. Colección completa: 37,50 €

La Virgen María. *Padres de la Iglesia.* 130 p.
El Bautismo. *Padres de la Iglesia.* 126 p.
El tiempo de Cuaresma. *Padres de la Iglesia.* 126 p.
Felices los pobres. *Padres de la Iglesia.* 108 p. Sobre la pobreza.
El misterio de la Navidad. *Padres de la Iglesia.* 96 p.
La conversión. *Padres de la Iglesia.* 104 p.
La unidad de la Iglesia. *Padres de la Iglesia.* 88 p.
Dios y el César. *Padres de la Iglesia.* 142 p. Sobre las relaciones Iglesia-Estado.
La oración. *Padres de la Iglesia.* 136 p.

Colección
HISTORIA DE LA ESPIRITUALIDAD CRISTIANA

Espiritualidad cristiana I. *Desde los orígenes al siglo XII.* B. McGinn (Dir.). 528 p. 18,50 €
Espiritualidad cristiana II. *Alta Edad Media y Reforma.* J. Raitt (Dir.). 464 p. 18,50 €

Espiritualidad cristiana III. *De la Pos-Reforma a la actualidad.* L. Dupré, D. E. Saliers (Dir.). 576 p. 18,50 €

Colección EL PAN DE CADA DIA

Colección de libros de espiritualidad para la reflexión y la meditación breve de cada día. Formato 11 x 18 cm.

1. Los cinco minutos de Dios (32ª ed.). A. Milagro. 402 p. 8 €. Pensamiento bíblico y reflexión para cada día del año.

2. El Evangelio para cada día. *Y vocabulario evangélico popular.* J. A. M. Puche. 326 p. 5,25 € Texto evangélico para cada día. Índices de textos, onomástico y numérico. Santoral.

3. Silencios en alta voz. A. Barriales. 406 p. 8,75 € Reflexiones para cada día del año emitidas en la COPE.

4. **Encuentro con Cristo.** *Páginas para meditar el Evangelio.* J. Esquerda. 256 p. 8,90 €

PARA LOS MOMENTOS DIFÍCILES

¿Para qué sufrir? *Sentido del dolor humano, a la luz de la fe en Cristo.* Á. Mª Rojas. 136 p. 10 €

La muerte y el más allá *Navidad eterna.* Daniel-Ange. 280 p. 15,75 €

¿Por qué a mí? A. Grün. 154 p. El misterio del dolor y la justicia de Dios. 10,50 €

Colección AGUA VIVA
Para meditar y reflexionar

Colección de escritos de espiritualidad, meditación y reflexión cristiana. Formato 15 x 21 cm. Serie Minor 12x18 cm.

1. Teología y espiritualidad de la santa Juana. *Una mujer predicadora.* I.García. 386 p. 14 €

2. Las enseñanzas espirituales del Maestro Gracián. Amigo y director espiritual de santa Teresa. V. Martínez-Blat O.C.D. 288 p. 11 €

3. La predicación de san Antonio de Padua. *Exposición sistemática.* L. Pérez O.F.M. 416 p. 15,90 €

4. Nacimiento e infancia de Jesús. Ana Catalina Emmerick. 284 p. 12,75 €

5. Vida pública de Jesús. A. C. Emmerick. 224 p.

6. Pasión y Resurrección de Jesús. A. C. Emmerick. 338 p. 13,50 €

7. Vida de la Virgen María, los Apóstoles, los Mártires y los Santos. A. C. Emmerick. 252 p. 11 €

8. San Juan Crisóstomo. *Pensamiento espiritual.* J.Álvarez. 208 p. 10 €

9. Cartas de santa Gema Galgani. *A su director espiritual, P. Germán de San Estanislao, pasionista.* P. García M. 352 p. 13,50 €

Y además:

Meditaciones y devociones. Beato J. H. Newman. 280 p. Escritos de la etapa católica del cardenal. 7,50 €

El pozo y los charcos. G. K. Chesterton. 240 p. 7,25 €

Escritos esenciales. *Una confianza muy sencilla.* Roger de Taizé. 204 p. Antología de Marcello Fidanzio. 11,75 €

Santa Faustina y la Divina Misericordia. R. Iaria. 264 p. Escritos de santa Faustina Kowalska. 6 €

Encuentros con Merton. *Reflexiones espirituales.* H. Nouwen. 112 p. Introducción a su vida y pensamiento. 9,50 €

Los ejercicios espirituales de san Ignacio de Loyola. *Comentario y textos afines.* Darío López. 1.052 p. 29,50 €

Guía de la vida interior. J. Otón. 232 p. Un seglar escribe para el cristiano actual. 7,75 €

Aquí en la tierra como en el cielo. *Los novísimos, asunto de esta vida.* Atilano Aláiz. 230 p. 8,75 €

Síntesis de espiritualidad católica. J. Rivera, J.Mª Iraburu. 432 p. 9 €

La tierra del Maestro. *Ejercicios espirituales en los santos lugares* (2ª ed.). Francisco Mª López Melús. 314 p. 10,50 €

El Apostolado de la Oración. *Ascuas o cenizas, en 66 preguntas y respuestas.* D. Muñoz. 146 p. 2,50 €

Corazón de Cristo. *Belleza que salva al mundo.* Mons. Francisco Cerro. 78 p. 5 €

Cartas de un ángel a su sobrino. J. Pyda. 126 p. 6,40 €
Armonía interior. *Un camino posible* (9ª ed.). Anselm Grün. 150 p. Cómo lograr la paz espiritual. 11 €
Sanación del alma. *Sanar las heridas de la infancia. Impulsos espirituales.* Anselm Grün. 222 p. 15,30 €

Colección LUX FIDEI

Ángeles y demonios. *Criaturas celestiales.* Santiago Cantera. 296 p. 13,50 €

5. FRASES, PENSAMIENTOS y PEQUEÑOS LIBROS

Colección UN PENSAMIENTO PARA CADA DÍA

Colección de pensamientos o reflexiones del personaje para cada uno de los días del año.. Formato 10x14,5 cm.

1. Los Salmos. 192 p. 4 € 2. Salomón y los sabios de Israel. 160 p. 4 € 3. S. Pablo. 216 p. 5 € 4. S. Agustín. 158 p. 4 € 5. Padres de la Iglesia 1. 170 p. 4 € 6. Sto. Tomás de Aquino. 192 p. 4,50 € 7. Sta. Catalina de Siena . 188 p. 4,50 € 8. S. Ignacio de Loyola. 158 p. 4 € 9. Sta. Teresa. 160 p. 4 € 10. S. Juan de la Cruz. 156 p. 4 € 11. S. Juan de Ávila. 164 p. 4 € 12. Fray Luis de Granada. 204 p. 4,50 € 13. S. Francisco de Sales. 158 p. 4 € 14. El cura de Ars. 128 p. 4 € 15. Sta. Teresita del Niño Jesús. 184 p. 4,50 € 16. S. Juan Bosco. 128 p. 3,50 € 17. S. Claudio de la Colombière. 136 p. 3,70 € 18. Sta. Faustina Kowalska. 194 p. 4 € 19. Sta. Genoveva Torres. 156 p. 4 € 20. Sta. Ángela de la Cruz. 160 p. 4 € 21. Sta. Maravillas de Jesús. 160 p. 22. El Padre Pío. 144 p. 3,50 € 23. Madre Teresa de Calcuta. 168 p. 4 € 24. S. Juan Pablo II. 158 p. 4 € 25. Padres de la Iglesia / 2. 170 p. 4 € 26. Sta. Margarita Mª Alacoque. 136 p. 3,50 € 27. S. Francisco Javier. 130 p. 4 € 28. S. Rafael Arnáiz Barón. 168 p. 4 € 29. S. Josemaría Escrivá de Balaguer. 192 p. 4 € 30. Roger de Taizé. 192 p. 4 € 31. Medjugorje. Mensaje de Ntra. Sra. de la Paz. 248 p. 5,50 € 32. S. Pedro Julián Eymard. S. Aylwin. 160 p. 5 € 33. Bta. Esperanza de Jesús. C. Caballero. 176 p. 4 € 34. Sto. Tomás Moro. 184 p. 5 € 35. Sta. Gema Galgani. 140 p. 5,50 € 36. S. Felipe Neri. 108 p. 5 € 37. S. Alberto Hurtado. 144 p. 5 € 38. Bto. Carlos de Foucauld. 140 p. 5,50 € 39. S. Antonio de Padua. 140 p. 5,50 € 40. S. Vicente de Paúl. 140 p. 5,50 €

Colección PEQUEÑAS HISTORIAS DE SANTIDAD

Libritos divulgativos a todo color. Formato 8,50 x 12 cm. 34 p. (1,44) 1,50 € cada uno. *Colección Completa 12,50 €*

San Juan Bautista, predicador
San Pedro, Apóstol
San Juan Bosco
Santa María Goretti
San José, esposo de María
San Agustín, obispo
Beato Juan XXIII
Santiago el Mayor, Apóstol
San Pablo, Apóstol

FRASES Y RECOPILACIONES

Tu palabra me da vida. (2ª ed.). *1000 pensamientos de la Biblia*. J. Sáinz. 240 p. 4 €
Al dictado de Dios. *1400 pensamientos a la escucha del Señor.* Mª L. Vila. 262 p. 6,50 €
Mil pensamientos para vivir mejor (2ª ed.). Á. Rodríguez (recopilador). 220 p. 5,15 €
Gracias. Meditar con Teresa y Juan Pablo II. G. Schindler (Recopilación). 78 p. Cartoné. Textos selectos de la Madre Teresa de Calcuta y Juan Pablo II. 6,75 €

Colección EL MENSAJE DE...

Colección de libritos a todo color, cartoné. 48 p. 10,5 x 15 cm. Autor: Luis Glinka. 4,50 € cada uno

El mensaje de Jesús
El mensaje de san Agustín
El mensaje de Francisco de Asís
El mensaje de Teresa de Ávila
El mensaje de Juan de la Cruz

6. IGLESIA. ECUMENISMO. PAPAS

IGLESIA. ECLESIOLOGÍA

Atlas de la caridad. Juan Mª Laboa. 240 p. Recorrido histórico por el desarrollo del ejercicio de la caridad en la Iglesia, en sus muchas formas, instituciones y personajes más señalados. 28,50 €

El sentido de la Iglesia. La Iglesia del Señor. Romano Guardini. 188 p. 8,30 €

Esta es tu Iglesia. *Perspectivas desde la fe.* J. Álvarez. 244 p. 9 €

Esta es nuestra fe. *Símbolos de la fe, Teología, Magisterio.* J. A. M. Puche. 298 p. 11,30 €

Mi querida Iglesia, santa y pecadora. M. Purroy. 164 p. 4,50 €

La Iglesia necesita santos. *Santidad, experiencia de Dios.* G. Aparicio. 264 p. 8,90 €

DIÁLOGO INTERRELIGIOSO. ECUMENISMO

Convivencia y Diálogo. *Benedicto XVI y los musulmanes.* Mons. C. Amigo. 168 p. 7,50 €

Hemos roto la Cruz. *Manual de ecumenismo para el pueblo cristiano.* J. Álvarez. 228 p. 9 €

Las religiones del mundo. *Historia, fe y moral en las religiones.* J. Álvarez. 352 p. 11,25 €

MOVIMIENTOS DE IGLESIA

La Parroquia y el Camino Neocatecumenal (2ª ed.). J. Higueras. 144 p. 7,75 €

Legio Mariae. *Manual oficial de la Legión de María.* Legión de María. 452 p. 5,50 €

El alma de la Legión de María. D. Castañón. 110 p. 5,25 €

PAPAS

Francisco, nuevo Papa. J. Fernández.128 p. Crónica de la transición de Benedicto XVI a Francisco. Primeros días de pontificado. 9,50 €

Enviados a hacer el bien. J. M. Bergoglio (Francisco). 144 p. Mensajes para sacerdotes y agentes de pastoral. 11,50 €

Europa, identidad y misión. *Aportación de Juan Pablo II a la construcción de Europa.* B. Gazapo, E. Cambón. 408 p. 17,50 €

Juan Pablo II, ¡Santo súbito! *Un nuevo Pentecostés.* A. J. González. 378 p. 6,50 €

Benedicto XVI/Ratzinger habla de Juan Pablo II/Wojtyla. Mª E. Schindler. 112 p. Color, ilustrado. 17x24 cm. 13,75 €

El Papa Benedicto XVI. *Sucesor de Pedro.* M. Collins. 118 p. 14x21 cm. 5,75 €. Biografía completa.

7. MAGISTERIO. DOCTRINA CRISTIANA

ANTOLOGÍAS DE DOCUMENTOS

Encíclicas de Pablo VI. J. A. M. Puche. (ed.). 510 p. 22,50 €. Sus seis encíclicas más la Exhortación "*Evangelii nuntiandi*". Índice onomástico y de materias.

Encíclicas de Juan Pablo II (7ª ed.). J. A. M. Puche. (ed.). 1872 p. 42,50 €. Las 14 encíclicas. Con abundantes y prácticos índices.

Padre, Hijo y Espíritu Santo. *Encíclicas sobre Dios.* Juan Pablo II. 438 p. 5,25 €. *Redemptor hominis, Dominum et vivificantem, Dives in misericordia* y *Tertio millennio adveniente.*

Exhortaciones Apostólicas de San Juan Pablo II *y la "Evangelii nuntiandi", de Pablo VI.* J. A. M. Puche (ed.). 1290 p. 33 €. Con abundantes y prácticos índices.

Dios Padre. *Vocabulario de Juan Pablo II sobre el Padre. Encíclica "Dives in misericordia".* J. A. M. Puche. 222 p. 6 €

La Nueva Evangelización. *Enseñanzas del San Juan Pablo II. Aportaciones de Benedicto XVI.* J. A. M. Puche. 142 p. 9,20 €

Amor y misericordia de Dios nuestro Padre. *Magisterio de Juan Pablo II.* P. J. Lasanta. 166 p. 5,15 €

Sacerdotes para nuestro tiempo. *Juan Pablo II y Benedicto XVI hablan sobre el sacerdocio.* J. A. M. Puche. 382 p. 13,50 €
La Misericordia. *100 textos del Papa Francisco.* J.A. M. Puche (Ed.).196 p. 10 €

Colección ENSEÑANZAS DE BENEDICTO XVI

Colección preparada por José A. Martínez Puche, O.P. y J. Gil Aguilar, O.Carm. Formato 15,50x21 cm. Cartoné. Recoge todas las intervenciones del Papa a lo largo del año. Cada tomo ofrece un diccionario completo de temas y nombres.

Tomo 1: 2005. 570 p. 19,50 €
Tomo 2: 2006. 1.030 p. 35 €
Tomo 3: 2007. 1.270 p. 43 €
Tomo 4: 2008. 1.022 p. 35 €
Tomo 5: 2009. 970 p. 32 €
Tomo 6: 2010. 942 p. 33 €
Tomo 7: 2011. 1.000 p. 32 €
Tomo 8: 2012. 928 p. 31 €
Los 9 tomos: 260'50 €. ¡¡OFERTA: 175 €!!

Colección ENSEÑANZAS DEL PAPA FRANCISCO

- **Diccionario primero del papa Francisco. 2013.** 832 p. 31 €
- **Diccionario segundo del papa Francisco. 2014.** 904 p. 39 €
- **Diccionario tercero del papa Francisco. 2015.** 1032 p. 35 €

ENCÍCLICAS Y OTROS DOCUMENTOS

Lumen fidei. *Encíclica sobre la fe.* Francisco. 84 p. 2,30 €
La alegría del Evangelio. *Evangelii Gaudium.* Francisco. 224 p. 3,50 €
Laudato si'. Francisco. 192 p. 2,50 €
La alegría del amor. Francisco. 224 p. 3,60 €
Caminar desde Cristo (6ª ed.). C. I. de Vida Consagrada. 64 p. 3,75 €. El compromiso de la vida consagrada.
Las personas consagradas y su misión en la escuela. C. Educación Católica. 48 p. 2,50 €. Reflexiones y orientaciones.
Ecclesia de Eucharistia. Juan Pablo II. 80 p. 2,50 €. Encíclica sobre la Eucaristía.
El sacramento de la redención (3ª ed.). C. Culto Divino. 70 p. 2,50 €. Instrucción sobre la celebración de la Eucaristía
Quédate con nosotros (6ª ed.). Juan Pablo II. 32 p. 1,25 €. Carta Apostólica sobre la Eucaristía.
La vida consagrada. *Exhortación Apostólica "Vita Consecrata".* Juan Pablo II. 222 p. 3,75 €
El Día del Señor. *Carta Apostólica "Dies Domini" sobre la santificación del domingo.* Juan Pablo II. 96 p. 2,75 €
Fides et ratio (2ª ed.). *Encíclica sobre las relaciones entre fe y razón.* Juan Pablo II. 194 p. 4 €. Con índices de materias, onomástico y de citas bíblicas.
Evangelium vitae (2ª ed.). *Encíclica sobre el valor y el carácter inviolable de la vida humana.* Juan Pablo II. 252 p. 5,50 €. Apéndice: Instrucción *"Donum vitae"*. Con índices.
Reconciliatio et paenitentia. *Exhortación Apostólica sobre la reconciliación y la penitencia.* Juan Pablo II. 162 p. 4 €
Salvados por la esperanza. Benedicto XVI. 64 p. 2 €. Encíclica sobre la esperanza cristiana.
Dios es amor (7ª ed.). Benedicto XVI. 80 p. 2,25 €. Encíclica sobre el amor cristiano.
El Sacramento de la caridad. Benedicto XVI. 120 p. 2,50 €. Exhortación Apostólica sobre la Eucaristía.
La Palabra del Señor. *Exhortación Apostólica Verbum Domini.* Benedicto XVI. 206 p. 2,90 €
Caritas in veritate. Benedicto XVI. 120 p. 2,50 €. Encíclica sobre la caridad en la verdad.
Enseñanzas del Papa en la JMJ 2011 Madrid. Benedicto XVI. 144 p. 2,20 €. Todas las Intervenciones y el Viacrucis.

DICCIONARIOS

Obras bien preparadas, elegantes, en cartoné, exhaustivas en contenidos. Necesarias para toda buena biblioteca.

Diccionario bíblico ilustrado. N. Molina. 688 p. Color. Cartoné. 20x27 cm. 26,50 €.

Diccionario abreviado del cristianismo. J Álvarez, J. A. M. Puche. 496 p. Más de tres mil voces. 19,50 €.
Diccionario social de los Padres de la Iglesia. Restituto Sierra. 384 p. 17,50 €.
Diccionario doctrinal de san Agustín. P. J. Lasanta, R. del Olmo. 968 p. 29,50 €.
Diccionario teológico de santo Tomás. *Textos de la "Suma" por orden alfabético* J. A. M. Puche. 892 p. 28,75 €
Diccionario de santa Teresa de Jesús. Jesús Martí B. 884 p. 28,50 €. Semblanza, biografía, textos y complemento teológico.
Diccionario teológico-espiritual de san Juan de Ávila. P.J. Lasanta. 552 p. 15 €.
Diccionario de espiritualidad de santa Teresita. *La doctrina de Teresa del Niño Jesús en un millar de textos.* V. Martínez-Blat. 368 p. 11,50 €
Diccionario de Pablo VI. P. J. Lasanta. 870 p. 32 €.
Diccionario social y moral de Juan Pablo II. P.J. Lasanta. 734 p. 2.210 textos. 23,50 €.
Diccionario de teología y espiritualidad de Juan Pablo II. P.J. Lasanta. 1268 p. 32 €.
Diccionario de valores. *De Juan Pablo II a los jóvenes del mundo.* R. Cuadrado. 524 p. 9,80 €.
Doctrina social de la Iglesia. *Diccionario de textos de Benedicto XVI.* J.A.M. Puche. 266 p. 6,50 €.

SÍNTESIS DE LA FE. CATECISMOS

En el nombre del Señor. *Síntesis de la fe y vida cristianas.* E. Carretón. 200 p. 9 €
La fe cristiana explicada. Introducción al cristianismo. Scott Hahn. 616 p.
1. Catecismo del Pueblo de Dios, *Creer, vivir, amar y orar con Jesús.* D. Muñoz. 124 p. 5,50 €
2. Catecismo popular de María, Madre Inmaculada. *Doctrina mariana y devoción a María.* Diego Muñoz, S.J. 72 p. 4,50 €
3. El cristiano ante el judaísmo y el islam. *Doctrina mariana y devoción a María.* C. de Francisco. 102 p. 5,50 €
Compendio del nuevo Catecismo. *Con notas pastorales y ejemplos.* Mons. J. A. Flores. 510 p. (2ª ed.). 10,75 €
Vive tu fe (4ª ed.). *Esquema Guía para estudiar el Catecismo de la Iglesia Católica.* L. Caram. 388 p. 96 fichas de trabajo con preguntas y pasatiempos. 13,25 €
Enseñanzas del Nuevo Catecismo. Mons. J. A. Flores. 222 p. 4,75 €
Para salvarte. Jorge Loring. 1.004 p. Enciclopedia del católico. (58ª ed.) 16 €
La escuela de Jesús. *Lo fundamental de la vida cristiana en 25 catequesis.* D. Muñoz. 222 p. 6,50 €
Catecismo popular de Dios, uno y trino. *Dios Padre, Jesús, Espíritu Santo.* Diego Muñoz. 248 p. 6,75 €
Catecismo popular de la Eucaristía. Diego Muñoz. 92 p. 2,75 €

LA FE EN IMÁGENES

¡Oh noche realmente gloriosa! M. Coghe. 168 p. La vigilia Pascual y los símbolos de la Pascua. 19 €
El Credo en imágenes. J. A. Rodríguez. 144 p. El mejor regalo para el día de la Confirmación 17 €
El Padrenuestro en imágenes. J. A. Rodríguez. Reflexiones y meditaciones en torno al padrenuestro a través de imágenes. 190 p. 17 €

8. SANTOS, BEATOS Y TESTIGOS

Colección NUEVO AÑO CRISTIANO

Enciclopedia de doce libros, uno por mes. Dirigida por José A. Martínez Puche, O.P. Contiene: liturgia, santoral -santos, beatos, venerables, siervos de Dios- jornadas eclesiales y tiempos litúrgicos. Encuadernación: cartoné y rústica. Formato 13,50 x 20,50 cm. Los precios indicados son para la encuadernación en rústica; para la de cartoné han que sumar 2 € más. Colección completa: Rústica: 179 €. Cartoné: 198 €

1. Enero (5ª ed.). 634 p. 20,25 € **2. Febrero** (4ª ed.). 490 p. 15,65 € **3. Marzo** (5ª ed.). 440 p. 13,50 € **4. Abril** (4ª ed.). 458 p. 14 € **5. Mayo** (4ª ed.). 600 p. 18,50 € **6. Junio** (4ª ed.). 570 p. 17,50 € **7. Julio** (4ª ed.). 678 p. 21 € **8. Agosto** (4ª ed.). 756 p. 23,75 € **9. Septiembre** (4ª ed.). 662 p. 20,45 € **10. Octubre** (5ª ed.). 654 p. 20,30 € **11. Noviembre** (4ª ed.). 584 p. 18,25 € **12. Diciembre** (4ª ed.). 634 p. 20,25 €

Los santos (2ª ed.). *Un amigo para cada día. El año cristiano de los niños* Miguel Ángel Requena. 402 p. Color. Cartoné. 18,5x24 cm. 22,50 €. Breve biografía de un santo para cada día del año. Un gran regalo para la Primera Comunión.

Colección VIDAS Y SEMBLANZAS

Biografías y vidas ejemplares de santos, beatos y buenos cristianos. Formato 15x21 cm. Serie Minor: 12x18 cm.

1. Santa Brígida de Suecia. J. Álvarez. 144 p. 8 €

2. Vida de san Romualdo, abad. San Pedro Damián, J-F. Rey. 92 p. 7 €

3. Balduino, el rey que supo amar. J. Mª Salaverri. 128 p. 7,50 €

6. Hildegarda de Bingen. *Profetisa y doctora para el tercer milenio.* P. Dumoulin. 274 p.18 €. Biografía e introducción a la obra de la cuarta "Doctora de la Iglesia"

7. San Bernardo. *El Medievo en su plenitud.* Santiago Cantera Montenegro O.S.B. 158 p. 10 €

8. Domingo Barberi. *Apóstol del ecumenismo***.** Autobiografía del beato que recibió en la Iglesia católica al cardenal Newman. P. García. 84 p. 7 €

9. San Juan XXIII. *Una vida con sabor a Evangelio.* F. Javier Sáez de Maturana. 408 p. 19 €

10. San Juan Pablo II. Su vida cotidiana. Mons. M. Mokrzycki, B. Grysiak. 148 p. 12,50 €

11. San Juan Pablo II vivía con Dios. Mons. M. Mokrzycki, B. Grysiak. 174 p. 15 €

12. Beata Lucila González. Thomas Baumert. 235 p. 14 €

13. Madre Josefa de la Resurrección. J. R. H. Figueiredo. 284 p. Biografía de la fundadora de las Clarisas Reparadoras. 14,50 €

14. P. Marie-Dominique Philippe. *Obrero de la sabiduría.* Fr. Benoît-Emmanuel. 210 p. Perfil y pensamiento del dominico fundador de los grupos de la Familia San Juan. 14 €

15. Santa Teresa de Jesús. *Biografía poética de una pasión.* P. Galán. 92 p. 7,50 €

16. Santa Isabel de Hungría. *Sólo el amor queda.* S. Cabot. 272 p. 14,50 €

17. San José. *Biografía. Teología. Devoción.* J. Álvarez. 144 p. 10 €

18. Thomas Merton. *Maestro y amigo.* Mª L. López. 188 p. 11,50 €

19. Santa María de la Purísima. T. León. 96 p. 8,50 €

20. Madre María Félix. I.l Roser. 178 p. 10,50 €

21. Santa Bonifacia, maestra de vida. A. Cáceres. 200 p. 11 €

22. Pedro Reyero. Chus Villarroel. 186 p. 10,50 €

23. Madre Esperanza Alhama Valera. Beata, testigo del Amor Misericordioso. G. Rossi, F. A. M. 124 p. 8€

24. Edith Stein. Filosofa. Judía. Atea. Monja. Mártir. Santa. Jacinto Peraire. 176 p. 10,50 €.

25. San Juan de la Cruz. Biografía poética de un místico. Pilar Galán, Teófanes Egido. 168 p. 10,50 €
26. San Gabriel de la Dolorosa. Biografía del copatrón de la juventud católica italiana y patrono de la región de los Abruzzos. Pablo García Macho. 136 p. 9 €
27. Albino Luiciani. Biografía del Papa Juan Pablo I, "el Papa de la sonrisa". Jesús Martí Ballester. 228 p. 11,50 €
28. El santo cura de Ars. El hombre que se hizo misericordia. Jorge López Teulón. 264 p. 11 €

Serie MAIOR:
1. San Pedro Nolasco. J. Millán. 350 p. 18 €
2. Martínez Izquierdo. Diputado, senador y primer obispo de Madrid-Alcalá (1830-1886). Francisco Rodríguez de Coro. 1008 p. 28 €

Serie MINOR:
1. San Giovanni Antonio Farina. Fundador de las Hermanas Maestras de Santa Dorotea Hijas de los Sagrados Corazones. F. Vaquerizo. 60 p. 4 €
2. Santa Bonifacia, una mujer trabajadora. Fundadora de las Siervas de San José. A.de Cáceres. 48 p. 3 €
3. Pura Sánchez Maqueda. A. Obra de Jesús. 140 p. 7 €
4. Confío. *Las huellas de santa Faustina Kowalska.* J. Rosikon. 328 p. 29 €
5. María del Pilar Cimadevilla "Pilina". Enfermera misionera. Alfonso López Quintás. 96 p. 6,50 €
6. Beato Ángel Pérez. Biografía. Mons. Cerro Chaves, L. Romero Sevilla y A. Martín Rubio. 122 p. 7 €
7. Teresa Gallifa. Vida para otras vidas. 122 p. 7 €

Otras biografías clasificadas por orden alfabético: San, Santa, Santo, Beatas/os, Colectivos / Otros

San

San Antonio de Padua. *Vida, doctrina, devoción.* Luis Pérez. 170 p. 8,50 €
Damián de Molokai a través de sus cartas. O. Aparicio. 144 p. Color. 5 €
Florecillas de San Francisco de Asís. A. Nucifora. 256 p. 5,50 €
San Francisco de Salés y la Orden de la Visitación de María. *Una escuela de perfección cristiana.* P. Fernández. 222 p. 11 €
Ignacio de Loyola. *Tras el rastro de Jesús.* W. Hewtt. 224 p. Guía y complemento de CD de igual título. 7,75 €
San Juan de la Cruz. *Biografía íntima. Escritos selectos. Diccionario de espiritualidad.* V. Martínez-Blat. 600 p. 23,50 €
San Martín de Porres. La vida de "Fray Escoba" (10ª ed.). S. Velasco. 390 p. 7,75 €
San Pedro de Alcántara (1499-1999). B. Jiménez. 104 p. 3 €
El Padre Pío, la Madre Teresa. *Memorias de un colaborador médico de ambos.* F. di Raimondo. 214 p., fotos en color. 10,50 €
Padre Pío. A. Pandiscia. 192 p. 7,90 €
San Rafael Arnáiz Barón. *Vida y mensaje del Hermano Rafael* (2ª ed.). A. Mª Martín. 280 p. Cartoné. 14,50 €
San Raimundo de Peñafort. F. Valls. 246 p. 13,50 €
San Tarsicio (2ª ed.). *El mártir de la Eucaristía.* I. Domínguez. 120 p. 5,25 €

Santa

Santa Catalina de Siena. C. Miglioranza. 168 p. 6,50 €
Catalina de Siena, doctora de la Iglesia. *Vida y enseñanzas.* J.Salvador. 376 p. 9 €
Santa Juana de Arco. *La vida por la misión.* T. Resusta. 104 p. 7,25 €
Santa María Magdalena. *Según Vicente Ferrer, Luis de Granada y Lacordaire.* A. Esponera. 182 p. 6,75 €
Santa Mónica cuenta su vida. *Sus cartas de madre a las madres y mujeres de hoy.* F. J. Elía. 256 p. 9,50 €

Teresa de Jesús. La Santa, la Madre, la Maestra. J. Rouco. 248 p. 11,45 €. La santa a través de sus cartas.
Vida de la Madre Teresa de Jesús. *Fundadora de las Descalzas y Descalzos Carmelitas.* F. de la Ribera. 688 p. Cartoné. La primera y más completa vida de Santa Teresa. 21,30 €

Santo

Santo Domingo de Guzmán. Escritos de sus contemporáneos. Vito T. Gómez. (Ed.). 1198 p. 35 €
Santo Domingo y su Orden. H. Lacordaire. 218 p. (2ª ed.) 9 €. La *Vida de Santo Domingo* y otros escritos del autor. 9 €
Historia de Santo Domingo. H. M. Vicaire. 974 p. La más prestigiosa biografía de Domingo de Guzmán. 25,50 €
Santo Tomás de Aquino. *Biografía documentada de un hombre bueno, inteligente, verdaderamente grande.* R. Spiazzi. 418 p. Cartoné. 16,50 €
Tomás de Aquino. *El Santo, el Maestro.* A. Lobato, J.A. M. Puche. 148 p. 3,75 €

Beatas/os

Evangelio de una santa. Teresa de Calcuta. P. Arribas. 220 p. 8,75 €
Madre Teresa de Calcuta. D. Bach (dibujos). 32 p. Color. 1,50 €
A la sombra de la Madre Teresa. P. Jara. 288 p. Un voluntario testigo de las últimas semanas de T. de Calcuta. 11,75 €
Pedro Jorge Frassati. *El joven cristiano ejemplo para hoy.* C. Casalegno. 500 p. 12,50 €
Autobiografía de Ana Catalina Emmerich. 160 p. 9,50 €

Colectivos

EL AÑO DOMINICANO. ***514 santos y beatos de la Orden de Predicadores.*** J.A. Martínez Puche. 1.406 p. color, cartoné. 75 €.
Los frutos de la siembra de Madre Maravillas. *Catorce carmelitas ejemplares.* B. Jiménez. 116 p. 5,25 €

Otros

Ana de San Bartolomé. *Compañera inseparable de Teresa de Jesús.* B. Yuste. 106 p. 5,75 €
A la escucha del Cardenal Congar. J. Bosch. 280 p. 11,45 €. Estudio de la vida y obra del teólogo dominico precursor del Vaticano II.
Eckhart, Tauler y Seuze. *Vida y doctrina del Maestro y de sus dos mejores discípulos.* B. Farrelly. 358 p. Los grandes místicos dominicos alemanes. 11,45 €
Sor Isabel de la Trinidad. *Biografía. Escritos selectos. Diccionario de espiritualidad.* V. Martínez-Blat. 476 p. Cartoné. 17,75 €
Amaneció de noche. *Despedida de Narciso Yepes* (4ª ed.). M. Szumlakowska de Yepes. 294 p. Cartoné. Últimos años del músico. 17,50 €
Pilina. *La niña cristiana del siglo XX para los niños del siglo XXI.* T. Resusta. 138 p. 6,50 €

Colección TESTIMONIO

Secretos. 15 mujeres se confiesan. J.J. Montes. C. López Schlichting. 144 p. 2ª ed. 10 €
Ángelo. *Testimonio de fe de un joven con cáncer.* D. Mondrone. 174 p. 7,50 €. Con prólogo del P. Mario Pezzi.
Sobre la marcha. *Un tetrapléjico que ama la vida* (3ª ed.). 11,50 €. **Luis de Moya**. 212 p.

MÁRTIRES

El martirio de Cristo y de los cristianos. J.Mª Iraburu. 156 p. 4,25 €
Mártires de ayer y de hoy. *Héroes del amor a Cristo.* O. y R. Mª López Melús. 320 p. Cartoné. 15,50 €
Mártires españoles (1934-1939). *Beatificaciones y canonizaciones.* J. López Teulón. 346 p. Cartoné. (2ª ed.) 15,90 €
El hábito y la cruz (2ª ed.). *Religiosas asesinadas en la Guerra Civil Española.* G. Rodríguez. 624 p. Cartoné. Datos de 296 mártires. 19,75 €
Mártires dominicos españoles. *92 mártires de la persecución religiosa de 1936.* J. A. M. Puche (Coord.). 296 p. 15,50 €

Mártires de Toledo. *Trece clérigos diocesanos, testigos de Cristo en la España de 1936.* J. L. Teulón. 442 p. Cartoné. 18,50 €
Mártires de Ciudad Real. *El obispo Narciso Estenaga y diez de sus diocesanos.* F. del Campo Real. 212 p. Cartoné. 13,50 €
Mártires franciscanos de Castilla (1936-1938). *73 testigos de Cristo para el siglo XXI.* M. Rincón. 260 p. Cartoné. 14,25 €
El arcipreste mártir de Talavera. *Vida, obra y martirio del beato Saturnino Ortega (+ 1936).* P. Arganda. 164 p. Cartoné. 12,50 €
Toledo 1936, ciudad mártir. *Persecución y martirio.* J. L Teulón. 310 p. Cartoné. 19,50 €
Mártires de Motril. *Y persecución religiosa en la archidiócesis de Granada (1931-1936).* T. Calvo. 536 p. Cartoné. 24,75 €
El mártir de cada día 1: *enero-junio.* J. L. Teulón. p. Cartoné. Breve reseña biográfica para cada día del año de un mártir de la guerra española 1936-1939. 28,50 €
El mártir de cada día 2: *julio-diciembre.* J. L. Teulón. 942 p. Cartoné. 28,50 €
Bajo un manto de estrellas. Marco histórico y guion de la película del mismo título sobre el martirio de los dominicos de Almagro. J. A. M. Puche. 96 p. 5 €

Colección EL CAMINO DE DAMASCO

Colección de grandes convertidos en la historia del cristianismo. Formato 13,50 x 20,50 cm. (Col. Completa: 7 libros). 65 €

San Pablo y convertidos de la Biblia (2ª ed.). J-R. Flecha. 270 p. 12,50 €
San Agustín y convertidos de la era patrística. R. del Olmo. 360 p. 13,75 €
San Francisco y convertidos de la Edad Media. L. Pérez. 176 p. 8 €
San Ignacio, Santa Teresa y convertido del siglo XVII. I. Iglesias, S. Ros. 218 p. 9 €
Cardenal Newman y convertidos de los siglos XVIII y XIX. P. Langa. 224 p. 9,25 €
Carlos de Foucauld y convertidos del siglo XX. J. L. Vázquez, J. Peraire. 296 p. 13 €
Edith Stein y convertidos de los siglos XX y XXI. J. Peraire, J. A. M. Puche. 420 p. 14,50 €

Colección SANTOS, AMIGOS DE DIOS

Colección de libros biográficos de santos, beatos y otras personalidades cristianas. Formato 14 x 20 cm.

1. **San Pablo.** *Cuenta su vida. Expone su doctrina.* L.L. de las Heras, J. A. M. Puche. 172 p. 6,50 €
2. **San Judas Tadeo.** *El apóstol de la misericordia de Cristo.* J. L. Teulón. 286 p. 9,50 €
3. **Santa Mónica** (2ª ed.). *Cuenta su vida en 50 cartas a las madres y mujeres de hoy.* F. J. Elía. 336 p. 9,70 €
4. **San Agustín.** R. del Olmo. 160 p. 6,50 €
5. **San Juan Crisóstomo.** J. Álvarez. 188 p. 7,20 €
6. **San Francisco de Asís.** L. Pérez. 230 p. 8,30 €
7. **San Ignacio de Loyola.** *Del Íñigo en busca de Dios al Ignacio compañero de Jesús.* I. Iglesias. 190 p. 7,20 €
8. **Beato Carlos de Foucauld.** J. L. Vázquez. 120 p. 5,80 €
9. **Santa Rita de Casia.** *Esposa. Madre. Viuda. Religiosa.* J. Álvarez. 208 p. 8,20 €
10. **Jóvenes testigos de Cristo.** *Ejemplos de vida y fe en nuestro tiempo.* J. Mª Montiu, J. A. M. Puche. (Coords.) 358 p. 11,20 €
11. **San Juan Pablo II.** *Habla la historia. Habla el pueblo de Dios. Habla Benedicto XVI.* J. L. Teulón, J. A. M. Puche. 344 p. 11,20 €
12. **Madre María de la Purísima.** *La fuerza heroica del amor.* Teodoro León. 246 p. 8,70 €
13. **Beato Leopoldo de Alpandeire.** *El gemido de un pobre evangélico.* Alfonso Ramírez. 308 p. 9,50 €
14. **Saturnino López Novoa.** *Fundador de las Hermanitas de los Ancianos Desamparados.* Mons. J. J. Asenjo. 304 p. 9,50 €

15. **Beato Juan E. Newman.** *El Cardenal del Movimiento de Oxford.* P. Langa. 262 p. 9 €
16. **San Josemaría Escrivá de Balaguer.** M. Dolz. 400 p. 10,19 €
17. **Santa Rosa de Lima.** V. Forcada, 198 p. 7,20 €
18. **Frassati.** *Pedro Jorge: joven, deportista, un cristiano para nuestros días.* A. Monero. 200 p. 5,90 €
20. **Manuel Díaz Martínez.** *Se inmoló por los sacerdotes (1918-1947). Vida y escritos.* E. Vera. 256 p. (2ª ed.). 12,50 €
21. **Santo Domingo de Guzmán.** *Fundador de los dominicos.* Ch. Villarroel. 296 p. 9 €
22. **San José.** *Así pudo ser su vida.* F. Álvarez. 460 p. 19,50 €
23. **Madre Rosario Vilallonga Lacave.** *Fundadora de la Institución Benéfica del Sagrado Corazón. 1911-1991.* B. Medina, C. Hdez-Carrillo. 608 p. 19,50 €
24. **Fray Jesús de la Cruz.** *Franciscano. Vida oculta de un místico.* A. Muñoz. 430 p. 17,50 €
27. **San Juan de Ávila.** *Doctor de la Iglesia.* J.L. Teulón. 296 p. 8,80 €
28. **Los Santos Padres.** *Vida y obra de los Padres de la Iglesia.* J. Álvarez. 408 p. 12.30 €
29. **Beato Juan José Lataste.** *Fundador de las Dominicas de Betania, apóstoles de la mujer maginada.* E. Marie. 256 p. 10.50 €
30. **Santo Domingo de Guzmán.** *Vida, ejemplaridad y legado.* Vito T. Gómez. 352 p. 11,50 €

SAN JUAN DE ÁVILA

Vida del Padre Maestro Juan de Ávila. *Y las partes que ha de tener un predicador del evangelio.* Fray Luis de Granada. 174 p. 5,75 €
San Juan de Ávila. Tomo I. *Sacerdote y Maestro de espíritu. Pensamientos y sentencias.* San Juan de Ávila. 282 p. 12,75 €. A sacerdotes, religiosos y seglares.
San Juan de Ávila. Tomo II. *Sacerdote, Maestro del Pueblo de Dios. Pensamientos y sentencias.* San Juan de Ávila. 304 p. Año litúrgico. Espíritu Santo, Stmo. Sacramento. María. Santos. 13 €

También: Diccionario teológico-espiritual de san Juan de Ávila / San Juan de Ávila. Doctor de la Iglesia

SANTA MARAVILLAS DE JESÚS

Si Tú le dejas... *Vida de Santa Maravillas de Jesús* (5ª ed.). Carmelitas Descalzas 550 p. 13,25 €
Nuestra Dulcísima Madre. *La Virgen María en la vida y escritos de Santa Maravillas de Jesús* (2ª ed.). R. Mª López Melús. 326 p. 11,50 €
Vida mística de la Madre Maravillas de Jesús. *Su alma.* (2ª ed.). Baldomero Jiménez. 270 p. 11,50 €
Cartas de la Madre Maravillas. *Antología epistolar de Santa Maravillas de Jesús* (2ª ed.). 520 p. Cartoné. 18 €
Mis recuerdos de la Madre Maravillas. M. Dolores de Jesús. 316 p. Cartoné. 13,50 €
Maravillas de Jesús. *Una "maravilla" de naturaleza y gracia.* Mª C. López. 114 p. 4,75 €
Santa Maravillas. *Naturalidad en lo sobrenatural. Influjos configurantes en su fisonomía espiritual.* Alberto J. González Chaves. 652 p. Cartoné. 22,50 €
Madre Maravillas, una llama que arde y enciende. *Selección de artículos sobre la Santa. 1920 y 1974-2003.* Carmelitas Descalzas 296 p. 12,80 €

SANTA TERESA DE LISIEUX

Historia de un alma. Santa Teresita del Niño Jesús. 260 p. 4,75 €. Ed. Bolsillo: 334 p. 4 €
Obras selectas de Teresa de Lisieux, Doctora de la Iglesia. *Historia de un alma y selección de cartas, poesías y escritos* V. Martínez-Blat, O.C.D. 646 p. 16,50 €
Historia póstuma de Santa Teresa de Lisieux. *Las páginas más bellas sobre su vida y doctrina.* V. Martínez-Blat. 366 p. Cientos de testimonios sobre la santa. 11,75 €

Santa Teresita, día a día. *Biografía íntima de Santa Teresita de Lisieux.* V. Martínez-Blat. 216 p. 9,50 €
Los padres de Santa Teresita. *Beatos Celia y Luis Martín.* A. y H. Quantin. 144 p. 7,50 €
Diccionario de espiritualidad de Santa Teresita. V. Mtez-Blat. 368 p. 11,50 €

BEATO MANUEL LOZANO GARRIDO "LOLO"

Las estrellas se ven de noche. *Diario Póstumo.* 332 p. 5,75 €
Dios habla todos los días. *Diario de un inválido.* (4ª ed.). 260 p. 5,75 €
El árbol desnudo. *Novela autobiográfica.* 262 p. 5,75 €
Las golondrinas nunca saben la hora. 282 p. 5,75 €
Cuentos en "La" sostenido. 180 p. 5,75 €
El sillón de ruedas (2ª ed.). 344 p. 5,75 €
Cartas con la señal de la cruz. *La utilidad... de lo inútil.* 284 p. 5,75 €
Mesa redonda con Dios (2ª ed.). 250 p. 5,75 €
Reportajes desde la cumbre (2ª ed.). 350 p. 5,75 €
Bien venido, amor. 178 p. Mil pensamientos. 1,85 €
La alegría vivida en el dolor. *Vida y virtudes de Manuel Lozano Garrido, inválido y ciego, periodista y escritor.*
Rafael Higueras. 270 p. 5,75 €
Lolo, un cristiano. *Semblanza espiritual de Manuel Lozano Garrido.* P. Cámara. 172 p. 2,50 €

9. SACRAMENTOS. VIDA CONSAGRADA

LITURGIA. SACRAMENTOS

Introducción a la liturgia. P. Fernández. 310 p. 18 €
Celebrar, un reto apasionante. *Bases para una comprensión de la liturgia.* J. M. Bernal. 456 p. 23,50 €
Los sacramentos de la Iglesia a tu alcance. P. J. Lasanta. 182 p. 9 €
Las tres grandes catequesis bautismales. *Samaritana, ciego de nacimiento, resurrección de Lázaro.* A. Pardo. 92 p. 3,75 €
Celebrar desde el corazón. Una invitación a saborear la liturgia. Francisco J. Sáez de Maturana. 21,95 €

PENITENCIA

Arte de confesión. Ramón Llull. 94 p. 3,15 €
El sacramento de la penitencia. *Teología del pecado y del perdón.* P. Fernández. 352 p. 18,50 €
La alegría del perdón. *2000 años de doctrina sobre el Sacramento de la Penitencia.* J. Atienza. 280 p. 11,45 €

EUCARISTÍA

La Eucaristía del Nuevo Testamento (2ª ed.). J. L. Espinel. 300 p. 15 €
Preparación para la celebración de la Santa Misa. R. Guardini. 144 p. 7,50 €
Eucaristía. Misterio, vida y fraternidad. *El "Obispo del Sagrario", testigo.* Mons. R. Palmero. 124 p. 5,50 €
Jesús en la Eucaristía. *¿Comprendéis lo que he hecho con vosotros?* A. J. González. 378 p. 12,50 €
De la Eucaristía a la Trinidad (2ª ed.). V. M. Bernadot, O.P. 230 p. 5,15 €
Dar la propia vida. *De la Eucaristía a la vida.* Mons. Pierre Claverie. 128 p. 6,40 €
El Misal de Pablo VI. *De "decir Misa" a "celebrar la Eucaristía".*. AA.VV. 316 p. 11,45 €. Evaluación y propuestas por especialistas.

MATRIMONIO. FAMILIA

El amor humano. *Su sentido y su alcance.* A. López Quintás. 256 p. 12,50 €. Ética y amor.
No tienen vino. *Espiritualidad matrimonial y familiar.* Mons. F. Cerro. 70 p. 6,75 €

El matrimonio en Cristo. J. Mª Iraburu. 144 p. 4,25 €
Amor y vida. *Acerca del Matrimonio Cristiano.* F. García. 308 p. 11,45 €
Familia, vida y sociedad. *Textos sociales católicos.* M-J. Núñez. 346 p. 11,75 €
La familia cristiana. *Iglesia doméstica.* A. Aláiz, 346 p. 11,50 €

SACERDOCIO

1. Celibato por el Reino de Dios. *Formación y vivencia.* A-L. Crespo. 236 p. 13,75 €
2. Los sacerdotes en el corazón de san Juan Pablo II. S. Fernández. 382 p. 18 €
3. En cada Iglesia designaban presbíteros. *El clero diocesano secular: vocación, misión, espiritualidad.* A. Hiraldo. 472 p. 22,50 €
El sacerdote en el pueblo de Dios. J-R. Flecha. 120 p. 8,75 €
Sacramento del Orden. *Estudio teológico. Vida y santidad del sacerdote ordenado.* P. Fernández. 276 p. 20 €
Discípulos y pastores. Seguir a Jesús en el camino. Antonio Hiraldo Velasco. 300 p. 19 €
Hombres de Dios. *Tú puedes ser sacerdote.* J. Álvarez. 158 p. 6 €
Sugerencias sacerdotales. B. Jiménez. 190 p. 603 pensamientos. 5,15 €
Sacerdotes para nuestro tiempo. *Juan Pablo II y Benedicto XVI hablan sobre el sacerdocio.* J. A. M. Puche. 382 p. 13,50 €

VIDA CONSAGRADA

La Vida consagrada a la luz del kerigma. Gerardo Sánchez. 194 p. 8 €
La Santa Regla. San Benito de Nursia. 122 p. 4,75 €
Espiritualidad de la vida religiosa y sus razones teológicas. P. Fernández. 334 p. 16,75 €
Religiosos para la Nueva Evangelización. *Religiosas y religiosos, testigos de Jesús.* P. J. Lasanta. 292 p. 11,45 €.
Procesos de maduración personal. *Madurez humana y vida consagrada.* E. J. Ferreras. 278 p. 9,75 €
El seguimiento de Jesús en la vida consagrada. E. J. Ferreras. 272 p. 9,75 €
Pensando en Dios. *Experimentar a Dios para ser sus testigos.* Chus Villarroel. 252 p. 8,75 €

10. MORAL. DERECHOS HUMANOS

MORAL. ÉTICA

Compendio de Teología Moral. *Moral católica para el siglo XXI.* G. Cappelluti. 200 p. 5,50 €
Moral de convicciones, moral de principios. *Una introducción a la ética desde las ciencias humanas.* E. Pérez-Delgado, O.P. 296 p. 15 €
Impacto de la religión en el pensamiento moral de los jóvenes. *El punto de vista psicológico y otros puntos de vista.* E. Pérez-Delgado, O.P. 250 p. 20 €
Síntesis de la moral católica. *Preguntas y respuestas.* Dominicos de Bolonia. 142 p. 4,50 €
Divorcio, aborto, natalidad y educación. *Cuatro batallas ¿perdidas?* L. Riesgo. 220 p. 9 €
De la utopía a la política económica. *Para una ética de las políticas económicas.* J. A. Chaves. 280 p. 15 €
Tras la justicia. *Introducción a una filosofía política.* R. Larrañeta. 236 p. 12 €
La conciencia, a examen. I. Domínguez. 208 p. Doctrina y pastoral. 6,50 €
Ética informática y ética e internet. D. G. Johnson. 256 p. 21 €
El desafío ético de la información. N. Blázquez. 354 p. 18,50 €

DERECHOS HUMANOS

Teoría de los derechos humanos. *Conocer para practicar.* A. Osuna. 254 p.14,50 €

Los derechos humanos. *Ámbitos y desarrollo.* A. Osuna. 340 p. 19 €

Dignidad y aventura humana. A. Lobato. 274 p. 13,50 €

Nuestro arquetipo humano. *Trazos de su razón soberana.* E. Chávarri. 282 p. 14 €

Francisco de Vitoria y su "Relección sobre los Indios". *Los derechos de los hombres y de los pueblos.* R. Hernández. 185 p. 9 €

11. PASTORAL. CATEQUESIS. NIÑOS

Colección BUEN PASTOR

Libros para la reflexión y la práctica pastoral dirigidos a los diversos agentes de pastoral. Formato 12x19 cm. Serie Materiales 17x24 cm

1. La nueva parroquia evangelizadora. *Renovación interior y creatividad pastoral.* J. Álvarez. 302 p. 12 €

2. El amor: un nombre, un rostro. *En camino con los jóvenes.* Giovanni Marini. 172 p. 10 €

3. ¿Nos casamos o nos vamos a vivir juntos? P. Mª Reyes. 112 p.) 9 €

4. El matrimonio, camino eucarístico. É.y D. Lemaître. 102 p. 9,25 €

5. Preguntas candentes sobre Dios. *Para encontrar y progresar en la fe.* Respuesta a 57 preguntas que recogen las inquietudes actuales sobre Dios, la fe y la vida cristiana. E.Pastore. 228 p. 12,50 €

6. Atreverse a vivir el amor. El reto de vivir de verdad el amor en pareja. G. Blaquière. 228 p. 12,50 €

7. Propuesta pastoral del Papa Francisco. Desde la ***Evangelii Gaudium.*** Antonio Danoz. 136 p. 7,50 €

Serie MATERIALES

1. Catequesis familiares con el CIC. *35 temas para fortalecer la fe de los padres.* S. Fernández. 126 p. 7,50 €

Jóvenes felices, jóvenes con valores. R. Cuadrado. 256 p. 9 €

Colección BUEN SAMARITANO

Libros de auto-hétero ayuda, para ayudarse y ayudar a tener una vida feliz y de calidad. Comprenden la persona humana en su triple dimensión: corporal, psicológica y espiritual. Proporcionan oxígeno espiritual a cualquier persona y facilitan a los agentes de pastoral la tarea de ayuda que se proponen hacer a los demás. Formato 12 x 18 cm.

1. Cuídate, quiérete, *Tú escribes tu historia.* F.F. Martin. 160 p. 12,50 €

2. Vivir la angustia de otra manera. *Aproximación médica, psicológica, espiritual.* L. Masquin. 108 p. 11,75 €

3. La mejor brújula para la vida. F.F. Martin. 136 p. 12 €

4. Combatir los pensamientos negativos. J. Pralong. 128 p. 12 €

5. Para acabar con la culpabilidad. J. Pralong. 146 p. 12 €

6. Vencer los miedos y afrontar el futuro. J. Pralong. 160 p. 12 €

7. Dime que me quieres. 36 formas de amar. Ch. Prince. 80 p. 9 €

8. Cómo ser un buen padre. O. Belleil. 288 p. 14,50 €

Colección CAMINOS DE SANTIDAD

Libros de recopilación de materiales para facilitar el camino de la felicidad y caminar hacia Dios. Muy útiles para la catequesis, la predicación y la pastoral en todos los ambientes. Hnos. López Melús (Rafael y

Justo). Formato 13,50 x 20,50 cm. 9 € cada libro.

Tomo I. *Decálogos que dirigen.* 396 p.
II. *Semillas que dan vida.* 366 p.
III. *Destellos que iluminan.* 336 p.
IV. *Bienaventuranzas que bendicen.* 336 p.
V. *Ejemplos que edifican.* 384 p.

Colección CICLO LITÚRGICO

Libros de utilidad pastoral en los tiempos litúrgicos. Formato 12 x 18 cm.

1. Adviento y Navidad con los Santos Padres. A. González. 102 p. 7 €
2. Cuaresma con los Santos Padres. A. González. 100 p. 7 €
3. Vivir el Adviento en el ciclo B. Una reflexión y oración para cada día al ritmo de las lecturas litúrgicas. Monjas Trinitarias de Suesa 120 p. 7 €
4. Vivir la Cuaresma en el ciclo B. M. T. de Suesa 120 p. 7 €
5. Festivos de Cuaresma a Pascua. Ciclo B. Evangelio, Comentario. Oración. Reflexión. S. Moranchel. 204 p. 8,75 €
6. El camino del Adviento. A. Danoz. 180 p. 9,50 €
7. El camino de la Cuaresma. A. Danoz. 176 p. 9,50 €

HOMILÍAS

Libros de homilías o textos que pueden ayudar a prepararlas.

1. Los cuentos de mis homilías. Ciclos A, B, C. A. Illescas. 408 p. 4ª ed. Un cuento para cada domingo del año como recurso para comenzar la homilía. 16 €
2. Reflexiones evangélicas para los días de diario. Leonardo García Martín. OFM. Una breve homilía para cada uno de los días feriales de Adviento, Navidad, Cuaresma y Pascua. 282 p. 14,50 €
3. Reflexiones evangélicas para los días de diario 2. Tiempo Ordinario
4. Homilías en cinco palabras. Ciclos A, B, C. Diego Muñoz. 320 p. 12,25 €
5. Palabras de vida. Ciclos A, B, C. J-R. Flecha. 688 p. 20,25 €
6. Guiones bíblicos para homilías dominicales. Ciclos A, B y C. J. Salguero. 754 p. (2ª ed.). 21 €
7. Dios con nosotros. Ciclo A. J-R. Flecha. 292 p. 11 €
8. Hijo de Dios. Ciclo B. J-R. Flecha. 316 p. 11 €
9. Despertar con Dios. Ciclo B. Á. Galindo. 208 p. 11,45 €
10. Despertar con Dios. Ciclo C. Á. Galindo. 236 p. 11,45 €
11. Homilías para exequias. Gerardo Sánchez. 184 p. 7,75 €

LIBROS PARA NIÑOS

Colección preparada por Mª E. Schindler y C. Ramos 24 p. Color. Cartoné. 5 € cada uno

El libro de los ositos para mi Primera Comunión.
El libro de los ositos para rezar. *Oraciones para los más chiquitos*
El libro de los ositos. Mi angelito de la guarda. *Descubro a mis amigos los ángeles*
El libro de los ositos. Rezamos a Mamá María. *Descubro a mi Madre del Cielo*
El libro de los ositos para aprender las virtudes
María, mi mamá del cielo

Colección HABLANDO CON MI PAPÁ DEL CIELO

Libros con forma de mano 13,5 x 16 cm., con oraciones elementales para los niños más pequeños. Cartoné. Color. 12 p. 6,50 € *cada uno.*

Oraciones diarias. Oraciones de alabanza. Oraciones para las comidas. Oraciones para dormir

VIDAS DE SANTOS en CÓMIC

Libros a todo color. 40 páginas. Formato 22 x 28 cm. Con texto de Miguel Ángel Requena y dibujo de Pilarín Bayés. 5,75 € *cada uno.*

-Santo Domingo de Guzmán. -San Vicente Ferrer. -El Santo de la Escoba. San Martín de Porres (3ª ed.). **Santa Gema. -El Buen papa Juan.** *Beato Juan XXIII.* **-Josemaría Escrivá.**

La santidad en la vida corriente (2ª ed.). Edición en castellano o catalán. -**El santo Hermano Rafael cuenta su vida a los niños.** C. Aspas (Texto). M. Jiménez (Dibujos). 86 p. Bicolor. 6,50 €

JUEGOS

Tres juegos para la familia, catequesis y clases de religión.

YOBEL. *El juego del peregrino.* De 2 a 25 jugadores. Caja, tablero, fichas, dados y 200 tarjetas con mil preguntas de cultura religiosa sobre Biblia, Historia de la Iglesia, María, los santos y doctrina cristiana. 39 €.

¡ADELANTE! Juego de la Nueva Evangelización. Juego para la familia, catequesis y clases de religión con 330 preguntas. Caja, tablero, fichas, dados y seis barajas con nombres de santos para aprender cultura religiosa sobre la fe, sacramentos, vida de Cristo, oración, liturgia e historia sagrada. 39 €.

Biblia. Memory Game. Juego de cartas para jugar a las familias con personajes bíblicos. 13 €

12. ORACIÓN. PIEDAD POPULAR

Colección TU ROSTRO BUSCARÉ

Colección de libros sobre la oración (Formatos 13 x 21 cm.) y de oraciones (Formato 12 x 18 cm.)

1. 33 días para consagrarse a Jesús por María. *Consagración personal. Consagración del mundo.* F. Breynaert. 132 p. 12 €

2. Oraciones sálmicas. 4 series de oraciones..F. Rafael de Pascual (Ed.) Monje Cisterciense. 226 p. 13,75 €

3. La Palabra en la vida diaria. *Saber orar cada día.* Guía de oración para todas las semanas y días del año a partir de la Biblia. T.Rodríguez. 72 p. 4,50 €

4. Orar con la Lectio Divina. *El beso de Dios a su pueblo creyente.* B. Olivera. 96 p. 6,50 €

5. Orar con santa Maravillas. Carmelitas Descalzas de la Aldehuela. 100 p. 2ª ed. 5 €

6. Buenos días, Ángel de mi Guarda. Doctrina y devocionario angélico. R. Mª López Melús. 136 p. 8 €

7. Oraciones y devociones. Oracional completo en español y latín. Principalmente para sacerdotes y para todos. J. Socías. 624 p. 16 €

8. Así oraba y nos propone orar santa Teresa. Los cuatro grados de oración de santa Teresa comentados y presentados para los fieles de hoy. J. M. Ballester. 252 p. 11,50 €

9. Me consagro a María Reina de la Paz. *Preparación contemplando los misterios del Rosario* G.O.T.T. 108 p. 6 €

10. Reflexiono y rezo en mi enfermedad. Reflexiones y oraciones para cada día y Devocionario apropiado. R. Cuadrado, A. Glez. 164 p. 7,50 €

11. Ante ti, Señor. *Con mi vida en la oración eucarística.* Meditaciones y oraciones para los momentos de oración ante el Santísimo. V. Viguera. 272 p. 10,50 €

12. Orar con el Evangelio de Lucas. A. Danoz. 300 p. 10,75 €

13. Adoraciones eucarísticas 1. *Con las obras de misericordia espirituales.* C. E.-PP. Sacramentinos. 108 p. 6,75 €

14. Adoraciones eucarísticas 2. Eucaristía, banquete de misericordia.102 p. 6,75 €

15. Adoremos. *Vivencias eucarísticas.* Olga Mª del Redendor.

Y además

Orar con san Benito. P. Minteguía. 70 p. 5,50 €

Caminando en el tiempo. *Salmos para la vida.* F. Clemente. 102 p. (2ª ed.). 5,50 €

Nueva oración de los fieles (I y II). L. Caram. 18 X 27 cm. Tomo I: Festivos. 408 p. 21 €. Tomo II: Ferial. 544 p. 24 €.
Oraciones y vida cristiana (5ª ed.). J. A. M. Puche. 32 p. Oraciones comunes, sacramentos y minicatecismo. 0,75 €

Vida en plenitud. *Orar en la tercera edad.* M. Prieto. 320 p. Cartoné. 10,75 €
Al Dios desconocido. Oraciones al Espíritu Santo. R. de Andrés. 268 p. Cartoné. 9,50 €
Laudes y Vísperas. El Oficio Divino en un formulario para cada día entre semana y cuatro para los domingos. Libro: 262 p. 6,50 € Libro + 4 CD: 29 €

PIEDAD POPULAR

Materiales para las diversas manifestaciones de la piedad popular: celebraciones, viacrucis, meses especiales, novenas...

Celebraciones

Vivencias de Eucaristía. *10 celebraciones eucarísticas vivas fuera de la misa.* R. Cuadrado. 102 p. 3,50 €

Viacrucis

De la cruz a la luz. *20 viacrucis.* J-R. Flecha. 208 p. 8,75 €
Vía-Crucis Vía-Passionis. Cuatro viacrucis y meditación sobre el rostro de Cristo. P. Gª Macho. 72 p. 6 €
Vía Crucis nuevo. *El itinerario de la crucifixión.* S. Muñoz. 70 p. 4 €
Vía Crucis bíblico. *De la Palabra de Dios a la vida del hombre.* J. A. M. Puche. 74 p. 3,75 €. Libro + 1 CD. 9,50 €
El Vía Crucis de todos los hombres. Ramón Cué. 308 p. 5,50 €

Meses

Hallaréis vuestro descanso. *Mes del Corazón de Jesús.* Olga Mª del Redentor. 206 p. 11,75 €
Mes de mayo a María. R. Mª L. Melús. p. 9 €
Mes de mayo con María. *Confidencias con la Madre.* P. J. Agudo. 204 p. 5,75 €
Un mes con la Madre de Jesús. ***Conocer y amar a María.*** M-M. Breynaert. 164 p. 12,50 €
Corazón vivo. *El Corazón de Cristo, fuente de vida.* Mons. Francisco Cerro. 78 p. 30 reflexiones para el mes de junio. (2ª ed.). 5,50 €

Novenas

1. Novena a la Virgen del Carmen. R. Mª L. Melús. p. 4 €
2. Novenas a san Josemaría Escrivá de Balaguer. E. Fernández. 88 p. 5 €
3. Novenas a santa Maravillas. Carmelitas Descalzas de la Aldehuela. 94 p. 5 €
4. Novena y oraciones a san Antonio de Padua.
5. Novenas a la Virgen del Rosario. R. Cuadrado. 96 p. 5 €
6. Novena y devociones a la Divina Misericordia. A. González. 100 p. 5 €
7. Novenas y oraciones a san Juan Bosco. V. Viguera. 96 p. 5 €

13. LIBROS VARIOS

Cuentos y fábulas. *Para los niños y niñas que asisten a las escuelas.* 132 cuentos y fábulas agrupadas en tres bloques: el ser humano, los animales, la naturaleza y los objetos. A. Molina. 256 p. Color. 19,50 €

JOSÉ MARÍA PEMÁN

Colección de escritos originales del autor, obras religiosas y de temática general. Formato 14 x 21,50 cm. Colección preparada por J.A.Martínez Puche.

La Navidad de Pemán. Poesía y prosa. 144 p. 7,25 €
La pasión según Pemán. Poesía y prosa. 148 p. 7,25 €
Lo que María guardaba en su corazón *y otros escritos marianos.* Poemas, discursos y artículos. 348 p. 13,25 €
Las flores del bien. *De la vida sencilla y otras obras poéticas.* 318 p. 11,75 €

Los testigos de Jesús. 182 p. Personajes y santos. 182 p. 9 €
A la luz del misterio. *Y otros escritos sobre Dios, la Iglesia, el hombre, la vida.* 374 p. 13,25 €
El "Séneca" y sus puntos de vista. Artículos de sabiduría popular. 190 p. 9 €.
Mis mejores artículos. 326 p. 13,25 €
De las letras y las artes. *El mundo de las letras. Escritores y artistas de ayer y de hoy.* 396 p. 15 €
Mis almuerzos con gente importante. 228 p. 10,50 €
Mis encuentros con Franco. 176 p. 9 €
El "Séneca" en televisión. 224 p. 10,50 €
Poesía selecta. 228 p. 10,50 €
Teatro selecto. *Cuando las Cortes de Cádiz, La casa, Edipo*, y cuatro obras más. 576 p. 18,75 €
Andalucía. 458 p. 17,45 €. *La eternamente vencedora, Barrio de Santa Cruz, Señorita del mar*, y otros temas andaluces.
Apuntes autobiográficos: 222 p. 10,50 €

JOSÉ LUIS MARTÍN DESCALZO

Antologías de textos publicados en diversos medios, principalmente en el programa de RTVE "Pueblo de Dios". Textos recopilados y ordenados por J.A. Martínez Puche.

María de Nazaret (3ª ed.). 138 p. Sobre la Virgen. 8,50 €
Yo amo a la Iglesia (2ª ed.). 290 p. Sobre la Iglesia. 11,75 €
Días grandes de Jesús. 300 p. 11,75 €. Sobre Navidad, Semana Santa, Pascua y santos
Para mí la vida es Cristo. *El sacerdote habla a sus hermanos.* (3ª ed.). 300 p. 11,75 €. Sobre la vida cristiana.
Relatos de un cura joven 1. *Al filo de la Palabra.* 196 p. 9 €. Antología de folletos de tema bíblico.
Relatos de un cura joven, 2. *Cristianos para nuestro tiempo.* 204 p. Antología de folletos sobre la vida cristiana. 9 €

ARTE

En teoría, es arte. *Una introducción a la estética.* S. J. Castro. 276 p. 16 €
Guía de las Cartujas de España. L. Doeijo. 248 p. con ilustraciones. 11x21 cm. 8,50 €
Los santos y los patronos. Cómo reconocerlos en el arte y en las imágenes populares. Fernando y Gioia Lanzi. 264 p. Cartoné. Color. 300 ilustraciones. Formato: 21,5x27 cm. 39 €

CALENDARIO

Calendario Edibesa de pared

Calendario de pared de doce láminas a todo color. La parte superior con una imagen de María en alguna de sus advocaciones durante el mes correspondiente; la parte inferior, con los días del mes, santoral y algunas jornadas mundiales y celebración litúrgica del domingo. Con trama de color se señalan los tiempos litúrgicos. Hay espacio para las anotaciones personales. Formato: 32 x 26 cm. (cerrado), 32 x 52 cm. (desplegado). Papel: couché 200 gr. 2,90 € (Precios especiales según cantidades).

14. AUDIOLIBROS. TEXTOS SONORIZADOS

LOS SANTOS Y SUS ESCRITOS
(Extractos selectos de Teresa Uriburu y J.A.M. Puche.)

Libro de la Vida. Santa Teresa. 104 p. + 2 CD. 16 €
Para Vos nací. Santa Teresa. Poesías y Exclamaciones. 72 p. + 2 CD. 16 €
Camino de perfección. Santa Teresa. 120 p. 2 CD. 16 €
Confesiones. San Agustín. Libro: 122 p. 3,50 €. Libro + 2 CD: 16 €
Cántico espiritual. San Juan de la Cruz. Libro: 228 p. 5,50 €. Libro + 4 CD: 29 €
Diario del alma. Juan XXIII. Libro: 76 p. 2,75 € Libro + 1 CD: 9 €

Historia de un alma. Santa Teresita del Niño Jesús. Libro 140 p.+ 2 CD. 16 €.
Vida de Cristo. Fray Luis de Granada. Libro: 106 p. 2,75 € Libro + 2 CD: 16 €
Hermano Rafael. *Escritos selectos.* Rafael Arnáiz. Libro: 158 p. 3,75 € Libro + 2 CD: 16 €
San Rafael. Monje trapense. Rafael Arnáiz. 12 CD. 35 €
Santa Margarita María y el Corazón de Dios. Santa Margarita Mª Alacoque. Vida y mensaje. Libro: 78 p. 2,75 €. Libro + 2 CD: 16 €
San Pablo cuenta su vida. L. L. de las Heras. Libro: 156 p. 5 € Libro + 2 CD: 16 €
Santa Maravillas de Jesús. Vida y mensaje. J. Onrubia. Libro: 72 p. 2,50 € Libro + 1 CD: 9 €
San Francisco de Sales. M. Salesas. Semblanza biográfica. Libro: 76 p. 1,75 €. Libro + 1 CD: 9 €
Santa Teresa (de Jesús). Pancracio Celdrán. Biografía dramatizada. Libro: 60 p. 1,75 €. Libro + 1 CD: 9 €
Santa Juana Jugan. P. Milcent. Libro: 114 p. 3 €. Libro + 2 CD: 16 €
Fátima. *Historia. Secreto. Mensaje.* Hna. Lucía. Libro: 90 p. 3,50 €. Libro + 1 CD: 9 €
Historia de una escoba (*san Martín de Porres***).** A. Sánchez. Libro: 62 p. 3,70 €. Libro + 1 CD: 9 €

LITERATURA (Extractos selectos)

El ingenioso hidalgo Don Quijote de la Mancha. M. de Cervantes. Libro + 4 CD: 29 €
Cantar de Mío Cid. Anónimo. Libro + 1 CD: 9 €
Lazarillo de Tormes. Anónimo. Libro + CD: 9 €
La vida es sueño. P. Calderón de la Barca. Libro + 1 CD:9 €
Fuenteovejuna. F. Lope de Vega. Libro + 1 CD:9 €
El divino impaciente. J. M. Pemán. Libro + 2 CD: 16 €
Joyas de la palabra I y II. Antología de poemas espirituales. AA.VV. 2 CD: 12,50 € cada uno.

HISTORIA. SEMBLANZAS

Isabel la Católica. T. Uriburu. Libro + 1 CD: 9 €

CHARLAS. DRAMATIZACIONES

No os pido más de que le miréis. *Jesucristo a través de los ojos de santa Teresa de Jesús.* M. Olga Mª del Redentor.72 p. 2 CD (67+68 min.).16 €
Darnos del todo al Todo sin hacernos partes. *Santa Teresa de Jesús y la vida consagrada.* M. Olga Mª del Redentor. 272 p. 1 DVD-MP3 (12 horas)17,50 €
Hacia la Luz, el Amor y la Vida. *Reflexiones para Cuaresma y Pascua.* M. Olga Mª del Redentor. 260 p. 1 DVD-MP3 (12 horas)17,50 €
Mi Cristo roto. Ramón Cué. Libro + 2 CD: 16 €
Ojos que vieron a Cristo. Ramón Cué. Nueve charlas sobre personajes del Evangelio. Libro + 2 CD: 12 €
Yo creo en la alegría. Ramón Cué. Ocho charlas de vida cristiana. Libro + 1 CD: 9 €
Buscando su rostro. *Memorial de una vida.* Ignacio Larrañaga. 15 horas de reflexiones espirituales. 14 CD: 68 €
Diálogos de Pasión. J.L. Martín Descalzo. Jesús habla con los diversos personajes de sus últimos momentos. Libro + 1 CD: 9 €
Es Cristo que pasa. J. Escrivá de Balaguer. 18 homilías. Libro + 9 CD: 49,50 €
Amigos de Dios. J. Escrivá de Balaguer. 18 homilías. Libro (460 p.) + 9 CD: 49,50 €
Juan Pablo II, a los cristianos. Mensajes en español a la familia, jóvenes, sacerdotes y religiosos. 2 CD: 12,50 €

15. MÚSICA. CDs. Partituras. Cancioneros

POLIFÓNICA. PROCESIONAL

Canto gregoriano y Polifonía. Polifónica turolense. 2 CD: 21 €
Semana Santa. Antología de 60 marchas procesionales. 4 CD: 25 €
Santo entierro magno. Sevilla. 2 CD + DVD + Fotos: 23 €

PADRE. HIJO. ESPÍRITU SANTO

Al Dios de mi alabanza. A. Gutiérrez. CD: 12,50 €. Partituras: 28 p. 3,50 €
Dios, Padre bueno. V. Muñoz. CD: 12,50 €. Partituras: 28 p. 3,50 €
En el nombre del Padre. *Nuevos espirituales.* E. Bastida. CD: 12,50 €. Partituras: 28 p. 3,50 €.
Manos de Dios. A. de Armas. CD: 12,50 €.
Alabanza de gloria. V. Borragán CD: 12,50 €. Partituras: 3,50 €
Ven, Señor Jesús. V. Borragán. CD: 12,50 €. Partituras: 36 p. 3,50 €. Cantos a Jesucristo: súplica y esperanza.
Hijo del Hombre. Abelardo de Armas. CD: 12,50 €
La otra mejilla. CD: 12,50 €. Seminaristas de Getafe.
Seguir a Cristo. J. Sagüés (música), santa Genoveva Torres (letra). 2 CD: 21 €. Partituras: 52 p 3,50 €
Espíritu Santo ¡ven! V. Borragán. CD: 12,50 €. Partituras: 32 p. 3,50 €

EUCARISTÍA

Cantos eucarísticos. *Populares y polifónicos.* CD: 12,50 €. Coral Santo Domingo de Guzmán de Ocaña.
Al partir el Pan. *Cantos de Eucaristía.* A. Gutiérrez. CD: 12,50 €. Partituras: 20 p. 3,50 €
Misa del tercer milenio. A. Gutiérrez. CD: 12,50 €. Partituras: 28 p. 3,50 €
Vendremos a él. *Canciones de Trinidad y Eucaristía.* J. M. Glez. Durán. CD: 12,50 €. Partituras: 36 p. 3,50 €.
Panis vivus. *Cantata a la Ascensión. Triludios eucarísticos.* L. Iruarrízaga. Escolanía del Valle de los Caídos. CD: 12,50 €.
Venimos a tu mesa. M. Carchenilla. Canciones e instrumental. CD: 12,50 €. Partituras: 28 p. 3,50 €.

NAVIDAD

Gran orquesta de Navidad. Paul Mauriat. CD: 12,50 €.
A la lumbre del Portal II. Grupo Tahona. Villancicos. CD: 12,50 €.
Belén, 2000 años. *Villancicos para el Tercer Milenio.* M. González. CD: 12,50 €.
En el Portal de Belén. 16 villancicos populares. CD: 6 €.
Los villancicos del Padre Soler (1729-1783). CD: 12,50 €.
Canciones de Navidad. Escolanía del Valle de los Caídos. 24 villancicos. CD: 12,50 €.
Navidad musical. *Misa de Pastorela. Villancicos populares (Molina de Segura).* CD: 12,50 €.
Mágica Navidad. 24 villancicos. 2 CD: 21 €
Oratorio de Navidad. F. Palazón. Cuatro piezas sinfónicas y un Oratorio. 12,50 €
Villancicos espirituales. F. Palazón, J. L. Martín Descalzo (Letra). 9 Villancicos y un himno a San Juan de la Cruz. 12,50 €. Libreto de partituras: 5,50 €
Villancicos por rumbas 1, 2 y 3. Coros rocieros. Cada uno 2 CD: 16 €

MARÍA

Salve, Madre. *Cantos marianos populares y polifónicos.* CD: 12,50 €. Partituras: 32 p. 3,50 €.
Ofrenda musical a María. Coral "Tomás Luis de Vitoria". Salve Marinera, Salve cartagenera, cantigas, himnos marianos. CD: 12,50 €
María Madre del 2000. *Canciones nuevas a Santa María.* A. Gutiérrez. CD: 12,50 €. Partituras: 24 p. 3,50 €.
Flor escondida. A. de Armas. CD: 12,50 €. Cantos a la Virgen.
Salve rociera. Antología. 2 CD: 21 €.
Al Rocío. Antología. 2 CD: 21 €.

FE Y VIDA

Cantos para el siglo nuevo. V. Muñoz. CD: 12,50 €. Partituras: 32 p. 3,50 €

Dominicos. *Ochocientos años (1216-2016).* V. Muñoz. CD: 12,50 €. Partituras: 28 p. 3,50 €
Parábola. Grupo "Fábrica de sueños". CD: 12,50 €. Partituras: 32 p. 3,50 €.
Todo es por Ti. "Fábrica de sueños". CD: 12,50 €
Salmos. *Remanso del alma.* A. Gutiérrez. Salmos 18, 21, 22, 54, 62, 79, 84, 89,112, 120, 143, 150. CD: 12,50 €. Partituras: 32 p. 3,50 €
Ama. Es posible el amor. A. Di Mario, P. Tombolato. 12,50 €
Contagiando fe. T. Titos. Cantos juveniles. 12,50 €
Rosa del mundo. Teresa de Calcuta y su mensaje. R. Cabado. Canto a Madre Teresa. Canciones. 12,50 €
Palabras sagradas de Pablo Apóstol. Frei L. Turra. Canciones "estilo Taizé" con textos de san Pablo. 12,50 €
Ignacio de Loyola. *Tras el rastro de Jesús.* W. Hewett. Oratorio musical para coro, solista, orquesta, órgano y narrador. CD: 16,50 €. Partituras: 48 p. 3,50 €
Vamos a Javier. *Javierada musical.* J. Sagüés. Himnos y cantos a san Francisco Javier. CD: 12,50 €. Partituras y catequesis: 28 p. 4,50 €
Camino de Santiago. *Canciones para la marcha y el encuentro.* J.M. G. Durán y Recoletos. CD: 12,50 €. Partituras y catequesis: 56 p. 3,50 €

LA MÚSICA DE JUAN ANTONIO ESPINOSA

Las canciones de la asamblea. 49 canciones. 2 CD. 21 €. Partituras 83 canciones: 272 p. 11,75 €. 2 CD (instrumental) 21 €
Al Señor del nuevo siglo. CD: 12,50 €. Partituras: 36 p. 3,50 €
A los que ama el Señor. CD: 12,50 €. Partituras: 52 p. 3,50 €
Eres uno de los nuestros. CD: 12,50 €. Partituras: 36 p. 3,50 €
Cantares de libertad. La tierra grita. Cantares con ojos abiertos. Hombres sin tierra. 2 CD: 21 €
Testigos de Jesús. 41 canciones. 2 CD: 21 €. Partituras: 140 p. 9,50 €
El Senyor es la meva força. CD: 12,50 €

Colección CANCIONES DEL PADRE JOSICO

Nº 1. **Por la Cuaresma a la Pascua / De Ramos a Pascua.** CD: 21 €. Partituras: 62 p. 6,40 €
Nº 2. **Nuevas Cantigas a María / Gracias, María.** CD: 21 €. Partituras: 82 p. 7,25 €
Nº 3. **Celebramos tus fiestas, Señor / Los niños cantan a Dios.** CD: 21 €. Partituras: 68 p. 6,40 €
Nº 4. **Mensajero de tu paz / En tus manos, Señor.** CD. 21 €. Partituras: 52 p. 5,50 €

CANCIONEROS

Himnos de la Liturgia de las Horas. Mª C. Villar. 288 p. Cancionero con partituras: 12,50 €.
Maravillas, nombre y vida. *Himnos y canciones a Santa Maravillas de Jesús.* AA.VV. 224 p. 43 Partituras. 7,75 €
Mira a Jesucristo (4ª ed.). *Himnos, cantos y elementos comunes de las celebraciones.* R. Mª Riera. 200 p. 85 Partituras 6,25 €

16. PELÍCULAS Y DOCUMENTALES en DVD

ANTIGUO TESTAMENTO

La Biblia. Personajes y episodios (13 DVD). Episodios de 50 min. en dibujos animados. 1. El jardín del Edén. 2. José y la túnica sagrada. 3. La historia de Moisés. 4. Josué y la batalla de Jericó. 5. Sansón y Dalila. 6. Sodoma y Gomorra. 7. Daniel y la guarida del león. 8. David y Goliat. 9. Jonás y la ballena. 10. La Natividad. 11. Los milagros de Jesús. 12. Los Apóstoles. 13. La pasión. 64,50 €

Historias de la Biblia. *Los grandes acontecimientos del Antiguo Testamento.* 5 DVD. 26 capítulos de 30 min. Dibujos animados. 39,50 €.

Los misterios de la Biblia. 150 min. Reportaje de Discovery Channel que intenta una explicación de algunos temas bíblicos. DVD 1 (El Éxodo. Los evangelios perdidos) DVD 2 (Sodoma y Gomorra). 21 €.

Los Diez Mandamientos. 222 min. Dir.: C.B. de Mille. Int.: Ch. Heston, Y. Brynner. 16 €.

El Principio. 189 min. Dir.: Kevin Connor. Int.: Martin Landau, Jaqueline Bisset. Recreación histórica de los relatos bíblicos desde Abraham a Moisés. 16 €.

Sansón y Dalila. 12 €. 95 min. Dir.: L. Philips.

El rey de Israel (Moisés). 135 min. Dir.: G. de Bosio. Int.: B. Lancaster. 12 €.

NUEVO TESTAMENTO. JESUCRISTO

Reportajes

Jesús. La verdadera historia. 180 min. Discovery Channel presenta a Jesús desde diversos enfoques. 2 DVD: 21 €.

El Sudario de Cristo. 12 €. 55 min.

La Sábana Santa. *La evidencia científica de la Pasión.* 45 min. Dir.: D. Rolfe. 12 €

La Jerusalén de Jesús. *Los primeros cristianos.* 90 min. 15 €

El Santo Grial. *Leyenda y realidad del Cáliz de la Última Cena.* 40 min. 12 €

Los Reyes Magos. *¿Leyenda o realidad?* 40 min. Reportaje sobre todo lo relacionado con los personajes. 12 €

Los 40 días ignorados de Jesús. 88 min. Documental. 16 €

Películas sobre Jesucristo

Rey de reyes. 154 min. 16 €. Dir.: N. Ray.

Quo Vadis. 170 min. 16 €. Dir.: M. LeRoy.

La túnica sagrada. 135 min. 16 €. Dir.: H. Koster.

Jesús de Nazaret. 400 min. 2 DVD: 21 €. Dir.: F. Zeffirelli.

El hombre que hacía milagros. 90m. 16 €. Animación. Dir.: D. W. Hayes

La Pasión de Cristo. 126m. 19 €. Dir.: M. Gibson

Un niño llamado Jesús. 110 min. 16 €. Dir.: F. Rossi

Los años perdidos de Jesús. 60 min. 16 €. Dir.: T. Jennings. La vida de Jesús entre los 12 y 30 años.

Proceso a Jesús. 100 min. 19 €. Dir.: J.L. Sáez de Heredia

Películas sobre personajes del NT

Tomás. 96 min. 12 €. Dir.: R. Mertes. El apóstol incrédulo.

Judas. 91 min. 12 €. Dir.: R. Mertes. El apóstol traidor.

El beso de Judas. 90 min. 12 €. Dir.: R. Gil.

María Magdalena. 98 min. 12 €. Dir.: R. Mertes.

Otras películas relacionadas

Cuentos para Navidad. 260 min. 2 DVD: 19 €. Dir.: Burbank. Animation

El Cristo del Océano. 74 min. 12 €. Dir.: R. Fernández

Mi Cristo roto. 83 min. 12 €. R. Cué

MARÍA

Reportajes

De Fátima a Medjugorje. 60 min. 12 €. Dir.: G. Frascarolo. Documental.

El Rocío es compartir. 55 min. 16 €. Dir.: F. Campos. Documental sobre la popular y tradicional romería.

Películas

María de Nazaret. 110 min. 16 €. Dir.: J. Delannoy

La Señora de Fátima. 90 min. 12 €. Dir.: R. Gil.

La canción de Bernadette. 151 min. 16 €. Dir.: F. Werfel.

Aquella joven de blanco (Lourdes). 95 min. 12 €. Dir.: L. Klimovsky.

La Virgen de Guadalupe. 82 min. 12 €. Dir.: A. Salazar.

María de Nazaret (Serie Tv). 205 min. 2 DVD 21 €

SANTOS Y BEATOS

San Agustín. 199 min. 16 €. Dir.: Ch. Duguay.

Francesco. *San Francisco de Asís.* 127 min. 16 €. Dir.: M. Soavi.

Hermano sol, hermana luna (S. F. de Asís). 116 min. 16 €. Dir.: F. Zeffirelli.

San Ignacio de Loyola (El capitán Loyola). 100 min. 16 €. Dir.: J. Díaz.

Isidro el Labrador. 100 min. 16 €. Dir.: R.l J. Salvia.

Juana de Arco. 145 min. 16 €. Dir.: V. Fleming.

El cielo sobre el pantano (Santa María Goretti). 105 min. 16 €. Dir.: A. Genina.

Fray Escoba. 98 min. 16 €. Dir.: R. Torrado. Vida de san Martín de Porres.

Maximilian Kolbe. 91 min. 16 €. Dir.: K. Zanussi.

Santa Rita de Casia. 208 min. 16 €. Dir.: G. Capitani.

Padre Pío. 206 min. 16 €. Dir.: C. Carlei.

Rosa de Lima. 97 min. 16 €. Dir.: J. Mª Elorrieta

Teresa de Jesús. 3 DVD: 25 €. Serie de TVE. Dir.: J. Molina.

Thérèse. 94 min. 16 €. Dir.: A. Cavalier.

Becket. 107 min. 16 €. Dir.: P. Glenville.

Un hombre para la eternidad (Tomás Moro). 115 min. 16 €. Dir.: F. Zinnemann.

Monsieur Vincent (San Vicente de Paúl). 111 min. 16 €. Dir: M.e Cloche.

Teresa de Calcuta. 111 min. 16 €. Dir.: F. Costa.

Prefiero el Paraíso (S. Felipe Neri). 200 min. 16 €. Dir.: G. Campiotti

Don Bosco (S. Juan Bosco). 200 min. 19 €. Dir.: L. Gasparini.

San Pedro Claver. *Esclavo de los esclavos.*, 24 min. 9 €. Dir.: C. Portabella. Documental

Scoto, el defensor de la Inmaculada (Beato Duns Scoto). 95 min. 16 €. Dir.: F. Muraca.

Francisco, juglar de Dios. 83 min. Dir.: R. Rossellini. 19 €

San Antonio de Padua. ***El guerrero de Dios.*** 105 min. Dir.: U.Marino. 19 €

Santa Bárbara. 115 min. Dir.: C. Elia. 19 €

Un Dios prohibido. 123 min. Dir.: P. Moreno. 19 €

Vida y mensaje del Hermano Rafael. 137 min. Documental sobre la vida y espiritualidad de san Rafael Arnáiz Barón (1911-1938), monje trapense. 19 €

Faustina, Apóstol de la Divina Misericordia. 88 min. 19 €. Dir.: J. Lukaszewicz. Película biográfica de santa Faustina Kowalska.

María Goretti. 95 min. 19 €. Dir.: G. Base.

Bajo un manto de estrellas. 88 min. 19 €. Dir.: Óscar Parra. El martirio de los dominicos de Almagro.